L'UNIVERS.

HISTOIRE ET DESCRIPTION
DE TOUS LES PEUPLES.

TARTARIE,
BELOUTCHISTAN, BOUTAN ET NÉPAL,
AFGHANISTAN.

PARIS
TYPOGRAPHIE DE FIRMIN DIDOT FRERES,
RUE JACOB, 56.

TARTARIE,
BÉLOUTCHISTAN,
BOUTAN ET NÉPAL,

PAR M. DUBEUX,

PROFESSEUR A L'ÉCOLE SPÉCIALE DES LANGUES ORIENTALES,

ET PAR M. V. VALMONT.

AFGHANISTAN,

PAR M. XAVIER RAYMOND,

ATTACHÉ A L'AMBASSADE EN CHINE.

PARIS,

FIRMIN DIDOT FRÈRES, ÉDITEURS,

IMPRIMEURS-LIBRAIRES DE L'INSTITUT DE FRANCE,

RUE JACOB, 56.

1848.

L'UNIVERS,

OU

HISTOIRE ET DESCRIPTION

DE TOUS LES PEUPLES,

DE LEURS RELIGIONS, MOEURS, COUTUMES, ETC.

TARTARIE,

PAR M. LOUIS DUBEUX,

CONSERVATEUR-ADJOINT A LA BIBLIOTHÈQUE ROYALE, ASSOCIÉ CORRESPONDANT DE L'ACADÉMIE DES SCIENCES DE TURIN,

ET PAR M. V. VALMONT.

Vers la fin du dernier siècle une sorte d'intérêt romanesque s'attachait au nom de la Tartarie. C'était dans cette vaste région, habitée depuis un temps immémorial par des peuples barbares, que plusieurs savants égarés sur les traces de Buffon et de Bailly plaçaient le berceau du genre humain et le plus ancien sanctuaire des arts, des sciences et de la civilisation.

Aujourd'hui la critique a triomphé de ces erreurs; à un engouement vif et passionné pour des paradoxes nouveaux et inattendus a succédé une curiosité sincère et réfléchie pour les observations de la science moderne. La Tartarie nous apparaît maintenant telle que la représentait l'histoire avant la naissance du vain système préconisé par Langlès et réfuté par Abel-Rémusat; telle enfin que nous la révèlent les invasions d'un Attila, d'un Gengiskan et d'un Timour. A toutes les époques, comme de nos jours encore, cette immense contrée a eu pour habitants des pâtres grossiers, des hordes sanguinaires et des tribus ignorantes et superstitieuses. Mais si pour la Tartarie le prestige d'une glorieuse antiquité s'est évanoui sans retour, si dans le passé les peuples de l'Asie centrale n'ont acquis aucun droit à notre reconnaissance et à notre vénération, ils méritent à d'autres égards de devenir aujourd'hui l'objet de nos études. La Tartarie ne peut se soustraire longtemps à l'influence des armes et de la civilisation de l'Europe. Les caravanes et les ambassades russes sillonnent les steppes du Turquestan, et l'Angleterre envoie dans ces mêmes contrées les Burnes, les Abbott, les Stoddart et les Conolly, intrépides et infortunés précurseurs d'une régénération dont leurs écrits et leurs souffrances avanceront l'époque. L'état actuel et l'avenir de la Tartarie, tels sont les seuls points auxquels le public ait prêté une attention sérieuse, au milieu des divers souvenirs qu'éveille en nous la politique de l'Angleterre et de la Russie à l'égard des différents États de l'Asie centrale. Cette disposition des esprits a fixé le plan de l'ouvrage que nous publions. Nous essayerons de faire connaître d'après les relations les plus fidèles et les plus récentes le pays et ses habitants, ainsi que le bien et le mal qui existent dans les hommes et dans les institutions; nous n'invoquerons l'histoire du passé qu'autant qu'elle peut faire comprendre le présent ou projeter ses lueurs sur l'avenir.

ÉTENDUE DE LA TARTARIE.

Les historiens et les géographes assignent à la Tartarie une étendue et des limites si différentes qu'il est indispensable, lorsqu'on veut employer cette dénomination, de commencer par la définir.

Nous appelons *Tartarie* la réunion du Turquestan et des pays qui en dépendent, de la Tartarie chinoise, comprenant la Mandchourie, la Mongolie, la Dzoungarie et la petite Boukharie ou Turquestan chinois, et du Tibet (1).

RACES DES PEUPLES TARTARES.

Il existe actuellement dans la Tartarie deux races distinctes, la race Caucasique et la race Mogole.

La race Caucasique, ainsi appelée parce qu'on suppose qu'elle tire son origine du mont Caucase, comprend dans la Tartarie tous les Turcs et les habitants de souche persane. « Cette race, dit Abel-Rémusat, est regardée en Europe comme « le type de la beauté de notre espèce, « parce que tous les peuples de cette « partie du monde en sont issus (2). »

La race Mogole, Mongole, Mongule ou Mongale, appelée aussi *race jaune*, renferme dans la Tartarie les Mogols ou Mongols (les Tartares ou Tâtars proprement dits), les Mandchous et les Tibétains (3).

LANGUES PARLÉES DANS LA TARTARIE.

Les langues actuellement en usage dans la Tartarie sont le turc ou tartare, qui se partage en plusieurs dialectes, le persan, le mogol et le mandchou.

ORIGINE DU NOM DE LA TARTARIE.

Tartarie vient de *Tartares*, dénomination collective sous laquelle on désigne plusieurs peuples de race et d'origine différentes. *Tartares* paraît être une altération de *Tatâr*, nom particulier d'une tribu qui étant devenue très-puissante, l'imposa aux autres peuples soumis à sa domination. Ce fut au douzième siècle, lorsque toutes les nations de la Tartarie, rangées sous un même sceptre, menacèrent d'envahir l'Europe et l'Asie, que le nom des Tartares commença d'être connu par les auteurs occidentaux. « Quoi qu'il en soit de l'origine de ce « nom de Tatars, dit Abel-Rémusat, « les Européens, qui l'ont légèrement « altéré, s'en servent indifféremment « pour désigner une foule de nations à « demi civilisées qui diffèrent beaucoup « entre elles... Dans ce sens, je crois « qu'il est bon de conserver à ces nations « le nom collectif de *Tartares*, quoi- « que corrompu, préférablement à celui « de Tatârs, parce que ce dernier, qui « paraît plus correct, mais qui appar- « tient à une seule tribu, ne doit pas ser- « vir à désigner les autres tribus en gé- « néral. C'est donc improprement, à « mon avis, que quelques auteurs mo- « dernes ont appliqué ce surnom aux « Mandchous, aux Tibétains et à d'autres « qui ne sont nullement Tatârs, mais « qu'on peut sans inconvénient appeler « *Tartares*, s'il est bien convenu que « par là on n'entend pas parler d'une « nation particulière ainsi nommée, « mais seulement réunir sous une dé- « nomination commune et abrégée tous « les peuples qui habitent la Tartarie, « quels que soient d'ailleurs leur origine, « leur langue ou leurs usages (1). »

TURQUESTAN (2).

POSITION ASTRONOMIQUE. Le Turquestan est situé entre 48° et 78° de longitude orientale, et 36° et 51° de lat. nord.

---

(1) Les peuples tartares sont répandus bien au delà des limites que nous traçons ici; ils habitent les contrées bornées à l'est par la mer du Japon; au sud, par l'Inde, la Chine et la Perse; à l'ouest, par les fleuves qui se jettent dans la mer Caspienne et le Pont-Euxin ou mer Noire; et au nord, par la mer Glaciale. Voyez Abel-Rémusat, *Recherches sur les langues tartares*, page 1.   L. D.

(2) *Ibidem*, page XXXVI.

(3) *Ibid. Ibid.*

(1) Voyez Abel-Rémusat, *Recherches sur les langues tartares*, page 3.

(2) *Turkestan*, ou *Turkistan*, signifie, en langue persane, *pays des Turcs*. C'est le seul nom usité parmi les indigènes, qui ignorent la dénomination de *Tartarie indépendante*.

L. D.

CONFINS. Au nord, la Russie; au sud, les royaumes de Lahore, de Caboul, de Candahar et de Perse; à l'est, la Chine; et à l'ouest, la mer Caspienne.

ÉTENDUE. Le Turquestan a environ 550 lieues géographiques de longueur du nord-est au sud-ouest, 400 lieues de large, et 117,000 lieues carrées.

MERS, LACS, FLEUVES ET RIVIÈRES.

LA MER CASPIENNE n'appartient à notre sujet que d'une manière indirecte, et nous nous bornerons à la nommer.

LA MER D'ARAL, appelée aussi lac d'Aral, est située, suivant M. de Levchine, entre le 43e degré 1/2 et le 46 3/4 de lat. nord, et le 75e degré 3/4 et le 79e degré de longitude orientale du méridien de l'île de Fer. Les géographes arabes et persans lui donnent les noms de *mer de Kharizme* et *mer d'Ourguendje*. Les Kirguizes et les autres peuples qui habitent ses bords l'appellent *Aral-Denguize*, expression qui, dans leurs dialectes turcs ou tartares, signifie *mer des îles*. L'eau de la mer d'Aral est moins salée que celle des autres mers du globe. On a même observé que près des bouches de l'Oxus et du Jaxartès elle est presque douce. Les bords de la partie est et sud de la mer d'Aral sont bas et couverts de sable ou de roseaux; ceux de l'ouest et du nord-ouest sont hauts et escarpés. On trouve dans la partie orientale de cette mer un nombre considérable d'îlots. Vers le nord, il existe une grande île qui est couverte de bois. Les poissons de la mer d'Aral sont, autant qu'on a pu le savoir jusqu'à présent, les mêmes que ceux de la mer Caspienne. En hiver, la mer d'Aral gèle complètement, et on la traverse alors sur la glace. Cette mer ne reçoit pas d'autres eaux que celles de l'Oxus et du Jaxartès.

L'Oxus est le fleuve le plus considérable du Turquestan. Les Asiatiques le nommaient autrefois *Djihoun;* aujourd'hui ils l'appellent généralement *Amou* et *Amou-Déria*, quelquefois aussi *Amin-Déria*, suivant M. de Mouraviev (1). Ce fleuve prend sa source sur le plateau de Pamère, près du lac Sarikoul. Il arrose le pays de Badakhschane, où il reçoit la rivière du même nom, et grossi par plusieurs autres affluents moins considérables, il serpente à travers les montagnes, passe non loin de Khouloum et de Balkh, arrive enfin dans la Khivie, et se jette dans la mer d'Aral. L'Oxus est navigable dans la plus grande partie de son cours. Il éprouve des crues périodiques, résultat de la fonte des neiges dans les montagnes où prennent leur source ses principaux affluents. Les eaux du fleuve conservent pendant la crue une teinte rougeâtre.

L'Oxus gèle totalement sur plusieurs points pendant l'hiver, et les caravanes le traversent sur la glace. Le passage en bateau devient alors très-dangereux dans les endroits où le fleuve n'est pas tout à fait pris, à cause des glaçons énormes que le courant entraîne avec violence. Les habitants du pays emploient pour la navigation des bateaux à rames; mais ils ont aussi une façon particulière de traverser le fleuve. Ils attachent un cheval et quelquefois deux à chaque extrémité du bateau, brident ces animaux comme s'ils devaient les monter, et sans aucune autre aide, l'embarcation traverse en droite ligne le courant le plus rapide. Un homme tient les chevaux par la bride, et les excite de la voix à nager avec force. On fait mouvoir à l'arrière une sorte de perche ou d'aviron, afin que le bateau ne tourne pas sur lui-même dans le courant. Les chevaux n'ont pas besoin d'être dressés pour remarquer ainsi les embarcations. On prend pour cet usage les premiers qui se présentent.

Les bateaux dont on se sert sur l'Oxus sont fort bien construits; ils n'ont ni mâts ni voiles. Leur forme ressemble à celle d'un navire et se termine en pointe aux deux extrémités. Ils sont en général longs de 50 pieds, larges de 18, et du port de 20 tonneaux environ. Ces bateaux sont à fond plat. On les fabrique avec des planches que fournit un petit arbre, extrêmement commun sur les bords du fleuve. Ils ont une solidité remarquable.

L'Oxus à son embouchure se partage en plusieurs bras qui forment un assez grand nombre d'îlots. On pêche

---

(1) *Voyage en Turcomanie et à Khiva, fait en 1819 et 1820, par M. N. Mouraviev* (Paris, Louis Tenré, 1823; in-8o), page 234.

dans ce fleuve des espèces de silures dont les Usbecks sont très-friands. Ces poissons, d'une grandeur énorme, pèsent de 5 à 6 quintaux.

Le Jaxartès, appelé *Sihoun* par les anciens géographes arabes et persans, est nommé aujourd'hui *Sir* ou *Sir-Déria*. Il a sa source, comme l'Oxus, dans le plateau de Pamère, traverse le pays de Khokande et de Khodjende, et verse ses eaux dans la mer d'Aral, comme nous l'avons déjà remarqué. Le Sir forme dans son cours plusieurs îles. Ce fleuve déborde souvent à l'époque des grandes chaleurs de l'été par les mêmes causes que l'Oxus. Il déborde aussi au commencement de l'hiver, parce que ses bouches marécageuses gèlent dès les premiers froids, et que les eaux continuent encore à couler pendant longtemps dans la partie supérieure de son cours.

Les rives du Sir, fertilisées par ces débordements, se couvrent de plantes, de buissons, d'arbres, de roseaux et d'excellents pâturages. On emploie sur ce fleuve des bateaux faits pour la plupart de bois de peuplier, avec des chevilles du même bois, et sans clous. Ces embarcations sont assez fragiles. Les habitants ne s'en servent guère pour passer le fleuve; mais ils ont recours à un autre moyen: ils gonflent de vent deux outres qu'ils attachent à la queue d'un cheval, et se couchent dessus. L'animal en nageant remorque cette espèce de radeau. Les Kirguizes se contentent de saisir de la main droite la crinière de leurs chevaux; ils nagent de la gauche, et traversent ainsi le fleuve.

M. de Meyendorff rapporte dans son voyage la manière dont les chameaux des caravanes passent le Sir. Ces animaux, attachés au nombre de dix environ les uns derrière les autres, sont guidés à travers le fleuve par des Kirguizes tout nus, qui nagent à côté d'eux et poussent de grands cris pour les faire avancer. Le chameau en nageant se penche de côté pour offrir à l'eau une surface plus grande et se soutenir au moyen de ses bosses. Trois chameaux s'étant noyés dans le passage furent tirés sur les bords du fleuve. Les Kirguizes leur tournèrent la tête du côté de la Mecque, leur coupèrent la gorge en récitant une prière usitée en pareille circonstance, et les dévorèrent à l'instant même.

Le Jaxartès est moins considérable que l'Oxus, et il a un courant beaucoup plus rapide.

Le Sara-Sou est une rivière qui traverse le pays des Kirguizes de la grande horde.

Le Tschoui vient de la Dzoungarie, et arrose le territoire des Kirguizes de la horde moyenne et de la grande.

Le Kohik, appelé aussi *Couvan* et *rivière de Samarcande*, reçoit dans les environs de Boukhara le nom de *Zerafschane*. Cette dénomination signifie en persan *qui répand l'or*, et rappelle l'ancien *Polytimète*. Le Kohik sort des montagnes à l'est de Samarcande et au nord de Boukhara, et forme à son embouchure le lac Karakoul.

La rivière de Karschi prend sa source dans les mêmes montagnes que le Kohik. Elle passe par Schéhérisebze et Karschi, et se perd dans les sables.

La rivière de Balkh, ou Balkhab, porte aussi le nom de *Dehasch*, *Dehas* et *Dehrouha*. Ces mots veulent dire en persan *dix meules*. La rivière de Balkh reçut cette dénomination, parce qu'elle faisait tourner, à ce qu'on prétend, dix moulins. Cette rivière, dans laquelle les géographes ont reconnu l'ancien Bactrus, se jetait autrefois dans l'Oxus; aujourd'hui elle se partage en différents canaux qui se perdent tous dans les sables avant d'arriver au fleuve. La rivière de Balkh descend du revers méridional de l'Hindou-Cousch.

Le Mourgab, ou rivière de Merve, sort des montagnes du pays des Hazareh, arrose la grande oasis de Merve et se perd dans les sables.

Le Tédjen, Tedzen ou Tedjende prend sa source dans le Khorasan, traverse le Couhistan et l'oasis de Scharakhs (1), et se perd dans les sables.

RELIGION.

Les peuples du Turquestan professent tous la religion mahométane sunnite, à l'exception d'un nombre peu considérable de Juifs, des habitants du pays de

---

(1) C'est ainsi qu'on prononce actuellement ce nom dans le pays; mais nous voyons par les écrits des anciens géographes arabes qu'on disait autrefois *Sarkhas* et *Sarakhas*. L. D.

Dervazeh qui sont idolâtres, et d'autres dissidents.

DIVISION POLITIQUE.

Le Turquestan se partage aujourd'hui en différents États, dont nous nous occuperons dans l'ordre de leur importance. Ces États portent le nom de *khanats*, c'est-à-dire *pays gouvernés par des khans*. Ce sont :

Le khanat de Boukhara, ou la grande Boukharie, de laquelle dépendent le pays de Balkh, et les ci-devant khanats d'Ankoï et de Meïmaneh ;

Le khanat de Khiva, avec le pays des Karakalpaks et celui des Turcomans, ou Turcomanie ;

Le khanat de Koundouze ;

Le khanat de Khokande ;

Le khanat de Hissar ;

Le khanat de Schéhérisebze ;

Enfin le pays des Kirguizes.

Nous nous occuperons d'abord du khanat de Boukhara, plus riche, plus peuplé et plus puissant que tous les autres. Nous entrerons à l'occasion de la Boukharie dans plusieurs détails qui s'appliquent à quelques autres États, et qu'il ne sera plus nécessaire de répéter lorsqu'une fois nous les aurons fait connaître.

KHANAT DE BOUKHARA, OU GRANDE BOUKHARIE.

LIMITES. Il est extrêmement difficile d'indiquer avec exactitude les limites de la Boukharie ; ce pays, étant environné de déserts, ne saurait avoir des frontières bien déterminées : l'étendue des khanats varie suivant la force ou la faiblesse du souverain régnant, qui porte les limites de son empire à une distance plus ou moins grande.

M. le baron de Meyendorff observe que le khan de Boukhara pousse au nord ses avant-postes jusqu'à Agatma, où il existe une petite maison qui sert de corps de garde à ses soldats. Les troupeaux des propriétaires boukhares vont paître au nord-est d'Agatma, et les habitants de Boukhara dépassent cet établissement militaire, et se rendent dans les déserts situés au nord-ouest pour arracher des broussailles qu'ils vendent ensuite dans la capitale. Enfin, les officiers des douanes boukhares vont jusqu'à Karagata, pour visiter les caravanes qui arrivent de Russie. Ces différents actes indiquent une possession permanente et régulière, et M. de Meyendorff indique Karagata comme l'extrême frontière de la Boukharie du côté du nord. De Karagata les limites se prolongent en ligne droite jusqu'à Ouratoupah en avançant vers l'est ; les frontières orientales s'étendent d'Ouratoupah jusqu'à Deïnaou ; la ligne méridionale part de Deïnaou et s'avance jusqu'en deçà de la ville de Merve. La frontière occidentale commence à Karagata au nord et descend vers le sud jusqu'en deçà de Merve ; cette ligne renferme le puits nommé *Itsch-Berdi*, situé sur la route de Boukhara à Khiva, et non loin duquel est établi un avant-poste boukhare, et Ioïtschi, village sur l'Amou-Déria.

On peut conclure, d'après ces données, que la Boukharie, dans ses limites ordinaires, est située entre les 37ᵉ et 41ᵉ degrés de latitude nord, 61ᵉ et 66ᵉ degrés 30 minutes de longitude est de Paris. La surface est d'environ dix mille lieues carrées.

Nous ne faisons pas entrer dans cette estimation les pays de Balkh, d'Ankoï et de Meïmaneh, qui ne dépendent qu'accidentellement de la Boukharie.

CLIMAT. Le climat de la Boukharie n'est ni malsain ni désagréable. Il est sec et très-froid en hiver. En été, le thermomètre dépasse rarement 25 degrés de Réaumur, et les nuits sont toujours fraîches, excepté dans les parties désertes du pays, où la chaleur est plus forte et excède souvent 30 degrés. La riche végétation des environs de Boukhara contribue à rendre plus douce la température de la ville. Cette capitale est située à 1,200 pieds au-dessus du niveau de la mer. L'atmosphère y est en général pure, et le ciel d'un bleu vif et sans nuage. Les étoiles y brillent pendant la nuit d'un éclat extraordinaire, tout à fait inconnu dans nos climats. Il s'élève de violents tourbillons de poussière qui souvent ne se dissipent qu'au bout de plusieurs heures.

En hiver, la neige couvre quelquefois la terre pendant trois mois, d'autres fois aussi elle fond presque aussitôt après être tombée. Le printemps est toujours marqué par des pluies extrêmement abondantes; néanmoins le sol est naturellement aride. L'évaporation de l'eau est tellement prompte, que peu d'instants après une grande averse la terre est tout à fait sèche.

Les arbres commencent à bourgeonner vers la fin de mars et les premiers jours d'avril. On éprouve à ce moment de l'année de fréquents orages et quelquefois de légers tremblements de terre. Il existe à Boukhara une croyance populaire d'après laquelle le commencement de l'année, qui, pour les Boukhares, a lieu à l'équinoxe du printemps, est toujours marqué par une secousse de tremblement de terre. Plusieurs d'entre eux croient si fermement à ce phénomène, qu'au moment de l'équinoxe ils enfoncent un couteau dans la terre, et ne comptent la nouvelle année qu'à partir de l'instant où, par une cause accidentelle quelconque, le couteau penche et tombe sur le sol.

Vers la fin de février, l'Oxus est débarrassé de ses glaces, et c'est vers la même époque aussi que les cigognes se montrent dans le pays.

MALADIES. La durée de la chaleur et la sécheresse continue de l'atmosphère en Boukharie sont quelquefois nuisibles à la santé. On observe dans cette contrée plusieurs maladies particulières, sinon dangereuses, du moins fort incommodes, et qu'il est impossible d'attribuer à d'autres causes qu'à l'influence combinée de l'air et de la nature du sol. Les fièvres intermittentes y sont très-communes, principalement vers la fin d'août et le commencement de septembre. Elles ne disparaissent qu'aux premières gelées. Les étrangers y sont plus sujets que les naturels. Ces fièvres ont rarement une issue fatale. On leur assigne pour causes la différence très-grande de la température entre le jour et la nuit, et la quantité énorme de fruits verts dont se nourrissent les gens pauvres qui n'ont pas les moyens de se procurer une meilleure alimentation.

Rischta. Une autre maladie plus fâcheuse encore est le *rischta*, dragonneau, ou ver de Guinée. Cette maladie n'attaque que les personnes qui habitent Boukhara. On cesse d'y être exposé dès qu'on franchit l'enceinte de la ville. Les étrangers qui se trouvent momentanément à Boukhara y sont aussi sujets que les habitants eux-mêmes. On a vu nombre de voyageurs en contracter le germe à Boukhara et ne ressentir les atteintes du mal qu'assez longtemps après avoir quitté cette ville.

On croit en général, et cette opinion paraît très-bien fondée, que le rischta doit être attribué à la qualité malsaine de l'eau que l'on boit à Boukhara. Cette eau provient d'un canal dérivé du Zérafschane, qui coule à six milles de distance de la capitale. Le grand canal se partage lui-même en plusieurs petits canaux ombragés de mûriers, et d'un effet assez agréable. Ces canaux alimentent les fontaines et les réservoirs de la ville. Souvent l'eau manque tout à fait en été pendant plusieurs mois, et lorsqu'il y en a, elle est toujours fétide et pleine d'animalcules. Les gens riches, qui attribuent le rischta à l'eau des réservoirs, font prendre leur provision à la rivière, et lorsque par hasard ils ne peuvent pas s'en procurer, ils ont soin de faire bouillir préalablement celle des réservoirs avant d'en faire usage. Quoi qu'il en soit, le rischta est dû, sans aucun doute, à une cause particulière à la ville, puisque, ainsi que nous l'avons déjà observé, toutes les autres parties du khanat en sont exemptes. On prétend qu'un quart de la population de Boukhara est annuellement atteinte de ce mal.

Le rischta attaque de préférence les personnes d'un tempérament lymphatique. Ce ver est plat, long de deux à trois pieds, et de couleur blanchâtre. Les symptômes qui décèlent sa présence sont : l'enflure des différentes parties du corps où se trouve le ver, et la formation d'ulcères purulents. Le malade éprouve de vives douleurs dans les os, une chaleur constante à l'intérieur du corps, une grande sécheresse de bouche et une soif continuelle. Presque tous les habitants de Boukhara connaissent à des signes certains la présence du rischta et le moment où il s'approche de la peau. Ils percent alors l'épiderme, et par une forte pression ils font sortir le ver tout d'un coup. Il faut avoir soin de l'extraire entier; si par malheur on oublie la tête dans la plaie, le ver se retire, pénètre plus avant dans le corps, et cause une maladie qu'on appelle le *rischta caché*. Ce mal est extrêmement grave. Il occasionne des enflures dont on ne guérit jamais, attaque et contracte les nerfs, qui se dessèchent. On a vu des personnes atteintes du rischta caché en rester percluses toute leur vie. Le nombre des vers qu'un seul malade peut avoir est quelquefois très-considérable. M. Khanikoff cite l'exemple d'un homme qui en avait jusqu'à cent vingt dans le corps.

Makkom. Il existe aussi en Boukharie une lèpre appelée *makkom*, qui s'annonce par une petite tache blanchâtre sur la peau. Cette tache grandit et finit par s'étendre au point de couvrir tout le corps. L'épiderme devient sec et rugueux; les poils tombent; les ongles se détachent des chairs; les dents sortent de leurs alvéoles, et tout le corps du malade offre un aspect difforme et horrible. Le *makkom* attaque particulièrement les personnes d'un tempérament faible et lymphatique. C'est un mal héréditaire. On prétend toutefois que la nourriture peut aussi en développer les germes. On voit un nombre très-considérable de ces lépreux dans les cantons de Samarcande et de Miankal, ainsi qu'à Schéhérisebze, et dans plusieurs autres contrées voisines où l'on cultive le riz. Quelques personnes attribuent le makkom à l'usage immodéré du *bouza*, sorte de liqueur enivrante qu'on extrait de l'orge noire. Cette lèpre ruine toute la constitution, et l'on ne connaît dans le pays aucun moyen de la guérir.

A Boukhara, les gens qui en souffrent sont relégués dans un certain quartier, et n'ont aucune relation avec les autres habitants. Presque tous les Boukhares regardent cette maladie affreuse comme un châtiment de Dieu, et repoussent l'infortuné qui a le malheur d'en être atteint. En 1842, l'émir de Boukhara avait formé la résolution de chasser tous ces lépreux de sa capitale. On ne donna pas suite alors à ce projet. La présence des malades ne peut au surplus avoir aucun inconvénient pour la ville. Ils sont complétement en dehors de la société. Ils ont leurs mosquées, leurs bazars, leurs bains et leurs collèges. Ces précautions paraissent utiles, car il semble assez bien établi que le makkom est contagieux. Toutefois on ne le gagne qu'après avoir eu des rapports suivis avec les malades. Presque tous les Boukhares sont au reste prédisposés à la lèpre. Ils éprouvent une sécheresse de peau continuelle. Ils ont l'épiderme rugueux et jaune, et souvent ils perdent les cils et les sourcils.

Quelques personnes soutiennent que ces différentes maladies sont dues au régime alimentaire, d'autres au contraire prétendent qu'elles ont pour cause la sécheresse du climat. Il est probable que ces deux opinions sont l'une et l'autre également exactes. Les Usbecks mangent beaucoup de viande de mouton. On s'imagine en Europe qu'ils se nourrissent presque exclusivement de cheval. Mais cette viande serait beaucoup trop chère pour qu'ils pussent en manger habituellement. Ils la regardent d'ailleurs comme très-échauffante, et, pour ces deux raisons, ils n'en consomment que fort peu. Le bœuf est abandonné aux gens pauvres. Les Boukhares sont tous extrêmement friands de la queue épaisse et grasse de leurs moutons. Ils recherchent les ragoûts gras et huileux, le fromage et le lait aigre. Une pareille nourriture peut n'être pas très-saine, mais elle ne produirait dans aucun autre pays les cruelles maladies cutanées qui affligent les Boukhares.

On voit souvent à Boukhara des enfants dont le visage est couvert de pustules corrosives qui laissent des marques ineffaçables. Une simple écorchure suffit quelquefois pour déterminer l'invasion de la maladie. On ne sait du reste quelle cause lui assigner.

Les étrangers qui habitent Boukhara sont sujets à une faiblesse et à une atonie générales, suivies d'un dégoût insurmontable pour toute espèce d'occupation. Les malades ne souffrent pas, mais ils éprouvent de fréquentes défaillances, ils tombent en léthargie, et finissent souvent par succomber.

Les ophthalmies et les autres maladies des yeux sont fréquentes dans le khanat. Souvent il sort des poils du milieu de la prunelle de l'œil. On les arrache; mais ils repoussent toujours. Cette dernière maladie est extrêmement incommode, et dans plusieurs cas elle équivaut à une cécité presque complète.

Une autre maladie que les Boukhares éprouvent souvent, sont des vomissements qui durent quelquefois jusqu'à six mois de suite. La phthisie et le tremblement nerveux existent également dans tout le khanat. On y trouve aussi la syphilis sous les formes les plus effrayantes et les plus hideuses. Les personnes atteintes de ce mal sont fatalement destinées à périr, soit par l'effet de la maladie elle-même ou par les doses effrayantes de mercure que les charlatans du pays administrent à leurs malades sans aucune espèce de discernement.

La petite vérole fait de grands ravages dans la Boukharie, et le rachitis y est très-commun chez les enfants. Les habitants de Balkh souffrent beaucoup des ophthalmies et des rhumatismes.

POPULATION DU KHANAT.

La population de la Boukharie se compose d'éléments hétérogènes, unis cependant presque tous par les liens de la religion.

TADJICS. Les aborigènes portent le nom de *Tadjics*. Ils forment la majeure partie de la population de Boukhara; on en trouve un moins grand nombre dans les autres parties du khanat. Ils sont en général d'un caractère paisible, se livrent au commerce et montrent une antipathie très-prononcée pour les armes et la guerre. Les traits les plus saillants de leur caractère sont l'avarice et la duplicité. Les délits dont ils se rendent le plus souvent coupables sont les petits vols et les querelles, dans lesquelles ils se disent les injures les plus grossières; il est rare cependant qu'ils en viennent aux coups. Le meurtre est pour ainsi dire inconnu parmi eux. On ne doit cependant rien inférer de ce fait en faveur de leurs principes. Ce n'est pas l'horreur de l'homicide qui les retient, mais la crainte des représailles. Les Tadjics ont les traits réguliers, la peau blanche, les yeux et les cheveux noirs, la taille en général élevée. Ils mettent plus de recherche dans leur costume que les autres habitants de la Boukharie. La politesse des Tadjics devient fatigante lorsqu'elle s'adresse à des personnes dont ils croient avoir besoin. On ne peut se faire une idée de leur servilité obséquieuse dans ces circonstances. Mais tout en flattant les autres, ils ne s'oublient pas eux-mêmes, et si la conversation tombe par hasard sur *Boukhara*, ils n'ont jamais fini d'exalter la grandeur et les avantages inappréciables de cette ville sans égale.

ARABES. Les descendants des Arabes établis dans le pays ne sont pas aussi nombreux que les Tadjics. Ils habitent les parties septentrionales du khanat, et principalement les environs de Samarcande. Ils n'ont pas renoncé aux habitudes de leurs ancêtres, et continuent à mener comme eux une vie errante. Toutefois la rigueur du climat les a contraints d'adopter la *kibitka*, ou tente de feutre. Quelques-uns de ces Arabes sont obligés, par la nature de leurs occupations, d'avoir des demeures fixes; mais le nombre de ceux-ci est peu considérable. On reconnaît encore chez eux le type primitif sémitique. Ils ont les yeux et les cheveux noirs et la peau brune. Ils parlent arabe. Leur principale occupation consiste à élever des bestiaux, et ils envoient aux bazars de Boukhara une grande quantité de peaux de mouton. On leur reproche une grossièreté incorrigible. Malgré ce défaut, ils sont pour le caractère moral bien supérieurs aux Tadjics.

USBECKS. Les Usbecks forment la race dominante dans toute la Boukharie. Ils doivent cet avantage bien moins à leur nombre qu'à l'union qui existe entre eux. Leur type de physionomie rappelle celui des Mogols. Ils ont cependant les yeux plus grands et les traits moins désagréables que ceux-ci. Ils sont d'une taille moyenne, et ont la barbe rousse ou châtain foncé. Leur costume est d'une extrême simplicité. Ils portent des robes flottantes d'une étoffe de soie grossière, ou de poil de chameau, et roulent autour de leur tête en forme de turban des châles communs fabriqués dans le pays, et en général de couleur rouge ou blanchâtre.

On pourrait diviser les Usbecks en trois classes : les Usbecks sédentaires, les agriculteurs et les nomades. Pour les habitudes ordinaires de la vie, ils ressemblent tous aux Tadjics; ils sont cependant moins polis que ces derniers. Les Usbecks nomades vivent sous des tentes de feutre, de couleur noire ou gris foncé. L'intérieur en est orné de tapis qui, bien que d'un travail grossier, ne laissent pas que de donner à ces demeures un air de propreté et d'aisance.

Les repas se composent presque exclusivement de viande de mouton, qui forme la base de leur nourriture, comme nous avons déjà eu occasion de le remarquer plus haut. Le matin, ils prennent pour l'ordinaire du thé préparé avec du sel et force graisse. Ils ne mangent jamais de pain, et boivent beaucoup de lait de jument fermenté.

La rareté des pâturages dans la Boukharie ne leur laisse pas le choix d'un grand nombre de localités pour y dresser leurs tentes. Ils sont dans l'usage de confier à leurs enfants presque nus la garde des moutons.

Les femmes s'occupent des soins du ménage, tandis que le chef de la famille passe sa vie couché dans une tente. On voit au milieu de leurs campements des troupes d'enfants, qui s'amusent avec des chiens, ou qui jouent d'une espèce de luth à deux cordes dont ils tirent les sons les moins harmonieux. Les vieux Usbecks sont dans l'usage de prendre des titres imposants, et se font une généalogie des plus illustres. Dieu sait sur quel fondement reposent leurs prétentions! Du reste, rien ne les touche, rien n'excite leur curiosité, et ils poussent l'indifférence jusqu'à ne pas s'enquérir des événements les plus graves qui se passent autour d'eux.

Les Usbecks nomades se livrent à une sorte de jeu pour lequel ils montrent une passion effrénée. Ils se réunissent au nombre de cent cavaliers environ, plus ou moins, suivant les circonstances, puis un des leurs se détache et va chercher un agneau dans le troupeau de l'Usbeck qui offre la fête. On coupe le cou à cet agneau, et le cavalier qui a été le chercher revient vers ses camarades en tenant la bête d'une main ferme par les deux jambes de derrière. Dès que les autres Usbecks l'aperçoivent, ils courent à sa rencontre et cherchent à lui enlever l'agneau. Si un cavalier réussit à s'emparer de la tête, ou seulement à en déchirer une partie, il est à l'instant même poursuivi par tous les autres cavaliers, qui s'efforcent à leur tour de lui enlever sa proie. Le jeu continue de cette manière, jusqu'à ce qu'un des cavaliers réussisse à gagner sa demeure avec tout ou partie de l'agneau. Les Usbecks mettent à ce divertissement une passion telle qu'on ne voit que trop souvent des meurtres s'ensuivre. Un usage qui a parmi eux force de loi, interdit aux parents du défunt le droit de poursuivre la punition du meurtre. On assura à M. Khanikoff (1) que l'émir régnant prend part quelquefois lui-même à ce divertissement, et ne se fâche point lorsqu'il reçoit des coups ou des blessures, qui en sont la suite inévitable. Car au moment du départ les cavaliers s'élancent de toute la vitesse de leurs chevaux, il y a alors une mêlée effroyable, chacun cherchant à se frayer un passage au milieu de cette troupe serrée.

Les Usbecks, comme on se l'imagine d'après ce qui précède, sont beaucoup plus entreprenants que les Tadjics : aussi se rendent-ils souvent coupables de vols, de pillage et de meurtres. Toutefois, il est remarquable que, malgré leur caractère assez audacieux, ils choisissent toujours la nuit pour exécuter leurs attentats, et ont constamment soin de se trouver en plus grand nombre que les personnes qu'ils veulent attaquer. Malgré ces habitudes sauvages, il est de règle que, si une tribu usbecke vole par hasard des chevaux appartenant à une autre tribu, les plaignants ne se font pas justice eux-mêmes, et ont recours aux voies légales.

Quelques Usbecks apprennent à lire et à écrire : ce sont pour l'ordinaire ceux qui possèdent des établissements fixes dans les villes. Mais ils atteignent rarement un haut degré d'instruction, et on est contraint d'avouer qu'ils sont presque tous aussi fanatiques qu'ignorants. Malgré leur penchant à la superstition, ils ne s'acquittent pas, lorsqu'ils sont campés, des prières légales imposées à tous les musulmans; mais ils ré-

(1) Voyez *Bokhara, its amir and its people*. Translated from the Russian of Khanikoff by the baron Clément A. de Bode. London, James Madden, 1845, in-8o, page 84.

servent l'accomplissement de ce devoir pour les occasions assez peu fréquentes où une solennité religieuse quelconque les appelle à la ville.

Esclaves persans. Boukhara renferme un grand nombre d'esclaves persans. On les reconnaît facilement à leurs traits réguliers et à leur épaisse chevelure noire. Ils professent extérieurement la foi musulmane sunnite, mais ils sont toujours schiites dans le cœur, et cette différence de secte rend encore plus vive la haine qu'ils portent aux Boukhares, leurs maîtres. Ces esclaves aiment à parler des victoires de Nadir-Schah sur les Tartares, et ils paraissent se flatter que le même événement se renouvellera encore et leur fera conquérir leur liberté. Malgré ces germes d'insurrection, l'émir de Boukhara a l'imprudence de se fier à eux. Sur les cinq cents soldats qui formaient la garnison de la capitale à l'époque du voyage de Burnes, quatre cent cinquante étaient des esclaves persans, et, ce qui est plus étonnant encore, commandés par un chef de leur nation. Ces esclaves sont amenés à Boukhara par des Turcomans, qui les enlèvent sur le territoire de la Perse.

« Au milieu de notre marche à travers le désert, dit M. Burnes dans son voyage (1), nous rencontrâmes sept malheureux Persans qui avaient été pris par des Turcomans, et que ceux-ci allaient vendre à Boukhara. Cinq d'entre eux étaient enchaînés ensemble et marchaient au milieu des sables amoncelés. Un cri de pitié s'éleva de notre caravane, quand nous passâmes devant ces infortunés, qui parurent touchés de la compassion qu'ils nous inspiraient. Ils poussèrent un cri, et jetèrent un regard qui exprimait le regret quand les derniers chameaux de la caravane qui allait dans leur patrie se trouvèrent auprès d'eux. Je faisais partie de l'arrière-garde, et je m'arrêtai pour écouter le triste récit de ces captifs. Ils avaient été pris par des Turcomans, non loin de Meschehed, peu de semaines auparavant, un jour où ils avaient été obligés de sortir de chez eux pour cultiver leurs champs. Ces captifs étaient fatigués et tourmentés de la soif. Je leur donnai tout ce que je pus, un melon; c'était bien peu de chose; mais il fut reçu avec gratitude. Quelle idée épouvantable ces êtres malheureux ne durent-ils pas se faire du pays où ils entraient, en parcourant un semblable désert! Les Turcomans montrent fort peu de compassion pour leurs esclaves persans. Et quelle autre conduite attendre d'hommes qui passent leur vie à vendre leurs semblables? Ces Turcomans ne fournissent à leurs captifs que très-peu d'eau et de nourriture, afin que la faiblesse les empêche de s'enfuir. Ils ne leur font d'ailleurs éprouver aucun mauvais traitement. On a prétendu qu'ils leur coupaient le tendon du talon, et leur passaient une corde dans les chairs près du cou; mais ces assertions sont inexactes. Les blessures, résultat de ces traitements cruels, diminueraient la valeur de l'esclave. »

Chaque seigneur a un certain nombre d'esclaves persans. Burnes présume que ces infortunés sont répandus dans une proportion égale sur tout le pays. Hors de Boukhara on les occupe aux travaux des champs, et le voyageur anglais en remarqua plusieurs occupés à serrer la récolte pendant que le thermomètre marquait dans l'intérieur des maisons plus de 28 degrés Réaumur. Trois ou quatre d'entre eux avaient l'habitude de rendre visite à M. Burnes; et ils lui confièrent des lettres pour leurs parents qui étaient en Perse. Beaucoup d'esclaves parviennent à épargner une somme suffisante pour se racheter. Burnes en vit plusieurs, qui, bien que décidés à profiter de la première occasion qui se présenterait pour retourner dans leur patrie, ne se plaignaient cependant pas du traitement qu'ils recevaient. Quelquefois, il est vrai, les Boukhares s'opposent à ce que leurs esclaves persans fassent la prière et observent les autres prescriptions du mahométisme,

---

(1) *Voyages de l'embouchure de l'Indus à Lahor, Caboul, Balkh, et à Boukhara, et retour par la Perse, pendant les années* 1831, 1832 et 1833, par M. *Alexandre Burnes*, tome II, page 350 de l'excellente traduction de M. Eyriès, membre de l'Institut. Paris, chez madame veuve Arthus Bertrand, rue Hautefeuille, n° 23.

Nous avons obtenu de M. Eyriès et de madame Arthus Bertrand l'autorisation de citer cette traduction, et nous leur adressons ici nos sincères remerciments.

sous pretexte que les Persans sont hérétiques; mais, en réalité, ils agissent ainsi, parce que l'accomplissement de ces actes de religion les priverait d'une partie du travail des esclaves. Toutefois, ceux-ci ne reçoivent presque jamais de coups; et ils sont vêtus et nourris comme s'ils faisaient partie de la famille du maître.

On prétend, dit M. Burnes, que l'usage de réduire les Persans en esclavage était inconnu avant l'invasion des Usbecks; et quelques personnes affirment que cette coutume ne remonte pas à plus de cent ans. Des prêtres boukhares étant allés en Perse, remarquèrent qu'on y nommait avec mépris en public les trois premiers califes; à leur retour, ils firent rendre, par le synode sunnite, un décret qui permettait de vendre ces infidèles.

On raconte qu'un prince persan envoya au khan de Khiva les quatre livres que les musulmans regardent comme sacrés, savoir : le Pentateuque, les Psaumes de David, l'Évangile et le Coran, et le pria de lui indiquer dans lequel de ces livres sacrés se trouvaient les lois de l'esclavage que ses sujets mettaient en pratique contre les Persans. Le khan résolut la difficulté en répondant que c'était un usage, dont il n'avait nullement l'intention de se départir.

Aujourd'hui, cependant, grâce à l'énergie des autorités persanes, les expéditions des Turcomans sont devenues beaucoup plus dangereuses et moins lucratives pour les agresseurs; mais, comme il arrive dans tous les pays où les institutions n'ont aucune force, il suffira d'un changement de gouverneur pour ramener les mêmes brigandages.

« Je saisis, dit Burnes, une occasion de voir le marché aux esclaves qui se tient tous les samedis matin. Ces infortunés sont exposés en vente et occupent une quarantaine d'échoppes où on les examine comme du bétail, avec cette différence seulement qu'ils peuvent rendre compte de ce qu'ils sont. J'allai à ce bazar un matin; on n'y voyait que six pauvres créatures; et je fus témoin de la manière dont on les vend. On leur demande d'abord quelle est leur parenté, où ils ont été faits captifs et s'ils sont musulmans, c'est-à-dire sunnites. La question est ainsi posée, parce que les Usbecks ne regardent pas les schiites comme de vrais croyants. Un mahométan de cette secte leur est plus odieux qu'un infidèle. Après que l'acheteur s'est assuré que l'esclave est un mécréant, il visite son corps, examine notamment s'il n'est pas atteint de la lèpre, puis il marchande pour le prix.

« Trois petits garçons persans étaient à vendre pour environ 500 fr. par tête; on ne peut s'imaginer l'indifférence apparente de ces pauvres enfants dans leur triste condition. L'un d'eux raconta comment il avait été pris pendant qu'il gardait ses troupeaux au sud de Meschehed. Un autre, qui entendait une conversation entre les spectateurs relativement à la vente des esclaves dans ce moment, leur dit qu'un grand nombre de personnes avaient été enlevées. Alors seulement son compagnon reprit avec une certaine émotion : « Toi et moi som« mes les seuls qui pensons ainsi, à cause « de notre infortune; mais ces gens doi« vent savoir mieux que nous ce qu'il en « est. »

« Il y avait là une malheureuse fille qui avait été longtemps au service d'un homme, alors obligé de la vendre, parce qu'il était devenu pauvre. Je suis certain que bien des larmes ont été versées dans la cour où je considérais cette scène; on m'assura cependant que les esclaves sont traités avec douceur. Comme un très-grand nombre d'entre eux restent dans le pays après s'être rachetés, cette assertion doit être vraie. »

L'opinion de Burnes a pour nous une grande valeur; remarquons toutefois que le sort des esclaves dépend du bon plaisir de leurs maîtres, et lorsque ceux-ci sont cruels, ce qui arrive souvent chez des hommes presque sauvages, l'esclave devient extrêmement malheureux. Les esclaves russes se plaignirent presque tous à M. de Meyendorff d'être mal nourris et accablés de coups. Burnes, que sa qualité d'Anglais met à l'abri de tout soupçon de partialité nationale, cite lui-même plusieurs exemples qui prouvent combien les esclaves russes ont de peine à se résigner à leur sort, et combien ils soupirent après leur pays natal. M. de Meyendorff vit un de ces infortunés auquel son maître avait coupé les oreilles, percé les mains avec un clou, enlevé la peau du dos et arrosé les bras avec de l'huile bouillante pour obtenir de lui quelques renseignements sur la route qu'avait prise un de ses camarades d'esclavage qui venait de s'enfuir.

JUIFS. Les Juifs sont établis depuis fort longtemps dans le khanat; ils ne forment toutefois qu'une partie peu considérable de la population. Ils habitent presque tous la capitale; on en trouve cependant encore quelques-uns dans plusieurs autres villes du pays, et notamment à Samarcande et à Karschi. Partout ils habitent un quartier séparé, en dehors duquel il leur est défendu de s'établir. Il leur est également interdit de porter un turban, et ils se couvrent la tête avec de petits bonnets de drap de couleur foncée, entourés d'une bordure de peau de mouton qui ne doit jamais dépasser deux pouces de hauteur. Leurs robes doivent être d'une certaine étoffe, et ils ne peuvent porter d'autre ceinture qu'une corde toujours apparente. Il leur est encore défendu de se montrer à cheval ou sur un âne dans l'intérieur des villes. Cette défense est d'autant plus gênante que, pendant la saison des pluies, il est difficile de traverser les rues de Boukhara, même à cheval, tant la boue y est épaisse et profonde. Tout musulman peut frapper un Juif dans la ville et le tuer dans la campagne sans être inquiété par la justice. Aussi est-il reconnu que les descendants d'Abraham détestent leurs tyrans, et verraient avec grand plaisir une puissance européenne quelconque devenir maîtresse de tout le khanat. Ils accueillent toujours avec un empressement marqué les voyageurs européens qui visitent la Boukharie, parce qu'ils supposent que ce sont autant d'espions, précurseurs d'une armée libératrice. Ces Juifs sont tous d'une ignorance extrême. Il en est peu qui possèdent les premiers éléments de la langue hébraïque. Ils exercent presque tous la profession de teinturier. Leur nombre ne dépasse pas 4,000.

Si nous en croyons M. Khanikoff, ils sont loin de se distinguer par une probité austère. Lorsque l'un d'entre eux vient à se rendre coupable d'un délit ou d'un crime, on lui offre l'alternative de l'abjuration ou de la mort. S'il accepte la vie à condition de devenir musulman, et c'est ce qu'il fait toujours, il quitte le quartier juif pour habiter celui de ses nouveaux coreligionnaires. Quand il est marié, on le force de divorcer d'avec sa femme. Les musulmans veillent avec la plus grande attention à ce qu'il mette en pratique tous les préceptes du Coran, et s'il venait à se rendre coupable de la moindre négligence dans leur observation, il serait impitoyablement mis à mort.

BOHÉMIENS. Il existe dans la Boukharie trois tribus distinctes, qu'il faut ranger dans la classe des Bohémiens d'Europe. Ils ressemblent à ceux-ci autant par les traits que par leurs usages, leurs habitudes et leur manière de vivre. Ils passent pour musulmans dans le pays; mais leurs femmes sortent sans voile et les hommes se montrent fort peu exacts à réciter les prières canoniques : on peut inférer de là qu'ils ressemblent à leurs frères de tous les pays, et ne professent en réalité aucune religion.

Un nombre assez considérable de ces Bohémiens sont établis à Boukhara et dans les autres villes du pays. Ils se livrent à toute espèce de trafic qui peut leur rapporter quelque argent, exercent la médecine et disent la bonne aventure. Ceux qui mènent une vie errante campent toute l'année sous des tentes faites d'une étoffe de coton grossière. On leur permet de s'établir sur les bords des lacs et des rivières, pourvu que ce ne soit pas dans le voisinage d'un camp usbeck. Ils se trouvent en assez grand nombre dans les environs de Samarcande, sur les bords du Zerafschane; on les rencontre aussi dans le voisinage de Karakoul. Un de leurs principaux moyens d'existence consiste à voler des chevaux.

KIRGUIZES. Les Kirguizes habitent la partie septentrionale du khanat. Nous réservons pour une section particulière ce que nous aurons à dire des mœurs et des usages de ce peuple.

Nous remarquerons seulement ici que ces Kirguizes sont assez favorisés par le gouvernement actuel de la Boukharie.

KARAKALPAKS. Les Karakalpaks se trouvent en petit nombre dans le khanat.

Nous empruntons à M. le baron de Meyendorff(1) le tableau suivant de la population du khanat. Quoique ce tableau ait été censuré avec amertume par un voyageur plus récent, l'exactitude bien connue de M. de Meyendorff nous engage à le reproduire.

Tableau de la population du khanat de Boukhara.

Usbecks.	1,500,000
Tadjics.	650,000
Turcomans.	200,000
Arabes.	50,000
Persans.	40,000
Calmoucs.	20,000
Kirguizes et Karakalpaks.	6,000
Juifs.	4,000
Afgans.	4,000
Lesguiz.	2,000
Bohémiens.	2,000
Total.	2,478,000

On voit par le tableau précédent et par ce que nous avons dit plus haut que la population de la Boukharie se compose d'éléments hétérogènes, dont les intérêts sont souvent opposés. On peut prédire que jamais il ne sera possible de les amalgamer complétement tant que le pays restera sous la domination musulmane.

AGRICULTURE. — CHEVAUX. — BÉTAIL. — PÊCHE. — CHASSE. — COMMERCE. — ARTS ET MÉTIERS.

§ Ier. *Agriculture.*

L'industrie manufacturière n'existe pas à Boukhara. On n'y connaît que le travail individuel. Il suffira de dire, pour donner une idée de l'exactitude de ce fait, qu'il n'y a dans tout le pays qu'un seul établissement où l'on travaille le fer. La majeure partie des Boukhares se livrent à l'agriculture, et cette prédilection fait supposer qu'ils y trouvent des avantages plus grands qu'ils n'en rencontreraient dans l'exercice d'une autre profession. Toutefois il est à remarquer que jamais ces agriculteurs n'amassent des richesses aussi considérables que les négocians.

Les Juifs sont les seuls habitans qui fassent du vin; ils s'y entendent fort mal, et leur vin, d'ailleurs détestable, se gâte au bout de fort peu de temps.

La culture est productive à cause de l'extrême fertilité des terres et du peu d'étendue des propriétés, en général très-morcelées et presque toujours disposées de manière à faciliter la surveillance du maître.

Les propriétés territoriales se divisent en cinq classes : 1° les domaines de l'État, qui sont les plus considérables; 2° les *kharadjis*, terres anciennement en litige entre le gouvernement et des particuliers, et cédées à ceux-ci moyennant une légère redevance en argent; 3° les fiefs donnés comme récompense de services militaires; 4° les propriétés particulières; 5° enfin les fondations pieuses.

Les domaines de l'État, ainsi que beaucoup d'autres terres, sont donnés à ferme; le gouvernement prélève en nature les deux cinquièmes de la récolte du fermier.

Les canaux d'irrigation, sans lesquels les terres demeureraient stériles, sont dérivés des rivières. Partout où l'eau ne peut pas être amenée, le terrain reste inculte; les Boukhares sont très-habiles dans l'art de construire les canaux; en effet, il ne suffit pas de creuser des fossés pour arroser les champs, il faut en combiner la largeur et la profondeur avec les distances où l'on veut conduire l'eau, avec l'élévation du terrain où le canal se termine, avec la masse d'eau qui est nécessaire pour arroser les propriétés dans toute leur étendue; voilà pourquoi on voit en Boukharie des canaux profonds et larges de plus d'une toise, d'autres moitié moins profonds, d'autres dérivés de ceux-ci, et dont quelques-uns n'ont pas deux pieds de profondeur. Ces canaux s'encombrent facilement de sable ou d'argile; il faut alors les déblayer, et on porte la terre qu'on en retire sur les champs trop bas. On a soin de maintenir un niveau convenable entre les champs et les canaux.

---

(1) *Voyage d'Orenbourg à Boukhara, faiten 1820, par M. le baron Georges de Meyendorff.* Paris, Dondey-Dupré, 1826, in-8, page 197. L'auteur a bien voulu nous permettre de citer son excellent ouvrage.

Quelques terrains sont tellement imprégnés de sel, que la surface en est couverte d'une croûte blanchâtre, et ils seraient impropres à la culture si on n'en mélangeait pas la terre avec d'autres de meilleure qualité; telles sont les difficultés que la nature oppose à l'agriculture en Boukharie, difficultés qui n'ont pu être surmontées que par le travail persévérant d'une population industrieuse. Nettoyer les canaux, hausser ou abaisser le niveau des champs, amender les terres en les mélangeant, telles sont les occupations des Boukhares pendant l'hiver, depuis le mois de décembre jusqu'en mars. Les canaux se déblayent sous l'inspection d'un *mirab* ou *inspecteur des eaux* nommé par le gouvernement. C'est pendant les hautes eaux, ou depuis le mois de décembre jusqu'à la mi-mars, et en été à la fonte des neiges sur les montagnes, que l'irrigation a lieu; elle se fait avec un certain ordre; on a égard à la hauteur des champs et à la quantité d'eau qui est dans le canal. Les mirabs dirigent ces irrigations.

On fume aussi les terres; mais comme les cultivateurs n'ont que très-peu de bétail à cause du manque de prairies et de la cherté de foin, le fumier est rare. On le recherche avec d'autant plus de soin que grand nombre de Boukhares l'emploient au lieu de bois pour se chauffer. On ne répand le fumier sur les champs qu'après que le blé a poussé, et que l'irrigation a eu lieu, afin que l'eau ne lui ôte rien de sa force.

Le fer et le bois sont très-chers en Boukharie; les instruments d'agriculture sont, malgré cela, solides et bien faits. La herse consiste en une grosse planche large d'environ deux pieds et percée de gros clous à pointe un peu recourbée. La charrue, traînée ordinairement par des bœufs, ne consiste qu'en un timon fixé à une pièce de bois dont la pointe est de fer ou de fonte et en forme de cœur.

Les chariots sont à deux roues très-hautes et très-lourdes; ils n'ont pas de ferrures et ne servent que pour les travaux agricoles, surtout à transporter la terre d'un champ dans un autre et la récolte à la maison du propriétaire. Cette voiture est commode en ce qu'elle verse rarement lorsqu'on traverse de petits canaux.

Les champs sont partagés en *tanabs*, mesure agraire qui représente une surface de trois mille six cents pas carrés. Les côtés de ces tanabs, garnis de gazon, forment de petites digues qu'on perce facilement pour laisser écouler l'eau d'une de ces divisions dans une autre. Le prix des terres varie de deux cents à deux mille francs le tanab, d'après la qualité du fonds, la facilité de l'arrosement et la proximité des grands marchés et des grandes villes. Le prix moyen est d'environ six cents francs.

On sème le froment en automne, on le moissonne en juillet; on laboure immédiatement le champ pour y semer des pois qu'on récolte la même année. Outre les pois ordinaires on en a une espèce, nommée *masch*, qui est noirâtre et plus petite que des lentilles. Ces pois, qui forment la nourriture des pauvres gens, se vendent à très-bon marché. Lorsqu'un Usbeck veut se moquer d'un pauvre Tadjic, il lui donne le sobriquet de *mangeur de masch;* et celui-ci pour se venger appelle le nomade Usbeck *mangeur de fromage*, c'est-à-dire qui n'a pas même de pain. Avec le masch on sème ordinairement du *koundjit,* ou bien du *zagar*, variétés de sésame, dont les graines sont employées à faire de l'huile.

Les Boukhares cultivent des espèces de fèves qu'ils nomment *loubia* (1).

On sème l'orge du 1er au 10 mars, et on la récolte avant le froment; cette céréale remplace l'avoine, dont on ne fait pas usage en Boukharie. Le djougara (*holcus saccharatus*) est semé vers la mi-mars et se récolte à la fin de juillet, après le millet et le froment. Les grains en sont blancs, de la grandeur de petits

(1) Peut-être sont-ce des haricots, l'*alubia* de quelques provinces d'Espagne.

J'ignore l'étymologie de l'expression *loubia* : plusieurs lexicographes, parmi lesquels on peut citer Meninski et le dernier éditeur du dictionnaire persan-anglais de Richardson, M. Johnson, donnent ce mot comme persan; d'autres le font venir du grec λοβός. Quoi qu'il en soit de son origine, cette expression est souvent employée par les auteurs arabes, et notamment par Avicenne, p. 201 de l'édition de Rome, et par Ibn Awwam (*Libro de Agricultura*, traducido al Castellano y anotado por don Joseph Antonio Banqueri; Madrid, 1802, tom II, p. 64 et 65.) L. D.

pois, farineux, et servent à la nourriture des chevaux que cette alimentation fait engraisser facilement, mais sans les rendre aussi robustes que l'orge et l'avoine. La graine du djougara se réduit aussi en farine que les pauvres mêlent à celle de froment pour faire du pain. La tige de la plante a environ cinq pieds de haut, un pouce d'épaisseur près de la racine, et porte des feuilles longues d'un pied. Le djougara un est excellent fourrage. On le sème souvent une seconde fois à la fin de l'été pour le couper en vert. Cette plante aime un terrain humide et un temps chaud. Il faut que les tiges soient séparées par un intervalle d'un pied au moins. On entoure communément les tanabs de djougara de quelques rangées de pieds de chanvre, dont les graines, ainsi que celles du coton, s'emploient à faire de l'huile.

Le djougara, le froment et les melons sont les plantes qui épuisent le plus le sol.

On sème le cotonnier vers la fin de mars dans les tanabs où l'on a récolté le djougara. On cueille les capsules trois fois par an jusqu'aux premières neiges. On laisse alors reposer la terre jusqu'à l'automne suivant.

Le riz n'est pas cultivé dans les environs de Boukhara; il en arrive une très-grande quantité de Schéhérisebze et même de l'Inde : ce dernier est le plus recherché. Comme il n'y a point de prairies dans les oasis de la Boukharie, on y sème une herbe qui pousse très-vite, qu'on fauche quatre ou cinq fois par an, qu'on met ensuite en bottes et qui tient lieu de foin. Cette herbe extrêmement grasse est très-nourrissante pour les chevaux et les bêtes de somme; on en a de fraîche pendant presque toute l'année.

On voit dans le pays de Boukhara un grand nombre de jardins et de vergers très-vastes, parce que les fruits sont un objet considérable de consommation dans l'intérieur, et d'exportation pour les pays voisins. Les grands jardins sont ordinairement partagés en plusieurs enclos ; l'un renferme un verger, un autre une vigne, un troisième un potager, un quatrième un parterre planté des meilleurs arbres fruitiers, avec un pavillon situé généralement près d'un petit étang carré auquel aboutissent les canaux qui servent à arroser le jardin. Ces jardins sont de forme régulière ; des allées droites en longent les murs ; d'autres mènent au pavillon ; toutes sont garnies de plates-bandes couvertes de fleurs et d'arbustes. Les fleurs sont des roses de différentes couleurs, des iris bleus, des asters, des mauves, des pavots, des giroflées, des soleils. Quant aux arbustes, M. de Meyendorff n'a remarqué que la boule-de-neige et le gaînier, ou arbre de Judée.

Au mois de mars les jardins offrent un spectacle enchanteur par le grand nombre de pêchers, d'abricotiers et de gaîniers qui y fleurissent en même temps. Il y a aussi près de Boukhara des cerisiers, des pommiers, des cognassiers, des poiriers, des pruniers, des figuiers, et des grenadiers. Les fruits de ces arbres sont très-doux, mais trop aqueux et sans parfum.

On trouve à Boukhara des raisins de différentes espèces, entre autres du *kischmisch*, ou raisin sans pepins. En hiver on couvre de terre la vigne et le grenadier.

La manne est très-commune en Boukharie. On l'emploie dans différents mets et dans les confitures. On la trouve comme une poussière blanche sur le *tikan*, plante qui croît en grande quantité dans les déserts autour de Karschi. Pour recueillir la manne, on étend un linge sous cette plante qu'on secoue pour en faire tomber la poussière blanchâtre. Une livre de manne vaut à peu près sept sous.

« Nous trouvâmes à Boukhara, dit M. le baron de Meyendorff, plusieurs plantes potagères connues en Europe, telles que des betteraves, des navets, des choux, qu'on ne sait pas conserver, des raves, des carottes courtes et grosses, des oignons, des concombres, et d'excellents melons à écorce verte et à chair blanche. Les pommes de terre et les artichauts y sont inconnus. »

La partie occidentale du pays n'a pas de forêts, on tire les bois de construction des montagnes situées dans le territoire de Samarcande, où l'on fait des trains qui descendent sur le Zerafschane jusqu'à Boukhara et Karakoul. Tous les arbres qu'on voit dans les oasis sont plantés ou semés, et poussent très-promptement; ce sont des saules, des peupliers, des platanes, des arbres fruitiers, des mûriers, et un arbre fort grand dont le feuillage est touffu et le bois dur. Il orne parfaitement les jardins. On ne brûle pas à Boukhara d'autre bois que les branches de ces différents arbres, et des broussailles apportées des déserts voisins, où on les détruit parce qu'on les arrache avec leurs racines.

§ II. *Haras et Chevaux.*

Les haras sont des établissements d'une haute importance dans la Boukharie. On possède dans ce pays trois races bien distinctes de chevaux, savoir : le cheval turcoman, qu'on trouve dans les parties occidentales et méridionales du khanat;

Le cheval usbeck, qui vient du nord de Boukhara et du canton de Miankal;

Le cheval de Khokande, qui se trouve dans les environs de Samarcande.

Outre ces trois races, il en existe deux autres moins estimées qui sont : le cheval kirguize et une race qui provient du croisement du cheval turcoman et du cheval usbeck.

Le cheval turcoman est d'une taille élevée, bien fait, et a les jambes fines. Son cou est long, et il porte la tête avec grâce. Sa plus grande beauté consiste dans le brillant de son poil. On lui reproche d'avoir la poitrine un peu étroite et la queue peu fournie. Il a quelquefois aussi le dos ensellé. Si nous en croyons M. Khanikoff, ces défauts suffisent pour le rendre incapable d'entreprendre de longs voyages, et il y aurait même du danger à s'aventurer avec une pareille monture dans les steppes des Kirguizes. Les soins excessifs qu'on prend de ces chevaux à Boukhara les rendent trop délicats, et il leur serait impossible de trouver de quoi vivre dans la steppe, même en été. Nous voyons cependant ces mêmes chevaux, lorsqu'ils sont élevés et entretenus par des Turcomans, faire preuve des qualités les plus étonnantes. Il faut croire d'après cela que les Boukhares ne s'entendent pas à leur donner les soins convenables, ou que les Turcomans ne vendent que le rebut de leur race chevaline.

Le cheval turcoman, si nous en croyons M. Burnes, est un animal grand et robuste, plus remarquable encore par sa force et sa vigueur que par la beauté et l'élégance de ses formes. Il a l'encolure noble et fière; mais la longueur de son corps le rend désagréable aux yeux d'un Européen. Ce défaut est amplement compensé par le fond qu'on trouve en lui. Les soins assidus et intelligents que les Turcomans prennent de leurs chevaux expliquent la force de ces animaux. On leur donne une nourriture extrêmement simple. Ils ont de l'herbe à des heures réglées, le matin, le soir et à minuit. Après qu'ils ont mangé pendant une heure de suite, on les bride, et jamais on ne les laisse ronger et grignoter comme en Europe. Les Turcomans préfèrent pour leurs chevaux les fourrages secs. Quand ils leur donnent de l'orge verte, ils ne leur font pas manger de grain. Quand ils sont au sec, on leur donne une fois par jour huit à neuf livres d'orge. La longueur des intervalles entre les heures où ils prennent leur nourriture accoutume ces animaux à supporter les privations. On ne leur donne aussi que fort peu à boire.

Un Turcoman sur le point d'entreprendre une expédition, prépare, ou, comme il dit, *rafraîchit* son cheval. Après l'avoir soumis à une longue privation de nourriture, il le fait galoper. Si le cheval boit abondamment, c'est un signe qu'il n'est pas suffisamment dégraissé. On le fait encore jeûner et galoper de nouveau, jusqu'à ce qu'il donne cette preuve regardée comme indispensable. Le Turcoman abreuve son cheval quand celui-ci est échauffé, puis il le fait courir pour élever l'eau à la température du corps de l'animal. Il faut croire que l'ensemble de ce régime est bien entendu, car les chairs du cheval turcoman prennent de la fermeté, et l'animal acquiert une vigueur incroyable. Burnes affirme que quelques-uns de ces chevaux ont parcouru jusqu'à deux cent quarante-huit lieues de poste de deux mille toises en sept et même en six jours (1).

A l'occasion de leurs mariages, les

---

(1) Voyez tome III, page 214. Ce fait nous paraît tellement extraordinaire que nous avons cru devoir indiquer le passage de M. Burnes
L. D.

Turcomans font des courses. La distance à parcourir est toujours de huit à dix lieues de poste. Dans ces occasions les chevaux sont montés par des enfants de huit à dix ans, et celui qui a remporté le prix est promené en pompe dans le voisinage.

La race des chevaux turcomans est extrêmement pure. Quand ces animaux sont très-échauffés à la suite d'un travail violent et trop prolongé, une des veines de leur cou s'ouvre naturellement. D'abord, dit M. Burnes, je n'ajoutai pas foi à cette assertion; mais enfin il fallut bien me rendre au témoignage de mes yeux. Les Turcomans hongrent leurs chevaux, et c'est une opinion universellement répandue parmi eux que ces animaux deviennent alors plus alertes et supportent mieux les grandes fatigues que les étalons. Ils sont persuadés aussi que leurs chevaux ont l'ouïe extrêmement fine, et ils s'en reposent quelquefois sur les juments pour leur donner l'alarme en cas d'approche d'un ennemi.

M. Burnes fut très-vivement frappé de la belle encolure des chevaux turcomans. On lui assura, mais il ne put vérifier l'exactitude de ce fait, qu'on les renferme souvent dans une écurie qui ne reçoit le jour que par une lucarne percée dans le toit, ce qui accoutume le cheval à regarder en l'air et lui donne un port si noble. Il est rare que l'on trouve à acheter ces admirables chevaux turcomans. Leurs maîtres ont pour eux une affection aussi vive que pour leurs propres enfants. M. Burnes avoue que ceux que l'on peut se procurer facilement dans le pays même sont parfois très-ordinaires; mais il en existe d'excellents, ceux-ci ne laissent absolument rien à désirer, et doivent être placés au-dessus de toutes les races de l'Asie même du monde entier. Il cite un fait qui viendrait à l'appui de son opinion. Des chevaux turcomans, admis dans la cavalerie anglaise aux Indes, faisaient encore au bout de vingt ans admirablement leur service, et les officiers de l'arme, jugés irrécusables en pareille matière, les regardaient, malgré leur âge, comme supérieurs à tous les autres.

Le cheval usbeck est plus petit que le cheval turcoman, mais il a une très-grande force, et les défauts qu'on remarque en lui tiennent à la manière dont il est dressé. Il ne va bien ni au pas ni au trot, et n'a guère d'autre allure que le galop. Les Usbecks ne hongrent jamais ces animaux.

Les chevaux de Khokande sont très-forts et portent de très-lourds fardeaux. On leur met sur le dos deux grandes tentes et une batterie de cuisine, sans compter le cavalier.

En général, le prix des chevaux n'est pas élevé dans la Boukharie. Ceux des trois dernières races dont nous avons parlé ne valent pas plus de 5 à 15 tillas (1). Les chevaux turcomans sont les plus chers; mais ils ne dépassent guère 100 tillas. La moyenne du prix des chevaux varie de 50 à 70 tillas.

§ III. *Ânes. — Chameaux. — Bêtes à cornes. — Moutons. — Volailles. — Pêche. — Chasse et Commerce de pelleteries.*

Les Boukhares élèvent un nombre considérable d'ânes. Ces animaux sont grands et robustes. Ils rendent de grands services dans le pays, où on les monte et où on les emploie au transport des denrées d'une ville à une autre. On rencontre souvent dans les parties septentrionales de la Boukharie des troupes d'ânes que des maquignons vont vendre dans les bazars des villes.

Les tribus errantes de la Boukharie élèvent un grand nombre de chameaux. Ces animaux servent exclusivement au transport des marchandises dans les pays éloignés. On a remarqué que les chameaux boukhares ont pour l'ordinaire la peau très-lisse, et muent en été. On a soin de recueillir le poil qu'ils perdent alors, et l'on en fait une espèce de drap d'un tissu serré, épais et imperméable à l'eau. Le climat paraît être extrêmement favorable à la constitution du chameau, et les arbustes épineux qu'il broute contribuent

(1) *Tila*, et non tilla, ainsi que nous écrivons pour nous conformer à l'orthographe des voyageurs européens, veut dire *or* en persan; on dit *tila*, comme on disait *aureus* en latin, pour désigner une *pièce d'or*. Le tilla équivaut à peu près à 16 fr. 66 c. de notre monnaie. L. D.

peut-être à entretenir sa vigueur. Le chameau de la Boukharie marche aisément pendant quatorze heures de suite. Les gens qui le conduisent évitent autant que possible de le faire voyager le jour. En Boukharie, ces animaux ne peuvent pas rester longtemps sans boire. Si la température est élevée, ils souffrent beaucoup de la soif après le second jour, et en hiver ils ne peuvent pas se passer d'eau plus de quatre jours. Les marches ordinaires pour ces chameaux sont de douze lieues de poste. Ils marchent pendant 15 heures, et portent un poids de plus de 600 livres. On les paye de 5 à 10 tillas, suivant leur âge et leur vigueur.

Les races bovines laissent beaucoup à désirer dans la Boukharie. Les taureaux et les vaches y sont si petits et si maigres qu'un Européen a d'abord de la peine à reconnaître en eux des bêtes de la même espèce que celles qu'il a vues dans son pays. La viande de bœuf étant beaucoup moins bonne et beaucoup moins estimée que celle du mouton, les Boukhares ont négligé l'amélioration de la race. Malgré leur petitesse, ces bœufs ont encore assez de force pour faire le travail que le cultivateur exige d'eux, et on les emploie à labourer les champs. Le prix des taureaux et des vaches varie dans les marchés de 2 à 5 tillas.

On trouve peu de buffles aux environs de Boukhara; mais dans le district de Samarcande ils sont nombreux, et les habitants qui s'en servent pour les travaux des champs s'occupent avec soin d'améliorer la race.

Le laitage et le beurre en particulier sont mauvais et chers à Boukhara.

Les moutons sont de race kirguize. Les Arabes qui s'occupent de les élever, en prennent un fort grand soin. Les profits qu'ils réalisent sur la vente de la viande, de la laine et des peaux, les dédommagent amplement de la peine qu'ils se donnent.

On élève peu de volaille dans la Boukharie, excepté toutefois dans le voisinage des grandes villes. On ne trouve dans les marchés qu'un petit nombre de canards domestiques : en revanche les canards sauvages y sont en grande quantité.

Les habitants des rives de l'Oxus se livrent avec ardeur à la chasse et à la pêche. Ils poursuivent indifféremment les tigres, les léopards, les faisans et les esturgeons. Ils vendent à Tscharjoui le produit de leur chasse et de leur pêche, ou, s'il fait froid, ils le portent jusqu'à Boukhara, où ils en tirent un parti plus avantageux.

« La chasse, dit M. le baron de Meyendorff, est du petit nombre des plaisirs des Boukhares; ils prennent dans leurs déserts avec des lacets une grande quantité de fouines et de renards dont ils envoient les peaux en Russie. Comme ils ne possèdent que des fusils à mèche, ils préfèrent à la chasse au tir celle à l'oiseau. Ils ont aussi des lévriers noirs et à longs poils sur les oreilles, comme ceux de Crimée.

« Rien ne paraissait plus étonnant aux Boukhares que de nous voir tirer un oiseau au vol ou en tuer plusieurs d'un coup. Ils accouraient de tous côtés pour admirer ce prodige, et s'extasiaient en répétant les exclamations favorites *barac Allah*, *barac Allah* (que Dieu bénisse!) Leur étonnement était naturel, parce qu'ils ne connaissent pas le petit plomb, et qu'il leur faut plusieurs minutes pour lâcher un coup de fusil; car ils s'étendent à terre, posent leurs armes, ordinairement très-longues, sur une fourche qui y est attachée, et font alors par le moyen d'un ressort frapper la mèche à plusieurs reprises sur le bassinet jusqu'à ce que le coup parte. »

Le produit de la pêche est insignifiant; on trouve au marché de Boukhara quelques poissons apportés de l'Amou-Déria et du lac Karakoul.

Le commerce des fourrures n'est pas très-considérable dans le pays. Il se trouve entre les mains des Kirguizes et des Karakalpaks, qui habitent les parties septentrionales du khanat. Ces hommes chassent principalement des renards et des martres; car on ne trouve guère de débouchés pour les peaux de tigre et de léopard.

§ IV. *Commerce.*

Les villes les plus commerçantes après la capitale sont Samarcande et Karschi. On y remarque un nombre de boutiques fort considérable et peu en rapport avec les affaires qui se font dans le pays. Il y a dans ces boutiques un grand nombre d'objets de manufacture russe. Le commerce intérieur ne rapporte que de très-légers bénéfices aux personnes qui s'en occupent, et l'on peut dire que si les marchands continuent ce trafic, c'est bien plutôt par habitude que pour toute autre cause. On conçoit aisément que dans un pays où les communications sont difficiles le commerce intérieur rencontre des entraves qui arrêtent son développement. Les routes sont en général dans un mauvais état, et beaucoup trop étroites dans les parties fertiles du khanat, où l'on cherche avant tout à ménager le terrain. Les ponts se trouvent la plupart dans un état de dégradation tel qu'il serait imprudent de passer dessus. Il existe des routes où, dans la saison des pluies, il est absolument impossible de faire avancer les chevaux et les chameaux chargés. Quelquefois on met quinze jours à parcourir une distance de moins de cinquante milles.

La position géographique de Boukhara a rendu cette ville l'entrepôt du commerce du Turquestan. C'est le point central où vont aboutir toutes les routes entre l'Asie orientale et l'Asie occidentale et où s'approvisionnent les pays au sud de cette ville, parce qu'à ses portes même commencent des steppes qui s'étendent jusqu'à la frontière russe. Les marchandises importées à Boukhara ne s'y vendent point en détail ; mais elles sont achetées en gros par des marchands qui les expédient ensuite dans leur pays. Le khan se mêle un peu au mouvement commercial. Il établit des douanes, bâtit des caravansérais et des réservoirs sur les routes. Tous les négociants sont sur le même pied d'égalité, et aucune nation, aucune tribu n'est plus favorisée que l'autre. Les marchands musulmans paient un droit de 2 1|2 pour 100 sur leurs denrées, et les infidèles, c'est-à-dire les non-musulmans, 5 pour 100.

Le commerce que les Boukhares entretiennent avec la Russie remonte à une époque fort ancienne, et mérite, par son importance, d'occuper une place tout à fait à part. Les transactions se font au moyen de caravanes qui partent de Boukhara, et arrivent pendant l'été à trois différents points du gouvernement d'Orenbourg et à un endroit de la ligne de la Sibérie. La première caravane part de Boukhara aussitôt après l'équinoxe du printemps, et quelquefois même avant cette époque. Les marchands qui composent la caravane font des arrangements avec les Kirguizes, qui s'engagent à transporter les ballots et à les rendre à leur destination, à Troïtsk.

La seconde caravane sort de Boukhara un mois plus tard, et reste plus longtemps en route que la première, parce que les chameaux étant maigres et fatigués au printemps, les Kirguizes qui les louent font des haltes fréquentes dans les endroits où l'on trouve de l'herbe. Ils visitent aussi les campements où ils savent rencontrer des parents ou des amis, et ils arrivent rarement sur les bords du Sir avant le milieu du mois de mai. Les marchands auxquels appartiennent les marchandises de la caravane connaissent parfaitement toutes ces causes de retard, et ne quittent Boukhara que longtemps après les chameaux. Cette seconde caravane se rend directement à Orenbourg. Quelques marchands s'en détachent cependant pour aller à Orsk.

La troisième caravane, la plus importante de toutes, quitte Boukhara du milieu à la fin de mai. Elle se dirige en droiture vers la frontière russe, où elle arrive au bout de quarante-cinq à cinquante jours.

Les caravanes qui se rendent de Russie en Boukharie partent de la mi-septembre à la mi-novembre. La première de ces caravanes part de la ville de Troïtsk. Elle transporte à Boukhara un grand nombre d'instruments et d'objets de fer que les marchands ont achetés dans le gouvernement d'Orenbourg. N'étant pas obligés d'attendre la foire de Nidjni-Novgorod pour s'y approvisionner, ces marchands devancent leurs confrères. Vers la même époque on voit partir de la ville d'Orsk de petites caravanes de Tartares. La grande caravane d'Orsk quitte cette ville au commencement de novembre. Ces différentes caravanes voyagent d'abord séparément à cause de la rareté du combustible. Mais dès qu'elles sont arrivées aux steppes où le saksaoul (1) croît en abondance, elles se réunissent et cheminent ensemble à petites journées. Les Kirguizes, sous prétexte d'échanger leurs chameaux faibles et fatigués contre d'autres en bon état, forcent les marchands de la caravane à s'arrêter dans les campements, quelquefois pendant des semaines entières. On conçoit tous les obstacles que doivent présenter au commerce de pareils moyens de transport. Mais les bénéfices que réalisent les marchands sont tellement considérables que ces gens avides ne se laissent pas décourager. Les Kirguizes qui louent des chameaux gagnent de cette manière quelque argent, et de plus, ils ont l'avantage de satisfaire leur goût décidé pour le changement de place. Ils jouissent en outre de la satisfaction d'acheter à Boukhara de vieux turbans sales et de longues ceintures dont ils se parent à leur retour dans leurs campements. Ils mettent presque toujours pour condition à leurs marchés avec les Russes qu'on leur fera quelques petits cadeaux pour leurs femmes et leurs filles : ce sont quelquefois des sortes de robes qui rappellent les couleurs de l'arc-en-ciel, ou d'autres objets de toilette dans le même goût. Quoique tous les Kirguizes soient des brigands, les marchands russes et boukhares ne se plaignent pas trop de leur manque de probité. Quelquefois cependant ils mouillent les balles de coton, afin de les rendre plus lourdes et de se faire payer davantage. Mais on peut prédire qu'ils ne dépasseront jamais certaines limites ; ils ont un intérêt trop grand à conserver le monopole des transports à travers les steppes.

Les marchandises principales que l'on importe de Boukharie en Russie sont : le coton, des fruits secs, du riz, des soies écrues et des soies teintes, de l'indigo, du *baze* (1) blanc et du *baze* teint, des *khilats* ou robes et des ceintures de soie, de petits bonnets connus sous le nom de *tubeti*, des châles, des fourrures et des turquoises. Le coton forme la partie la plus importante de ces exportations, et la demande augmente en Russie tous les jours.

En échange de ces denrées, les marchands russes fournissent à l'Asie centrale, par l'entrepôt de Boukhara, des percales, des calicots, des étoffes de soie et des draps; ils fournissent aussi des fourrures et du fer. Les manufacturiers qui travaillent pour les marchés de l'Asie centrale devraient étudier avec plus de soin, dit M. Khanikoff, le goût des Asiatiques. Ainsi les figures d'animaux sur les étoffes ne peuvent guère convenir à des musulmans, qui ont en horreur et considèrent comme une idolâtrie toute représentation d'un être vivant. Les manufacturiers devraient aussi avoir l'attention de varier un peu leurs tissus pour la couleur et la qualité. Souvent une modification peu importante en apparence influe d'une manière notable sur la vente. On a remarqué que les marchands russes ont augmenté de beaucoup leur débit en expédiant à Boukhara des petits pains de sucre au lieu d'y en envoyer des gros. Les Boukhares ont coutume de donner du sucre en cadeau à leurs amis; or, comme il serait malhonnête d'offrir un pain coupé, les petits pains leur permettent d'être généreux sans faire de trop grandes dépenses. Pour donner une idée de l'extension qu'a pris aujourd'hui le commerce entre Boukhara et la Russie,

---

(1) Le *saksaoul* des Kirguizes est la *salsola* ou *soude* de nos botanistes. Cette plante, comme on l'apprend par le curieux mémoire de M. Pander, naturaliste attaché à l'ambassade de M. de Négri à Boukhara, en 1820, acquiert la hauteur de petites broussailles déjà en deçà des monts Mougodjars. Elle devient plus grande à mesure qu'on avance vers le sud, et atteint ses plus fortes dimensions sur les bords du Djanderia, où elle est un arbre véritable, forme des bosquets et couvre la rive droite du lit desséché de ce fleuve. On ne saurait encore déterminer, suivant M. Pander, jusqu'où le saksaoul s'étend au sud. Il est certain qu'on le trouve en très grande quantité dans les environs de Boukhara, où l'on en fait un charbon estimé, supérieur à tous les autres. Il est étonnant, observe M. Pander, que le saksaoul atteigne ici une hauteur si considérable, tandis que les autres plantes connues sous le nom de *plantes salines* ne s'élèvent que de un à trois pieds au-dessus du sol. Le saksaoul pousse dans le sable et dans l'argile, mais dans celle-ci seulement il acquiert les dimensions d'un arbre; tandis que dans le sable il reste à l'état de broussailles. (Voyez Meyendorff, *Voyage d'Orenbourg à Boukhara*, page 367.)

(1) M. Khanikoff, ou plutôt son traducteur anglais, M. le baron de Bode, auquel nous empruntons ces détails, donne le mot *baze* sans aucune explication; mais *baze* ou *bèze*, comme on prononce, je crois, plus ordinairement, veut dire, en turc, *toile de coton*, et c'est, si je ne me trompe, le sens qu'il doit avoir ici; *bèze* signifie en persan *lin fin*. — L. D.

il suffira de dire que le transport des marchandises entre les deux pays occupe annuellement de cinq à six mille chameaux, dont chacun porte une charge de plus de 600 livres. Le commerce d'exportation des marchandises russes augmente chaque année. La valeur totale de ces marchandises fut en 1828 de 1,180,600 francs, et en 1840 elle atteignit 3,283,654 francs.

Les relations commerciales et les échanges de denrées entre le khanat de Boukhara et la Khivie ont lieu d'ordinaire vers la fin de l'automne ou en hiver. Pendant l'été les bords du Sir-Déria sont infestés de myriades de cousins qui rendent le voyage très-pénible. Cette circonstance, jointe à la nature même des denrées qu'échangent les deux pays, fait que les marchands préfèrent la saison froide pour leurs expéditions. Les principaux produits que les Boukhares tirent de la Khivie sont des pommes et des peaux de taureau. Mais ces denrées ne sont pas assez importantes pour devenir l'objet d'un commerce suivi. On porte de Khiva à Boukhara une quantité considérable d'objets de manufacture russe, et c'est là proprement ce qui fait la base des transactions commerciales entre les deux pays. Les marchands khiviens vont se fournir directement à Orenbourg, et arrivent dans leur pays avant que les caravanes destinées à Boukhara atteignent cette dernière ville. C'est là un avantage dont ils tirent souvent parti. On voit que le commerce entre Boukhara et la Khivie ne peut pas être extrêmement considérable. On a calculé que le nombre des chameaux employés au transport des marchandises entre les deux khanats varie de 1,000 à 1,500, sans jamais excéder ce dernier nombre.

La ville de Meschehed, en Perse, envoie tous les ans trois ou quatre caravanes à Boukhara. La plus importante est celle qui part en hiver pour arriver au commencement du printemps, époque à laquelle les peaux d'agneau que cette caravane va chercher en Boukharie sont à un prix moins élevé. Les caravanes de Meschehed importent dans la Boukharie des étoffes de soie et de coton fabriquées en Perse, des châles du Kirman, des indiennes, des mousselines, des percales et des calicots anglais, des tapis de Perse et de la Turcomanie, des turquoises, dont la plus grande partie passe plus tard en Russie. Le nombre des châles de manufacture persane est assez peu considérable. Les Boukhares s'en servent pour faire des ceintures. Ces caravanes rapportent au retour, comme nous venons de le dire, un nombre considérable de peaux d'agneau, ainsi que du coton et du riz. Elles ne prennent que fort peu d'objets manufacturés dans la Boukharie, parce qu'on ne trouve pas à s'en défaire en Perse.

La ville de Boukhara reçoit encore de Hérat et du Cachemire des châles qui sont exportés ensuite en Russie. On envoie du Caboul à Boukhara quelques objets de manufacture anglaise de qualité inférieure et en bien plus petite quantité que de Meschehed. Le commerce principal entre les deux pays, c'est l'indigo qui a un grand débit à Boukhara, d'où on en exporte une partie en Russie. Boukhara reçoit encore par le pays de Caboul plusieurs denrées de l'Inde, différentes drogues pour la teinture, des tissus de coton et entre autres des mousselines que l'on place toujours avantageusement dans la Boukharie, parce que les hommes en portent aussi bien que les femmes, circonstance qui double la consommation.

Le commerce entre Caboul et Boukhara occupe 3,000 à 3,500 chameaux. Un fait singulier, c'est qu'on ne les emploie sur cette route que depuis quinze ou vingt ans. Autrefois on était persuadé que les chameaux ne pouvaient pas surmonter les difficultés du terrain, et l'on se servait de chevaux, ce qui rendait les transports extrêmement coûteux. Boukhara, de son côté, envoie à Caboul, à Hérat et à Cachemire, des soies en petite quantité, des cotons et des peaux d'agneau; mais les principaux objets d'exportation sont les marchandises et l'or russes.

Boukhara entretient un commerce assez actif avec Khokande, Taschkende, Caschgar et Yarkende. Deux grandes caravanes se rendent tous les ans de Khokande à Boukhara, l'une au commencement de l'été, et l'autre à la fin de l'automne. Ces caravanes portent à Boukhara différents produits de la Chine.

Le commerce avec Khokande et Taschkende continue pendant toute l'année sans interruption. Les articles que l'on importe par cette voie à Boukhara consistent en thés, porcelaines et étoffes de soie, et quelques objets de fer et d'acier de manufacture russe en petite quantité. Ces dernières marchandises sont transportées de la ligne de la Sibérie à Taschkende, d'où on les envoie à Boukhara en beaucoup moins de temps que par toute autre voie. Le fer et l'acier qui arrivent à Hissar, à Badakhschane, à Khouloum et à Meïmanch, sont achetés pour la plus grande partie par des marchands de Taschkende et de Khiva. Boukhara exporte à Khokande et à Taschkende du coton et des drogues pour la teinture.

Dans un excellent article, ou plutôt dans un savant mémoire, qui a pour titre : *Tendances industrielles et commerciales de quelques États de l'Europe* (1), un économiste distingué, M. Théodore Fix, a tracé un tableau succinct et curieux des relations commerciales de la Russie avec le Turquestan. Nous l'insérons ici comme conclusion, car il résume très-bien l'état du grand commerce dans la Tartarie indépendante :

« En pénétrant dans les régions asiatiques, nous trouvons dans les provinces du sud-est de nombreuses relations avec la Perse et tout le Turquestan. Les communications ont leur origine dans la Géorgie et dans les ports de la mer Caspienne. Une route, en quittant Tiflis, traverse Van, Tauris, Rescht, et arrive à Téhéran. Orenbourg et Astracan sont en relation avec Meschehed, Hérat, Khiva, Boukhara et Balkh. Asterabad est l'entrepôt des marchandises qui arrivent de Téhéran et de la mer Caspienne, et qui sont expédiées pour Khiva, Boukhara, le Caboul et l'Afganistan, par Meschehed, où la route se bifurque vers Boukhara et Hérat. Les marchandises des ports de la mer Caspienne destinées à Khiva débarquent dans le golfe de Balkan à Manguischlak, d'où il leur faut encore une quinzaine de jours pour arriver à leur destination. La distance est plus courte d'Alexandrow ; mais en revanche il faut trente-trois jours pour aller d'Orenbourg à Khiva. Boukhara expédie ses caravanes pour la Chine, l'Inde, l'Afganistan, la Perse et la Russie. C'est la ville la plus active et la plus industrieuse du Turquestan. Elle communique avec Orenbourg par l'Ilek, les déserts de Kara-Koum et de Kizil-Koum par la côte nord-est du lac Aral. Les caravanes mettent soixante jours pour franchir la distance entre les deux villes. Les marchandises russes d'Orenbourg destinées au Caboul passent également par Boukhara. Troïtsk, situé sur l'Oui, acquiert chaque jour plus d'importance, et cette ville sert d'entrepôt aux marchandises d'Irbit et d'Iekaterinbourg, qui sont destinées au Turquestan et au Caboul. Petropawlowsk, plus à l'est, est la station du commerce de Tobolsk et d'Omsk avec Boukhara. Enfin une troisième route se dirige du gouvernement de Tomsk par Semipalatinsk et les steppes de la Dzoungarie sur le Turquestan et Boukhara. Il faut quatre-vingts jours pour franchir cette distance. Semipalatinsk, ainsi que nous le verrons plus bas, est aussi devenu un entrepôt des marchandises russes exportées pour la Chine, qui se rencontrent dans la Dzoungarie avec les produits envoyés de Boukhara par Khokande, Caschgar et Yarkende. »

§ V. *Arts et métiers.*

Il n'y a dans toute la Boukharie aucune grande manufacture. Les fabriques qu'on voit dans ce pays n'emploient jamais plus de quatre ou cinq ouvriers à la fois.

La mise en œuvre du coton, qui est une des productions les plus importantes du pays, emploie beaucoup de bras, surtout pour séparer le coton des graines. Cette opération se fait au moyen d'une petite machine de bois composée de deux cylindres d'un pouce d'épaisseur qui tourne à l'aide d'une manivelle. On place la capsule du cotonnier très-près de ces cylindres, et les graines qui ne trouvent pas un espace suffisant pour passer se détachent du coton. C'est l'occupation ordinaire des femmes, qui par ce travail payent les frais de leur entretien dans le harem. Quarante livres de capsules de coton donnent dix livres

---

(1) Voyez le *Journal des économistes*, tom. XI, pag. 380.

de fil qui font environ vingt kars (1) de toile. Une partie de cette toile de coton passe chez les teinturiers et les imprimeurs, et est consommée dans le pays; le reste est envoyé au dehors. On fabrique en Boukharie des étoffes de soie dans lesquelles il entre du coton. Ces étoffes sont généralement solides et bon teint.

Les Turcomans envoient à Boukhara des couvertures rayées pour les chevaux, des tapis de laine d'une qualité médiocre, des tissus de poil de chameau et des manteaux de feutre.

Les Boukhares ne savent pas bien tanner les cuirs, cependant ils font d'excellents chagrins de toutes couleurs. Ils se servent pour cela de peaux de mouton, de bouc et d'âne.

Quelques ouvriers travaillent bien l'acier, et font d'excellents couteaux. Les armuriers fabriquent des canons de fusil de fer damassé; mais ils ne savent pas encore faire des platines et tous leurs fusils sont à mèche. Les serrures et les autres petits objets de quincaillerie de fer sont apportés de Russie. Les orfévres sont médiocrement habiles; cependant ils fabriquent d'assez jolis ornements pour les harnais.

Les cordonniers, très-nombreux à Boukhara, font pour les femmes des bottes avec un velours fabriqué dans le pays.

Les boulangers donnent au pain une forme ronde et une épaisseur de quelques lignes seulement. Pour le cuire, ils l'appliquent sur les parois de grands vases chauffés à cet effet.

Il y a à Boukhara un grand nombre de brodeurs et de brodeuses. Presque tous les bonnets que les hommes portent sous le turban, ainsi que les ceintures et les mouchoirs, sont brodés. Souvent même les dames boukhares donnent à leurs maris des mouchoirs ornés d'inscriptions tirées des poésies de Hafiz.

La peinture et la sculpture sont encore dans l'enfance à Boukhara. Il y avait dans cette capitale, pendant le séjour de M. Meyendorff, deux ou trois peintres qui représentaient sur les murs des appartements des fleurs grossièrement faites et entremêlées de dessins bizarres. Ces peintres faisaient en même temps le métier de relieurs, dont ils s'acquittaient beaucoup mieux. Le talent des sculpteurs se borne aujourd'hui à tailler les pierres destinées à des tombeaux. Le seul graveur en pierres fines qui se trouvait alors à Boukhara était un Cachemirien.

La main-d'œuvre est à fort bon marché en Boukharie. Les portefaix chargent sur leurs épaules et transportent à une distance d'un quart de lieue un fardeau de trois cent vingt livres pour quelques pouls (1) seulement.

« Peu de jours après notre arrivée, dit M. de Meyendorff, il s'établit un marché auprès du jardin où cantonnait notre convoi, à une demi-lieue de la ville; des hommes se tenaient en dehors en attendant qu'on les chargeât d'une commission, et couraient par le plus mauvais temps pour gagner quelques liards. Pendant l'hiver que je passai à Boukhara, le beau temps occasionnait les plaintes des savetiers. En travaillant une journée entière, ils ne gagnent que quarante-cinq pouls. Le pain que mange l'homme le plus pauvre absorbe plus de la moitié de cette somme : il lui faut de plus pour dix pouls de riz. Ainsi, sans manger de viande, il ne restait à ces artisans que cinq sous de France par jour pour se vêtir et se loger. Ce bas prix de la main-d'œuvre serait favorable à l'établissement des manufactures, si elles n'exigeaient pas des lumières encore étrangères aux Boukhares. Il convient cependant de remarquer que leur activité est de la même nature que celle des Juifs et des Tartares, et se dirige uniquement vers le trafic. Les Boukhares éprouvent beaucoup d'aversion pour tout travail qui exige un trop grand emploi de forces physiques; c'est pourquoi les portefaix sont des étrangers qui viennent des montagnes; les gens qui cultivent la terre sont des esclaves, parmi lesquels les Russes sont les plus estimés à cause de leur constitution vigoureuse et de leur activité. »

GOUVERNEMENT ET ADMINISTRATION.

Le khan, auquel on donne le titre d'émir (2), est le souverain de toute la Bou-

---

(1) Le kar a près de dix pieds.

(1) Le poul vaut 1,38/100 de centime.
(2) Nous nous servirons indifféremment de

kharie. Il dispose à son gré de la vie et de la liberté de ses sujets. Les villes les plus éloignées de Boukhara ont des gouverneurs particuliers nommés par le khan et investis d'une autorité sans limites, excepté pour les condamnations capitales. Lorsque ces chefs croient devoir appliquer la peine de mort, ils en demandent d'abord l'autorisation au khan, qu'ils sont d'ailleurs tenus d'informer de tous les événements de quelque importance qui surviennent dans les pays soumis à leur juridiction. Ils envoient toutes les semaines des rapports qui sont présentés au khan les vendredis après le second *namaze*, ou grande prière canonique de midi. Le souverain prononce aussitôt le jugement. Les gouverneurs des villes et places de second ordre, quoique nommés par le khan, ne s'adressent pas directement à lui pour la décision des affaires importantes, mais ils s'en réfèrent au gouverneur principal, leur chef immédiat, et celui-ci s'adresse ensuite au souverain, s'il le juge à propos.

ARMÉE.

Lorsque l'on veut mettre sous les armes un corps de troupes, les gouverneurs des provinces et des villes reçoivent l'ordre de faire proclamer dans les bazars l'intention où est le souverain d'entreprendre une guerre. Après avoir reçu cet avis, toutes les personnes inscrites sur les registres militaires qui sont tenus dans la capitale par le souverain lui-même, et dans les autres villes du khanat par les gouverneurs, doivent s'assembler à un jour et à un endroit fixés d'avance. Le gouvernement se charge de l'entretien des soldats et leur fournit des chevaux. Deux fois par an, à un jour déterminé, les soldats qui ont perdu leurs armes ou leurs chevaux, en informent les chefs de la milice, qui décident si ces hommes sont coupables de négligence ou de vol, et s'il y a lieu de les punir. Si un homme appartenant à la milice vient à mourir, ses parents sont obligés d'en instruire les autorités, qui veillent à ce que le nom de cet homme soit effacé des registres militaires et remplacé par celui d'un autre.

Il est difficile, malgré l'existence de ces registres, tant ils sont mal tenus, de donner le chiffre exact de l'armée boukhare. On peut dire cependant avec certitude que le nombre des militaires n'excède pas 40,000 hommes, dont un tiers seulement est convenablement équipé. L'armement des troupes boukhares consiste en un casque, un sabre, un long coutelas, un fusil à mèche et un bouclier. A l'époque où M. Khanikoff se trouvait Boukhara, 1,000 fantassins réguliers avaient des fusils à pierre. Le même voyageur vit encore quelques armes semblables entre les mains de différents seigneurs usbecks d'un très-haut rang. Les Boukhares ne se servent pas de pistolets.

L'artillerie du khan était déposée il y a peu d'années encore dans la citadelle de Boukhara. Les gens du pays n'entendaient absolument rien aux manœuvres de cette arme. Les canons étaient jetés d'un côté, et les affûts de l'autre. Toutes les pièces étaient de bronze, et en grande partie du calibre de quatre et de six. Il y avait aussi quatre mortiers et quelques gros canons.

Aujourd'hui, grâce aux soins d'un aventurier persan appelé Abd-oul-Samet-khan, l'artillerie boukhare a fait quelques progrès, et dans une expédition qu'il entreprit contre le pays de Khokande, à la fin de l'année 1841, le souverain de Boukhara traînait à la suite de son armée onze pièces de canon et deux mortiers.

La poudre de Boukharie est de bonne qualité.

IMPÔTS.

Les gouverneurs des villes sont chargés du recouvrement de l'impôt appelé *Khradje*; toutes les autres taxes, droits de douanes, etc., sont perçus par des fonctionnaires dont nous aurons occasion de parler plus tard. Le khanat de Boukhara n'ayant que peu d'étendue, les mesures qui existent suffisent pour empêcher les gouverneurs de commettre des exactions ou des injustices criantes. Ils redoutent par-dessus tout d'être destitués; car l'accès auprès du khan

---

ces deux dénominations pour désigner le souverain de la Boukharie.

est ouvert à tout le monde, et il existe une foule de prétendants qui convoitent leur place.

Voilà tout ce que nous croyons devoir dire pour le moment sur l'administration du khanat en général. Les détails secondaires arriveront à mesure que nous nous occuperons des différentes classes d'habitants, parmi lesquelles on choisit les fonctionnaires de l'ordre militaire et civil.

ARISTOCRATIE. — GRANDS DIGNITAIRES. — FONCTIONNAIRES DE L'ORDRE RELIGIEUX, MILITAIRE ET CIVIL. — MOINES BOUKHARES.

Les deux classes les plus considérées dans l'État sont les *séides* et les khodjas, races les plus illustres du khanat. Les khodjas se subdivisent en deux classes : les membres de la première possèdent tous les documents qui constatent leur ascendance dans les plus grands détails ; tandis que ceux de la seconde catégorie ont perdu leurs titres, et ne peuvent invoquer en faveur de leurs prétentions que la notoriété publique.

Il y a encore deux autres classes : celle des *ruhdar*, et plus correctement *uruhdar*, et la seconde celle des *schakirdpische*. Les Usbecks appartiennent à la première catégorie, dont le nom indique une race noble qui a eu pour chefs autrefois des hommes devenus célèbres par le zèle qu'ils ont montré dans le service des khans de Boukhara. La seconde classe comprend les Tadjics, les émigrés persans, les esclaves affranchis, et en général toutes les personnes de basse extraction. Le clergé musulman forme la troisième classe. Les mollahs, membres de ce corps, peuvent arriver aux classes supérieures, pourvu toutefois qu'ils aient reçu une éducation qui les rende dignes de cet honneur. Toutes ces classes, à l'exception des deux premières, peuvent se réduire à deux grandes divisions, les militaires et la classe civile ; le clergé n'appartient ni à l'une ni à l'autre. Ces diverses classes ont un rang hiérarchique respectif qui est conféré à chacun des membres par des cérémonies particulières et des lettres patentes. La remise de ces lettres a lieu contre le payement d'une petite somme qui forme le casuel des fonctionnaires qui les délivrent.

Il existe encore d'autres distinctions : ce sont des bâtons blancs, rouges, de diverses couleurs et dorés, des poignards d'or ou d'argent, des sabres et des haches des mêmes métaux, des colliers de pierres précieuses, des cottes de mailles, un casque, accompagné pour l'ordinaire d'une cotte de mailles ; un étendard, une queue de cheval ; enfin, de petites trompettes qui s'attachent à l'arçon gauche de la selle. Toutes ces distinctions honorifiques, à l'exception toutefois des lettres patentes, sont réservées à l'armée et aux fonctionnaires attachés à la personne du khan. Le dernier grade de la hiérarchie militaire, celui qui répond à ce que nous appelons un simple soldat, est désigné par le nom d'*alamane* (1). On choisit parmi ceux-ci les gardes du corps du souverain. Après les alamanes viennent les *dehbaschi*, ou commandants de dix hommes ; les *pendja-baschi*, ou commandants de cinquante hommes ; ensuite différents grades, conférés par les lettres patentes du premier ordre, puis ceux que confèrent les lettres patentes du second ordre. Le chef des écuries de l'émir est le dignitaire le plus important de cette seconde catégorie. Les fonctionnaires placés sous ses ordres, au nombre de deux, ont le privilége de le suivre à cheval jusque dans la cour du palais.

Nous croyons inutile d'entrer dans de plus longs détails sur les noms et les attributions de ces différents fonctionnaires. Nous ajouterons seulement, parce qu'une pareille coutume n'est pas dans nos mœurs, qu'il existe dans la Boukharie une classe d'employés investis du privilége d'annoncer aux personnes désignées par le khan pour remplir des emplois publics, la nouvelle de leur nomination, et de placer dans leur turban les lettres patentes qui constatent la faveur qu'ils ont reçue du souverain. L'annonce de cette bonne nouvelle est toujours, on le pense bien, récompensée par un présent.

Le titre le plus élevé de tout le khanat est celui d'*Atalik*, que l'émir actuel

---

(1) Voyez Khanikoff, page 237.

de Boukhara a conféré, par une grâce unique et spéciale au gouverneur de Schéhérisebze à l'époque où celui-ci lui donna sa fille aînée en mariage, et sa fille cadette à son fils.

L'emploi qui procure le plus de crédit et d'influence est celui de kousch-begui, littéralement *grand fauconnier*, dont les fonctions répondent à celles de vizir. Le kousch-bégui est la personne la plus importante du khanat après l'émir. On le consulte dans toutes les affaires graves. C'est lui qui tient les sceaux, qui perçoit les droits sur les marchandises à l'entrée et à la sortie. Il nomme tous les officiers et fonctionnaires chargés de cette perception. A Boukhara, le kousch-bégui place dans chaque caravansérai deux douaniers qui surveillent la rentrée des droits; dans les autres villes, il entretient un officier, dont les fonctions consistent à lui faire savoir l'arrivée des caravanes et le dépôt des marchandises dans les caravansérais soumis à sa surveillance. Cet officier est encore tenu d'empêcher que les marchandises ne soient vendues avant d'avoir passé par la douane. A Boukhara le kousch-bégui va lui-même inspecter la nature et la qualité des marchandises qui entrent et qui sortent de la ville. Quand il est absent ou ne peut pas, pour tout autre motif, remplir ces fonctions, il se fait remplacer par son lieutenant. Peu de jours après cette inspection, l'officier de la douane attaché au caravansérai fait connaître au marchand le montant des droits qu'on réclame de lui, et reçoit l'argent contre une quittance revêtue du sceau du kousch-bégui.

Lors de l'arrivée de la grande caravane de Russie, le kousch-bégui, accompagné de quarante ou cinquante employés subalternes, se rend à la douane de la frontière, à Karagata, pour examiner les marchandises. Ce fonctionnaire établit encore dans chaque bazar des officiers qui perçoivent les droits sur les denrées et les marchandises du pays. On paye un quarantième pour ces denrées, qui ne sont pas soumises au droit de caravane. Les sommes reçues de tous les marchands en général, soit étrangers, soit nationaux, sont déposées entre les mains du trésorier du kousch-bégui, qui rend compte chaque jour à son chef des sommes qu'il a touchées. Indépendamment des fonctions que nous venons d'indiquer, le kousch-bégui en a plusieurs autres, dont la plus importante consiste à surveiller les habitants qui n'appartiennent pas à la croyance musulmane. Il lève sur eux une taxe, moyennant laquelle on leur accorde le droit de séjourner dans la ville de Boukhara. Cette capitation varie de 75 centimes jusqu'à trois francs ou de 1 jusqu'à 4 tangas (1) pour chaque homme. Le jour où il doit recevoir cette sorte d'impôt, le kousch-bégui se transporte de sa personne, et accompagné d'une suite nombreuse, dans le quartier juif de Boukhara. Là il examine lui-même les registres où sont inscrits les Juifs soumis à la taxe, et il se fait payer les sommes dues. Cette visite a lieu deux fois par an. Le kousch-bégui ne rend aucun compte de l'argent qu'il perçoit de cette manière, à moins cependant d'un ordre positif et spécial du souverain.

Ce fonctionnaire est encore chargé de la garde du palais, et y habite constamment. Si le khan sort, le kousch-bégui demeure à la porte du palais jusqu'à son retour. Si par hasard il se trouve dans l'impossibilité de remplir ce devoir, ou que l'émir se soit absenté de Boukhara pour plusieurs jours, il se fait remplacer par le toptschi-baschi, ou *grand maître de l'artillerie*.

Chaque soir, après la prière canonique, appelée *namaze*, on ferme toutes les portes de la ville, et l'on en apporte les clefs au kousch-bégui, qui les garde jusqu'au lendemain matin.

Outre les titres et les dignités dont nous avons déjà parlé plus haut, il en existe plusieurs autres uniquement réservés aux khodjas qui assistent le khan dans l'administration de la justice. Quelques-uns d'entre eux jouissent de la prérogative d'entrer à cheval dans la cour du palais, et font partie du conseil du khan. Un des fonctionnaires de cet ordre a le privilége fort envié en Boukharie, à ce qu'il paraît, de recevoir du souverain un baiser, et de se présenter devant lui sans nouer sa ceinture.

(1) Le *tanga*, ou *tonga*, pièce d'argent qui vaut environ 76 centimes de notre monnaie.

Le schéikh-oul-islam, chef des ulémas, représente le corps du clergé dans les conseils du prince. Il est placé à la gauche, et les chefs militaires à la droite du khan.

Après le schéikh-oul-islam, le fonctionnaire le plus important dans l'ordre spirituel est le *nakib*, qui, en l'absence de l'émir, est chargé de juger toutes les contestations qui s'élèvent entre les militaires.

Ensuite vient le cazi-asker, cadi ou juge de l'armée (1), troisième fonctionnaire dans l'ordre spirituel et militaire. Ce dernier prend connaissance des difficultés qui s'élèvent entre les gens de guerre; mais il n'a pas le droit de s'immiscer dans les causes criminelles, ni dans les affaires où il s'agit d'une valeur au-dessus de 500 tillas (2). Il rend compte à l'émir de tous ses actes, et fournit des explications sur les pétitions qu'on lui adresse. Il existe un autre magistrat ou cadi qui prend connaissance des affaires litigieuses qui s'élèvent entre les personnes étrangères au métier des armes. Ce cadi a le droit de mettre en prison défendeur ou plaignant, sans en avoir obtenu l'autorisation de l'émir. Mais, comme le cazi-asker, il ne doit s'occuper ni des causes criminelles ni des affaires où il s'agit d'une valeur, qui dépasse 500 tillas. Il n'est jamais admis à l'audience du prince, auquel il envoie des rapports écrits. Il a sous ses ordres plusieurs commis, dont les fonctions consistent à rédiger les pétitions, qui leur sont payées par les plaignants à raison d'un demi-tanga chacune. L'émir entretient à ses frais six secrétaires chargés d'écrire gratis les pétitions qui doivent lui être présentées.

Il existe encore un fonctionnaire de l'ordre religieux, appelé *réis*, ou raïs (3);
c'est une sorte de chef de la police. Il est chargé de punir tous les attentats aux mœurs. Il veille à entretenir la propreté dans la ville, et à protéger les personnes et les propriétés. Il fait le tour de Boukhara deux fois par jour, le matin et le soir. Dans ses courses, il lui est permis d'arrêter les musulmans et de les contraindre à réciter les prières que tout fidèle sectateur du prophète est tenu de savoir; si par malheur l'homme interrogé reste court, le réis a le droit de lui administrer des coups de bâton jusqu'à concurrence de trente-neuf. Ce fonctionnaire a deux assistants, qui le remplacent en cas de maladie.

La nuit, un de ses délégués, qui porte le titre de *mirischeb* ou *chef de nuit*, veille avec des agents sous ses ordres à ce que la tranquillité publique ne soit pas troublée. Ces gens portent des crécelles pour donner l'alarme en cas de besoin. Ils veillent surtout à ce qu'après la dernière prière du soir on n'entende plus aucun bruit dans les rues. Le *mirischeb* est encore chargé de l'inspection des prisons. Les fonctions du *réis* et celles des gens employés sous ses ordres sont, comme on voit, de la plus haute importance. Ces gens s'acquittent fort bien, à ce qu'il paraît, de la partie de leur emploi qui concerne la police de sûreté; il s'en faut qu'ils mettent le même zèle à poursuivre les attentats d'un autre genre. Les Boukhares sont les plus réguliers de tous les musulmans quant aux pratiques extérieures de l'islamisme. Mais chez eux, comme dans presque toute l'Asie, l'Européen est révolté par le spectacle de la dépravation la plus complète, la plus générale et la plus éhontée.

Les muftis ont le droit d'apposer leur sceau sur les requêtes. Ils certifient par là l'exactitude du texte de la loi dont on invoque l'application. Pour les militaires, le mufti-asker, ou *mufti de l'armée*, a

---

(1) Cadi ou *cazi* sont un même mot arabe, prononcé seulement d'une manière un peu différente. Il n'est pas besoin de passer en Asie pour trouver cette variante de langage. Les Espagnols de plusieurs provinces et tous les Portugais prononceront cadi en faisant sonner le *d* d'une manière si douce qu'on croira entendre *cazi*. L'expression *asker* est arabe, et veut dire *armée*; *leschker* a le même sens en persan. On dit indifféremment en turc *cazi-asker*, ou *cazi-leschker*, pour désigner le *juge de l'armée*. — L. D.

(2) Voyez ci-devant page 17, note.

(3) Ce mot ne veut dire en arabe autre chose que *chef*; il peut donc s'appliquer à des fonctionnaires supérieurs de toute espèce. En Boukharie, il désigne, comme on voit, un homme qui réunit les attributions de chef de la police et de censeur religieux. En Espagne, *arracz* est le titre par lequel on désigne les capitaines et les patrons des navires et des barques moresques. En portugais, *arraes*, ou mieux *arrais*, désigne le patron d'une barque, d'une chaloupe ou d'un bateau quelconque. — L. D.

seul le droit d'apposer son sceau sur les requêtes qu'ils présentent aux juges. C'est parmi les muftis qu'on choisit les chefs des écoles. Ils reçoivent alors le titre de *muderris*, qui veut dire *lecteurs* ou *docteurs*, et par lequel on désigne un mollah qui a fait preuve de ses connaissances en matière de droit, et a reçu de l'émir l'autorisation nécessaire pour donner des leçons dans les écoles de la ville. Il y a aussi les mollahs nommés par lettres patentes du khan pour lire les prières dans les mosquées. Ces mollahs doivent veiller à entretenir les bonnes mœurs parmi leurs ouailles, et les engager à s'acquitter avec soin des pratiques extérieures de la religion musulmane. Ce dernier devoir leur est expressément recommandé dans les lettres patentes qu'on leur délivre. Les mollahs chargés ainsi de la direction des mosquées doivent savoir par cœur tout le texte du Coran.

Les *muezzins*, que l'on appelle aussi *soufis* à Boukhara, sont chargés d'appeler cinq fois par jour les fidèles à la prière, comme dans les autres pays musulmans. Ces gens ont le privilége, lorsqu'un mariage a lieu, de porter au père de la mariée la clef de la corbeille de noce. Ils reçoivent en échange un présent.

On trouve en Boukharie des hommes pieux qui s'engagent moyennant rétribution à lire dans une mosquée tout le Coran pour le repos de l'âme d'un fidèle trépassé.

Il existe à Boukhara des espèces de moines musulmans légalement institués, et auxquels la loi décerne le titre d'*avlia*, c'est-à-dire *saints*. Ces religieux font vœu de ne jamais enfreindre, à moins d'une nécessité absolue, les moindres prescriptions du Coran. Le jeune moine qui entre dans l'ordre se met sous la conduite d'un ancien, qui plus tard, s'il y a lieu, lui délivre un certificat témoignant de son exactitude à remplir les préceptes de l'ordre. Le même certificat sert à etablir la filiation et la succession de ces moines en remontant jusqu'à Mahomet, du moins à ce que prétendent les Boukhares. Les certificats dont nous parlons sont appelés *lettres de permission*. En effet, elles confèrent à celui qui les possède le droit d'instruire des novices et de les admettre dans l'ordre. Le noviciat est précédé de plusieurs cérémonies à l'accomplissement desquelles on tient strictement la main.

Lorsqu'un homme se présente au *khanaka*, ou monastère, et déclare au supérieur l'intention où il est d'entrer dans l'ordre, on le soumet aussitôt à un examen qui roule sur le droit musulman. S'il répond d'une manière convenable et que son instruction soit bien constatée, le supérieur recommande au postulant de s'adresser à Dieu pour savoir s'il doit se faire scheik ou renoncer à ce projet. Dieu, à ce que prétendent ces religieux, fait connaître sa volonté par des songes. Le postulant pour les provoquer fait pendant trois jours soigneusement ses ablutions avant de se coucher et lit plusieurs prières. La natte ou le tapis sur lequel il se prosterne doit n'avoir jamais été souillé par rien d'impur. Quiconque remplit scrupuleusement ces conditions est sûr, à ce qu'ils croient, d'obtenir la connaissance de la volonté de Dieu. Quelquefois cependant la réponse est allégorique et demande une interprétation. Si le néophyte, sans rien rêver de particulier à sa vocation, croit apercevoir une plaine verdoyante, des fleurs ou d'autres objets qui flattent l'œil, c'est une preuve que le ciel approuve ses intentions. Si, au contraire, il voit en songe un loup, un scorpion, un serpent, ou tout autre animal féroce ou venimeux, le ciel, rien de plus évident, s'oppose à son admission. Ce n'est jamais le postulant qui interprète les visions qu'il a eues; mais au bout de trois jours il se présente devant le supérieur appelé *Pir* ou *Ancien*, et lui raconte ce qu'il a vu. Si le supérieur donne une interprétation favorable, le novice est introduit dans le monastère, où il prononce des paroles dont le sens équivaut à celles-ci : « Je renonce à tous « mes péchés passés, et m'engage à n'en « plus commettre à l'avenir. Je jure d'ob- « server tous les préceptes de la loi, à « moins d'en être empêché par une cir- « constance de force majeure. » Le *Pir* ou supérieur, après avoir reçu cette déclaration, fait asseoir le postulant devant lui, sur une natte ou un tapis tout neuf, et a soin qu'il se place de manière que les genoux se touchent; il lui ordonne ensuite de fermer les yeux du corps, afin que ceux de l'intelligence se concentrent avec d'autant plus de force sur Dieu.

Si le néophyte est véritablement digne d'obtenir la grâce à laquelle il prétend, il tombe au bout d'un temps plus ou moins considérable dans une espèce de délire, son cœur bat à l'unisson avec celui du supérieur, et tous deux continuent à répéter souvent le mot *Allah*, en gardant la même position pendant des heures entières.

Les efforts qu'exige une semblable épreuve sont tels, que souvent les néophytes restent comme anéantis et ne peuvent plus se relever lorsqu'ils en ont reçu la permission. Quelquefois, afin de mieux éprouver ses novices, le supérieur leur ordonne de ne pas respirer. Aussitôt ils retiennent leur haleine, et quelquefois si longtemps que le sang monte à la tête, et leur sort par la bouche, par le nez et par les oreilles. Ils perdent alors complètement connaissance. Réduits à cet état, les Boukhares disent qu'ils prononcent avec le cœur le mot *Allah*, que les autres hommes ne sauraient prononcer qu'avec les lèvres.

Quelquefois, à la suite de ces différentes épreuves, les récipiendaires deviennent fous. Les avlias s'en consolent par la pensée que c'est là une punition de Dieu qui frappe les hommes assez téméraires pour oser prétendre se consacrer à lui, sans avoir une connaissance suffisante de sa loi et une vertu capable d'en faire l'application constante dans toutes les circonstances de la vie. Quand le novice a surmonté heureusement toutes ces épreuves, le supérieur lui prescrit d'abord de continuer toujours à faire régulièrement ses ablutions ; 2° de s'abstenir autant que possible de solliciter l'aide et le secours d'une autre personne; 3° de s'exercer, toutes les fois qu'il se trouve seul, à prononcer avec son cœur le nom d'Allah et à méditer sur ce mot ; 4° enfin de se présenter toujours devant le chef spirituel qui doit lui servir de guide, avant le lever du soleil et entre les deux prières de l'après-midi et celle du soir.

Dans leurs réunions, avlias et novices se forment en cercle, ferment les yeux, répètent au fond de leur cœur, et aussi vite que faire se peut, le mot *Allah* : le supérieur, tout en se livrant à la même méditation avec autant d'ardeur que les moines et les novices, doit cependant posséder la grâce spéciale de sonder tous les cœurs de ceux dont il est le père spirituel. Les bons sentent instinctivement lorsque l'œil intérieur du *Pir* s'arrête sur leurs cœurs. Leur dévotion devient plus ardente, leur piété s'anime, et ils éprouvent un sentiment indéfinissable de bonheur. Les esprits tièdes, les cœurs froids restent insensibles à cette union intérieure des âmes ; alors le supérieur se montre à eux en songe. Si leur âme persiste toujours dans la même tiédeur, le *Pir* les réprimande secrètement. C'est dans leurs assemblées silencieuses, où tout se passe d'âme à âme, que le néophyte reçoit ses instructions, ou, pour parler plus exactement, ses inspirations. Il passe par cinq degrés différents avant d'atteindre la plus haute perfection à laquelle doit aspirer un véritable religieux. Voici en quoi consistent ces différents degrés : le récipiendaire doit être capable de prononcer le mot *Allah* extrêmement vite, en embrassant simultanément avec son regard différentes parties de son corps. Cet exercice demande une certaine habitude. A mesure que le néophyte devient capable de remplir ce devoir religieux, son guide spirituel lui enseigne différentes pratiques qui absorbent toute la journée. Quelque exactitude, quelque zèle qu'il mette dans l'accomplissement de ses devoirs, il n'est cependant pas encore en état d'obtenir la dignité de *vali* (1). Une tâche plus difficile lui reste à accomplir ; il faut, pour prouver son union intime avec la divinité, rendre la santé à un malade ou faire un autre miracle semblable. Ce n'est qu'après une épreuve de ce genre que les néophytes obtiennent le diplôme de vali.

Ces moines, dont la vie se consume en pratiques d'une dévotion stérile et même abrutissante, sont tous extrêmement ignorants ; ce qui n'empêche pas les Boukhares d'avoir pour eux le plus grand respect. L'émir régnant, malgré le peu de déférence qu'il témoigne pour les conseils d'autrui, va souvent consulter leur supérieur.

Il existe encore à Boukhara une au-

(1) Ce mot est le singulier d'*avlia*, que nous avons déjà rencontré plus haut, et veut dire *un saint*. — L. D.

tre classe de religieux mendiants qui portent le nom de *Kalenders*. Le gouvernement leur fournit des maisons dans le voisinage de toutes les villes du khanat. Les kalenders demandent l'aumône. A Boukhara ils ont deux jours par semaine, les jeudis et les dimanches, pendant lesquels il leur est permis de mendier. Ces jours-là ils remplissent les rues, arrêtent les passants, et demandent l'aumône avec des cris sauvages. Ils chantent des hymnes dans les rues, font voir des représentations sculptées en bois des saintes villes de la Mecque et de Médine, et montrent des tableaux où sont figurés les supplices des damnés en enfer.

Les deux points principaux de la règle des kalenders consistent à observer strictement le célibat et à ne jamais porter sur eux plus d'argent qu'il n'en faut pour subvenir à leur subsistance journalière. Malgré leur sainteté apparente, ces gens ne se font aucun scrupule d'avoir recours à la violence pour extorquer des dons et des aumônes. L'émir choisit les plus sages et les plus capables d'entre les kalenders pour les mettre à la tête des différentes maisons de cet ordre, et les charger de la surveillance de leurs frères. Les kalenders portent la tête couverte d'un bonnet particulier et qui se termine en pointe. Leurs vêtements sont toujours sales et en lambeaux. Plusieurs d'entre eux, et notamment les chefs de l'ordre, se jettent sur les épaules une peau de léopard afin de se donner un air plus imposant.

ADMINISTRATION DE LA JUSTICE.

On a vu plus haut que les fonctionnaires de l'ordre spirituel sont chargés en même temps de l'administration de la justice. Cet usage n'est point particulier au khanat de Boukhara; mais il existe dans tous les pays où la religion mahométane est en vigueur, et il ne saurait en être autrement, car toutes les lois musulmanes sont fondées sur le Coran, sur les commentaires de ce livre, et sur les traditions attribuées à Mahomet.

A Boukhara, le plaignant doit avant tout se présenter devant le juge auquel il ressortit : c'est le cazi-asker, le cadi civil ou l'émir lui-même, suivant la classe à laquelle appartient le plaignant ou l'importance, la nature et la gravité de l'affaire. Il fait connaître verbalement le sujet de sa plainte. Ce préliminaire indispensable accompli, il doit exposer son affaire en employant pour cela les expressions légales. La seconde exposition peut se faire verbalement ou par écrit. On ne permet l'exposition verbale qu'aux personnes qui connaissent parfaitement les dispositions et les expressions mêmes de la loi et ne sauraient par conséquent manquer de se conformer aux usages prescrits. Il est fort rare qu'on ait recours à ce moyen. Une plainte écrite doit réunir trois conditions pour être valable :

1° L'exposition de l'affaire;

2° La citation des textes du Coran ou des traditions qui ont rapport au point dont il s'agit, et autorisent la demande en justice;

3° Le sceau d'un ou de plusieurs muftis pour rendre témoignage à l'exactitude des textes allégués.

Ces premières formalités remplies, le juge fait appeler les défendeurs, et si par hasard ils ne sont pas présents, on délivre au plaignant un ordre conçu à peu près en ces termes : « J'ordonne à un tel (suit le nom du défendeur) d'offrir une réparation immédiate à un tel (suit le nom du plaignant), ou d'avoir à comparaître devant moi à l'effet de présenter sa défense. S'il y manque, on me l'amènera de force, et on exigera de lui obéissance à la justice. » Si, en raison de cet ordre, le défendeur se présente devant le juge, celui-ci examine l'affaire, et recommande au défendeur de tâcher de s'arranger à l'amiable avec le plaignant. Si le défendeur se refuse à toute espèce d'accommodement, le cadi lui ordonne d'apporter ses preuves, qui sont de deux sortes : les témoins et les dépositions sous serment. On accorde au défendeur un jour pour amener les témoins établis dans la ville, et trois seulement s'ils habitent un autre lieu. Dans le cas où les témoins se trouveraient à une distance trop considérable, on leur accorde le temps nécessaire pour se présenter. Le nombre des témoins exigés par la loi se réduit à deux; mais on ne les considère pas d'abord comme témoins. Le cadi commence par les interroger pour savoir s'ils connaissent les prières de la religion musulmane. Ce n'est qu'après s'être assuré de ce point qu'on peut recevoir leur déposition.

Lorsqu'il s'agit d'une affaire assez importante pour qu'elle soit évoquée au tribunal du khan lui-même, les personnes désignées comme témoins sont soumises à un examen bien autrement sévère. Le khan fait choix d'un homme de confiance qui va prendre des renseignements sur ces gens, recueille des informations dans le quartier ou la ville qu'ils habitent, fait assembler les notables et l'iman de la mosquée, et les invite, au nom de la foi musulmane, à ne pas cacher la vérité, mais à déclarer avec toute franchise, si les témoins sont des hommes probes et honnêtes, s'ils fréquentent les mosquées, s'ils se conforment aux prescriptions du Coran, et s'ils ne fument pas le *kalioun* ou pipe à eau. Si les déclarations sont défavorables sur un seul des points que nous venons d'énumérer, le témoignage n'est pas reçu; si, au contraire, il se trouve que la conduite de ces gens est unanimement approuvée, l'envoyé du khan choisit les deux membres les plus respectables de l'assemblée et les oblige à jurer que les déclarations qu'ils ont faites sont sincères et véritables. Ces formalités remplies, les dépositions des témoins sont admises sous serment. Cette dernière formalité n'existe en Boukharie que depuis le règne d'un khan auquel des Arabes réussirent à enlever un cheval en produisant de faux témoins non assermentés. Après la prestation du serment, ils rendent compte de ce qu'ils ont vu ou entendu. Si l'affaire dont il s'agit ne peut être prouvée par des témoins, le défendeur a le droit de valider sa déclaration par le serment.

Le défendeur n'a que deux moyens de combattre les déclarations du plaignant : 1° en affirmant qu'il peut produire en sa faveur un texte de loi d'une plus grande autorité que celui qu'a cité le plaignant ; 2° en affirmant sous serment ou en prouvant par d'autres témoins que ceux de son adversaire ont été gagnés. Dans le premier cas, le défendeur a trois jours, et dans le second, pas plus d'une heure pour apporter la preuve de ce qu'il avance. Ce terme une fois expiré, le cadi exige le payement des dommages et intérêts. Si le défendeur ne peut s'acquitter ou refuse de le faire, il est mis en prison durant trois jours aux frais de l'émir. Passé ce terme, il ne saurait y rester qu'aux frais du plaignant entre les mains duquel on le remet.

Les tribunaux de commerce sont remplacés en Boukharie par un *aksakal*, c'est-à-dire *barbe blanche*. Ce magistrat tâche de concilier les parties. S'il n'y réussit pas, l'affaire est portée au kouschbégui, qui se fait assister de l'aksakal et juge en dernier ressort.

On voit, d'après ce court exposé, que pour l'administration de la justice civile, il existe des formes et des précautions suffisantes pour garantir l'équité des arrêts dans les cas ordinaires. Il n'en est pas de même des causes criminelles, pour lesquelles les lois sont évidemment insuffisantes : 1° par le nombre trop restreint des témoins; 2° par l'insuffisance des preuves légales que l'on exige, et plus que tout cela, par la précipitation inconsidérée que l'on met à exécuter les jugements.

ÉTAT DES SCIENCES. — ASTROLOGIE. — DÉMONOLOGIE. — PRATIQUES SUPERSTITIEUSES. — DISEURS DE BONNE AVENTURE.

Depuis des siècles Boukhara passe pour être le centre de la science et de l'érudition musulmane. Cette opinion tient à la réputation toujours vivante des Ulugbeg, des Avicenne et de quelques autres grands hommes qui ont illustré la Boukharie à une époque déjà ancienne. Si l'on considère le nombre des écoles et des maîtres qui existent à Boukhara, on ne pourra pas nier que cette capitale occupe le premier rang parmi les villes savantes de l'Asie centrale. Mais il ne faut pas trop s'en laisser imposer par la multitude des maîtres et des écoliers. A Boukhara, comme dans tout l'Orient, les arts et les sciences sont pour ainsi dire inconnus. Les faits les plus naturels ne s'expliquent dans ce pays que par l'intervention des astres et des démons, et ce n'est pas parmi le peuple ignorant seul qu'on trouve ces croyances superstitieuses. Les hommes qui passent pour les plus savants ne sont pas moins crédules que les autres.

Suivant la démonologie des Boukhares, il existe six ordres d'esprits différentes : 1° les schéitanes ; 2° les djinnes ; 3° les albesti ; 4° les adjineh ; 5° les dives ; 6° les péris.

Les schéitanes (satans) sont de véritables démons.

Les djinnes sont ces génies dont nous avons si bien appris à connaître la puissance et l'intervention dans les *Mille et une Nuits*.

Les albesti n'apparaissent jamais que sous la forme de femmes à longue chevelure. Ces êtres surnaturels se montrent de préférence dans les jardins remplis de fleurs, et accablent nuit et jour de leurs caresses les mortels qui leur ont inspiré de l'attachement.

Les adjineh n'habitent guère que les palais et les hôtels des gens riches. C'est là qu'ils tiennent leurs assemblées nocturnes et célèbrent leurs orgies au son du tambourin et d'autres instruments de musique. Ils ont soin, en général, de ne choisir pour leurs réunions que les hôtels inhabités. Les voisins seuls sont incommodés par le bruit qu'ils font.

Les dives appartiennent tous au sexe masculin. Ils habitent les cavernes, les précipices, les ravins profonds, ou le sommet des montagnes neigeuses. Ils s'élancent de ces repaires pour combattre les péris, avec lesquels ils sont toujours en guerre, et aussi pour chercher l'occasion de nuire aux hommes placés sous la protection de ces bons génies. Souvent ils deviennent épris des charmes des péris ; mais à peine ont-ils réussi à satisfaire leur passion, qu'ils dévorent sans pitié celle qui en a été l'objet.

Les péris sont des génies femelles et remarquablement beaux ; ils défendent les hommes contre les attaques des mauvais génies.

Indépendamment de ces croyances superstitieuses, les Boukhares en ont admis d'autres tout à fait étrangères à l'islamisme, et que l'on reconnaît facilement pour venir des anciens sectateurs de Zoroastre. Ainsi, ils ont une fête que l'on célèbre au printemps en mettant le feu à des amas de bois. Hommes et femmes sautent par-dessus la flamme. Puis, ils brisent des vases et des pots de faïence. Ils s'imaginent que cette cérémonie les absout de tous les péchés qu'ils ont pu commettre auparavant, et les délivre des maladies auxquelles ils auraient été exposés sans cela. L'émir régnant a sévèrement ordonné de cesser la célébration de cette fête, qui est tout à fait en opposition avec les préceptes de la religion musulmane.

Le feu joue d'ailleurs un très-grand rôle dans les superstitions boukhares. Les vieilles femmes qui se mêlent de guérir les maladies allument souvent un feu dont le malade fait le tour jusqu'à trois fois, puis il saute trois fois par-dessus la flamme ; enfin ces femmes lui jettent de l'eau trois fois au visage. Si le malade est trop faible pour obéir à ces ordonnances, on prend un autre moyen pour l'emploi du feu. On attache à un bâton un vieux linge trempé dans de l'huile, on met le feu à ce linge, et l'on place le bâton dans un coin de la chambre ; on fait asseoir le patient en face et près du linge qui brûle, puis on lui donne plusieurs coups sur le dos. La violence et le nombre de ces coups varient suivant l'état du malade. Pendant qu'on le frappe ainsi, le médecin murmure à voix basse : *Koullaga-kit, tschoullerga-kit*, ce qui veut dire, en langue turque ou tartare : *Va-t'en au lac, va-t'en au désert*. Cette conjuration, si l'on en croit les Boukhares, ne manque jamais son effet, et chasse infailliblement la maladie.

La croyance au mauvais œil est générale dans toute la Boukharie : c'est pour les préserver de cette maligne influence du regard, que les enfants portent des rangées de perles de diverses couleurs cousues sur leurs vêtements.

On trouve dans la Boukharie un grand nombre de diseurs de bonne aventure. Ce sont des Bohémiens qui exercent cette profession. Ils consultent, pour connaître la destinée, l'eau, l'air, un os brûlé, ou bien ils examinent la main. Ces espèces de sorciers sont désignés par la dénomination persane de *fal-bini*, c'est-à-dire *gens qui voient ou qui connaissent la destinée*.

Les astrologues jouissent d'une considération plus grande que les simples diseurs de bonne aventure. Quoique les Boukhares ne se fassent aucun scrupule d'avoir recours à la science de ces devins, ils les considèrent tous pourtant comme des hommes qui entretiennent des relations suivies avec le diable. L'art de tirer les horoscopes est en grand honneur à Boukhara.

La croyance où sont les Boukhares, qu'on peut lire dans les astres, est un des obstacles les plus grands qu'un Européen ait à surmonter dans l'Asie centrale quand il veut faire des observations astronomiques. Les habitants du pays s'imaginent tous sans exception que les *Frenguis* ou *Francs*, en regardant les étoiles, peuvent arriver à connaître la situation des mines d'or cachées dans les entrailles de la terre, et qu'il leur est facile de jeter en même temps un sort sur qui bon leur semble.

Malgré la vivacité de ces croyances, le nombre des astrologues est peu considérable à Boukhara, et le gouvernement du pays n'en entretient qu'un seul. Cet homme est chargé de calculer, en consultant les étoiles, le moment favorable pour le départ du khan ; il doit lui faire connaître à l'avance les éclipses de soleil et de lune. Ces dernières fonctions lui ont été interdites parce qu'il se trompait toujours dans ses annonces.

ÉCOLES ET COLLÉGES.

Il existe à Boukhara, ainsi que dans les autres villes, et même dans les villages du khanat, un grand nombre d'écoles : dans la capitale, on en trouve une presque dans chaque rue. Ces établissements ont été fondés par des contributions volontaires de quelques musulmans zélés, ou bien aux frais des habitants d'une même rue, qui se munissent préalablement d'une autorisation de l'émir. Une fois créées, les écoles deviennent la propriété de la personne qui instruit les enfants. Quelquefois les fondateurs donnent de simples appointements à un instituteur ; quelquefois aussi ils prennent d'autres arrangements. Dans tous les cas, le mollah instituteur stipule avec les parents de l'enfant qui lui est confié le payement d'une somme d'un à trois tillas par an. En dehors de ce prix, les écoliers sont encore tenus, lorsqu'on les admet à l'école, d'offrir à l'instituteur une *khilat* ou robe, une chemise, une paire de bottes, une paire de pantoufles, des fruits secs, une livre de thé, et neuf pains. Tous les jeudis, les écoliers sont tenus d'apporter chacun un pain. Les parents font encore cadeau au maître d'une *khilat*, dès que l'enfant commence à lire le Coran. Les gens riches sont dans l'usage d'envoyer au maître une khilat pour la lecture de chaque chapitre de ce livre réputé divin.

Le cours d'études que l'on suit dans ces établissements se borne à huit volumes. Si l'école est située dans une localité où les Usbecks excèdent le nombre des Tadjics, on ajoute à ces huit ouvrages qui sont en persan cinq autres volumes en turc. L'alphabet et le Coran forment dans tous les cas la base de l'instruction qu'on donne aux écoliers. On leur apprend aussi à écrire. Le cours complet d'études dure environ sept ans. Dans tous les ouvrages qu'ils étudient, il n'en existe guère qu'un seul qu'ils puissent comprendre facilement, parce qu'ils entendent l'idiome dans lequel il est écrit et que le sujet n'est pas au-dessus de leur portée. On dirait que les maîtres d'école de Boukhara se sont proposé de résoudre ce problème, de retenir longtemps les écoliers sans leur rien apprendre. Les enfants et les jeunes gens studieux n'obtiennent aucun encouragement ; et si quelques-uns, parmi eux, montrent un peu plus d'application que les autres, il faut attribuer exclusivement ce fait à la crainte du châtiment. Le mollah, muni d'une autorisation des parents, peut infliger à ses écoliers la punition que bon lui semble, pourvu, toutefois, qu'il ne les tue ni ne les estropie : car, dans ce dernier cas, il serait punissable lui-même. L'étude commence à la pointe du jour et continue jusqu'à cinq heures de l'après-midi. Pendant tout ce temps les enfants sont obligés de rester assis, à l'exception de l'intervalle assez court qu'on leur accorde pour aller chez eux chercher un peu de pain. Ils ne jouissent pas même du jour de congé que l'on accorde aux étudiants dans les *médressés* ou colléges, et le vendredi est le seul jour où ils puissent échapper à la tyrannie du maître. Un pareil système d'éducation, cela est évident, ne peut amener aucun bon résultat. Les sept années qu'exige le cours complet d'études se passent, et l'écolier ne sait rien, parce que la méthode ou plutôt la routine est détestable et tout à fait bien combinée pour arrêter les progrès de l'enfant doué de la plus heureuse intelligence. Les écoliers lisent à haute voix et tous à la fois le livre qu'ils reçoivent du maître. Pour peu qu'on ait eu occasion de traverser les rues de Boukhara, on connaît bien vite l'emplacement qu'occupent les écoles. La voix des enfants se fait entendre jusqu'à une distance très-considérable.

En sortant de ces écoles, les jeunes gens qui veulent suivre les hautes études entrent dans les *médressés* ou colléges. Ces établissements sont placés sous la direction d'un ou tout au plus de deux maîtres qui ont acquis le droit d'enseigner publiquement. Les médressés ne peuvent recevoir qu'un certain nombre d'élèves fixé d'avance et en rapport avec l'étendue du bâtiment. Chaque étudiant qui entre achète de celui qui sort le droit d'habiter le collége. Le prix varie, suivant les avantages que l'élève trouve dans l'établissement, de 3 à 35 tillas. Indépendamment des chambres occupées par les élèves, il y a dans chaque medressé un certain nombre de logements assez grands et bien ornés. On paye quelquefois jusqu'à 70 tillas le droit de les habiter. L'acquéreur peut rester jusqu'à la fin de ses jours dans le logement dont il a acquis la jouissance, pourvu toutefois qu'il ne se marie pas ; car il est expressément défendu aux femmes d'habiter dans les colléges. C'est dans leur chambre que les étudiants se préparent au cours qu'ils doivent suivre. On les voit souvent s'entretenir avec un de leurs camarades du sujet que le maître traitera dans la prochaine leçon, ou bien encore ils étudient un ouvrage relatif à la conférence du jour, puis ils vont trouver le maître. Celui-ci fait lire quelques phrases à un des étudiants, et après avoir exposé son opinion sur ce texte, il écoute les remarques et les observations de ses élèves qui discutent entre eux. Lorsque le disciple émet des opinions qui ne sont pas en harmonie avec celles du maître, celui-ci l'interrompt et lui fait connaître son erreur. Quelquefois des personnes qui vont visiter ces établissements par un motif de simple curiosité prennent part aux discussions. Après avoir entendu tout le monde, le maître tire ses conclusions et lève la séance. Les leçons ont lieu tous les jours, excepté les jeudis et les vendredis, depuis le lever jusqu'au coucher du soleil. Il y a une vingtaine d'années, sous le règne de l'émir précédent, indépendamment de ces deux jours fériés, les leçons étaient encore interrompues pendant le ramadan et les trois mois de vacances d'été.

L'enseignement des *médressés* offrirait assurément quelques avantages si l'on y joignait la lecture de quelques bons livres. Mais ces disputes et ces argumentations continuelles, tout en aiguisant l'intelligence de l'élève, l'empêchent d'acquérir une véritable instruction. C'est pour cela que quinze et même vingt années d'études ne suffisent pas pour suivre le cours complet. D'ailleurs les maîtres n'enseignent que fort rarement le peu qu'ils savent eux-mêmes ; et dès qu'ils s'aperçoivent qu'un élève comprend ce qu'ils lui disent et menace de devenir aussi savant qu'eux, ils passent à un autre sujet. Mais le vice le plus grand de ces sortes d'institutions est, suivant M. Khanikoff, l'absence complète de tout principe d'encouragement et d'émulation. D'ailleurs, les habitudes babillardes des écoliers studieux servent beaucoup aux fainéants pour les aider à cacher leur paresse. L'instruction roule presque exclusivement sur l'étude grammaticale de la langue arabe, ainsi que sur la jurisprudence et la théologie, qui, nous l'avons déjà remarqué plus haut, ne forment chez les peuples musulmans qu'une seule et même science.

GÉOGRAPHIE, TOPOGRAPHIE ET DESCRIPTION PARTICULIÈRE DES VILLES.

Le khanat de Boukhara renferme dix-neuf villes de quelque importance, ce sont :

1° Boukhara ;
2° Kermineh ;
3° Ziyai-ed-din ;
4° Katta-Kourgan ;
5° Samarcande ;
6° Pendjakande ;

TARTARIE.

Sépultures dans une île du fleuve Ogus.

7° Khatirtscha;
8° Nourata;
9 Pendjeschambeh;
10° Tschelek;
11° Yengui-Kourgan;
12° Djizah;
13° Ouratoupah;
14° Tscheharschambeh;
15° Païkande;
16° Karakoul;
17° Tschardjoui ou Tschehardjoui;
18° Karschi;
19° Khouzar.

BOUKHARA. La ville de Boukhara est située, suivant M. Khanikoff, par 39° 46′ de latitude nord, et 82′ 83° de longitude est du méridien de l'île de Fer. Cette capitale a un peu plus de huit milles anglais de circuit. Elle est ceinte d'une muraille de terre haute d'environ quatre toises, avec la même épaisseur à sa base, mais rentrée vers le haut, où elle n'a plus guère que quatre pieds de largeur. Cette muraille est percée de onze portes, et flanquée de tours rondes de distance en distance. Elle forme des angles saillants et rentrants qui offrent l'aspect de nos bastions. Cette disposition n'est pas due à l'art de l'ingénieur; mais elle est l'effet du hasard, des accidents du terrain et des constructions intérieures. Boukhara est tout entourée d'arbres et de jardins qui en dérobent la vue. Ce n'est qu'à une petite distance qu'on découvre les dômes et les minarets des mosquées, le sommet de quelques grands édifices, et en particulier du palais du khan, qui domine majestueusement la ville. On voit près des murailles un lac entouré de jolies maisons de campagne à toits plats. L'illusion cesse tout à coup dès qu'on met le pied dans la ville; et, à l'exception du palais, des bains, des mosquées et des collèges, l'œil ne s'arrête que sur de vilaines maisons de terre grisâtre et à un seul étage, jetées sans alignement les unes à côté des autres. Ces maisons, dont la façade donne sur la cour, n'offrent à l'extérieur que l'aspect d'un mur couleur de terre, dont l'uniformité est interrompue par une seule porte percée au milieu. En général les maisons sont assez petites et n'ont qu'un étage; on emploie dans leur construction une espèce de terre grasse, mêlée avec de la paille hachée, pour lui donner plus de consistance. Les murs sont d'ailleurs soutenus par des poteaux de bois de peuplier de quatre à cinq pouces d'épaisseur; les plafonds sont faits avec des planches et des poutres de bois dur, peintes de différentes couleurs, et recouvertes en dehors d'une couche de terre qui forme un toit plat. Ces toits avancent en saillie du côté de la cour et sont soutenus par des colonnes; ils servent d'abri contre les rayons du soleil.

A l'époque des pluies du printemps, l'eau filtre à travers la terre et les planches, et pénètre dans l'intérieur des appartements, qui deviennent extrêmement humides. On peut dire, en général, que les maisons de Boukhara sont bâties et installées de manière à offrir une habitation agréable et fraîche pendant les chaleurs, mais en même temps aussi à exposer les habitants pendant toute la mauvaise saison aux inconvénients et aux dangers d'une humidité et d'un froid continuels; car, malgré une température qui atteint fréquemment 8° Réaumur au-dessous de glace, on ne trouve dans les appartements ni poêles ni cheminées, mais seulement des brasiers qu'on place sous une table recouverte d'un grand tapis ouaté qui pend par terre. Les personnes qui veulent se chauffer tirent à elles le tapis, étendent les jambes et même une partie du corps sous la table, où le brasier entretient toujours une température extrêmement douce.

On ne voit de vitres qu'à un très-petit nombre de maisons: il est étonnant que les Boukhares n'en aient pas encore garni toutes leurs fenêtres, qui ne ferment qu'avec des volets de bois et quelquefois avec un simple treillis à jour. Pour y voir clair, ils sont obligés d'ouvrir, par tous les temps, les volets ou les treillis, nécessité fort gênante dans un climat si rigoureux. Du reste, ni portes ni volets ne ferment bien : l'air froid et humide entre et pénètre partout. C'est à ces causes qu'il faut attribuer les rhumatismes si fréquents dans la ville, surtout parmi les gens pauvres.

La décoration intérieure des maisons n'a rien de remarquable, même dans les hôtels des gens riches; les parois intérieures de ces habitations sont quelquefois en stuc, et ornées de peintures assez jolies et de ciselures; les planchers sont de brique chez les riches et de terre glaise chez les pauvres. M. Khanikoff (1) pense que le nombre des maisons ne dépasse pas deux mille cinq cents. Suivant M. de Meyendorff, la ville en contient à peu près huit mille (2). La différence est énorme, comme on voit, et nous ne pouvons rien décider sur l'exactitude de l'une ou de l'autre de ces estimations. Toutefois, comme les maisons sont presque toutes petites et que la population atteint, au dire de plusieurs voyageurs, le chiffre de 70,000 âmes, il est probable que l'estimation de M. Khanikoff est au-dessous de la réalité.

Les trois quarts des habitants de la ville sont des Tadjics, presque tous artisans et commerçants; le reste de la population se compose d'Usbecks, de Juifs, de Tartares, d'Afgans, de Calmoucs, d'Indous, de marchands des pays voisins, d'esclaves persans et russes, et d'un petit nombre de Nègres et de Siyahpouschs.

« Des circonstances particulières, dit Burnes, me firent faire la connaissance d'une famille usbecke très-considérée à Boukhara : j'allai lui rendre visite un vendredi. Cette famille s'était établie en Boukharie depuis cent cinquante ans environ. Un de ses membres était allé deux fois en ambassade à Constantinople. Maintenant cette famille fait le commerce de la Russie, et a perdu considérablement à l'incendie de Moscou. Je crois qu'on ne se serait pas imaginé que cette catastrophe aurait causé des calamités au centre du Turquestan. Je fus reçu par ces Usbecks tout à fait à la mode de leur pays, et forcé d'avaler une quantité énorme de tasses de thé, au milieu d'un jour très-chaud. Les Usbecks ont une singulière manière d'en user avec les personnes qu'ils réunissent chez eux; c'est le maître de la maison qui fait les fonctions de domestique; il présente lui-même chaque plat à ses hôtes, et ne touche à rien avant que tout le monde ait fini. Ces Usbecks sont des hommes remplis de bienveillance; et si une dévotion exagérée et exclusive est leur défaut dominant, la faute en est à leur éducation : je ne les ai jamais vus pousser l'intolérance jusqu'à l'impolitesse; mais on peut découvrir dans chaque acte de leur vie et dans leur conversation le sentiment religieux qui les anime. Nous en vînmes à parler un jour de la découverte faite depuis peu par les Russes de quelques veines d'or en Boukharie. L'un des interlocuteurs s'écria que les voies de Dieu étaient impénétrables, puisqu'il avait caché ces trésors aux vrais croyants, et les avait révélés, très-près de la surface de la terre, aux cafirs ou infidèles. Je souris; mais ces mots ne furent pas prononcés avec une intention offensante; car c'est ainsi que les Boukhares nomment entre eux les Européens. »

Les Juifs occupent environ huit cents maisons; ils prétendent être venus à Samarcande et à Boukhara il y a environ sept cents ans, après avoir quitté Bagdad. Boukhara est de toutes les villes de l'Asie centrale celle qui contient le plus grand nombre de Juifs; ils ont trois rues qui leur sont réservées et ne peuvent pas habiter d'autres quartiers de la ville. Ils sont presque tous dans l'aisance et exercent les métiers de fabricants, de teinturiers, de marchands de soie écrue et de soieries.

Quoique mieux traités dans cette capitale que dans presque toutes les autres villes de l'Asie, ils sont cependant méprisés. On ne leur permet pas de bâtir une nouvelle synagogue, mais ils ont le droit de réparer l'ancienne.

Les Juifs de Boukhara, comme nous l'apprend M. le baron de Meyendorff, ont la tête fort belle, le visage un peu allongé, le teint très-blanc, les yeux grands, vifs, et pleins d'expression.

« Le rabbin de Boukhara, qui était natif d'Alger, et qui savait encore un peu d'espagnol, me raconta, dit le même auteur, qu'à son arrivée il avait trouvé ses coreligionnaires plongés dans la plus profonde ignorance; un très-petit nombre savait lire; ils ne possédaient que deux exemplaires de la sainte Écriture, et leur manuscrit ne contenait que les trois premiers livres du Pentateuque. Ce Juif algérien, vieillard plein d'esprit, qui pleurait presque de joie de revoir des Européens, n'a rien négligé pour répandre l'instruction parmi les hommes de sa

(1) Voyez page 117.
(2) Page 172.

Le Rhin de Rhins (Réception de M. Bonvalot)

religion : il a fondé une école, et a fait venir des livres de Russie, de Bagdad, et de Constantinople. Actuellement tous les Juifs de Boukhara savent lire et écrire ; ils étudient le Talmud.

« Parmi les Tartares qu'on voit à Boukhara, un grand nombre sont nés sujets russes et ont quitté l'empire pour des crimes ou pour cause de désertion. »

Le nombre des Afgans est assez considérable dans cette capitale.

Les femmes de Boukhara tressent leurs cheveux et les laissent pendre en longues nattes sur leurs épaules. L'habillement de ces femmes diffère peu de celui des hommes ; elles portent comme ceux-ci des pelisses ; mais les manches, au lieu de servir à y passer les bras, sont retroussées par derrière et attachées ensemble. Même dans leurs maisons, elles ont pour chaussure d'énormes bottes de velours, extrêmement ornées. Ces femmes, qui vivent enfermées, paraissent toujours sur le point de se mettre en voyage. Elles sont coiffées de grands turbans blancs, un voile couvre leur visage. Le soin de faire ressortir davantage leur beauté, occupation, dit Burnes, à laquelle les femmes consacrent une si grande partie de leur temps dans des contrées plus heureuses, est totalement inconnu ici. En effet, pour qui se pareraient-elles ? Nul ne les voit, nul ne doit jeter les yeux sur les appartements qu'elles occupent, et un homme peut tuer son voisin d'un coup de fusil s'il l'aperçoit à un balcon d'autres heures que celles qui sont fixées par l'usage.

« Dans les rues, dit M. le baron de Meyendorff, les femmes portent une longue mantille, dont les manches se joignent par derrière, et un voile noir qui cache complétement leur visage ; elles voient mal à travers ce voile ; mais la plupart en relevaient furtivement un coin lorsqu'elles rencontraient un de nous : les femmes tadjicques éprouvaient aussi du plaisir à nous laisser apercevoir leurs beaux yeux. Il devint à la mode parmi les dames de Boukhara d'aller regarder les Francs. L'extrémité du toit (1) de notre demeure était pour elles un lieu de réunion, et la limite que la décence imposait à leur curiosité. Là, moins vues des Boukhares, quelques jolies femmes s'offraient à nos regards, et nous admirâmes souvent des yeux noirs pleins de feu, des dents superbes, et un très-beau teint. La sévérité boukhare mit bientôt fin à cette mode trop mondaine ; la police prit des mesures pour empêcher les femmes de monter sur notre toit, et nous perdîmes ainsi le plaisir d'un spectacle qui égayait nos repas. »

Comment ces femmes si jolies, ajoute le même auteur, ont-elles pu se défigurer au moyen d'un anneau qu'elles passent entre les narines et du fard qu'elles emploient, tandis que la nature les a douées de tant de charmes ? Elles se teignent les ongles en rouge avec le suc d'une plante appelée *hennèh*. Les sourcils sont teints en noir et joints par une barre de la même couleur, faite avec une espèce de collyre. Enfin, ces femmes peignent leurs cils et le bord de leurs paupières avec du surméh ou plombagine qu'on apporte de Caboul. Le khan qui était sur le trône lors du séjour de M. de Meyendorff avait dans son harem deux cents femmes qu'il ne faisait pas garder par des eunuques. Ces gens sont comptés pour rien en Boukharie. Le prince dont nous parlons n'en avait que deux, qu'il éloigna même de son harem par bienséance ou par jalousie.

Il existe dans la ville trois cents soixante mosquées, tant grandes que petites, dont huit sont bâties de pierres. La plus grande, située en face du palais, occupe un des côtés de la place appelée Réguistan (1), et dont nous aurons occasion de parler un peu plus bas. Cette mosquée, longue d'environ trois cents pieds, a un dôme qui s'élève à près de cent pieds de hauteur. La façade est ornée de tuiles de différentes couleurs, disposées de manière à représenter des objets, tels que des fleurs, par exemple. On y lit plusieurs inscriptions tirées du Coran.

Près de cette mosquée on voit le fameux minaret de Mirgarab. Ce minaret, bâti de briques, est haut d'environ trente toises. A la base, il a environ douze toises de circonférence et rentre à mesure qu'il s'élève. Ces propor-

---

(1) Il ne faut pas oublier ce que nous avons dit, page 35, sur la forme des toits des maisons.

(1) *Réguistan* ou *Riguestan* veut dire en persan *endroit sablonneux*. L. D.

tions lui donnent un air de légèreté qui plaît à l'œil. Suivant M. Burnes, on précipite les criminels du haut de cette tour. Le *muezzin* ou *crieur* de la grande mosquée est la seule personne qui ait le droit d'y monter; et cela le vendredi seulement, pour appeler les fidèles à la prière. On craindrait que de cette hauteur il ne fût possible de découvrir les femmes de la ville dans leurs appartements.

Presque tous les minarets, les dômes des mosquées, et en général les édifices élevés, sont garnis à une certaine époque de l'année par des cigognes qui y établissent leurs nids. Il est expressément défendu d'inquiéter ces oiseaux.

Collèges. Les médressés ou colléges de Boukhara n'offrent en général rien de remarquable pour l'architecture. Ces édifices consistent en un bâtiment carré, autour duquel sont pratiquées, à l'intérieur, un grand nombre de petites cellules. Le milieu forme une cour, quelquefois plantée d'arbres. Les bâtiments ont deux étages; le premier est réservé pour les classes; c'est là que les maîtres donnent leurs leçons; le second est destiné au logement des écoliers.

Caravansérais. Les caravansérais ressemblent tout à fait aux médressés pour la construction, avec cette différence que le rez-de-chaussée, au lieu d'être destiné à des salles d'étude, forme des magasins où l'on vend toutes sortes de marchandises.

On compte à Boukhara trente-huit caravansérais, dont vingt-quatre sont bâtis de pierre, les autres de bois. Plusieurs de ces hôtelleries appartiennent à des particuliers; d'autres sont la propriété du khan, qui les loue pour son compte.

Rien de plus désagréable pour un étranger que d'avoir son logement dans un caravansérai. Tous les oisifs de la ville s'y donnent rendez-vous; ils courent de chambre en chambre, s'informent des nouvelles, et excèdent quelquefois de leurs questions le malheureux étranger, qui ne peut se soustraire à leurs importunités, car l'usage ne permet pas de refuser sa porte à qui que ce soit.

Bains. Il y a dix-huit bains à Boukhara. Ces établissements sont partagés en quatre pièces : la première est une vaste antichambre dont le plancher est couvert de tapis : deux ou trois petits miroirs de fabrique russe en ornent les murs; c'est là que les baigneurs se dépouillent de leurs vêtements de dessus; puis ils entrent dans la seconde pièce, où la température est plus élevée; là, ils ôtent tous leurs autres vêtements, s'enveloppent dans une robe de bain, et passent dans la troisième salle, où l'on entretient une chaleur très-forte en chauffant sous le plancher, qui est presque brûlant : le baigneur s'assied cependant par terre, et attend que son corps soit en transpiration; lorsqu'il a sué suffisamment, il entre dans la quatrième salle, où il reste couché par terre, étendu sur la poitrine, tandis qu'un homme lui fait craquer toutes les articulations. Cette opération terminée, on frotte le patient avec un gant de crin, et enfin on l'arrose d'eau froide. Les musulmans se font raser et épiler; puis ils repassent dans la première pièce, où ils prennent du thé. Pendant le jour, les bains sont éclairés par des verres de couleur, encadrés dans le plafond et qui donnent passage à la lumière. La nuit une seule lampe éclaire chaque pièce.

On ne fait usage des bains à Boukhara que pendant les six mois d'hiver, et les gens pauvres n'en prennent jamais. Le prix de ces bains n'est cependant pas très-élevé et n'excède jamais un tanga.

Bazars. Il existe à Boukara plusieurs rues couvertes ou passages garnis de boutiques. Souvent tout un côté sera occupé par des marchands de pantoufles de femme, de l'autre se trouveront des boutiques de drogues et d'aromates. Ailleurs ce sont des pierreries et des bijoux communs, qui servent d'ornements aux femmes kirguizes. Plus loin, on verra de vastes magasins remplis de fruits secs de différentes espèces.

Canaux et Réservoirs. On compte à Boukhara soixante-huit réservoirs, qui ont environ 120 pieds de circonférence chacun. On y descend par une douzaine de marches de pierres de taille. L'eau de ces réservoirs est mauvaise : elle provient d'un grand canal, ombragé de mûriers, qui traverse toute la ville et communique avec les réservoirs, au moyen de différents embranchements. Le grand canal est alimenté par le Kohik, qui coule à deux lieues et demie de Boukhara. Cette ville est, comme on voit, assez mal pourvue d'eau ; et il arrive quelquefois, dans l'été, qu'on en manque totalement. Lorsque la neige n'a pas fondu dans les hauteurs de Samarcande, le canal, dérivé du Kohik, se trouve entièrement à sec. L'eau de Boukhara passe d'ailleurs, comme nous l'avons déjà remarqué, pour occasionner le rischta.

ASPECT GÉNÉRAL DE BOUKHARA. Malgré le nombre et l'activité de ses habitants et quelques beaux édifices, Boukhara présente un aspect assez triste. « Tout ce qu'on rencontre dans cette ville, si peuplée, dit M. le baron de Meyendorff, semble annoncer la méfiance. La physionomie de ses habitants n'est presque jamais animée par un sentiment de gaieté. Jamais de fêtes brillantes ; jamais de chants ni de musique. Rien n'indique qu'on s'y divertisse quelquefois ; rien ne montre qu'elle soit habitée par des hommes jouissant d'une existence agréable. Aussi, au mouvement de curiosité et d'intérêt que nous éprouvâmes d'abord à voir des édifices d'architecture orientale, succéda bientôt une impression de tristesse et de mélancolie. »

RUES. Le même auteur nous apprend que les plus belles rues de Boukhara n'ont guère qu'une toise de largeur et que les plus étroites ne peuvent donner passage qu'aux piétons. Pour comble de désagrément, des chameaux chargés obstruent souvent ces rues déjà encombrées de gens à pied, à cheval, d'ânes et d'autres bêtes de somme. Pour se faire faire place et pouvoir avancer, les cavaliers crient sans cesse : *Posch! posch!* Les rues, n'étant plus pavées comme autrefois, sont toujours pleines de poussière ou de boue, suivant la saison, et les pieds des chevaux et des chameaux y forment des trous profonds qui rendent le sol inégal et causent une grande fatigue aux piétons. Quelques rues cependant sont encore à demi pavées et jonchées de pierres qui ne font plus aujourd'hui que gêner davantage la circulation.

PLACE DU RÉGUISTAN. Un des lieux les plus fréquentés de la ville est la grande place appelée *Réguistan*. Cette place est formée par le palais du khan, par la grande mosquée, par des colléges, et enfin par une fontaine jaillissante entourée de grands arbres. « C'est là, dit M. Burnes, que les oisifs et les colporteurs de nouvelles se rassemblent autour des marchandises de l'Asie et de l'Europe exposées en vente. Un étranger n'a qu'à s'asseoir sur un banc du Réguistan pour connaître la population de Boukhara. Il peut y causer avec des naturels de la Perse, de la Turquie, de la Russie, du Turquestan, de la Chine, de l'Inde et de l'Afganistan. Il y rencontre des Turcomans, des Calmoucs et des Kirguizes des déserts voisins, ainsi que des habitants de pays plus favorisés du ciel. Il peut observer le contraste que présentent les manières polies des sujets du grand roi et les usages grossiers des Turcs nomades. Il peut voir des Usbecks de toutes les contrées du Mawaralnahr (la Transoxane) et observer, d'après leur physionomie, les changements que le temps et les lieux produisent dans la race humaine. L'Usbeck de Boukharie, dont le sang est mêlé avec celui des Persans, ne peut être reconnu qu'avec peine pour un Turc. Les Usbecks du Khokande, contrée voisine, ont moins changé, et les naturels de la Khivie (l'ancien Kharizme) conservent encore la rudesse des traits particulière à leur race. On peut distinguer ceux-ci à leur kalpak, bonnet de peau de mouton noir, haut d'un pied. Une barbe rouge, des yeux gris et une peau blanche attireront quelquefois les regards d'un étranger. Son attention se sera alors fixée sur un pauvre Russe, qui a perdu sa liberté et sa patrie, et qui traîne ici dans l'esclavage une vie misérable ; de temps en temps on aperçoit un Chinois dans le même état déplorable. Sa longue queue a été coupée ; et sa tête est recouverte d'un turban, parce que, comme le Russe, il est contraint d'adopter les signes extérieurs de l'islamisme. Ensuite paraît un brahmaniste, revêtu d'un costume qui ne lui est pas moins étranger. Un petit bonnet de forme carrée, et un cordon au lieu de ceinture, le distinguent du musulman, et empêchent que celui-ci ne profane les salutations d'usage, en les adressant à un idolâtre. Le naturel de l'Indoustan est encore reconnaissable à son air de réserve et à la manière dont il évite de se mêler à la foule.

« Ces Indiens recherchaient cependant notre société, parce qu'ils regardent toujours les Anglais comme leurs supérieurs naturels dans l'Inde et ailleurs. Ils semblaient jouir à Boukhara d'un degré de tolérance suffisant pour les mettre en état de vivre heureux. Toutefois, l'énumération des formalités, des exigences et des prohibitions auxquelles ils sont soumis, pourrait les faire regarder comme une race persécutée. Ils ne peuvent ni bâtir des temples, ni posséder des idoles, ni faire des processions. On leur défend de se montrer à cheval dans l'intérieur de la ville, et ils doivent porter un costume particulier, comme nous venons de le dire. On exige d'eux un droit de capitation qui varie de 8 à 10 roupies (1) par an, comme tous les autres non-musulmans. Il leur est expressément défendu d'insulter ou de maltraiter un croyant. Lorsque le khan vient à passer dans le quartier qu'ils habitent, ils sont tenus de sortir de leurs demeures, de se ranger en haie et de faire entendre des vœux pour la santé et le bonheur de ce monarque. Lorsqu'ils vont à cheval, hors des murs de la ville, ils sont obligés de mettre pied à terre s'ils rencontrent le khan ou le cadi. Il leur est défendu d'acheter des femmes esclaves, parce que l'union avec un mécréant souillerait une femme fidèle. Aucun d'eux ne transporte sa famille au delà de l'Oxus. Moyennant ces sacrifices, les Indous vivent tranquilles à Boukhara. Dans toutes les contestations et les procès, on leur rend la justice avec la même équité qu'aux musulmans. Burnes n'entendit parler d'aucun exemple de conversion forcée à l'islamisme. Mais, depuis quelques années, trois ou quatre brahmanistes avaient adopté la doctrine du Coran. Ces gens, comme nous l'apprend le voyageur anglais, parlent avec plaisir de leurs priviléges, et se félicitent de la promptitude avec laquelle ils peuvent réaliser de gros bénéfices, quoique ce soit aux dépens de leurs préjugés. On compte à peu près trois cents Indous à Boukhara. Ils vivent dans un caravansérai qui leur appartient. Presque tous sont natifs de Schikarpour dans le Sindi. Les Usbecks, et l'on peut dire tous les musulmans, sont très-inférieurs aux Indous pour le génie commercial.

« Le Juif a aussi, comme le brahmaniste, un costume particulier, et il porte un bonnet conique; mais rien ne le fait mieux distinguer que les traits si connus et si caractéristiques du peuple hébreu. En Boukharie, leur race est fort belle, et, dans mes courses, j'ai vu plus d'une femme juive qui me rappelait celles que les peintres se sont plu à représenter. Des boucles de cheveux qui pendent sur leurs joues relèvent encore leur beauté naturelle. Un Arménien perdu dans la foule représente, avec son costume particulier, sa nation errante, peu nombreuse à Boukhara.

« Indépendamment des hommes dont je viens de parler, l'étranger remarque dans les bazars des gens de belle taille, blancs et bien vêtus; ce sont des musulmans du Turquestan. Un grand turban blanc et une pelisse de couleur foncée, tel est leur costume ordinaire.

« Mais le Réguistan conduit au palais, et l'on voit encore sur cette place des Usbecks qui, devant paraître en présence de leur souverain, se parent de robes de soie bariolées de différentes couleurs, toutes si éclatantes que la vivacité en serait insupportable à d'autres yeux qu'à ceux d'un Tartare. Quelques grands personnages sont habillés de brocart.

« On peut aisément distinguer la différence du rang parmi les chefs; en effet, les uns entrent à cheval dans la citadelle, tandis que les autres mettent pied à terre à la porte. Presque toutes les personnes qui vont rendre visite au souverain sont accompagnées d'un esclave.

« En général les habitants de Boukhara ne se montrent en public qu'à cheval et toujours bottés; ils portent des talons si hauts et si étroits que j'avais beaucoup de peine non-seulement à marcher, mais même à me tenir debout avec de pareilles chaussures; les talons ont dix-huit lignes de hauteur et l'extrémité inférieure ne dépasse par six lignes de diamètre. Tel est le costume national des Usbecks; quelques personnes de distinction mettent par-dessus les bottes des souliers qu'elles ôtent en entrant dans les maisons.

« Quant aux femmes, que je ne dois pas

(1) La roupie vaut 2 fr. 50 de notre monnaie.

oublier, elles ne sortent généralement qu'à cheval, et s'y placent comme les hommes ; un petit nombre seulement va à pied, toutes sont cachées par un voile de crin noir ; sûres de n'être point vues à travers cette enveloppe, elles regardent fixement les personnes qu'elles rencontrent ; mais nul ne doit leur parler, et si quelque beauté du harem du khan vient à passer, vous êtes averti de vous tourner d'un autre côté ; la désobéissance à cette injonction est punie par un coup sur la tête, tant on respecte les belles de Boukhara la Sainte. Maintenant mon lecteur pourra probablement se former une idée de l'aspect des habitants de Boukhara. Du matin au soir la foule bourdonne, et on est étourdi par le bruit que font les gens qui vont et qui viennent.

« Au milieu de la place du Réguistan, les fruits sont exposés en vente, à l'abri d'une natte carrée, soutenue par une perche. On est étonné de voir les marchands de fruits occupés sans cesse à vendre des raisins, des melons, des abricots, des pommes, des pêches, des poires et des prunes à une suite non interrompue d'acheteurs. Sur tous les points de ce bazar, il y a des gens qui font du thé ; ils se servent, au lieu de théières, de grands vases dont on entretient la chaleur au moyen d'un tube de métal. La passion des Boukhares pour le thé est, je crois, sans égale ; car ils en boivent à toute heure, en tout lieu, et d'une demi-douzaine de manières, avec ou sans sucre, avec ou sans lait, avec de la graisse, avec du sel, etc., etc.

« Après les marchands de cette boisson chaude, on voit les débitants de *rahatidjane* ou *délices de la vie* ; c'est une gelée ou sirop de raisin, mêlée avec de la glace concassée. Cette abondance de glace est une des choses les plus agréables qu'il y ait à Boukhara ; on peut s'en procurer jusqu'au moment où les froids la rendent inutile. En hiver, on l'entasse dans des glacières ; elle se vend à un prix qui est à la portée des plus pauvres gens. Personne, dans cette capitale, ne songe à boire de l'eau, à moins qu'elle ne soit à la glace ; et on peut voir un mendiant en acheter au moment où il crie misère et implore la charité des passants. Quand le thermomètre est à plus de vingt-cinq degrés, la vue d'énormes masses de glace, coloriées et réunies en tas comme des boules de neige, offre un spectacle agréable à l'œil.

« On n'en finirait pas si l'on voulait énumérer toutes les sortes de marchands qui se trouvent dans le Réguistan ; je me bornerai à dire qu'il n'y a presque point d'objet qu'on ne puisse acheter sur cette place. On y trouve de la joaillerie, de la coutellerie d'Europe de qualité commune, du thé de la Chine, du sucre de l'Inde, des épiceries de Manille. Les personnes qui cherchent des ouvrages turcs ou persans, peuvent aller aux boutiques de livres où les savants et ceux qui veulent le paraître examinent avec attention des ouvrages qui ont déjà passé par bien des mains différentes.

« Les exécutions capitales se font ordinairement sur le Réguistan. On y pend les malfaiteurs, et l'on y expose les têtes des ennemis tués dans les combats. Pendant le séjour de M. le baron de Meyendorff, six esclaves persans, convaincus de vol, et deux Tadjics furent attachés à la potence. Des têtes de Khiviens et d'Usbecks y furent placées sur des poteaux ou rangées à terre auprès du gibet. Les habitants de Boukhara, accoutumés à ce spectacle, continuent à vaquer à leurs affaires, sans en paraître affectés.

« Le soir, en s'éloignant du Réguistan, pour gagner les quartiers plus retirés, on traverse des bazars voûtés, déserts à cette heure-là ; on passe devant des mosquées surmontées de jolies coupoles et décorées de tous les ornements qu'admettent les musulmans. Après les heures du bazar, dit M. Burnes, ces temples sont remplis par la foule qui vient assister à la prière du soir. A la porte des collèges, placés généralement en face des mosquées, on peut voir les étudiants qui se délassent après les travaux du jour ; ils ne sont ni aussi gais ni aussi jeunes que les élèves d'une université d'Europe ; beaucoup d'entre eux sont des hommes d'un certain âge, graves et compassés, plus hypocrites peut-être, mais certainement non moins vicieux que les jeunes gens des autres pays. Au crépuscule tout ce mouvement cesse ; le tambour du khan bat la retraite, d'autres tambours lui répondent dans tous les quartiers de la ville, et à une heure marquée il n'est permis à personne de sortir de chez soi sans lanterne.

« D'après ces dispositions, la police de Boukhara est excellente ; et, dans chaque rue, de grands ballots restent, pendant la nuit, devant les boutiques, en toute sûreté. Le silence le plus profond règne dans la ville jusqu'au lendemain matin, que le bruit recommence dans le Réguistan ; la journée s'ouvre par des libations de thé ; et des centaines de petits garçons et d'ânes chargés de lait arrivent près de la foule affairée. Le lait se vend dans des jattes, où on voit surnager la crème ; un jeune homme en apporte au marché vingt à trente dans un plateau qu'il porte sur l'épaule. Quelle que soit la quantité de lait qu'on apporte ainsi, tout est bientôt consommé par le nombre prodigieux de buveurs de thé que renferme Boukhara. »

Nous avons dit que le palais du khan occupait un des côtés du Réguistan. Cet édifice le plus remarquable de Boukhara est désigné, dans le pays, sous le nom d'*Arc*, mot persan qui veut dire *citadelle*. Il est bâti sur une colline rehaussée par des terres rapportées. Cette colline, appelée *Noumischkend*, a trente-cinq à quarante toises de hauteur. Sa surface extérieure forme un cône tronqué et présente quelques restes de murs bâtis de briques séchées au soleil, et élevés pour donner à la colline un aspect plus régulier ; la montée est très-roide, sans être perpendiculaire : la base de la colline peut avoir quatre à cinq cents pas de diamètre. Le rehaussement artificiel du monticule date, à ce que l'on prétend, de l'époque des Samanides qui régnèrent à Boukhara, et remonte, par conséquent, au moins à la seconde moitié du quatrième siècle de l'hégire (la seconde moitié du dixième siècle). La porte du palais est de construction récente, et, à ce qu'il paraît, de l'année 1742. Quant au palais lui-même, il fut bâti, on le suppose du moins, il y a plus de dix siècles. Il est entouré d'un mur qui s'élève de dix toises au-dessus de la colline. On ne peut y arriver que par une seule entrée, dont la maçonnerie est de briques. De chaque côté de la porte s'élève une tour d'environ quinze toises de hauteur ; à cette entrée aboutit une longue galerie dont les voûtes paraissent fort anciennes ; en suivant ce passage on arrive au sommet de la colline, sur laquelle se trouvent des maisons de terre, habitées par le khan et par sa cour. L'*Arc* renferme encore une mosquée, une maison dans laquelle le kousch-bégui travaille et donne ses audiences ; enfin, des logements pour les gardes et les esclaves, des écuries, etc. Le harem est placé dans un jardin et caché par des arbres. Après la prière du soir, les gardes du palais sont doublées, et la grande porte se ferme, ainsi que les portes de la ville.

PRISONS. Nous ne pouvons nous occuper du palais du khan sans parler de l'*Ab-Khaneh* (*glacière*) où l'on conserve de la glace pour l'usage du souverain et qui sert également de lieu de détention pour les prisonniers d'État. A droite, en entrant dans cette glacière, se trouve un corridor qui conduit à une autre prison bien plus affreuse que la première : on l'appelle *Kana-Khaneh*, c'est-à-dire *maison des poux de mouton*, nom qui lui a été donné, parce qu'on y entretient des essaims de ces insectes pour tourmenter les malheureux prisonniers. A défaut de ceux-ci, on jette aux poux quelques livres de viande crue pour leur nourriture. Cette horrible prison est sans doute l'origine de la prétendue Fosse aux Scorpions, dont M. Khanikoff entendit beaucoup parler à Orenbourg. Burnes rapporte que le coupable condamné au Kana-Khaneh y est enfermé pieds et mains liés et exposé à la piqûre des insectes. L'homme le plus robuste succombe, dit-on, invariablement le troisième jour, dans des douleurs atroces.

Le Zindane, ou prison située à l'est, se compose de deux parties : le *Zindani-bala* ou *prison supérieure*, et le *Zindani-poin* ou *prison inférieure*. La première se compose de plusieurs cours avec des cellules pour les prisonniers ; la seconde est une fosse de plus de trois brasses de profondeur et dans laquelle on descend les criminels au moyen de cordes. C'est de cette manière aussi qu'on leur fait parvenir la chétive nourriture qu'ils reçoivent. L'humidité affreuse de ce cachot n'est pas moins intolérable en été qu'en hiver.

On amène deux fois par mois les prisonniers dans la place du Réguistan, en présence du khan, qui les juge et décide s'ils seront exécutés ou si on les rendra à la liberté. On rase la tête à ceux dont le prince n'a pas eu le temps de s'occuper, et ils sont reconduits à leur ancienne cellule. Ceci n'a lieu que pour les prisonniers de la première catégorie, ceux qui habitent la prison haute. Ces malheureux sont pour l'ordinaire nu-pieds, et c'est un spectacle déchirant de les voir ainsi debout, dans la neige, lorsque le thermomètre de Réaumur marque quinze degrés au-dessous de zéro (1), attendant pendant de longues heures que le souverain arrive et décide de leur sort. Si encore de pareilles tortures n'atteignaient que des coupables! Mais on les exerce contre des prévenus et souvent ainsi contre des innocents.

OBSERVATION DES PRATIQUES DE LA RELIGION MUSULMANE. La ville de Boukhara est une de celles où l'on se conforme avec le plus d'exactitude à l'observation de la discipline musulmane. Le vendredi, les boutiques ne peuvent s'ouvrir qu'après la prière, qui a lieu à une heure du soir; et l'on voit les habitants, vêtus de leurs plus beaux habits, se rendre en foule à la mosquée. On peut dire que dans la Boukharie et dans tout le Turquestan, la religion est mêlée à tous les actes de la vie, même les plus indifférents. Un Boukhare arrive-t-il chez un de ses amis pour lui rendre visite, il commence par réciter le premier verset du Koran, qu'il résume pour l'ordinaire dans le seul mot *Allah*. Lorsqu'un homme est sur le point d'entreprendre un voyage, tous les amis du partant viennent le trouver et récitent pour lui ce même verset. Si quelqu'un prête serment, toute l'assistance récite encore ce verset. Il en est de même lorsqu'on se rencontre dans la rue. Les Usbecks et les Turcomans ne s'approchent jamais de qui que ce soit sans s'écrier : *Allah Acbar!* Dieu est très-grand! Si l'on jugeait d'après ces apparences, on croirait que tous les Boukhares et notamment les Usbecks sont les hommes les plus pieux de la terre : il n'en est rien cependant; et l'on s'aperçoit bientôt que leur religion se borne souvent aux pratiques extérieures. En effet, les Boukhares ne reculent pas, même devant le crime, lorsqu'il s'agit de satisfaire leurs haines ou leurs intérêts, et souvent ils ont recours au poison pour se débarrasser de leurs ennemis. Un habitant de Boukhara offrit des figues à M. Burnes, le voyageur anglais en prit une aussitôt et la mangea, pour témoigner que ce cadeau lui était agréable. Mais le Boukhare étonné l'avertit de se tenir plus sur ses gardes à l'avenir : « Lorsqu'on t'offre quelque chose, lui dit-il, engage d'abord celui qui te fait le présent à manger lui-même de ce qu'il t'apporte; et, s'il se rend à ton invitation, tu peux alors suivre son exemple en toute sûreté. »

La crainte et le danger du poison rendent l'existence des khans de la Boukharie beaucoup moins désirable qu'on ne pourrait le supposer. L'eau que boivent ces princes est apportée de la rivière dans des outres scellées du sceau de deux officiers qui les escortent et les gardent à vue. Arrivées au palais, les outres sont ouvertes par le kouschbégui qui en prend un peu d'eau qu'il fait boire à ses gens, puis il en boit lui-même. L'outre dont l'eau a été essayée de cette manière est scellée de nouveau et envoyée au khan. Tous les mets que l'on sert devant le souverain sont soumis aux mêmes épreuves. Le kouschbégui et les officiers attachés à sa personne en mangent d'abord; puis on attend une heure pour juger de l'effet de ces aliments. L'expérience faite, les plats sont mis dans une caisse fermée à clef et envoyée au khan. On pratique les mêmes expériences sur les confitures, sur les fruits, en un mot, sur tout ce qui se mange; et, si nous en croyons Burnes, ces précautions sont loin d'être superflues.

Les infractions publiques aux préceptes de l'islamisme sont punies avec la dernière sévérité. Pendant que M. Burnes était à Boukhara, quatre musulmant furent surpris dormant à l'heure de la prière; et un jeune homme fut dénoncé comme ayant fumé en public, sans tenir compte de la sévérité des règlements de police qui interdisent le tabac comme substance enivrante et par conséquent défendue par le Coran. Ces gens furent attachés les uns aux autres. Le

---

(1) Voyez Khanikoff, page 102.

fumeur ouvrait la marche tenant à la main son *houka* ou *pipe à eau*. Un officier de police suivait les coupables, et tout en marchant les frappait avec une courroie épaisse, en criant à haute voix : « O vous qui suivez l'islamisme, soyez témoins de la punition de ceux qui violent la loi. » Il est difficile, remarque Burnes, de voir entasser à la fois autant de contradictions et d'absurdités dans la pratique et la théorie de l'islamisme. On cultive le tabac dans plusieurs parties de la Boukharie, on peut en acheter partout publiquement. Nul ne vous empêche de vous procurer des pipes et des appareils de toute espèce pour en aspirer la fumée. Mais, si on aperçoit un homme fumant en public, on le traîne immédiatement devant le cadi, qui lui fait appliquer la bastonnade ou le punit comme nous venons de le voir plus haut. Quelquefois aussi on place le coupable sur un âne, et on le promène par la ville, le visage tout barbouillé de noir.

Les gens qui sont surpris chassant le vendredi, sont conduits dans les rues de Boukhara, montés sur un chameau, avec un oiseau mort attaché au cou. Un homme que l'on verrait dans la ville pendant la prière et que l'on pourrait convaincre par témoins de négliger habituellement ses devoirs religieux, serait d'abord condamné à l'amende, puis, en cas de récidive, à la prison. Et cependant, dit Burnes, on rencontre le soir, dans les rues de Boukhara, nombre de misérables qui commettent impunément des abominations, non moins contraires aux préceptes du Coran qu'aux lois de la nature.

Malgré ce que nous venons de dire, il existe des Boukhares qui, s'ils n'entendent pas bien l'esprit de leur religion, tiennent à en observer la lettre. Quelques années avant le voyage de Burnes, un homme qui s'était rendu coupable d'une infraction au code religieux alla trouver le khan et demanda à être jugé d'après la loi. Étonné de voir un coupable qui se dénonçait lui-même, le souverain le renvoya comme un insensé. Cet homme retourna encore au palais le lendemain, et on le chassa de nouveau ; enfin, il y alla une troisième fois, fit la confession publique de tous ses péchés, et reprocha au khan la tiédeur qu'il montrait en refusant de faire punir un coupable. Il ajouta qu'il demandait à être puni, afin de satisfaire la justice divine dans ce monde-ci plutôt que dans l'autre. Les ulémas ou théologiens furent assemblés et condamnèrent cet homme à mort, suivant le texte formel de la loi. Le coupable, qui était un mollah, connaissait parfaitement d'avance le sort qui lui était réservé. On décida qu'il serait lapidé. Aussitôt cet homme tourna le visage du côté de la Mecque, et ayant caché sa tête sous sa robe fit la profession de foi musulmane : « Il n'y a de Dieu que Dieu et Mahomet est son prophète. » Le khan, qui assistait à cette exécution, jeta la première pierre au coupable, après avoir recommandé à ses officiers de le laisser échapper, s'il faisait la moindre tentative pour prendre la fuite. Mais cet homme attendit la mort avec courage et résignation, sans proférer la moindre plainte. Le khan versa quelques larmes sur le sort de ce pauvre fanatique. Il ordonna que son corps fût lavé ; il assista lui-même à la cérémonie et récita les prières funèbres sur sa tombe.

Un événement du même genre arriva l'année où Burnes était à Boukhara. Un fils avait maudit sa mère. Il alla s'accuser lui-même et demanda à être puni. La mère l'excusa et sollicita son pardon. Mais tout fut inutile, le fils persista et voulut absolument que justice fût faite. Les ulémas le condamnèrent à mort, et on l'exécuta dans une rue de la ville.

Le même voyageur nous apprend qu'un marchand, ayant apporté de la Chine quelques peintures, le chef de la police lui en paya la valeur et les détruisit aussitôt, parce que la loi musulmane défend de représenter aucune créature vivante.

On conçoit, d'après ce qui précède, que la vente des liqueurs enivrantes doit être sévèrement défendue à Boukhara. M. de Meyendorff rapporte que, pendant le séjour qu'il fit dans cette ville, un Juif, qui avait vendu de l'eau-de-vie à un Cosaque de la suite de l'ambassadeur russe M. de Négri, fut mis en prison par l'ordre du *reïs* ou directeur de la police, qui se fit donner cent cinquante tillas par la famille de l'Israélite, bien que celui-ci eût déjà été puni de cinquante coups de bâton. Cette peine était à elle seule fort rigoureuse ;

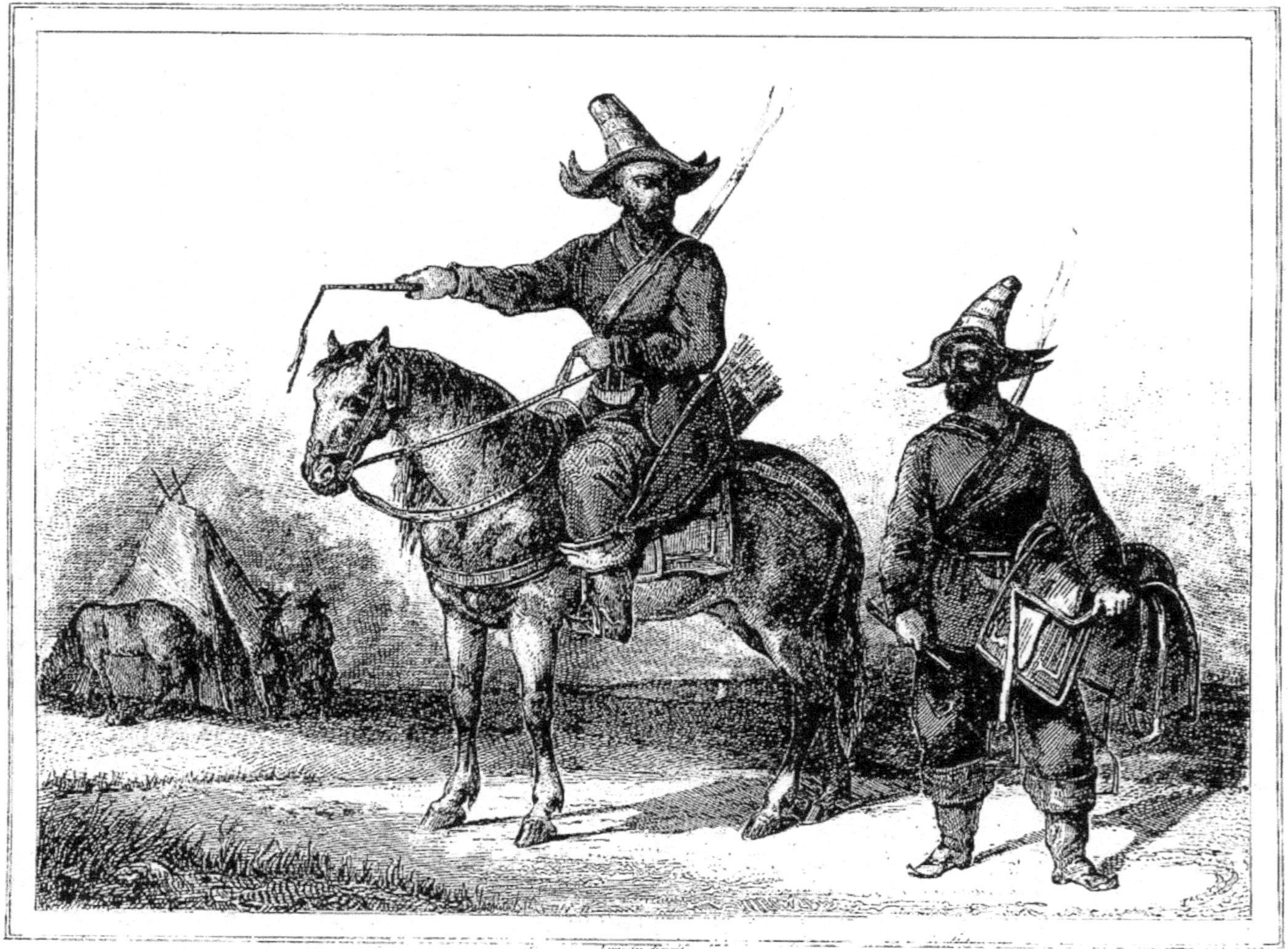

Lemaître direxit.

Kirghiz Kazak.

car les bâtons qui servent à ces sortes d'exécutions sont très-gros, et l'on frappe sur le dos et sur l'estomac. Soixante et quinze coups équivalent à la peine de mort.

ÉDIFICES DES ENVIRONS DE BOUKHARA. Parmi les édifices remarquables, qui se trouvent dans le voisinage de la ville de Boukara, on peut citer la *Mesdjidi-Namaziya* ou *Namazi-gah*, grande mosquée, devant laquelle s'étend une immense esplanade plantée d'arbres. On récite les prières dans ce temple, pendant le Ramadan et la fête du Kourban. L'esplanade devient alors le rendez-vous des habitants de Boukhara, qui s'y livrent à plusieurs divertissements.

Dans ces occasions, tout l'espace entre la ville et la mosquée est couvert de boutiques, où des confiseurs et des marchands de fruits secs exposent leurs denrées aux yeux de la foule qui va et vient. Les gens qui se rendent à la fête sont, les uns à pied, les autres à cheval, à âne ou en charrette. Derrière les lignes de tentes et de boutiques qui se prolongent le long de la route, des lutteurs font montre de leur vigueur et de leur adresse. Plus loin on voit des courses à pied et des chameaux que les Boukhares font combattre en les excitant. Ces animaux se précipitent l'un contre l'autre, et se heurtent les épaules avec force jusqu'à ce que l'un des deux ait été terrassé et tombe par terre. Alors on les sépare.

On voit encore, dans les environs de Boukhara, le tombeau où repose un saint musulman, très-vénéré dans le pays. Ce saint, appelé *Bogou-Eddin*, mourut en 1303. Le monument a la forme d'un carré. Une pierre noire est placée sur une de ses faces. Les pèlerins se croient tous obligés de frotter leur front contre cette pierre, qui, aujourd'hui, se trouve creusée dans plusieurs de ses parties.

Le mausolée est situé dans le coin d'une cour carrée, formée par deux mosquées et par des murs qui séparent le tombeau de Bogou-Eddin de ceux de ses descendants.

Une foule immense de malades et particulièrement de paralytiques, ainsi qu'un nombre considérable de mendiants, encombrent toujours le mausolée du saint. Ces mendiants se rendent tellement importuns, que l'étranger consentirait parfois à se dépouiller de tout ce qu'il porte sur lui pour se voir délivré de leurs obsessions. Mais un pareil sacrifice serait inutile. A peine sortis de l'enceinte sacrée, les visiteurs sont poursuivis par des troupes de petits garçons, non moins rapaces et non moins effrontés que les mendiants eux-mêmes.

A peu de distance du tombeau s'élève un collége bien entretenu et duquel dépend un grand jardin très-fréquenté par les gens du pays vers le mois de mai, à la saison des roses. Autour du tombeau sont groupées quelques constructions, habitées par des descendants de Bogou-Eddin. Nul autre qu'eux n'a le droit de fixer sa demeure dans le voisinage du monument.

Pendant son séjour à Boukhara, Burnes eut le désir d'aller visiter ce lieu de pèlerinage, qui n'en est éloigné que de quelques milles. Il obtint sans difficulté la permission de s'y rendre et se mit en route, ses domestiques musulmans à cheval et lui à pied; car, en sa qualité d'infidèle, il lui était interdit de monter dans la ville sainte le plus modeste bidet. Arrivé en dehors des portes de Boukhara, le voyageur anglais reprit sa place naturelle. « Nous ne tardâmes pas, dit-il, à arriver au mausolée de Bogou-Eddin-Nakschbend. Deux visites à ce tombeau équivalent, dit-on, au pèlerinage de la Mecque. On y tient, toutes les semaines, une foire, à laquelle les Boukhares se rendent en galopant sur des ânes. Le souverain actuel, avant de parvenir au trône, fit au saint le vœu solennel que, s'il lui accordait son secours, il visiterait son tombeau, toutes les semaines, et s'y rendrait à pied une fois tous les ans. Je crois que le monarque tient sa parole; car nous rencontrâmes ses bagages partant pour le lieu où il devait prier et se reposer pendant la nuit. Le monument est très-richement doté, et les descendants de Bogou-Eddin en sont les gardiens. Nous entrâmes dans l'enceinte sacrée, sans autres formalités que de laisser nos pantoufles à la porte. On nous conduisit aussi en présence du saint homme qui prend soin de l'édifice. Il nous donna du thé à la cannelle et voulait tuer un mouton pour nous régaler. Mais il se plaignait de tant de maladies réelles ou imaginaires pour lesquelles il voulait absolument obtenir des remèdes, qu'après une visite de deux heures nous fûmes tout joyeux de sortir de son domaine.

SAMARCANDE. La ville de Samarcande, quoique bien déchue de son ancienne splendeur, est loin de l'état de décadence que lui attribuent par ouï-dire quelques voyageurs. Les murailles qui l'entourent sont en bon état, et l'enceinte de la ville est encore aujourd'hui plus grande que celle de Boukhara. Autrefois cependant Samarcande couvrait un espace de terrain plus considérable comme l'attestent les ruines qui jonchent le sol dans les environs.

Trois cours d'eau, qui descendent des hauteurs d'Agalik-tau, situées au nord de Samarcande, traversent la ville. Indépendamment de ces rivières et d'un nombre considérable de canaux, Samarcande est pourvue d'un assez grande quantité de réservoirs. On trouve, dans la ville, deux caravansérais et trois bains publics. Les monuments les plus remarquables de Samarcande datent d'époque ancienne. La génération actuelle n'élève aucune construction remarquable et paraît même s'efforcer de détruire les monuments que lui ont légués ses pères.

La citadelle est plus grande que celle de Boukhara et de Karschi, qui passent cependant pour très-importantes aux yeux des habitants. On trouve, dans le palais, la fameuse pierre bleue sur laquelle chaque khan, à l'époque de son avénement, est tenu de s'asseoir. Les Boukhares considèrent cette cérémonie comme une prise de possession. Aussi, remarque M. Burnes, tant qu'un khan de la Boukharie n'a pas rangé Samarcande sous son autorité, il n'est pas regardé comme souverain légitime. La possession de cette ville devient le premier but dont le monarque s'occupe lorsque son prédécesseur est décédé.

Le tombeau de Timour ou Tamerlan est placé dans un édifice élevé, de forme octogone et surmonté d'un dôme très-haut. L'intérieur est partagé en deux salles et pavé de marbre. Sur les murs sont tracées, en lettres d'or, des sentences extraites du Coran. Ces inscriptions sont assez bien conservées.

Au milieu de la seconde salle s'élève le tombeau, qui est d'un marbre vert foncé presque noir et très-poli. Au-dessous des deux salles dont nous parlons, se trouve un caveau extrêmement bas, et dans lequel on ne peut pénétrer qu'en se traînant. On y a déposé les cercueils de plusieurs membres de la famille de Timour. On remarque, dans la ville, les ruines de trois colléges dont la fondation remonte au conquérant tartare.

L'intérieur des mosquées dépendantes de ces colléges conserve, même aujourd'hui, quelques traces de splendeur. L'or et le lapis-lazuli brillent encore sur leurs murs, dans plusieurs endroits.

On remarque aussi à Samarcande le collège de la *Hanum*, élevé par la reine, épouse de Timour. Cette princesse, fille de l'empereur de la Chine, amena de son pays des artistes qui ornèrent cet édifice de tuiles vernissées du plus beau travail. Le collège a trois mosquées, avec des dômes élevés. On voit dans l'une de ces mosquées une sorte de chaire faite de marbre et placée auprès d'une fenêtre. C'était là, si nous en croyons la tradition, que la princesse avait coutume de se placer pour lire le Coran ouvert devant elle. Les Boukhares prétendent que cette chaire possède la vertu de guérir les maladies de l'épine dorsale, lorsque le malade peut réussir à s'introduire dessous.

En dehors des murs de Samarcande il n'y a aucun autre monument remarquable que le palais de Timour, appelé *Hazreti-Schah-Zendeh*. Les ruines des murs, qui étaient de tuile de mosaïque, sont encore fort belles. L'édifice conserve toujours, malgré l'état de dégradation où il se trouve, un aspect imposant. Les Musulmans des contrées environnantes ont un grand respect pour ce palais, et s'y rendent même en pèlerinage.

Le commerce de détail est assez considérable à Samarcande; les jours de marché surtout, les mardis et les dimanches, il y a, dans certaines parties de la ville une foule si considérable, que les gens à cheval peuvent à peine se frayer un passage. On voit alors un grand nombre d'Usbeks, d'Arabes et de Bohémiens des différentes provinces du khanat.

TARTARIE

Femme et fille Kirghiz-Kazak.

La population de Samarcande n'excède pas, suivant M. Khanikoff, 25 à 30,000 âmes.

KARSCHI. La ville de Karschi est placée, d'après le calcul de Burnes, sous le 39° de latitude nord. Elle a environ un mille de long. Les maisons y sont à toit plat, assez misérables et écartées les unes des autres. Le bazar de la ville est beau; Karschi est divisé en trois parties distinctes par une triple enceinte de murailles. La première enceinte sépare la citadelle de la ville; la seconde est jetée entre l'ancienne et la nouvelle ville, et la troisième sépare la nouvelle ville des villages environnants. Les habitants se fournissent d'eau dans des canaux dérivés de la rivière de Schéhérisebze et qui alimentent plusieurs réservoirs. L'abondance de l'eau permet d'entretenir dans la ville un grand nombre de jardins, où l'on trouve des arbres fruitiers et des peupliers magnifiques. L'oasis, au milieu de laquelle est située la ville, a environ vingt-deux milles de largeur. Au delà on ne voit qu'un terrain sablonneux et stérile, peuplé de tortues, de lézards et de fourmis.

La citadelle, entourée d'un fossé plein d'eau, est plus vaste que celle de Boukhara et pourrait opposer une sérieuse résistance à des assaillants tartares.

On remarque dans la ville, le palais du gouvernement, trois collèges, dont un offre cette circonstance singulière qu'une laitière en jeta les fondations, et en fit bâtir une partie à ses frais. Il fut achevé, après la mort de cette femme, par un souverain de la Boukharie. On ne trouve à Karschi qu'un seul bain public et deux ou trois mosquées. Le bazar est assez considérable.

On compte dans la ville trois caravansérais, dont deux sont destinés aux voyageurs; le troisième appartient aux juifs, qui l'habitent exclusivement.

On remarque, aux environs un beau pont de pierre, jeté sur la rivière de Schéhérisebze, et une grande mosquée.

Les Turcomans se rendent à Karschi dans l'automne et pendant l'hiver, et y portent en vente une quantité considérable de tapis et de housses de cheval. Les habitants de la ville s'occupent de la culture du tabac, du commerce de peaux de fouine, de renard et d'agneau : ils font également le commerce de fruits secs, de coton écru, de coton filé et de soie.

TSCHARDJOUI. La dernière ville du Khanat dont il nous reste à parler est Tschardjoui. Toutes les anciennes cartes la placent mal à propos sur la rive septentrionale de l'Oxus. Tschardjoui est situé dans un lieu agréable, sur la limite des terrains fertiles et du désert. Cette ville est dominée par un joli fort, bâti sur un monticule. A l'époque où M. Burnes y passa, la population n'excédait pas 4 à 5,000 âmes, dont une partie, pendant les chaleurs, va camper sur les bords de l'Oxus. M. Burnes y arriva un jour de marché, et il vit exposés en vente des couteaux, des selles, des brides, de la toile et des couvertures de chevaux, le tout fabriqué dans le pays. Il ne remarqua pas d'autres marchandises européennes que de la verroterie et des toiles peintes. Il fut étonné de l'énorme quantité de lanternes et de pots de cuivre de différentes dimensions qui étaient exposés en vente. Presque tous les marchands se tenaient à cheval, de même que les acheteurs : tel est l'usage dans le Turquestan. Le nombre des personnes réunies dans le bazar pouvait aller à trois mille; et, quoique les transactions fussent extrêmement actives, il n'y avait ni bruit ni confusion. M. Burnes ne remarqua pas une seule femme dans la foule. Les rues étant très-étroites à Tschardjoui, le marché se tient en dehors de la ville. Il dure depuis onze heures du matin jusqu'à quatre heures du soir. On peut s'y procurer des grains, des fruits, de la viande et des denrées de toute espèce.

Tschardjoui était une place importante il y a peu d'années, et la population s'élevait alors à 20,000 âmes. Mais les invasions et les déprédations successives des Khiviens avaient réduit les habitants à environ deux mille, lorsque M. Wolff y passa. Encore ceux-ci vivent-ils dans des transes continuelles. Ils sont à la vérité protégés par une forteresse; mais les Usbecks ignorent le service de l'artillerie; et le khan n'a pas assez de confiance dans ses artilleurs persans, qui sont des esclaves, pour leur confier le soin de défendre la ville.

PAYS ENTRE BOUKHARA ET L'OXUS.

La partie du Khanat qui s'étend entre la capitale et l'Oxus mérite d'être connue. A quatre ou cinq milles de Boukhara, on entre dans un canton qui présente tout à la fois les extrêmes de la fertilité et de la stérilité. A droite, la terre est arrosée par des canaux dérivés du Kohik. Burnes passa sur le bord de cette rivière, dans un endroit où elle avait environ cent trente pieds de largeur et n'était pas guéable; les eaux se trouvaient retenues par des barrages et des digues destinées à les faire couler dans les champs voisins : plus loin son lit était à sec. La bande de terrain fertile, sur les bords du Kohik, ne s'étend pas à plus d'un mille de chaque côté. Le voyageur anglais remarqua sur sa route un nombre très-considérable de villages et de hameaux, tous entourés d'un mur de briques séchées au soleil. C'était au mois de juillet, et l'on voyait des champs couverts de melons énormes. Ces fruits sont chargés sur des chameaux et transportés à Boukhara.

« Nous vivions à Mirabad, dit Burnes, parmi les Turcomans qui occupent le pays entre l'Oxus et Boukhara. Ils ne diffèrent de la famille à laquelle ils appartiennent que parce qu'ils ont des habitations fixes et sont des sujets paisibles du souverain de la Boukharie; une quarantaine de leurs *robats* ou hameaux se trouvaient en vue de celui où nous demeurions. Nous passâmes près d'un mois dans ce canton et dans la société des Turcomans sans être ni insultés ni injuriés. Nous ne reçûmes d'eux que des souhaits pour notre bonheur; et, comme nous n'étions sous la protection de personne, leur conduite à notre égard en est d'autant plus estimable.

« La tribu turcomane au milieu de laquelle nous nous trouvions était celle des Ersaris. Nous vîmes, chez eux, pour la première fois dans un pays musulman, des femmes non voilées. C'est, au surplus, une coutume générale parmi les Turcomans. Dans aucun autre pays je n'avais rencontré des femmes aux formes plus robustes et plus prononcées, quoiqu'elles soient les compatriotes de la délicate Roxane, qui sut charmer Alexandre. Ernazzar, le conducteur turcoman de notre petite caravane, pour dissiper son ennui, devint amoureux d'une de ces beautés, et s'adressa à moi pour obtenir un charme qui lui assurât l'affection de la jeune fille, ne doutant pas que je ne pusse lui en donner un. Je me moquai de l'amour et de la simplicité du vieillard. Ces femmes portent des turbans énormes, pas tout à fait aussi amples cependant que ceux de leurs voisines du sud de l'Oxus.

« Les Ersaris conservent la plupart des usages des autres Turcomans; mais le voisinage de Boukhara a contribué à les civiliser sur quelques points. Nous avions dans notre caravane une demi-douzaine de Turcomans de la rive méridionale de l'Oxus. Si ces enfants du désert pratiquent chez eux l'hospitalité, ils n'oublient pas qu'elle leur est due lorsqu'ils se trouvent loin de leurs foyers; et les Ersaris avaient réellement raison de se plaindre de notre séjour à Mirabad. Chaque matin, un membre de la caravane portait son sabre chez un des habitants du lieu; ce qui, parmi ces peuples, veut dire que le maître du logis doit tuer un mouton et que ses hôtes l'aideront à le manger. Il est impossible de refuser ou d'éluder ce tribut. Le régal a lieu le soir. Nous n'étions pas invités à ces réunions, uniquement composées de Turcomans; mais on nous envoyait presque toujours des galettes que l'on avait fait cuire pour la fête. Nous eûmes de fréquentes occasions de remarquer les bons procédés de ces Turcomans envers nous. Ils savaient que nous étions européens et chrétiens; et toutefois ils nous traitaient avec respect et bienveillance. »

A une distance d'environ dix-sept milles de l'Oxus, la campagne est couverte de monticules de sable complétement dénués de végétation. Ces monticules, qui n'ont pas plus de 15 à 20 pieds de haut, sont en forme de fer à cheval. Au delà des monticules et sur la rive droite de l'Oxus, on trouve des campagnes fertiles.

PROVINCE DE BALKH.

La ville de Balkh, si fameuse dans l'Orient sous le nom de *Bactra*, ne conserve même plus l'ombre de son ancienne splendeur. La population actuelle de cette capitale se compose principalement d'Afgans et d'Arabes dont le nombre n'excède pas en tout 2,000 âmes. Le chef de Koundouze a enlevé à la ville une partie de ses habitants, et la crainte qu'inspire ce souverain était telle, lorsque Burnes passa dans le pays, que plusieurs d'entre eux avaient abandonné la ville et s'étaient établis dans les villages des environs pour être mieux en mesure de se soustraire par la fuite aux avanies du tyran.

Les ruines de Balkh couvrent aujourd'hui un espace d'environ huit lieues et ne présentent aucune trace de constructions grandioses. Ce sont partout des briques séchées au soleil, et qui paraissent avoir appartenu à des mosquées et à des tombeaux entièrement détruits. Une partie de la ville est entourée de murailles de terre. La citadelle n'a aucune importance et ne saurait résister à un coup de main.

Balkh est située dans une plaine à deux lieues et demie des montagnes. Le terrain qui l'environne présente un grand nombre d'inégalités que Burnes attribue aux ruines et aux décombres qui jonchent le sol. « Balkh, dit ce voyageur, de même que Babylone, est devenue une véritable mine de briques pour le pays voisin. Ces briques ont une forme oblongue et se rapprochent du carré. La plupart des anciens jardins sont maintenant abandonnés et remplis de mauvaises herbes. Les canaux sont hors d'état de servir. Mais, de toutes parts, s'élèvent des bouquets d'arbres. Les peuples des contrées environnantes ont un grand respect pour Balkh. Ils s'imaginent que cette ville est un des points de la terre qui ont été peuplés les premiers, et que sa régénération sera un des signes de l'approche de la fin du monde. »

Les environs de Balkh produisent des fruits d'une saveur excellente et extrêmement sucrés. Les abricots surtout y sont remarquables pour leur goût et leur grosseur, qui n'est guère moindre que celle d'une pomme ordinaire. Ces fruits avaient si peu de valeur lorsque M. Burnes traversa le pays, qu'on pouvait s'en procurer deux mille pour une somme d'environ deux francs cinquante centimes. On les mange en buvant de l'eau à la glace. Il ne faut cependant pas faire abus de ces fruits, dont l'usage immodéré est dangereux.

La neige que l'on consomme à Balkh en été vient des montagnes situées à vingt lieues environ de la ville; on se la procure à fort bon compte.

Le climat de Balkh, quoique très-malsain, n'est pas désagréable. Suivant Burnes, le thermomètre de Réaumur n'y dépasse guère au mois de juin 21 ou 22 degrés. En juillet, les chaleurs y sont plus fortes. L'insalubrité du pays est généralement attribuée à l'eau, tellement mêlée de terre et d'argile qu'après les pluies elle ressemble à de la bourbe. Le terrain est grisâtre et très-gras. Quand il est humecté, il devient extrêmement gluant. L'eau est distribuée dans la ville de Balkh par des canaux dérivés du Balkhab. On en comptait autrefois dix-huit. Aujourd'hui il y en a plusieurs qui sont entièrement détruits. Ces canaux débordent fréquemment et forment des mares que les rayons du soleil ne tardent pas à dessécher; car le terrain n'est pas naturellement marécageux, et s'abaisse en pente douce vers l'Oxus. Balkh se trouve à dix-huit cents pieds au-dessus du niveau de la mer.

Les revenus du pays de Balkh n'excèdent pas 20,000 tillas ou 333,000 francs. Cette somme ne passe point à Boukhara; mais elle reste dans la province et est remise au chef qui la gouverne pour servir à la défense du territoire.

Ancien khanat d'Ankoï. Cette province est située au nord-ouest du pays de Balkh. La ville d'Ankoï, qui en est la capitale, n'offre aucun édifice remarquable; elle contient, à ce que l'on suppose, près de 4,000 maisons.

Ancien khanat de Meïmaneh. Ce pays est situé au sud du khanat d'Ankoï. La capitale porte le nom de *Meïmaneh* ou *Meïmend;* cette ville est beaucoup moins considérable qu'Ankoï.

NOTICE SUR LA VIE ET LE RÈGNE DE L'ÉMIR NASR-OULLAH, KHAN DE BOUKHARA.

Nous terminerons ce que nous avons à dire du khanat de Boukhara par une notice sur le prince qui gouverne cet État.

L'émir Nasr-Oullah-Bahadur-Khan-Melic-el-Moumenin est le second fils de l'émir Séïd, à la cour duquel il passa ses premières années. Il fut ensuite nommé gouverneur de la ville et du district de Karschi. Comme suivant l'ordre de succession établi il ne pouvait avoir aucune prétention à la couronne, qui revenait de droit à son frère aîné Hoséin, il se prépara de longue main à emporter par la force ce qu'il ne pouvait obtenir par des moyens légitimes et réguliers. Il attira dans son parti, au moyen de grandes largesses, les commandants militaires de la province. Ceux-ci, forts de la protection du gouverneur, poussèrent l'audace et le mépris des lois jusqu'à s'emparer des biens de plusieurs riches propriétaires de la ville et du district de Karschi. Ces spoliations n'entraînèrent aucune conséquence fâcheuse pour les coupables. Non content de fermer les yeux sur la conduite des chefs militaires placés sous ses ordres, Nasr-Oullah leur disait que les bienfaits dont il les avait comblés jusque-là n'étaient rien en comparaison de ce qu'il ferait pour eux s'il réussissait à monter sur le trône.

L'appui des commandants de la milice de son gouvernement, quoique indispensable à Nasr-Oullah, ne lui suffisait pas cependant pour arriver à ses fins. Il fallait encore qu'il se créât dans la capitale des partisans sur le dévouement et la puissance desquels il pût compter. Il jeta les yeux sur deux hommes qui, par leur habileté et la position qu'ils occupaient, lui semblèrent les plus propres à favoriser ses projets ambitieux; le premier était le kousch-bégui, Hakim-Beg, et le second le topschi-baschi, ou grand maître de l'artillerie, Ayaze. Le rusé Nasr-Oullah fit si bien par ses manœuvres et ses promesses qu'il réussit à les mettre l'un et l'autre dans ses intérêts.

Les choses en étaient là quand la mort surprit l'émir Séïd dans les premiers jours de 1826. Le kousch-bégui informa aussitôt Nasr-Oullah de cet événement. Mais les partisans d'Hoséin-Khan, héritier légitime du trône, s'étaient, de leur côté, rendus maîtres de la citadelle de Boukhara; et Nasr-Oullah, qui avait entrepris une expédition contre la capitale, se vit contraint d'y renoncer. Il battit en retraite, et envoya en même temps à l'émir Hoséin une députation chargée de lui offrir l'assurance de son dévouement et de sa soumission. Tandis qu'il s'efforçait de donner ainsi à son frère une fausse sécurité, il employait tous les moyens imaginables pour réunir sous main des forces, avec le secours desquelles il pût s'emparer du pouvoir souverain à la première occasion favorable. Il s'attacha à faire embrasser sa cause à un personnage influent, Moumin-beg-Dodkha, qui avait été nommé gouverneur de Khouzar par l'émir Hoséin. Ayant réussi à le détacher du parti de ce prince, il l'appela à Karschi; et là il réunit un conseil, dans lequel on s'occupa des moyens de faire réussir la conspiration. Le grand maître de l'artillerie, qui prenait part à la délibération, dit que, comme preuve de son dévouement à la cause qu'il venait d'embrasser, Moumin-beg devait procurer à Nasr-Oullah les sommes nécessaires pour recruter des troupes. Moumin-Beg accéda à cette proposition; et les conjurés s'occupaient de lever une armée, lorsque Nasr-Oullah fut informé par le kousch-bégui qu'Hoséin avait cessé de vivre, et qu'Omar-Khan, frère de ce prince, venait d'arriver à Boukhara et s'était emparé du pouvoir suprême. L'émir Hoséin n'avait régné que trois mois; et l'on a pensé que le kousch-bégui avait hâté sa mort par le poison. Cette accusation paraît assez vraisemblable, cependant une seule chose demeure prouvée aujourd'hui, c'est que l'émir Hoséin fut empoisonné par l'ordre de Nasr-Oullah. Dès que celui-ci eut reçu la nouvelle de la mort de son frère, il invita le grand cadi de Karschi à écrire une lettre au clergé et aux autres habitants de Samarcande en les engageant à le reconnaître lui Nasr-Oullah comme légitime héritier du trône de Boukhara. Il envoya en même temps deux de ses partisans, Mohammed-Alim-Beg et Rahim-Birdi-Mazem, à Schéhérisebze pour établir des relations amicales avec le gouverneur de cette ville. Puis, ayant réuni en toute hâte un petit corps de troupes, il se porta sur Samarcande à travers une contrée déserte et alors couverte de neige. Avant de quitter Karschi, il eut soin de laisser le commandement de la ville et de la province à deux de ses partisans les plus dévoués. Le gouverneur de Samarcande, malgré l'ordre positif que lui avait donné Omar-Khan de bien défendre la place, et nonobstant les troupes qui lui avaient été envoyées comme renfort, se rendit sans combattre. Le clergé et le peuple de Samarcande, naturellement portés pour Nasr-Oullah, avaient encore été confirmés dans ces dispositions par la lettre du grand cadi de Karschi. Le gouverneur, connaissant ces dispositions qui se trouvaient d'accord avec les siennes, ouvrit à Nasr-Oullah les portes de la ville. On fit asseoir le prince sur la pierre bleue, usage qui, ainsi que nous avons déjà eu occasion de le remarquer, équivaut à la reconnaissance formelle du souverain. Le nouvel émir, oubliant aussitôt le service signalé que venait de lui rendre le gouverneur de Samarcande, le priva de son emploi qu'il confia à Mohammed-Alim-Beg, et il se fit accompagner par l'ancien gouverneur dans une expédition qu'il entreprit contre Katta-Kourgan. Son intention était de conserver auprès de sa personne un homme qu'il avait payé de tant d'ingratitude et dont il pouvait craindre le ressentiment.

A peine informé de ces nouvelles, Omar-Khan se porta sur Kerminch et détacha quelques-uns de ses lieutenants à Katta-Kourgan et dans les villes voisines. Ceux-ci étaient chargés d'instructions pour les gouverneurs de ces différentes places auxquelles Omar-Khan ordonnait de ne se rendre sous aucun prétexte. Ces émissaires partirent aussitôt; mais, ayant appris en route la prise de Samarcande et la nomination de Nasr-Oullah à la dignité d'émir, et craignant de s'attirer la haine du nouveau souverain, ils expédièrent un des leurs à Omar-Khan pour l'instruire de ces événements, et se rendirent auprès de Nasr-Oullah pour faire leur soumission. Bientôt ce prince arriva devant Katta-Kourgan. Le gouverneur de la place, entraîné par l'exemple de celui de Samarcande, se rendit après une résistance qui ne dura qu'un jour.

La reddition de Katta-Kourgan entraîna celle de plusieurs villes voisines, et entre autres de Pendjeschambeh, de Tschelek, de Yengui-Kourgan et de Nourata. L'émir démit de leurs fonctions les gouverneurs de toutes ces villes; et, leur ayant donné l'ordre de le suivre, il se dirigea vers Boukhara.

Informé de ces événements, Omar-Khan confia le gouvernement de Kermineh à Abdoullah-Khan, fils du kousch-bégui, et s'enferma lui-même dans la capitale. Abdoullah-Khan, agissant d'après les instructions qu'il avait reçues de son père, se rangea du parti de Nasr-Oullah; et, loin de défendre la place qu'il commandait, il en sortit pour aller rejoindre le nouveau souverain. Celui-ci, fidèle à ses habitudes de défiance, lui enleva le gouvernement de la ville pour en charger un homme qu'il supposait plus dévoué à sa cause, et dont, en cas de révolte, il aurait moins à craindre que du fils du kousch-bégui, redoutable par le crédit et la puissance de son père. Abdoullah-Khan alla grossir le nombre des gouverneurs dépossédés, et suivit l'émir jusqu'à Boukhara, qui fut investie le 7 février 1826. Le siége dura quarante-quatre jours; et la disette devint telle dans la capitale, qu'une livre de viande coûtait 3 francs 4 centimes de notre monnaie, et même, si l'on en croit le témoignage de quelques personnes, jusqu'à 5 francs 32 centimes (1); taux excessif partout, mais principalement à Boukhara, où, dans les temps ordinaires, les denrées sont toujours à fort bas prix. Les assiégés, pour se procurer un peu de farine, en remplirent des cercueils que les assiégeants laissèrent passer, croyant qu'ils renfermaient les corps de quelques personnes mortes dans les environs.

L'eau, qui n'avait pas été renouvelée dans les canaux et les fontaines depuis le commencement du siége, avait contracté une puanteur insupportable. Le kousch-bégui et le grand maître de l'artillerie adressèrent alors à Nasr-Oullah une pétition par laquelle ils témoignaient le désir de rendre la ville, et demandaient pour toute grâce à ce prince de vouloir bien épargner les habitants.

---

(1) 3 et 7 tangas.

4.

Cette démarche ne saurait en aucune façon être considérée comme un acte sérieux. Il est évident que le kousch-bégui aussi bien que le grand maître de l'artillerie, vendus depuis longtemps à Nasr-Oullah, ne cherchaient qu'un moyen de cacher leur trahison et de prouver aux habitants de Boukhara qu'ils avaient cédé à la nécessité, et voulaient ménager autant qu'il était en eux le sang et les intérêts de leurs concitoyens. Nasr-Oullah, soit qu'il lui convînt de faire croire à la sincérité de la conduite de ces deux hommes, soit que son caractère toujours soupçonneux ne lui permît pas de se confier aux gens qui avaient trahi en sa faveur, exigea de la part des deux pétitionnaires la preuve de la loyauté de leurs intentions. Le grand maître de l'artillerie s'engagea à faire éclater une pièce de canon d'un calibre énorme et qui était considérée comme la meilleure défense de la place. Il tint parole, et Nasr-Oullah donna aussitôt l'ordre d'attaquer par deux points différents. Ayaze lui ouvrit les portes de la ville, et le 22 mars 1826, Nasr-Oullah s'installa solennellement dans le palais de ses aïeux, après avoir donné l'ordre de livrer au pillage les appartements qu'avait occupés Omar-Khan. Celui-ci était parvenu à s'enfuir. Il traîna pendant plusieurs années une existence misérable, réduit à emprunter toutes sortes de déguisements pour éviter d'être reconnu et livré à son frère. Enfin, il fut tué dans une bataille livrée par le khan de Khiva aux troupes de Nasr-Oullah.

Si nous en croyons M. Wolff (1), auquel nous empruntons ces derniers détails, Nasr-Oullah fit périr son père et cinq de ses frères pour monter sur le trône et s'assurer la couronne.

Nasr-Oullah pensait que les premiers actes de son gouvernement devaient être empreints de la plus grande modération. Il ne s'était frayé un chemin au pouvoir suprême qu'en s'appuyant sur le crédit et la puissance de quelques personnages considérables ; et la prudence exigeait qu'il les ménageât, parce que ceux-ci pouvaient encore le précipiter du trône comme ils l'y avaient élevé. Le kousch-bégui s'était flatté que, pour prix de sa trahison, le nouvel émir laisserait entre ses mains une partie de l'autorité. Il fallait donc que Nasr-Oullah cachât son ambition effrénée et sa cruauté naturelle sous peine de mécontenter un ministre qui lui était encore si nécessaire. Il lui témoigna donc la plus grande confiance, et lui remit la direction des affaires du khanat, tandis que lui-même paraissait ne vivre que pour les plaisirs. Mais il saisissait toutes les occasions de se faire aux yeux du peuple une grande réputation de justice, sans exciter les soupçons du kousch-bégui. Ce fut pour cette raison que, fort peu de temps après être monté sur le trône, il publia une proclamation par laquelle il invitait les habitants de la ville et du gouvernement de Karschi, qui avaient été dépouillés de leurs biens par les chefs militaires, à lui envoyer leurs réclamations, afin qu'il les examinât et en établît la validité.

Nasr-Oullah désirait très-vivement aussi d'affaiblir l'influence des militaires, qui, sous le gouvernement de son père, l'émir Séid, s'étaient rendus redoutables au souverain lui-même. Mais il fallait agir avec une grande circonspection. En effet, les chefs de la milice étaient attachés à la personne du kousch-bégui par les liens de l'intérêt. Ces chefs comprenaient très-bien que, livrés à eux-mêmes et sans l'appui du premier ministre, ils ne pouvaient rien malgré les forces dont ils disposaient. Le kousch-bégui, de son côté, n'ignorait pas non plus que la connaissance qu'il avait des affaires de l'administration et la position éminente qu'il occupait dans le khanat, devenaient inutiles sans le concours de l'armée. Nasr-Oullah, n'osant pas encore attaquer ouvertement le parti qu'il redoutait, continua de manœuvrer en secret et toujours avec la même prudence. Ce ne fut qu'à la fin de 1837, plus de onze ans après être monté sur le trône, qu'il se crut assez fort pour renoncer à la feinte. Le kousch-bégui fut envoyé en exil à Karschi, sans aucune cause apparente. De Karschi on le relégua à Nourata. Il était dans cette dernière ville lorsque le khan le rappela

---

(1) *Narrative of a mission to Bokhara in the years* 1843-1845, *to ascertain the fate of colonel Stoddart and captain Conolly ; by the Rev. Joseph Wolff.* Londres, 1845, 2 vol. in-8°; t. I, pages 323 et 324.

à Boukhara et le fit jeter dans la prison du palais. Mais, pour ne pas effrayer tous ses ennemis à la fois, et éviter que ceux-ci ne formassent un complot contre sa personne, Nasr-Oullah conféra la dignité de beg au grand maître de l'artillerie, Ayaze, beau-père du kouschbégui, voulant le récompenser, disait-il, des services signalés rendus par lui à sa cause. Peu de temps après, il l'éleva au poste éminent de gouverneur de Samarcande, et le combla de grandes richesses. Malgré toutes les faveurs dont il était l'objet, le grand maître de l'artillerie semblait pressentir par la disgrâce de son gendre que le moment de sa propre chute approchait. Mais il n'était plus en état d'opposer la moindre résistance aux volontés de l'émir, dont la puissance était alors trop bien consolidée. Il reçut bientôt un ordre qui lui enjoignait de quitter Samarcande pour se rendre immédiatement à Boukhara. Cet ordre n'était point encore cependant un arrêt de mort. L'émir voulait, au contraire, rassurer Ayaze, bien convaincu que, s'il excitait les soupçons de ce vieillard, celui-ci parviendrait à faire disparaître une grande partie de ses biens ou à les placer sur la tête de son fils. De cette manière, le khan aurait laissé échapper d'immenses richesses qu'il convoitait et dont il voulait se rendre maître par la confiscation. Il fit donc à Ayaze un accueil affectueux; et, au moment où celui-ci était sur le point de retourner à Samarcande, il lui donna une khilat ou robe d'honneur de brocart d'or et un magnifique cheval turcoman superbement harnaché. Il sortit même de son palais pour aider à Ayaze à monter sur ce bel animal. Le vieillard, surpris de tant de distinctions et de prévenances, conçut les plus grandes craintes pour sa personne; et, descendant aussitôt de cheval, il pencha la tête vers la terre, en disant qu'il comprenait très-bien que l'émir le regardait comme coupable de quelque crime; et il demanda à être puni sur-le-champ. Nasr-Oullah, toujours dissimulé, se jeta dans les bras du vieux gouverneur, le remercia de nouveau pour tous les services qu'il lui avait rendus, et parvint à force de perfides caresses à calmer ses soupçons. Ayaze retourna à Samarcande; et, après avoir reçu de l'émir des réponses très-bienveillantes à deux lettres qu'il lui avait adressées, il se flatta que l'orage était passé, et que le khan ne voulait pas l'envelopper dans la disgrâce du kousch-bégui. Ces illusions ne furent pas de longue durée, Nasr-Oullah le rappela une seconde fois à Boukhara et le jeta dans la prison où se trouvait déjà son gendre le kousch-bégui. Ils y furent mis à mort l'un et l'autre dans le printemps de l'année 1840.

A dater de cette époque, Nasr-Oullah, débarrassé des deux hommes dont l'influence lui paraissait le plus à redouter, commença à persécuter ouvertement les chefs militaires. Il fit tomber d'abord les effets de sa haine sur ceux qui avaient eu quelques relations d'amitié avec le kousch-bégui; il s'empara de leurs biens, les exila sur la rive gauche de l'Oxus, et fit mettre à mort un assez grand nombre d'entre eux. Ensuite, il tua ou chassa de l'armée toutes les personnes qui avaient eu le malheur de lui déplaire, et cela sans prendre la peine de colorer ces actes odieux du moindre prétexte d'équité.

Le ministre le plus docile des volontés sanguinaires du khan fut Rahim-Birdi-Mazem, le même qui, seize ans auparavant, avait été envoyé vers le gouverneur de Schéhérisebze; l'émir avait besoin d'un homme sur lequel retombât le premier mouvement d'indignation qu'excitait sa conduite atroce, et nul ne convenait mieux à ce rôle que le Turcoman Rahim-Birdi-Mazem qui détestait et méprisait les Boukhares. Ce misérable fut nommé reïs ou chef de la police, emploi qui lui donnait les moyens de sévir contre toutes les classes de la nation. Il étendit sa cruauté jusque sur les gens du peuple, qu'il faisait battre de verges pour la cause la plus futile. Les militaires étaient massacrés ou se trouvaient dans la nécessité de prendre la fuite. Le reïs était devenu l'objet de l'exécration universelle; mais bientôt on s'aperçut qu'il existait deux coupables, et la haine que les Boukhares portaient à Rahim-Birdi s'étendit jusqu'au monstre qui était sur le trône.

Un autre homme exerça une grande influence sur le règne de Nasr-Oullah : c'est un aventurier persan, Abd-oul-

Samet-Khan, né à Tauris ou Tébrize ; il servit d'abord dans l'armée persane ; puis, ayant été condamné à mort pour un meurtre qu'il avait commis, il s'enfuit dans l'Inde, et entra au service d'un réfugié persan, pensionnaire du gouvernement britannique. Abd-oul-Samet, s'étant adjoint quelques-uns de ses camarades, vola son maître et le tua. Arrêté et condamné à être pendu, il s'échappa de prison, s'enfuit auprès de Dost-Mohammed à Caboul, et parvint en très-peu de temps à obtenir les bonnes grâces de ce prince. Mais bientôt son naturel féroce, qui l'avait contraint de quitter la Perse et l'Inde, le perdit à la cour de Caboul. Il se prit de querelle dans une revue avec Mohammed-Acbar-Khan, fils de Dost-Mohammed, et lui tira un coup de pistolet à bout portant. Par un hasard aussi heureux qu'extraordinaire, la blessure ne fut pas mortelle. Dost-Mohammed ordonna aussitôt que l'on coupât les oreilles à ce misérable et qu'on le jetât en prison. Abd-oul-Samet aurait été infailliblement mis à mort, s'il n'avait réussi à s'évader. Il sortit des États de Caboul et se dirigea vers Boukhara, où il arriva en 1835. Ayant trouvé accès auprès du réïs et de quelques autres personnages importants de la capitale, il sut par leur entremise faire persuader à Nasr-Oullah de former un corps de soldats réguliers d'artillerie et d'infanterie. L'émir, qui redoutait et détestait en même temps les chefs de sa milice, adopta avec ardeur l'idée de cette nouvelle création. Il espérait opposer les soldats réguliers aux corps militaires existants et se promettait les meilleurs effets de l'emploi de cette nouvelle troupe contre les ennemis du dehors et contre ceux de l'intérieur. Abd-oul-Samet gagna bientôt un ascendant si fort sur l'esprit de son maître, qu'il devint, après Nasr-Oullah, l'homme le plus influent de la Boukharie.

Après la mort du réïs Rahim-Birdi-Mazem, qui eut lieu en 1839, le khan se décida à ne plus déléguer à personne l'autorité civile. Mais, comme il était indispensable de conférer à quelqu'un le nom de ministre, pour sauver les apparences et ne pas paraître changer la forme du gouvernement, Nasr-Oullah donna ce titre à ses mignons, qui n'exerçaient aucun pouvoir. Ces hommes infâmes, tous fort jeunes, conservaient leur titre pendant qu'ils restaient en faveur. Mais, lorsque le khan venait à se dégoûter d'eux, ils étaient dépouillés de leurs richesses et de leurs dignités, qui passaient à d'autres. Après avoir réuni toute l'autorité sur sa tête, Nasr-Oullah tourna ses vues vers les expéditions militaires. Il lui aurait été facile de trouver des prétextes, sinon des causes de guerre, contre toutes les nations voisines. Mais il existait une haine profonde entre lui et Mohammed-Ali, khan de Khokande ; ce fut celui-ci qu'il résolut d'abaisser. Outre la jalousie que lui inspiraient l'opulence de quelques villes de l'État de Khokande et les succès militaires obtenus par le souverain de ce pays contre les Khiviens, Nasr-Oullah avait encore une raison de haïr Mohammed-Ali qui s'était déclaré le protecteur de son oncle. Celui-ci, contraint de quitter la Boukharie pour fuir le poignard de son neveu, avait cherché un refuge auprès du khan de Khokande, qui l'avait nommé gouverneur de la ville d'Yome, place frontière du pays de Khokande du côté de la Boukharie. Cependant Nasr-Oullah, qui se montrait si fort irrité de cette conduite, en avait donné lui-même l'exemple en recevant dans ses États un frère du khan de Khokande, qui avait tramé une conspiration contre celui-ci, pour s'emparer de la couronne. Indépendamment de ces griefs particuliers à Nasr-Oullah, les vexations et les pertes auxquelles les marchands boukhares se voyaient exposés par les excursions fréquentes que les Khokandiens faisaient sur le territoire de la Boukharie, étaient une cause légitime de guerre. Il en existait encore une autre fort ancienne ; le khan de Khokande avait fait élever, en 1819, une citadelle pour défendre un bourg appelé *Pischagar*. Cette forteresse était bâtie sur un point tellement rapproché de la frontière boukhare, que Nasr-Oullah put soutenir qu'elle était construite sur son propre territoire, et exiger qu'on la rasât immédiatement. Cette demande ayant été rejetée, Nasr-Oullah se prépara aussitôt à commencer la guerre. Informé des préparatifs que faisait son ennemi, le khan de Khokande prit ses dispositions. Au début de la campagne il fit preuve d'activité et de courage. Il quitta sa capitale et se porta en toute hâte sur Khokande, où, après avoir réuni ses troupes à celles du bégler-beg commandant cette place, il marcha à la rencontre de l'ennemi. Mais, intimidé par un échec qu'il reçut dans une sortie que firent les Boukhares d'une forteresse qu'il allait reconnaître, avec une escorte de quelques centaines d'hommes seulement, il abandonna son armée, laissa à ses généraux le soin de repousser l'ennemi et alla se cacher dans la capitale de ses États. Les troupes khokandiennes, surprises et découragées par la retraite subite de leur chef, se débandèrent. Quelques soldats se jetèrent dans la forteresse de Pischagar; d'autres, en beaucoup plus grand nombre, se retirèrent dans leurs foyers, heureux d'avoir trouvé les moyens de se soustraire aux hasards de la guerre.

Telle était la position des choses lorsque Nasr-Oullah entra sur le territoire de Khokande. Son armée était composée d'Usbecks et de 300 serbazes (1), soldats réguliers, sous le commandement d'Abd-oul-Samet-Khan, qui avait encore amené quelques pièces d'artillerie fondues sous sa direction. Les Usbecks désiraient ardemment que les serbazes, organisés par un étranger qu'ils détestaient, éprouvassent un échec; mais le sort en décida autrement. Les Usbecks firent plusieurs tentatives inutiles contre Pischagar. Quand ils eurent été humiliés de la sorte, l'émir leur intima l'ordre de se retirer; et la continuation du siège fut confiée à Abd-oul-Samet-Khan, qui, après une canonnade prolongée parvint, en août 1840, à contraindre la ville à se rendre. Cette victoire, remportée sans aucun danger, marqua la fin de la campagne.

Les Khokandiens renouvelèrent bientôt les hostilités, et pendant l'hiver de 1840 à 1841, ils attaquèrent et pillèrent plusieurs villages de la Boukharie. L'émir cependant s'occupait avec ardeur d'augmenter le nombre des serbazes et de fondre de nouveaux canons, de telle sorte qu'à l'automne de l'année 1841, il avait sous ses ordres 1,000 serbazes, onze canons et deux mortiers. A ces forces régulières il faut ajouter 30,000 Usbecks. Le 6 septembre, Nasr-Oullah, précédé de tambours et de timbales, sortit de Boukhara par la route de Samarcande. Abd-oul-Samet-Khan remonta la rive droite du Zerafschane avec les serbazes pour aller à Djizah, où le khan avait indiqué le rendez-vous général de toute l'armée. Mais les routes se trouvaient en si mauvais état et les affûts des pièces étaient si grossièrement faits, que Nasr-Oullah eut le temps d'aller à Samarcande et de retourner sur ses pas jusqu'à Yengui-Kourgan où Abd-oul-Samet venait seulement d'arriver. L'armée étant enfin réunie à Djizah, Nasr-Oullah donna le commandement de l'avant-garde à Ibrahim Dodkha, gouverneur de Samarcande, et entra sur le territoire de Khokande; il se dirigea aussitôt vers la ville d'Yome, dont il se rendit maître le 21 septembre. Le premier acte de Nasr-Oullah, après la prise de la ville, fut de faire mettre à mort son oncle, qui était gouverneur de la forteresse. Le khan victorieux marcha ensuite sur Zamine. Les assiégés, quoique abattus par l'inaction honteuse de leur souverain, firent un dernier effort pour arrêter les progrès de l'armée boukhare. Mais l'artillerie d'Abd-oul-Samet les obligea bientôt à se rendre; et, le 27 septembre, Nasr-Oullah fut maître de la place. Des succès si rapides firent une impression profonde sur l'esprit de tous les Khokandiens. Ouratoupah, qui à cette époque n'appartenait pas à la Boukharie, se soumit à l'émir, après une très-courte résistance. Cette ville fut livrée au pillage, et l'armée boukhare se porta immédiatement sur Khodjande dont les habitants n'essayèrent pas même de se défendre. Nasr-Oullah fit son entrée dans la ville le 8 octobre. Là, les Usbecks, rassasiés de gloire, demandèrent tumultueusement à retourner dans leurs foyers. Nasr-Oullah, poussé par Abd-oul-Samet, refusa d'écouter leurs réclamations, et leur ordonna de marcher en avant. L'armée boukhare était à Mehrem, lorsque Nasr-Oullah reçut une députation de Mohammed-Ali pour demander

---

(1) *Serbaze* est une expression persane qui veut dire *un homme qui joue sa tête*. Les soldats persans et boukhares ne méritent guère cette épithète. — L. D.

la paix. Le souverain de Khokande proposait au khan de Boukharie la cession de tout le territoire jusqu'à la ville de Khodjande inclusivement. Il s'engageait de plus à lui payer une somme considérable et à se reconnaître son vassal. Le nom de Nasr-Oullah devait être dorénavant prononcé dans les prières publiques et inscrit sur les monnaies. L'émir, quelque envie qu'il eût de pousser ses avantages, en fut empêché par les murmures toujours croissants des Usbecks qui refusaient d'aller plus loin. Malgré cette contrariété, il se montra satisfait des résultats de la campagne; et, pour assurer ses conquêtes, il choisit des hommes dévoués qu'il établit comme gouverneurs dans les places soumises par l'armée boukhare. Enfin, il nomma Mahmoud, frère de Mohammed-Ali, gouverneur de Khodjande, et le 26 octobre il reprit la route de Boukhara.

Les Khokandiens ne tardèrent pas à se soulever. Mohammed-Ali, qui auparavant était en lutte ouverte avec son frère Mahmoud, fit la paix avec lui; et ces deux princes, après avoir réuni leurs forces, reprirent tout le pays dont les Boukhares s'étaient emparés jusques et y compris la ville d'Ouratoupah. Ces graves événements décidèrent Nasr-Oullah à recommencer la guerre. Il consacra tout l'hiver de 1841 à 1842 à faire ses préparatifs pour entrer en campagne; et à cette occasion il frappa les maisons d'une contribution de guerre. Le 2 avril, il sortit de Boukhara et entra à Khodjande sans éprouver la moindre résistance, quoique l'armée de Khokande, forte de 15,000 hommes, s'y trouvât réunie. La ville fut livrée au pillage. Khokande se rendit également sans coup férir. Une fois maître de cette capitale, Nasr-Oullah fit mettre à mort Mohammed-Ali et presque tous les membres de sa famille. A la fin de l'hiver de l'année 1842 il se trouvait maître du khanat entier de Khokande.

M. Joseph Wolff trace le portrait suivant de Nasr-Oullah (1) : « Ce prince « a environ cinq pieds deux à trois pou- « ces. Il est un peu gros; ses yeux sont « petits et noirs il a le teint brun. Les « muscles de son visage se contractent « souvent par un mouvement convulsif, « surtout lorsqu'il est irrité. Sa voix « est assez faible, et il parle avec volu- « bilité. Son sourire paraît forcé; toute- « fois il a l'extérieur d'un *bon vivant*. « Sa mise est extrêmement simple et « tout à fait semblable à celle d'un « simple mollah. »

Cette bonhomie apparente que M. Wolff remarqua dans la personne de Nasr-Oullah, contraste d'une manière hideuse avec les habitudes sanguinaires de ce monstre. Nous avons remarqué qu'il fit périr successivement par le fer et par le poison son père, cinq de ses frères, un oncle, et enfin, les personnages influents qui l'avaient aidé à monter sur le trône. Lorsqu'il pensa n'avoir plus besoin de garder de ménagements, il ne se borna pas à ces exécutions individuelles et fit massacrer un nombre considérable d'officiers de l'armée et de personnes appartenant à d'autres classes. Nous venons de voir que le khan de Khokande et sa famille furent mis à mort par les ordres de ce tyran. Des étrangers, appartenant aux nations les plus puissantes de l'Europe et revêtus de fonctions diplomatiques qui devaient les rendre inviolables, furent, au mépris du droit des gens et des lois de l'hospitalité, jetés dans des cachots et conduits avec tous les raffinements de la cruauté à une mort lente et douloureuse. Parmi les Européens immolés par Nasr-Oullah, les feuilles publiques ont spécialement signalé un Italien du nom de Naselli, le lieutenant Wyburt, de la marine de la compagnie des Indes-Orientales, le colonel Stoddart et le capitaine Arthur Conolly. Le lieutenant Wyburt fut enlevé par ordre de Nasr-Oullah sur la route de Khiva. Des cavaliers usbecks se mirent à sa poursuite et le conduisirent à Boukhara, où il fut enfermé dans un cachot. Après lui avoir infligé les traitements les plus cruels et les plus ignominieux, l'émir le fit appeler et l'engagea à embrasser l'islamisme et à entrer à son service, lui promettant, s'il acceptait ces conditions, de le combler de bienfaits. Quoique affaibli par les souffrances et les privations de tout genre, le lieutenant Wyburt répondit avec une noble fierté qu'il ne renonce-

(1) Voyez *Narrative of a mission to Bokhara, in the years 1843-1845*, tome I, page 322.

rait jamais à sa double qualité de chrétien et d'Anglais, et qu'il ne voulait point servir un tyran. Quand il eut prononcé ces paroles, Nasr-Oullah le fit conduire au supplice. Le lieutenant Wyburt attendit la mort avec une fermeté qui ne se démentit point jusqu'au dernier moment.

Stoddart et Conolly furent enfermés dans le même cachot. Au bout de peu de temps, le séjour de ce souterrain était devenu un supplice horrible et incessant. Les immondices et les ordures restaient accumulées dans le cachot, et les malheureux prisonniers y respiraient un air pestilentiel. La vermine avait rongé toutes les chairs de l'infortuné Stoddart. Son corps n'était plus qu'un squelette couvert d'horribles ulcères. Malgré ces souffrances, ni le colonel Stoddart, ni son compagnon d'infortune, le capitaine Conolly, ne cherchèrent à attenter à leurs jours. Tous les détails que l'on a pu recueillir sur leur captivité et leur mort attestent une résignation et un courage non moins dignes d'admiration que de pitié.

Les meurtres multipliés commis par Nasr-Oullah ont eu presque tous pour cause le naturel sanguinaire et vindicatif de ce tyran. Il en est quelques-uns toutefois qu'il faut attribuer à un sentiment de crainte. Mais, loin d'avoir réussi à calmer les terreurs qui l'assiégent, ce monstre passe sa vie dans des angoisses continuelles. Toutes les lettres qui partent de Boukhara et celles qui arrivent dans cette capitale sont soumises à son inspection. Il a organisé un espionnage général pour connaître les actes et les paroles des moindres habitants de Boukhara. Des petits garçons appartenant à quelques familles pauvres lui rapportent ce qu'ils voient et entendent dans la rue. L'espionnage est établi jusque dans l'intérieur des familles. Le frère dénonce son frère, et la femme son mari. On avait aposté des gens pour recueillir les moindres paroles que M. Wolff pourrait prononcer pendant son sommeil. Nasr-Oullah est soumis lui-même sans le savoir à l'odieux système qu'il a institué. Abd-oul-Samet, qui redoute la fin tragique du Kousch-bégui, se fait rendre un compte exact de toutes les actions, même les plus indifférentes, du khan. Les confidences que fait ou que reçoit ce prince lui sont fidèlement rapportées. Les principaux espions d'Abd-oul-Samet sont les épouses mêmes du khan. Ces femmes, toutes nées en Perse, éprouvent un sentiment de bienveillance naturelle pour un compatriote que le sort a jeté comme elles dans un pays étranger et barbare. D'ailleurs, la cruauté de Nasr-Oullah et ses vices abominables suffiraient pour le rendre odieux. Abd-oul-Samet est devenu aujourd'hui la terreur du khan. Celui-ci craint à chaque instant d'être assassiné par l'homme qui commande ses troupes régulières et son artillerie. Toutes les fois qu'Abd-oul-Samet fait tirer le canon, pour exercer les serbazes, Nasr-Oullah dépêche aussitôt des gens sûrs pour s'informer s'il n'y a pas quelque soulèvement dans la ville.

Tels sont les hommes qui gouvernent aujourd'hui Boukhara. S'ils ont succombé, depuis les dernières nouvelles reçues de l'Asie Centrale, on peut sans crainte leur prédire de dignes successeurs. Les souverains et les ministres des différentes contrées de la Tartarie ne voient dans le pouvoir souverain que le droit de spolier et de mettre à mort. Ces habitudes cruelles sont acceptées par les chefs comme par le peuple, et nul ne songe à les modifier, mais seulement à se venger sur un plus faible de l'injure reçue d'un plus fort. Les éléments de régénération manquent dans les populations indigènes; l'Europe seule pourra dompter ces mauvais instincts par la force et amener graduellement la civilisation.

KHANAT DE KHIVA OU KHIVIE.

DÉNOMINATIONS. La Khivie, appelée aussi *khanat de Khiva* et *khanat d'Ourguendje* (1), du nom de ses deux capitales, portait, il y a plusieurs siècles, le nom de pays de *Kharizme* : c'est la *Chorasmia* de l'antiquité.

LIMITES. La Khivie est bornée au nord par le fleuve d'Yem, de Djem ou d'Emba et par la rivière d'Irguize. A l'est la frontière n'est pas bien marquée; elle s'étend sur une ligne d'envi-

---

(1) Aujourd'hui encore les Boukhares continuent à désigner les Khiviens par le nom d'*Ourgantschi*.

ron cent quarante lieues du nord au sud, dans le désert de sable situé à l'est de la ville de Khiva, jusqu'au bord de l'Oxus. Au delà de ce fleuve, la même ligne se prolonge à travers un désert de sable et atteint les districts montagneux des pays de Hérat et de Caboul. Au sud, les frontières se prolongent depuis la rivière d'Atrak jusqu'à la plaine de Pendjedeh. A l'ouest, le khanat est borné par les côtes de la mer Caspienne (1).

La longueur du pays de Khiva est d'environ 310 lieues de poste de 2,000 toises et sa largeur de 250 (2).

NATURE DU SOL ET ASPECT DE LA CONTRÉE. Peu de pays offrent un aspect aussi uniforme et aussi monotone que celui de Khiva. Si l'on excepte la bande de terre située sur la rive gauche de l'Oxus et le canton assez bien arrosé de Merve, on peut dire que toute la Kkivie est une vaste plaine déserte, où la charrue n'a jamais tracé un sillon, et où l'industrie et la culture de l'homme ne se montrent nulle part. Ces déserts ne sont cependant pas entièrement semblables à ceux de la Libye et de l'Arabie; car on y trouve, dans quelques parties du moins, des sources, des buissons qui fournissent du combustible, et des plantes épineuses qui servent de nourriture aux chameaux.

Depuis Khiva jusqu'aux limites nord du khanat le sol est composé d'une argile dure, qui produit de l'absinthe et d'autres arbrisseaux.

Les parties sablonneuses des steppes de la Khivie offrent une succession de monticules dont la cause est due, suivant quelques voyageurs, aux sables que le vent soulève. Le moindre obstacle que le sable rencontre forme aussitôt un tourbillon, et sert de base à un tertre qui s'élève là où peu d'instants auparavant le sol était parfaitement uni. Cependant M. Abbott pense que les collines de sable de la Khivie excluent, par leur forme, toute idée qu'elles ont eu l'action des vents pour cause première.

Les parties argileuses des steppes sont quelquefois unies, mais plus généralement elles sont coupées par des ravins profonds dans la direction du sud-sud-ouest.

La presqu'île entre Manguischlak et Tuk-Karagan, sur laquelle est situé le fort russe de Nuov-Alexandrof, renferme une triple chaîne de montagnes qui s'élèvent au-dessus de la mer Caspienne. Ces montagnes sont avec les Balkans les seules que l'on trouve dans le pays.

Le plateau qui sépare la mer Caspienne et la mer d'Aral n'a pas moins de 600 pieds d'élévation. Il existe aussi quelques roches calcaires sur la rive gauche de l'Oxus au nord de Khiva. On a trouvé, à ce que prétendent les habitants du pays, de l'or dans ces roches; mais leur formation, comme le remarque M. Abbott, ne permet pas d'ajouter la moindre foi à une pareille assertion.

FLEUVES ET RIVIÈRES. Nous avons déjà fait mention de l'Oxus et du Mourgab ou rivière de Merve en parlant des fleuves et des rivières les plus considérables du Turquestan. Les autres courants d'eau particuliers à la Khivie dont il nous reste à parler sont : l'Emba, l'Irguize et l'Atrak.

L'Emba, qui porte aussi les noms de *Djem* et *Yem*, est un petit fleuve qui se jette dans la mer Caspienne. Son cours est d'environ 150 lieues. Il traverse des pays en grande partie sablonneux et stériles, et passe dans quelques endroits sur des terrains salés qui altèrent la douceur de ses eaux. Quoique ce fleuve reçoive plusieurs affluents, la largeur de son lit ne dépasse pas cent pieds. En été ses eaux sont extrêmement basses, mais au printemps elles débordent. L'Emba est très-poissonneux dans toutes les par-

---

(1) Ces limites sont celles que donne M. James Abbott dans son ouvrage intitulé : *Narrative of a journey from Heraut to Khiva, Moscow and St Petersburgh; with some account of the late Russian invasion of Khiva and the court of Khiva and the kingdom of Khaurism.* Londres, 1843, 2 vol. in-8°. Il ne faut pas oublier que l'étendue du khanat de Khiva, comme celle de la plupart des autres États du Turquestan, peut varier d'un jour à l'autre par la révolte des tribus qui errent dans les steppes environnantes ou par un simple coup de main. Ensuite, les voyageurs ont deux manières de mesurer l'étendue de ces États situés au milieu des steppes; les uns ne tiennent compte, dans leurs calculs, que du pays cultivé et habité par une population sédentaire, établie dans des villes et des villages ; les autres, et M. Abbott est de ce nombre, considèrent comme faisant partie du pays ces contrées désertes environnantes, dont aucun pouvoir voisin ne conteste la possession.

(2) Le texte d'Abbott porte 750 et 600 milles. Voyez tome II, page iv de l'Appendice.

ties de son cours, et près de son embouchure on trouve tous les poissons de la mer Caspienne.

L'Irguize, que l'on appelle dans le pays *Oulou-Irguize* ou *Grand-Irguize*, pour le distinguer de quelques autres rivières de même nom, est peu considérable en été. A cette époque de l'année, son lit demeure à sec, excepté dans quelques endroits profonds, où il reste toujours des mares d'une eau stagnante et saumâtre. Au printemps, l'Irguize acquiert un volume considérable. Cette rivière est assez poissonneuse; elle se jette dans la Tourgaï.

L'Atrak prend sa source dans le Khorasan septentrional, et se jette dans la mer Caspienne.

CANAUX. L'Oxus est sans contredit la cause la plus efficace de la fertilité de la Khivie. On a dérivé de ce fleuve, au sud de Khiva, deux grands canaux, qui se partagent eux-mêmes en plusieurs autres d'une moindre largeur, et ceux-ci se subdivisent à leur tour en petites rigoles, destinées à l'arrosement des champs et des jardins.

Le plus considérable de ces canaux est le *Khan-Ab*, ou *Canal du Khan*, qui passe à une très-petite distance de Khiva. Il est large d'environ quarante pieds et profond de douze ou treize; il se partage en différentes branches, dont les unes se perdent dans les sables, et les autres aboutissent à de petits lacs et à des étangs, qui servent de réservoirs pour les temps de sécheresse. Le Khan-Ab porte bateau, et il existe entre Khiva et Khanka, lieu près duquel ce canal sort de l'Oxus, une navigation assez suivie. A l'époque de la crue des eaux du fleuve, le canal coule à pleins bords; le courant devient alors extrêmement rapide, et pour le remonter, on hale les bateaux à la cordelle. Le canal est séparé du fleuve par une digue et une écluse que les habitants de Khanka entretiennent à leurs frais. Le gouvernement khivien les exempte d'impôts moyennant cette charge et l'obligation de faire curer le canal. Les eaux de l'Oxus, à l'époque de la crue, sont chargées d'une masse considérable de terre et de détritus qui auraient bientôt obstrué les canaux si on ne prenait pas soin de les curer tous les ans. Ce travail est exécuté par des esclaves.

Les bords des canaux et des rigoles sont ordinairement plantés d'arbres.

RÉGION CULTIVÉE. Nous avons déjà remarqué qu'il n'existe dans l'étendue de la Khivie que deux seules oasis où l'on trouve les marques de la culture et de l'industrie humaine.

La plus importante de ces deux oasis est celle de Khiva, formée par une plaine basse et argileuse, arrosée à l'est par les eaux de l'Oxus et terminée à l'ouest par un désert de sable. Cette plaine s'étend jusqu'à Hezaraspe, à environ 16 lieues de Khiva, au sud de la mer d'Aral.

L'oasis présente une longueur de 82 lieues; sa largeur moyenne est de 25 lieues et sa surface de 4,956 lieues carrées (1). Tout ce terrain est fertile et parfaitement arrosé, dans ses parties les plus éloignées de l'Oxus, par des canaux dérivés du fleuve. Le sol est bien cultivé. Il y aurait cependant lieu de perfectionner encore la culture et surtout de la porter plus au loin. En effet, chaque année les habitants défrichent ces terres jusqu'alors désertes, et étendent leurs conquêtes sur la steppe. Si les défrichements sont lents et peu considérables, la cause en est principalement à l'apathie des Khiviens. Ces gens aimaient mieux jusqu'à ces derniers temps se priver des objets les plus nécessaires à la vie que de cultiver la terre. Si nous en croyons M. Abbott, une révolution commence à s'opérer à cet égard. Le pâtre khivien, qui ne se nourrissait que de lait caillé et ne portait d'autre vêtement que la peau de ses brebis, commence à trouver agréable de manger du pain, du riz, des légumes, des fruits, et de pouvoir se couvrir des étoffes de l'Inde et de l'Europe. Ces nouveaux besoins doivent triompher de son indolence naturelle. L'agriculture, du moment où elle ne manquera pas de bras et ne sera plus exclusivement confiée aux mains d'esclaves qui ne portent qu'un intérêt médiocre à la réussite de leur travail, ne peut manquer de faire de grands progrès.

Nous avons dit que pendant plusieurs mois la terre de l'oasis de Khiva était couverte de neige et de glace. Le sommeil de la nature dans ce pays semble

(1) Voyez l'ouvrage d'Abbott, tome II, Appendice, page XXXIII.

lui donner une force plus grande à son réveil, et lorsque le temps de la production est arrivé, les champs se couvrent de céréales et de légumes.

La plaine de Khiva est coupée de nombreux canaux, et séparée en champs et en jardins par des petits murs de terre bien entretenus. Le pays est suffisamment pourvu d'arbres fruitiers; mais on manque de bons bois de charpente.

Pendant le printemps et l'été, les canaux sont pleins d'une eau fort belle et très-saine; mais en hiver ils gèlent, et la ville de Khiva n'est plus approvisionnée que par l'eau bourbeuse et saumâtre des puits et des étangs.

L'oasis de Merve est une plaine qui se développe sur une longueur de 25 lieues, sa largeur est de 16 lieues : cette plaine, formée d'un sable extrêmement fin, présente un aspect aussi triste et aussi aride que la steppe elle-même. Pas une feuille verte dans toute son étendue. Le sol ne produit ni une touffe de gazon ni même des mauvaises herbes; mais les masses considérables d'eau que l'on dérive du Mourgab pour les verser sur ces terres altérées, les rendent fertiles, et elles produisent en abondance de l'orge, du djougara, des melons très-fins, des raisins et quelques autres fruits. Les céréales que l'on récolte dans l'oasis de Merve fournissent en grande partie les approvisionnements du district montagneux du pays de Hérat. Les troubles des soixante dernières années ont fait négliger l'entretien des digues et des canaux du Mourgab, et les produits de la plaine ont décru dans une grande proportion.

La continuation de la plaine de Merve du côté du sud porte le nom de plaine d'Youllatan. Cette plaine est arrosée par les eaux du Mourgab et cultivée par des tribus nomades turcomanes.

La vallée de Pendjedeh, sur le Mourgab, était autrefois parfaitement cultivée. Aujourd'hui elle est abandonnée.

CLIMAT. La Khivie jouit d'un climat plus varié que ne pourrait le faire supposer son étendue. Sur le plateau qui sépare la mer Caspienne de la mer d'Aral la neige se maintient à une hauteur de quatre à cinq pieds, et le thermomètre de Réaumur descend jusqu'à 40 degrés au-dessous de zéro. Dans les environs de Khiva, l'Oxus reste gelé pendant quatre mois, bien que la latitude de cette ville soit la même que celle de Rome; et la neige couvre la terre pendant plusieurs mois. Elle fond, il est vrai, lorsqu'elle est exposée aux rayons du soleil; mais à l'ombre elle prend la consistance de la glace. Les voyageurs et les bûcherons qui coupent du bois dans les steppes sont très-fréquemment ensevelis sous des tourbillons de neige qui s'élèvent en peu d'instants à cinq et six pieds de hauteur.

On est encore exposé dans la Khivie à un vent glacial qui souffle du nord-est, et traverse, avant d'arriver dans ce pays, d'immenses régions couvertes de neiges et de glaces. Le froid est alors si vif et si pénétrant que les plus épaisses fourrures deviennent insuffisantes. Les voyageurs s'accordent à dire qu'on ne peut avoir aucune idée de l'action de ce vent lorsqu'on ne l'a point éprouvée soi-même. Toute partie du corps exposée à l'air ou même trop peu couverte est aussitôt paralysée.

Il y a peu d'années un nombre considérable de Turcomans envoyés par le khan de Khiva pour s'opposer à la marche de l'expédition russe sous le commandement du général Perowsky revinrent mutilés : les uns avaient perdu un bras, d'autres un pied, les joues, le nez, les lèvres et même la langue.

Le verglas arrête souvent la marche des caravanes : la neige durcie et la glace blessent les pieds des chameaux, qui se trouvent bientôt hors d'état de continuer leur route. Ces malheureux animaux sont alors abandonnés dans la steppe, où ils meurent de froid et de faim.

En été, la chaleur est intolérable à Khiva, et c'est à peine si l'on peut supporter un léger vêtement de toile de lin. Il est impossible de dormir sous un toit. Il arrive souvent que les gens exposés au soleil meurent asphyxiés par la chaleur. Ces extrêmes de froid et de chaud n'existent plus au même degré à mi-chemin entre Khiva et Merve. Dans ce dernier endroit, cependant, la chaleur est encore assez violente en été, parce que les sables qui l'entourent s'échauffent facilement aux rayons du soleil et embrasent l'atmosphère; mais en hiver la neige fond immédiatement sur le sol. La cause des grandes variations de la température à Khiva est facile à expliquer. Cette ville, située entre les steppes glacées de la Sibérie et les déserts brûlants de l'Arabie et de la Perse, est exposée aux vents qui soufflent de ces deux points opposés.

L'été est plus chaud dans cette capitale que dans quelques steppes voisines, où la température est quelquefois rafraîchie par des nuages qui partent de la mer Caspienne et garantissent le sol de l'ardeur des rayons du soleil. Le printemps est une saison agréable dans l'oasis de Khiva.

Les extrêmes de chaud et de froid que l'on éprouve dans la Khivie sont évidemment défavorables à la constitution de l'homme. La pureté de l'air compense cet inconvénient. On a observé que la peste ne visite jamais Khiva, et les habitants de cette capitale ont tous une apparence de santé qui témoigne de la salubrité du climat.

La chaleur n'est point excessive sur le plateau situé entre la mer Caspienne et la mer d'Aral. Ce fait tient à l'élévation du sol et aux nuages qui se promènent entre les deux mers.

PRODUCTIONS NATURELLES.

Règne minéral. — Règne végétal.

RÈGNE MINÉRAL. Les minéraux qu'on trouve dans la Khivie sont la pierre de taille, la pierre calcaire, l'argile et le sel.

L'argile sert, entre autres usages, à faire des vases de différentes formes que l'on recouvre ensuite d'émail et qui composent toute la vaisselle des habitants pauvres du khanat.

RÈGNE VÉGÉTAL. L'absinthe et l'épine de chameau couvrent les steppes, et poussent également bien dans l'argile et dans le sable. On trouve encore dans les déserts sablonneux deux ou trois variétés d'arbrisseaux, dont quelques-uns s'élèvent jusqu'à la hauteur d'un homme. On peut très-facilement les arracher avec la racine. Ils forment un excellent combustible. On trouve çà et là de petites touffes de gazon au milieu des surfaces sablonneuses. On ne voit de prairies qu'aux environs de Koungrate et dans un petit nombre d'autres localités arrosées par l'Oxus.

La nourriture des animaux herbivores consiste principalement en absinthe et en épine de chameau. La contrée sablonneuse à l'ouest de Khiva produit de l'herbe au printemps. On y mène paître alors les chameaux et les bœufs; mais cette ressource est de peu de durée. Au bout d'un mois, la chaleur a totalement brûlé l'herbe; et alors les campagnes sont infestées de myriades de taons et d'autres insectes qui tourmentent tellement les animaux que les tribus turcomanes qui campent dans ce canton le quittent pour n'y retourner que dans la saison froide.

Les habitants de Khanka, d'Ourguendje, et de quelques autres endroits des environs donnent comme fourrage à leurs chevaux et à leur bétail des feuilles de réglisse. Les branches, dépouillées de ces feuilles, sont employées au chauffage.

Les champs de l'oasis de Khiva sont semés de froment, d'orge, de riz et de plusieurs autres céréales. On y trouve encore du coton, du trèfle, des pois, des lentilles, des pavots et du chanvre. Ces deux dernières plantes servent, la première pour l'opium, et le chanvre, qui paraît être d'une qualité assez médiocre, est employé à faire de l'huile et aussi à la fabrication d'une boisson et d'une préparation particulière, dont l'effet n'est pas moins dangereux que celui de l'opium; nous en parlerons plus bas. Les filaments du chanvre servent encore pour tresser des cordes; mais la consommation n'est pas considérable pour cet objet, parce que les Khiviens font un grand usage de cordes de laine.

On ne cultive pas l'orge en grand dans l'oasis de Khiva. Cette céréale ne se trouve que dans les propriétés des gens riches, qui la donnent en vert à leurs chevaux.

On récolte au mois d'août les capsules du coton, puis on les fait sécher sur les toits. La préparation du coton se pratique dans la Khivie comme à Boukhara (1).

Le froment est le seul grain d'hiver que l'on trouve dans l'oasis de Khiva. On le sème en octobre, et la moisson se fait en juillet. On sème immédiatement après du djougara, du coton et quelques

(1) Voyez ci-devant page 22.

autres plantes que l'on récolte aux premières gelées; puis on laisse la terre en jachère jusqu'au mois d'octobre, où on la fume pour y semer de nouveau du froment. Les Khiviens donnent quelquefois sept labours à leurs champs avant de les ensemencer, puis ils brisent les mottes au moyen d'une herse de fer.

On remarque dans les jardins plusieurs sortes d'arbres, et entre autres le peuplier noir et le peuplier ordinaire, le frêne, le saule, le mûrier blanc, l'abricotier, le pommier, le poirier, le prunier, le cérisier, le groseillier et la vigne. Les fruits et les légumes sont d'excellente qualité, les melons et les raisins ont un goût et un parfum exquis Il est certain que si les productions végétales de l'oasis de Khiva ne sont pas plus variées encore, la cause en est uniquement à la négligence des habitants. A l'époque où M. N. Mouraviev visita cette contrée, en 1820, on n'y cultivait ni les choux, ni les navets, ni les pommes de terres; depuis on y a introduit ce dernier légume, qui a réussi parfaitement.

On plante sur le bord des canaux et des rigoles des tamarisces, des saules et des peupliers. Ces arbres, d'un effet agréable, ont l'avantage de procurer de l'ombre dans les chaleurs de l'été et de fournir du bois de charpente, qui manque dans le pays.

Règne animal.

Le règne animal est très-riche dans la Khivie. Les animaux domestiques les plus communs dans cette contrée sont : le chameau, le dromadaire, le cheval, l'âne, le bœuf, le mouton et la chèvre.

CHAMEAU. Le chameau de la Khivie appartient à la race kirguize; il est de petite taille, a les cuisses bien faites et recouvertes d'un poil extrêmement long. Une épaisse crinière d'un pied et demi environ retombe sur son cou, et donne à l'animal un aspect singulier. Ces chameaux sont très-dociles. La longueur de leur dos les rend plus propres que le dromadaire à traîner des voitures; mais, comme bêtes de somme, ils lui sont inférieurs, parce qu'ils ont moins de force.

DROMADAIRES. On distingue en Khivie deux sortes de dromadaires ou chameaux à une bosse : le *nar* et l'*irkek* : le nar, d'une taille extrêmement élevée, est un bel et vigoureux animal. Sa couleur tire ordinairement sur le rouge de feu. Ses jambes et son cou sont couverts de touffes épaisses de poils bouclés qui contribuent à l'embellir. Le nar devient souvent indocile, surtout dans la saison du rut. Alors, il cherche toujours à mordre, et l'on est obligé de lui lier les mâchoires.

L'irkek, plus petit que le nar, supporte cependant très-bien la faim et la fatigue. On a remarqué que ces deux espèces de dromadaires sont extrêmement sensibles au froid. Pour les en préserver, on a soin de les envelopper d'épaisses couvertures de feutre. Les femelles sont aussi fortes et plus vives que les mâles.

CHEVAUX. Nous n'avons que peu de chose à ajouter à ce que nous avons dit sur ces animaux dans la description du khanat de Boukhara (1). Nous ferons observer seulement que la race la plus estimée à Khiva est la race turcomane, à laquelle tous les peuples de l'Asie Centrale s'accordent à donner la préférence.

Les Kirguizes amènent aussi aux marchés de la Khivie de grands troupeaux de jeunes chevaux élevés dans les steppes et presque tous dressés à aller l'amble. Les Khiviens recherchent ces chevaux, non pour leur beauté, mais parce qu'ils supportent très-bien et pendant longtemps la fatigue et les privations.

ANES. On n'est pas dans l'usage de monter les ânes dans la Khivie comme on fait à Boukhara. Ces animaux ne servent guère que comme bêtes de somme pour transporter des denrées et des marchandises.

BŒUFS. Les Khiviens ont peu de gros bétail. On ne trouve le bœuf que dans les parties cultivées du khanat et dans les districts voisins de la mer d'Aral. Ces animaux, dont le nombre est peu considérable, ne sont pas d'une belle espèce. On les fait travailler à la charrue.

MOUTONS. Les moutons de la Khivie sont de la taille de nos moutons ordinaires, avec cette différence qu'ils ont les jambes plus courtes et le corps plus gros. Leur queue est d'une grosseur

(1) Voyez ci-devant, page 16.

énorme et formée d'une graisse extrêmement délicate. Elle pèse quelquefois jusqu'à dix et douze livres. Cette graisse ressemble à de la moelle, et remplace souvent l'huile et le beurre dans les usages culinaires. Le mouton de Khiva est le même qu'on trouve sous toutes les latitudes dans les différentes parties de l'Asie Centrale.

ANIMAUX SAUVAGES. On voit dans les steppes et dans les montagnes de la Khivie le mouton et la chèvre sauvages, une sorte d'antilope appelée *saïga*, l'âne sauvage, des renards, des loups, des lions, des tigres, des léopards, des ours, des sangliers et des lièvres. Les oiseaux les plus communs sont : le faisan, la perdrix, la caille, la bécasse, la bécassine, le cygne et l'oie sauvages, le corbeau, la corneille et la pie. Ces dernières se réunissent en troupes nombreuses autour des puits dans les déserts. Nous nous bornerons à parler de ceux de ces animaux qui offrent quelque caractère remarquable.

MOUTON SAUVAGE. Le mâle se distingue par une barbe blanche longue de plus d'un pied ; ses cornes ressemblent à celles du mouton domestique. Les moutons sauvages fréquentent les rares montagnes de la Khivie. Ils vont toujours par troupeaux.

On trouve la chèvre sauvage dans la partie la plus élevée de ces mêmes montagnes.

SAÏGA ou SAÏGAK. La saïga, un peu plus petite que le mouton, lui ressemble à quelques égards ; son muffle est extrêmement singulier : il est arqué et percé de deux larges et profondes narines recouvertes par un tégument flexible que la saïga comprime ou dilate à volonté. Cette antilope a des cornes de couleur blanche et en forme de lyre. Ses yeux sont très-souvent voilés par des taies. La saïga a le poil doux, court et ordinairement de couleur jaune-foncé. Son odorat est très-fin : elle sent à une grande distance les bêtes féroces et l'homme, et court avec une rapidité incroyable pour échapper à ces deux ennemis. Lorsqu'elle n'est point effrayée, elle interrompt sa course par des bonds et des sauts. Quand on la prend jeune, on parvient aisément à l'apprivoiser. La saïga se nourrit de plusieurs sortes d'herbes ; mais elle préfère l'absinthe blanche et les algues marines. Elle est exposée à une maladie singulière ; ce sont des vers qui se forment dans l'épine dorsale. En été, elle souffre extrêmement de la chaleur et est incommodée par des essaims d'insectes, qui se logent dans ses narines, et l'obligent souvent à s'arrêter pour éternuer.

Les saïgas, pour éviter la chaleur et les insectes, cherchent des pays plus frais : elles émigrent par troupeaux de 4 à 5,000 bêtes. La chair de cet animal est très-succulente.

Les habitants de la Khivie, et particulièrement les Kirguizes, lui font souvent la chasse. Voici comment ils s'y prennent : ils enfoncent dans le sol, près des rivières et des lacs où les saïgas vont boire, plusieurs rangées de roseaux taillés en pointe et placés en demi-cercle. Chaque rangée est à environ un pied l'une de l'autre. Au delà de cette espèce de palissade ils élèvent des buttes de terre, derrière lesquelles se cachent des chasseurs. Quand les troupeaux de saïgas arrivent pour s'abreuver, quelques chasseurs se montrent, jettent de grands cris et poussent les saïgas vers l'espace qui se trouve entre les buttes de terre et les roseaux. Ces animaux, effrayés par la présence des chasseurs qui se tiennent auprès des buttes, s'efforcent de sauter pour franchir les palissades, et toujours il en reste un assez grand nombre enfoncés par le ventre sur les pointes des roseaux.

ANES SAUVAGES. L'âne sauvage erre par troupes de deux et de trois cents dans les steppes situées entre Khiva et la mer Caspienne. Cet animal diffère peu de l'âne domestique. Sa chair est fort estimée par les Tartares (1).

---

(1) L'usage de se nourrir de la chair de l'âne sauvage paraît être fort ancien, du moins chez les Persans. Le poëte Ferdousi rapporte dans son *Schah-Nameh* ou *Livre des Rois* que Roustam mangea un jour un âne sauvage qu'il avait préalablement fait rôtir à la broche. Voyez *Soohrab, a poem, freely translated from the original persian of Firdousee*, by James Atkinson. Calcutta, Pereira, 1814, in-8°, page 2 de la traduction et 156 du texte.
Voyez aussi *le Livre des Rois*, par Abou'l'kasim Firdousi, publié, traduit et commenté par M. Jules Mohl, membre de l'Institut ; Paris, imprimerie royale, 1842, tome II, page 74 et 75.

ROUTES, VOIES ET MOYENS DE COMMUNICATION.

Il ne peut y avoir de routes frayées dans les parties désertes de la Khivie. Quelquefois les voyageurs se guident par les traces des pieds des chevaux et des chameaux; mais bientôt le vent fait disparaître ces légers vestiges, et alors, s'il n'y a pas quelque campement dans les environs, l'homme ne peut plus reconnaître sa route que par la position des astres. Des puits indiquent pour l'ordinaire les lieux de halte.

Dans les parties cultivées du khanat, il n'existe pas de grandes routes proprement dites, mais seulement dans quelques cantons, où les habitants possèdent des charrettes appelées *arbas*, les chemins sont assez larges pour donner passage à ces voitures. Partout ailleurs on a ménagé le terrain autant que possible, et il n'existe que des sentiers pour les gens à cheval.

Les canaux offrent de grands moyens de communication en Khivie. Dans les endroits où ils coupent les routes on a bâti des ponts de bois.

Les Khiviens possèdent sur l'Oxus un grand nombre de bateaux assez grands pour contenir jusqu'à seize chameaux et une grande quantité de marchandises. En cas de guerre avec les pays situés sur les bords du fleuve, les bateaux servent à transporter les vivres et les munitions. On en transforme quelques-uns en boulangeries, et l'on y fait cuire du pain pour la troupe.

DESCRIPTION DES VILLES DU KHANAT.

Les villes principales de la Khivie sont :

Khiva, capitale actuelle.
Ourguendje, ancienne capitale.
Hézaraspe.
Durmen.
Youmourou.
Karatal.
Khousenli.
Koungrate.

KHIVA. La ville de Khiva, capitale actuelle du pays et résidence du khan, se trouve située à douze lieues d'Ourguendje, treize de l'Oxus, et à vingt-six de Koungrate. Elle est bâtie sur un terrain bas et fertile, et entourée de fortifications de terre mal entretenues. La ville proprement dite est peu étendue, et ne compte qu'environ sept cents maisons de terre, d'un aspect misérable. Le château du khan fait exception. Il est bâti en maçonnerie. On ne trouve dans les maisons de Khiva ni vitres ni cheminées, et l'on peut s'imaginer facilement combien cette privation doit être pénible dans un pays aussi froid. Le khan, pour cette raison sans doute, n'habite jamais son palais. Il préfère se tenir sous sa tente, où il peut plus facilement modérer l'excès du froid et de la chaleur. Nombre d'Usbecks et de Turcomans suivent son exemple. Il y a quelques années cependant des prisonniers russes garnirent de vitres deux fenêtres du palais.

Les seuls édifices que l'on remarque à Khiva sont trois mosquées, bâties de brique, un médressé ou collége et un caravansérail. Les mosquées sont de vieux édifices. La plus considérable est ornée d'arabesques à l'intérieur. Elle possède un minaret de briques émaillées, récemment construit. Le caravansérail a été bâti vers 1822.

Les rues de Khiva sont étroites et tortueuses. C'est à peine si un chameau chargé peut s'y frayer un passage. Nous avons dit que la ville de Khiva est petite. Autour de son enceinte s'étendent des faubourgs très-considérables, et qui ne contiennent pas moins de 1,500 maisons avec des jardins.

OURGUENDJE, ancienne capitale de la Khivie, est encore actuellement la ville la plus importante du pays après Khiva, qu'elle surpasse par sa grandeur et par son commerce, comme nous l'apprend le voyageur anglais Abbott. Cette ville est bâtie à une très-petite distance de la rive gauche de l'Oxus, et sur un terrain tellement bas que la ville est souvent inondée. Les caravanes qui vont de Boukhara à Khiva et à Manguischlak, de même que celles qui se rendent de Khokande à Khiva, passent par Ourguendje.

HÉZARASPE, que les voyageurs appellent aussi *Hezarab*, *Khizarist*, *Azaris* et *Asarys*, est encore une ville importante du pays, et surpasse Khiva par son étendue et par son commerce.

Elle est située près de l'Oxus, vers la limite méridionale du pays cultivé. L'enceinte, dans laquelle on compte à peu près six cents maisons, est entourée de murailles de pierre.

DURMEN, petite ville, à treize lieues à l'est de Khiva, est habitée par des Ouigours. Ces gens appartiennent à une tribu turque bien connue; ils sont vêtus comme les Usbecks, et passent pour être grossiers et brutaux. Autrefois ils commettaient mille brigandages; mais leurs voisins les ont obligés de renoncer à ces habitudes. Il leur est défendu de faire le commerce et de quitter le territoire de Durmen. Ils sont tous agriculteurs, bien plus par nécessité que par goût.

YOUMOUROU, petite ville, sur l'Oxus, n'offre aucune particularité remarquable.

KARATAL, ville peu importante, habitée par des Usbecks chargés d'entretenir les bateaux du khan.

KHOUSENLI est une ville considérable, dans le nord du khanat et près de l'Oxus. On y tient chaque semaine un marché que fréquentent les Kirguizes et les Turcomans.

KOUNGRATE, sur l'Oxus, à vingt-deux lieues au-dessus de l'embouchure de ce fleuve, est bâtie sur un terrain bas et très-exposé à des inondations, qui, plusieurs fois, ont détruit ses murailles. Cette ville était habitée anciennement par des Usbecks, qui l'ont abandonnée pour vivre sous des tentes aux environs. Ils s'occupent de la culture des terres, de la pêche, de la chasse et de l'élève du bétail. Aujourd'hui la ville est presque entièrement peuplée de Karakalpaks.

On dit à M. Abbott, pendant son séjour à Khiva, que les femmes de Koungrate sont loin d'avoir une vertu austère, et que lorsqu'un voyageur arrive dans la ville, les jeunes filles à marier vont à sa rencontre et le défient à la lutte. Il est toujours convenu d'avance que le vaincu est obligé de se soumettre à la volonté du vainqueur. Nous devons ajouter que M. Abbott rapporte ce qu'il a entendu dire, et non ce qu'il a vu.

POPULATION.

La population de la Khivie se compose principalement d'Usbecks, de Kirguizes, de Turcomans, de Karakalpaks, de Sartis, Tâts ou Tadjics, qui appartiennent à la souche persane, et enfin des Calmoucs. Le tableau suivant offre le détail de cette population, d'après M. Abbott :

	Familles.	Personnes.
Usbecks......	100,000	500,000
Kirguizes.....	100,000	500,000
Turcomans...	91,700	458,500
Karakalpaks.	40,000	200,000
Sartis.........	20,000	100,000
Calmoucs.....	6,000	30,000
	357,700	1,788,500

On doit encore ajouter à ce total des esclaves persans, au nombre d'environ 30,000, quelques juifs et d'autres classes très-peu nombreuses; ce qui fait en tout 1,822,000 habitants (1).

USBECKS. Les Usbecks de la Khivie sont des hommes forts et bien constitués. La moyenne de la taille ne descend pas chez eux au-dessous de cinq pieds deux pouces. Quoiqu'ils aient quelque chose de rude et de sauvage dans l'expression de leurs traits, ils sont spirituels et même gais dans la conversation. On leur accorde une certaine droi-

(1) Cette estimation paraîtra sans doute trop forte à quelques personnes et trop faible à d'autres; M. Mouraviev ne compte la population *immédiatement* soumise au khan de Khiva que pour un peu plus de 300,000 âmes; mais il ne fait pas entrer dans ce nombre les tribus nomades, qu'il paraît considérer comme indépendantes. Burnes donne à peine 200,000; le *Dictionnaire universel de géographie*, publié par Picquet, 350,000; le docteur Wolff, dans son *Voyage à Boukhara*, au moins 600,000. M. Huot, dans sa nouvelle édition de la *Géographie de Malte-Brun*, indique, d'après je ne sais quelle autorité, 975,000. Enfin, M. Abbott, auteur de la dernière relation imprimée sur le pays de Khiva, 2,460,000. Ces différences ne sont pas aussi grandes que les chiffres l'indiquent, si l'on considère que plusieurs auteurs laissent en dehors de leurs calculs toute la population qui n'est pas comprise dans l'oasis de Khiva.

Nous avons adopté tous les chiffres de M. Abbott, excepté pour les esclaves persans, dont le nombre a considérablement diminué depuis son voyage, à cause de la difficulté que les Turcomans éprouvent à faire des excursions dans le Khorasan occidental, où un gouverneur établi par le roi de Perse traque ces brigands avec un zèle, une intelligence et une ténacité qui finiront certainement par les dégoûter de leur métier. Le docteur Wolff ne porte le nombre de ces esclaves qu'à 40,000. C'est peut-être encore trop, et nous avons cru être plus exacts en suivant l'autorité de M. Mouraviev.

ture naturelle que n'a pu leur enlever le gouvernement oppressif et ombrageux sous lequel ils gémissent depuis plusieurs générations. Ils ont le teint basané, et se rapprochent un peu des Calmoucs pour la coupe du visage ainsi que pour la forme et la position des yeux. Leur barbe est peu fournie.

FEMMES. Tous les habitants de la Khivie prétendent que les femmes usbecks sont très-belles. Il paraît cependant, si nous en croyons M. Abbott, qu'elles n'ont pas les traits réguliers, et que tous leurs charmes se réduisent à un teint blanc et rose. Les vêtements dont elles s'enveloppent pour aller dans la ville feraient croire que si ces femmes ne sont pas précisément mal faites, elles ont cependant la taille épaisse et lourde.

COSTUME DES HOMMES. Le costume des hommes se compose d'une chemise de coton sans col et ouverte sur le côté; d'un large pantalon de drap et de plusieurs robes ou manteaux d'une étoffe de soie rayée ou d'indienne ouatée avec du coton écru. Pour les nobles, ces robes sont de drap, ordinairement d'un vert très-foncé, couleur dont ils semblent avoir emprunté l'usage aux Russes. Les robes sont doublées et garnies de fourrure. Lorsque les Usbecks se voient contraints de voyager en hiver, ils mettent par-dessus tous ces vêtements une pelisse de peau de mouton ou un manteau de feutre.

La coiffure des hommes, si l'on excepte les prêtres, qui portent tous le turban, se compose d'une calotte noire qu'ils placent sur leur tête rasée, et d'un bonnet de peau d'agneau noir à forme cylindrique. La grandeur du bonnet varie suivant le rang de celui qui le porte. Ils mettent par-dessus leur pantalon de grandes bottes jaunes à talon haut, et dont le bout, terminé en pointe, est relevé en l'air.

COSTUME DES FEMMES. Le costume des femmes est semblable à celui des hommes, excepté pour la coiffure, qui se réduit à un fichu blanc ou de couleur, roulé autour de la tête. Quelquefois les bouts de ce fichu descendent sur la gorge.

KIRGUIZES. Quoique nous nous réservions de traiter dans une section spéciale des mœurs et des usages des Kirguizes, nous ne pouvons nous dispenser de dire quelques mots des habitudes particulières aux familles qui vivent sous la dépendance du gouvernement khivien. Les Kirguizes sont assurément les plus grossiers de tous les habitants de la Khivie. Toutefois, leurs mœurs sont loin d'être corrompues comme celles de l'Usbeck, et ils n'ont pas des habitudes de brigandage aussi prononcées que le Turcoman. Du reste, ils errent dans les steppes comme celui-ci ; comme lui aussi, ils laissent à leurs femmes tous les travaux pénibles et tous les ennuis du ménage. Les enfants soignent les chameaux, les chevaux et les moutons. Quant au maître, il s'amuse à chasser des renards, des saïgas ou des ânes sauvages, ou bien il va d'une tente à une autre passer le temps à causer avec ses voisins.

Comme les steppes sont exposées, ainsi que nous l'avons déjà remarqué, à de grandes variations de chaud et de froid, le Kirguize change de demeure suivant la saison. En été, il habite les hauteurs où il peut trouver quelques sources. A l'approche de l'hiver, il descend dans les parties les mieux abritées de la steppe; mais toujours il a soin de chercher des endroits où se trouve un peu d'eau. Quand une fois l'hiver est arrivé, il ne recherche plus le voisinage des sources ; car la neige lui fournit toute l'eau dont il peut avoir besoin pour lui-même et pour ses troupeaux.

Les Kirguizes de la Khivie se nourrissent presque exclusivement du lait de leurs chamelles, de leurs juments et de leurs brebis, qu'ils mangent caillé, sans pain et sans aucune espèce de légume. La viande est un mets qu'ils ne goûtent qu'à de longs intervalles, et seulement à l'approche de l'hiver. Comme à ce moment de l'année le bétail manque de fourrage et donne très-peu de lait, les Kirguizes abattent toutes les vieilles bêtes et en salent la chair. Ils la mangent ensuite bouillie, sans pain ni légumes.

Au printemps, ils conduisent leurs troupeaux dans les montagnes de craie qui se trouvent sur les bords de la mer Caspienne, non loin de Nuov-Alexandrof, et qui, pour nous servir de l'expression de M. Abbott, *conservent sur leurs pics, durant plusieurs mois, des trésors de neige.*

Les Kirguizes établis dans la Khivie n'ont que très-peu d'esclaves. Ils les traitent mieux que ne font les Usbecks et les Turcomans. Ces nomades sont assez riches en troupeaux, et ils possèdent d'ailleurs des tapis, des feutres, des tentes, des selles et des harnais pour leurs chevaux. Ils se procurent ces différents objets pour des chameaux, des bidets et des moutons, qu'ils donnent en échange aux Turcomans. Ils sont en outre assez bien fournis d'ustensiles de ménage, tels que marmites de fonte, couteaux, gamelles, plats et cuillers de bois, que les Russes leur vendent contre des moutons et d'autre bétail. L'espèce d'aisance dont jouissent ces Kirguizes les expose aux déprédations des Turcomans, dont les campements se trouvent entre eux et Khiva. Le siége du gouvernement est trop éloigné pour que les plaintes des Kirguizes soient écoutées par le khan et amènent la répression de ces odieux brigandages. D'ailleurs il est douteux que le gouvernement khivien fût assez éclairé pour comprendre qu'il est de son intérêt bien entendu de mettre fin à des spoliations qui ne le touchent pas directement.

Les Kirguizes ne possèdent pour toute défense que de longues lances, quelques sabres et fusils à mèche; ils ne sont donc pas en état de repousser les incursions des Turcomans, beaucoup mieux armés et mieux montés qu'eux, et, il faut le dire aussi, relativement plus braves. Ils ont une frayeur superstitieuse des armes à feu. Quoique cette crainte existe aussi chez les Turcomans, elle est beaucoup plus forte chez les Kirguizes. Ces nomades professent tous le mahométisme sunnite. Mais, bien qu'ils aient des mollahs, ils sont profondément ignorants sur les principes fondamentaux de la foi musulmane, et ne s'acquittent que très-rarement des devoirs extérieurs de cette religion.

KARAKALPAKS. Les Karakalpaks, dont le nom signifie en turc *bonnets noirs* (1), errent sur une partie du territoire de la Khivie, mais principalement sur la rive droite de l'Oxus. Les plus riches d'entre eux possèdent en propre des terrains clos de murs dans lesquels ils conservent les fruits de la récolte. Ils passent l'hiver dans ces espèces de fermes ou dans le voisinage. En été, ils vont camper plus loin. Ils sont vêtus comme les Kirguizes, et portent le bonnet khivien. Ils ont pour l'hiver des robes de drap russe. En été, ils se vêtent d'une étoffe faite avec du poil de chameau.

Les Karakalpaks se livrent presque tous à la culture de la terre et à l'élève du bétail. Ils sont en général peu intelligents et craintifs, et par conséquent mauvais soldats. On leur reproche un grand penchant pour le larcin. Ils sont assez fidèles à leur parole, ne boivent pas de vin, fument la pipe et prennent du tabac en poudre. Les riches font élever leurs enfants à Khiva. Toute la nation est aveuglément dévouée au khan, et un fonctionnaire public, quand bien même il appartiendrait à leur race, obtient d'eux les plus grands respects.

Ils sont en général pauvres, possèdent peu de chevaux, mais beaucoup de gros bétail, qu'ils font paître dans des cantons herbeux et boisés.

Ils ont dans leurs *aouls* ou campements des juges particuliers, auxquels ils donnent le nom turc d'*aksakal*, c'est-à-dire *barbes blanches*. Ces magistrats, qui, malgré leur titre, sont souvent encore jeunes, exercent une grande autorité dans les campements des Karakalpaks. Ils punissent de châtiments corporels les simples délits. Quant aux hommes reconnus coupables de quelque crime, ils sont conduits à Khiva et jugés par le khan lui-même.

SARTIS. Les Sartis, ou Sart, appelés aussi *Tats* et *Tadjics* (1), appartiennent à la même race que les Tadjics de Boukhara et de toute l'Asie Centrale, et sont d'origine persane, comme le démontre la langue qu'ils parlent encore aujour-

---

(1) Notre mot français *colback* n'est qu'une des différentes prononciations du turc ou tartare *kalpak*. Nous l'avons reçu des Hongrois, auxquels nous avons emprunté plusieurs termes relatifs à l'habillement et à l'équipement de la cavalerie légère.

(1) M. Klaproth nous apprend que tous ces noms désignent le même peuple. Sartis est la dénomination par laquelle les Turcs les désignent, et Tadjics est le nom qu'ils se donnent à eux-mêmes. (*Voyez* Klaproth, *Asia polyglotta*, p. 243.)

d'hui. Leur caractère est à peu près le même dans tout le Turquestan. Ils sont craintifs, rampants, infidèles à leur parole, menteurs et intéressés. Il n'est sorte de démarche humiliante à laquelle ils ne se soumettent volontiers pour gagner quelque chose, tandis qu'ils cherchent tous les subterfuges possibles pour éviter de payer ce qu'ils doivent. Ils passent pour très-voluptueux et entachés de vices infâmes. Ils sont mauvais soldats, mauvais cavaliers, vaniteux et très-souples devant l'autorité. L'amour du lucre les rend actifs et laborieux : ceux d'entre eux qui sont riches ne laissent pas d'affecter une grande pauvreté. Cette conduite est sage en Khivie; car si le khan savait qu'ils possèdent quelque chose, il les ferait dépouiller sur-le-champ.

JUIFS. Il existe environ deux cents Juifs à Khiva, où ils s'occupent à élever des vers à soie ainsi qu'à tisser et teindre des étoffes. On les oblige, comme en Boukharie, de porter un signe qui les fasse reconnaître. Ils sont assez méprisés. Nul ne les salue, et le khan évite de les rencontrer; car leur aspect est considéré comme de mauvais augure. Du reste, ces gens ne sont point inquiétés par le gouvernement khivien, et ils peuvent même acheter à prix d'argent la permission de se livrer à plusieurs passe-temps interdits par la loi musulmane, tels que les jeux de hasard. Ils jouent aux cartes et aux dés. On trouve aussi à Khiva des familles originairement juives, qui se sont établies dans ce pays à une époque déjà fort ancienne et ont embrassé le mahométisme sunnite. Ces gens sont des sectaires aussi fanatiques que tous les autres Khiviens.

Il existe pour la considération une grande différence entre les diverses races et tribus qui forment la population de la Khivie. L'Usbeck, conquérant et maître du pays, occupe la première place; puis viennent le Turcoman, le Sarti et enfin le Kirguize, objet du mépris de toutes les autres classes.

MŒURS ET USAGES DES KHIVIENS (1). Les richesses des Usbecks consistent en terres et en esclaves. Il arrive souvent qu'un seul chef de famille de cette nation achète plusieurs centaines d'esclaves. Cet usage ne tient point à des habitudes de luxe, mais à la nécessité d'avoir des bras pour cultiver les terres. L'Usbeck est un maître dur pour ses esclaves, qu'il fait travailler souvent au delà de leurs forces. Quant à lui, il traîne une existence désœuvrée, qui parfois le rend mélancolique. Il n'a que peu de distractions, parce qu'il se refuse en général à tous les délassements, pour se livrer à une débauche infâme, qu'il affiche sans pudeur. Lorsqu'il se trouve assez riche pour remettre à un intendant le soin de ses affaires du dehors, il passe la journée à dormir. La femme, chargée des dépenses et de la conduite du ménage, est presque toujours négligée par son mari. Cet état de choses amène quelquefois, si nous en croyons M. Abbott, des désordres assez graves que les esclaves savent mettre à profit. Ce dernier fait nous paraît difficile à admettre. Sans doute les femmes usbecks doivent avoir en horreur des hommes souillés des vices que nous signalons; mais comment pourraient-elles triompher des obstacles matériels que leur oppose une jalousie haineuse et méprisante?

CHASSE. Les Usbecks se livrent avec ardeur à la chasse à l'oiseau. La nature du pays se prête admirablement à ce genre d'exercice. Les bords des rivières et des canaux sont couverts de lièvres, de faisans et de perdrix rouges. L'Usbeck est bien monté. Pour l'ordinaire il possède un cheval turcoman plein de feu; on devine au premier coup d'œil le rang et la richesse du cavalier par la valeur des harnais du cheval où brillent l'or, l'argent et les pierres précieuses, telles que turquoises, cornalines et rubis.

Les Usbecks portent toujours un sabre et un poignard. Lorsqu'ils redoutent quelque danger, ils prennent un fusil à mèche, et très-souvent aussi une lance, arme qui est d'un usage général en Khivie. Ces lances ne sont pas fabriquées dans le pays, où l'on ne saurait se procurer de bois propre à cet usage. Mais les Usbecks les achètent aux Kirguizes, qui les reçoivent eux-mêmes de Russie. Les chefs portent des sabres fabriqués à Ispahan ou dans le Khora-

---

(1) Par Khiviens nous entendons les habitants des villes de l'oasis de Khiva, dont la population se compose presque exclusivement d'Usbecks et de Sartis.

san et d'un acier très-fin. Ils ont aussi des carabines rayées et à mèche qu'ils tirent de Hérat et de la Perse.

Du reste, quoique les Usbecks portent sur eux un arsenal complet, ils font de très-mauvais soldats. Leurs habitudes nonchalantes et casanières s'opposent à ce qu'ils soient de véritables guerriers. Ils deviennent de jour en jour plus apathiques et plus corrompus. Ils sont environnés de déserts qu'habitent les tribus kirguizes et turcomanes, auxquelles ils achètent des esclaves qui cultivent leurs champs et font tous les travaux pénibles qu'exige l'entretien des propriétés; et pour eux, ils ne se réservent aucune occupation fatigante. Ennemis déclarés de la civilisation, et ne voulant pas se mettre au niveau des changements introduits dans l'art de la guerre, ils prétendent que les progrès des Européens dans cette science sont l'effet de la nécromancie. Ces innovations sont pour eux l'objet d'une haine invincible et d'une terreur superstitieuse.

DIVERTISSEMENTS. Presque tous les Usbecks savent jouer aux échecs. La marche des pièces ne diffère que très-peu de la nôtre; ils jouent aussi aux dames.

MUSIQUE.—INSTRUMENTS—CHANTEURS. Les Khiviens aiment assez la musique, surtout lorsqu'elle est bruyante. Le roulement du tambour flatte bien plus agréablement leur oreille que le son des instruments les plus harmonieux. Le chant n'a pour eux qu'un attrait assez médiocre en lui-même, et ils font moins attention à l'air qu'aux paroles, tirées pour l'ordinaire des œuvres de leurs poëtes.

Ils ont une espèce de guitare à deux cordes, dont la caisse est hémisphérique; on l'accorde par quarte et on touche les cordes avec une plume ou un petit morceau de bois taillé à cet effet. Ils ont encore une sorte de violon à quatre cordes, dont le son est assez agréable; ils le placent comme un violoncelle, la base appuyée contre terre, et en jouent avec un archet. Les Usbecks professent un grand mépris pour la musique et pour le chant; ce sont là, disent-ils, des occupations indignes d'un guerrier. Quelques-uns d'entre eux regardent même la musique comme un art infâme; aussi passent-ils toute la journée sans rien faire, plutôt que de s'en occuper.

M. Abbott remarqua, à son passage à Khiva, des cerfs-volants d'une construction particulière et qui rendaient un son assez semblable à celui des harpes éoliennes; il indique même la manière de les construire (1).

Les gens riches entretiennent des espèces de troubadours qui célèbrent les louanges des héros, font des vers en leur honneur, récitent des contes et jouent de la guitare. Leurs chants et leurs récits se prolongent quelquefois jusque bien avant dans la nuit. Toute l'assemblée les écoute avec attention. Ces chanteurs sont presque toujours des vieillards à l'air vénérable et à la barbe blanche.

OBSERVATION DE LA LOI RELIGIEUSE. Les Khiviens s'acquittent avec une grande exactitude de toutes les prières prescrites par la loi musulmane. Quant aux ablutions, s'ils se trouvent au milieu de la steppe, dans un endroit où on ne trouve point d'eau, ils se frottent les mains avec du sable. Ils ne souffrent pas qu'on les dérange lorsqu'ils récitent leurs prières.

Les Usbecks détestent les schiites ou sectateurs d'Ali plus que les chrétiens; ils disent, pour justifier cette haine si profonde, que les chrétiens suivent la loi qui leur a été enseignée, tandis que les schiites, au contraire, connaissent la vérité et la repoussent. Il arrive cependant quelquefois que ces Usbecks orthodoxes dépouillent et massacrent des Turcomans qui suivent les mêmes croyances qu'eux; mais, dans ce cas, ils se soumettent à des purifications, et payent même une somme à leurs prêtres pour que ceux-ci les relèvent de l'irrégularité dans laquelle ils sont tombés.

Les gens riches prennent ordinairement les quatre épouses légitimes accordées par la loi du prophète, et autant de concubines que bon leur semble. Les pauvres n'ont presque jamais que deux femmes et quelquefois même une seule.

Les Usbecks ne contractent des mariages qu'avec des femmes qui partagent

(1) Voyez tome I, page 142.

leurs croyances religieuses ; le contraire serait considéré par eux comme un crime.

On ne tolère dans la Khivie l'exercice public d'aucune autre religion que l'islamisme sunnite.

HOSPITALITÉ. — HEURES DES REPAS. — NOURRITURE. — VAISSELLE. Les Usbecks sont hospitaliers ; ils accueillent toujours un étranger avec plaisir ; mais, comme ils sont aussi extrêmement avares, ils évitent de faire de grandes dépenses pour leurs hôtes ; et, après le départ de ceux-ci, ils tâchent de regagner les frais qu'ils leur ont occasionnés, en se privant eux-mêmes du nécessaire pendant quelques jours, et en se faisant inviter chez des voisins ou des amis. Leur avarice est telle que, malgré leur extrême gourmandise, ils vivent très-sobrement chez eux. Ils font trois repas par jour ; le premier a lieu le matin dès l'aurore ; le second à midi, et le troisième le soir.

La nourriture qu'ils préfèrent est la viande de mouton, accommodée avec du riz ; mais ils ne s'accordent pas toujours ce mets succulent, et se contentent pour l'ordinaire d'un morceau de pain de froment et d'une soupe au lait dans laquelle nagent quelques petits morceaux de viande de mouton. Lorsqu'ils veulent régaler un étranger ou un ami, ils lui servent une soupe grasse et du mouton grillé. Ils se procurent aussi pour ces sortes d'occasions de petits pâtés à la viande, qu'ils regardent comme un mets très-fin ; ils mangent volontiers de la chair de chameau et de cheval. Les Kirguizes leur vendent des juments grasses, dont la chair est très-estimée. L'usage veut que lorsqu'un Usbeck tue une jument, il fasse avec la chair et la graisse de l'animal des boudins dont quelques-uns sont envoyés au khan. Les Khiviens mangent aussi du gruau, qu'ils accommodent avec de la graisse de queue de mouton ou du lait. Ils mangent la viande et le gruau avec les doigts, et puisent le bouillon dans la marmite avec des cuillers de bois ; ils mangent peu de poisson et seulement lorsqu'il est frais. Les Karakalpaks, au contraire, l'aiment beaucoup ; et comme il est très-commun et à fort bon marché, ils s'en nourrissent presque exclusivement dans certains cantons.

La vaisselle des Usbecks est de terre et fabriquée dans le pays. Les riches possèdent ordinairement des gamelles qui viennent de Russie.

Les Khiviens ont un goût prononcé pour le sucre et les confitures ; ils en mangent des quantités énormes et suffisantes pour se rassasier, pourvu toutefois qu'il ne leur en coûte rien. Dans le cas contraire, ils s'en privent.

Les Usbecks éprouvent de la répugnance pour les liqueurs fortes, et regardent l'ivrognerie comme un vice ignoble et méprisable. On ne peut en dire autant des Sartis et des prisonniers russes et persans. Ceux-ci distillent de l'eau-de-vie du raisin et de plusieurs autres fruits, et s'enivrent dès qu'ils croient pouvoir le faire sans être exposés à la rigueur des lois.

Le thé est la boisson habituelle et favorite de tous les habitants de la Khivie. Ils le prennent très-fort, et le font dans des bouilloires de cuivre qui, à ce qu'ils prétendent, lui donnent un bon goût. Ils le boivent sans sucre, et en prennent à toute heure ; ils mangent les feuilles qui ont servi à faire l'infusion.

La passion des Khiviens pour cette boisson est telle, que nombre d'entre eux consentiraient plutôt à se priver de nourriture que de thé.

Les gens pauvres font usage d'une infusion qu'ils appellent *thé calmouc*. Ce thé, plus connu sous le nom de *thé en briques*, est fabriqué dans la Chine septentrionale, avec les feuilles d'un arbuste sauvage, assez semblables à celles du merisier. On commence, lorsqu'on veut le faire, par échauder les feuilles ; puis on les humecte avec la sérosité qui se sépare du sang de mouton ; on en forme ensuite de grandes briques que l'on met en forme et que l'on fait sécher dans un four peu chaud. Lorsqu'on veut employer ce thé, on coupe un morceau de la brique, on le concasse et on le fait bien bouillir dans une bouilloire de cuivre pleine d'eau, dans laquelle on a mis en dissolution auparavant un morceau de *koudjir*, espèce de sel qui se produit par efflorescence dans les steppes, et qui est formé d'un mélange de natron et de sulfate de natron. Quand le thé a bien bouilli, on y ajoute du beurre, de la graisse et un peu de farine. Ce mélange devient alors assez semblable, pour la couleur, à du chocolat au lait. Le thé calmouc paraît âcre et dégoûtant à tous les voyageurs européens, qui s'accordent à dire qu'il a un goût détestable; mais il est très-recherché par tous les peuples de l'Asie Centrale.

Le thé en briques, quoique à très-bon marché, est cependant trop cher encore pour les Khiviens tout à fait pauvres, qui le remplacent par une combinaison des feuilles suivantes:

Saxifraga crassifolia;
Tamarix germanica;
Potentilla rupestris et fruticosa;
Glycyrrhiza hirsuta;
Polypodium fragrans.

On ajoute à ces feuilles les racines d'une espèce particulière de *sanguisorba.*

Les Khiviens aiment passionnément les épices et les aromates, et ils ajoutent souvent du poivre et du gingembre à leur thé.

TABAC, BENG ET OPIUM. Les Usbecks, ainsi que les Sartis, fument du tabac et du beng et mâchent de l'opium. Le beng n'est autre chose que du chanvre. Cette drogue occasionne de fréquentes défaillances, et l'usage en est aussi funeste que celui de l'opium (1).

(1) Le beng est ce que l'on appelle en Égypte et dans une grande partie de l'Orient *haschischa*. Les feuilles de chanvre forment la base de cette composition, qui détruit tout à la fois le corps et l'intelligence. Le haschischa est connu en Asie depuis plusieurs siècles, et quelques auteurs en font remonter la découverte jusqu'à l'époque des Chosroës (an 226-632 de J.C.). Le fameux historien arabe Makrizi, qui mourut dans la première moitié du quinzième siècle, rapporte que de son temps il y avait un endroit, situé près du Caire et appelé *Djoneïna* ou le *Petit Jardin*, où les gens de la lie du peuple se rendaient pour aller manger du haschischa. « L'usage de cette plante maudite, dit Makrizi, est devenu aujourd'hui très-commun. Les libertins et les gens d'un esprit faible s'y sont adonnés avec excès. Dans le vrai, il n'y a rien qui soit plus dangereux pour le tempérament. » (*Voyez* de Sacy, *Chrestomathie arabe*, tome I, page 209 de la seconde édition.) Makrizi ne s'exagérait pas les qualités délétères du haschischa. Le célèbre botaniste arabe Ebn-Beïtar atteste avoir vu des hommes devenir fous et d'autres mourir des effets de ce poison. Aussi un grand nombre de princes et de chefs musulmans en défendirent-ils l'usage, sous des peines très-fortes. Un souverain, qui régnait en Égypte, condamna les preneurs de haschischa à avoir les dents arrachées, et plusieurs sentences de ce genre furent mises à exécution. Un arrêté pris par les autorités militaires françaises en Égypte,

INSTRUCTION. — ÉDUCATION. L'instruction est très-peu répandue dans la Khivie; quelques membres du clergé seulement savent lire l'arabe et sont en état de comprendre les prières les plus usuelles de la liturgie écrites dans cette langue. Ce n'est que par exception que l'on trouve à Khiva des personnes versées dans la connaissance des littératures arabe et persane.

le 17 vendémiaire an IX (9 octobre 1800), porte ce qui suit:

ARTICLE PREMIER. L'usage de la liqueur forte faite par quelques musulmans avec une certaine herbe forte, nommée *haschisch*, ainsi que celui de fumer la graine de chanvre, sont prohibés dans toute l'Égypte. Ceux qui sont accoutumés à boire cette liqueur et à fumer cette graine perdent la raison et tombent dans un violent délire qui souvent les porte à commettre des excès de tout genre.

ART. 2. La distillation de la liqueur du haschisch est prohibée dans toute l'Égypte. Les portes des cafés, des maisons publiques ou particulières dans lesquelles on en distribuerait seront murées; les propriétaires arrêtés et détenus pendant trois mois dans une maison de force.

ART. 3. Toutes les balles de haschisch qui arriveraient aux douanes seront confisquées et brûlées publiquement.

N'oublions pas que c'est de *haschischin*, qui, en arabe, veut dire *un preneur de haschischa*, que nos historiens des croisades ont fait *assassins*, mot devenu aujourd'hui synonyme de *meurtriers*, mais qui d'abord ne s'étendait qu'à ces exécrables sectaires qui, sur un ordre ou un signe de leur chef, se donnaient la mort ou frappaient la victime qui leur était désignée. Il est prouvé aujourd'hui que c'était en affaiblissant leur intelligence au moyen du haschischa que le chef des assassins réduisait ses sicaires à l'état d'obéissance brute qui les rendait si redoutables aux princes de l'Europe et de l'Asie. Personne n'ignore ce qui arriva à saint Louis avec les assassins envoyés par le Vieux de la Montagne. L'histoire offre un nombre considérable de faits analogues, qui trop souvent se terminèrent par un dénoûment tragique.

On prépare le haschischa de mille manières différentes. On combine ce poison avec de la racine de mandragore, du sucre, du miel ou de l'opium. Les derviches et les mystiques musulmans font un grand usage du haschischa pour se procurer une ivresse extatique et aussi comme anti-aphrodisiaque. Cette dernière qualité n'est point admise par le célèbre médecin portugais Garcia da Horta (Voyez *Coloquios dos simples*, Goa, 1563, in-4°, f. 16 recto). Ebn-Beïtar rapporte qu'il a vu plusieurs faquirs qui faisaient d'abord cuire les feuilles du chanvre, puis les pétrissaient avec leurs mains jusqu'à en former une espèce de pâte qu'ils partageaient en pastilles. Ils les laissaient ensuite un peu sécher, les torréfiaient, les broyaient avec la main, et y mêlaient un peu de sésame dépouillé de sa pellicule et du sucre. Ils mangeaient ainsi cette drogue sèche après l'avoir mâchée longtemps.

Les enfants ne reçoivent presque aucune instruction ; les pères se contentent ordinairement de les frapper pour la moindre faute. Aussi n'existe-t-il pas dans le pays de véritable éducation. La plupart des enfants n'apprennent qu'à s'acquitter des pratiques extérieures de la religion mahométane ; quelques-uns joignent à cette connaissance un peu de lecture et d'écriture. A l'âge de douze ou treize ans l'éducation est censée terminée ; l'enfant devient le domestique de son père, et se trouve livré à lui-même jusqu'à dix-huit ans qu'on le marie. La dépendance dans laquelle un père tient ses fils passe toute croyance. Ceux-ci même, lorsqu'ils sont devenus hommes, n'osent pas s'asseoir en sa présence, et ne mangent jamais avec lui. Le fils est le dernier des serviteurs et, pour ainsi dire, l'esclave de son père. Une pareille conduite semble d'autant plus inexplicable que les Usbecks vivent presque tous dans l'intimité avec leurs gens, lorsque ceux-ci appartiennent à la même race qu'eux.

ARTS ET MÉTIERS, MANUFACTURES ET FABRIQUES. Les arts et métiers existent à peine en Khivie. La fabrication la plus importante est celle des feutres et des tapis, exclusivement exercée par les Turcomans, qui fournissent le khanat de ces objets indispensables aux Orientaux. Ils en font une quantité suffisante pour la consommation du pays, et fournissent encore à l'exportation pour la Russie. Les feutres, comme les tapis, ne sont pas remarquables. Les Turcomans font aussi différentes étoffes avec du poil de chameau et des couvertures d'assez bonne qualité.

On fabrique encore à Khiva des tissus de soie ; mais ils sont de peu de durée et de mauvais goût. Les étoffes de coton laissent beaucoup moins à désirer.

On fait dans la Khivie quelques ouvrages de fer, et en particulier des sabres et des poignards communs. Les fourreaux de ces différentes armes sont quelquefois d'or ou d'argent, selon le rang qu'occupe la personne à laquelle on les destine ; le travail en est assez bien fait ; mais on ne peut tirer de là aucune conclusion favorable pour le talent des ouvriers khiviens. Presque tous les objets de ce genre sont exécutés par des prisonniers russes ou sous leur inspection immédiate.

Les Khiviens tirent de la Russie le cuivre qui leur est nécessaire.

Le verre est très-cher et fort rare à Khiva. Les habitants ne connaissent pas la manière de le fabriquer ; et, pour cette raison sans doute, ils n'en font pas usage.

Les moulins employés dans le pays pour moudre le blé sont des moulins à bras ; on en a aussi d'autres plus grands auxquels on attelle un chameau.

ÉTAT DES SCIENCES.

Les Khiviens, comme on doit bien s'en douter d'après ce qui précède, n'ont que des notions très-imparfaites sur les sciences. Ils ignorent les mathématiques, et les plus savants d'entre eux possèdent à peine les règles les plus élémentaires de l'arithmétique. L'astronomie leur est inconnue ; ils ne connaissent guère que le nom des constellations principales.

A l'époque où M. Mouraviev se trouvait à Khiva, il y avait dans cette ville un homme qui avait été à Constantinople, où il s'était procuré un instrument au moyen duquel il pouvait calculer les éclipses sans rien connaître à l'astronomie. La possession de cette machine lui valut beaucoup de considération, et le khan, pour récompenser le mérite d'un sage aussi éminent, lui donna un emploi auprès de sa personne [1]. Cet homme, très-enflé de son savoir, soutenait gravement que la cause des éclipses de soleil ou de lune vient du diable, qui attaque ces astres et les serre dans ses griffes. Il faut alors, pour l'empêcher de les détruire, faire grand bruit, pousser des cris, et tirer des coups d'armes à feu. C'est là le seul moyen d'obliger le démon à lâcher prise. Si on le laissait faire, il anéantirait ces astres, et la terre resterait dans une obscurité éternelle.

Malgré leur ignorance, les docteurs khiviens supposent que la terre est ronde, et ils la comparent à un melon

[1] *Voyage en Turcomanie et à Khiva fait en 1819 et 1820*, par M. N. Mouraviev, traduction française ; Paris, 1823, page 386.

d'eau. Mais là s'arrête à peu près leur savoir. Ils ne connaissent guère que les États qui entourent la Khivie ; encore ont-ils les idées les plus fausses sur leur situation, leur force et leur grandeur.

M. Abbott vit à Khiva une mappemonde, œuvre d'un profond philosophe usbeck. Cet homme avait placé l'Italie au nord de l'Angleterre et la Russie au sud de la Chine.

Devins et astrologues. Il existe en Khivie un nombre assez considérable de devins qui consultent les astres pour lire dans l'avenir. Ils se servent encore d'un autre moyen. Ils prennent un livre quelconque, et de préférence un Coran. Après avoir récité une prière, ils ouvrent le livre, et remarquent la première lettre de la première ligne de la page ; ils passent ensuite à la septième ligne de cette même page, et continuent ainsi d'après certaines règles, jusqu'à ce qu'ils aient un nombre de lettres voulues. Chacune de ces lettres a un sens propre que le devin combine comme il peut, et dont il tire ses conclusions.

Médecine. La médecine se borne à la connaissance de quelques remèdes que des empiriques ignorants appliquent sans avoir aucune idée de la cause des maladies, et sans pouvoir par conséquent se rendre compte des moyens curatifs qui seraient convenables. En général, ils se guident dans l'emploi de leurs médicaments sur l'examen des symptômes extérieurs, et combattent les contraires par des contraires. C'est ainsi qu'ils appliquent la glace dans les grands accès de fièvre, et tâchent de faire transpirer les malades qui éprouvent du frisson. Ils ont recours aux stimulants pour surmonter la prostration. Ces empiriques font un grand usage de la saignée, qu'ils pratiquent souvent à la tête. Ils emploient également les ventouses. Tout leur savoir se borne, comme on voit, à quelques remèdes très-simples, mais dont ils font grand mystère. On peut dire que la science médicale n'existe pas en Khivie, et cet état de choses dure depuis plusieurs siècles. La qualité de médecin y est héréditaire et se transmet de père en fils, comme un héritage. Il faut reconnaître cependant que les empiriques khiviens, malgré toute leur ignorance, ont une idée exacte des propriétés de quelques plantes, et savent bien panser les plaies.

COMMERCE.

Le commerce est libre dans la Khivie, et toutes les classes de la nation peuvent s'en occuper ; mais les Sartis sont presque les seuls qui s'y livrent. Les Usbeks regardent toute espèce de trafic comme avilissant. Le commerce intérieur de la Khivie se borne aux grains et autres productions du sol, à quelques objets peu importants fabriqués dans le pays et à la vente des esclaves. Il existe dans différentes villes des marchés et des foires qui se tiennent à jour fixe. Les habitants du lieu élèvent des baraques qu'ils louent aux marchands qui veulent s'y établir. Le souverain prélève un certain droit sur ces constructions.

La position de la Khivie, au milieu des steppes où aboutissent plusieurs routes commerciales de la Tartarie, a fait de cette contrée un entrepôt de quelques-unes des marchandises que l'on transporte de l'Orient en Russie et de Russie en Orient. Les Sartis, frappés de l'avantage que présente ce commerce de transit, s'efforcent de faire disparaître les obstacles que le gouvernement ombrageux et inintelligent des souverains de Khiva oppose aux relations régulières avec la Russie. Ces gens se rendent dans la Boukharie, en Perse et dans plusieurs autres contrées, où ils achètent des marchandises qu'ils vendent ensuite à Orenbourg et à Astracan.

Quant aux marchands russes, il n'en est aucun qui voulût se rendre à Khiva, ni même sur un point quelconque du territoire khivien, pour y trafiquer, malgré la certitude de réaliser en peu de temps de très-forts bénéfices. Leurs craintes s'expliquent ; car c'est à peine si des envoyés de la Russie et de l'Angleterre, qui visitent ces malheureuses contrées avec un caractère public, peuvent se soustraire à l'emprisonnement et même à la mort (1).

(1) M. Mouraviev, officier d'état-major, envoyé à Khiva par le gouvernement russe à la fin de 1819, fut d'abord retenu prisonnier dans les environs de Khiva ; puis le khan et son conseil décidèrent qu'il serait enterré vif dans

Ce même état de crainte et de défiance rend presque nul le commerce avec la Perse. Il est fort rare que des Persans osent s'aventurer dans la Khivie. On en voit de loin en loin quelques-uns qui, ayant des relations avec le pays, profitent de cette circonstance pour aller y vendre quelques pièces de brocart, ou pour traiter de la rançon d'un parent ou d'un ami enlevé par des maraudeurs turcomans et traîné en esclavage dans cette contrée inhospitalière.

Pendant toute la durée de leur séjour dans la Khivie, les Persans restent cachés et ne fréquentent que les gens qu'ils connaissent bien. Le moindre risque qu'ils courraient s'ils étaient découverts serait de se voir réduits en esclavage et de perdre tout ce qu'ils auraient avec eux.

Les transactions commerciales ne pourront prendre tout leur développement que du jour où une puissance européenne se sera établie dans l'Asie Centrale et y dominera. Aujourd'hui la crainte des avanies et des spoliations empêche les marchands khiviens eux-mêmes de se livrer à de grandes spéculations. Ils craignent que si une fois leur souverain était instruit des richesses qu'ils possèdent, il ne fût tenté de les en dépouiller. D'ailleurs le passage à travers les steppes est quelquefois dangereux. Les nomades ne se font aucun scrupule de détrousser les caravanes lorsqu'ils espèrent l'impunité. De pareils crimes cesseraient si ces barbares étaient gouvernés par une autorité forte et juste qui rendît les tribus responsables des vols et des déprédations commis sur le territoire qu'elles habitent. Sans doute la facilité avec laquelle les nomades passent d'un pays dans un autre leur permettrait de se soustraire au châtiment ; nous croyons toutefois que si les tribus étaient bien persuadées qu'elles devraient subir tôt ou tard de terribles représailles ou renoncer pour toujours à planter leurs tentes sur le lieu où elles ont commis un acte de brigandage, elles renonceraient bientôt à leurs habitudes pillardes et cruelles. Tous les peuples de l'Asie Centrale sont portés au vol ; mais il serait facile de détruire chez eux ces inclinations perverses. Malgré leur grossièreté et leur ignorance, les Usbecks, les Turcomans et les Kirguizes ont des idées très-exactes de leurs véritables intérêts. Un chef énergique a suffi pour dégoûter les Turcomans des incursions qu'ils faisaient sur une partie du territoire de la Perse. La mort et la capture de quelques-uns des leurs, la perte de plusieurs chevaux de prix et des coups de main complétement avortés les ont presque fait renoncer à un genre de vie plein de périls, et dans lequel ils ne trouvent plus que de très-médiocres dédommagements des peines et des dangers auxquels ils s'exposent. On peut prédire avec assurance qu'il en serait de même de toutes les hordes pillardes de l'Asie Centrale, si elles avaient à craindre une prompte et sévère répression.

Malgré son peu d'importance si l'on songe à ce qu'il pourrait être, le commerce de la Khivie est encore extrêmement considérable, principalement eu égard à la petite quantité de produits naturels ou manufacturés que ce pays peut fournir à l'exportation. Les sommes que le commerce de transit apporte dans la Khivie répandent un bien-être très-grand sur toute la population.

Les Khiviens tirent de la Russie des draps, des velours, des indiennes, de la toile, des fourrures, des cuirs, du sucre, des aiguilles, des rasoirs, des couteaux, des miroirs, du papier, du cuivre, du plomb, de la porcelaine et toutes sortes d'ustensiles de fer et d'autres métaux. La Khivie donne, en échange, des produits importés de différentes contrées de l'Asie. Ces marchandises sont conduites à Manguischlak, où on les embarque jusqu'à Astracan, ou bien on les transporte à dos de chameau d'Ourguendje à Orenbourg, à travers la steppe des Kirguizes. Les caravanes mettent trente-trois jours pour faire ce voyage.

L'exportation des matières d'or et d'argent est sévèrement défendue, et les Sartis se conforment volontiers à cette prohibition.

---

la steppe. La seule cause qui les empêcha de consommer ce crime fut la crainte des représailles de la Russie.

Le capitaine Abbott, chargé d'une mission diplomatique par la compagnie anglaise des Indes orientales, se trouva exposé dans cette même ville à un nombre infini de désagréments et de dangers.

Nous avons déjà remarqué, en parlant du commerce de Boukhara (1), que les transactions entre les deux États ne sont pas très-considérables et n'emploient pas plus de 1,000 à 1,500 chameaux.

La Khivie reçoit de Hérat du tabac, des soieries, des châles, quelques armes à feu et armes blanches. Elle fournit en échange, des chevaux turcomans, des chameaux, des dromadaires et surtout des peaux d'agneau.

La Perse expédie dans la Khivie des armes, des soieries, du sucre, des turquoises, des châles et du tabac. La Khivie lui envoie en retour des grains, des peaux d'agneau et des chevaux turcomans. Malgré les justes griefs qui, plusieurs fois, ont contraint la Russie de cesser les relations officielles avec Khiva, les Kirguizes et les Turcomans qui habitent les bords de la mer Caspienne ont constamment fait des échanges avec les marchands d'Astracan, d'Orenbourg et de quelques autres villes de la frontière. Ces tribus sauvages dépendent de la Russie pour le pain, le sucre, les ustensiles de cuisine, les couteaux, les gamelles, les plats et les cuillers de bois, et pour une foule d'autres objets qui, sans être encore de première nécessité pour elles, leur deviennent de jour en jour plus nécessaires par l'effet de l'habitude. Les Kirguizes et les Turcomans donnent des moutons et du gros bétail en échange de ces différents produits.

ESCLAVES. Le trafic des esclaves constitue une des branches de commerce les plus actives de la Khivie. Les esclaves arrivent à Khiva conduits par des Turcomans ou par des Kirguizes. Ils sont marchandés et vendus comme des animaux, sans égard aucun pour le sexe ni pour l'âge. Les esclaves russes, infiniment plus laborieux, plus forts, plus intelligents et plus instruits que les Asiatiques, sont aussi vendus à un prix beaucoup plus élevé. Après ceux-ci viennent les Persans, puis enfin les Curdes. Quelquefois il arrive qu'un marchand sarti donne une grosse somme pour un esclave persan. Mais c'est qu'alors il espère pouvoir arracher de lui une rançon plus considérable encore.

M. Mouraviev rapporte que les esclaves russes qu'il a vus à Khiva étaient chargés de travaux extrêmement pénibles que les Asiatiques n'auraient jamais pu exécuter.

Ces esclaves recevaient tous les mois environ soixante et dix livres de farine. Ils vendaient là-dessus tout ce qui ne leur était pas strictement nécessaire pour vivre, et avec ce petit pécule, presque toujours augmenté par le vol, ils finissaient au bout de dix-huit à vingt ans par amasser une somme à peu près suffisante pour leur rançon. Alors, ils prenaient des arrangements avec leurs maîtres pour se racheter; mais, quoique libres, ils ne pouvaient pas quitter la Khivie. Les tentatives d'évasion étaient sévèrement punies la première fois, et la seconde elles entraînaient la mort.

M. Mouraviev voyait arriver à tout moment des troupes de cinq, de dix, et même de trente prisonniers persans. Les Turcomans les enlevaient du côté d'Asterabad. Ils abandonnent sur la route les captifs trop faibles pour les suivre, et ces infortunés meurent dans le désert. Quand les Turcomans arrivent à Khiva, ils s'asseyent au milieu du marché entourés de leurs esclaves, qu'ils montrent aux acheteurs dans le plus grand détail. Lorsqu'ils le peuvent, ces mêmes Turcomans, en partant de Khiva, volent de nouveau les prisonniers qu'ils ont vendus, et les reconduisent en Perse, où ils les proposent à leurs parents moyennant une rançon.

Les Khiviens obligent les esclaves persans à renoncer à la secte schiite; mais ils permettent aux Russes de suivre leur religion. Ceux-ci ont une espèce d'oratoire, où ils se rendent pour faire leurs prières pendant la nuit, sans que personne cherche à les troubler. On leur accorde la permission de célébrer deux fêtes dans l'année. Ils se réunissent alors tous ensemble, et passent le temps à boire de l'eau-de-vie qu'ils tirent de quelques fruits indigènes. On voit rarement le régal finir sans que tous les convives soient ivres, et quelquefois des meurtres s'ensuivent.

Quoique les maîtres aient droit de vie

---

(1) *Voyez* ci-devant page 21, colonne 1. Il faut lire dans ce passage *Amou-Déria* au lieu de *Sir — Déria*.

et de mort sur leurs esclaves, ils n'en usent que par exception. Ils se priveraient du secours d'un homme utile, et perdraient la somme qu'il leur a coûtée. Mais souvent on voit des esclaves avec un œil ou une oreille de moins.

IMPÔTS ET REVENUS.

Les revenus de l'État ou du khan se composent de plusieurs sources différentes, dont les principales sont :
1° Les impôts;
2° Les présents que l'on est obligé d'offrir au souverain dans certaines occasions;
3° La vente des blés et autres produits des domaines du khan;
4° Les fermes;
5° Les douanes;
6° Les droits sur le butin;
7° Les droits sur les esclaves;
8° La taxe des caravanes;
9° Les contributions de guerre.

L'impôt se subdivise en impôt sur les maisons, impôt sur les terres, impôt sur les propriétés mobilières, impôt personnel.

L'impôt personnel est le plus important de tous. On lui donne, dans le pays, le nom de *taxe du chaudron* ou *de la marmite*. Il est réglé d'après la fortune de chacun. Les plus fort imposés ne payent guère au delà de 50 fr., et les moins imposés environ 12 fr. par an. On n'exempte de cette espèce de capitation que les membres du clergé, les habitants chargés d'entretenir et de réparer à leurs frais les digues et les canaux (1), ceux qui servent en temps de guerre sur les bateaux du khan, et, enfin, les gens sans asile et sans ressources qui ne possèdent pas une tente de feutre pour se loger, *ni une marmite* pour cuire leurs aliments.

Les Turcomans et les Kirguizes donnent un sur quarante de toutes les têtes de bétail qu'ils possèdent. Ils payent également un droit pour chaque esclave qu'ils amènent dans la Khivie.

L'esclave qui parvient à se racheter doit aussi payer au fisc un droit de rançon. Enfin toutes les marchandises du pays, celles qui y entrent et celles qui en sortent sont soumises aux droits, sans aucune espèce d'exception.

Le khan tire de gros revenus de ses terres, qu'il fait cultiver par des esclaves. Ce prince possède sur la rive droite de l'Amou-Déria des forêts dans lesquelles les Khiviens font tous les ans des coupes, moyennant une certaine somme qu'on lui paye.

Voici, suivant M. Abbott, le tableau des revenus de la Khivie (1) :

Turcomanie, tribus errantes et douanes.

	Tillas
Sommes payées par les habitants de la plaine de Pendjedeh.	500
Par les habitants de la plaine de Youllatan.	1,000
Par les habitants du district de Merve, y compris les droits de douane.	30,000

Oasis de Khiva.

30,000 familles, à demeures fixes payant 3 tillas chacune. . .	90,000
30,000 familles id. à 2 tillas.	60,000
30,000 familles id. à 1 tilla.	30,000
10,000 familles id. à ½ tilla.	5,000
100,000 familles de Turcomans à 1 tilla	100,000
100,000 familles de Kirguizes payant à elles toutes.	120,000
Douanes de Khiva et de quelques autres places.	40,000
Total.	476,500

Ce qui, en calculant, comme M. Abbott, le tilla de Khiva à 15 francs, donne 7,147,500.

Cette estimation, comme en général celles que donne l'intéressant voyageur, paraît au-dessus de la réalité. Nous croyons plus exact le chiffre indiqué par M. Mouraviev. Cet officier portait les revenus de la Khivie, en 1819 et 1820, à 4 millions de francs. Depuis cette époque il n'est survenu dans le khanat aucun événement qui ait pu modifier les revenus publics d'une manière notable; et nous croyons que cette somme est exacte aujourd'hui comme elle l'était à l'époque où écrivait le savant officier russe.

La presque totalité de ce revenu est affectée à la personne du khan. Les fonctionnaires publics, la police et l'armée sont entretenus aux frais des habitants.

ARMÉE.

Il n'y a pas d'infanterie dans l'armée khivienne. Les nomades concourent, comme les habitants établis dans des

---

(1) *Voy.* ci-devant, page 59, col. 1.

(1) *Voyez Appendice*, T. II, p. L.

demeures fixes, à la formation des corps de cavalerie. Ils fournissent un cavalier armé et équipé par quatre familles, tandis que les seconds en fournissent un par chaque mesure déterminée de terrain cultivé. Le souverain ne donne aucune solde à ces cavaliers, excepté lorsqu'il les envoie à la guerre. Dans ce dernier cas, chaque cavalier reçoit à son entrée en campagne une somme d'environ soixante et quinze francs une fois payée, quelle que soit d'ailleurs la distance à parcourir et la durée de l'expédition. Autrefois les Turcomans seuls recevaient une gratification, qui n'était pas égale, pour tous et variait depuis soixante et quinze jusqu'à trois cents francs (1).

A une autre époque, les cavaliers recevaient une solde annuelle, dont une moitié était payée en or et la seconde moitié en pain. Lorsqu'ils étaient en campagne, ils recevaient une ration de fourrage pour leur cheval, et le matin on leur donnait une petite portion de gruau pour eux-mêmes. Les officiers avaient un traitement fixe, et recevaient, comme vivres de campagne, du pain, du poisson, de la viande, et du fourrage pour leurs chevaux. Un pareil système, quoique incomplet, et laissant encore beaucoup à désirer, était bien préférable à celui qui est actuellement en vigueur. Aujourd'hui les cavaliers khiviens se laissent manquer par avarice ou par pauvreté des objets les plus indispensables pour eux et pour leurs chevaux. L'équipement et l'armement n'ont ni la qualité ni l'uniformité nécessaires pour que les troupes puissent agir d'une manière efficace et avec ensemble. Il est d'ailleurs impossible d'établir la discipline parmi des hommes qui ne se trouvent que momentanément et pour ainsi dire par hasard attachés à une armée. Ils ignorent les manœuvres, et sont pour cette cause tout à fait incapables d'attaquer par masses.

« Une semblable armée, dit M. Mouraviev, ne peut pas tenir la campagne pendant plus de six semaines, tant à cause du caractère inconstant des troupes, qui ne reconnaissent pas l'autorité de leurs chefs, qu'à cause des intempéries de l'air, du manque de vivres, des revers et de plusieurs autres circonstances défavorables qui décident bientôt le soldat à quitter l'armée pour retourner chez lui. Comme il n'existe pas de contrôle où l'on inscrive les noms des cavaliers, et que ceux-ci ne reçoivent pas de solde, aucun motif ne les retient, et ils ne sont exposés à aucun désagrément pour le fait de la désertion. »

M. Mouraviev soutient que la seule difficulté qu'un corps de troupes russes pourrait trouver à vaincre ces bandes indisciplinées, serait de les atteindre. Le même auteur remarque cependant que le cavalier européen doit bien y réfléchir avant de s'engager dans une lutte corps à corps avec des partisans tels que les Tartares. Ceux-ci considèrent le combat singulier comme leur principale force et le but le plus élevé de l'honneur et de la gloire militaires. Nos chevaux, accoutumés aux allures du manège, ne sont pas comparables pour l'agilité à ceux des Turcomans. Nos cavaliers d'ailleurs, gênés par des vêtements étroits et chargés d'un équipement lourd et embarrassant, ne peuvent pas avoir les mouvements libres et rapides des nomades.

Nombre de Khiviens se joignent à l'armée sans y être contraints, dans l'espoir de rapporter du butin et de recevoir les gratifications que le khan accorde pour les têtes ou pour les oreilles des ennemis. Les dernières sont payées environ 2 f. 65ᶜ la pièce, et les têtes le double.

Il n'existe que deux classes d'officiers, les youzebaschis, dont le nom signifie *chef de cent hommes*, quoique ces officiers aient souvent sous leurs ordres des troupes bien plus considérables; et les mehrems, qui commandent à dix et même quelquefois à quinze youzebaschis, qu'ils ont le droit de punir à coups de bâton. Les corps placés sous le commandement d'un mehrem ont chacun un étendard. Les youzebaschis portent, comme marque de leur dignité, un poignard à manche noir, et les mehrems un poignard à manche d'ivoire.

ARTILLERIE. L'artillerie du khan

---

(1) De 6 à 20 tillas.

de Khiva, placée près d'une des portes du palais, se compose d'environ vingt-deux pièces de bronze des calibres de six et de douze. Jamais, jusqu'à ces derniers temps, elle n'avait été aussi considérable. Toutes ces pièces ont été fondues dans le pays, sous la direction de quelques esclaves russes, qui ont fait fondre également les boulets et fabriquer les affûts. En campagne, les pièces sont traînées par des chevaux, et la haute direction de l'artillerie est confiée à des esclaves russes, que les Khiviens reconnaissent eux-mêmes comme bien plus habiles dans le service de cette arme.

Ce fut Mohammed-Rahim ou, comme les Khiviens l'appellent plus communément, *Madrahim* qui tenta le premier de fondre des canons à Khiva. D'abord les essais ne réussirent pas. Les pièces crevèrent quand on voulut s'en servir. Ces tentatives étant demeurées infructueuses, le khan consulta des esclaves russes, qui lui apprirent à fondre des pièces pleines. Mais comme il n'y avait alors à Khiva personne capable de les forer, le khan fit venir de Constantinople un fondeur, qui coula et fora plusieurs canons. La cherté et la rareté du cuivre empêchèrent pendant longtemps les Khiviens d'augmenter le nombre de leurs pièces.

On fait à Khiva une quantité de poudre à canon assez considérable, à fort bon marché, mais très-faible, parce que les Sartis qui la fabriquent ignorent la proportion exacte des différentes substances qui doivent entrer dans sa composition. Le salpêtre se trouve en abondance dans plusieurs endroits de la Khivie, et l'on peut aisément se procurer du soufre.

La meilleure poudre que l'on trouve à Khiva est celle que l'on tire de Russie. Elle arrive par la mer Caspienne à Manguischlak. Les magasins à poudre sont bâtis de briques, et se trouvent à Khiva dans le palais du khan.

Suivant M. Mouraviev, le souverain de la Khivie ne peut pas mettre en campagne plus de 12,000 cavaliers complétement armés et équipés. M. Abbott donne une estimation beaucoup plus forte. Si nous en croyons ce voyageur, l'armée khivienne forme un total de 108,000 hommes, qui se décompose ainsi :

Usbecks.	50,000 cav.
Turcomans.	25,000
Kizilbasches ou Persans.	8,000
Kirguizes.	25,000
Total.	108,000

M. Abbott avoue cependant, un peu plus bas, que jamais on n'a vu en Khivie plus de 85,000 hommes sous les armes. Il est évident que ce dernier chiffre même ne peut s'entendre que d'une levée en masse, et non de l'armée que le khan met en campagne dans des circonstances ordinaires. Mais en supposant que l'on fît prendre les armes aux Sartis et aux Karakalpaks, mesure à laquelle on n'a recours que dans les cas extrêmes, lorsque le pays est menacé d'un grand danger, il est douteux que l'on pût atteindre ce nombre. Plusieurs géographes assignent à l'armée khivienne un total de 50,000 cavaliers; et il est bien entendu encore que les trois quarts de cette multitude se composent d'hommes mal armés, sans aucune habitude militaire, et bien plus embarrassants qu'utiles dans un moment de danger. Les Sartis et les Karakalpaks sont connus pour leur poltronnerie, et ils ont toujours manifesté une aversion insurmontable pour le métier des armes. Les Kirguizes, mal équipés et mal armés, quoique montés sur de petits bidets pleins de feu et de vigueur, ne peuvent être employés utilement que comme fourrageurs et comme courriers. Restent donc les Usbecks, les Turcomans et les Kizilbasches, qui forment la seule véritable force militaire du pays. Ceux-ci ne peuvent guère dépasser le nombre indiqué par M. Mouraviev.

Les cavaliers usbecks et turcomans sont obligés, au premier appel du souverain, de se rendre en armes à un lieu de réunion qu'il leur indique. Les hommes qui se sont fait connaître précédemment par des actes de brigandage et de cruauté, ou par quelques prouesses du même genre, sont désignés pour former la garde particulière du khan.

Si, comme cela arrive quelquefois, le prince choisit un de ces hommes pour le charger d'une expédition, aussitôt des volontaires usbecks et turcomans, attirés par l'espoir du pillage, se mettent à la suite de ce chef; celui-ci reçoit de tous les cavaliers qui le suivent le titre de *serdar*, c'est-à-dire *général*. Malgré cette désignation, il n'exerce sur eux aucune autorité.

« Lorsque ces bandes rencontrent l'ennemi, dit M. Mouraviev, les plus braves s'avancent en poussant de grands cris, et se précipitent sur leurs adversaires; le reste de la troupe se conduit, chacun comme il l'entend, avec plus ou moins de courage. Quand les plus braves ont triomphé de quelques ennemis, la victoire est décidée. Les chefs du parti vaincu donnent aussitôt le signal de la fuite. Les vainqueurs se mettent à la poursuite des fuyards, massacrent sans pitié les hommes qui opposent quelque résistance, et font prisonniers ceux qu'ils trouvent disposés à se rendre. C'est ainsi que s'obtiennent pour l'ordinaire ces victoires que les Orientaux célèbrent avec tant d'emphase dans leurs poëmes. Les héros de ces légendes sont des hommes sans honneur, d'un courage éphémère, avides de butin, et que l'on verrait fuir par milliers devant une centaine d'hommes de troupes régulières. »

Voici un passage du livre de M. Abbott qui pourra compléter l'idée que l'on se forme déjà du courage de ces redoutables Khiviens. Le khan, dit M. Abbott, ordonna au *mehter* de me fournir tous les renseignements relatifs à la marche des Russes contre Khiva. De mon côté, je m'informais avec soin des plus petits détails de cette expédition, dont les principaux événements m'étaient déjà connus. « Le khan, « dit le mehter à M. Abbott, avait en- « voyé contre les Russes une armée de « 40,000 chevaux sous le commande- « ment du kousch-bégui, second officier « du khanat. Les troupes russes étaient « au nombre de quatre à cinq cents « hommes d'infanterie avec quelques ca- « nons (1). Le kousch-bégui s'avança « avec la plus grande résolution du côté « de la mer d'Aral. Tout à coup il fut « frappé de cette idée, savoir : que cinq « à six cents cavaliers turcomans et « kizilbasches suffiraient pour *balayer* « *les idolâtres de toute la face de la* « *terre*, et qu'il n'était pas besoin d'en « employer 40,000, pour mener à bien « une entreprise aussi facile. En con- « séquence, il fit halte à l'endroit où il se « trouvait (1), et détacha en avant un « corps auquel il ordonna de saisir le « bétail des Russes, et de faire aux « mécréants tout le mal possible. Le chef « qui commandait ce corps de troupes « trouva la neige haute d'environ cinq « pieds, et se vit contraint de faire « marcher en avant quelques bidets « kirguizes sans charge pour frayer une « route en foulant la neige. Les ca- « valiers avancèrent ensuite dans cette « espèce de chemin creux, ayant à droite « et à gauche une muraille de neige. « Arrivés à l'endroit où se trouvait le « troupeau des Russes, ils se précipitè- « rent dessus avec courage, et emme- « naient bon nombre de bêtes, quand les « Russes, voyant ce qui se passait, lan- « cèrent à notre poursuite environ une « centaine de fantassins. Ceux-ci ayant af- « faire à des cavaliers transis de froid, « tandis qu'eux-mêmes étaient échauffés « par l'exercice et le mouvement, nous at- « teignirent de leurs balles comme si nous « avions été des moutons. »

Le fait est que les Turcomans prirent la fuite, laissant trente ou quarante des leurs couchés par terre et sans avoir fait aucun mal à l'ennemi. Les pièces de campagne de l'artillerie russe ouvrirent leur feu contre les fuyards, qui ne s'arrêtèrent que lorsqu'ils eurent rejoint le principal corps d'armée.

Ce petit engagement donna au kousch-bégui un mépris si profond pour les Russes, qu'il écrivit aussitôt au khan en disant que lui, kousch-bégui, aussi bien que les cavaliers sous ses ordres, trouvaient le temps très-froid, que les

---

(1) Cette estimation absurde du mehter, dit M. Abbott, avait sans doute pour but d'engager le gouvernement britannique à porter secours à la Khivie dans une lutte aussi insignifiante. Le chiffre de cinq cents hommes devient ridicule par la suite du récit.

(1) A cent vingt milles anglais ou quarante-cinq lieues et demie du premier poste avancé des Russes.

Russes n'étaient qu'*un misérable ramas de trois à quatre cents mangeurs de porc, adorateurs d'idoles et fils de pères damnés,* à demi morts de faim, et que comme Sa Majesté pourrait, quand elle n'aurait rien de mieux à faire; repousser ces gens *avec le balai de la destruction*, il croyait inutile d'exposer 40,000 hommes et leurs chevaux à la rigueur de la saison; il aurait, ajouterait-il, une grande reconnaissance à Sa Majesté si elle voulait bien l'autoriser à s'en retourner chez lui. Le khan, informé de ces détails, rappela ses troupes, qui prirent leurs quartiers d'hiver à Koungrate.

Quelque temps après, M. Abbott eut occasion de rencontrer un parent du kousch-béguï, qui avait fait partie du corps de troupes envoyé contre les Russes. L'officier anglais lui demanda comment il se faisait que 40,000 héros invincibles de la Khivie n'eussent pas réussi à détruire quatre cents misérables Russes à moitié morts de faim. « Ah ! « répondit l'interlocuteur, nous fûmes « obligés de combattre avec un grand « désavantage. La neige était haute de « cinq pieds, et l'on y avait creusé un « ravin profond. Nous n'avions pas d'au-« tre route pour arriver à l'ennemi: Il « nous était complétement impossible de « nous ranger en bataille. Le froid était « tellement vif que, si nous tirions la « main de dessous nos manteaux pour « saisir un sabre ou une lance, la main « gelait aussitôt. Chacun de nous por-« tait sur ses épaules quatre ou cinq man-« teaux épais et autant de vêtements « de dessous qu'il avait pu en emprunter « ou en voler. Nos bras étaient comme « des rouleaux d'étoffe roidis par le froid. « Nous ne pouvions pas nous en servir; « on aurait dit qu'ils étaient tout d'une « pièce et n'avaient pas de jointures. « Ceux qui, parmi nous, étaient doués « de la moindre intelligence et portaient « tant soit peu d'intérêt à leurs oreilles « et à leur nez, s'étaient caché la tête « sous la *musette* de leurs chevaux, après « y avoir préalablement percé deux « trous pour reconnaître l'ennemi. Nous « étions, à bien dire, comme autant de « sacs de glace. Les Russes, en atten-« dant, se tenaient assis près de leurs « feux, derrière de bons retranchements, « s'amusant à nos frais. Tantôt ils pro-« menaient leurs mains sur la flamme, « tantôt ils saisissaient leurs mousquets « et tiraient sur nous. Puis ils se chauf-« faient de nouveau les mains, char-« geaient et faisaient feu. C'était vrai-« ment fort récréatif pour eux, j'ose le « dire; mais nous pensâmes que ce n'é-« tait pas de bon jeu. Quand une fois ces « Russes se mirent à nous poursuivre, « l'exercice qu'ils prenaient leur tenait « le sang chaud, et nous qui étions à « cheval, nous nous trouvions à leur « merci. Ils tirèrent sur nous, et nous « tuèrent comme des moutons, jus-« qu'à ce qu'enfin nous eûmes le bon « sens de tourner bride et de piquer des « deux pour nous soustraire à leurs « coups (1). »

Il faut remarquer que ces Russes, que l'officier khivien représente comme si fort à leur aise, éprouvèrent entre la mer Caspienne et la mer d'Aral un froid de 32 degrés Réaumur, et que sous la tente du général Perowsky, commandant de l'expédition, malgré un feu continuel, le thermomètre ne monta jamais à 16 degrés au-dessous de zéro. Mais, quel que fût l'état de l'atmosphère, les Khiviens auraient toujours su trouver d'excellentes raisons pour ne pas attendre le choc des troupes russes.

Chaque cavalier khivien est tenu de se munir de vivres pour tout le temps que dure une expédition. Ceux qui en ont le moyen conduisent à leur suite un chameau chargé de subsistances. Les plus pauvres se réunissent deux pour un chameau. Il résulte de ce système qu'une partie de l'armée a des vivres en abondance, tandis que l'autre partie meurt de faim. Un second inconvénient non moins grave, c'est que le nombre des chameaux et des gens destinés à les conduire gêne la marche des troupes. Aussi M. Mouraviev remarque-t-il que l'armée khivienne, quoique exclusivement composée de cavalerie, ne peut jamais parcourir, dans ses plus grandes marches, plus de huit lieues par jour et quatre à l'époque des grandes chaleurs : ce fait pourrait être exact, même indépendamment de la cause que lui assigne M. Mouraviev;

---

(1) Voyez Abbott, *Narrative of a journey from Herant to Khiva,* tome I, pag. 96 et 97.

car M. Abbott remarque qu'un nombre très-considérable de chevaux de la cavalerie khivienne laissent infiniment à désirer.

Lorsque l'armée est en marche, les chameaux sont au centre. Le khan se place à la tête de ses troupes. On porte derrière lui une tente légère; lorsqu'il veut s'arrêter dans un endroit, il donne ordre qu'on la dresse, et aussitôt toute l'armée fait halte. Il se place d'abord dans cette tente, puis il se retire dans une autre plus grande, et abandonne celle-ci à ses officiers. Les Khiviens regardent comme inutile de placer des gardes et des vedettes autour de leur campement. Les chevaux sont attachés; les chameaux errent librement tant que dure le jour, et cherchent leur nourriture comme ils peuvent. Les canons sont rangés autour de la tente du prince. Dans les moments de danger, les postes les plus périlleux sont réservés aux Turcomans.

Malgré ce que nous avons dit de la mauvaise organisation de l'armée khivienne et du peu de courage des hommes qui la composent, nous devons convenir qu'elle est très-capable de tenir tête aux troupes des nations asiatiques qui environnent la Khivie, et notamment à celles de la Boukharie et de la Perse.

Les Khiviens ont entouré de murailles leurs villes les plus importantes. Ces murailles, composées d'un mélange d'argile et de terre, ont une épaisseur d'environ vingt pieds à la base sur autant de hauteur. Elles sont quelquefois flanquées de tours et soutenues par des contre-forts; on n'y place jamais d'artillerie.

Les divisions intestines, si communes en Khivie, ainsi que les déprédations des Turcomans et de quelques autres tribus nomades, ont obligé les chefs usbecks et même les simples particuliers à transformer leurs maisons de campagne en petits forts, pour les mettre à l'abri d'un coup de main. On trouve dans ces châteaux des granges, un réservoir, des moulins à bras, des pressoirs à huile, des étables, des écuries, des magasins, en un mot tous les logements nécessaires pour cent à cent cinquante hommes, du bétail et des vivres. Ces maisons sont de forme carrée.

Les murs ont à leur base environ huit pieds d'épaisseur et sont hauts de dix-huit. Ils sont soutenus à l'extérieur par de solides contre-forts de terre. Au haut des murs on a pratiqué des espèces de créneaux peu utiles; car ils n'ont pas de plate-forme, et l'on ne pourrait s'en servir qu'au moyen d'échelles appliquées intérieurement contre le mur. La longueur du carré varie de vingt-cinq à quarante toises sur chaque face. Les coins sont flanqués de tours qui ne dépassent guère la hauteur des murs et se terminent en forme de coupoles. Ces châteaux n'ont qu'une seule porte d'entrée que l'on ferme tous les soirs au moyen d'un gros cadenas. Au-dessus de la porte se trouve une espèce de petite galerie ou de terrasse sur laquelle on monte pour découvrir ce qui se passe dans la campagne. Malgré les défauts que des ingénieurs européens pourraient signaler dans la construction de ces fortins, ce sont des places imprenables pour des cavaliers turcomans et kirguizes, qui n'osent jamais s'aventurer à en escalader les murs, dans la crainte d'être reçus à coups de fusil par les habitants.

ADMINISTRATION ET FONCTIONNAIRES PUBLICS.

Le khan, souverain de la Khivie, est maître absolu de la vie et des biens de ses sujets. Il se réserve la connaissance et la décision de toutes les affaires importantes civiles ou criminelles.

Le *mehter* (1), ou premier ministre, n'a d'autres fonctions que de s'occuper des petits détails qui, dans les gouvernements européens, appartiennent aux sous-secrétaires d'État.

Le *kousch-béqui*, ou *grand fauconnier*, est dans la Khivie le second officier de l'État, et commande l'armée lorsqu'elle est en campagne. Il a aussi des fonctions civiles; mais celles-ci sont beaucoup moins élevées que ses fonctions militaires. Ces deux dignitaires n'ont que peu d'influence dans le gouvernement. Il en est de même du clergé, traité avec un très-grand respect appa-

(1) Ce mot signifie littéralement en langue persane *plus grand* (major).

rent, mais privé de pouvoir réel. Les souverains de la Khivie se réservent toute l'autorité.

JUSTICE.

Il existe en Khivie un tribunal ou conseil supérieur qui juge en dernier ressort les causes civiles et criminelles. Cette institution pourrait être utile et offrir quelques garanties aux Khiviens, si le choix des membres qui le composent n'était pas entièrement dévolu au khan, et si ces membres avaient le droit d'exprimer une opinion contraire à celle du maître. Mais il n'en est rien. Le khan préside cette assemblée, augmente ou diminue à volonté le nombre des membres, et désigne pour en faire partie ceux de ses favoris dans lesquels il a le plus de confiance.

Le khan Mohammed-Rahim, qui était d'un caractère extrêmement violent, ne souffrait pas que les membres du conseil lui fissent la moindre représentation; et plus d'une fois il arriva que pour avoir osé émettre une opinion un peu différente de la sienne, les conseillers furent accablés d'injures et jetés à la porte par ce prince.

Le conseil se réunit tous les vendredis dans une salle dépendante du palais. Les murs en sont de terre; on n'y voit ni plancher ni fenêtres; la couverture est faite avec des roseaux. Au milieu de cette espèce de toit, on a laissé une ouverture circulaire par laquelle le jour entre, et qui, en hiver, donne passage à la vapeur qui se dégage des charbons allumés autour desquels se rangent les membres du conseil.

Le khan, comme nous venons de le dire, préside ordinairement le conseil. Avant l'ouverture de la séance, quelques domestiques apportent un grand plat de pilau, et lorsque les assistants sont rassasiés, on s'occupe d'affaires. Les membres du conseil, comme tous les autres fonctionnaires du pays de Khiva, ne reçoivent pas d'appointements fixes; mais le khan leur accorde des gratifications et des priviléges qui peuvent en tenir lieu. Souvent il leur concède le droit de mettre en culture des terrains qui sont encore en friche, ou de creuser un nouveau canal.

Ce conseil est le seul tribunal civil et criminel qui existe dans la Khivie. Toutes les affaires s'y décident d'après la volonté et suivant les intérêts du khan. Aussi les Khiviens n'y ont-ils guère recours qu'autant que le souverain a un intérêt quelconque à faire droit à leurs réclamations.

Il y a, en outre, dans chaque ville du khanat, un cadi qui prévient le khan de toutes les infractions aux lois, lorsqu'elles parviennent à sa connaissance. Ces magistrats se font des revenus considérables.

Les favoris du khan sont les exécuteurs des sentences qu'il a rendues. Le *bourreau en chef* est un des officiers les plus considérables de la cour de Khiva.

POLICE.

Il y a dans les villes de la Khivie un corps d'officiers de police armés de gros bâtons garnis de cuivre par les deux bouts. Ces fonctionnaires portent le nom de *yésaouls*. Ils sont spécialement chargés de dissiper les attroupements; ce qu'ils font en frappant à tort et à travers toutes les personnes qui se trouvent dans la foule. « L'yésaoul, dit « M. Mouraviev, frappe au nom du « khan. L'Usbeck irrité songe au moyen « de se venger, et prie Dieu humble« ment qu'il le délivre du despote qui « l'opprime; quelquefois même, s'il est « à bout de patience, il frappe de son « couteau l'exécuteur de la volonté du « khan, et, s'enfuit en Boukharie, où « il retrouve des hommes de sa race « qui l'accueillent avec joie. Le Sarti, « résigné à subir l'effet de la volonté du « khan, supporte les coups sans mur« murer, et dans sa lâche abnégation, « il regarde comme un honneur d'a« voir reçu des coups qui lui sont en« voyés de la part de son maître. Le « Turcoman se plaint, non de l'injure, « mais seulement du mal qu'on lui fait, « et il cherche à se venger de l'homme « qui le bat, sans examiner par la vo« lonté de qui on le frappe, et sans « concevoir la moindre rancune contre « le khan. Il voudrait bien arracher à « l'yésaoul son bâton, pour vendre les « morceaux de cuivre qui en garnissent

« les bouts. Alors il bénirait la main
« qui le frappe. »

Il est défendu aux habitants de Khiva de sortir la nuit, excepté aux heures de la prière, pour se rendre à la mosquée. Quiconque se montrerait dans les rues à tout autre moment serait arrêté. Les esclaves des riches Usbecks qui sortent pour les affaires de leurs maîtres ne sont pas soumis à ce règlement. Des officiers de police, au nombre de vingt et un, et toujours de service, veillent au bon ordre. On ne fait de patrouilles de nuit qu'à Khiva; dans les autres villes les habitants peuvent sortir à toute heure si bon leur semble.

Supplices. Le crime de lèse-majesté, les infractions à la loi religieuse, ainsi que le meurtre, le brigandage et même le larcin, sont punis de mort.

Il existe deux instruments de supplice, la potence et le pal. Lorsqu'un prisonnier doit être pendu, on le conduit au palais du khan, où il est exécuté. Quelquefois aussi on dresse la potence dans les carrefours et dans les marchés. Le corps du supplicié reste plusieurs jours attaché à la potence, exposé à la vue du peuple. On le remet ensuite à sa famille, qui le fait enterrer. Si le souverain montre un grand degré de haine pour le condamné, on pend celui-ci par les pieds, la tête en bas, et on le laisse ainsi jusqu'à ce qu'il expire. Peu de temps avant l'arrivée de M. Mouraviev à Khiva, quatre prisonniers russes furent mis à mort de cette manière, parce qu'un mouton confié à leurs soins, et que le khan aimait beaucoup, avait disparu sans qu'il fût possible de le retrouver.

Le pal, déjà si terrible, a été rendu plus cruel encore à Khiva. Le pieu dont on se sert a une pointe peu aiguë, afin de ne pas traverser aussi vite le corps du patient et de prolonger ses souffrances. Lorsqu'un homme a été condamné à ce supplice, on lui lie d'abord les bras et les jambes, et lorsque le pal a pénétré assez avant dans le corps, on détache les liens; les mouvements que fait alors le supplicié augmentent ses douleurs, et il reste ainsi quelquefois deux jours entiers sans pouvoir mourir. Ce n'est que lorsque le pieu sort par le haut du corps ou par la nuque que le condamné expire. On raconte qu'un jour le féroce Mohammed-Rahim fit empaler un esclave persan qu'il soupçonnait d'avoir voulu prendre la fuite. Mais ce n'était pas assez pour le tyran de savoir que sa vengeance était satisfaite. Il voulait jouir des souffrances atroces du malheureux esclave, et il le fit empaler près d'une porte de Khiva par laquelle il devait passer pour aller à la chasse. En revenant, deux jours après, il vit cet infortuné qui faisait entendre des cris plaintifs; alors il poussa son cheval contre lui, et l'acheva d'un coup de lance.

Il existe encore en Khivie d'autres supplices, que l'on appelle *châtiments domestiques*, et qui consistent à donner la bastonnade sur les différentes parties du corps, et à fendre la bouche jusqu'aux oreilles. Cette dernière peine est surtout réservée aux fumeurs; mais on n'y a recours que lorsque le délinquant s'est attiré pour une cause quelconque la haine du souverain.

La confiscation des biens au profit du khan est une punition très-usitée en Khivie. Le malheureux qui y est condamné se trouve dépouillé de tout ce qu'il possède et réduit à vivre d'aumônes, jusqu'à ce qu'il ait trouvé un moyen de subsister. Quelquefois il demande asile à un parent, qui refuse de le recevoir, dans la crainte de se compromettre avec le khan.

PAYS DÉPENDANTS DE LA KHIVIE.

Turcomanie.

La Turcomanie est un pays situé au sud de l'Oxus; cette contrée s'étend depuis le territoire de la ville de Balkh jusqu'à la mer Caspienne. Elle comprend de plus l'espace de terrain qui sépare la mer Caspienne de la mer d'Aral. Sur la côte sud-est de la Caspienne, la Turcomanie est montagneuse. Elle est arrosée dans cette partie par le Gourgan et l'Atrak; la première de ces rivières, entourée de marais, coule lentement sur un fond de vase. Sa largeur varie de trois à six toises. Ses rives très-basses sont quelquefois inondées jusqu'à des distances considérables. Son cours est embarrassé par des herbes et son eau a un goût vaseux et saumâtre. L'Atrak coule à une lieue environ au nord du

Gourgan. Partout ailleurs la Turcomanie offre une surface plane et un désert sablonneux, où l'eau est extrêmement rare. Les rivières qui coulent des montagnes dans la direction de l'Oxus sont bientôt absorbées par le sable et n'arrivent pas jusqu'au fleuve. Le plus considérable de ces courants d'eau est le Mourgab, ou rivière de Merve, et le Tedjend, qui passe à Scharakhs. On ne trouve dans la Turcomanie ni ville ni village, car on ne peut pas donner ce nom aux établissements qui remplacent aujourd'hui les anciennes villes de Scharakhs et de Merve. A l'exception de ces deux points, on ne voit guère dans la Turcomanie que des campements temporaires élevés près des endroits où il y a un peu d'eau et d'herbe, et où les Turcomans piquent leurs tentes de feutre jusqu'à ce qu'ils aient épuisé les faibles ressources du sol.

Le désert des Turcomans est sablonneux; dans quelques endroits le sol est uni, et dans d'autres on voit un nombre assez considérable de monticules qui atteignent quelquefois une hauteur de 60 à 80 pieds. Les puits qu'on rencontre dans cette solitude sont peu nombreux et très-éloignés les uns des autres; ils n'ont pas une grande profondeur. L'eau n'est que rarement à plus de quarante pieds au-dessous du niveau du sol.

La Turcomanie était évidemment plus peuplée autrefois qu'elle ne l'est de nos jours; les ruines qu'on trouve sur plusieurs points du désert attestent ce fait. M. Abbott parle, dans son voyage du château de Kohnavizir, bâti, dit-on, par le diable, et ses guides lui citèrent les noms de plusieurs palais écroulés dont la construction est attribuée au même architecte. Chacune de ces ruines a sa légende. Voici celle du château de Schakhsenem; nous l'empruntons au Voyage de M. Mouraviev:

Schakhsenem, fille d'un prince très-riche, était d'une beauté ravissante. Le jeune Garib, célèbre par la douceur de sa voix et par son habileté à jouer de la mandore, devint éperdument amoureux de cette princesse et voulut l'épouser. Mais Schakhsenem, craignant qu'une passion aussi violente ne fût pas durable, exigea que son amant allât vivre pendant sept années dans des contrées lointaines. Garib obéit, et comme le temps de son exil devait être pour lui un temps de douleur, il remit la mandore à sa vieille mère, en lui recommandant de ne la prêter à personne. Puis il visita divers pays. Dans ses voyages, il fut exposé à de grands périls, auxquels il n'échappa que par sa prudence et par le secours que lui prêtèrent des hommes bienveillants. Enfin le terme de son exil approchait, et il retourna dans le pays de Schakhsenem. Mais pendant son absence les larmes de la tristesse avaient privé sa mère de la vue, et le père de Schakhsenem avait promis la main de sa fille à un riche seigneur du pays. Toute résistance avait été inutile, et Schakhsenem allait être obligée de céder à la volonté de son père, lorsque l'infortuné Garib prit sa mandore, courut au palais de sa bien-aimée, et entra dans une salle où l'on donnait un festin. Le temps et la douleur avaient changé les traits du fidèle amant; il ne fut pas reconnu. Tout à coup, il fit résonner de la manière la plus harmonieuse les cordes de son instrument, chanta son amour, les dangers qu'il avait courus, et enfin son désespoir. Les sons qu'il tirait de la mandore, le son de sa voix et la vivacité de sa passion le firent reconnaître; et le père de Schakhsenem, sensible à tant de fidélité, consentit au bonheur des deux amants.

Les Turcomans ont la singulière prétention de ne se reposer jamais à l'ombre d'un arbre et de ne pas courber le front sous l'autorité d'un roi. Le premier fait est vrai. Leur désert ne produit, à l'exception toutefois des oasis de Merve et de Scharakhs, qu'un peu d'herbe et quelques misérables broussailles. La prétention qu'ils affichent de n'obéir à aucun souverain repose sur des fondements moins solides, car ils payent un impôt, les uns au khan de Khiva, et les autres à la Perse. Le gouvernement intérieur de leurs aouls ou campements est confié à des aksakals ou *barbes blanches*, qui décident les contestations et les difficultés qui s'élèvent entre les gens soumis à leur juridiction.

Le Turcoman passe sa vie à piller et à enlever des hommes, des femmes et des enfants, qu'il vend ensuite comme esclaves. Le père élève son fils, dès sa plus tendre enfance, dans ces habitudes abominables.

« La Providence, dit M. Joseph Wolff(1), emploie des moyens extraordinaires pour mettre des bornes à la méchanceté humaine. Les Turcomans du désert de Merve et de Scharakhs sont des êtres tellement perfides et d'une rapacité si grande, qu'il est impossible de compter un seul instant sur leurs promesses ou d'entrer en arrangement avec eux. Ces Turcomans, comme les Bédouins des déserts de l'Arabie, ne s'arrêtent jamais à réfléchir sur les conséquences d'un acte, excepté au moment où ils reçoivent la punition qu'ils ont méritée. Aussi, les caravanes devraient-elles renoncer à traverser les déserts de Merve, de Scharakhs et de Rafitak, s'il n'existait pas dans le pays un homme capable de mettre un frein aux crimes et aux déprédations des Turcomans. Cet homme c'est le grand derviche, qui porte le titre de *calife* ou *successeur du prophète*. On lui donne l'épithète de *hazret*, c'est-à-dire *majesté*, réservée aux souverains et aux grands personnages, et les Turcomans lui rendent les mêmes honneurs qu'à un roi. Ces barbares implorent toujours la bénédiction du saint homme avant de se mettre en route pour leurs expéditions, et ils lui apportent la dîme de tout leur butin. Le calife prend les caravanes sous sa protection, et donne l'hospitalité à tous les voyageurs. Obtenir sa bénédiction est le vœu le plus ardent que forment les Turcomans; sa malédiction est l'objet de leurs craintes les plus vives. Il inculque à ces êtres grossiers le sentiment de l'hospitalité, et leur répète qu'Abraham fut honoré de la visite des anges, récompense que Dieu lui accorda en retour de l'hospitalité qu'il exerçait envers les étrangers. Les souverains de Boukhara, de Khiva, de Khotan et de Khokande, et jusqu'au gouverneur d'Yarkende, dans la Tartarie chinoise, lui envoient des présents, et lui donnent le titre de roi. Son nom est Abd-oul-Rahman, ce qui veut dire en arabe *l'esclave du Miséricordieux* ou *de Dieu*. Il reçut ce nom parce que le jour de sa naissance on vit tomber une pluie bienfaisante sur tout le désert qui en était privé depuis longtemps, et les Turcomans s'imaginèrent que cette pluie était due à la naissance du saint personnage. Abd-oul-Rahman a un fils appelé *Kérim-Verdi*, réunion de deux mots, l'un arabe et l'autre turc, qui signifient *le Généreux a donné*. C'est l'équivalent d'*Adeodatus* ou *Dieudonné*. Il le nomma ainsi, parce que c'est le seul enfant mâle qu'il ait jamais eu. Abd-oul-Rahman est l'homme envoyé par la Providence pour établir une espèce d'ordre parmi les Turcomans. Je dis une espèce d'ordre; car il les encourage lui-même à combattre et à dépouiller les schiites ou sectateurs d'Ali, acte qui, comme il le leur répète souvent, est plus agréable à Dieu que l'accomplissement du pèlerinage de la Mecque.

« Depuis plusieurs années le khan de Khiva a imposé aux Turcomans de Merve un gouverneur, qui réside dans le château de cette ville avec 600 Khiviens. Les Turcomans conspirèrent contre ce gouverneur, et tuèrent quelques centaines de soldats khiviens qui occupaient le château avec lui. Environ 300 de ces malheureux se réfugièrent dans la maison du calife Abd-oul-Rahman. Les Turcomans se précipitèrent dans la maison, et demandèrent avec fureur au calife de leur livrer ces Khiviens afin qu'ils en tirassent vengeance. Le calife sortit courageusement de sa maison, et dit aux mutins : « Tuez d'abord votre calife, puis ensuite vous ferez subir le même sort à ces infortunés qui sont venus chercher un refuge sous mon toit. » Les Turcomans, quoique furieux, se retirèrent; et pendant la nuit Abd-oul-Rahman escorta les débris de la garnison khivienne jusqu'au delà du désert de Merve, où ces gens se trouvèrent à l'abri des attaques et des poursuites des Turcomans. »

« Les chefs de cette nation, dit encore le même auteur, vinrent de différentes parties de leur territoire, et me dirent : Écrivez à votre roi d'Angleterre qu'il nous donne une bonne somme d'argent, et nous lui prêterons assistance dans l'expédition qu'il fera contre Boukhara, pour punir le souverain de ce pays d'avoir mis à mort Stoddart-Sahib et Co-

---

(1) Voyez *Narrative of a mission to Bokhara*, tome I, pag. 272.

nolly-Sahib; car nous autres Turcomans nous ne nous inquiétons pas de savoir qui gouverne les pays de Boukhara et de Khiva, si c'est Behadur-Khan, ou l'Angleterre, ou la Russie. Que l'on nous donne seulement des khilats (des robes d'honneur) et des tillas (des pièces d'or). Nous sommes en mauvaise intelligence avec Khiva, parce que nous avons tué le gouverneur envoyé par le khan de ce pays; quant aux Kadjars (les Persans), ils ne méritent pas qu'on ait la moindre confiance en eux. Nous regrettons vraiment que les Russes aient rencontré des obstacles qui les ont empêchés d'aller jusqu'à Khiva, car nous nous serions joints à eux pour dépouiller et massacrer les habitants du pays. »

La moyenne de la taille des Turcomans est, comme celle des Usbecks, de cinq pieds deux pouces; mais ils sont moins lourds et moins forts que ceux-ci. La plupart d'entre eux ont la peau brune, quelques autres sont assez blancs. Leurs traits manquent en général de régularité. Ils ont les yeux ronds, noirs, petits et brillants.

Les Turcomanes ont le teint moins brun que les hommes de leur race; mais elles leur ressemblent pour les traits du visage. Quelques-unes sont assez belles, et l'ensemble de leur physionomie rappelle le type européen.

Le Turcoman mène aujourd'hui une existence plus active que l'Usbeck, et lui est devenu très-supérieur. Il vit dans un camp au milieu du désert; et quand ses troupeaux ne trouvent plus rien à manger dans un endroit, les femmes lèvent la tente, la chargent sur des chameaux, et la plantent dès qu'on a découvert quelques touffes d'herbe et des broussailles. Elles s'occupent aussitôt des soins du ménage, tandis que le Turcoman, bien monté et suivi de quelques chiens, part pour la chasse. Si l'occasion lui paraît favorable, il attaque les caravanes, dérobe les marchandises et réduit en esclavage les marchands, qu'il va vendre à Merve, à Khiva ou dans la Boukharie. S'il arrive que les marchands soient sunnites, il les tourmente jusqu'à ce qu'ils se soient déclarés schiites devant témoins; car il ne veut faire de mal qu'aux gens qui ne partagent pas ses croyances religieuses. Du reste, il est plus cruel encore que l'Usbeck envers les infortunés que le sort fait tomber dans ses mains : il vend sans remords ni scrupule la femme qu'il a rendue mère, et accable de mauvais traitements et de travail les esclaves qu'il garde pour son service; mais quelquefois ceux-ci, n'ayant plus le courage de supporter une si triste condition, se retournent contre leurs tyrans et en tirent une vengeance sanglante. Peu de temps avant l'arrivée de M. Burnes à Scharakhs, un jeune Persan, enlevé à son pays et à sa famille par des maraudeurs turcomans, traînait au milieu d'eux une existence misérable. Bien déterminé à conquérir sa liberté à tout prix ou à mourir, il choisit, pour prendre la fuite, un jour où son maître, invité à un festin, avait été contraint de s'absenter. Il sella le meilleur cheval du Turcoman, et sauta dessus; mais au moment où il allait partir, la fille de son maître arriva, et se mit à crier pour donner l'alarme dans le campement; l'esclave fugitif tira son sabre, et la tua; la mère accourut bientôt à la voix de sa fille, il la tua également. Après ce double meurtre, il s'éloigna de Scharakhs au galop; il fut poursuivi, mais la vitesse de son cheval empêcha qu'on ne l'atteignît, et le Turcoman perdit en un seul jour sa fille, sa femme, son esclave et son meilleur cheval.

On compte dans le canton de Merve environ 60,000 Turcomans qui s'occupent d'agriculture et un nombre à peu près égal dans l'oasis de Khiva. Ces gens conservent toujours quelque chose de leurs anciennes habitudes nomades. Ils vivent sous des tentes, et possèdent souvent des troupeaux de bétail qu'ils envoient paître dans les steppes, sous la conduite de quelques hommes de leur tribu. Lorsque la saison les empêche de se livrer à la culture des terres, ils vont rejoindre leurs troupeaux dans le désert.

Chez les Turcomans, les femmes ne sont pas enfermées, et se montrent sans voile dans les aouls ou campements. Aussi les unions parmi ce peuple naissent-elles souvent d'un attachement sincère. Ce fait, qui pourrait sembler insignifiant, a toutefois une grande portée en Asie. Les Turcomans sont moins adonnés à des vices infâmes que les différentes nations qui les entourent. Ils sont aussi plus braves. Enfin, si la civilisation importée d'Europe arrivait dans l'Asie Centrale, nul doute que ce peuple ne devînt bientôt supérieur aux autres nations tartares..

Une jeune Turcomane vaut un prix élevé. L'amant que sa pauvreté met hors d'état de faire un achat légitime enlève celle qu'il aime, la met en croupe sur son cheval, et gagne au galop un campement voisin, où le couple est reçu ; et dès lors le divorce devient impossible. Cependant l'affaire s'arrange. Le jeune homme s'engage à donner pour prix de sa femme un certain nombre de chevaux et de chameaux. S'il est riche, il paye immédiatement ; s'il est pauvre, comme cela arrive presque toujours, il s'engage à payer sa dette, dès que les circonstances le lui permettront. Il va alors faire des incursions en Perse, jusqu'à ce qu'il soit parvenu à dégager sa parole. Après l'enlèvement et le mariage, la jeune femme est reconduite à la maison paternelle, où elle consacre une année à faire les tapis et les vêtements nécessaires pour un ménage turcoman. Enfin, le jour anniversaire de sa fuite, on la conduit dans sa nouvelle demeure, et on la remet à son mari.

Les voyageurs s'accordent à dire que les Turcomanes sont très-laborieuses et très-adroites à tous les ouvrages de femme. Elles font des tapis, des couvertures de cheval, différentes étoffes de poil de chameau, des ceintures, des draps, du feutre ; mais on leur reproche de ne pas attacher assez de prix à d'autres vertus de leur sexe.

Quand les Turcomans veulent régaler un étranger, ils lui font dire qu'ils ont égorgé un mouton. Lorsque les convives sont réunis, on étend à terre une sorte de nappe, sur laquelle on place des galettes d'environ deux pieds de diamètre et d'un pouce d'épaisseur, faites avec de la farine grossière à laquelle on ajoute des tranches de potiron. Quand tous les assistants ont rompu une part de cette galette, on apporte la viande, qui consiste invariablement en un mouton entier qu'on a fait cuire dans une énorme marmite de fonte. On détache avec les doigts tous les os de la bête, et on déchire la viande en petits morceaux. On casse également la galette par bouchées, et l'on jette le tout dans la marmite où l'on a laissé le bouillon. On sert ensuite ce mélange dans des gamelles, et on en place une de deux en deux convives. La manière de manger des Turcomans est extrêmement dégoûtante. Ils plongent leur main dans la gamelle, et l'en retirent pleine de viande et de pain. Ils commencent à manger par le poignet, et continuent ainsi jusqu'à ce qu'ils soient arrivés au bout des doigts et qu'ils aient tout dévoré. Ils se lèchent la main comme feraient des animaux, ayant toujours l'attention de se tenir au-dessus de la gamelle, afin de ne rien perdre et de pouvoir reprendre plus tard ce qui tomberait de leur main et de leur bouche. Après le plat de viande, on sert des melons, et le repas se termine par une pipe de tabac. Les femmes n'assistent point à ces sortes de réunions.

M. Burnes, pendant son séjour à Scharakhs, vit un jour arriver, par petites troupes de deux ou trois hommes, des Turcomans qui revenaient d'une incursion en Perse. Ces gens avaient réussi à faire un coup de main, quatre jours auparavant, auprès de Meschehed, et ils avaient eu l'audace de passer à cheval sous les murailles de la ville, en poussant devant eux les hommes et les animaux dont ils venaient de s'emparer. Rien ne s'opposa à leur marche, et nul ne songea à les inquiéter. Quand ils furent à une petite distance de la ville, ils comptèrent leur butin et virent qu'ils se trouvaient en possession de cent quinze esclaves, de deux cents chameaux et d'autant de têtes de bétail. Ils se partagèrent les hommes et les bêtes, après avoir prélevé un cinquième pour le khan de Khiva. Ces gens, dit M. Burnes, se félicitaient du nombre considérable d'hommes valides et robustes, et de la petite quantité de barbes blanches qui se trouvaient parmi les prisonniers. Ils avaient rencontré au retour une petite troupe de cavaliers persans. Un engagement s'ensuivit. Les Turcomans eurent un homme blessé ; mais ils prirent quinze chevaux et un soldat persan. Ils égorgèrent celui-ci pour remercier Dieu de l'heureuse issue de l'expédition. Ils en usent de même à l'égard de presque tous les hommes âgés qui tombent dans leurs mains. Ne pouvant pas en tirer un parti avantageux, ils les offrent à Dieu comme des victimes propitiatoires, et les massacrent.

M. Burnes conçut une opinion assez favorable du courage de ces Turcomans, car plusieurs d'entre eux n'étaient pas bien armés. Ils avaient tous des sabres, quelques-uns de longues lances assez légères, et tout à fait différentes de celles des Usbecks; quelques-uns seulement possédaient de petits mousquets. Les chevaux paraissaient rendus, et n'avançaient qu'en boitant; mais il y avait treize jours qu'ils étaient en campagne, mangeant à peine et travaillant beaucoup. Lorsque le Turcoman part pour une expédition, il emporte le grain nécessaire pour son cheval, ainsi que du pain et de la farine pour lui-même. Quelquefois il enterre dans un endroit qui lui est bien connu une partie de ces vivres pour les prendre au retour. De cette manière, il se trouve avoir des provisions pour lui et pour les prisonniers qu'il a enlevés.

« Dans la liste des misères humaines, dit M. Burnes, il en est peu qui détruisent plus complétement le bonheur domestique que le cruel système de voler des hommes pour les réduire en esclavage. Cependant, quelque terribles que soient les malheurs qu'entraînent ces sortes d'enlèvements, ils ne procurent aux hordes qui s'en rendent coupables ni les richesses ni les jouissances de la vie. Ces tribus vivent couvertes de haillons et dans le besoin; et, suivant les apparences, elles ne tirent aucun avantage de leurs déprédations. L'épouvante que les Turcomans inspirent aux habitants des contrées voisines de leurs déserts est affreuse, et cette circonstance n'a rien qui doive nous étonner, puisque ces barbares montrent un si grand courage et une énergie si persévérante dans leur dangereux métier. »

Il est certain que les Turcomans font preuve d'adresse et de courage dans leurs expéditions; mais il ne faut pas oublier non plus que s'ils n'avaient pas trouvé une connivence coupable de la part des chefs et des gouverneurs établis par le roi de Perse, leurs expéditions ne réussiraient jamais. Nous avons déjà eu occasion de remarquer qu'un gouverneur intègre a suffi pour faire cesser les déprédations dont le Khorasan était constamment le théâtre.

SCHARAKHS. L'établissement des Turcomans à Scharakhs consiste en un petit fort en ruine et situé sur une éminence. C'est à l'abri de ce fort que les habitants ont bâti leurs demeures, qui se réduisent à un petit nombre de maisons de terre, appartenant toutes à des juifs de Meschehed établis à Scharakhs. Quant aux Turcomans, ils demeurent sous des tentes de feutre, ou *khirgas*, qui méritent une mention particulière. Ces tentes, hautes et spacieuses, ont jusqu'à vingt-cinq pieds de diamètre. La charpente en est recouverte de treillis de roseaux, et le toit est formé de lattes. On a laissé au milieu une espèce de châssis circulaire d'environ trois pieds de diamètre, que l'on ferme et que l'on ouvre à volonté, lorsqu'on veut donner passage à la fumée ou laisser entrer la lumière. Le sol est couvert de pièces de feutre et de tapis plus ou moins beaux, suivant la richesse du propriétaire. Les parois intérieures de la tente sont également garnies de tapis. Dans un coin se trouve une espèce de petite garde-robe, où les femmes déposent leurs vêtements et des couvertures de soie et de coton, sur lesquelles elles couchent. Ces tentes sont commodes, ne ressemblent pas à des demeures temporaires, et ne donnent nullement l'idée d'un campement de tribus errantes; on peut cependant les démonter en un instant et les placer sur des chameaux.

On trouve aussi à Scharakhs le tombeau vénéré d'un santon musulman appelé *Abd-oul-Fazil-Housn*. Ce personnage, qui vivait il y a plus de deux siècles, est extrêmement vénéré par les Turcomans. Quand une personne tombe malade, elle invoque le nom du saint. Si un cheval ou un chameau paraît souffrir, le maître fait le tour du tombeau du santon, espérant obtenir par son intercession de conserver la bête dont il redoute la perte. Ce tombeau est le seul endroit où les Turcomans de Scharakhs fassent leurs dévotions; car ils n'ont pas de mosquée et récitent leurs prières sous une tente ou en plein air, sans faire d'ablutions et sans étendre un tapis par terre. On peut dire en général qu'ils sont des musulmans peu zélés. Leurs mollahs, en très-petit nombre, ne jouissent d'aucune considération parmi eux.

Nous ne pouvons quitter Scharakhs sans parler d'une plante singulière qu'on trouve dans les environs. Cette plante, appelée en turc *guik tschenak*, ce qui veut dire littéralement *coupe du cerf*, ressemble à la ciguë et à l'assa fœtida, et a une odeur désagréable.

Une grande feuille qui engaîne la tige entoure chacun de ses nœuds ou de ses articulations. Les eaux des pluies qui tombent au printemps se réunissent dans cette jatte naturelle, où les cerfs vont se désaltérer. Telle est du moins, suivant la croyance populaire des Turcomans, l'origine de ce nom.

MERVE. La ville de Merve est abandonnée aujourd'hui et tombe en ruines. Il n'y a pas jusqu'au tombeau du grand Alparslan (1) qui ne soit presque entièrement oublié et dans un état de dégradation et de décadence complet. Cependant la position de Merve est trop importante pour que cette ville ne recouvre pas une partie de son ancienne splendeur, si les luttes dont l'Asie centrale est le théâtre s'apaisent pour quelque temps. Merve, ou plutôt l'emplacement de cette ville, est actuellement un entrepôt de commerce entre Khiva, Boukhara, Hérat et Meschehed.

Depuis que Merve appartient au khanat de Khiva, le titre de gouverneur de cette ville est une des fonctions les plus importantes de l'État. Le gouverneur habite un petit château de terre, sur la rive occidentale du Mourgab, à un endroit où cette rivière se partage en cinq grands canaux. Près du château se trouvent quelques misérables huttes où l'on vend différentes denrées. C'est le marché le plus important des environs.

Les habitants de Merve passent pour avoir un caractère perfide. M. Joseph Wolff rapporte à ce sujet un proverbe qu'il entendit répéter souvent à Boukhara et à Meschehed : « Si tu rencontres en même temps un serpent et un habitant de Merve, commence d'abord par tuer le Mervien, puis tu t'occuperas du serpent (1). » Il faut dire toutefois, à la louange des naturels du pays de Merve, qu'ils ont un goût décidé pour la poésie, et le même voyageur nous apprend qu'ils se réunissaient en assez grand nombre dans sa demeure pour entendre lire quelques poëmes persans.

Les Turcomans de la Caspienne ne diffèrent pas notablement de ceux qui habitent les oasis de Scharakhs, de Merve et de Khiva. Dans ces diverses contrées, les femmes ne se voilent pas le visage. Elles ont aussi les mêmes traits, en général agréables et gracieux, la taille également élevée. Leur habillement consiste, dans ces différentes provinces, en un caleçon de couleur et en une grande robe rouge. Leur coiffure élégante rappelle un peu, selon M. Mouraviev, celle de nos Cauchoises. Leurs bonnets sont garnis d'or ou d'argent, suivant la fortune du mari. Elles ont les cheveux séparés sur le devant de la tête, rassemblés sur les côtés, et réunis en une longue natte qui pend sur le dos, et que l'on garnit pour l'ordinaire de grelots d'argent. M. Mouraviev croit qu'elles ne sont pas exemptes d'une certaine coquetterie. Chaque fois qu'il entrait dans un campement, il les trouvait vêtues avec simplicité; mais quand ensuite il en sortait, il les voyait dans leurs plus beaux atours, assises devant leurs tentes, ayant l'air de solliciter son suffrage.

Les Turcomans de la Caspienne exercent le brigandage sur cette mer. Ils s'emparent de tous les bateaux et bâtiments qui ne sont pas assez forts pour leur résister, et vendent ensuite les équipages à Khiva. C'est ainsi qu'un grand nombre de matelots et de pêcheurs russes ont perdu la liberté. Ces Turcomans ont pour armes des sabres, des lances, et aussi des fusils à mèche et des arcs; mais ils ne savent pas s'en servir avec adresse; leurs fusils sont mal faits et mal entretenus, et leur poudre est de mauvaise qualité. Ils paraissent,

---

(1) Voyez sur Alparslan *la Perse*, dans l'*Univers pittoresque*, pages 343 et 344.

(1) Voyez *Narrative of a mission to Bokhara*, tome I, page 330.

du reste, jouir d'une certaine aisance. Cette dernière circonstance fait supposer qu'ils retirent d'assez beaux profits de leur trafic régulier, qui consiste principalement à transporter dans des barques du naphte et du sel en Perse. Ils fabriquent aussi quelques tapis d'assez bonne qualité, et exercent différents métiers. On trouve chez eux des orfévres assez habiles pour frapper des médailles qui servent de bijoux aux femmes.

Ils cultivent la terre et sèment du blé. Mais comme ils n'en récoltent pas une quantité suffisante pour leurs besoins, ils achètent le surplus en Perse. Ils possèdent des troupeaux considérables, qui paissent sur les bords de l'Atrak et du Gourgan. Ils se livrent également à la pêche, et en hiver ils font la chasse aux cygnes, qui leur fournissent une grande quantité de duvet.

Ces Turcomans sont extrêmement superstitieux. M. Mouraviev raconte qu'une nuit, pendant qu'il traversait la steppe entre la mer Caspienne et Khiva, il y eut une éclipse de lune qui dura plus d'une heure et causa de vives inquiétudes aux Turcomans. Ils demandèrent au voyageur russe la cause de ce phénomène, et ajoutèrent aussitôt, sans attendre sa réponse, que la lune ne s'éclipsait guère qu'à la mort d'un souverain ou d'un grand personnage; cet événement annonçait donc, suivant toute apparence, que l'envoyé russe recevrait un mauvais accueil du khan de Khiva. Comme il importait beaucoup à M. Mouraviev de faire revenir ces gens d'une opinion qui pouvait avoir pour lui des suites fâcheuses, il essaya d'abord de leur faire comprendre la cause des éclipses. Mais, voyant qu'il ne pouvait y réussir, il se mit à parler avec hardiesse sur la marche des astres, et les Turcomans finirent par s'en rapporter à sa sagesse : « Tu « es un véritable ambassadeur, lui di- « rent-ils, tu es un homme rare; car « non-seulement tu sais ce qui se fait « sur la terre, mais tu n'ignores même « pas ce qui se passe dans le ciel. » M. Mouraviev mit le comble à l'admiration de ses compagnons de voyage, en leur prédisant quel serait le côté de la lune qui reparaîtrait le premier.

Les Turcomans de Scharakhs et de Merve ne sont ni moins ignorants ni moins superstitieux que ceux de la Caspienne. Pendant que M. Burnes était à Scharakhs, un des chameaux de la caravane devint furieux. Cet animal écumait, gémissait, et refusait toute espèce de nourriture. Les Turcomans décidèrent que le chameau était possédé du diable; et en conséquence ils allèrent consulter les voyageurs européens pour apprendre d'eux le remède le plus efficace dans un cas semblable; ceux-ci, craignant de compromettre leur savoir, déclinèrent l'honneur de guérir le chameau. Les Turcomans convinrent alors de passer une torche allumée devant les yeux et près du corps de l'animal, de brûler des roseaux et des genêts sous ses naseaux. Le chameau, à ce qu'il paraît, se trouva fort bien de ce traitement, et les Turcomans s'imaginèrent avoir mis en fuite le mauvais esprit.

On ne peut nier que les Turcomans n'aient un certain courage. Ils aiment les expéditions aventureuses, et accordent leur admiration aux guerriers illustres; ils parlent d'Alexandre le Grand et de Timour, comme si ces conquérants avaient vécu à des époques récentes. Un Turcoman qui se trouvait dans la même tente que M. Joseph Wolff, se mit un jour à frapper la terre avec sa main en disant : « C'est dans ce lieu que naquit Timour; c'est par ici qu'il passa pour aller punir le khan de Kharizme (Khiva), et il le traita rudement. Il fit élever, dans la ville d'Ourguendje, une pyramide entièrement composée de crânes humains. Il n'épargna personne, excepté les saints derviches, les savants et les poëtes, dont les maisons furent protégées par des gardes. Neuf fois Timour visita le désert de Merve, et neuf fois il retourna en triomphe à Samarcande. Ce héros avait les cheveux blancs depuis son enfance(1), et, par la vigueur de son corps, il aurait été capable de tuer un Roustam. Il avait une âme si forte, que jamais il ne pleura. Il aimait tellement la vérité, que lorsqu'une personne lui disait un mensonge dans l'intention de

---

(1) Les cheveux blancs sont l'emblème de la sagesse pour quelques peuples de l'Asie. Ainsi les poëtes persans rapportent que Zal, père du héros Roustam, naquit avec une chevelure de cette couleur.

lui plaire, il la faisait aussitôt mettre en pièces, et quiconque lui disait une vérité, même désagréable, recevait de l'or pour sa récompense. A la mort de son fils, qu'il aimait tendrement, il leva les yeux au ciel, et prononça ces paroles : « *Nous sommes à Dieu, et nous retournons à Dieu.* » Alors un autre Turcoman dit à M. Wolff : « Timour visita aussi le pays de Roum (1); il fit prisonnier Bajazet, et le transporta à Samarcande dans une cage. Il ne fut blessé qu'une seule fois, dans le pays de Sistan. Cette blessure le rendit boiteux ; et ce fut à cause de cette circonstance qu'on le surnomma Timour-Lenc (2) (Timour *le Boiteux*). Ce prince fit construire à Samarcande un nombre considérable de jardins. On voyait à sa cour les plus savants hommes de la Chine, les fakirs de l'Indoustan et les hommes les plus instruits du pays de Roum. Il donna l'hospitalité aux Juifs et aux Guèbres, aux Cosaques et aux habitants de la Russie. Ce héros, né à Schéhérisebze, était en route pour conquérir la Chine, lorsque le destin en décida autrement. Il mourut à Otrar ; mais son corps fut transporté à Samarcande, où on l'enterra dans un splendide monument. »

Nous avons donné ce récit, parce qu'il nous paraît caractéristique. Ce n'est pas la vraie bravoure, le courage généreux, qui excite l'admiration du Turcoman : il respecte bien davantage la cruauté froide et impassible qui soutient sans s'émouvoir le spectacle des souffrances et de la mort des autres hommes.

TRIBUS TURCOMANES. Les Turcomans, quoique issus d'une souche commune, sont partagés en différentes tribus, parmi lesquelles il en est plusieurs qui obtiennent la prééminence sur toutes les autres. Le nombre total des familles de cette nation fixées dans la Turcomanie est estimé à 140,000; elles n'obéissent pas toutes au khan de Khiva. On peut les diviser en Turcomans de l'Est et Turcomans de l'Ouest.

(1) Ce nom désigne, chez les Musulmans, l'Asie-Mineure et la partie de l'Europe soumise aux sultans de Constantinople.
(2) Dont nous avons fait, comme on sait, *Tamerlan*.

Turcomans orientaux.

	familles.
Tribu de Salor (de Scharakhs)..	2,000
— Sarak (de Merve)......	20,000
— Ersari (Haut-Oxus)...	40,000
— Taka (du Tedjend)....	40,000
— Sakar (de l'Oxus)......	2,000
Total................	104,000

Turcomans occidentaux.

Tribu de Yamoud (d'Asterabad et de Khiva)........	20,000
— Goklan (du Gourgan).	9,000
— Ata (du Balkan)......	1,000
— Tschaoudar (de Manguischlak).........	6,000
Total................	36,000
Total général...............	140,000

Pays des Karakalpaks.

Cette contrée, située sur les bords du Jaxartès, tire son nom des tribus qui l'habitent. Les Karakalpaks errent sur toute la surface du pays pendant l'été, et passent l'hiver entier dans les mêmes campements.

KHANAT DE KOUNDOUZE.

Le khanat de Koundouze, situé entre le Caboul et la Boukharie, renferme toute la contrée comprise dans le bassin du Haut-Oxus et dans une partie du bassin de la Kama. Ce khanat doit toute son importance à un chef usbeck, Mohammed-Mourad-Beg, qui étant parvenu, il y a environ trente ans, à s'emparer de la ville et du district de Koundouze, étendit par des conquêtes successives les limites de ses États. Quand il avait subjugué un pays, Mohammed-Mourad-Beg en laissait le gouvernement au même chef, duquel il exigeait seulement l'entretien d'un corps de troupes qui devait tenir garnison dans cette nouvelle conquête, et un certain nombre d'hommes pour servir dans son armée. Il augmenta ainsi sa puissance, et se trouva en mesure de pourvoir à la conservation et à la défense de son territoire, sans s'exposer aux révoltes qu'amènent toujours les changements de souverain et le déplacement des intérêts particuliers.

Le khanat de Koundouze se compose des districts suivants :

Koundouze,
Khouloum,
Heïbak,
Gori,
Inderab,
Talikan ou Taligan,
Hazret-Imam,
Badakhschane,
Schagnan ou Sagnan,
Wakhan,
Dervazeh.

KOUNDOUZE. La ville de Koundouze, capitale du khanat, est située dans une vallée entourée de montagnes, excepté vers le nord, où le pays s'ouvre du côté de l'Oxus, qui en est éloigné d'environ 16 lieues et demie. Cette ville est arrosée par deux rivières qui se réunissent au nord. Le climat de Koundouze et de ses environs est tellement insalubre, qu'on dit proverbialement dans le pays : *Si tu as envie de mourir, va à Koundouze.* Toute la vallée ne forme, pour ainsi dire, qu'un vaste marécage. On cultive cependant avec succès, dans les parties qui ne sont pas complétement inondées, l'orge, le froment, et surtout le riz. En été, la chaleur y est insupportable, et en hiver la neige y couvre le sol pendant trois mois. Quoique cette ville soit le marché de tout le district, ceux des habitants qui peuvent aller s'établir ailleurs fuient un séjour mortel. C'est à cette cause qu'il faut attribuer le chiffre peu élevé de la population. Koundouze ne compte pas plus de 1,500 habitants distribués dans 5 à 600 maisons de terre. On voit, parmi ces huttes, des hangars recouverts de paille et des tentes d'Usbecks jetés çà et là sans alignement. Des jardins et des champs de blé occupent une partie des faubourgs, et se prolongent jusque dans la ville. Rien, en un mot, ne ressemble moins à une capitale. A l'extrémité orientale de Koundouze se trouve la forteresse, qui couvre un grand espace de terrain. Elle est défendue par un fossé à sec et par une muraille de terre en assez mauvais état, excepté du côté du sud. Le palais d'hiver du khan, entouré d'une muraille percée de meurtrières, occupe une partie de cette forteresse.

KHOULOUM. La ville de Khouloum, appelée aussi *Tasch-Kourgan*, est située sur la rivière de Khouloum, affluent de l'Oxus, et sur la route entre Balkh et Koundouze. Cette ville, la plus importante de tout le khanat, a une population de 10,000 âmes. Les maisons, bâties de terre et de briques cuites au soleil, sont à un seul étage, et se terminent en dôme, suivant l'usage du pays. Chaque maison est séparée et fermée par une clôture particulière. Les rues de Khouloum sont droites, assez larges, et se coupent à angles droits; on voit dans presque toutes un ruisseau d'eau courante. La ville est entourée d'une muraille de terre garnie de portes de bois. Ces fortifications suffisent pour mettre les habitants à l'abri d'un coup de main tenté par de la cavalerie; mais elles ne pourraient pas résister au canon. La ville est encore défendue par deux fortins bâtis, l'un sur une éminence du côté de la rive droite de la Khouloum, l'autre sur la rive gauche de cette rivière et dans la plaine. Les deux forts sont de terre et hors d'état de soutenir une attaque en règle. On remarque à Khouloum quatre caravansérails. Les habitants de la ville sont des Tadjics, des naturels du Caboul et des Usbecks en petit nombre. Les professions de banquier, de teinturier et de droguiste sont exercées presque exclusivement par des Indous. Les marchands de fruits secs viennent du Caboul. Les Usbecks ne se livrent à aucun commerce; car ils regardent toute espèce de trafic comme avilissant. On tient dans la ville un marché deux fois par semaine, les lundis et les jeudis. On a disposé des emplacements séparés pour la vente des chevaux, des ânes, des mulets, des chameaux, des bœufs et des vaches, des moutons et des chèvres. On trouve aussi dans les marchés des toiles de coton de différentes espèces, du coton en laine, des cuirs tannés, du bois à brûler, des fruits, et jusqu'à des bottes de gros cuir, comme on les porte dans le pays, avec de hauts talons garnis de fers. On y trouve aussi de l'indigo, des indiennes, des couvertures, des turbans, et plusieurs autres articles de l'Inde. On y vend un nombre considérable d'objets de sellerie, de qualité inférieure. Il y a dans cette ville un marché spécial pour les melons, que les campagnes environnantes produisent en très-grande quantité. On exporte de Khouloum à Yarkende des moutons et des fourrures pour lesquels les Chinois donnent en échange du thé.

L'ancienne ville de Khouloum, aujourd'hui entièrement détruite, était située à une lieue et demie de la nouvelle. La situation qu'elle occupait dans la plaine l'exposait à être souvent pillée dans les incursions des chefs voisins. Ce furent les Hézarehs qui portèrent le premier coup à la prospérité du vieux Khouloum, en détournant le cours de la rivière qui fertilisait les campagnes des environs. Cette ville était fameuse pour la quantité de ses vergers et la qualité exquise de ses fruits.

KHANEHABAD. La ville ou plutôt le bourg de Khanehabad contient deux colléges où l'on enseigne la théologie et la jurisprudence musulmanes. On y étudie encore quelques passages choisis des principaux poètes persans. Là se bornent toutes les études qu'on peut faire dans ces établissements. Le bourg est situé sur la rive orientale du courant d'eau auquel il donne son nom. On le passe sur un pont de pierre en mauvais état. Khanehabad se compose d'une forteresse considérable et mal bâtie et d'environ six cents maisons de terre. Les deux colléges et l'hôtel du gouverneur sont les seuls édifices passables de l'endroit. La plus grande partie des habitants sont des naturels du Badakhschane. Le climat de ce bourg est meilleur que celui de Koundouze.

Au nord de Khanehabad se trouve une montagne appelée *Koh-ambar*, dont les cimes s'élèvent d'environ 2,300 pieds au-dessus du niveau des plaines environnantes. Cette montagne est située entre les pays de Talikan, de Koundouze et de Hazret-Imam. Les pâturages en sont communs aux troupeaux de ces trois provinces. Les habitants du pays assurèrent au lieutenant Wood que le Koh-ambar n'avait pas toujours occupé cet endroit, mais qu'il avait été amené là par un saint homme qui l'apporta de l'Indoustan ; et pour preuve de cette vérité, ils lui assurèrent qu'on trouvait sur la montagne plusieurs plantes naturelles de l'Inde. On voit dans le Koh-ambar un nombre considérable d'aigles et de corbeaux.

HEÏBAK. Heïbak est un gros bourg défendu par un château de briques cuites au soleil. Il est situé à environ 4,000 pieds au-dessus du niveau de la mer. Le terrain des environs est gras et fertile et la végétation magnifique. Le pays est infesté d'un nombre prodigieux de serpents et de scorpions. Les maisons de Heïbak se terminent toutes par un dôme dans lequel est pratiqué un trou pour servir de cheminée, de telle sorte, dit M. Burnes, que le village ressemble à un groupe de ruches immenses.

Les femmes de Heïbak paraissent avoir une grande prédilection pour les vêtements de couleurs vives. Les voyageurs s'accordent à dire qu'elles sont fort jolies, ce dont on peut facilement juger, car elles ne se voilent pas. M. Burnes observe qu'elles ont le teint beaucoup plus blanc que les hommes.

GORI. La ville de Gori s'élève sur les bords d'une rivière du même nom, et qui prend sa source sur le versant occidental du Belour-tag ou *monts Belour*. Le Gori, réuni au Ferkhah, est appelé *Ak-Seraï* et porte ses eaux à l'Oxus.

INDERAB. Inderab ou Anderab est une petite ville, chef-lieu de district. Elle est située sur le Kazan ou Anderab, affluent de l'Oxus, près d'un défilé par lequel on entre dans les montagnes de l'Indou-Kousch.

TALIKAN. Le district de Talikan ou *Taligan*, comme disent quelques voyageurs, est un des plus importants de tout le khanat. La ville capitale, qui s'appelle aussi Talikan, ne contient pas plus de 400 maisons de terre. Elle est située à fort peu de distance d'une rivière. Les habitants sont presque tous originaires du Badakhschane. On tient dans cette ville deux fois par semaine un marché auquel se rendent de tous les environs près de 4,000 personnes, les unes à cheval, les autres sur des ânes. On vend à ce marché un nombre considérable de berceaux, de jouets d'enfant et de cages. On y trouve aussi des peaux, des toiles de coton blanches et de couleur. Tout le pays jusqu'à une distance d'environ sept ou huit lieues à la ronde se fournit au marché de Talikan.

HAZRET-IMAM. Cette ville est le chef-lieu d'un petit district du même nom, dans la vallée de l'Oxus.

BADAKHSCHANE ou FEÏZABAD, ancienne capitale de cette province et autrefois célèbre dans l'Orient, est aujourd'hui complétement détruite. On ne voit plus sur son emplacement que quelques troncs mutilés des arbres qui ornaient jadis ses jardins. Mourad-Beg est la cause de la perte de cette ville. Il en fit transporter les habitants à Koundouze, où la plupart succombèrent bientôt, victimes du climat. Cet acte cruel autant qu'impolitique priva le pays d'une ville importante, et diminua la population et le revenu.

DJERM. Djerm, capitale actuelle du Badakhschane, mérite à peine le nom de ville : c'est plutôt une réunion de villages et de hameaux défendus par une forteresse bien bâtie et la plus importante du khanat de Koundouze. La population n'excède pas 1,500 âmes.

VALLÉE DE LA KOKTSCHA OU RIVIÈRE DE BADAKHSCHANE. — MINES DE LAPIS-LAZULI. La vallée de la Koktscha est extrêmement étroite dans la partie où se trouvent les mines de lapis-lazuli. Elle n'a guère en cet endroit qu'une centaine de toises de largeur. Les montagnes qui la ferment des deux côtés sont hautes et nues. L'entrée des mines est placée au milieu d'une montagne sur la rive droite de la Koktscha et à une hauteur de près de 1,400 pieds au-dessus du niveau de cette rivière. La route qui y conduit est devenue extrêmement dangereuse par le défaut d'entretien. On descend dans les mines par une galerie dont la pente est assez roide. Cette galerie, longue d'environ quatre-vingts pas, se termine tout à coup par une fosse qui peut avoir dix-huit à vingt pieds de diamètre et autant de profondeur. La galerie a douze pieds de hauteur et autant de largeur. Dans quelques parties elle est obstruée par des éboulements, de sorte qu'on ne peut avancer qu'en se traînant sur les genoux et sur le ventre. Il y est arrivé de nombreux accidents, et l'on a donné à quelques parties de la mine le nom des malheureux qui y sont restés ensevelis. Il serait facile de prévenir le retour de pareilles catastrophes : il suffirait pour cela d'étayer la galerie avec des piliers. Mais le chef de Koundouze ne paraît nullement disposé à entreprendre ces travaux; et comme depuis quelques années les fouilles sont devenues à peu près infructueuses, il a donné ordre qu'on interrompît provisoirement les travaux. Ces mines, exploitées depuis plusieurs siècles, sont, suivant toute apparence, épuisées aujourd'hui.

Le procédé qu'employaient les gens du pays pour extraire les pierres précieuses est extrêmement simple. Ils allumaient un feu de bruyères au-dessous de l'endroit qu'ils voulaient exploiter. La flamme s'élevait sur toute la surface du rocher; et, lorsque les ouvriers reconnaissaient que la roche était suffisamment échauffée, ils frappaient avec des marteaux et la brisaient jusqu'à ce qu'ils fussent arrivés à la pierre objet de leurs recherches. Quand ils avaient reconnu sa présence, ils introduisaient de fortes pinces dans le rocher, et l'en détachaient. Les mineurs distinguent trois espèces de lapis-lazuli : le *nili* ou *couleur d'indigo*, l'*asmanie* ou *bleu de ciel*, et enfin le *vert*. On trouvait la nuance la plus recherchée, le bleu d'indigo, dans les rochers de couleur foncée. Plus on approchait de la rivière, et plus le lapis-lazuli avait une teinte éclatante. Ce n'était qu'en hiver qu'on travaillait aux mines. Cette exploitation étant une corvée que le gouvernement imposait aux habitants, ceux-ci choisissaient pour la faire le moment de l'année où ils avaient moins d'occupation, et profitaient de l'époque favorable pour se livrer aux travaux des champs, d'où ils tirent leur subsistance.

HAMEAUX ET VILLAGES. Il est d'usage, dans le pays de Badakhschane, que les membres d'une même famille vivent ensemble, dans un seul hameau, au nombre de six ou huit ménages. Ces hameaux sont protégés par un mur extérieur, et chaque ménage possède dans l'enclos une maison, une écurie et un hangar pour le bétail. La réunion de plusieurs hameaux forme ce qu'on appelle dans le pays un *kischlak* ou *village.* M. Wood en décrit un dont la situation le frappa. Il était à mi-côte sur une colline ; non loin de son enceinte coulait une petite rivière dont les bords étaient plantés de noyers, de mûriers, et couverts d'un gazon magnifique. Au bas de la colline, dans la vallée, se trouvaient des champs de blé qui fournissaient aux habitants leur principale nourriture. Derrière la colline s'élevaient des montagnes avec leurs cimes couvertes de neige. L'enceinte du hameau était formée par un mur de pierre. Les hangars et les écuries en occupaient la partie inférieure. Les maisons avaient des toits plats, au milieu desquels était pratiqué un trou pour donner passage à la fumée. Cette ouverture se fermait au moyen d'un châssis de bois lorsqu'il tombait de la neige. Dans quelques chambres plus grandes, le toit était soutenu par quatre colonnes, faisant un carré au milieu de la pièce. Le sol de ce carré, beaucoup moins élevé que le reste de la chambre, formait un banc, et était recouvert de nattes de paille et de pièces de feutre. C'est là que tous les membres de la famille allaient s'asseoir et se coucher. Les murs des habitations, extrêmement épais, étaient recouverts d'une couche de terre en dedans et à l'extérieur, et on y avait pratiqué des niches pour déposer tous les ustensiles de ménage.

Les habitants du pays sont fort pauvres ; et, quoique peu nombreux, c'est à peine s'ils peuvent tirer leur subsistance des terrains improductifs qui les environnent. On ne comprend pas comment ces malheureux s'obstinent à vivre dans un pays stérile et désolé par des tremblements de terre, tandis qu'il leur serait facile d'émigrer et de s'établir dans d'autres cantons où ils trouveraient bien plus facilement des moyens de subsistance. Les femmes paraissent extrêmement disposées à renoncer à leur patrie ; mais les hommes, soit apathie, soit pour toute autre cause, s'obstinent à y rester.

MEUBLES ET USTENSILES DE MÉNAGE DES BADAKHSCHANIS. Les besoins de ces montagnards sont bornés au strict indispensable. M. Wood donne une liste des objets considérés par eux comme nécessaires pour entrer en ménage. On pourra juger par cet aperçu de la manière de vivre des Badakhschanis.

	Tangas.	Roupies.
Achat d'une femme....	»	25
Lit complet..........	»	6
Antimoine pour les yeux de la mariée.......	3	»
Un chaudron de fer....	»	2
Une gamelle et des cuillers de bois..........	3	»
Une passoire.........	2	»
Un vase à boire.......	1	»
Une serviette de table...	2	»
Un dressoir..........	2	»
Un couteau..........	3	»
Une cuiller à pot de bois..	1	»
Une poêle à frire......	6	»
Un pot de bois........	2	»
Une lampe de pierre....	4	»
Un four pour le pain....	2	»
Une coiffure pour la femme.	10	»
Une chemise pour la même.	40	»
Un pantalon pour la même.	20	»
Souliers pour la même...	20	»
Un turban pour le mari...	6	»
Un manteau pour le même.	40	»
Des souliers pour le même.	10	»
Des bas pour le même...	6	»
Une ceinture pour le même.	40	»
Un pantalon pour le même.	10	»
Un sabre...........	40	»
Un fusil à mèche......	200	»
Munitions pour le fusil...	22	»
	495 t.	33 r.

La somme de 495 tangas fait à 20 tangas par roupie... 24 $^3/_4$ roup.
Plus..... 33
Total... 57 $^3/_4$ roup. ou 144 fr. 40 c.

Les Badakhschanis fabriquent de grands vases de bois de pin, dans lesquels ils conservent leur eau, et d'autres de bois de saule rouge, où ils déposent la farine. Ceux-ci sont ronds et garnis d'anneaux de fer.

La faïence est très-rare dans le pays ; mais on trouve, chez quelques habitants, de fort jolis bols de porcelaine. Les lampes de pierre, meuble indispensable dans un ménage du Badakhschane, ressemblent pour la forme à un soulier, comme les lampes antiques. Les montagnards emploient aussi, pour s'éclairer, de très-gros roseaux qu'on garnit de chanvre. On voit dans toutes les maisons une quantité de ces roseaux préparés pour l'éclairage. Lorsqu'on veut les éteindre on enlève la garniture de chanvre, et on laisse mourir la flamme; car il existe un préjugé qui empêche de souffler sur une lumière.

Costume. L'habillement des Badakhschanis se rapproche beaucoup de celui des Usbecks : ils portent, comme ceux-ci, un bonnet de forme conique, qu'ils entourent quelquefois d'un turban blanc.

En hiver, les hommes portent de gros bas de laine de couleur, et se couvrent, suivant la rigueur du froid et leur richesse, d'un, de deux et même de trois manteaux. Leurs souliers sont montants, et ressemblent à des espèces de bottines. Les Badakhschanis les font eux-mêmes avec des peaux de chèvre. Ces gens portent toujours une ceinture sur les reins, et ne se mettent jamais en route sans se munir d'un bâton.

Caractère. — Hospitalité. Autrefois les Badakhschanis étaient cités pour la douceur de leur caractère et leurs habitudes hospitalières et généreuses. Aujourd'hui la pauvreté, résultat du despotisme étranger qui pèse sur eux, les a rendus fort égoïstes. Quelques-unes de leurs communautés, qui ont réussi à rester indépendantes, continuent à montrer la même bienveillance pour les hôtes qui se présentent.

Il existe dans tous les villages du Badakhschane, soumis au gouvernement de Koundouze, une maison destinée à recevoir les étrangers; ceux-ci peuvent compter sur un bon accueil, principalement s'ils ont quelques rapports avec le chef du gouvernement. Mais pour se nourrir, ils sont toujours contraints de s'adresser à la charité des habitants.

Paresse et misère des Badakhschanis. — Activité de leurs femmes. Pendant l'hiver, qui est fort rigoureux dans le pays, les habitants du Badakhschane ne se livrent à aucune espèce d'occupation. Ils se contentent de creuser quelques petites rigoles pour l'écoulement des eaux ménagères, de jeter de temps à autre un peu de foin à leur bétail, et de débarrasser leurs toits de la neige qui les encombre. Là se borne leur travail pendant toute la saison où ils ne peuvent pas cultiver la terre. Cette paresse excessive est la cause de la misère qui les afflige. Ils le savent bien; mais ils sont incorrigibles, et aiment mieux languir dans le dénûment, que de travailler pour se procurer l'aisance. En réalité les femmes seules travaillent. On les voit dans leurs maisons fabriquer elles-mêmes, avec des graines oléagineuses, l'huile nécessaire pour leurs lampes, soigner le bétail, faire la cuisine, et filer. Elles s'acquittent de tous les travaux de leur sexe avec un zèle et une intelligence qui contrastent d'une manière étrange avec l'apathie des hommes. Ces femmes sont en général assez belles : elles ont, pour la plupart, les cheveux blonds. Elles ne se voilent pas, à l'exception de celles qui appartiennent à des familles riches. M. Wood les trouva modestes, avenantes et bonnes ménagères.

Jeunes mariées. Les nouvelles mariées ne rentrent pas dans la maison paternelle pendant l'année entière qui suit leur union; mais le jour anniversaire du mariage, elles vont en grande cérémonie rendre visite à leur mère, de qui elles reçoivent un cadeau proportionné à la fortune de la famille. Une vache est le don le plus ordinaire. Après cette visite, la jeune femme donne chez elle une fête à laquelle nul homme ne peut assister.

Voici ce qu'écrivait sur le Badakhschane, il y a cinq siècles, le célèbre voyageur vénitien Marco-Polo (1).

Cy devise de la province de Balaciam.

Balaciam est une province ou (2) les gens aourent Mahommet. Il ont langaige par eulx et est moult grant royaume, et si regnèrent (3) par heritage. Et tous ceulx de cel lignage sont (4) descendus du

---

(1) M. Paulin Paris a démontré, dans un savant mémoire lu à l'Académie royale des inscriptions et belles-lettres et à la Société de géographie, le 30 novembre et le 7 décembre 1832 (voyez le *Bulletin de la Société de géographie*, tome XIX, année 1833, pag. 23 à 32), que c'est de la rédaction française émanée de Marco-Polo lui-même que découlent la version latine et la traduction italienne. Cette découverte ajoute une grande valeur au texte français.

Variantes du manuscrit de la Bibliothèque du Roi, N° 10270.

(2) Dont...
(3) Regnent...
(4) Et tous ceus qui de ce lignage sont, si sont...

roi Alixandre et de la fille du roi Daire qui estoit sire du grandisme regne de Perse. Et s'appellent tuit cil roy en sarasinois *Sulcarmam* (1), qui vault à dire en françois Alixandre; car c'est pour l'amour au grant Alixandre.

Et en ceste province naissent les balais qui sont moult belles pierres precieuses et de grant vaillance : et les trueve l'en es roches des montaignes; car il cavent moult soubs terre et font grans caves (2), si comme ceulx qui cavent les argentieres. Et c'est une propre montaigne seulement, que il appellent Siguinam. Ly rois les fait aler caver (3) pour lui, et nulz autres homs n'oserait caver en celle montaigne que le roy, qu'il fust mort maintenant (4), car il y a paine de la teste et de l'avoir, et que nulz ne les peut traire de son royaume ; mais il les amasse toutes (5) et les envoie aux autres roys, sy que luy (6) convient faire treuage, et tel y a qu'il (7) les envoie par amistié; et ceulx que il veult, si fait (8) vendre pour or et argent et ce fait-il à ce (9) que les balais soient chiers et de grant vaillance : car se on lessoit (10) caver à chascun, il en trouveroient tant que tout le mont en seroit plain, et seroient vil tenues(11), et pour ce les fait si pou caver et bien garder.

Encore y a en celle meisme contrée une autre montaigne où se trueve l'asur (12) et est le plus fin du monde, et se treuve en vaine, si comme l'argent (13). Encore y a autres montaignes où a argenteries (14) moult grant quantité, si que ceste province est moult riche. Et est moult froide contrée. Encore sachies que il i naist moult bons chevaus qui sont de moult grant cours (15) à merveilles, et ne portent nul fer du monde en leurs piés, et si vont par montaignes et par mauvais chemins assez. Encore naissent en ceste contrée ès montaignes, faucons sacrez (1) qui sont moult bons et bien volans (2), et faucons laniers. Assez venoison et oiseaux y a grant planté. Fourment ont bon et orge sans escorce. Il n'ont point d'uille d'olive mais de suseman (3) assez et de nois. En ce regne a maint mauvais pas et estroit, et si fort que il n'ont doubte de nului. Et leurs citez et leurs chasteaus sont en grant montaignes et en moult fors lieux. Il sont moult bon archier et grant chaceour ; car la plus grant partie d'eulx vestent peaux de bestes, car il ont grant chiereté de draps : et les grans femmes et les gentilz hommes portent draps tels comme je vous dirai : car il portent braies tous, et les font de toille de couton (4), et i mettent bien cent bras (5) et de tel mains. Et ce font-il pour demonstrer que il aient grosses naches, car les hommes se delitent moult en ce. Or vous avons compté tout l'affaire de cest regne. Sy vous compterons d'une diverses gens qui sont vers mydi, loings de ceste province dix journées (6).

(*Msc. du Roi*, N° 8392, f° 81, v°.)

(1) Zul carman.
(2) Cavernes...
(3) Les fait caver...
(4) Aler caver en ceste montaigne pour lui, que maintenant ne...
(5) Tous...
(6) Auxquels il luy.
(7) Et à teulx les...
(8) Que il veult faire...
(9) Afin
(10) Il les faisoit.
(11) Tenus.
(12) L'on trueve l'azur.
(13) Et si i treuve l'en, en une vaine, argent.
(14) Argentières.
(15) Moult grans coureux.

(1) Sacres.
(2) Oysellez y a grant plenté, et faucons et laniers assez et venoison. Il ont bon froument.
(3) Suceman.
(4) Cotton.
(5) Braies.
(6) Nous croyons utile de joindre ici le texte de Marco-Polo publié par feu M. Méon pour la Société de geographie, qui en a formé le premier volume de son *Recueil de voyages et de mémoires*. On verra, par la comparaison de ces différents textes, combien la rédaction des deux manuscrits qui nous ont été indiqués par M. Paulin Paris est supérieure à celle qu'a choisie M. Méon. On pourrait cependant consulter avec profit cette dernière, si l'on donnait une nouvelle édition du texte français original de la relation du voyageur vénitien.

Ci devise de la grant provence de Balasciam.

« Balascian est une provence que les gens aorent Maomet et ont langajes por elz. Il est grant roiames et seroit por hereditajes, ce est que de un lingnajes sunt desendu don roi Alexandre et de la file del roi Dayre le grant sire de Persie, et encore s'apelent tuit celz rois Zulcarnem en sarasin, lor langajes que vaut à dire en fransois Alixandre por le amor dou grant Alixandre. En ceste provence naisent le pieres presioses que l'on

7° Livraison. (TARTARIE.)

SCHAGNAN. Ce district, que l'on appelle aussi *Sagnan*, est célèbre pour les rubis qu'on y exploite. Il ne renferme que trois ou quatre villages ou bourgs, dont le principal est celui de Schagnan.

Les mines de rubis sont situées dans un endroit appelé *Garen*, c'est-à-dire *caves* ou *mines*. Elles se trouvent sur la rive droite de l'Oxus, à 1,100 pieds au-dessus du niveau du fleuve. Depuis que le pays est sous la domination du khan de Koundouze on a renoncé à l'exploitation de ces mines si fameuses pour la production des rubis *balais*.

VAKHAN. Le pays de Vakhan, Wakhan ou Ouakhan, est voisin du district de Schagnan. La contrée est montagneuse. Le Vakhan ne comprend qu'un petit nombre de villages et de bourgs; Vakhan est aussi le nom de la capitale.

La vallée de Vakhan est célèbre pour la violence du vent, qui y souffle pendant six mois de l'année, depuis la fin de l'automne jusqu'au milieu du printemps.

YAK OU BŒUF DU THIBET. Ce fut dans le pays de Vakhan que M. Wood vit un yak ou bœuf du Thibet. Un petit garçon kirguize tenait l'animal par la bride : « Il y avait, dit le voyageur anglais (1), quelque chose de si nouveau pour moi dans l'aspect de ce quadrupède, que je ne pus résister à l'envie de le monter. Mais, lorsque je me disposais à le faire, le petit garçon à qui on avait confié le soin de la bête m'opposa une vive résistance. La mère de cet enfant étant survenue au milieu de notre dispute, me permit volontiers de monter l'yak. Cet animal pouvait avoir tout au plus trois pieds et demi de hauteur. Son poil était très-fourni et très-gros. Son estomac descendait jusqu'à six pouces de terre, et sa longue queue balayait le sol. Il avait, sur différentes parties du corps, des poils d'une longueur extraordinaire, et à part les cornes, on aurait pu le prendre pour un

appelle balasci que sunt mout belles et de grant vailance, et naisent en le roces des montagnes, et voz di qu'il font grant cavernes et montagnes et vont mout sout, ausi cum funt celz que cavent la voine de l'argent, et ce est en une prope montagne que est appelée Sighinan, et encore sachiés que le roi les fait caver por lui, ne nul autre home ne i poroit aler à cele montagne por caver de celz balasci que ne fost mort maintinant. Et encore il di qu'il en poine la teste et l'avoir se nul entrasse aucun de son roiames; car le roi envoie por sez homes as autres rois et as autres princes et grant seingnorz, à cel por treu et à cel por amor, et encore en fait vendre por or et por arjento. Et ce fait le roi por ce que sez balaxi soient chier et de grant vailance come il sunt : car se il en laisast caver as autres homes et porter par le monde, il s'en etrairent tant qu'il ne seroient si cher ne de si grant vailanze. Et por ce hi a mis si grant paine le roi por quoi nul n'en traie nul sanz sa paroulle. Et encore sachiés de voir que en cest meisme contrée en une autres montagnes se treuvent les pières desquelz l'en fait le azur, et ce est le plu fin azur et le meior qui soit où monde, e les pieres que je voz ai dit de coi l'en fait l'azur est voine que naist en montagnes come autres voines. Et encore voz di qu'il hi a montagnes de quoi l'en treuve voine desquelz traient argent à grant plantée. Il est mout froide contrée et provence. Et encore sachiés qu'il y naisent mout buen chavalz et sunt grant coreor et ne portent fer en lor pies, et si vont por montagnes toz jors. Encore hi naisent en celle montagne fauchons sacri que mout sunt buen et bien voiant. Et ausint hi naisent les faucons lanier, venesion et chachionz de bestes et d'ausiaus. Hi a grant plantée forment, ont buen orze, ont sancz escorze; olio ne ont d'olive, més il le font de suzimau et de noce. E ceste roiame ha maint estroit pas et maint forti leu, si qu'il ne ont doutée que nulles gens hi peusent entrer por lor daumages, et lor cités et lor caustiaus sunt en grande montagnes, et fortisme leus. Il sunt buen archier et bon cazaor, et la greignor partie vestent cuir des bestes, por ce qu'il ont grant charestie de draz; et les grant dames et les gentilz portent braies tel con je voz dirai. Hil hi a de telz dames que en une brac, ce sunt les muandes de jambe, mètent bien cent brace de toile bausin, et de tel hi a que in metent quatre vint, et de

tel soixante, et ce font elle por mostrer qe aient grose natege, por ce qe lor homes se deletent en groses femes. Or voz avun di de cest roiame et en laiseron alant, et voz conteron d'une deverse gens qe sunt ver midi longe de ceste provence dix jornée.

(1) Voyez *A personal narrative of a Journey to the source of the river Oxus*, page 319.

fort gros chien de Terre-Neuve. On avait placé sur son dos une selle légère et des étriers de corne. Une corde passée dans le cartilage du nez lui servait de bride. Cet animal est, pour les habitants du Thibet et du plateau de Pamère, comme le renne pour les habitants de quelques parties septentrionales de l'Europe. Partout où peut passer un homme l'yak y passe également. Ce quadrupède a le pied extrêmement sûr, et l'on peut le monter sans crainte. Comme l'éléphant, il devine, avec un instinct merveilleux, si le terrain sur lequel il avance est assez solide pour supporter le poids de son corps. Lorsque les voyageurs craignent de s'aventurer dans les montagnes couvertes de neige, ils font marcher devant eux des yaks qui éclairent la route et la tracent. Ces animaux évitent, dit-on, tous les abîmes cachés; et si par hasard une abondante chute de neige ferme tout à coup le passage d'une montagne, on y fait passer une vingtaine de yaks qui ouvrent aussitôt une route magnifique. Il faut, bien entendu, que la neige n'ait pas eu le temps de se durcir; car, dans ce cas, il est impossible aux yaks de s'y frayer un passage. Un des grands avantages que présente l'yak sur plusieurs autres quadrupèdes de la même famille, c'est qu'il n'a nul besoin des soins de l'homme. Il fréquente les sommets et les flancs des montagnes, et se plaît partout où la température est au-dessous de zéro. Lorsque la neige est trop profonde sur la cime des montagnes, et l'empêche d'arriver à l'herbe, il se laisse glisser jusqu'au bas de la côte, forme un ravin dans la neige, et remonte ensuite en paissant l'herbe qu'il a mise à découvert. Arrivé au sommet, il recommence le même manége, jusqu'à ce qu'il soit rassasié. Les chaleurs de l'été obligent les yaks à remonter jusqu'aux glaces éternelles. On retient alors le petit dans la vallée comme un gage du retour de la mère; et l'on prétend que celle-ci ne manque jamais de redescendre dans la plaine dès que les froids arrivent. Les yaks marchent par troupeaux et tiennent tête aux loups, très-communs dans les montagnes du Badakhschane et des contrées voisines.

Tous les ans, au printemps, on tond les yaks. La queue de ces animaux est extrêmement épaisse, et sert de chasse-mouches. On l'emploie aussi en guise d'étendard, chez plusieurs peuples de l'Asie. Avec les poils des yaks on fait des cordes aussi solides que celles de chanvre. On emploie encore ces poils à faire des tapis et différentes étoffes.

Le lait de la femelle du yak est supérieur à celui de la vache ordinaire; mais elle en donne une moins grande quantité. Les yaks ont besoin pour vivre d'une température tellement froide, qu'ils meurent dès qu'on les transporte dans une région tempérée. On essaya d'envoyer quelques-uns de ces animaux à Caboul. Mais, quoique ce pays soit extrêmement élevé au-dessus du niveau de la mer, les yaks commencèrent à languir dès que la neige disparut, et moururent au printemps (1). »

(1) On trouve, dans le *Voyage de Turner au Tibet et au Boutan* (tome I, pag. 278-279 de la traduction française), quelques détails qui peuvent servir à compléter le récit de M. Wood. Turner nous apprend que les yaks ordinaires sont de la taille d'un taureau anglais. Le yak est couvert d'un poil très-long et fort épais. Il a la tête courte et armée de deux cornes dont la pointe est extrêmement aiguë, les oreilles petites, le front proéminent et couvert d'une grande quantité de poils frisés. Il a les yeux gros, le mufle petit et arqué, les naseaux peu ouverts, le cou court, les épaules hautes, la croupe basse et les jambes très-courtes. Sa queue est garnie d'un bout à l'autre d'une quantité considérable de poils très-longs, très-touffus et très-brillants. Les épaules, les reins et la croupe sont couverts d'une sorte de laine épaisse et douce. Le flanc et le dessous du corps sont couverts de poils très-droits qui descendent jusqu'aux jarrets de l'animal. On en voit même dont les poils traînent jusqu'à terre. Il existe des yaks de différentes couleurs. Les noirs sont cependant les plus communs. Ces animaux sont assez petits; mais l'énorme quantité de poils dont ils sont couverts les fait paraître extrêmement gros. Ils ont le regard sombre, et paraissent, comme ils le sont en effet, défiants et farouches. L'approche d'un étranger leur cause de l'impatience. Ils ne beuglent pas comme les taureaux d'Europe; mais ils font entendre, lorsqu'ils sont irrités ou inquiets, une espèce de grognement sourd. Les yaks vivent dans les parties les plus froides du Tibet et paissent l'herbe courte qui croît sur les montagnes et dans les plaines. Ces animaux forment toute la richesse d'un nombre considérable de tribus. Ils servent de bêtes de somme. Leur force extraordinaire et leurs pieds très-sûrs les rendent propres à ce travail. Leur chair et le lait des femelles fournissent la nourriture; leur poil et leur peau, les vêtements. On fait encore des tentes et des cordes avec leur poil. Mais le plus grand profit que l'on retire des yaks, consiste dans le lait, que l'on emploie à différents usages, et

ANES. On fait dans ce pays grand usage de l'âne, comme bête de somme; tous ces animaux sont mutilés d'une manière ou d'une autre. En voici la raison : Lorsqu'un âne ou ânon s'est permis de visiter le champ d'un voisin et de toucher à du fourrage ou à du grain qui ne lui est pas destiné, on le punit d'abord par des coups de bâton; mais si, sans tenir compte de l'avertissement, l'âne se rend coupable de récidive, on lui fend l'oreille, on la lui coupe, ou bien encore on lui rogne la queue. Il est rare qu'un âne atteigne la vieillesse sans porter des marques nombreuses des fautes de son jeune âge.

DERVAZEH. Le canton de Dervazeh doit son nom à la rivière qui l'arrose. Ce territoire comprend une grande vallée au fond de laquelle le Dervazeh roule ses eaux avec fracas. On trouve, dans cette rivière, de l'or que les habitants ont grand soin de recueillir. La petite ville de Dervazeh est la résidence d'un chef dont la famille se croit issue d'Alexandre le Grand. Cette prétention n'est pas nouvelle, et nous avons vu que déjà à l'époque où le voyageur vénitien Marco-Polo visita le pays de Badakhschane, il y trouva un prince qui s'attribuait la même origine. Il est probable, comme l'ont remarqué quelques savants anglais, que cette tradition n'est pas entièrement controuvée, et que les habitants du Dervazeh peuvent bien descendre, non pas d'Alexandre lui-même, mais de ses soldats.

GOUVERNEMENT. — ADMINISTRATION. — MŒURS ET USAGES.

GOUVERNEMENT. Les Usbecks du Koundouze, comme ceux des autres pays du Turquestan, n'ont aucune idée de liberté ni d'amour de la patrie. Le souverain, qui prend le titre de *beg* ou prince, a sur eux droit de vie et de mort; et ils lui obéissent par crainte et par habitude. Le despotisme descend depuis le chef de l'État jusqu'au dernier de ses sujets, qui commande en maître absolu à ses femmes et à ses enfants. Quoique les Usbecks soient partagés en tribus, on ne voit pas que les descendants d'une même famille aient plus d'affection les uns pour les autres que pour les membres d'une tribu étrangère. Le gouvernement du Koundouze est despotique; cependant, les crimes, résultat du pouvoir absolu, sont assez rares. Le souverain respecte dans de certaines limites les droits et les propriétés de ses sujets. Les marchands jouissent de quelque liberté pour leurs transactions, et le commerce est même encouragé. Mais le plus léger soupçon de dissentiment politique avec le beg suffirait pour entraîner immédiatement la mort. On montre sur la rivière de Koktscha un pont de bois du haut duquel on précipite, pieds et mains liés, dans le courant, les personnes que l'on suppose hostiles au pouvoir. Malgré cette rigueur excessive, on jouit à Koundouze d'une sécurité relative assez grande, si on la compare à la situation précaire des étrangers et même des nationaux à Khiva ou à Boukhara.

JUSTICE ET SUPPLICES. Les crimes sont punis, dans le Koundouze, avec cette rigueur cruelle et expéditive qui caractérise la justice asiatique. Le vol même entraîne la mort, et la sentence prononcée contre les coupables est exécutée sur-le-champ. Quelques voyageurs prétendent que cette sévérité excessive, introduite par Mourad-Beg, a produit de très-heureux résultats; et ils citent, à l'appui de leur opinion, la facilité avec laquelle on parcourt aujourd'hui les provinces, tandis qu'autrefois on ne pouvait s'y aventurer, sans courir le risque d'être complétement dépouillé et quelquefois même de perdre la vie.

ARMÉE. Le chef de Koundouze n'entretient pas d'infanterie. Cette arme lui serait inutile pour le service qu'il exige de ses troupes. Il a environ vingt mille hommes de cavalerie; plus, six pièces d'artillerie, dont une du calibre de 36. Les cavaliers sont munis de lances extrêmement longues et très-difficiles à manier. Quelques-uns possèdent des fusils à mèche; on peut dire que ces soldats sont en général mal armés et mal équipés. Le souverain les réunit pour l'ordinaire autour de sa personne,

dont on tire surtout un beurre excellent. Ce beurre est conservé dans des sacs de peau où il reste sans se gâter des années entières, grâce au froid du climat. Le beurre d'yak est transporté au loin et devient l'objet d'un commerce considérable.

et les emploie d'une manière fort active à piller dans tous les pays des environs. Mais les caravanes qui traversent le territoire du Koundouze n'y sont point attaquées.

Revenus. — Monnaies. Les impôts du pays sont acquittés en grains. Cette disposition tient autant à l'abondance des céréales qu'à la rareté du numéraire. La monnaie en circulation se compose en grande partie de pièces frappées à Delhi, à des époques déjà anciennes.

Religion des Usbecks. Les Usbecks sont sunnites, et se font un devoir religieux de persécuter les schiites. Les prêtres contribuent encore à augmenter ces dispositions tyranniques, et engagent leurs ouailles à réduire en esclavage autant de schiites qu'ils peuvent, sous prétexte de les convertir. Le fait est que le commerce des esclaves forme une source de revenus pour les États du Turquestan, et les barbares qui le mettent en pratique ne sont pas fâchés de pallier à leurs propres yeux l'infamie de cet horrible trafic.

Ignorance et fatalisme des Usbecks. On trouve rarement dans le Koundouze un Usbeck qui sache lire et écrire. L'ignorance extrême des dominateurs profite aux aborigènes vaincus. On voit fréquemment un Tadjic parvenir, par son intelligence et son instruction, à des fonctions importantes. Plusieurs Indous établis à Koundouze ont également réussi à se faire dans le pays des positions importantes.

Les Usbecks sont tous fatalistes. C'est là une conséquence naturelle de leur ignorance, autant que de leur religion.

Mélange des Usbecks avec les Tadjics. Les Usbecks du Koundouze ont les traits des autres tribus de leur race. On remarque cependant que les principales familles de ce pays perdent leur type primitif par le mélange du sang persan. Les Usbecks ne sont pas toujours insensibles à la beauté des jeunes filles tadjiques, et les prennent souvent en mariage. Ces alliances ont modifié singulièrement la physionomie des Usbecks, qui aujourd'hui dans le Koundouze tiennent beaucoup de la race persane. Par une contradiction singulière, il n'est pas permis à un Tadjic d'épouser une jeune fille usbeck. Cette prohibition injuste, destinée à entretenir une différence entre le peuple victorieux et le peuple vaincu, est la seule par laquelle les Usbecks témoignent de leur mépris public pour les Persans.

Femmes. Les femmes usbecks passent pour être d'excellentes ménagères; et quoiqu'en général elles ne soient pas belles, elles méritent du moins par leurs excellentes qualités l'affection de leurs maris. Les ornements dont elles s'affublent contribuent souvent à les enlaidir. Leurs vêtements sont toujours d'une couleur foncée ou blancs. Les hommes, au contraire, recherchent l'écarlate et d'autres couleurs éclatantes et vives.

Repas et nourriture. Les habitants de toutes les classes font deux repas : le premier, à neuf heures du matin, et le second vers le soir. Leur nourriture se compose de riz, de soupes, de pain blanc, bien levé et très-savoureux, et de viande de mouton. Ils mangent aussi du cheval; mais on en voit rarement dans les marchés. Les habitants des bords de l'Oxus mangent des faisans, qu'ils regardent comme un mets exquis. Le repas se termine invariablement par du thé, qu'on prend avec une crème extrêmement épaisse, à laquelle on ajoute souvent de la graisse. Le sel remplace toujours le sucre. On fait cuire ce thé dans un grand chaudron de fer, et on le sert dans des tasses de porcelaine de la Chine.

Chevaux. Les chevaux du Koundouze sont très-inférieurs à ceux de race turcomane et même à ceux de la Boukharie. Ces animaux, pour remplir les conditions voulues, doivent être de petite taille et vifs. On peut alors les employer dans les contrées montagneuses et dans la plaine. La vitesse est une condition accessoire; la force pour supporter la fatigue est tout. On est dans l'usage de mettre sur le dos du poulain âgé d'un an un cavalier peu lourd, puis on fait galoper l'animal jusqu'à une assez grande distance. Cette épreuve terminée, on ne le selle plus qu'à l'âge de trois ans; alors on le dresse pour s'en servir. On ne ferre les chevaux que des pieds de devant. Leurs fers sont ronds et forment un cercle parfait.

Comme toutes les tribus de leur race, les Usbecks du Koundouze ont une grande passion pour les chevaux. L'habitude où ils sont de vivre, pour ainsi dire, avec ces animaux se décèle par une foule de locutions particulières. Ainsi leur demande-t-on quelle est la distance d'un endroit à un autre, ils vous répondront : Il y a un galop. Si on les interroge pour savoir le temps que durera un travail quelconque, toujours même réponse : Le temps que vous mettriez à parcourir tant de parasanges au galop.

Quand un Usbeck à cheval rencontre un de ses chefs ou un personnage de distinction, il met aussitôt un pied à terre et fait un salut ; l'autre pied reste toujours dans l'étrier ; et l'homme se remet en selle avec une rapidité telle, qu'on a peine à croire qu'il ait touché le sol.

CHIENS. Le chien occupe dans l'estime des habitants du Koundouze la place immédiate après le cheval. Demander à un Usbeck de vous vendre sa femme ne serait pas considéré comme un affront (c'est du moins ce que nous apprend M. Wood) ; mais le prier de vous vendre son chien, serait une insulte impardonnable.

MORTS ET CIMETIÈRES. On n'a dans le Koundouze que peu de respect pour les morts et pour les cimetières. Cette circonstance semblerait indiquer que les liens de parenté et d'affection sont très-faibles parmi les habitants. Il n'est pas rare de voir un tombeau dont la terre a été bouleversée par des chacals, sans que personne songe à s'en inquiéter.

PAYS TRIBUTAIRES DU KHANAT DE KOUNDOUZE.

Ces pays sont :
Le pays des Hézarehs ;
Le territoire de Sigan ;
Le territoire de Kamarde ;
Le Cafiristan ou pays des Cafirs ;
Le Tschitral.

Pays des Hézarehs.

SOL. — RÉCOLTES. — NOURRITURE. La stérilité du sol et la rigueur du climat du pays des Hézarehs s'opposent aux progrès de l'agriculture. Les habitants récoltent, dans leurs étroites vallées, des grains en petite quantité. La viande de mouton, de bœuf et de cheval, ainsi que le fromage et plusieurs autres préparations faites avec le lait de leurs troupeaux, forment la base de la nourriture de ce peuple.

MAISONS. — COSTUMES. — ÉTAT DES FEMMES. Les Hézarehs habitent des maisons couvertes de chaume et à moitié enfoncées dans la pente des montagnes. Les hommes roulent des bandes de drap autour de leurs jambes. Les femmes portent de longues robes de laine et des bottes d'une peau de daim extrêmement flexible et qui leur montent jusqu'aux genoux. Elles sont coiffées avec de petits bonnets très-justes à la tête, et desquels pend une bande de drap qui descend sur le dos jusqu'à la ceinture. Hommes et femmes ont les traits de la race tartare. Les femmes sont souvent belles ; et ce qui pourra paraître surprenant chez un peuple aussi peu civilisé, elles exercent une grande influence sur les hommes : elles conduisent la maison, prennent soin des propriétés, font en partie les honneurs de chez elles, et sont consultées dans toutes les affaires ; jamais on ne les frappe, et jamais on ne les enferme. Cette dernière circonstance, jointe à la haine que les peuples voisins portent aux Hézarehs, sectateurs d'Ali, a été cause que l'on a accusé les femmes de ces montagnards d'avoir des mœurs extrêmement relâchées ; mais rien dans les récits des derniers voyageurs n'autorise cette supposition.

OCCUPATIONS. — MUSIQUE ET POÉSIE. Les Hézarehs des deux sexes sont fort enclins à la paresse, et passent une grande partie du temps assis dans leurs maisons autour d'un poêle bien chauffé. Ils chantent et jouent fort bien de la guitare, et plusieurs d'entre eux sont poëtes. Les amants et leurs maîtresses chantent des vers qu'ils ont composés eux-mêmes, et on voit fréquemment des hommes passer des heures entières à improviser l'un contre l'autre des couplets satiriques.

CHASSE. — COURSES DE CHEVAUX. — ARMES. Leurs principaux passe-temps hors de chez eux sont la chasse et les courses de chevaux, dans lesquelles on donne pour prix des moutons, des bœufs, ou des habillements complets. Les Hézarehs se servent avec une grande adresse de l'arc et du mousquet, et s'exercent à tirer au blanc. Il n'y a pas d'homme qui n'ait son fusil à mèche. Les autres armes en usage parmi eux sont le sabre persan, un long poignard étroit qu'ils portent dans un fourreau de bois, et quelquefois une lance.

Caractère. Les Hézarehs sont emportés, inconstants et capricieux. Après une réconciliation, un simple mot suffit pour amener une nouvelle rupture. A part ce défaut, ils sont braves gens, gais, sociables et hospitaliers.

Villages. — Signaux d'alarme. Ils vivent en général dans des villages qui se composent de vingt jusqu'à deux cents maisons. Quelques-uns d'entre eux habitent sous des tentes de feutre (1). Chaque village est défendu par une haute tour percée de meurtrières et capable de contenir dix à douze hommes. Il y a dans chaque tour une grosse timbale sur laquelle on frappe pour donner l'alarme en cas de besoin. Les timbales des tours voisines répondent aussitôt à ce signal, et en un instant les Hézarehs, réunis en armes, peuvent se porter au nombre de quelques centaines sur le point attaqué.

Chefs de la nation et magistrats. Chaque village a un chef, appelé *hoki*, et un ou deux anciens, auxquels on donne la dénomination turque d'*aksakals* (2). Ces chefs dépendent tous d'un sultan.

Les Hézarehs sont partagés en tribus, ayant chacune un sultan particulier dont le pouvoir est absolu. Il rend la justice, impose des amendes, condamne à la prison et souvent même à mort. Quelques-uns de ces sultans possèdent de bons châteaux, de riches habits, et se font servir par des domestiques chamarrés d'or et d'argent. Ils sont toujours en guerre entre eux, et de plus ils ont souvent à se défendre contre les agressions étrangères. Quelquefois deux ou trois sultans se réunissent et refusent le tribut aux princes desquels ils dépendent ; ces sortes de conspirations ne durent pas longtemps. Ils font bientôt leur soumission, les uns après les autres, et consentent à payer. Cependant, lorsqu'ils en viennent à déclarer la guerre, ils ne déposent les armes qu'avec peine ; mais, comme ils sont peu nombreux, ils finissent toujours par être soumis.

Quelques Hézarehs vivent indépendants sous un gouvernement démocratique.

Religion. — Fanatisme. Nous avons dit plus haut que les Hézarehs étaient schiites ou sectateurs d'Ali. C'est pour cette raison qu'ils détestent les Afgans et les Usbecks, qui sont tous sunnites. Si un homme appartenant à cette dernière croyance pénètre dans leur contrée, il n'est sorte d'injures dont ils ne l'accablent ; et quelquefois même ils le persécutent. Le fanatisme va chez eux jusqu'au point de maltraiter ceux d'entre leurs compatriotes qui ont résidé longtemps parmi les Afgans, parce qu'ils les soupçonnent de s'être laissés corrompre par les doctrines sunnites. Ces opinions intolérantes empêchent les Hézarehs d'entretenir des relations suivies avec les peuples qui les entourent. Aussi ne font-ils que très-peu de commerce, et encore par voie d'échange. Le sucre et le sel sont les denrées étrangères qu'ils recherchent le plus.

Population. Il est difficile de déterminer avec exactitude le nombre des Hézarehs. Mountstuart Elphinstone pense que la nation réunie forme un total d'environ 300 ou 350,000 âmes (1). Mais un voyageur beaucoup plus récent et d'un grand mérite, M. John Wood, n'estime toute la population hézareh qu'à 156,000 individus (2).

Sigan ou Sikan. Le bourg et le territoire de Sigan dépendent d'un chef usbeck qui paye au khan de Koundouze un tribut en esclaves. Ces malheureux sont, pour l'ordinaire, des Hézarehs que les Usbecks enlèvent avec d'autant moins de scrupule, qu'ils appartiennent à la secte schiite. Peu de temps avant l'époque où Burnes passa à Sigan, le petit souverain qui commandait dans cette localité avait retenu

---

(1) Nous avons déjà donné la description de ces sortes de tentes. Voyez ci-devant, page 88.
(2) Voyez l'explication de ces mots ci-devant, page 67.

(1) *An account of the kingdom of Caubul and its dependencies. New and revised edition*. Londres, 1839, tom. II, page 213.
(2) *A personal narrative of a journey to the source of the river Oxus*. Londres, 1841, page 200.

quelques femmes d'une caravane de Juifs qui traversait son territoire pour se rendre à Boukhara. Il resta sourd à toutes les réclamations qu'on put lui faire contre cette violation du droit des gens, répondant toujours que les enfants de ces femmes deviendraient musulmans, et que cette circonstance suffisait pour justifier sa conduite.

Les habitants de Sigan sont des musulmans très-dévots. Ils avertirent Burnes de ne pas dormir les pieds tournés vers la Mecque, attendu qu'une pareille conduite semblerait témoigner du mépris pour la ville sainte. Ils se rasent la partie des moustaches qui est au-dessous du nez, bien moins pour se conformer à la mode, que pour se distinguer des schiites, qui les laissent pousser tout entières. On voit à Sigan de beaux jardins, et la vallée dans laquelle est situé ce bourg paraît assez fertile (1). Les montagnes des environs produisent de grandes quantités d'assa-fœtida que l'on vend, à un prix fixe, aux caravanes qui traversent le pays.

« A Sigan, dit M. Wood, nous rencontrâmes un homme qui conduisait à Koundouze les esclaves qui forment le tribut annuel que l'on paye au khan de ce dernier pays. Les captifs jeunes et bien portants étaient enchaînés ensemble. Ceux qui étaient trop vieux ou trop infirmes pour marcher étaient montés sur des ânes; et derrière eux on voyait, attachés avec des liens, quelques enfants que leur extrême jeunesse rendait insensibles à la perte de la liberté et du foyer domestique. Tous ces captifs étaient d'une saleté repoussante, et les haillons qu'ils portaient sur les épaules ne suffisaient pas pour couvrir leurs corps. »

TERRITOIRE DE KAMARDE. En se rendant de Sigan à Kamarde, on traverse un col appelé *Dendan-Schiken*, ce qui veut dire en persan *le Briseur de dents*, nom qui paraît convenir très-bien à ce passage difficile. On descend ensuite dans une vallée étroite, et l'on arrive à Kamarde. Ce bourg est la résidence d'un petit chef qui, bien que tributaire du Koundouze, rançonne, lorsqu'il le peut, les voyageurs pour son propre compte. A l'époque où Burnes passa à Kamarde, le souverain de cette localité ne se sentant pas assez puissant pour aller enlever au dehors les hommes qui forment le tribut qu'il paye à son suzerain, s'empara de tous les habitants d'un de ses villages, hommes, femmes et enfants, et les expédia à Koundouze pour acquitter sa dette. Cette action plut singulièrement à Mohammed-Mourad-Beg, khan de Koundouze, qui, pour le récompenser de son dévouement, lui fit don de trois villages.

Le bourg de Kamarde est situé sur le bord d'une petite rivière qui va se jeter dans celle de Koundouze. Cette rivière a sa source à l'entrée de la vallée, et s'échappe par une ouverture qui se trouve dans le roc.

CAFIRISTAN OU PAYS DES CAFIRS. — ÉTENDUE ET LIMITES. Le pays des Cafirs occupe une grande partie de la chaîne de l'Indou-Kousch et une certaine portion du Belour-tag. Cette contrée est bornée au nord-est par le territoire de Caschgar, au nord par le Badakhschane, au nord-ouest par le Koundouze et Balkh; à l'ouest, elle est terminée par le district d'Inderab et de Khost, ainsi que par le pays de Balkh et le Cohistan de Caboul; à l'est, elle se prolonge jusqu'à une assez grande distance vers les parties septentrionales du Cachemire, où ses limites ne sont pas bien marquées.

NATURE ET PRODUCTIONS DU SOL. — ROUTES. — VILLAGES. Ce pays se compose de montagnes aux sommets couverts de neige, et d'étroites mais fertiles vallées qui produisent de grandes quantités de raisin, et nourrissent de nombreux troupeaux de brebis et de gros bétail, tandis que dans les montagnes on trouve des chèvres. On ne récolte, dans le Cafiristan, qu'une petite quantité de grains d'une qualité inférieure. Les céréales les plus communes sont le froment et le millet. Les routes ne peuvent donner passage qu'aux piétons. Elles sont assez souvent coupées par des rivières et des torrents, que l'on passe sur des ponts de bois ou sur de simples troncs de quelques arbres flexibles. Tous les villages qui ont été observés

---

(1) Voyez Wood, *A personal narrative of a journey to the source of the river Oxus*, p. 206. Burnes dit, au contraire, que cette vallée est triste et dépouillée de toute végétation (tom. II, page 181 de la traduction française).

par des voyageurs européens sont bâtis sur le versant des montagnes, de manière que le toit d'une maison se trouve au niveau de la porte de celle qui est au-dessus. Les vallées sont bien peuplées. Celle qu'habite la tribu de Kamodji contient au moins dix villages, dont le principal, Kamdasch, a environ cinq cents maisons.

DÉNOMINATIONS DE LA NATION. Les Cafirs n'ont pas de nom général pour toute leur nation; mais chaque tribu porte une dénomination particulière. Les musulmans désignent ce peuple sous le nom de *Cafirs* ou *Infidèles*; et ils appellent leur pays *Cafiristan*, c'est-à-dire *pays des Infidèles*. Ils donnent à une partie de la nation le nom de *Siyapousch*, ou *Noir-vêtus*, et désignent l'autre sous celui de *Sépid-Cafirs*, c'est-à-dire *Infidèles blancs*. Ces deux épithètes sont prises l'une et l'autre des vêtements de ce peuple. Les premiers portent une sorte de tunique faite de peau de chèvre noire; tandis que les autres sont vêtus de toile de coton blanche.

LANGUES ET DIALECTES. Les Cafirs parlent différents dialectes, suivant les tribus auxquelles ils appartiennent; mais ces dialectes ont toujours un certain nombre de mots qui leur sont communs à tous; et la souche à laquelle ils remontent paraît être le sanscrit. « Ces langues deviennent, dit M. Mountstuart Elphinstone, une véritable difficulté, lorsqu'on veut expliquer l'origine grecque des Cafirs; et leurs traditions ne fournissent aucune explication qui lève cette difficulté. L'hypothèse la plus croyable est que les Cafirs descendent d'un peuple qui, ayant été chassé de ses demeures par les musulmans, émigra sur différents points, et se fixa dans la contrée appelée aujourd'hui *Cafiristan*. »

RELIGION. La religion des Cafirs ne ressemble à aucune de celles que l'on connaît. Ils admettent un Dieu que la tribu de Kamdasch désigne par le nom d'*Imra*, tandis que les membres de quelques autres tribus l'appellent *Deguen*. Ils adorent, en outre, un grand nombre d'idoles qui, à ce qu'ils prétendent, offrent l'image des grands hommes des temps passés. Ceux-ci, disent-ils, intercèdent auprès de Dieu en faveur des gens qui leur rendent un culte. Ces idoles sont de pierre ou de bois, et représentent toujours des hommes ou des femmes, les uns à cheval, les autres à pied. Souvent peu de chose suffit pour obtenir aux hommes leur entrée dans le panthéon cafir. On voit dans un édifice public du village de Kamdasch un grand pilier de bois sur lequel est placée une figure tenant une lance dans une main et un étendard dans l'autre. Cette idole représente le père d'un des personnages de l'endroit, qui obtint les honneurs de l'apothéose pour avoir donné plusieurs fêtes magnifiques à tous les habitants du village. Il est à croire que nombre de personnes ont été mises au rang des dieux pour des motifs tout aussi peu valables. Les Cafirs paraissent attacher la plus haute importance à la pratique de la libéralité et de l'hospitalité, et ce sont ces vertus qui, suivant eux, donnent le plus sûrement entrée dans leur paradis, tandis que les vices contraires doivent conduire infailliblement en enfer.

La facilité avec laquelle les Cafirs accordent les honneurs divins, fait que le nombre de leurs dieux est extrêmement considérable; mais il faut dire que plusieurs de ces divinités du second ordre ne sont adorées que dans leur propre tribu. Aussi les dieux inférieurs vénérés à Kamdasch diffèrent-ils totalement de ceux que l'on adore sur les autres points du Cafiristan. Quelques divinités inférieures cependant appartiennent à toute la nation. Il faut inférer de là que ces dieux remontent à une époque déjà ancienne, et que, lorsque leur culte commença à être en vigueur, les Cafirs n'étaient point encore partagés en tribus. Les principaux dieux ou héros adorés à Kamdasch sont : Baguisch, qui est le dieu des eaux; Mani, qui chassa de l'univers l'esprit du mal; sept frères, du nom de *Paradik*, qui avaient, dit la légende, le corps d'or et naquirent un jour d'un arbre d'or; sept autres frères tout à fait semblables à ceux-ci et appelés *Paren*.

Les Cafirs sont dans l'usage d'asperger de sang leurs idoles. Ils choisissent souvent du sang de vache pour faire ces sortes de purifications. C'est là un fait qui détruit tous les rapprochements que l'on a voulu établir entre le culte des Indous et celui des Cafirs. Le feu joue un grand rôle dans leurs cérémonies religieuses. Dans un sacrifice à Imra, célébré au village de Kamdasch, on alluma du feu devant une pierre sur laquelle on répandit d'abord de la farine, du beurre, de l'eau; puis on sacrifia un animal. Le sang fut répandu sur le feu et sur la pierre. Une partie des chairs de la victime furent consumées; le reste fut mangé par les nombreux spectateurs qui accompagnaient le prêtre dans toutes ses prières et dans tous ses gestes. Une de ces prières avait pour but de demander à Dieu la destruction des Mahométans. Les cérémonies du culte des Cafirs ont lieu quelquefois en plein air et quelquefois aussi dans des tentes. Quoique le feu qu'ils allument et entretiennent avec les branches d'un bois particulier soit nécessaire pour l'accomplissement de toutes leurs cérémonies religieuses, ils n'ont aucune vénération particulière pour cet élément.

Le caractère sacerdotal est héréditaire chez les Cafirs; mais les prêtres ne possèdent point parmi eux une grande influence. On trouve dans le Cafiristan quelques sorciers qui prétendent avoir des inspirations divines. Pour les obtenir, ils ont soin de placer leur tête au-dessus de la fumée du sacrifice. Ces prétendus inspirés ne jouissent pas non plus d'une grande considération.

SACRIFICES ET FÊTES. Quoique les Cafirs fassent des sacrifices à des jours indéterminés, cependant ils ont des fêtes qui reviennent à des époques fixes. Celles-ci sont souvent accompagnées d'un sacrifice, et se terminent invariablement par un festin. Une de ces fêtes consiste à jeter des cendres à la tête de ceux qu'on rencontre; dans une autre solennité, des enfants portent, devant des idoles, des torches de pin allumées qui font bientôt un énorme feu de joie. Pendant une autre fête, les femmes se cachent hors du village; les hommes se mettent à leur recherche, et, quand ils les ont trouvées, celles-ci se défendent à coups de baguette; mais à la fin les hommes les ramènent en triomphe au village.

A la naissance d'un enfant, on le porte avec sa mère dans une maison destinée à cet usage et bâtie en dehors de l'endroit. On les y laisse vingt-quatre jours. Durant cet espace de temps, la mère est réputée impure. Ce terme expiré, la mère et l'enfant prennent un bain, et sont ramenés dans le village au milieu des danses et de la musique. Quand on veut donner un nom à l'enfant, on le place près du sein de sa mère, et l'on répète les noms de tous ses ancêtres paternels. Du moment où l'enfant commence à teter, on lui donne le dernier nom prononcé avant qu'il prît le sein.

MARIAGE. L'âge du mariage varie, de vingt à trente ans pour les hommes, et de quinze à seize pour les femmes. Le marié envoie d'abord à sa prétendue quelques belles robes d'étoffe de coton avec des ornements à la mode du pays. Il envoie aussi au père de la mariée et à sa famille tout ce qui est nécessaire pour un grand repas. On passe la nuit à manger, et le lendemain, le mari va chercher sa femme, qui s'est parée de tous les beaux vêtements qu'il lui a donnés. Le père ajoute aux cadeaux du mari un mouchoir de soie et différents objets de toilette. Il donne de plus à son gendre une vache, et quelquefois, lorsqu'il est assez riche, un esclave. La jeune fille se charge alors d'une corbeille pleine de fruits et de noix confites avec du miel, et, si sa famille est assez riche pour subvenir à cette dépense, elle prend encore une coupe d'argent. Elle est conduite à la maison de son mari par tous les habitants du village, qui l'accompagnent en chantant et en dansant. Quelques jours après, le père reçoit le prix de sa fille, qui monte quelquefois jusqu'à vingt vaches. Les prêtres n'interviennent pas dans les cérémonies du mariage.

OCCUPATIONS DES FEMMES. — ESCLAVES. Les femmes des Cafirs font tous les travaux du ménage. Il en est même quelques-unes qui travaillent aux champs; ce qui prouve du moins qu'on ne les enferme pas. La loi punit l'adultère. Indépendamment de leurs femmes, les riches Cafirs ont des esclaves des deux sexes. Ceux-ci sont Cafirs comme leurs maîtres. Dans les guerres avec les étrangers musulmans, les Cafirs ne font jamais de prisonniers, et massacrent tous les hommes qui tombent en leur pouvoir. Les esclaves sont donc des Cafirs pris dans les guerres de tribu à tribu ou volés en temps de paix. Les gens riches ne se font aucun scrupule de s'emparer des enfants du pauvre et de les garder pour leur service, quelquefois même de les vendre aux musulmans. Ceux de ces esclaves qui restent chez leurs compatriotes riches ne sont pas maltraités.

FUNÉRAILLES. Quand un homme vient à mourir, on le revêt de ses plus beaux habits, et on le couche sur un lit les bras étendus le long du corps. Quelques personnes de la famille portent le cadavre sur un brancard, tandis que les autres chantent et dansent à l'entour. Les hommes exécutent des combats simulés, et les femmes poussent des gémissements. De temps en temps le convoi s'arrête, et les femmes viennent verser des larmes sur le corps du défunt. Enfin, on l'enferme dans un cercueil, et on le laisse en plein air, à l'ombre de quelques arbres. Toutes les funérailles se terminent par un festin; au bout de l'an, on donne encore un repas en mémoire du défunt, et on place quelques mets sur sa tombe, en invitant ses mânes à s'en nourrir.

Nous avons dit que plusieurs personnes obtenaient les honneurs divins après leur mort. Quelques Cafirs, même sans être mis au rang des dieux, obtiennent une grande renommée par l'élévation d'un petit monument qui consiste en quatre chevrons et quelques toises de maçonnerie. Ces édifices n'ont aucune destination et ne sauraient servir à aucun usage; mais ils portent le nom du défunt, et quelques Cafirs, pour obtenir qu'un jour on en élève un à leur mémoire, donnent des fêtes à tous les habitants du village où ils résident.

COMPLIMENTS DE CONDOLÉANCE. La manière de faire les compliments de condoléance est assez remarquable. Lorsqu'un homme a perdu un parent, ceux de ses amis qui viennent le consoler commencent, en entrant dans la maison, par jeter à terre leur bonnet; puis ils tirent un poignard, et, prenant par la main l'homme affligé, ils le forcent à se lever et à danser avec eux autour de la chambre pendant un certain espace de temps.

ASSEMBLÉES PUBLIQUES. — PRINCIPE DE LA LOI. — PROPRIÉTÉS. Les affaires publiques se décident dans les assemblées composées des gens les plus riches et les plus importants de la nation. On croit que le principe du talion forme la base de la loi chez les Cafirs. Ces montagnards n'ont aucun titre honorifique qui leur soit particulier; mais ils empruntent aux nations voisines la qualification de *khan*, et l'accordent à toutes les personnes qui jouissent d'une certaine richesse et d'une certaine influence. Les propriétés des Cafirs consistent principalement en bétail et en esclaves. Un homme riche du village de Kamdasch possédait environ 800 chèvres, près de 300 bœufs et huit familles d'esclaves.

COSTUME. Tout l'habillement du bas peuple, parmi les Siyapouschs, se compose de quatre peaux de chèvre de couleur noire. Deux de ces peaux servent de veste ou de tunique, et les deux autres forment comme une espèce de jupe. Les bras restent nus. Ce singulier vêtement est assujetti autour du corps à l'aide d'une ceinture de cuir. Ils vont tous la tête nue, à moins qu'ils n'aient tué un mahométan. Dans ce dernier cas, ils ont le privilége de se coiffer d'un turban ou d'un bonnet; ils se rasent la tête, à l'exception d'une longue tresse qu'ils gardent sur le sommet, et ils portent quelquefois deux boucles de cheveux derrière les oreilles. Ils se rasent les joues et les moustaches, et conservent le reste de la barbe longue de quatre à cinq pouces. Les Cafirs qui sont dans l'aisance et ceux qui habitent près des frontières de l'Afganistan portent une chemise sous leur veste, et, dans l'été, cette chemise forme tout leur vêtement. Les gens riches ne sont point couverts de peaux de chèvre; mais ils portent des habits faits avec une toile de coton noire ou avec des étoffes de poil de la même couleur. Quelques-uns s'enveloppent dans des couvertures de laine qui descendent jusqu'aux genoux et sont retenues par une ceinture. Les Cafirs ont aussi des pantalons de coton qui, de même que leurs chemises, sont parsemés de fleurs brodées rouges ou noires. Ils portent des bas, et quelquefois des bandes d'étoffe roulées autour des jambes. Les guerriers se distinguent par des bottines de peau de chèvre de couleur blanche.

Le costume des femmes diffère peu de celui des hommes; seulement elles ont les cheveux relevés sur le sommet de la tête, qu'elles recouvrent avec un petit bonnet autour duquel elles roulent un turban : elles se parent avec des bijoux et des ornements d'argent, et portent aussi quelques-uns de ces coquillages que l'on appelle *cauris*. Les jeunes filles se couvrent la tête avec une espèce de résille ou de filet rouge. Les Cafirs des deux sexes portent des boucles d'oreilles, et ont des anneaux qui pendent au cartilage du nez; leurs bras sont ornés de bracelets d'argent, et plus souvent encore d'étain ou de cuivre. On serre ces bijoux quand on est en deuil; et les hommes ne s'en parent que lorsqu'ils ont atteint l'âge de puberté. On donne à cette occasion un grand repas.

MAISONS ET MEUBLES. Les maisons des Cafirs sont souvent de bois, et l'on y pratique des caves dans lesquelles on garde le fromage, le beurre purifié, le vin et le vinaigre. On trouve, dans chaque maison, un banc de bois à dossier et appuyé contre le mur. On y trouve aussi des chaises qui ont la forme de tambours, avec cette différence qu'elles se rétrécissent vers le milieu et sont beaucoup plus larges du haut que du bas. Les Cafirs se servent de tables. L'habitude, autant que leur costume, fait qu'ils ne peuvent point s'asseoir par terre comme les autres Asiatiques, et si, par hasard, ils y sont forcés, ils étendent les jambes à la manière des Européens. Ils ont des bois de lit à peu près semblables aux nôtres. On voit également chez eux des tabourets à fond d'osier.

NOURRITURE. — BOISSON. — HOSPITALITÉ. Leur nourriture consiste principalement en fromage, beurre et lait, qu'ils mangent avec du pain ou de la galette. Des fruits, tels que les noix, les raisins, les pommes, les amandes et les abricots sauvages qu'on trouve en abondance dans ces pays, entrent également dans leur alimentation. Ils ont en horreur le poisson; mais ce sont les seuls animaux qu'ils regardent comme impurs; du reste, ils mangent sans difficulté du bœuf, du mouton, et de la chair d'ours, qu'ils ne font cuire qu'à moitié. Ils se lavent toujours les mains avant le repas; et en général, avant de commencer à manger, ils récitent une prière d'actions de grâces. Les hommes et les femmes aiment beaucoup le vin et en boivent avec excès. Ils en ont de quatre espèces différentes : du blanc, du rouge, du foncé tirant sur le noir, et un dernier qui a la consistance d'une gelée et est extrêmement capiteux. Ils boivent le vin pur ou trempé, dans de grandes coupes d'argent auxquelles ils attachent le plus grand prix, et cette boisson les rend quelquefois très-gais, mais jamais querelleurs.

Les Cafirs, comme nous l'avons déjà dit, sont extrêmement hospitaliers. Souvent on voit tous les habitants d'un village sortir pour aller au-devant d'un étranger, se charger eux-mêmes de ses bagages, et conduire ce nouvel hôte dans le village avec mille politesses. Arrivé là, l'étranger doit rendre une visite à toutes les personnes importantes du lieu, et dans chaque maison où il entre, on le presse de boire et de manger.

DIVERTISSEMENTS. Les Cafirs passent une grande partie de leur existence dans l'oisiveté. Leurs plaisirs favoris sont la chasse, mais surtout la danse. Celle-ci est rapide et toujours accompagnée de pantomime. Le Cafir qui danse, remue les épaules, agite la tête, et brandit fièrement sa hache d'armes. La danse est pour ce peuple un plaisir de tous les âges; quelquefois ils forment un cercle composé d'hommes et de femmes qui se tiennent par la main, et sautent en rond pendant quelque temps autour des musiciens; puis tout à coup ils s'élancent en avant, et exécutent des pas et des figures très-compliqués. Ils montrent beaucoup de vivacité dans cet exercice, et frappent du pied le sol avec force. Ils n'ont pas d'autres instruments que le tambourin et une espèce de flûte ou de flageolet. Souvent les danseurs s'accompagnent eux-mêmes de la voix. La musique est en général vive; mais on y remarque quelque chose de sauvage.

HAINE CONTRE LES MUSULMANS. Un des traits les plus remarquables du caractère des Cafirs, c'est la haine implacable qu'ils portent aux musulmans, avec lesquels ils sont constamment en guerre, comme nous l'avons déjà dit. Les musulmans, il est vrai, se sont attirés cette inimitié par les incursions fréquentes qu'ils font sur le territoire des Cafirs pour y enlever des esclaves. Plusieurs fois aussi ils ont entrepris contre eux de grandes expéditions militaires. Il est rare que dans ces occasions les Cafirs puissent empêcher les armées ennemies de pénétrer jusque dans le cœur du pays. Toutefois, les musulmans n'ont pu jamais se maintenir dans le Cafiristan, et toujours on les a vus contraints d'évacuer le pays, après avoir éprouvé de grandes pertes.

ARMES. Les armes des Cafirs se composent d'un arc long d'un peu plus de quatre pieds et garni d'une corde de cuir. Leurs flèches sont faites de roseaux et barbelées; ils les empoisonnent quelquefois. Ils portent aussi au côté droit une dague d'une forme particulière, et du côté gauche un couteau extrêmement pointu. Ils sont presque toujours munis d'un briquet et d'une espèce d'écorce d'arbre qui fait un excellent amadou. Ils ont emprunté aux Afgans, leurs voisins, les armes à feu et les sabres dont ils font usage depuis plusieurs années.

SYSTÈME DE GUERRE. Lorsque les Cafirs entreprennent une expédition, ils avancent quelquefois à découvert, et sans chercher à cacher leur marche; mais plus souvent ils tâchent de surprendre leurs ennemis et de leur dresser des embuscades : par un manque de raisonnement inexplicable, ils négligent de prendre les précautions les plus simples pour se mettre à l'abri des surprises; et jamais ils ne posent de gardes pendant la nuit, même sur les points de leur territoire les plus exposés à une irruption soudaine. Ils entreprennent souvent des expéditions lointaines et difficiles, auxquelles ils sont extrêmement aptes par leur légèreté, leur force et l'habitude de franchir tous les obstacles du terrain. Quand ils se voient poursuivis, ils détachent la corde de leur arc, qui alors leur tient lieu de bâton; et, appuyés dessus, ils s'élancent avec une vigueur et une adresse incroyables, et sautent de rocher en rocher, jusqu'à ce qu'ils soient hors d'atteinte. Lorsqu'ils marchent contre leurs ennemis, les gens riches portent des habits magnifiques, et quelques-uns se parent d'autant de coquilles de cauris qu'ils ont tué de musulmans. Les Cafirs chantent en marchant un air guerrier, et, lorsqu'ils réussissent à surprendre leurs ennemis, ils avertissent l'arrière-garde par un coup de sifflet. Ils n'ont égard ni au sexe ni à l'âge dans ces sortes d'occasions, et mettent à mort impitoyablement tous ceux qui ont le malheur de tomber entre leurs mains. Le meurtre des musulmans est considéré par eux comme le plus grand exploit qu'ils puissent faire. Les jeunes gens sont privés de différents priviléges jusqu'à ce qu'ils aient accompli ce devoir indispensable; et, pour les engager à recommencer souvent, on leur accorde des distinctions spéciales. Dans les danses solennelles qui accompagnent une de leurs principales fêtes, les hommes paraissent avec un turban dans lequel ils placent une longue plume pour chaque musulman qu'ils ont tué. Ils portent aussi à la ceinture des grelots dont le nombre est déterminé d'après la même échelle. Il est expressément défendu à tout Cafir qui n'a pas tué un homme de brandir sa hache d'armes au-dessus de sa tête en dansant. Ceux d'entre eux qui viennent de tuer un musulman reçoivent des visites et sont complimentés par tous leurs parents et amis, et à partir de ce moment ils ont le droit de placer sur leur tête un petit bonnet de laine rouge. Ceux qui en ont tué plusieurs fichent en terre, devant leur porte, une longue perche dans laquelle ils mettent un clou pour chaque musulman tué par eux et un anneau pour chaque blessé. Avec toutes ces primes accordées au meurtre, il n'est pas étonnant que les Cafirs ne fassent que peu de prisonniers musulmans. Le cas se présente cependant quelquefois, et alors on célèbre une grande fête, et le prisonnier est mis à mort après beaucoup de cérémonies. On suppose que les Cafirs l'immolent à leurs dieux.

TRÊVES ET TRAITÉS DE PAIX. Quelquefois les Cafirs et les musulmans conviennent d'une trêve et font même la paix. Voici la manière dont ils concluent le traité. Ils tuent une chèvre, en font cuire le cœur, mordent dedans, et donnent le reste au plénipotentiaire musulman. Les deux parties contractantes se mordent ensuite la peau à la région du cœur, et le traité est conclu.

Malgré l'exaspération que produisent sur les Cafirs les persécutions de tout genre dont ils sont l'objet de la part des musulmans, et les justes représailles qu'elles doivent amener, on peut dire que ces gens sont bons, affectueux et doués des meilleures qualités naturelles. Ils sont emportés, mais peu de chose les apaise. Leur caractère est gai, loyal et éminemment sociable. Ils montrent de la bienveillance, même envers les musulmans, lorsque ceux-ci deviennent leurs hôtes.

PAYS DE TSCHITRAL. Le pays de Tschitral, situé entre les monts Belour et le Badakhschane, est arrosé par un affluent de la rivière de Caboul. Le chef de ce district se vante, comme celui de Dervazeh, d'avoir une origine macédonienne, et de compter parmi ses ancêtres les compagnons d'Alexandre le Grand.

KHANAT DE KHOKANDE.

DÉNOMINATIONS. Le khanat de Khokande, ainsi appelé du nom de sa capitale, est le pays de Fergana des anciens géographes orientaux. Nombre d'auteurs écrivent *Khokhan* et *Kokan* au lieu de *Khokande*; mais cette orthographe vicieuse ne doit point être suivie.

LIMITES. Le khanat de Khokande s'est considérablement agrandi depuis la réunion de Taschkende, en 1805, et de Turquestan et des villes voisines en 1815. Aujourd'hui, les limites de ce khanat sont : au nord, les steppes des Kirguizes-Kasaks; à l'ouest, la Boukharie et le désert de Kizil-Koum; au sud, le territoire de Karatéguine; à l'est, le Turquestan-Chinois ou la Petite-Boukharie.

ÉTENDUE. Longueur du nord au sud, environ 130 lieues; largeur de l'est à l'ouest, 50 lieues.

NATURE DU SOL. Le pays est montagneux : on remarque dans la partie du nord l'Ala-Tag et les monts Karataou; au sud, les Caschgar-Divani, ramification des Tsoung-Ling.

Le territoire est en général fertile, particulièrement sur le bord des cours d'eau, où l'on trouve de très-belles prairies.

RIVIÈRES. Les principales rivières du khanat sont.
L'Andédjan,
La Djakan,
La Kaba,
La Khokande,
L'Asfera,
La Tschirtschik.

Cette dernière a un courant tellement rapide, que ce n'est qu'avec une peine extrême que les chevaux parviennent à la passer à gué. On entend au loin le bruit de ses eaux, qui met en fuite les bêtes sauvages, jusqu'aux panthères et aux tigres.

Toutes les rivières que nous venons de citer se jettent dans le Sir-déria, ou Jaxartès, qui parcourt le khanat, en se dirigeant d'abord à l'ouest, puis au sud-ouest, et enfin au nord-ouest.

CLIMAT. Le climat est sain et agréable, quoique, dans les parties de l'est du khanat, les chaleurs soient très-fortes en été.

PRODUCTIONS NATURELLES.

RÈGNE ANIMAL. On trouve dans le khanat le chameau, le cheval, l'âne, les bêtes à cornes et une grande variété d'oiseaux et de bêtes fauves. On y élève une quantité considérable de vers à soie.

RÈGNE VÉGÉTAL. Les produits les plus importants du règne végétal sont les céréales, les fruits, tels que pêches, amandes, raisins, grenades, figues, oranges, et un grand nombre de mûriers.

RÈGNE MINÉRAL. Houilles, fer, cuivre, argent, or et lapis-lazuli.

COMMERCE. Le commerce se fait par voie d'échanges avec la Boukharie, Caschgar, la Chine, Khiva et le district de Karatéguine.

POPULATION. Plusieurs auteurs portent la population à 3,000,000, Tartares et Tadjics : cette estimation nous paraît trop forte, et nous croyons que le nombre des habitants ne dépasse guère 1,200,000 âmes.

ARMÉE. L'armée se compose, dans les circonstances ordinaires, de 10,000 cavaliers et d'un petit nombre de fantassins. Nous avons vu qu'elle était forte de 15,000 hommes en 1842 (1).

On trouve dans la relation du voyage de M. Nazarov (2) les détails suivants, qui peuvent servir à faire connaître cette armée :

« Une haie de cavaliers armés de sabres, de lances et de fusils à mèche fut formée depuis le jardin jusqu'au palais. Les soldats de la garde du prince, nommés *kaleobater*, montés sur de superbes chevaux turcomans, étaient richement habillés; ils avaient des turbans rouges; les autres soldats en portaient de blancs.

« Vers midi, nous nous mîmes en route; nous étions précédés par un officier du pays revêtu d'une cotte de mailles et armé d'un bouclier; auprès de lui était un homme à cheval frappant sans relâche sur des timbales. Lorsque nous eûmes passé devant un corps de cent cavaliers, le chef de cette troupe se joignit à l'officier qui nous servait de guide, et l'accompagna jusqu'à un autre corps de cent cavaliers. Il se retira, et un autre chef le remplaça. Après la cavalerie vint l'infanterie. Les soldats, quoique rangés en bataille, tenaient leur fusil comme bon leur semblait. Nous remarquâmes que les troupes n'étant pas assez nombreuses pour couvrir une si grande étendue de terrain, on leur faisait prendre les devants, par des rues voisines, pour les ranger de nouveau sur la route qui nous restait à parcourir... En repassant entre la double haie de soldats, plusieurs cavaliers khokandiens s'amusèrent à donner des coups de fouet aux Cosaques : un de ceux-ci, irrité de ce singulier accueil, riposta par un coup de crosse de fusil dans la poitrine de son aggresseur, et le fit tomber de cheval. Au lieu de s'en fâcher, les soldats khokandiens louèrent la vaillance du Cosaque, et éclatèrent de rire. Nous apprîmes par la suite que le plus sûr moyen pour un officier du pays d'acquérir la réputation d'un guerrier courageux, était d'insulter les passants. Aussi, les voit-on donner force coups de fouet aux soldats qui ne se rangent pas assez vite pour leur faire place, et souvent aussi ils les accablent d'injures. Le peuple s'empresse de céder le pas à ces braves. »

GOUVERNEMENT. Le gouvernement était despotique à l'époque de l'indépendance du pays, et il l'est encore depuis la conquête des Boukhares en 1842 (1).

La relation de l'audience accordée à M. Nazarov, envoyé de l'empereur de Russie, par le khan de Khokande, peut donner une idée du cérémonial qui existait à la cour de ce prince; nous allons la transcrire.

« A cent cinquante toises du palais on nous fit descendre de cheval. Nous marchâmes alors jusqu'à la porte de la grande muraille qui entoure la demeure du souverain. Nous attendîmes une demi-heure, temps nécessaire pour qu'on nous annonçât. Le concours de peuple était si grand que, de toutes parts, les maisons, les toits, les escaliers et les murs étaient couverts de spectateurs. Nous vîmes près de la cour un grand nombre de mortiers et de canons sans affûts et entassés.

« Deux officiers s'étant présentés à la porte, me conduisirent dans la cour; et me montrant le prince qui était à une fenêtre du palais, ils m'engagèrent à le saluer suivant l'usage, comme je saluerais mon souverain. J'ôtai mon chapeau, ce qui est contraire à l'usage du pays, et je le remis ensuite sur ma tête, après avoir fait un profond salut.

« Les vizirs et tous les seigneurs qui composaient le conseil suprême étaient assis sur des sièges élevés, couverts de tapis et placés sous des hangars près du palais. J'ouvris la lettre de l'empereur et celle du chancelier de l'empire, qui en contenait la traduction, et je les plaçai sur ma tête avec les mains. On me prit alors par les bras, et l'on me conduisit dans les appartements du souverain, qui était assis sur un trône élevé auquel on montait par des degrés. Ce prince portait un grand châle garni de franges et de glands d'or. Deux vizirs me conduisirent par les bras jusqu'au pied du trône. On m'ordonna alors de me mettre à genoux. *L'amir-vali-miani* (c'est

---

(1) Voyez ci-devant, page 56, colonne 1.
(2) Voyez *Magasin asiatique*, publié par J. Klaproth, tom. I, page 42 et suivantes.

(1) Voyez ci-devant, page 56, colonne 1.

ainsi qu'on désigne dans ses Etats le souverain de Khokande) prit alors les lettres et les donna à un vizir ; il se leva ensuite de son trône, et me tendit la main, que, selon l'usage, je pressai doucement dans les miennes. Cette scène se passait dans le plus profond silence. Les vizirs me prirent de nouveau sous les bras et me firent marcher à reculons jusqu'à la porte, afin que je ne tournasse pas le dos au prince. Celui-ci m'adressa alors la parole. Il s'informa de la santé de l'empereur, et me demanda si j'avais des instructions verbales de ce monarque à lui communiquer. Reconduit dans la cour, on me fit asseoir sur un riche tapis, en face de la fenêtre dont j'ai parlé plus haut, et à une distance d'environ trois toises. L'officier des Cosaques fut conduit de la même manière, et on le fit asseoir à ma gauche. Des envoyés de la Chine, de Khiva, de Boukhara et de plusieurs autres pays étaient assis derrière nous, sous des hangars. On apporta alors la caisse qui contenait les présents. D'après l'usage du pays, on fit asseoir les Cosaques sur des sièges qui se trouvaient à une certaine distance des nôtres. Huit seigneurs de la cour soulevèrent la caisse avec des ceintures, et la portèrent dans les appartements du souverain. Je remarquai qu'en passant devant les ambassadeurs des autres puissances ils firent semblant d'être accablés sous le poids de leur charge. J'avais sur moi la clef de la caisse ; le prince envoya quelqu'un me la demander. Peu d'instants après, le principal vizir montra la lettre de l'empereur aux membres du conseil suprême, qui la regardèrent avec respect. Ensuite il la reporta au palais.

« Le prince, comme preuve de sa satisfaction particulière, fit préparer pour nous et pour les personnes les plus distinguées de sa cour un repas composé de viande de cheval et de riz teint en couleur de rose ; nous ne mangeâmes pas du premier de ces mets, sous prétexte que notre religion nous le défendait. Après le repas, on nous souleva de dessus nos sièges, on nous plaça sur nos chevaux, et nous fûmes escortés jusqu'à notre jardin par les mêmes officiers qui nous avaient accompagnés en venant au palais. »

POLICE ET ADMINISTRATION DE LA JUSTICE.

Le gouvernement se montre très-sévère à l'égard des marchands qui se rendent coupables de fraude et de vente à faux poids. Le coupable, dépouillé de ses vêtements, est promené dans les rues, et on lui applique des coups de fouet, pendant qu'on l'oblige à crier tout haut qu'il est puni de la sorte pour avoir vendu à faux poids.

Les procès s'instruisent verbalement. Le témoignage de deux hommes fait sous serment suffit pour établir la preuve d'un fait. Les juges sont des membres du clergé. Le gouverneur les convoque, lorsqu'il y a lieu, dans une maison qui sert de palais de justice. Les juges, assistés du gouverneur, sont placés sur une estrade. On introduit devant eux l'accusé. L'iman de la mosquée à laquelle il appartient examine l'affaire, et après avoir reçu la déclaration des deux témoins du crime, il prononce la sentence ; lorsque les autres juges l'approuvent, le gouverneur la fait mettre à exécution.

Les officiers et les fonctionnaires du plus haut rang sont condamnés à mort, lorsqu'on peut les convaincre de trahison, d'usure et de divers autres crimes. Leurs biens sont confisqués au profit du souverain. Leurs femmes et leurs filles sont livrées en toute propriété à de simples soldats.

Les voleurs sont punis par la perte d'une main ou même des deux, suivant la gravité du vol. L'amputation faite, on trempe le moignon dans de l'huile bouillante pour arrêter l'hémorragie ; puis on laisse aller le voleur.

Les assassins sont livrés aux parents du mort, qui ont le droit de leur faire trancher la tête, de les vendre comme esclaves, ou de leur faire payer une forte somme pour le prix du sang.

L'adultère est puni de mort. « J'ai assisté, dit M. Nazarov, à une exécution de ce genre. Le souvenir m'en fait encore frissonner. Une jeune fille de dix-sept ans, mariée par ses parents à un homme qui lui déplaisait, l'abandonna, quitta ses vêtements de femme, se fit raser la tête comme les hommes, et alla vivre avec un officier du gouverneur, dont elle était éperdument amoureuse : elle passa longtemps pour le domestique de cet officier. Mais à la fin, le mari, informé de la vérité, en instruisit le gouverneur. L'amant prit la fuite, la pauvre femme fut arrêtée, et avoua son crime. La loi était formelle. Le prince, qui ne pouvait lui accorder sa grâce, mais qui avait pitié de sa jeunesse et de sa beauté, lui fit dire en secret de revenir sur sa première déposition, et de déclarer qu'elle avait perdu ses cheveux à la suite d'une maladie. Elle répondit que, séparée de l'homme qu'elle aimait, la vie n'était plus rien pour elle. Tout fut inutile. Elle resta inébranlable dans sa résolution, et voulut mourir. Le jour fixé pour l'exécution, la foule était immense au bazar, lieu du supplice. On avait creusé une fosse ; la jeune femme y fut enterrée jusqu'à la poitrine. Le bourreau lui jeta alors une pierre à la tête. Les assistants suivirent son exemple, et continuèrent jusqu'à ce que la tête de cette malheureuse fût entièrement broyée. Alors les parents vinrent enlever le corps pour l'enterrer. »

VILLES PRINCIPALES.

Les villes les plus importantes du khanat sont :
Otrar,
Souzak,
Turquestan ou Taraze,
Taschkende,
Khodjende,
Khokande, capitale,
Marguilan,
Andoudjan,
Nemengan,
Osch.

OTRAR, sur la rive droite du Jaxartès, un peu au-dessous du confluent de l'Aride, était autrefois une place de guerre importante. Cette ville est devenue célèbre par la mort de Timour ou Tamerlan.

SOUZAK est une forteresse située dans les montagnes, et autour de laquelle s'élèvent cinq cents maisons. La ville n'a qu'une seule rue en forme de cercle ; elle est bâtie sur un terrain élevé et entourée d'une muraille de pierre. L'enceinte renferme des sources abondantes.

On remarque, aux environs, des champs labourés et des tentes éparses de Kirguizes. Les habitants se livrent à l'agriculture et entretiennent un grand commerce d'échange avec les Kirguizes voisins.

TURQUESTAN. Cette ville, appelée aussi *Taraze*, est fameuse par les tombeaux de plusieurs saints musulmans enterrés dans son enceinte. Le plus révéré de tous ces saints est Kara-Ahmed. Il existe dans la ville une mosquée qui porte son nom, et près de laquelle on voit une immense marmite qui a au moins douze pieds de diamètre, et dans laquelle les gens riches font cuire, à certains jours, des aliments que l'on distribue aux pauvres.

TASCHKENDE. Cette ville, située à cinq lieues environ de la rivière de Tschirtschik, est bâtie en partie dans une vallée : elle est entourée dans presque tout son circuit par une muraille de briques séchées au soleil. Taschkende contient environ 3,000 maisons ; mais elle paraît plus grande qu'elle ne l'est en réalité, parce qu'elle renferme dans son enceinte un nombre considérable de vignes et de jardins. Plusieurs canaux conduisent l'eau de la rivière à de nombreuses fontaines situées dans les différents quartiers de la ville. Chaque maison possède d'ailleurs son bassin particulier ou un petit canal qui traverse la cour. Les habitants se baignent dans ces bassins et y blanchissent leur linge.

La ville est très-vivante, la foule remplit les rues. Quelques gens dansent devant la porte de leurs maisons, d'autres font de la musique dans leurs jardins, et l'on peut se croire dans une fête perpétuelle.

Les artisans sont en petit nombre à Taschkende. La plus grande partie des habitants n'ont aucune occupation, et vivent des produits de leurs jardins.

La citadelle, située en dehors de la ville, est défendue par des murailles, des fossés, et un canal profond.

On jouit à Taschkende et dans les environs d'un climat agréable. Le pays est fertile et couvert de vignes et de vergers qui produisent les fruits les plus savoureux. On rencontre à chaque pas des sources, des ruisseaux et des canaux construits avec beaucoup de soin.

8ᵉ *Livraison*. (TARTARIE.)

Sur les bords de ces eaux s'élèvent de majestueux peupliers à l'ombre desquels les voyageurs se reposent et prennent le frais.

KHODJENDE. Cette ville est fort importante par son commerce, et on y remarque un nombre assez considérable de fabriques.

KHOKANDE. Cette capitale est grande et peuplée. Le nombre des habitants s'élève à 30,000. On compte, dit-on, à Khokande jusqu'à quatre cents mosquées. Cette ville est bâtie dans une plaine, et l'on y trouve un nombre considérable de sources. Les maisons sont de terre. Il existe cependant au centre de la ville trois bazars de pierre. On remarque, dans plusieurs quartiers, d'anciens monuments mal entretenus. Près du château, il existe un bâtiment de briques : ce sont les écuries royales. Les environs de Khokande sont très-agréables. On y voit des villages, des prairies et des champs bien cultivés. Le terrain est fertile, quoique imprégné de sel. Les gens de la campagne portent au marché un nombre considérable de paniers remplis d'œufs de vers à soie, que les femmes achètent pour les faire éclore. Voici comment elles s'y prennent. Elles enveloppent les œufs dans des linges humides, et les réunissent par petits tas jusqu'à ce que les vers soient éclos ; ce qui arrive ordinairement au bout d'une douzaine de jours. On place alors les vers dans des paniers couverts de linges humides, et on les expose au soleil, en ayant soin de leur donner des feuilles de mûrier pour nourriture. La soie est tellement commune dans le pays, que, malgré les exportations considérables que l'on fait en Boukharie et la fabrication d'une immense quantité d'étoffes, il reste toujours un fort excédant au moment de la nouvelle récolte.

MARGUILAN a une circonférence d'environ sept lieues. Cette ville n'est pas fortifiée ; mais elle est défendue par la forteresse d'Yarmazar, qui n'en est éloignée que d'une lieue environ, et dont la garnison est considérable.

Les maisons de Marguilan sont de terre et n'ont pas de fenêtres ; les rues sont étroites. On voit dans la ville un assez grand nombre d'anciens monuments et de portiques, plusieurs d'un bon style d'architecture. Au centre de Marguilan on remarque un édifice assez semblable à un temple ouvert, et dans l'intérieur duquel est planté un drapeau de soie rouge qui, suivant la tradition, a appartenu à Alexandre le Grand. On rapporte que le conquérant macédonien mourut dans la steppe voisine et fut enterré dans ce lieu.

Lorsqu'un nouveau gouverneur de Marguilan vient prendre possession de sa charge, les membres du clergé mahométan promènent ce drapeau en procession dans toute la ville, et l'accompagnent en chantant jusqu'à la maison du gouverneur, qu'ils complimentent. Celui-ci, en retour, attache au drapeau des pièces d'étoffes d'or, d'argent, et d'autres objets précieux. Ces présents sont destinés aux prêtres : il leur distribue aussi de l'argent, du pain et des pommes.

Le bazar de cette ville contient plusieurs rangs de boutiques. On y tient un marché deux jours par semaine. Les employés du gouvernement veillent à ce que les marchands ne trompent pas les acheteurs sur le poids ou sur la mesure des denrées qu'ils débitent.

On trouve dans la ville plusieurs fabriques de drap d'or et d'argent, de velours, et d'autres étoffes particulières au pays. On en exporte une grande quantité en Boukharie et à Caschgar. Cette dernière ville fournit aux habitants de Marguilan du thé, de la porcelaine, de l'argent en lingots, des couleurs, du damas et d'autres étoffes de la Chine.

Les habitants de Marguilan paraissent riches et heureux. Les femmes sont, à ce qu'on rapporte, belles, grandes et bien faites, et passent pour aimer beaucoup la parure.

M. Nazarov nous a transmis quelques renseignements curieux sur Marguilan. « Le prince, dit le voyageur russe, me fit inviter avec ma suite à une partie de chasse près de Marguilan. Il y a là des pâturages ; on y fait la chasse aux oiseaux, aux panthères et aux tigres. Après avoir longé la chaîne de montagnes appelée *Caschgar-Divani*, qui s'étend de la Chine vers Samarcande, nous arrivâmes à une steppe dont l'étendue est d'à peu près dix lieues ; nous dirigeant alors vers l'est, nous arrivâmes à Marguilan, après deux jours de marche ; nous

TARTARIE

Vestibule d'une maison à Boukhara.

vîmes dans cette steppe sablonneuse un nombre considérable de villages très-peuplés. Les habitants sont fort à leur aise. Ils paraissent mener une existence heureuse, et leur visage exprime une satisfaction réelle. Ils cultivent des vignes et des champs, fabriquent des toiles de coton, et élèvent des vers à soie.

« Quand nous entrâmes dans Marguilan, la foule était si considérable sur notre passage et se montrait tellement curieuse de nous voir, que l'on était contraint de donner à ces gens des coups de fouet sur la tête, pour que nous pussions avancer de quelques pas. Mais ce moyen était insuffisant, et la foule se précipitait toujours sur nous. On nous conduisit dans une maison appartenant au gouvernement et où l'on avait placé une garde pour nous mettre à l'abri des importunités des habitants. Précautions inutiles : les portes furent brisées, et la foule se précipita dans les appartements que nous occupions avec une violence telle, que nous manquâmes d'être étouffés. Un envoyé chinois qui logeait dans notre voisinage et prenait part à ma position désagréable, me conseilla d'ordonner à mes Cosaques d'employer la force pour me débarrasser de ces importuns, ajoutant que c'était le seul parti que nous eussions à prendre pour qu'on nous laissât en paix. Ce moyen nous réussit pendant quelques jours; mais bientôt l'affluence redevint aussi considérable qu'auparavant. Pendant huit jours entiers nous ne pûmes obtenir d'être un instant tranquilles. Enfin, quand la curiosité générale fut satisfaite, on nous laissa jouir d'un peu de repos.

« Nous recevions chaque jour du gouverneur une livre de viande, une livre de pain et du thé. On nous donnait pour nos chevaux la même ration de fourrage qu'à Khokande. »

ANDOUDJAN. Cette ville, située près du territoire de Caschgar, est entourée de villages dont les habitants se livrent à l'agriculture. Ils élèvent aussi des vers à soie et fabriquent des toiles de coton. Ils font un grand commerce avec les Kirguizes-Noirs qui leur fournissent des bestiaux. Andoudjan n'a pas d'autres fortifications que le château du gouverneur, entouré d'une muraille et défendu par une bonne garnison. Chaque soldat a un logement dans ce château. Une partie des droits de douane s'appliquent à l'entretien des troupes. Les maisons d'Andoudjan sont bâties de terre; les rues de cette ville sont tortueuses et étroites.

On remarque entre Andoudjan et Namengan des prairies appartenant au khan de Khokande et entourées de larges canaux et de roseaux. On a placé tout autour de l'enceinte des corps de garde pour empêcher les habitants de tuer les oiseaux et les bêtes fauves qu'on y tient en réserve pour la chasse du prince.

NAMENGAN, ville fort peuplée; on y voit plusieurs manufactures de toiles de coton. Le territoire environnant produit une grande quantité de fruits que l'on envoie dans toutes les villes du Khokande. Namengan entretient un commerce suivi avec les Kirguizes-Noirs.

OSCH, ville peu considérable située au bas d'une montagne appelée *Takht-i-Souleïman* ou le *Trône de Salomon*. Un nombre considérable de pèlerins se rendent à Osch pour visiter un endroit de la montagne où, suivant la tradition, Salomon immola un chameau dont on voit encore le sang, rouge comme s'il venait d'être répandu. Les personnes affectées de rhumatismes et de quelques autres maladies vont à Osch, où elles se couchent sur une pierre plate qui possède, dit-on, la vertu de les guérir.

DÉPENDANCES DU KHANAT
DE KHOKANDE.

Plateau de Pamère.

Le plateau de Pamère est situé entre le Badakschane et le territoire d'Yarkende. Le centre de ce plateau est occupé par le lac Sarikoul, duquel sort l'Oxus. Cette plaine haute s'étend de toutes parts à six journées de marche du lac; elle est coupée par des ravins peu profonds et couverte d'une herbe courte, mais nourrissante pour les bestiaux. Le climat y est fort rigoureux, et en été la neige se conserve toujours dans les fonds.

HABITANTS. Ce plateau est habité

par des Kirguizes nomades, sur les mœurs et les usages desquels M. Wood nous transmet de curieux détails. Nous devons, avant de les faire connaître, indiquer à quelle race appartiennent ces Kirguizes, que l'on pourrait confondre avec les Kasaks, habitants des steppes septentrionales du Turquestan, et dont nous parlerons plus loin.

KARA-KIRGUIZES ET KIRGUIZES-KASAKS. On donne, en Europe, le nom de *Kirguizes* à deux peuples qui, bien qu'ils parlent la même langue, diffèrent cependant beaucoup l'un de l'autre par les traits du visage. Le premier de ces peuples s'appelle lui-même *Kasaks* ou *Kaïsaks* et repousse la dénomination de *Kirguizes*. Les véritables Kirguizes n'ont rien de commun avec les Kasaks, et leur portent une haine profonde. On les distingue aujourd'hui par le nom de *Kara-Kirguizes* ou *Kirguizes-Noirs*, *Kirguizes-Sauvages* et *Bouroutes*. Cette dernière dénomination leur fut donnée, parce qu'ils se mêlèrent avec les Bouroutes, peuple de même race qu'eux et qui habite dans le Turquestan chinois.

M. Wood pense que les Kirguizes-Noirs du plateau de Pamère sont de la même race que les Usbecks, et que la stature élevée des premiers et la petite taille des seconds tiennent uniquement à la différence du climat.

FEMMES KARA-KIRGUIZES. Les femmes kirguizes sont en général petites, mais alertes et robustes. Leur vêtement n'a rien de gracieux. Quand il fait froid, elles portent une grande quantité de jupons, et mettent par-dessus une large robe. Une ceinture de cuir leur serre la taille et retient tous ces vêtements. Elles ont sur la tête une sorte de bonnet de toile blanche empesée et très-haut. Des bandes de la même toile leur couvrent les oreilles, la bouche et le menton. Leurs mains sont couvertes de gros gants de laine. Ces précautions suffisent à peine pour garantir du froid intense que l'on éprouve dans les régions qu'elles habitent.

MŒURS ET USAGES. Les Kirguizes du plateau de Pamère ne sont pas aussi barbares qu'on pourrait le supposer. On voit souvent dans leurs tentes des enfants qui apprennent à lire et à écrire, sous l'inspection d'un vieux mollah. La langue que parlent ces Kirguizes est un dialecte turc ou tartare qui diffère fort peu de celui du Koundouze. Ces nomades reconnaissent la suprématie du Khokande et payent un tribut au chef de cet État. Ce sont les beys (1) qui ont la charge de percevoir l'impôt et d'en remettre le montant au gouvernement khokandien. Ils sont également chargés de défendre les intérêts de leur horde. Les Kirguizes témoignent à ces chefs une considération qui varie suivant l'âge, la naissance et les richesses. Ces marques de respect extérieur constituent toutes les prérogatives des beys, dont l'influence est purement patriarcale.

Les Kara-Kirguizes du plateau de Pamère sont en hostilité constante avec les provinces chinoises qui avoisinent leur territoire, et en particulier avec le pays d'Yarkende et le Tibet. Ils font des excursions dans ces deux provinces pour voler des hommes, des femmes et des enfants qu'ils réduisent en esclavage, et pour détrousser les caravanes : aussi les magistrats chinois condamnent-ils à mort impitoyablement et sans aucune forme de procès tous les Kirguizes qui tombent entre leurs mains. Une pareille conduite, bien qu'elle paraisse souvent injuste, est cependant justifiée par des crimes antérieurs et par la nécessité d'inspirer de la crainte à ces bandits; car les Kara-Kirguizes ne vivent que du vol et des produits du brigandage, à tel point qu'ils ne respectent pas même les propriétés de leurs parents ou de leurs amis; et, lorsque quelqu'un d'entre eux a été victime d'un vol, il cherche à prendre sa revanche sur celui de ses voisins qu'il croit pouvoir dépouiller plus facilement.

Ces Kirguizes vendent presque tous les esclaves qu'ils peuvent enlever, et ne s'en réservent pour eux-mêmes qu'un fort petit nombre. Ils trouvent plus avantageux de se faire servir par des femmes libres. C'est en partie par suite de cette habitude que les gens mariés désirent avoir plutôt des filles que des garçons. D'ailleurs, les travaux qu'ils

---

(1) *Bey* ou *beg* sont le même mot articulé avec plus ou moins de force, suivant la prononciation usitée dans le pays. Nous nous conformons à l'orthographe adoptée par les voyageurs.

Palais du Khan de Boukhara.

réclament des gens qui les servent n'exigent que rarement l'emploi de la force. Un petit nombre de pâtres suffisent pour garder le bétail, qui est cependant fort considérable, et nul parmi ces Kara-Kirguizes ne se livre à la culture de la terre. La rareté des vivres est encore une raison qui leur fait préférer les femmes, qui, en général, mangent moins que les hommes. Les parents, lorsqu'ils ont plusieurs filles, en vendent quelques-unes, souvent à des prix assez élevés(1). La femme est donc pour ces nomades une véritable marchandise; aussi en hérite-t-on comme d'une propriété. Lorsqu'un homme marié vient à mourir, sa femme passe à son frère, ou, s'il n'a pas de frère, à son plus proche parent.

La nourriture des Kirguizes se compose presque exclusivement de laitage; ils ne mangent guère d'autre viande que celle des bêtes qu'ils tuent à la chasse avec leurs fusils à mèche. La quantité de cornes qui encombrent le plateau de Pamère témoigne du grand nombre d'animaux sauvages détruits par ces intrépides chasseurs. Ce sont presque toujours de grands béliers, ou plutôt des boucs sauvages particuliers au pays, et que l'on appelle *rass* et plus souvent *koutschgar*, *koutschkar* et *koudjegar*. Cet animal est, dit-on, plus gros qu'une vache et moins gros qu'un cheval; son poil est blanc. De sa mâchoire inférieure pend une longue barbe qui l'a fait ranger par quelques voyageurs dans la famille des boucs. Il a des cornes d'une très-grande dimension, et dans la cavité desquelles, si nous en croyons Burnes, les femelles des renards mettent bas leurs petits. Les Kirguizes estiment beaucoup la chair du kouschgar, et les cornes de cet animal servent à un grand nombre d'usages; on les emploie surtout à faire des étriers, et, en guise de fers, pour garnir les pieds des chevaux.

Nous venons de dire que les Kirguizes ne se nourrissent que de laitage et de viande. Au printemps ils font avec le lait de leurs juments une grande quantité de koumize, boisson fermentée dont nous indiquerons plus loin la composition. Cette liqueur est tellement forte, qu'une tasse suffit pour produire l'ivresse (1). Ils assurent que lorsque les vapeurs du koumize sont dissipées on éprouve un grand appétit et un bien-être général. A l'époque où ils usent de cette boisson, les Kirguizes de Pamère se livrent sans frein à leurs passions sensuelles et brutales. On doit supposer que l'alimentation générale des Kirguizes est mauvaise; car ces nomades sont tous extrêmement sujets aux maladies cutanées. On a remarqué aussi qu'ils ont les dents gâtées et les perdent de bonne heure. Suivant eux, cette infirmité tient uniquement à l'extrême fraîcheur et à la crudité de l'eau qu'ils sont obligés de boire. Peut-être cependant leur manière de se nourrir et l'usage immodéré du tabac à fumer y contribuent-ils également.

CHEVAUX. Les chevaux kirguizes sont laids, ont le poil dur, et ne supportent guère la fatigue. Un bidet du Koundouze fait plus d'ouvrage que deux de ces chevaux.

FERTILITÉ DU SOL. On ne voit sur le plateau de Pamère ni chèvres ni vaches. Ces animaux ne pourraient pas vivre dans un climat aussi rigoureux. Mais les Kirguizes possèdent des yaks, des chameaux, des chevaux et des moutons. Les animaux qui peuvent résister au froid se trouvent très-bien sur le plateau de Pamère. L'herbe de cette contrée est si nourrissante que, si l'on en croit les Kirguizes, les chevaux les plus maigres qu'on y mène paître deviennent gras au bout de vingt jours. Cette herbe possède encore, suivant eux, la propriété de rendre fécondes les brebis, qui presque toujours, lorsqu'elles s'en nourrissent, mettent bas deux agneaux à chaque portée.

Il paraît que si le terrain du plateau de Pamère était soumis à une bonne culture il donnerait de quoi fournir abondamment à tous les besoins d'une population cinq fois plus nombreuse que celle qui l'habite aujourd'hui. Mais l'agriculture y est tellement négligée,

---

(1) Une valeur de L. 40 ou 1000 fr. pour une jeune fille qui n'a pas atteint l'âge de quinze ans. (*Voyez* Wood, *Journey to the source of the river Oxus*, page 340.)

(1) *Voyez* Wood, *Journey to the source of the river Oxus*, page 241.

que le sol ne produit même pas la quantité de grains nécessaire pour la consommation actuelle, et l'on en importe des différentes provinces de la vallée de l'Oxus.

POPULATION DES KARA-KIRGUIZES. — LEURS PRINCIPAUX CAMPEMENTS. On estime que le nombre total des tentes des Kara-Kirguizes établis dans le pays de Khokande, y compris le plateau de Pamère, est de 100,000. En été, ces Kirguizes se partagent par petites troupes, et vont s'établir dans les gorges des montagnes, où l'herbe et l'eau se trouvent en abondance. Les bords du lac Sarikoul sont un séjour pour lequel ils montrent la plus grande prédilection. A l'approche de l'hiver, ils quittent les hauteurs et descendent graduellement vers les plaines, à mesure que le froid devient plus rigoureux. Enfin, ils choisissent une dernière station dans laquelle ils attendent le retour du printemps. C'est pour l'ordinaire une vallée au pied de quelques montagnes couvertes de neige, sur lesquelles les yaks vont chercher leur nourriture, tandis que les autres animaux plus sensibles au froid, se contentent de brouter l'herbe de la plaine. Souvent les Kara-Kirguizes vont camper autour de la ville de Khokande. Ils profitent du voisinage de cette capitale pour se procurer, par voie d'échange, plusieurs ustensiles indispensables et quelques objets de luxe auxquels, malgré leur civilisation peu avancée, ils attachent un grand prix.

RELIGION. Jusqu'au commencement du dix-septième siècle les Kara-Kirguizes n'eurent pas d'autre religion que le chamanisme. A cette époque ils adoptèrent le mahométisme. Ils ont emprunté à cette religion un grand respect pour les morts et les cimetières. Lorsque par hasard ils aperçoivent le tombeau d'un homme de leur nation, ils descendent aussitôt de cheval et y font une prière.

M. Wood vit sur le plateau de Pamère un de ces tombeaux : c'était un bâtiment d'une construction assez grossière et surmonté de deux cornes de kouschgar.

KHANAT DE HISSAR.

Les principales villes de ce khanat sont :
Hissar, capitale,
Deïnaou,
Tirmèze,
Saridjouï,
Toupalak,
Régar ou Reg-Ara,
Kara-Tag,
Deschtabad,
Tschokmazar.

HISSAR, résidence du khan, est située dans une vallée fertile et abondante en pâturages. La rivière de Saridjouï, ou Kafernihan, coule à trois lieues et demie environ de cette ville. On compte à Hissar à peu près trois mille maisons.

Khodja-Taman est un lieu célèbre par le tombeau d'un saint musulman très-vénéré dans le pays.

Presque tous les habitants du khanat de Hissar sont des Usbecks. Les Tadjics n'y sont qu'en très-petit nombre.

KHANAT DE SCHÉHÉRISEBZE.

La ville de Schéhérisebze, capitale du khanat, s'élève sur le terrain qu'occupait le village de Kesch, où naquit Tamerlan ; elle est située sur la rivière du même nom, que l'on appelle aussi *Kaschka*. Cette rivière a souvent protégé l'indépendance du pays. On peut, au moyen de digues et d'autres ouvrages, inonder de ses eaux toute la contrée qui environne la ville et la forteresse de Schéhérisebze. Cet obstacle, joint à la réputation de bravoure dont jouissent les Usbecks du khanat, a, depuis près d'un siècle, suffi à empêcher ou arrêter les tentatives des Boukhares pour se rendre maîtres du khanat.

Le pays de Schéhérisebze avait été réuni à la Boukharie par Mohammed-Rahim-Khan. Il se déclara indépendant à la mort de ce prince, en 1751.

La perte de cette province est extrêmement sensible aux Boukhares. Le khanat de Schéhérisebze se trouve enclavé dans la Boukharie, et il est d'ailleurs traversé dans toute son étendue par une rivière qui le fertilise.

Le pays de Schéhérisebze envoie en Boukharie d'excellent coton et des racines propres à la teinture. Il en tire du fer, du cuivre et quelques autres marchandises qui viennent de Russie.

Le khan peut mettre sur pied une armée ou plutôt une levée en masse d'environ vingt mille cavaliers. On remarque dans cet État, indépendamment de la capitale, les villes et forteresses de
Kitab,
Douab,
Djaouze,
Pitahaneh,
Yakabak,
Outakourgan.

PAYS DES KIRGUIZES-KASAKS (1).

LIMITES. Les steppes des Kirguizes sont bornées au nord par la ligne des fortifications russes; à l'est, par les provinces occidentales de la Chine; au sud, ces limites ne sont pas aussi nettement marquées; mais en général les nomades ne dépassent point le 42° degré, où ils se rencontrent avec les Turcomans des rivages orientaux de la mer Caspienne. Les limites occidentales sont formées par le fleuve Oural et par une partie de la mer Caspienne.

CLIMAT. Les steppes des Kirguizes sont exposées à des froids extrêmement rigoureux et à des chaleurs insupportables. Dans la partie septentrionale des steppes, habitée par la Petite et la Moyenne Horde, le thermomètre de Réaumur descend jusqu'à 30 degrés au-dessous de zéro. Près de l'embouchure du Jaxartès, vers le 45° degré de latitude, il marque quelquefois jusqu'à 20 degrés. L'hiver est funeste aux Kirguizes par les ouragans qu'il amène, non moins que par l'intensité du froid. On est exposé dans les steppes à des trombes redoutables appelées *bouranes*, qui renversent les tentes, déracinent les arbres, tuent les hommes et les bêtes. Les moutons surtout, emportés quelquefois jusqu'à vingt et vingt-cinq lieues de l'endroit où ils se trouvent, périssent sous des montagnes de neige.

Aux froids excessifs succèdent sans transition aucune des chaleurs non moins insupportables. Ces déserts de sable ou d'argile, privés de fleuves et de forêts, deviennent bientôt une véritable fournaise. Les animaux eux-mêmes sont comme anéantis. Tous les voyageurs assurent que les oiseaux et les bêtes sauvages se cachent dans des grottes et des cavernes; car la plus grande partie des steppes est dépourvue d'arbres et de buissons à l'ombre desquels ils puissent se reposer, et les herbes du printemps sont bientôt tout à fait sèches.

Sur les bords du Jaxartès, et plus encore dans les sables de Kara-Koum, les chaleurs sont déjà très-fortes à la fin d'avril. A cette époque, l'herbe se fane, jaunit et se dessèche. Les nuits ne sont guère moins chaudes que le jour, et la rosée ne vient presque jamais rafraîchir l'atmosphère. Sur les bords du fleuve d'Oural, quoique beaucoup plus au nord, le thermomètre de Réaumur monte jusqu'à 50 degrés au soleil et à 34 à l'ombre. Le fer exposé au soleil devient brûlant; et l'on fait cuire des œufs dans le sable. Cependant, quoique désagréable, le climat des steppes des Kirguizes est généralement sain. Les nomades indigènes y jouissent d'une bonne santé, et atteignent souvent un âge avancé, et les étrangers qui y séjournent prennent de l'embonpoint et acquièrent de la force.

M. Levchine rapporte que le 20 octobre 1820 se trouvant près des collines de l'Ilek, il se plaignit de la chaleur. Le 28 du même mois, il se promenait en traîneau. Les froids continuèrent

---

(1) Nous avons beaucoup profité pour cette partie de notre travail de l'excellent ouvrage intitulé : *Description des hordes et des steppes des Kirghiz-Kazaks ou Kirghiz-Kaïssaks*, par *Alexis de Levchine, traduite du russe par Ferry de Pigny et E. Charrière;* Paris, Imprimerie royale, 1840. Un vol. grand in-8° de VI et 515 pages, avec planches et cartes; chez madame veuve Arthus Bertrand, rue Hautefeuille, n° 23.

Le cadre qui nous est tracé ne nous permettait pas d'entrer dans les mêmes développements que le savant auteur russe, et nous devons renvoyer à son ouvrage pour quelques traités fort importants que nous n'avons pas même indiqués. Il nous suffira de dire que le livre de M. de Levchine forme une monographie complète des Kirguizes, et devient aussi indispensable à l'orientaliste qu'au géographe ou à l'historien, en un mot à toutes les personnes qui, à un point de vue quelconque, ont pris pour objet de leurs études cette famille importante de la race turque : M. E. Charrière a bien voulu nous permettre de faire usage de sa traduction ainsi que des notes savantes et instructives qui l'accompagnent.

Madame veuve Arthus Bertrand a eu aussi l'obligeance de nous autoriser à en publier des extraits.

sans interruption jusqu'au mois de mars.

Il pleut très-rarement dans les steppes, et ce n'est que dans les parties voisines des montagnes que le terrain conserve un peu d'humidité.

NATURE DU SOL. Les steppes des Kirguizes sont composées en général d'argile pure, ou d'argile mêlée de sable. Vers le sud, on trouve de grandes mers de sable.

Les parties les plus fertiles de cette vaste contrée sont les bords de l'Ilek, de l'Or, l'Emba supérieur, l'Irguize et quelques autres rivières, les vallées des monts Mougodjar, et en général les parties arrosées par des rivières ou par des lacs.

FORÊTS. On trouve dans les parties septentrionales du pays la forêt d'Aman-Karagaï, composée de pins et de bouleaux. D'autres forêts encore produisent ces mêmes arbres, ainsi que des peupliers.

Il existe presque partout du sel dans les steppes; on en trouve également dans les rivières, dans les puits, dans les fontaines, et jusque sur les plantes.

ROSELIÈRES. Presque tous les lacs salins ou d'eau douce, ainsi que les rivages de la mer et les bords des rivières sont pleins de roseaux qui couvrent les eaux jusqu'à de grandes distances. Ces roseaux atteignent quelquefois trente pieds de hauteur. Ils sont d'une grande utilité aux Kirguizes. Les feuilles de la plante servent de fourrage aux bestiaux. Le bois est employé comme combustible; et pendant l'hiver, les nomades, campés au milieu des roselières, s'y trouvent un peu à l'abri du vent.

ASPECT DE LA STEPPE. Les steppes des Kirguizes sont coupées par plusieurs chaînes de montagnes, et l'on y remarque un nombre considérable de petites collines à cime arrondie.

PRODUCTIONS NATURELLES.

RÈGNE ANIMAL. On trouve dans le pays des Kirguizes un nombre considérable de mammifères. Nous nous bornerons à indiquer les principaux.

BUFFLE. Les buffles sont nombreux dans le voisinage des montagnes. Ces animaux sont couverts d'un poil épais et dur, presque toujours de couleur claire. Les Kirguizes les apprivoisent, et les emploient à divers travaux avec des bœufs ou des vaches. La chair du buffle passe pour être savoureuse. Le lait de la femelle est épais et doux.

CASTOR. Les castors habitent les bords des rivières et des lacs. Les Kirguizes assurent qu'il en existe de blancs.

LOUPS. Les fourrures de ces animaux forment l'objet d'un commerce important pour les Kirguizes. Elles sont presque toutes grises; mais on en trouve aussi de blanches et de noires. Ces fourrures sont extrêmement moelleuses, surtout celles des loups blancs.

LIÈVRE. Il y a dans les steppes une grande quantité de lièvres. On les voit souvent traverser les campements, et l'on peut quelquefois les saisir au passage.

SANGLIER. Les sangliers peuplent les nombreuses jonchaies qui se trouvent sur les bords des lacs et des rivières. Un sanglier gras pèse quelquefois jusqu'à sept cents livres, après avoir été dépouillé de sa peau. On trouve dans les entrailles de ces animaux une sorte de pierre, ou bézoard, à laquelle les Kirguizes attribuent de grandes vertus et qu'ils emploient dans le traitement de plusieurs maladies.

CHEVAL SAUVAGE. Cet animal, que l'on rencontre dans plusieurs parties des steppes et notamment sur les bords du fleuve Emba, diffère peu du cheval domestique, excepté par la tête. Le poil de ces animaux est presque toujours d'une couleur claire. Les Kirguizes les prennent avec l'*arcane*, qui est le *lazo* de plusieurs contrées de l'Amérique, et s'en servent, comme de bêtes de somme, pour transporter de lourdes charges. Ils les tuent aussi pour s'en nourrir. La chair de ces chevaux n'est cependant pas, à les en croire, aussi savoureuse que celle des chevaux domestiques, et l'on y trouve beaucoup de sable.

La peau des chevaux sauvages est vendue en Boukharie. Les Kirguizes s'en servent encore pour envelopper leurs malades.

TIGRE. On trouve le tigre dans les parties méridionales du pays, et principalement dans les roselières des bords de la mer d'Aral, du Jaxartès et du Kouvan. Ce tigre est quelquefois très-long, mais toujours d'une taille peu élevée. Son poil est doux et de couleur jaune avec des raies noires; sa peau est très-épaisse; ses griffes très-longues, et il a une force extraordinaire. Ces animaux retiennent facilement un cheval après l'avoir renversé, et tuent un chameau en quelques instants. Les Kirguizes mettent le feu aux jonchaies lorsqu'ils veulent en débusquer les tigres.

OISEAUX. L'absence de forêts et de buissons empêche les oiseaux de se multiplier dans les steppes; mais on y voit un grand nombre d'oiseaux aquatiques.

AIGLES. On trouve dans les parties montagneuses différentes sortes d'aigles. L'espèce la plus remarquable est celle que les Kirguizes désignent sous le nom de *berkoute* (*falco fulvus*), et que l'on emploie à la chasse. On les dresse, et on les nourrit comme des autours. Lorsqu'on veut s'en servir pour chasser, on les prive de nourriture pendant une journée entière. Le berkoute est si fort, qu'il peut enlever des agneaux et des renards. Il enfonce ses serres dans les yeux et dans les flancs de l'animal, et le force de s'arrêter sur-le-champ. Cet oiseau fond sur le loup. Quelquefois celui-ci, chargé du berkoute, s'enfuit dans les bois. Alors le berkoute s'attache par les serres à un arbre, tout en maintenant le loup, dont les forces s'épuisent souvent dans la lutte.

« Lorsque les Kirguizes chassent les bêtes sauvages, dit M. Nazarov, ils sont à cheval, suivis de plusieurs chiens, et ils emmènent de grands aigles, appelés *berkoutes*, qu'ils placent sur le devant de la selle, la tête couverte d'un chaperon. Aussitôt qu'ils aperçoivent un lièvre, un renard ou une chèvre sauvage, ils enlèvent le chaperon de l'oiseau, qui, à l'instant, s'élance avec rapidité sur sa proie, la saisit avec ses serres, et la tient ainsi jusqu'à ce que son maître arrive. Les Kirguizes estiment tant les berkoutes, qu'ils donnent plusieurs chevaux et même des prisonniers calmoucs pour un seul de ces oiseaux. »

GRUES. On voit dans la steppe une sorte de grue blanche (*grus leucogeranus*). Cet oiseau est tellement courageux, qu'il se précipite sur les hommes qui osent approcher de son nid. Il est redoutable par son bec très-aigu et très-fort.

AMPHIBIES. Les serpents abondent sur le bord des fleuves et des rivières. Il y en a un grand nombre d'espèces différentes. On voit aussi dans quelques lacs et rivières des tortues d'une grande dimension. Les lézards de toute espèce pullulent partout et principalement au milieu des sables de Kara-Koum.

POISSONS. Les eaux des rivières et des lacs fournissent une grande variété de poissons, et notamment des brochets d'une longueur démesurée. On en voit qui atteignent presque une aune un quart, et l'on prétend même qu'il en existe encore de plus longs, qui s'élancent hors de l'eau pour enlever les jeunes brebis.

INSECTES. Malgré la rigueur des froids de l'hiver, le pays des Kirguizes fourmille d'insectes pendant les chaleurs. Ce sont des scorpions, des tarentules, de grosses araignées de différentes espèces, des sauterelles, des cantharides, des hannetons, des mouches, des papillons, des abeilles, des guêpes, des taons et des fourmis, ainsi qu'une grande quantité d'autres insectes et de vers.

RÈGNE VÉGÉTAL. On trouve dans les steppes une assez grande variété de productions végétales, parmi lesquelles on remarque l'*aïalisch*, arbrisseau ou buisson qu'on emploie comme combustible, et l'absinthe de plusieurs espèces différentes. Les bestiaux mangent cette dernière plante avec avidité, au point que leur chair en contracte même le goût. Il existe encore dans le pays des Kirguizes une espèce particulière de genévrier. Une des plantes les plus utiles est celle que les nomades appellent *it-saguik*, c'est-à-dire *urine de chien*, parce que les chiens ne passent jamais à côté sans la souiller de leur urine. Cette plante, lorsqu'elle est jeune, a une saveur tellement âcre, que les bestiaux refusent de la manger. Mais après les froids de l'hiver, elle devient un bon fourrage pour les brebis et pour les chèvres. La cendre qu'on en retire est employée à faire du savon. Les Kirguizes font calciner les jeunes tiges d'it-saguik, pour en retirer une substance visqueuse qu'ils emploient comme médicament. Voici la manière dont ils s'y prennent. Ils creusent en terre un trou de deux aunes de profondeur, dans lequel ils allument un feu très-vif, puis ils remplissent ce trou de jeunes tiges d'it-saguik, et recouvrent la fosse de terre et de pièces de feutre. Au bout de quinze jours ou de trois semaines, ils découvrent la fosse avec de grandes précautions, car la fumée qui s'en échappe alors est tellement corrosive et âcre, qu'elle pourrait occasionner la cécité. On fait ensuite bouillir dans l'eau les tiges calcinées de la plante, qui rendent la substance visqueuse dont nous venons de parler, et qui est assez semblable à du goudron. Cette poix, que l'on conserve avec soin dans des vases, est employée comme médicament. On ne s'en sert qu'à l'extérieur et avec beaucoup de prudence, car si l'on en appliquait une trop grande quantité sur la peau, il pourrait s'ensuivre de graves accidents, et même la mort. Les Kirguizes font usage de la poix d'it-saguik dans la gale chez les animaux; et chez l'homme, ils l'emploient pour guérir la rougeole et quelques autres maladies semblables.

SAKSAOUL, *salsola,* ou *soude* de nos botanistes. — *Voyez* ce que nous avons dit de cette plante ci-devant, page 20.

RÈGNE MINÉRAL. On trouve dans la steppe des ammonites de différentes sortes, du granit, du gypse, de la glaise blanche à porcelaine, des substances quartzeuses et schisteuses, de l'alumine, et du marbre blanc.

MÉTAUX. Les montagnes des Kirguizes recèlent plusieurs métaux que les nomades ne savent point exploiter. On connaît le gisement de quelques mines; mais il est probable qu'il en existe un grand nombre qui sont encore ignorées. On sait avec certitude que le pays renferme des mines d'argent, de plomb, de cuivre et de fer. Le naphte se trouve dans les environs de la mer Caspienne et sur plusieurs autres points. Le sel est de tous les minéraux le plus abondant.

POPULATION. Les Kirguizes-Kasaks se divisent en trois *djouzes* ou hordes. La Grande-Horde habite à l'orient, dans le voisinage des Bouroutes, les contrées du Turquestan situées au delà de la rivière de Sara-Sou; dans le voisinage de Taschkende, les pays arrosés par le Talas, le Tschoui, le Tschertschik et le Narim ou Jaxartès-Supérieur. La Grande-Horde est devenue aujourd'hui la moins considérable de toutes. Les Chinois lui donnent le nom de *Kasaks de la droite*.

La Horde-Moyenne est la plus considérable et la plus riche. Ses campements commencent du côté de l'est au Sara-Sou, à l'Irtisch, au lac Dzaïsang et à l'Ischim-Supérieur; ils s'étendent jusqu'au lac Aksakal, où ils confinent avec ceux de la Petite-Horde. En hiver, ces Kirguizes se retirent dans les contrées qui avoisinent le lac Balkhasch. Les Chinois les désignent sous le nom de *Kasaks de la gauche*.

La Petite-Horde, la plus occidentale de toutes, campe en été sur les bords de quelques affluents de la rive gauche du Jaïk. En hiver, elle occupe les bords de plusieurs rivières qui se jettent dans l'Oulou-Irguize, le désert de Kara-Koum, les bords de l'Emba et quelques autres stations. Les Kirguizes de la Grande-Horde forment 75,000 tentes, ceux de la Moyenne 165,000, et ceux de la Petite 160,000. En calculant cinq à six personnes par tente, on peut établir que la Grande-Horde a de 375,000 à 450,000 âmes; la Moyenne, près d'un million, et la Petite environ 900,000. En tout, 2,000,000 à 2,400,000 âmes.

Les Kirguizes sont un peuple pasteur; leurs richesses consistent uniquement en troupeaux. C'est pour cette cause qu'ils sont contraints de mener une vie errante, et de chercher les endroits où ils peuvent trouver de l'herbe. Ils vivent sous des tentes hémisphériques, connues sous le nom de *kibitkas* ou *iourtes*. Ces tentes, formées d'un treillis de bois couvert de feutre, ont à leur partie supérieure une grande ouverture ronde, qui s'ouvre et se ferme à volonté au moyen d'un châssis. L'ouverture tient lieu de fenêtre et sert encore à donner passage à la fumée, lorsqu'on fait du feu dans la tente. La hauteur de la kibitka varie depuis huit jusqu'à dix-huit pieds, et son diamètre de quinze à trente. Des pieux enfoncés en terre soutiennent les treillis de bois, que l'on attache avec des cordes de crin. L'entrée est fermée tantôt par un simple feutre, et quelquefois au moyen d'une porte de bois ornée de petits os incrustés. Les parois intérieures sont garnies en été de nattes de paille qui donnent de la fraîcheur. On a soin aussi de relever par le bas les feutres qui couvrent la kibitka. De cette manière on y entretient un air assez frais, tout en se préservant de la poussière. Les tentes des Kirguizes pauvres sont de feutre gris, celles des riches, de feutre blanc; et quelques sultans de la Grande-Horde et de la Moyenne les couvrent de drap rouge, et les tapissent à l'intérieur avec des étoffes de soie. Les gens tout à fait pauvres remplacent les feutres par des nattes d'écorce d'arbre, des feuilles, des roseaux et du gazon. On place au fond de la tente, vis-à-vis de l'entrée, des coffres couverts de tapis. C'est là que sont déposés tous les vêtements de la famille, tels que robes, pelisses, ainsi que les parures. On attache aux parois les armes et les meubles du ménage, fusils, sabres, arcs, flèches, selles, harnais, poudrières, bouilloires, cruches, sacs de cuir où l'on enferme toutes sortes de provisions, et souvent aussi des morceaux de viande de cheval fumée. Le sol de la tente est couvert de tapis ou de pièces de feutre. Les Kirguizes démontent ou dressent leur tente avec la plus grande facilité. Ils entreprennent avec plaisir les voyages et les déplacements auxquels les oblige la nécessité de pourvoir à la nourriture de leurs bestiaux. En hiver cependant, ils ne peuvent changer de demeure. Environnés de montagnes de neige, ils sortent à peine de leurs tentes, et passent la saison rigoureuse accroupis autour du feu, ayant presque autant à souffrir de la chaleur que du froid. Le vent fait entrer par la porte et par l'ouverture supérieure de la kibitka d'énormes flocons de neige. Quelquefois l'ouragan renverse la tente et tous ceux qui l'habitent. Alors les enfants sortent à demi-nus de dessous les feutres ou les peaux de mouton qui les enveloppent, roulent involontairement sur la place où l'on avait établi le foyer, se font d'affreuses brûlures, et poussent des cris déchirants. Pour diminuer autant que possible les inconvénients et les désastres de l'hiver, les Kirguizes vont s'établir, à l'approche de la mauvaise saison, au milieu d'un bouquet de bois, dans une roselière, au pied d'une colline ou d'un monticule, de manière à se trouver un peu à l'abri de la violence des ouragans.

Les Kirguizes les plus rapprochés des frontières de la Russie, devenus moins barbares par le contact d'une nation civilisée, font quelques approvisionnements de foin pour l'hiver, et creusent d'énormes fosses où ils retirent leur bétail. Ils élèvent aussi des murs de clayonnage pour se garantir du vent du nord. Au moyen de ces précautions, ils ne perdent pas autant de bétail et éprouvent beaucoup moins de désastres que les autres Kirguizes. Les souffrances auxquelles sont exposés ces nomades pendant l'hiver les rendent d'autant plus sensibles à l'arrivée de la saison chaude. Pendant l'été, ils passent la plus grande partie des jours à dormir et à boire du *koumize* ou lait de jument fermenté et distillé; la nuit, ils se réunissent pour manger, raconter des histoires, chanter et jouer de quelques instruments. L'automne est la saison la plus favorable pour eux. C'est à ce moment de l'année qu'ils entreprennent leurs plus grands voyages; qu'ils célèbrent leurs principales fêtes, et se livrent à des expéditions de pillage les uns contre les autres. La longueur et l'obscurité des nuits les y convient autant que la vigueur des chevaux refaits, pendant l'été, des privations de l'hiver, et bien disposés pour les courses longues et rapides qu'exigent ces sortes d'incursions.

Il est rare que les Kirguizes campent en très-grand nombre dans un même endroit. Ils ne trouveraient pas de pâturages pour suffire à la nourriture de leur bétail (1). Mais ils se réunissent au nombre de quelques tentes, qui ne se séparent

(1) Les peuples nomades ont toujours été soumis aux mêmes vicissitudes. Nous voyons dans la Genèse qu'Abraham et Loth furent contraints de se séparer l'un de l'autre pour trouver de quoi nourrir leurs nombreux troupeaux : « Sed et Lot, qui erat cum Abram, fuerunt greges ovium, et armenta, et tabernacula : nec poterat eos capere terra, ut habitarent simul : erat quippe substantia eorum multa, et nequibant habitare communiter. Unde et facta est rixa, inter pastores gregum Abram et Lot. » *Genes.* XIII, v. 5, 6 et 7.

jamais sans de très-graves motifs. On donne à ces villages ou campements le nom d'*aoul,* qui est déjà revenu plusieurs fois dans ce travail.

« Ce fut sur les bords de l'Ilek, dit M. de Meyendorff, que nous vîmes pour la première fois un grand village, ou aoul, formé de tentes kirguizes. Des troupeaux de moutons, au nombre d'environ cinq à six mille, fixèrent d'abord notre attention. En approchant de cet aoul, nous vîmes des tentes en feutre blanc ou brun et de toutes grandeurs ; elles étaient au nombre de cinquante, placées irrégulièrement, par groupes de trois, quatre et même six. (1) »

Les Kirguizes, sans avoir le visage aussi plat ni aussi large que les Calmoucs, ont cependant une grande ressemblance avec eux. Cette particularité tient aux alliances fréquentes avec des femmes calmouques. Ils les prennent, de préférence à celles de leur nation, autant par goût que parce qu'elles ne leur coûtent rien. Presque toutes les femmes calmouques mariées à des Kirguizes ont été enlevées, tandis que les jeunes filles kirguizes ne peuvent s'obtenir qu'au moyen d'une somme qu'on paye aux parents, ainsi que nous aurons occasion de le dire. L'influence du type calmouc se fait remarquer bien davantage chez les femmes kirguizes que chez les hommes. On peut dire qu'on trouve chez les deux sexes quelques individus sains, vigoureux et bien faits, quoique de taille moyenne ; mais ils sont mous et d'un aspect désagréable. On voit cependant parmi eux quelques hommes qui, par leur taille, leurs formes et les traits du visage, seraient considérés comme beaux chez toutes les nations européennes. Les femmes kirguizes sont loin d'être séduisantes : elles ont les cheveux noirs, les yeux très-petits, quoique brillants et pleins de feu, et les pommettes des joues extrêmement saillantes.

Les Kirguizes jouissent d'une bonne santé et vivent longtemps : nombre de vieillards atteignent chez eux quatre-vingts ans, et on voit dans les hordes quelques centenaires. Ces nomades supportent bien la faim, la soif et le froid ; et, ce qui pourrait sembler extraordinaire, ils résistent parfaitement aux ardeurs du soleil. Mais ils ne peuvent pas soutenir la chaleur du poêle, qui leur occasionne de violents maux de tête. Ils passent aisément un jour sans boire et deux sans manger, sauf à se dédommager à la première occasion. Alors ils s'ingurgitent des quantités énormes de viande et de koumize. M. Levchine en vit un qui, après avoir dévoré un agneau de six mois, déclara qu'il était tout disposé à en manger un autre, et ses camarades se portèrent garants de la vérité de ses paroles. Les Kirguizes ont la vue extrêmement longue et perçante. Là où un Européen distingue à peine les objets, ils reconnaissent les formes et la couleur. L'exercice le plus en usage parmi eux, c'est l'équitation. Ils montent à cheval dès leur plus tendre enfance, et manient avec une adresse et une intrépidité remarquables les chevaux les plus rétifs et les plus difficiles. Les femmes ne le cèdent pas aux hommes sur ce point, et les surpassent même quelquefois en courage et en adresse : elles montent comme ceux-ci à califourchon, avec des étriers extrêmement courts.

Les Kirguizes se servent avec adresse de l'arc et des flèches, quelques-uns d'entre eux ont des fusils à mèche ; mais on trouve rarement dans leurs aouls des fusils à silex, et c'est à peine s'ils connaissent les pistolets. Aussi, ne sont-ils pas adroits à se servir de ces armes.

Les Kirguizes de la Horde-Moyenne et ceux de la Petite font usage de tabac en poudre ; ils portent leur provision dans une corne de mouton ou dans un petit sac.

Les Kirguizes souffrent peu des maladies contagieuses, à l'exception de la petite vérole. Les maux auxquels ils se trouvent le plus exposés sont les fièvres chaudes, les maux d'yeux et les affections syphilitiques. On voit parmi eux peu de gens contrefaits.

Nourriture. Les Kirguizes ne vivent guère que du lait et de la chair de leurs troupeaux. Ils ne connaissent pas le pain ; mais depuis le commencement du siècle un nombre assez considérable d'entre eux se sont habitués à employer

(1) *Voyage d'Orenbourg à Boukhara*, page 14.

TARTARIE

Costume de Boukhara.

la farine dans leurs mets, et ne peuvent plus se passer de cet aliment. Ils ne prennent point leurs repas à des heures fixes, et boivent et mangent lorsqu'ils en éprouvent le besoin. Leur nourriture ordinaire consiste en viande de mouton, de bouc, de chameau et de bœuf. Ceux d'entre eux qui se livrent à l'agriculture mangent une espèce de bouillie de farine frite dans de la graisse et délayée dans de l'eau. Ils emploient pour faire cette bouillie toutes sortes de farines, celle de seigle, d'orge, de froment et de millet. Le riz est considéré chez eux comme une nourriture fort délicate. Ils estiment beaucoup la viande de cheval, et le morceau qu'ils prisent le plus, c'est la cuisse, surtout lorsqu'elle a été fumée.

Les pauvres ne se nourrissent que de mouton et d'une espèce de fromage appelé *kroute*, et qu'ils font avec du lait aigre de brebis ou de vache. Quand ils se disposent à entreprendre un voyage, ils attachent à la selle de leur cheval un sac plein de kroute, et lorsque la faim les tourmente, ils en délayent quelques morceaux dans de l'eau. Ce mélange leur tient lieu tout à la fois de nourriture et de boisson. Ils ont encore une autre sorte de fromage, qu'ils font avec du lait de brebis nouvellement trait, et que l'on met cuire avec des ris de veau desséchés. Ils sont très-friands aussi des pieds de poulain gras fumés. M. Levchine assure que ce mets a un fort bon goût, et que la graisse qui entoure le pied du poulain est aussi savoureuse que délicate : « Nul doute, dit-il, que ce mets préparé par un habile cuisinier ne pût figurer avec honneur sur la table de nos gastronomes, si le préjugé ou l'usage ne faisait exclure de notre cuisine la chair d'un animal cependant si remarquable par sa propreté instinctive. » Les Kirguizes mangent souvent des viandes hachées menu et auxquelles on ajoute de la graisse. Ils font aussi des saucissons avec la chair de différents animaux.

Ils mangent peu de poisson. Ceux d'entre eux qui habitent le bord des lacs et des rivières sont les seuls qui en fassent usage, et encore parmi ceux-ci il n'y a guère que les pauvres qui s'en nourrissent habituellement.

Koumize. La boisson la plus ordinaire est le *koumize*, que l'on fait de la manière suivante : On verse, dans un sac de cuir du lait de jument, auquel on ajoute un peu de kroute ou de lait de vache aigre. Quand tout le mélange est devenu acide, on le bat avec une espèce de cuiller ; le koumize est fait ; on commence alors à le boire, ayant soin de remplacer par une égale quantité de lait de jument tout le koumize que l'on a bu. Les Kirguizes aiment passionnément cette boisson, et ne pouvant se la procurer pendant l'hiver, ils en avalent des quantités énormes en été. Souvent ils s'en chargent l'estomac au point de ne pouvoir prendre aucune autre nourriture. Il paraît que le koumize est sain et fort nourrissant : M. Levchine cite l'exemple de plusieurs personnes attaquées de la poitrine qui parvinrent, par l'usage de cette boisson, à se guérir complétement.

On tire du koumize une liqueur fermentée, qui se fait de la manière suivante : On verse du koumize dans un chaudron de fonte, que l'on couvre d'une coiffe faite avec la peau d'une bête fraîchement écorchée ; on lute la coiffe avec de la glaise, ayant soin de laisser une petite ouverture dans laquelle on place un tuyau de fer qui communique du chaudron plein de koumize à un autre chaudron vide, couvert comme le premier ; on allume ensuite du feu, et la vapeur qui se dégage du koumize bouillant, passe par le tube de fer et va couler dans l'autre chaudron. Ce résidu trouble et aigre passe deux fois à l'alambic et produit une liqueur spiritueuse, dont le goût, dit-on, n'est pas désagréable.

Les autres boissons des Kirguizes sont le saoumal, combinaison de koumize avec de l'eau et du lait frais ; l'aïran, lait aigre de vache ou de brebis, que l'on conserve comme le koumize. Ils ont aussi de l'arak ou eau-de-vie de riz ; mais cette liqueur est très-rare chez eux. Les sultans et quelques autres riches Kirguizes commencent à prendre du thé avec du sucre ou du miel ; plusieurs d'entre eux ont adopté l'usage du thé en briques.

Costume. Le vêtement des hommes se compose de robes qu'ils appellent *tschapan*. En été, ils n'en portent qu'une, et tout au plus deux. En hiver, ils en mettent un nombre considérable, les unes par-dessus les autres. La chemise est inconnue parmi eux. Ils portent une ceinture à laquelle sont attachés un couteau et un petit sac où ils placent un briquet, de l'amadou, du tabac et leur cachet. Ils sont coiffés d'un bonnet rond et pointu, sur lequel, dans leurs courses et leurs voyages, ils en placent un second qui, en été, est de feutre blanc avec des bords relevés et tailladés, et, en hiver, de fourrure, et avec des oreilles. Leur pantalon est tellement large, qu'ils le mettent par-dessus la première robe. Ce pantalon est garni de plusieurs ornements d'or. La chaussure consiste en de grandes bottes à pointe relevée et ornées de broderies. Les talons en sont hauts, et faits d'une manière tellement incommode, qu'il est difficile de marcher avec cette chaussure, lorsqu'on n'y est point accoutumé.

Les *tschapans* ou robes sont, suivant le rang et la richesse du propriétaire, de drap, de velours, d'étoffes de soie ou de coton, et fabriqués en Russie, en Chine, en Boukharie, à Khiva, à Taschkende ou à Khokande. Les gens pauvres portent des robes d'un drap grossier qu'ils fabriquent eux-mêmes, ou bien ils en ont de feutre ou de natte. Les robes des gens riches sont ornées de galons d'or et d'argent. Les couleurs les plus recherchées sont le rouge et l'amarante. Pour l'hiver, on ouate les robes avec du coton ou de la laine de chameau. Les Kirguizes se munissent, de plus, dans les grands froids, de pelisses dont quelques-unes sont imperméables. Avant d'entreprendre un voyage ou une expédition quelconque, ils cousent sur le dos de leur robe de dessus un ou deux petits sacs renfermant des prières et des invocations qui doivent les préserver des maladies et des blessures, et leur donner du courage. Ils se rasent ordinairement la tête; mais on voit aussi quelques jeunes gens faire des tresses de leurs cheveux. Plusieurs d'entre eux se rasent la barbe; d'autres se contentent d'épiler le tour des lèvres. Quand les Kirguizes montrent de la préférence pour un de leurs enfants, ils lui percent le cartilage du nez, et y passent des anneaux.

Le costume des femmes diffère peu de celui des hommes. Elles portent comme ceux-ci une robe longue et large, mais presque toujours fermée et boutonnée. Elles augmentent le nombre des robes suivant la température, et en mettent quelquefois jusqu'à six en hiver. Elles ont les bras et les mains surchargés d'anneaux, de bagues et de bracelets; portent des boucles d'oreille, et mettent sur leur sein des plaques d'argent, des cornalines et d'autres pierres. Elles ont des ceintures de laine ou de soie, des bottes et des pantalons. Leurs robes sont de brocard, de velours, de basin, de filoselle et d'étoffe de soie ou de coton.

La coiffure des femmes mariées se compose d'un bonnet très-haut, et qui a la forme d'un cône tronqué. La partie supérieure est entourée d'un voile de mousseline, de soie ou de toile, qui tombe sur le dos et sur les épaules. Elles placent sous le voile un morceau de peau de loutre orné de plaques d'or ou d'argent, de perles, de morceaux de corail et de quelques autres pierres fines. Les jeunes filles portent des bonnets de velours ou de brocard, en forme de pain de sucre et semblables à ceux des hommes. Elles les garnissent de plaques d'or ou d'argent et de perles, et attachent au haut de ces bonnets des plumes d'oiseau, ou une sorte d'ornement assez semblable à un pompon.

Toutes les femmes ont les cheveux tressés. Elles laissent pendre sur le dos quelques-unes de ces tresses et relèvent les autres. Les femmes mariées ne portent jamais plus de trois tresses. Les jeunes filles partagent leur chevelure en un très-grand nombre de petites nattes, et y agrafent des plaques d'argent et des pierres taillées en forme de têtes de serpent. Elles ajoutent à cela des nœuds de ruban. Le fard est d'un usage universel parmi toutes ces femmes.

Comme les Kirguizes passent presque toute leur vie à cheval, la selle et les harnais de leurs montures sont des objets auxquels ils attachent beaucoup d'importance et dans lesquels ils mettent une extrême recherche : c'est, pour ainsi dire, une partie de leur ajustement. Les selles des hommes sont presque toujours de cuir, et celles des femmes, au

TARTARIE.

Minaret de Mirgharat.

contraire, sont couvertes de velours et d'étoffes de soie. La forme de ces dernières est, dit-on, fort commode. Les arcs sont ornés d'argent, de turquoises et de cornalines. Il en est de même du mors et de tous les harnais du cheval. Les étriers sont d'argent, de fer ou de bois. Le manche du fouet a pour l'ordinaire une monture d'argent.

ARMES. Les Kirguizes combattent avec la lance, le sabre, les flèches et le tschakane, petite hache à manche très-long. Les blessures que cette arme fait à la tête sont presque toujours mortelles. Leurs arcs et leurs flèches sont loin d'être bons. S'ils en possèdent quelques-uns de passables, ils les ont achetés aux Baskirs, aux Mogols ou aux Chinois. Ils achètent également les sabres et les fusils à mèche dont ils se servent. Ils ont pour armes défensives des cottes de mailles, et quelquefois des casques. Ils tirent encore ces armures des pays environnants. Ils achètent presque toujours leur poudre aux Russes. Ils en font eux-mêmes, mais de fort mauvaise, parce qu'ils ignorent la proportion exacte des substances qui doivent entrer dans sa composition. Ils trouvent sur les vieux tombeaux le salpêtre qui leur est nécessaire pour la fabriquer.

En temps de guerre et dans leurs incursions, ils font des signaux et allument des feux, au moyen desquels ils transmettent avec rapidité les ordres et les nouvelles.

Pour se reconnaître dans la mêlée, les Kirguizes d'un même parti s'attachent au bras un mouchoir, un ruban ou un morceau d'étoffe d'une certaine couleur.

RELIGION. Les Kirguizes reconnaissent tous une intelligence suprême qui a créé le monde. Ils adorent en général ce Dieu unique d'après les préceptes du Coran; mais ils mêlent à l'islamisme différentes pratiques et superstitions qui lui sont étrangères. Quelques-uns d'entre eux pensent qu'outre ce Dieu bon, qui s'occupe du bonheur des hommes, il existe un esprit méchant qui cause tout le mal qu'on voit dans le monde. Ils croient aussi à la puissance des enchanteurs, des sorciers et d'un grand nombre d'esprits d'un ordre inférieur. Mais dans ce mélange de croyances, l'islamisme domine; et quoique les Kirguizes ne soient pas des musulmans fanatiques, ils n'en regardent pas moins comme des infidèles les hommes qui n'obéissent point aux préceptes de Mahomet. Ils se croient le droit de les opprimer et de les dompter par la force des armes.

Quant au jeûne, aux ablutions et aux cinq prières légales dont le musulman est tenu de s'acquitter cinq fois par jour, ils ne les observent point. Ils n'ont ni mosquées ni mollahs de leur nation. Quelquefois de vieux Kirguizes récitent des prières au milieu d'un grand nombre de personnes agenouillées; mais pour l'ordinaire chacun prie en particulier, si bon lui semble. Nombre de ces gens ne suivent aucune pratique religieuse, et les mahométans zélés sont si rares parmi eux, que l'islamisme s'éteindrait bientôt entièrement chez le peuple, s'il n'était entretenu par des prêtres qui viennent souvent de Khiva et de Boukhara, et par les mollahs que le gouvernement russe entretient auprès des sultans et des chefs de tribu pour y remplir les fonctions de secrétaire. Quelques hadjis, ou pèlerins qui ont visité la Mecque, se rendent dans la steppe pour célébrer l'office divin au milieu des hordes kirguizes. Ils gagnent d'ordinaire beaucoup d'argent à ce métier, surtout lorsqu'ils y joignent le talent de prédire l'avenir par le Coran, ainsi que la vente des talismans, auxquels les Kirguizes attribuent le pouvoir de les rendre braves et invulnérables, de garantir des attaques imprévues, de les empêcher de s'égarer dans la steppe, en un mot, de les préserver des malheurs et des accidents de tout genre qui les menacent sans cesse.

Les Kirguizes ne font pas le pèlerinage de la Mecque; mais ils se rendent à Turquestan, pour y visiter le tombeau d'un saint personnage, Kara-Ahmed, qui leur inspire une vénération toute particulière. Ils ont encore une grande dévotion pour quelques tombeaux qui se trouvent dans la steppe; ils y vont en pèlerinage, lisent des prières, invoquent le saint dont le corps repose dans le monument, et lui offrent en sacrifice une bête de leur troupeau, dont ils mangent la chair sur le lieu même; puis ils attachent à des herbes, à des roseaux, à des buissons ou à des pieux qui se trouvent aux environs du tombeau, des chiffons, des rubans ou des cheveux. Ils supposent que les âmes des saints habitent un séjour de bonheur dans des lieux élevés, au-dessus de l'endroit où reposent leurs corps, mais qu'elles descendent sur leurs tombeaux dès qu'on réclame leur intervention.

Pour les âmes des hommes ordinaires, ils pensent qu'elles résident dans les étoiles, accompagnées d'esprits bons ou mauvais, suivant qu'elles ont été bonnes ou méchantes pendant qu'elles étaient attachées aux corps; ils croient que ces âmes descendent sur la terre lorsqu'on leur adresse des invocations ferventes; ils croient aussi que chaque jour est sous l'influence d'une étoile heureuse ou funeste, et distinguent les jours fastes et néfastes. Pour conjurer le mauvais esprit et se le rendre favorable, ils récitent certaines prières, et sacrifient des victimes dont ils jettent de tous côtés le corps coupé en fragments. Ils élèvent ensuite les mains, et prient le diable de ne pas leur faire de mal. Pour qu'un mort vienne à acquérir la réputation de saint parmi eux, il suffit qu'un grand arbre pousse spontanément au-dessus de son tombeau.

Les Kirguizes attribuent à leurs devins une puissance sans bornes. Ils croient que ces gens connaissent le passé, le présent, l'avenir, et qu'ils peuvent produire, à volonté, le chaud, le froid, le tonnerre, les vents, la pluie, la neige, guérir des maladies, etc. Quelques-uns de ces sorciers font leurs opérations divinatoires au moyen d'un os de mouton qu'ils dépouillent de la chair qui l'enveloppe, et qu'ils laissent brûler jusqu'à ce qu'on y remarque des fentes en plusieurs endroits. C'est par ces fentes qu'ils prétendent lire les événements futurs. D'autres fondent leurs prédictions sur la couleur de la flamme produite par un morceau de graisse de mouton jeté dans le feu. Ils ont aussi parmi eux des astrologues; « mais, dit M. Levchine, les plus divertissants à la fois et les plus effrayants de ces sorciers sont les baksys, ou baxes ou bahtschi, qui se rapprochent beaucoup des chamans de Sibérie. Leur vêtement est quelquefois long comme les robes ordinaires, quelquefois court, et souvent il ne consiste qu'en des haillons si délabrés, que la vue seule agit déjà puissamment sur l'imagination. Le mode de leur divination n'est pas non plus toujours le même. Le baxe que j'ai eu occasion de voir, entra dans la tente du pas le plus lent, les yeux baissés et l'air grave. Il était vêtu de guenilles. Il prit un kobyze, espèce de violon grossier, s'assit sur un tapis, se mit à jouer, à chanter, puis à se balancer doucement; ensuite il fit divers mouvements de tout le corps. Bientôt sa voix s'éleva par degrés. Ses contorsions devinrent plus vives et plus fréquentes. Il se frappait, se tournait, s'agitait comme un forcené. La sueur coulait abondamment de tout son corps. Sa bouche écumait. Ayant jeté le kobyze, il fit un saut et rebondit en se tournant sur lui-même; puis il secoua la tête, poussa des cris aigus, et se mit à évoquer les esprits, tantôt en leur faisant signe avec la main, tantôt en paraissant repousser ceux dont il n'avait que faire. Enfin ses forces l'abandonnèrent; le visage pâle et les yeux injectés de sang, il se jeta sur un tapis, et, après avoir poussé un cri effroyable, il s'étendit et resta immobile et en silence comme un mort. Quelques instants après, il se souleva un peu, promena ses regards de tous côtés, comme s'il n'avait pas reconnu le lieu où il se trouvait, puis il fit une prière, et commença à dire ce qu'il prétendait lui avoir été révélé dans sa vision.

« Un autre sorcier, à l'air grave, portait un turban, comme s'il eût été un mollah. Il était vêtu d'une longue robe blanche maintenue par une ceinture de la même couleur. Il tenait dans les mains une longue béquille ornée de plaques de cuivre, de pierres de différentes couleurs, et trois drapeaux étaient attachés à la béquille. Ce magicien s'assit sur un banc au milieu de la tente, récita quelques prières, et appela par leurs noms les saints les plus respectés par les mahométans. Enfin il leur adressa la parole comme si ces saints avaient été présents, et il paraissait animé de la joie la plus vive par la présence des bienheureux. Une contrariété vint toutefois diminuer son bonheur. Avec les saints était entré un esprit malfaisant, un mauvais génie, qui l'empêchait d'entendre leurs révélations. Pour chasser ce démon, le magicien s'élança de sa place, courut armé de sa béquille, et enfin sortit dehors pour se mettre à sa poursuite. Il se jeta sur un cheval sellé et bridé qui se trouvait là, et se lança au grand galop dans la steppe. Enfin il tourna bride, agitant toujours sa béquille, mit pied à terre, et rentra dans la tente avec une attitude beaucoup plus calme, et très-satisfait, en apparence, d'avoir chassé le malin esprit. Alors il s'assit de nouveau sur le banc, et appela les saints avec une nouvelle ardeur. Au bout de quelque temps, il fut ravi en extase, tomba par terre, et se mit à faire des mouvements convulsifs avec une violence telle, que quatre hommes pouvaient à peine se rendre maîtres de lui. Au bout de quelques minutes, il redevint calme, recouvra l'usage complet de ses sens, et répondit aux différentes questions que lui firent les assistants, suivant, disait-il, ce que lui avaient révélé les saints. Il apprit aux Kirguizes dont il était environné que l'année se terminerait heureusement, qu'ils ne seraient exposés ni à la guerre ni à aucune grande calamité. Enfin, il leur prédit les événements qui pouvaient leur être le plus agréables. »

Dans la Grande-Horde les sorciers sont vêtus de blanc, montent des chevaux blancs, et courent au grand galop dans les steppes, comme des possédés.

Les Kirguizes ont recours aux magiciens, pour les guérir dans leurs maladies comme pour connaître l'avenir. Voici comment s'y prennent les baxes pour soigner les malades. Ils s'asseyent en face du patient, jouent du kobyze, chantent, poussent des cris barbares, s'agitent d'une manière incroyable et font des contorsions aussi bizarres que difficiles à exécuter. Tout à coup ils s'élancent de leur place, débitent quelques phrases incohérentes, prennent un fouet et en frappent le malade, pour chasser de son corps tous les esprits immondes qui causent le mal. Enfin ils le lèchent, le mordent jusqu'au sang, lui crachent au visage, et, armés d'un couteau, ils se précipitent sur lui comme pour le tuer. Le traitement, accompagné de plusieurs autres cérémonies analogues, dure neuf jours de suite.

Quelques sorciers s'y prennent autrement pour guérir les malades. Ils allument du feu; font rougir un fer, et jettent dans un vase de la graisse de mouton. Ensuite, aidés de quelques assistants qui tiennent à la main une chandelle allumée, ils forment une espèce de procession autour du malade, qu'ils touchent neuf fois avec des brebis ou des chèvres mortes. Cette dernière cérémonie est la plus importante, car les peaux de tous les animaux tués dans cette circonstance reviennent de droit au sorcier.

Les mollahs se mêlent aussi de chasser les démons et de rendre la santé aux malades. Pour cela ils lisent le Coran, et récitent certaines invocations auxquelles il serait impossible de découvrir un sens, puis ils soufflent et crachent au visage du malade. Les Kirguizes attachent une haute importance à répéter trois fois ou neuf fois les mêmes cérémonies. Ces nombres ont, à ce qu'ils prétendent, une grande influence sur la réussite des opérations magiques.

MŒURS ET USAGES.

Les Kirguizes sont enclins à la paresse. Ce vice tient, chez eux, autant à l'habitude et au genre de vie qu'au climat. La chaleur intolérable de l'été les porte à dormir pendant tout le jour. En hiver, la rigueur du froid et la neige qui couvre toute la steppe les retient presque constamment sous leur tente. D'ailleurs étrangers à tous les arts et à toutes les distractions des peuples civilisés, ils ne s'occupent guère que de leurs bestiaux. Tous les soins relatifs au ménage, même ceux qui exigent de la force, retombent à la charge des femmes et des filles; car les hommes trouvent plus commode de ne pas s'en occuper. L'oisiveté du Kirguize le rend avide de toutes sortes de nouvelles vraies ou fausses. Dès qu'un étranger arrive dans un campement, les Kirguizes se rassemblent autour de lui, et s'informent, d'une manière souvent indiscrète et importune, du sujet qui l'amène, et des nouvelles qu'il peut leur apprendre. Toutes ses paroles sont aussitôt colportées dans les campements voisins par des exprès que les gens riches de l'endroit envoient à leurs amis, pour leur faire connaître l'arrivée de l'étranger et les renseignements qu'on a obtenus de lui.

On a observé que, malgré cette curiosité inquiète et leur mobilité d'esprit, les Kirguizes sont presque tous moroses, et tellement portés à la mélancolie, que souvent ils s'enfoncent dans la steppe et passent plusieurs heures de suite dans la plus complète solitude. On a prétendu que cette disposition tient chez eux à l'aspect triste et monotone du pays qui les entoure. Toutefois, il est permis de croire aussi que leur alimentation, composée presque exclusivement de viande, et surtout de laitage, contribue sinon à la développer, du moins à l'entretenir.

Quoique très-crédules, les Kirguizes sont extrêmement trompeurs. On ne saurait compter sur leurs promesses, et dès qu'ils ont obtenu ce qu'ils désiraient, ils oublient la parole donnée. Ils sont fort sensibles à la perte et au gain, et poussent l'avarice et la cupidité à un point tout à fait inexplicable chez un peuple auquel les jouissances du luxe sont inconnues, et qui ne peut faire aucun usage de ses richesses. M. Levchine vit souvent chez eux des combats terribles pour le partage d'objets de la plus petite valeur. Lorsqu'ils pillent une caravane, ils brisent souvent des meubles et des instruments dont ils ignorent l'usage, uniquement pour que leurs voisins ne possèdent rien de plus qu'eux. Si parmi les dépouilles ils trouvent une montre, l'un emporte une aiguille, l'autre un morceau de la boîte ou du cadran, et chacun d'eux, au retour de l'expédition, doit encore partager son butin avec ses parents et ses amis; de sorte qu'il ne lui reste à peu près rien en retour de ses peines et de ses querelles.

Le Kirguize est infatigable dans ses demandes. Ce défaut devient intolérable lorsqu'on a avec lui des rapports suivis. On a beau lui démontrer l'impertinence de ses sollicitations et l'impossibilité d'y satisfaire, il n'en continue pas moins ses obsessions. Si enfin on lui accorde sa demande, il n'en devient que plus importun. Quelquefois on le verra écouter avec intérêt et les larmes aux yeux une histoire touchante. Il n'en faut rien inférer cependant pour la bonté de son cœur. Ces gens sont insensibles à l'infortune de leurs compatriotes, et ils se font un jeu et un plaisir de tourmenter les étrangers qui ont le malheur de tomber entre leurs mains. Si quelquefois ils montrent un peu moins d'inhumanité, c'est qu'ils redoutent les représailles. Cependant ils témoignent de la reconnaissance pour leurs bienfaiteurs et respectent les vieillards.

Les Kirguizes manquent de courage. La bravoure, selon eux, consiste à surprendre une caravane et à la piller, ou à faire des incursions sur les pays voisins et à s'enfuir avec tout ce qu'ils peuvent enlever. C'est la nuit qu'ils choisissent ordinairement pour faire leurs expéditions. Ils y vont armés de sabres, de fusils, d'arcs et de flèches, de bâtons, de pierres et d'*arcanes*, longues cordes terminées par un nœud coulant, et au moyen desquelles ils arrêtent le bétail et les hommes qui fuient devant eux. « Un front serré, ou un carré de bonne infanterie, résiste, dit M. Levchine, à une masse de Kirguizes dix fois plus nombreuse. Un seul canon peut en détruire une quantité incroyable. Tremblants de peur à la vue de l'artillerie, ils se serrent en face de la bouche à feu, cherchent à se cacher les uns derrière les autres, et le boulet en renverse toute une longue file. Une caravane qui fut pillée, comme elle se rendait à Boukhara, se défendit longtemps contre ces bandits, au moyen d'un tuyau de bouilloire de cuivre placé sur un chameau, et que les agresseurs prenaient pour un canon ou un fauconneau. Ils se mirent à fuir deux ou trois fois, en voyant un homme qui tournait contre eux ce tuyau. Quel ravage ne ferait pas parmi ce peuple une seule compagnie d'artillerie bien commandée! La raison de leur poltronnerie est, nous l'avons déjà dit, que les Kirguizes ne font pas la guerre, et qu'ils ne savent qu'attaquer lorsqu'ils se trouvent en nombre fort supérieur, et cela par petites troupes; en sorte qu'ils n'ont pas même l'idée d'une bataille en règle. Le bruit seul du canon les frappe de terreur. Ajoutons qu'ils n'ont jamais pour combattre d'au-

TARTARIE.

Habitans de l'Asie centrale.
1. Ouzbek, 2. Turcoman, 3. Kirghiz, 4. Tarte

tre stimulant que la soif du pillage; un motif de cette nature, en présence d'un danger réel, ne rendrait pas intrépide une armée entière de Kirguizes, s'ils pouvaient former une armée. » L'auteur que nous venons de citer remarque cependant que les Kirguizes peuvent faire beaucoup de mal aux adversaires les plus braves, en volant les chevaux, en pillant les convois, et en enlevant au moyen de leurs arcanes les sentinelles avancées. Ces bandits, grâce à leur avarice, ne sont pas sanguinaires. Ils attachent une grande importance à la conservation de leurs prisonniers, qu'ils vendent aux Boukhares et aux Khiviens.

Leur hospitalité ne s'étend que sur leurs compatriotes. Les étrangers, lors même qu'ils pratiquent comme eux la religion mahométane sunnite, en sont exclus, et à plus forte raison les hommes d'une autre croyance que la leur. L'Européen qui voudrait traverser les steppes sans une bonne escorte, irait de lui-même chercher l'esclavage. Le mahométan sunnite en serait quitte pour être complétement dévalisé. Un chef kirguize même ne pourrait pas répondre de la sûreté des voyageurs.

Avec des besoins très-bornés, et l'ignorance où il est des commodités de la vie, le Kirguize ne tire de ses richesses aucun avantage, que celui de satisfaire sa folle vanité. M. Levchine demanda à un chef, propriétaire de huit mille chevaux, pour quelle raison il ne vendait pas chaque année quelques-uns des produits de ses haras. Cet homme lui répondit : Pourquoi vendrai-je ce qui fait mon plaisir? Je n'ai pas besoin d'argent; et si j'en avais, je le renfermerais dans un coffre, où personne ne le verrait. Mais lorsque mes chevaux parcourent la steppe, chacun les regarde, chacun sait qu'ils sont à moi, et l'on se souvient toujours que je suis riche. C'est de cette manière, observe toujours M. Levchine, qu'on établit dans ces hordes à demi barbares la réputation d'homme puissant. Tels sont les biens qui leur attirent la considération des autres Kirguizes, et leur donnent la prééminence sur les descendants des khans les plus illustres.

Les Kirguizes sont extrêmement vindicatifs, et c'est pour satisfaire à des injures réelles ou supposées que très-souvent ils organisent des expéditions les uns contre les autres. Quelquefois ces incursions se bornent à des vols et à des enlèvements de bestiaux. Mais quelquefois aussi il en résulte des luttes sanglantes. Tout homme volé, offensé, ou simplement mécontent, réunit une troupe de cavaliers, arrive chez son ennemi et lui enlève ses bestiaux et tout ce qui lui appartient. Le Kirguize attaqué tâche de se défendre; mais s'il ne peut y réussir, il va, à quelque temps de là, surprendre le campement auquel appartient le ravisseur, et enlève les bestiaux, sans s'informer si les propriétaires sont coupables ou non. Ceux-ci, à leur tour, veulent exercer des représailles, et il en résulte des luttes interminables. Un Kirguize qui ne peut se venger tourne souvent sa fureur contre lui-même. M. Levchine en vit un qui se porta plusieurs coups de couteau parce que les Cosaques délivrèrent un Russe avec lequel il était aux prises. Un autre, condamné à subir une punition, devint tellement furieux, qu'il se fit une blessure terrible, égorgea son père, blessa sa fille, et tua ses chevaux. Quand une fois le Kirguize parvient à se saisir de l'objet de sa haine, il assouvit sur lui toute sa cruauté. Des Kirguizes de la Petite-Horde, voulant venger le meurtre de plusieurs de leurs parents, attaquèrent la tribu dont quelques membres s'étaient rendus coupables de ce crime, et réussirent à faire un certain nombre de prisonniers. Après avoir fait périr quelques-uns de ces malheureux, qui étaient peut-être innocents, dans les tourments les plus horribles et les plus obscènes, ils prirent le principal d'entre eux, reçurent son sang dans leurs mains et le burent. Ils traitent avec la même barbarie l'assassin livré aux parents de celui qu'il a tué : ils commencent par lui ouvrir les veines, puis ils lui coupent toutes les articulations; quelquefois ils lui fendent le ventre, et ils y mettent les pieds et les mains qu'ils ont coupés.

On conçoit à peine que les Kirguizes éprouvent un attachement quelconque pour le triste pays qu'ils habitent, et pour la vie misérable qu'ils y mènent. Cependant ils aiment mieux souffrir que de quitter leurs solitudes et leur genre de vie. Ceux d'entre eux que la pauvreté oblige d'émigrer en Russie ont à peine gagné quelque chose, qu'ils se hâtent de retourner dans les steppes.

Les femmes kirguizes sont, à bien des égards, supérieures aux hommes. Elles sont aussi actives et aussi laborieuses que leurs maris sont fainéants et paresseux. Elles s'occupent exclusivement du ménage, sont chargées de presque tous les soins qu'exige le bétail, font leurs habits et ceux de leurs enfants, ont soin de pourvoir à tous les besoins et à tous les caprices du chef de famille, jusqu'à seller ses chevaux et à l'aider à monter dessus. Pour récompense de leur dévouement, elles sont traitées en esclaves, et ne trouvent dans leurs maris que des maîtres durs et orgueilleux. Elles ne sont pas, il est vrai, enfermées dans des harems; mais elles ne doivent leur liberté qu'au besoin qu'éprouvent les Kirguizes de les employer à une foule d'occupations qui exigent leur présence au dehors. D'ailleurs il ne serait pas possible d'enfermer une femme sous une tente de feutre, et de la dérober complétement aux regards, comme on peut le faire dans les villes de la Turquie ou de la Perse. Plusieurs Européens, qui ont été captifs chez les hordes kirguizes, assurent que les femmes ont toutes les bonnes qualités de leur sexe. Elles sont douces, compatissantes, et montrent une grande affection pour leurs enfants.

Avant même d'être né, le Kirguize est soumis à l'influence des pratiques superstitieuses. Dès qu'une femme commence à sentir les premières douleurs, on appelle des sorciers, dont la présence est considérée comme un moyen d'amener l'heureuse délivrance de la mère. D'autres fois on fait venir les voisins, hommes et femmes; puis on place, au milieu de la tente, une corde sur laquelle on fait marcher la malade. Enfin, lorsque le moment de la délivrance est arrivé, une parente ou une amie, lui serre le ventre avec les bras pour hâter la naissance de l'enfant. Si une seule femme ne suffit pas, un homme prend sa place, ou bien d'autres femmes se réunissent à la première. Toute personne qui entre dans la tente doit frapper trois fois avec le pan de sa robe la femme qui accouche, et dire: *Tschik*, c'est-à-dire, *Sors*.

On donne quelquefois un nom à l'enfant au moment même de sa naissance; d'autres fois on ne le fait qu'au bout d'un an, ou lorsqu'il commence à marcher. Le caprice seul du père ou de la mère décide du choix du nom. Quelques-uns le dérivent du lieu ou des circonstances qui ont précédé la naissance, ou bien encore des traits du visage de l'enfant. D'autres choisissent le nom de la première personne qui entre dans la tente au moment où la femme accouche.

Dès que les enfants sont nés, on les enveloppe dans de la toile s'il fait chaud, et dans une peau de mouton si l'on est en hiver. Lorsqu'ils commencent à grandir, les enfants se débarrassent de ces couvertures, courent tout nus sur la neige, ou se roulent sur la cendre chaude du foyer. Ils s'accoutument ainsi à supporter les hautes variations de température auxquelles on est exposé dans les steppes des Kirguizes. Quelques femmes emmaillotent leurs enfants, et leur placent des coussins entre les genoux, pour leur cambrer les jambes, afin qu'ils se tiennent plus aisément à cheval lorsqu'ils seront devenus hommes. Le talent de l'équitation et la garde des troupeaux sont la seule instruction que des parents kirguizes désirent voir à leurs fils. Il n'en est pas de même des filles, sur lesquelles retombent tous les travaux du ménage et le service du mari. Aussi les mères s'occupent-elles de bonne heure à les instruire. Elles leur apprennent à filer, à tisser, à coudre, à faire des habits et des rideaux, à broder en soie et en or, et à préparer les aliments.

CIRCONCISION. Le précepte du Coran qui ordonne la circoncision est un de ceux que les Kirguizes observent avec le plus de régularité. Ils pratiquent cette opération sur leurs enfants mâles entre trois et dix ans. Ce sont, pour l'ordinaire, des mollahs qu'ils chargent de cette tâche. Pendant que l'on circoncit l'enfant, les assistants récitent des prières. Les parents donnent une fête à cette occasion.

POLYGAMIE. — MARIAGES. La polygamie existe chez les Kirguizes, comme chez tous les peuples musulmans. Ce-

TARTARIE

Sultan Kirghiz

pendant il est rare que les hommes puissent avoir autant d'épouses qu'ils en désireraient, parce qu'ils ne peuvent pas toujours s'en procurer par des enlèvements, et qu'ils se voient souvent obligés de les acheter, ou de payer à leurs pères un *kalime* ou dot pour les obtenir. Ce kalime, qui est déjà assez élevé, augmente toujours en proportion du nombre de femmes que possède déjà le solliciteur; de sorte que pour la seconde épouse il faut donner un kalime plus considérable que pour la première, et pour la troisième plus que pour la seconde. Aussi n'y a-t-il que les Kirguizes riches qui puissent prendre un grand nombre d'épouses. Les pauvres n'en ont qu'une seule. M. Levchine parle d'un khan de la Petite-Horde qui avait seize ou dix-sept femmes, et une quinzaine de concubines. La loi musulmane autorise, comme on sait, la possession de ces dernières, et leurs enfants sont traités presque à l'égal des enfants légitimes. Le khan dont il s'agit était père de quarante-deux fils et de trente-trois ou trente-quatre filles.

Il est rare qu'un jeune homme puisse consulter son goût la première fois qu'il se marie. Il se conforme pour l'ordinaire au vœu de ses parents. Quant aux jeunes filles, elles ne sauraient avoir une volonté. Nombre de pères, surtout parmi les chefs et les hommes riches, sont dans l'habitude de fiancer leurs enfants dès le maillot. Ces unions réussissent rarement, et soit à cause des instincts grossiers des Kirguizes, soit à cause de la manière dont on les marie, la concorde est assez rare dans leurs ménages. Quand une fois les parties sont tombées d'accord sur le taux du kalime et sur l'époque du payement, le mollah unit les époux de la manière suivante : Il demande par trois fois aux parents de la femme et à ceux du mari : Consentez-vous à unir vos enfants ? Sur la réponse affirmative, il récite des prières pour le bonheur des futurs époux. On a toujours soin dans ces sortes d'occasions d'appeler des témoins ou des arbitres qui, si quelque différend venait à s'élever plus tard entre les parties contractantes, seraient appelés à les arranger. La cérémonie se termine par des divertissements et par un repas auquel sont invités des amis.

Aussitôt après ces fiançailles, le futur époux, ou son père, commence à payer le kalime, et le père de la future s'occupe à lui préparer un trousseau, suivant les conventions arrêtées. Il entre nécessairement dans ce trousseau une *kibitka*, ou tente de feutre, sous laquelle doit loger le jeune couple. Tant que le kalime n'a pas été acquitté, le mariage reste en suspens ; mais pendant cet intervalle le futur a le droit de rendre visite à sa prétendue. Dans quelques tribus, ces visites sont accompagnées de grandes cérémonies. Avant le départ du jeune marié pour le campement où réside sa future, le père donne une fête de famille. Il appelle le mollah, on récite des prières pour la conservation des jours du voyageur, on chante quelques chansons en son honneur, on le revêt de l'habit le plus riche qu'on peut se procurer, on lui amène un bon cheval, et il part enfin. Arrivé à l'aoul de sa jeune épouse, il se présente au père ou au membre le plus ancien de la famille, annonce le but de son voyage, et sollicite la permission de dresser sa tente blanche. Cette demande accordée, il s'efforce, par des présents et de bons offices, d'obtenir qu'on lui amène sa femme dans la tente qu'il occupe, et les époux restent seuls. Quoique ce tête-à-tête soit quelquefois le premier, comme les fiançailles sont faites, que le kalime est en partie payé, le mariage est, pour ainsi dire, consommé. Ni l'époux ni l'épouse ne pourraient retirer leur parole, sans s'exposer à la haine des parents et à la vengeance de la partie lésée. Il est rare, du reste, qu'en pareil cas on arrive à une rupture, parce que les jeunes filles ne sont pas libres de suivre leurs inclinations et que l'homme pense bien qu'il se dédommagera un jour, par une nouvelle union suivant son choix, de celle qu'il a contractée par obéissance.

Chez plusieurs tribus, après avoir obtenu la permission de faire une première visite, le mari est autorisé à continuer à voir sa jeune épouse, sans avoir besoin pour cela d'une autorisation nouvelle. Aussi a-t-il soin de laisser une tente blanche dressée dans le campement qu'elle habite. Il est d'usage dans d'autres tribus qu'après la première visite faite, le mari retourne chez son père, et ne renouvelle pas ses entrevues jusqu'à l'acquittement complet du kalime.

Si l'un des deux fiancés vient à mourir avant la conclusion du mariage, on recherche si le futur a eu ou non des relations secrètes avec sa prétendue. Dans le premier cas, on rend au fiancé ou à ses parents, si c'est lui qui est mort, la moitié du kalime. Lorsqu'il n'y a pas eu de rapports entre les fiancés, les parents de la jeune fille rendent les quatre cinquièmes du kalime et ne s'en réservent qu'un. Il est facile de voir, d'après ces arrangements, que le mariage n'est chez les tribus kirguizes qu'une vente de la femme.

Lorsque le marié, ayant acquitté le kalime, veut enfin célébrer la cérémonie nuptiale, il en informe son futur beau-père, et arrive chez lui avec quelques-uns de ses parents. Aussitôt arrivé, les parents de sa jeune femme vont lui demander des présents, et lui enlèvent l'un sa robe, l'autre son bonnet, un troisième sa ceinture; d'autres s'emparent de la bride, de la selle et des harnais du cheval, et à chaque objet qu'ils prennent ils disent : Ceci est pour l'éducation de la fiancée.

Pendant tout le temps qu'on prépare le trousseau, les compagnes et les amies de la fiancée se réunissent chez elle, le soir, pour l'habiller et chanter des chansons. Tous ces préliminaires accomplis, on conduit enfin les deux époux dans une tente où doit se terminer la cérémonie. Le mollah les amène au milieu de la tente; il place devant eux une tasse remplie d'eau qu'il couvre d'une toile, et commence à lire quelques prières. Ensuite il demande aux jeunes gens si c'est de leur plein gré qu'ils contractent mariage, et leur fait avaler par trois fois un peu d'eau. Puis il en fait avaler à tous les assistants. Si le nombre de ceux-ci est trop considérable, il se contente de les asperger. Dans ce dernier cas, il emploie comme goupillon une flèche à laquelle sont attachés une touffe de crin prise à la crinière du cheval de l'époux et un ruban appartenant à l'épouse. D'autres mollahs trempent dans l'eau un papier sur lequel sont écrites quelques prières. Cette cérémonie terminée, on met sur la tête de la nouvelle mariée la coiffure des femmes au lieu de celle des filles, et on la place au milieu de la tente. Les femmes réunies autour d'elle commencent des chansons. Le jeune époux, qui est sorti, se présente à cheval devant la tente, et demande la permission d'entrer. On la lui refuse longtemps. Enfin il pénètre de force, enlève sa femme, la place sur son cheval, et l'emmène ou chez lui ou dans une tente préparée dans le même aoul. Mais ce dernier point est de peu d'importance, car après la cérémonie de l'enlèvement, nul ne se permet de troubler le mari, et on le laisse posséder tranquillement sa femme.

Dans quelques tribus de la Moyenne et de la Petite-Horde, on porte la jeune épouse sur un tapis dans tout le campement, afin qu'elle fasse ses adieux. Dans la Grande-Horde, elle va faire elle-même ses visites sans qu'on la porte. Le mariage est suivi de festins, de courses à cheval et de différents jeux. Lorsque le mari emmène définitivement sa femme dans son aoul, tout le campement de la jeune femme se réunit. Le beau-père remet à son gendre le trousseau, chargé sur des chameaux et des chevaux, puis il adresse à sa fille un discours dans lequel il l'exhorte à être fidèle et vertueuse; il reçoit ensuite ses adieux et la place sur un cheval qu'il conduit par la bride pendant un très petit espace de temps. Les nouveaux mariés se mettent en route au milieu des pleurs des femmes rassemblées. Arrivé à l'aoul du mari, le père de celui-ci donne une fête à laquelle il invite tous ses amis. On dresse la tente de la jeune épouse près de celle de sa nouvelle famille, on étale toutes les pièces du trousseau, les parents du mari se hâtent de choisir ce qui est le plus à leur convenance, et donnent en échange, l'usage le veut ainsi, d'autres objets généralement de moindre valeur.

Pour faire preuve d'activité, la jeune femme doit, pendant les premiers jours qui suivent son arrivée dans l'aoul de son mari, se lever le plus matin possible, et aller découvrir le haut des tentes de ses nouveaux parents. Quel que soit le nombre des femmes d'un Kirguize, chacune demeure dans une tente à part. Aussi est-il bien établi que la tente fait toujours partie du trousseau d'une mariée. La première femme qu'épouse un Kirguize porte le titre de *baïbitscha*, qui revient à peu près au sens de *femme riche*. Elle est la véritable maîtresse de la maison, et lors même que le mari n'aurait pas d'affection pour elle, il doit la respecter et obliger ses autres femmes à lui témoigner de la déférence. Toutes les autres épouses sont égales entre elles, et dépendent jusqu'à un certain point de la baïbitscha.

Les trousseaux et les dots ne se confondent jamais, et appartiennent exclusivement aux femmes qui les ont apportés. Quelques maris prudents ont même soin de ne jamais confondre les bestiaux de leurs femmes avec les leurs. De cette manière, le bien d'une femme retourne à ses propres enfants et ne passe pas aux autres enfants du mari.

La baïbitscha peut quitter son mari si elle a des motifs graves à faire valoir pour la séparation, et alors elle retourne chez ses parents. Mais les autres femmes ne jouissent pas de ce droit.

A la mort du mari, le plus âgé de ses frères ou son fils aîné prend en main l'administration de la maison. L'oncle qui prend la place du père décédé doit donner à ses nièces une dot dont la valeur soit en rapport avec la fortune de la famille, et le reste du bien se partage entre ses neveux.

Les Kirguizés épousent souvent des femmes calmouques, sans les obliger à changer de religion. Mais lorsqu'ils prennent des femmes de leur propre nation, ils évitent avec le plus grand soin qu'il existe une parenté même éloignée entre eux. Quelques-uns poussent le scrupule si loin, qu'ils ne veulent pas prendre de femmes appartenant à leur section de tribu (1). D'autres Kirguizes pensent qu'à la mort d'un chef de famille, celui de ses frères qui le remplace a le droit d'épouser une des femmes qu'il a laissées.

USAGES FUNÉRAIRES. L'usage veut qu'à la mort d'un Kirguize ses parents témoignent de vifs regrets, et que ses femmes donnent des marques feintes ou réelles d'un violent désespoir. Dès que leur mari a rendu le dernier soupir, les femmes poussent des cris et des gémissements, pleurent, se frappent, se déchirent le visage avec les ongles, s'arrachent les cheveux en faisant l'énumération des vertus du mort et l'éloge de son courage. Ces momeries lugubres durent très-longtemps. Quelques femmes les renouvellent périodiquement, matin et soir, pendant un an de suite, devant un mannequin couvert des habits du mort. C'est principalement dans la Horde-Moyenne que cette coutume est en vigueur.

On lave le corps du défunt pour le revêtir de ses plus beaux habits ; alors on l'enveloppe dans une pièce de toile, et on le met sur un tapis. Ensuite arrivent les parents, qui se placent autour du corps, tandis que le mollah lit des prières et prononce l'oraison funèbre. Puis on porte à bras le cadavre jusqu'au lieu où on doit l'enterrer, ou bien on l'y transporte sur un chameau. Les parents et les femmes, qui ne cessent de pleurer, accompagnent le corps. On tient à côté un longue perche à laquelle on attache un fichu noir. Lorsque le convoi est arrivé, les prières recommencent et on descend le corps dans la fosse. Quelquefois on enterre avec le Kirguize ses armes, ses harnais, et ses vêtements les plus beaux; quelquefois même on tue son cheval, on en mange la chair, après l'avoir fait cuire, et on brûle les os sur la tombe. Le cortège revient à l'aoul du défunt pour boire et pour manger. Pendant le repas, les mahométans dévots récitent des prières pour le repos de l'âme du mort. Ensuite on plante au milieu de la tente qu'il habitait, ou à côté, la perche avec le fichu noir. Ce signe de deuil doit rester debout un an entier. Quelques Kirguizes font aux personnes les plus distinguées qui ont assisté aux cérémonies funèbres des présents dont la valeur est prise sur les biens qu'a laissés le défunt. En pareil cas, les objets destinés à être offerts en don sont étalés à la vue de toute l'assemblée. D'autres ne donnent aux invités que des morceaux des vêtements qui ont appartenu au mort.

Quelques tribus de la Grande et de la Moyenne-Horde n'enterrent pas immédiatement les gens riches qui meurent

---

(1) Chaque tribu se partage en sections et en sous-sections.

en hiver ; mais ils enveloppent le corps dans du feutre ou dans de la toile, et le pendent à un arbre ; au printemps, ils le transportent à Turquestan, et l'enterrent près du tombeau du saint personnage Kara-Ahmed. Les Kirguizes ne déposent pas les morts dans une bière. Ils ont l'habitude, en creusant la fosse, de faire une excavation latérale où ils déposent le corps, qui, de cette manière, se trouve placé dans le vide et n'est pas pressé par la terre. D'autres fois aussi ils forment une espèce de berceau qu'ils placent au-dessus du corps et qu'ils recouvrent de planches, puis ils remplissent la fosse avec de la terre. C'est principalement sur des terres que les Kirguizes enterrent leurs morts. Ils élèvent souvent des buttes au-dessus de la fosse. « La vue d'un cimetière kirguize est pour le voyageur, dit M. Levchine, un des spectacles les plus curieux. Ses yeux, fatigués du vide et de l'uniformité de la steppe, s'arrêtent avec plaisir sur le frais ombrage d'un arbre, sur des pyramides en terre glaise ou en pierre, sur des tours, des murs d'enceinte, ou sur des haies élevées. Là ce sont des rubans, des mouchoirs, ou des crinières flottant sur des lances qui fixent son attention ; plus loin, c'est le treillis qui a servi de mur à une tente, des turbans de pierre ou de bois, de simples monceaux de pierres ; ici c'est le tombeau d'un cavalier fameux : on y voit une selle, une lance, un arc, des flèches ; sur celui du chasseur est un aigle ou un faucon grossièrement sculpté ; sur celui d'un enfant, un berceau, etc. Au-dessus du tombeau du khan Aboul-Khaïr, sur la petite rivière Oulkiak, on a construit un édifice carré de quatre sagènes (1), avec une voûte sous laquelle repose le corps entre une lance, un sabre et des flèches (2). L'arbre qu'on planta sur la tombe prit bien et crut vigoureusement, et le khan fut reconnu pour un saint (3).

« Le tombeau du célèbre Bie-Djan (près du terrain Tougouschkan) est de tous côtés ceint d'un mur de pierre qui a plus d'une sagène de hauteur, et flanqué d'une tour de glaise à chaque angle.

« A douze lieues du fort d'Oust-Ouïsk sur la Tool, on voit les ruines d'un édifice en pierre sur le tombeau d'un Kirguize. On trouve ces mêmes monuments dans beaucoup d'autres lieux.

« Au reste, il ne faut pas confondre ces tombeaux avec de plus anciens, que les Kirguizes nomment *tombeaux nogaïs* (1). »

Les Kirguizes prient souvent pour les morts, et s'acquittent de ce devoir avec beaucoup d'exactitude. Ils prient le quarantième et le centième jour après la mort du défunt, ainsi qu'au bout de l'an. Quelques-uns célèbrent encore une dernière cérémonie religieuse au neuvième anniversaire du décès. Les prières considérées comme les plus efficaces sont celles du bout de l'an, et la famille du défunt donne à cette occasion une fête somptueuse. Aussi, quand on fait le partage des biens d'un père de famille, l'aîné de ses fils met à part la somme nécessaire pour l'accomplissement de cette cérémonie, et tous les membres de la famille s'imposent un sacrifice pécuniaire proportionné à leur fortune. Si la fête ne répond pas à la richesse ou à la condition de la personne décédée, les héritiers s'exposent au ressentiment de l'âme du mort, et se couvrent de honte aux yeux de leurs compatriotes. Les services funèbres coûtent excessivement cher aux gens riches. On y invite un grand nombre de gens, qui assistent aux prières qu'on récite pour le repos de l'âme du défunt, dont on évoque l'ombre ensuite ; puis on rappelle les principaux exploits du mort. On tue un cheval blanc dont on fait cuire la chair ; on prépare aussi d'autres mets, et les personnes invitées mangent et boivent du koumize. Lorsque tous les assistants sont rassasiés, on commence les courses à cheval, les chants, et d'autres divertissements, où les hommes qui se distinguent par leur courage ou leur

---

(1) Environ quatre toises.
(2) Il est des Kirguizes qui enterrent avec le défunt la vaisselle qui lui a appartenu. (Note de M. Levchine.)
(3) Les arbres des tombeaux, sous le nom d'*avlia*, sont tenus pour sacrés et inviolables, comme la tombe même. (Note de M. Levchine.)

(1) Voyez *Description des hordes et des steppes des Kirghiz-Kazaks*, pag. 365 et 366 de la traduction française de MM. Ferry de Pigny et Charrière.

adresse reçoivent, du chef de la famille, des présents quelquefois très-considérables. Les cérémonies du bout de l'an d'un riche Kirguize de la Petite-Horde coûtèrent aux héritiers deux mille cinq cents brebis, deux cents chevaux, et cinq mille grands vases de koumize, sans parler de plusieurs esclaves, de quelques tentes, de cottes de mailles et de plusieurs autres objets qui furent distribués en prix aux hommes qui se firent remarquer dans les courses à cheval, au tir ou à la lutte. Une fête semblable célébrée dans la Horde-Moyenne coûta cinq mille brebis, deux cent cinquante chevaux, et le reste en proportion. M. Levchine explique ces dépenses énormes, en disant que si les mariages, les enterrements et les services commémoratifs et expiatoires pour les morts appartiennent à la vie domestique, les fêtes et les divertissements qui les suivent deviennent des cérémonies publiques.

FÊTES ET DIVERTISSEMENTS.

Lorsqu'un Kirguize veut donner une fête, il charge des fonctions de commissaire et de maître des cérémonies les deux ou trois hôtes les plus respectables qu'il a engagés. Ceux-ci font les honneurs, et veillent à ce que tout se passe d'une manière convenable. D'autres personnes, désignées encore par le Kirguize qui donne la fête, sont chargées de distribuer les prix. On porte ensuite dans des tentes soigneusement nettoyées différents mets préparés pour la cérémonie, et d'énormes vases de koumize. Les parents et les amis qui sont riches apportent aussi du koumize, et chassent devant eux quelques bestiaux que l'on tue pour le repas. Quand les convives ont bu et mangé abondamment, on commence les jeux, qui se composent de courses à cheval, du tir à l'arc, de chant et de musique.

Si le nombre et la qualité des chevaux doivent rendre les courses remarquables, c'est par cet exercice que l'on commence. Les convives se réunissent à l'endroit où l'on a fixé le terme de la course, et l'on y apporte les prix décernés aux vainqueurs. C'est là aussi que se placent les juges qui doivent les distribuer. D'autres arbitres se tiennent au point de départ, et veillent à ce que tous les chevaux soient bien en ligne et ne partent qu'au signal convenu. La distance à parcourir est fixée à quatre ou cinq lieues, et quelquefois même à douze. Les bons cavaliers, choisis de préférence parmi les jeunes gens, retiennent leurs chevaux et les ménagent jusqu'au milieu de la course; mais pour la seconde moitié, ils les lancent à toute bride. Si le cheval est épuisé en approchant du but, les parents et les amis, qui vont au-devant des coureurs, fouettent l'animal près de succomber, le tirent par la bride, l'excitent par leurs cris, jusqu'à ce qu'enfin ils l'aient traîné au bout de la carrière. On voit des chevaux pleins de force et d'ardeur tomber morts au terme de la course. Le premier cheval qui arrive reçoit le premier prix, infiniment plus considérable que le second, et qui consiste parfois en cent chevaux ou en quelques esclaves, en une troupe de chameaux, en cottes de mailles, en robes, ou en plusieurs centaines de brebis. Le dernier prix se compose souvent d'une seule chèvre.

Les Kirguizes ont une autre sorte de course à cheval, à laquelle prennent part les hommes, les femmes et les jeunes filles. Les personnes des deux sexes engagées dans ce divertissement sont obligées, dit M. Levchine, de se séparer par couples, et chaque cavalier est tenu, quand il a atteint la femme qui court avec lui, de couper le chemin au cheval qu'elle monte, ou du moins de toucher de la main le sein de l'amazone. Quelque peu délicates que soient dans leurs habitudes les beautés kirguizes, elles ne laissent cependant prendre cette liberté qu'à ceux qui ont obtenu leurs bonnes grâces. Elles évitent l'attouchement d'une main qui leur déplaît, au moyen de leur souplesse, de la légèreté avec laquelle elles savent se détourner, et au besoin par des coups de fouet, dont elles proportionnent la force au degré de répugnance que leur inspire l'homme qui les poursuit. Il leur est facile de tenir par ce moyen les cavaliers à une distance respectueuse, d'autant plus que, grâce à la qualité de femmes, nul ne songe à trouver mauvais qu'elles laissent des marques de colère sur le visage d'un galant trop empressé.

Le tir de l'arc occupe le second rang parmi les divertissements des Kirguizes. Ceux d'entre eux qui savent se servir de cette arme décochent leurs flèches d'abord à pied et immobiles, puis à cheval et au galop, et quelquefois même en se tenant debout sur la selle. Quelques-uns visent des bonnets et des anneaux qu'on leur jette en l'air.

Dans ces fêtes il y a toujours des lutteurs, et des gens qui courent à pied. Mais les Kirguizes n'ont pas l'habitude de la marche, et ces dernières courses ne sont pas remarquables. Les prix n'ont que peu de valeur, comparés à ceux des courses à cheval. Les lutteurs habiles et les propriétaires de bons chevaux sont admis à toutes les fêtes, même sans y avoir été invités.

Entre les différentes parties de la fête et avant de passer à un autre divertissement, les jeunes Kirguizes chantent des chansons presque toujours improvisées. Ils se partagent en deux chœurs, l'un de femmes, et l'autre d'hommes. Le chœur de femmes célèbre d'ordinaire les vertus et les attraits de son sexe, et fait entendre des plaintes contre les hommes; ceux-ci tâchent de se justifier, font leur propre éloge, et chantent les douceurs de l'amour. On se lance de part et d'autre des mots piquants, et l'on entend des reparties spirituelles, que les spectateurs relèvent aussitôt. Quelquefois aussi les chanteurs se réunissent par couples, et chantent tous ensemble ou à deux voix.

M. Levchine vit pendant l'hiver les jeunes Kirguizes s'amuser aux jeux suivants: les joueurs des deux sexes s'assirent d'abord en rond, puis le maître de la tente apporta un petit os de mouton, et l'ayant mis sur les genoux d'une des jeunes filles, il proposa au plus dégagé d'entre les hommes d'ouvrir le jeu. Celui-ci se leva aussitôt, croisa les mains sur le dos, approcha de la jeune fille qui tenait l'osselet, et commença à essayer, en se penchant à la renverse, de saisir l'os avec les dents; d'autres en firent autant après lui. On combla d'éloges, accompagnés de cris joyeux, ceux qui réussirent. Quant aux autres, ils reçurent de la dépositaire de l'osselet quelques légers coups de fouet pour prix de leur maladresse.

Lorsque tous les jeunes gens qui se trouvaient dans le cercle eurent ainsi tour à tour essayé leur souplesse, on passa à un autre divertissement. Un des joueurs prit l'os entre ses dents, et chaque jeune fille approcha pour essayer de le prendre aussi avec les dents. Les plus agiles s'en tiraient assez adroitement, celles qui manquaient leur coup devaient embrasser le jeune garçon.

Dans quelques fêtes, on voit des hommes d'une force extraordinaire arracher les pieds à un mouton vivant; d'autres s'amusent à jeter des pièces de monnaie dans un vase plein de koumize, et ceux qui veulent les avoir doivent les y prendre avec la bouche. Nombre de Kirguizes s'amusent à regarder quelques gros mangeurs, qui vont aux fêtes pour jouir tout à la fois des applaudissements des spectateurs et du plaisir d'absorber des quantités incroyables de viandes et de koumize. On invite toujours des musiciens à ces sortes de fêtes. Mais nous ne voyons pas qu'on y danse. Les Kirguizes des deux sexes, avec leurs jambes arquées par l'usage continuel du cheval, ne doivent prendre que peu de plaisir à cet exercice.

Les politesses que se font ces nomades varient suivant le rang des personnes. Un homme du commun ne peut approcher d'un sultan que les mains croisées sur la poitrine, et en faisant un profond salut; si le supérieur veut donner une marque de bienveillance à un inférieur, il lui tend la main, que l'inférieur presse dans les deux siennes en mettant un genou en terre; si un simple Kirguize fait la rencontre d'un chef, il descend de cheval, et serre de ses deux mains celle du supérieur; quelquefois, même après être descendu de cheval, il s'arrête, et attend qu'il soit passé; puis il incline la tête en plaçant ses deux mains sur sa poitrine, et s'écrie: *Allah yaz* (Dieu te conserve)!

Les femmes sont tenues également à quelques formalités quand elles se rencontrent ou qu'elles se trouvent en présence de la femme d'un sultan; alors elles doivent baisser les yeux et se frotter légèrement la joue avec la main en s'inclinant. Une jeune femme doit mettre un genou en terre en présence de ses parents âgés. On voit souvent des Kirguizes ne témoigner aucun égard et montrer même le plus grand mépris pour les sultans et autres chefs dont ils croient n'avoir rien à craindre.

Lorsqu'un chef de tribu est aimé ou qu'on le redoute, tous les Kirguizes viennent lui demander des conseils. C'est de lui qu'on prend des instructions, soit pour une *buranta* ou pour toute autre expédition. On récite alors des prières, on jure d'éviter tout sujet de discorde, et l'on immole un cheval blanc ou tout autre animal de la même couleur. Si l'on n'en trouve pas de blanc, on en choisit du moins un qui ait une tache blanche sur le corps, et particulièrement sur le front. On l'immole, puis on le mange.

ÉLECTION DU KHAN. La solennité la plus curieuse et la plus importante que célébraient les hordes kirguizes est sans contredit l'élection du khan (1). Dès que le peuple était rassemblé dans un lieu indiqué d'avance, les assistants se partageaient en petits groupes, dans lesquels on discutait le choix du khan et de quelques autres chefs. Lorsque l'assemblée se trouvait en nombre, on étendait des tapis et des feutres sur lesquels les sultans, les anciens et les chefs de tribu s'asseyaient suivant leur dignité. Les hommes que leur âge ou leur expérience recommandaient à la foule parlaient les premiers. Mais bientôt l'assemblée dégénérait en véritables disputes, qui duraient un et deux et quelquefois jusqu'à quatre jours. Lorsque le khan était choisi, quelques-uns des principaux sultans allaient lui annoncer sa nomination; puis ils le plaçaient sur une pièce de feutre blanc, l'élevaient au-dessus de leur tête, et le déposaient à terre. Alors les hommes du peuple arrivaient, répétaient la même cérémonie, et tenaient le khan élevé pendant quelque temps au milieu de l'assemblée. La pièce de feutre qui avait fait office de pavois était mise en morceaux; quelquefois on déchirait même l'habit du khan, et chaque spectateur s'efforçait d'en emporter un lambeau.

Le khan donnait à tous ses électeurs une fête dans laquelle il n'épargnait rien. Le gouvernement russe ratifiait cette nomination, et la faisait suivre de plusieurs cérémonies propres à frapper des peuples à demi sauvages et à leur inspirer du respect pour la puissance du czar. Le khan prêtait sur le Coran serment de fidélité à la Russie, puis il apposait sur l'acte de serment son sceau, qui tenait lieu de signature. Le gouvernement russe donnait à cette occasion des fêtes aux Kirguizes.

INSTRUCTION. — LITTÉRATURE. Les Kirguizes sont, pour l'ordinaire, fort ignorants. Un petit nombre seulement savent lire et écrire leur propre langue. Ceux qui ont une connaissance médiocre de l'arabe sont tenus pour des prodiges. Les chefs et les sultans n'en savent guère plus que les derniers de leurs vassaux; mais ils ont des secrétaires et des mollahs chargés de lire les dépêches des autorités russes et d'y faire une réponse. Malgré leur ignorance, les Kirguizes aiment la musique et la poésie. Voici la traduction d'une chanson kirguize que rapporte M. de Meyendorff (1) :

Vois-tu cette neige?
Eh bien, le corps de ma bien-aimée est plus blanc.
Vois-tu couler sur la neige le sang de cette brebis égorgée?
Eh bien, ses joues sont plus vermeilles.
Passe cette montagne, et tu verras un tronc d'arbre brûlé.
Eh bien, ses cheveux sont plus noirs.
Chez le sultan il y a des mollahs qui écrivent.
Eh bien, ses sourcils sont plus noirs que leur encre.
Vois-tu ces charbons enflammés?
Ses yeux brillent d'un éclat plus vif encore.

Les chants des Kirguizes sont quelquefois accompagnés du son des instruments. Le sujet de leurs chansons est, pour l'ordinaire, le récit d'un grand événement, d'une rivalité d'amour, ou l'éloge d'un homme généreux qui a noblement fêté les hôtes qu'il a invités chez lui.

Il y a peu de variété dans la mélodie de leurs airs, qui sont presque semblables dans toute la steppe.

---

(1) Aujourd'hui il n'existe plus de khans dans les hordes.

(1) Voyage d'Orenbourg à Boukhara, p. 45.

Les conteurs kirguizes récitent des histoires toutes remplies de prodiges, d'enchantements, de combats singuliers et d'assassinats. « Leurs héros, dit M. Levchine, comme les chevaliers européens des douzième et treizième siècles, parcourent le pays cherchant des aventures. Ils combattent les enchanteurs, et attaquent les plus fameux cavaliers. Ils forment des liaisons avec les femmes et les filles de leurs ennemis ; ils délivrent les victimes de la tyrannie des hommes, reçoivent de ces dames des talismans, célèbrent leurs charmes dans des chansons, pillent et détruisent pour elles les aouls, les enlèvent elles-mêmes, et enfin les amènent chez eux, pour leur donner la quatrième ou la cinquième place dans leur cœur, déjà éprouvé par l'amour éteint ou non de plusieurs autres épouses. La seule idée d'une pareille récompense révolterait une Européenne ; mais la femme kirguize, née et élevée pour l'esclavage, reçoit ce prix avec reconnaissance. »

Les conteurs éloquents embellissent leur récit par des comparaisons et des expressions poétiques. Puis, imitant le chant et le cri de différents animaux, ils complètent leur description par une pantomime animée.

INSTRUMENTS DE MUSIQUE. Les principaux instruments de musique sont le kobize et la tschibyzga. Le premier est une espèce de violon ouvert à la partie antérieure et concave à l'intérieur, avec un manche au bas duquel est la planchette des chevilles d'où se tendent les cordes, qui sont très-grosses et faites de crin de cheval. Le kobize en a ordinairement trois. On joue de cet instrument, comme du violoncelle, en le tenant placé entre les genoux. Les sons du kobyze ne sont ni agréables ni purs. Cependant quelques Kirguizes savent imiter fort bien avec ces trois cordes le chant de plusieurs oiseaux.

La tschibyzga est une flûte ordinairement de roseau, quelquefois de bois, longue d'un pied et demi à deux pieds, avec trois ou quatre trous à l'extrémité, sans languette extérieure. Les sons de cette flûte sont désagréables.

Quelques Kirguizes jouent d'une sorte de guitare appelée *balalaïka*. Ils emploient la musique pour les opérations des sorciers et pour la guérison des malades. Ils ont cependant d'autres remèdes beaucoup moins inoffensifs que nous devons faire connaître.

MÉDECINE. Ils traitent les affections de poitrine avec une tisane composée de la racine de rosier sauvage, à laquelle on ajoute du miel et du beurre. Quand ils sont attaqués de la gale ou de quelques autres maladies cutanées, ils se baignent dans des lacs salés ; pour les douleurs dans les os, ils frottent le malade avec du crottin de brebis qu'ils ramassent en automne et font chauffer à la vapeur ; puis ils couvrent la partie affectée avec ce même crottin, qu'ils ont fait préalablement brûler. Ils emploient contre les enflures des cataplasmes de différentes herbes qui leur sont connues. Pour les douleurs des pieds, ils ont recours aux fumigations de cinabre brûlé sur du charbon en braise. Ils traitent les engelures et les blessures en plongeant la partie du corps qui est malade dans les entrailles fumantes d'une brebis qu'ils tuent exprès. Pour les fractures, ils appliquent sur la chair, et font prendre à l'intérieur, de la limaille de cuivre et une certaine pierre qu'ils réduisent en poudre. Ils remplacent la salsepareille par une plante appelée *schiraze*. Ils emploient le fiel d'ours au lieu de cantharides.

Quelquefois ils enveloppent les malades dans les peaux chaudes et saignantes de bêtes que l'on vient d'écorcher ; quelquefois aussi ils leur font avaler du cinabre, du sang de brebis, du suif fondu et quelques autres substances non moins dégoûtantes.

Les personnes atteintes de la fièvre blanche et celles qui ont été mordues par un chien enragé sont traitées par une boisson faite d'eau et d'une poudre composée des pattes séchées et pilées d'un oiseau appelé *tilegous*. Il est inutile de dire que tous ces remèdes ne sont que le résultat d'un empirisme grossier.

ASTRONOMIE. Les connaissances des Kirguizes en astronomie sont supérieures à celles de quelques autres peuples de l'Asie centrale, et nommément des Khiviens. Le genre de vie des Kirguizes, qui passent leur vie dans des steppes, et se trouvent souvent obligés

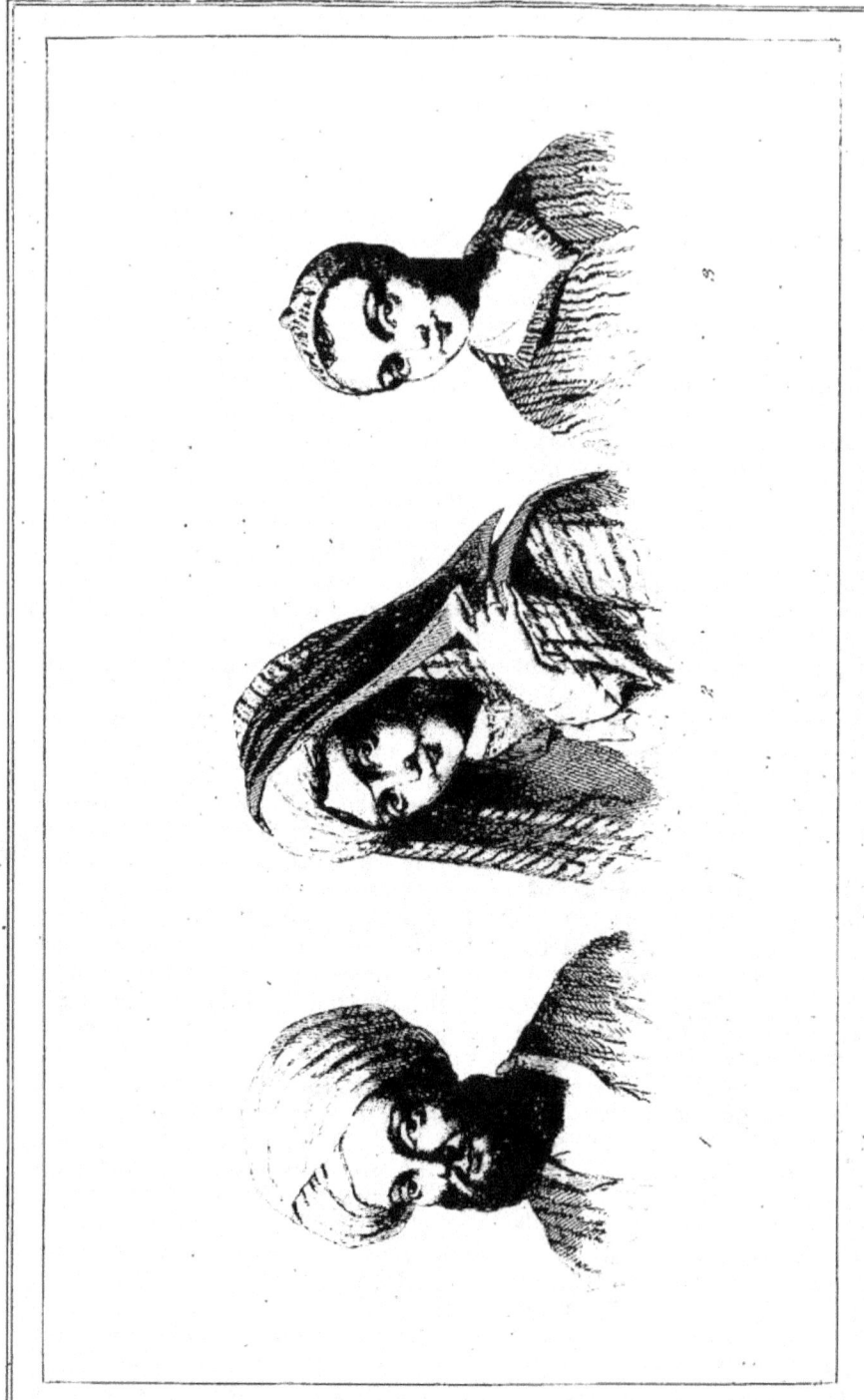

Habitants de l'Asie Centrale. Turfzikts.

de se conduire par les étoiles, expliquent cette supériorité relative. Ils connaissent l'étoile polaire, et c'est d'après cet astre qu'ils dirigent leur route dans les courses de nuit, et qu'ils cherchent à s'orienter quand ils perdent leur chemin.

L'étoile de Vénus porte chez eux le nom d'*étoile du berger*, parce qu'elle se lève le soir quand on ramène les bestiaux des champs, et se couche le matin quand on les conduit au pâturage.

Ils prétendent que la constellation de la Grande-Ourse est composée de sept loups qui poursuivent deux chevaux, savoir : *Ak-Bouzat*, le hongre blanc, et *Koul-Bouzat*, le hongre gris. Dès que les loups les auront atteints, ils les mangeront, et c'est alors que le monde doit s'écrouler et finir.

Ils désignent les Pléiades par le nom de *Mouton sauvage*, et comme cet animal céleste reste invisible pendant quelque temps, ils supposent que c'est pour descendre sur la terre et en faire sortir l'herbe nécessaire à la nourriture des moutons terrestres.

La Voie lactée est nommée le *chemin des oiseaux*, parce que les Kirguizes sont persuadés que c'est vers ce point que se dirigent les oiseaux de passage dans leurs migrations du nord au sud et du sud au nord.

C'est, comme nous venons de le dire, d'après la position des corps célestes que le Kirguize se dirige dans la steppe ; et c'est encore d'après les astres qu'il règle l'emploi de toute sa journée, comme un Européen sur sa montre.

L'année des Kirguizes commence au mois de mars. Le jour de l'an porte chez eux le nom persan de *Naourouze*, et les mois ceux des signes du zodiaque.

L'ère de l'hégire n'est connue que des mollahs. La plupart des Kirguizes n'en ont jamais entendu parler ; mais ils se servent du cycle mogol, composé de douze années dont chacune porte le nom d'un animal. Voici l'ordre et les noms de ces années :

1re année, *de la souris*.
2e — *de la vache*.
3e — *du léopard*.
4e — *du lièvre*.
5e — *du crocodile*.
6e année, *du dragon*.
7e — *du cheval*.
8e — *du mouton*.
9e — *du singe*.
10e — *de la poule*.
11e — *du chien*.
12e — *du cochon*.

Ce cycle des douze animaux a été inventé par les Kirguizes, et l'usage s'en est répandu dans presque toute l'Asie orientale comme nous l'apprend Abel Rémusat (1) : « Le modèle, dit-il, en a été incontestablement le cycle duodénaire employé par les Chinois dès la plus haute antiquité ; mais l'idée de substituer aux caractères insignifiants qui composent ce dernier, les noms d'animaux domestiques appartient au Kieï-Kia-sse. Outre l'avantage de se graver mieux dans la mémoire, le cycle des animaux a encore celui de fournir aux astrologues des ressources nouvelles, en attachant à chaque année, à chaque jour de la période hexacontaétéride, et même à chaque heure du jour, un caractère pris du naturel réel ou fictif attribué à chacun des douze animaux. Quant au choix de ces derniers, il est difficile de deviner ce qui l'a dirigé. Le bœuf, le lièvre, le cheval, le mouton, la poule, le chien et le pourceau sont des animaux utiles à l'homme, et l'on conçoit qu'il ait voulu en faire porter les noms à quelques périodes de son existence. Mais le rat, le léopard et le serpent ne sont point dans le même cas : le singe ne s'est apparemment jamais trouvé dans les forêts de la Sibérie, ni le dragon en aucun lieu du monde. Quand on déplacerait le lieu de l'invention de ce cycle, on ne réussirait pas mieux à le rapprocher de localités qui en expliquassent la composition. Dans l'Inde, on eût sans doute choisi les animaux remarquables qui sont particuliers à la contrée, comme l'éléphant ou le tigre ; on n'y eût point admis le rat, qui n'a rien qui le recommande, ni le dragon, le seul animal imaginaire qui y ait trouvé place. Ce cycle n'a non plus aucun rapport avec les zodiaques d'aucun peuple connu, et Dupuis seul a pu, à force de multi-

---

(1) Voyez *Recherches sur les langues tartares*, pages 300, 301 et 302.

plier les aspects de la sphère céleste, et d'appeler à son secours des levers héliaques et des paranatellons, trouver, dans les constellations de peuples très-éloignés, de quoi expliquer complétement le cycle des Kirguizes. S'il fallait de nouvelles preuves de la futilité de son système, on les trouverait dans les rapports mêmes qu'il a su faire sortir de ces comparaisons extravagantes et dans l'accord forcé qu'il produit entre les éléments les plus incohérents, les plus disparates, les plus étrangers les uns aux autres.

« Quoi qu'il en soit, le cycle des Kirguizes a été primitivement composé de noms turcs; mais les Mongols, les Tibétains, les Japonais, les Persans, les Mandchous, l'ont traduit dans leurs langues, en conservant soigneusement l'ordre des animaux; de sorte que ce cycle forme une manière de dater commune à toutes ces nations, et facile à rapprocher, par le moyen du cycle duodénaire des Chinois, de celui de soixante des mêmes Chinois. C'est un moyen sûr pour vérifier les dates de l'histoire des Mongols et des autres Tartares, qu'on trouve rapportées par les écrivains orientaux et par ceux qui les ont suivis. C'est ainsi, par exemple, qu'on s'aperçoit que Pétis de la Croix, dans la vie de Tchinggis (1), s'est toujours trompé d'une année, en rapportant aux années de l'ère vulgaire les dates marquées par le cycle des animaux. La souris est la première année de ce cycle, par conséquent la 1re, la 13e, la 25e, la 37e et la 49e du cycle de soixante. Elle répond donc, dans la vie de Tchinggis, aux années 1156, 1168, 1180, 1192, 1204, 1216 de notre ère, et non pas aux années 1155, 1167, 1179, 1191, 1203, 1215, comme l'auteur dont nous parlons l'a supposé. » Partant de cette combinaison, un Kirguize dit : Tel événement a eu lieu il y a trois années de la poule, c'est-à-dire 36 ans, ou 4 années du mouton, c'est-à-dire 50 ans.

Les Kirguizes ne font pas d'autre commerce que celui des échanges, et il n'ont ni monnaies, ni poids, ni mesures. C'est par le nombre des brebis et des moutons qu'ils déterminent la valeur d'un objet. Pour indiquer les distances, ils expriment le nombre des journées qu'il faudrait pour les franchir à cheval ou à dos de chameau. Pour les distances moins considérables, ils prennent l'espace que peut parcourir la voix d'un homme, ou encore la portée de la vue.

GOUVERNEMENT.

Quoique l'on trouve chez les Kirguizes des hommes investis des titres de sultan et de beg, cependant il n'existe dans aucune tribu de ce peuple une autorité forte et bien établie, rien que l'on puisse comparer à un gouvernement. Le mépris des lois et l'impunité du crime constituent l'état normal des trois hordes. Parmi les tribus kirguizes, les unes reconnaissent la souveraineté de la Russie, d'autres obéissent à la Khivie ou au Khokande, et quelques-unes sont tout à fait indépendantes. On remarque chez toutes le même état d'anarchie intérieure.

Si l'on en croit les Kirguizes, leurs aïeux ont vu des jours meilleurs. A une époque ancienne, un khan du nom de Tiavka réussit à pacifier les hordes en guerre les unes contre les autres, et à obtenir l'obéissance aux règlements et aux lois qu'il établit. Voici, en substance, les principales dispositions de ce code kirguize : La peine du talion existait pour toutes les offenses contre les personnes. Celui qui avait coupé un bras devait être privé d'un bras; et il en était ainsi pour tous les membres et toutes les parties du corps. Les parents d'un homme assassiné ôtaient eux-mêmes la vie au meurtrier. Le brigandage et l'adultère étaient punis de mort. Une transaction entre les parties pouvait adoucir ces châtiments rigoureux, et la loi avait fixé la valeur des amendes. On payait mille moutons pour avoir assassiné un homme, et cinq cents pour le meurtre d'une femme. Les lois de Tiavka veulent encore que celui qui a estropié ou privé quelqu'un d'un membre le dédommage par un nombre déterminé de têtes de bétail. Le pouce vaut cent moutons, le petit doigt vingt, etc.

Le viol est puni de mort comme l'assassinat.

Le mari qui surprend sa femme en

---

(1) *Histoire du grand Genghizcan;* Paris, 1710, in-12.

Medresseï-eh-Nassar-Eddebet, collège construit par Catherine II.

adultère a le droit de la tuer ; mais seulement dans le cas de flagrant délit. Cette dernière disposition est assez remarquable chez un peuple qui considère la femme comme très-inférieure à l'homme.

La personne convaincue de vol paye, suivant les circonstances et la nature du crime, trois fois, neuf fois, ou même vingt-sept fois la valeur de l'objet volé.

Si le vol consiste en chameaux, le voleur est tenu de payer en plus un esclave; s'il a volé des chevaux, un chameau; et un cheval, si ce sont des moutons. Cent chameaux équivalent à trois cents chevaux et à mille brebis.

Celui qui commet un vol accompagné de meurtre est puni pour chacun de ces deux crimes. Lorsque le coupable n'est pas assez riche pour payer l'amende à laquelle il a été condamné, ses parents, ou tout son aoul, répondent pour lui.

Aujourd'hui le droit de juger les querelles et les difficultés qui s'élèvent entre les Kirguizes appartient aux anciens des aouls du demandeur et du plaignant. On ajoute à ces juges deux arbitres choisis par les parties. Si le prévenu ne comparaît point, la peine retombe sur son plus proche parent, ou bien on prélève l'amende sur l'aoul entier, dont les membres peuvent exercer leur recours sur la personne et les biens du coupable.

On exige ordinairement trois témoins et jamais moins de deux, pour prouver en justice un crime ou un délit. Les juges et les arbitres ont droit à un dixième de la valeur en litige pour leurs vacations.

Si le condamné refuse de se soumettre à la sentence qui le frappe, et si le chef de son aoul le soutient dans sa rébellion, le demandeur est alors autorisé par son chef à exercer des représailles, et à s'emparer par la force des biens du coupable. Ces représailles donnent lieu à une foule d'abus, et ont dégénéré en un véritable pillage. Il paraît qu'autrefois les *barantas* (c'est ainsi qu'on appelle ces expéditions) étaient beaucoup moins cruelles. Celui que les juges autorisaient à user de représailles était tenu à son tour de faire une déclaration de tous les objets dont il s'était emparé, et le chef de l'aoul tenait la main à ce que la valeur des objets que le demandeur s'était adjugés par voie de baranta ne dépassât point celle de l'objet en litige.

Un règlement en vigueur parmi les Kirguizes veut que chaque tribu ou section de tribu ait son *tamga* ou signe particulier dont on marque tout le bétail et les autres objets, pour constater la propriété.

Maintenant que le pouvoir des chefs de tribu a considérablement diminué, les sentences des juges ne sont pas respectées, et c'est à peine si le vol est considéré comme un délit. La division et les guerres civiles partagent toute la nation kirguize. Nulle part la bonne intelligence ne règne dans les aouls, et sans respect pour les usages de ses pères, le Kirguize ne se soumet pas davantage aux lois des pays dont il dépend. Il ne connaît aujourd'hui d'autre droit que celui de la baranta, transformée en une véritable expédition de brigands. La plus grande marque de puissance que donne un chef kirguize dans les steppes, c'est l'exécution de quelques criminels appartenant à des familles pauvres et sans considération, et dont la mort, par conséquent, ne peut amener aucune plainte. Encore est-il rare que ces chefs osent en venir là.

SUPPLICES. Les criminels condamnés à mort sont pendus à des arbres, ou étranglés. Le coupable est amené préalablement devant l'assemblée des anciens, des chefs de la tribu et du peuple. Il a autour du cou une corde avec un nœud coulant, et dont les bouts sont tenus par deux ou trois hommes. Le mollah, ou, à son défaut, toute autre personne, lit la sentence. Cette lecture terminée, le chef de l'assemblée fait un signe, et aussitôt les gens qui tiennent les bouts de la corde tirent de toute leur force, et étranglent le criminel. Le corps est attaché à la queue d'un cheval sauvage, qu'on lâche dans la plaine. S'il restait au supplicié un souffle de vie, les ruades qu'il reçoit du cheval, ainsi que les coups et les contusions, l'ont bientôt achevé.

Lorsque le crime n'entraîne pas la peine de mort, on déshabille le coupable jusqu'à la ceinture, on lui barbouille le visage avec de la suie, on lui place sur le cou un morceau de feutre noir, on lui met dans la bouche une corde attachée à la queue d'un cheval. Le condamné doit tenir la corde avec les dents. Deux hommes à cheval frappent à coups de fouet le cheval qui traîne ce malheureux, tandis que deux autres cavaliers le frappent lui-même.

ANIMAUX DOMESTIQUES.

Les Kirguizes élèvent des moutons, des chèvres, des bêtes à cornes, des chevaux et des chameaux. Malgré la stérilité naturelle du sol, le bétail se multiplie extraordinairement dans les steppes. Ce fait tient aux soins constants qu'ont les Kirguizes de choisir, pour y planter leurs tentes, des endroits où ils trouvent de l'herbe pour leurs troupeaux, et de lever le camp dès qu'ils ont absorbé les ressources que présente un canton. On prétend aussi que la nature saline des herbes du pays est très-favorable pour le bétail. On voit dans la steppe d'énormes troupeaux de moutons, et il y a de riches Kirguizes qui en possèdent jusqu'à 20,000.

Le mouton kirguize a le muffle recourbé, la lèvre inférieure plus longue que la supérieure, et les oreilles longues et pendantes. Leur énorme queue, presque uniquement formée de graisse, pèse jusqu'à vingt et trente livres. Le mouton entier atteint quelquefois 180 livres, dont 75 de suif. Ces moutons sont si grands et si forts, que des enfants de dix à douze ans s'amusent à les monter. Leur laine, longue et en flocons, est d'un roux foncé. La qualité en est si grossière, qu'on ne peut même pas l'employer à la fabrication des draps les plus communs. La tonte a lieu en automne. Les brebis portent assez ordinairement deux petits. Aussi la multiplication de la race est-elle très-rapide. Les moutons kirguizes supportent avec facilité la rigueur du climat, ainsi que la faim et la soif. Ils maigrissent en hiver par le manque de nourriture; mais ils se rétablissent bientôt au printemps. Le mouton est un des animaux les plus utiles aux Kirguizes. Ils font des pelisses avec sa peau. La laine est employée à la fabrication des feutres. Ils se nourrissent du lait de la brebis, et en font le krout, leur mets favori. Enfin le principal objet d'échange du Kirguize avec les peuples voisins est le mouton, sans lequel il ne pourrait se procurer aucun des objets qui manquent dans la steppe.

Après le mouton, l'animal le plus utile au Kirguize est le chameau, dont le poil est employé à faire différentes étoffes. La chair de cet animal et le lait de la femelle constituent une partie de la nourriture. Les peaux des jeunes chameaux servent à faire des pelisses. On ne trouve dans les steppes que la race à deux bosses, qui, à ce que prétendent les Kirguizes, supporte mieux le froid; et encore pour les conserver sont-ils obligés de les couvrir de grandes pièces de feutre. Quand les jeunes chameaux ont atteint un an, on leur perce le cartilage du nez, et l'on y passe un morceau de bois ou un os, auquel s'attache par les bouts une corde qui sert à guider l'animal.

Les chevaux kirguizes sont remarquables par leur force, leur légèreté et leur vitesse. Ils supportent aisément les plus grandes privations pendant des jours entiers, et cela en parcourant des distances énormes de 20 à 25 lieues de poste sans s'arrêter. En hiver, ils savent trouver de quoi se nourrir, lorsque les chevaux d'Europe mourraient de faim et de froid. Ils supportent aisément une course forcée de dix à douze lieues. Ces chevaux manquent cependant de taille, et n'ont pas une belle encolure. On en trouve de différents poils; mais les couleurs claires sont les plus communes : on en voit rarement de noirs. M. Levchine attribue cette particularité au soleil brûlant de l'été, contre lequel ils n'ont aucun abri. Les chevaux du nord des steppes sont beaucoup plus forts que les autres. On trouve dans la partie septentrionale des prairies qui abondent en une espèce d'herbe appelée *kovyl*, et qui est une nourriture excellente pour ces animaux. Dans le midi de la steppe il y a peu d'herbages, et l'excès de la chaleur rend très-souvent les juments stériles. On a vu des Kirguizes qui possèdent jusqu'à dix mille chevaux. On partage ces animaux en trois divisions : il y a des troupeaux de poulains, des troupeaux de hongres, et des troupeaux de juments. Les chevaux entiers suffisent à défendre ces derniers contre les attaques des bêtes féroces.

Les Kirguizes n'élèvent qu'un petit nombre de bêtes à cornes : ce bétail, difficile à soigner en hiver, est d'ailleurs exposé à des épizooties qui le détruisent. Les vaches kirguizes, quoique mal conformées, sont fortes et donnent beaucoup de lait. Les taureaux se distinguent par un large poitrail.

Les Kirguizes n'élèvent des chèvres que pour servir de guides aux troupeaux de moutons; soit habitude, soit par l'effet d'une disposition naturelle, les moutons kirguizes ne se décident à changer de place que lorsque les chèvres marchent à leur tête. Quand celles-ci partent, rien ne peut retenir les moutons. M. de Levchine vit périr dans l'Oural des centaines de brebis qui s'étaient jetées sur les traces de quelques chèvres. La glace, n'étant pas assez forte, s'était brisée sous le nombre considérable d'animaux qui la chargeaient.

La clavelée de Sibérie est la maladie la plus funeste pour les troupeaux kirguizes. Elle n'attaque guère que les chevaux et les bêtes à cornes, et épargne les moutons. Pallas pense que cette exception tient à l'épaisseur de la laine.

Les chameaux meurent quelquefois pour avoir mangé des herbes vénéneuses, et ils sont sujets à une espèce de maladie qui leur est particulière, et que l'on appelle *sarp*. Leurs jambes enflent, la peau se gerce et se crevasse, et il en sort du pus. On coupe la partie malade et l'on enveloppe le pied et la jambe du chameau dans du cuir cru. Ces quadrupèdes sont encore sujets à la gale. Les Kirguizes traitent cette affection par l'herbe appelée *pecia-motscha* (*polygonum frutescens*). Ils administrent la même décoction aux bestiaux comme purgatif. Ces nomades observent avec beaucoup d'attention le traitement des maladies des animaux, et ils ont fait d'importantes découvertes dans cette partie de l'art. Les habitants des frontières russes accordent la plus grande confiance aux vétérinaires de cette nation; mais la cause de mortalité la plus grande, c'est le froid excessif des steppes. Il serait impossible de songer à abriter les immenses troupeaux de brebis et de chevaux des Kirguizes, et le bétail meurt tout aussi souvent par la rigueur du climat que faute d'herbe. Les Kirguizes cependant emploient différents moyens pour garantir un peu leurs troupeaux du froid et surtout du vent. Ils creusent de grands fossés, et rejettent sur les bords la terre qu'ils enlèvent. Puis ils plantent de distance en distance des pieux, sur lesquels ils placent des fagots ou des claies minces, et les recouvrent de roseaux. C'est là qu'ils abritent leur bétail. Dans quelques endroits où ils peuvent se procurer du bois, ils construisent des étables de clayonnage. Mais, outre qu'il serait impossible de trouver partout, dans la steppe, des matériaux nécessaires pour ces constructions, comment élever des hangars assez grands pour contenir 12 à 15,000 brebis et 5 à 6,000 chevaux? Dans l'impossibilité d'y réussir, les Kirguizes riches qui possèdent beaucoup de bétail s'établissent dans des endroits boisés, dans des vallons étroits, ou bien encore au milieu d'une roselière. Là, s'ils ne sont point à l'abri du froid excessif, ils ont moins à souffrir des vents appelés *chasse-neige*. Les Kirguizes transportent avec eux des pieux et des feutres. Lorsqu'un vent violent commence à souffler, ils enfoncent les pieux en terre, ayant soin de les disposer en ligne droite, puis ils étendent les feutres dans les intervalles d'un pieu à l'autre. Le bétail établi derrière ce rideau n'a pas tant à souffrir du vent.

Les pâtres qui gardent les troupeaux pendant l'hiver et les conduisent dans des endroits éloignés de leurs propres campements ont soin de prendre, outre les pieux et les feutres dont nous parlons, de petites tentes d'une construction particulière qu'ils appellent *kosche*, et sous lesquelles ils s'abritent.

Les Kirguizes n'ont ni foin, ni paille, ni grain pour nourrir leurs bestiaux pendant l'hiver. Voici comment ils suppléent à l'absence de fourrage. Ils ont soin en automne, lorsqu'ils choisissent leurs campements d'hiver, de remarquer les endroits où l'herbe est plus belle, et s'y établissent. Quand la terre est couverte de neige, ils lâchent dans le pâturage les chevaux, qui creusent la terre avec leurs sabots et mangent les sommités des herbes; ensuite ils y envoient le gros bétail et les chameaux, qui broutent l'herbe déjà entamée par les chevaux. Mais comme, par la conformation de leur mâchoire, ces animaux ne peuvent pas saisir la partie inférieure près des racines, les brebis, que l'on mène paître les dernières, trouvent encore après eux une nourriture suffisante. Dans les endroits où il y a des soudes, les chameaux et les brebis mangent les pointes ou épines tendres de la plante. Le bétail ne peut pas engraisser avec une si chétive nourriture; mais il ne meurt pas, et c'est tout ce que demandent les Kirguizes, qui s'en remettent à l'herbe du printemps pour rendre la vigueur et la force à leurs troupeaux. Quelques-uns de ces nomades font exception à la règle générale, et conservent des amas de foin pour l'hiver.

On a remarqué que le bétail est plus gros dans la Grande-Horde que dans les deux autres, différence qui tient au climat moins rigoureux des contrées dans lesquelles cette horde établit ses campements.

AGRICULTURE.

Les Kirguizes qui se livrent à l'agriculture sont en fort petit nombre. Les parties cultivées de la steppe se trouvent sur les bords des fleuves, des lacs et des rivières. M. Levchine nous apprend toutefois qu'il y a dans les parties méridionales du pays de la Grande Horde un assez grand nombre de Kirguizes agriculteurs qui ne cessent pas pour cela de mener une vie errante. Ils voyagent aux environs des terres qu'ils ont labourées, jusqu'à ce que le grain soit mûr; puis quand ils l'ont coupé et battu, ils en prennent la quantité dont ils croient avoir besoin pour leur consommation, et enfouissent le reste jusqu'à l'époque des semailles. Ils vont ensuite camper ailleurs, afin de ne pas rester toujours dans les mêmes lieux. Les grains qu'ils sèment sont le seigle, le froment, l'orge, et surtout le millet. Cette graminée leur donne, dans les bonnes années, de cinquante à soixante pour un; le froment et l'orge, de dix à quinze. Quelques-uns d'entre eux cultivent aussi des melons et des melons d'eau.

Ces Kirguizes agriculteurs entendent parfaitement l'art des irrigations. Les canaux creusés sur les bords du Jaxartès pour arroser les champs voisins sont remarquables par leur étendue et leur profondeur. On prétend toutefois que la construction en est antérieure à l'époque où les Kirguizes se sont établis dans cette contrée.

Ils labourent au moyen d'une fourche de bois terminée par un coutre de fer. Une longue perche ajustée à la partie supérieure de la charrue sert de timon. On y attache le joug, auquel sont attelés deux chameaux, deux bœufs ou deux chevaux. Ils labourent quelquefois à la bêche les champs de peu d'étendue. Au lieu de herse, ils se servent de fagots qu'ils attachent à la queue de leurs chevaux. Pour moissonner ils emploient de petites faucilles, et à défaut de ces instruments, qu'ils ne peuvent pas toujours se procurer, ils arrachent les épis à la main, et font courir dessus des chevaux et des bœufs pour séparer le grain de la balle. Ils ensemencent leurs champs avant de les labourer. Ils commencent par étendre le grain sur la terre, puis ils ouvrent les sillons.

CHASSE.

Les Kirguizes ne sont pas aussi adonnés à la chasse que pourrait le faire supposer leur vie nomade. Ils considèrent beaucoup moins dans cette occupation le plaisir qu'ils peuvent en retirer et l'utilité dont serait pour eux la chair des animaux, que les peaux et les fourrures, dont ils font un commerce assez considérable avec les nations voisines.

Ils emploient divers moyens pour prendre le gibier; mais leur chasse favorite est celle au faucon, ou plutôt à l'aigle (1). Ils obtiennent ordinairement ceux-ci par les Baskirs, qui vont les chercher dans les monts Ourals. Les Kirguizes les transportent sur leurs selles en leur couvrant la tête d'un chaperon, afin qu'ils ne soient pas distraits par les objets qui frappent leur vue. Dès que le chasseur aperçoit le gibier, il enlève le chaperon, l'aigle prend son vol, s'abat sur l'animal, et le retient jusqu'à ce que le chasseur arrive pour

---

(1) Voyez ci-devant, page 121.

JANVIER.

Chasse aux Faisans des Rivières.

Lamaître direxit

l'achever. Ils chassent de cette manière des lièvres, des renards, des chèvres sauvages et même des loups. Quelquefois l'aigle se tenant sur la tête de l'animal lui crève les yeux à coups de bec. Les Kirguizes emploient encore le faucon et l'épervier contre les animaux faibles.

Nous avons déjà parlé de la chasse de la saïga, et nous n'avons rien à ajouter à ce que nous en avons dit (1).

Les Kirguizes chassent aussi le sanglier et le tigre. En général, on peut dire qu'ils ne tuent pas le gibier à coups de flèche et encore moins à coups de fusil. Ils n'emploient guère ces armes que contre les chevaux sauvages.

La pêche n'a qu'une faible importance chez les Kirguizes. Ils mangent peu de poisson, même lorsqu'ils se trouvent campés sur le bord des lacs et des fleuves.

ARTS ET MÉTIERS.

Tous les métiers sont encore dans l'enfance chez les Kirguizes. Ils réussissent cependant assez bien à préparer les peaux. Voici comment ils les travaillent, quand ils veulent en conserver le poil. Ils lavent la peau à l'eau chaude, raclent et nettoient le dessous pour enlever la graisse et la chair qui peuvent y adhérer; puis ils la mouillent pendant quatre ou cinq jours avec du lait aigre et salé, l'étendent au soleil, et quand elle est sèche, ils la foulent longtemps avec les mains. Pour empêcher qu'elle ne devienne humide, ils la passent à la fumée, la foulent de nouveau avec les mains, peignent le poil, et imprègnent de craie la partie intérieure.

Ils font, avec des peaux de mouton, des outres et des vases qui conservent parfaitement l'eau, et ne communiquent au liquide ni couleur, ni odeur, ni mauvais goût.

Ces nomades emploient à différents usages la laine de leurs moutons. Ils filent et teignent la moins grossière, et en font des tapis, ou bien ils la tissent et en fabriquent des rideaux pour leurs tentes. La laine la plus commune est employée à faire des feutres, qu'ils préparent de la manière suivante : Ils battent la laine avec des perches, l'étendent sur une vieille pièce de feutre, ont soin de bien l'égaliser, l'arrosent d'eau bouillante, la roulent avec le feutre sur lequel elle est appliquée; puis ils lient fortement le paquet avec des cordes; ensuite ils le foulent aux pieds ou le jettent en l'air pour qu'il retombe avec force. Enfin, ils étendent le rouleau et trouvent leur feutre confectionné. Ils font aussi des bonnets de feutre de poil de chèvre, et tissent avec le poil de chameau une étoffe assez solide et semblable au camelot. Ils emploient pour teindre quelques étoffes de laine la racine de rhubarbe, le thé en briques, la garance, etc.

Ils fabriquent leur savon avec de la graisse de mouton et la cendre d'une herbe qu'ils appellent *it-sigak*. Ce savon enlève parfaitement les taches.

Les cordes dont ils se servent sont faites avec du crin de cheval et du poil de chèvre.

On trouve chez eux quelques ouvriers qui travaillent l'argent et le cuivre ainsi que des forgerons et des tourneurs. Les ouvriers en argent et en cuivre fabriquent des ornements pour les harnais et montent des cornalines et des turquoises pour les ceintures de femme. Ils font aussi des bijoux grossiers. Les forgerons fabriquent des couteaux, des fers de lance, des sabres, des mors de bride et quelques autres objets indispensables, même pour des peuples à demi barbares. Ils emploient pour les lames des couteaux et des poignards de vieilles faux qui leur viennent de Russie. Les tourneurs font des vases de bois, dont quelques-uns sont d'une grandeur énorme. Il est inutile d'ajouter que tous les ouvrages qui sortent de la main des ouvriers kirguizes sont à peine ébauchés.

COMMERCE.

Malgré les attaques fréquentes dont les caravanes sont l'objet de la part des Kirguizes, le commerce entre l'Asie centrale et la Russie est d'une assez grande importance pour couvrir les pertes qu'occasionne la rapacité de ces nomades. Les Kirguizes entre-

---

(1) Voyez ci-devant, page 63.

tiennent des relations commerciales avec la Khivie, la Boukharie, Taschkende, Khokande, la Petite-Boukharie, mais surtout avec la Russie et la Chine. Ce commerce produit de grands avantages aux deux derniers pays. En effet, la plus grande partie des objets manufacturés que la Chine et surtout la Russie livrent aux trois hordes ne pourraient trouver de débouchés que chez un peuple peu avancé dans la civilisation. D'ailleurs ces deux empires ont besoin des produits bruts qu'ils reçoivent à bas prix en échange des marchandises qui sortent de leurs fabriques. Le commerce avec les steppes doit acquérir de jour en jour plus d'importance pour la Russie. Les Kirguizes sont constamment maltraités et spoliés par les Chinois, tandis que le gouvernement russe encourage par une sage politique et protége par sa puissance des relations très-avantageuses à ses sujets. Ces transactions, qui enrichissent les habitants des lignes d'Orenbourg et de Sibérie, n'ont lieu que par échanges. Les nomades, accoutumés à acheter et à vendre de cette manière, ne veulent point entendre parler d'argent monnayé, dans la crainte qu'ils ont qu'on ne les trompe. Cependant ils reçoivent quelquefois de la Chine des lingots d'argent. Le commerce avec la Russie a lieu depuis la mi-juin jusqu'à la fin de novembre. Alors on voit chaque jour au marché d'Orenbourg plusieurs centaines et quelquefois jusqu'à un millier de Kirguizes; quelques habitants de Khiva, de Boukhara, de Khokande et de Taschkende se rendent directement dans les aouls ou campements pour y faire des échanges; mais les Russes et les Chinois trafiquent uniquement dans les villes ou les forts de leurs frontières respectives. Les objets que les Kirguizes donnent en échange des marchandises qu'ils reçoivent consistent en moutons, chevaux, bêtes à cornes, chameaux, chèvres, poil et laine de divers animaux, peaux de boucs, de chevaux, de moutons, de vaches, peaux de loups, de renards, de corsacs, de lièvres et de marmottes, feutres, pelisses de mouton et autres, cornes d'antilope, racine de garance.

Voici un tableau du bétail échangé à Orenbourg contre des marchandises russes à différentes époques :

Années.	Chevaux et Poulains.	Bœufs.	Moutons.	Chèvres.
1745	552	2	3,053	52
1765	1,626	199	55,134	4,510
1785	2,013	362	202,151	6,452
1805	776	401	105,240	4,452
1820	68	1,074	160,296	3,268

Les Kirguizes prennent en retour de leur bétail et des produits bruts qu'ils importent en Russie, différents objets de fer, de fonte et de cuivre, tels que chaudrons, dés à coudre, aiguilles, ciseaux, couteaux, haches, cadenas, faux et faucilles, des draps, des velours et quelques autres étoffes, des coffres, de l'alun, de la couperose, des perles fausses, de petits miroirs, de la toile, du tabac en poudre, du fer-blanc, du rouge, des cuirs ouvrés, des peaux de castor, etc. « Toutes ces marchandises ou à peu près, dit M. Levchine, sont des produits russes, et la plupart n'auraient aucun débit en Europe. Si l'on songe aux avantages immenses que le commerce russe tire de ces échanges, on comprendra que le gouvernement impérial n'a point à regretter les dépenses qu'il fait pour les appointements des sultans et des anciens, pour les présents dont il les comble, pour l'entretien même d'officiers chargés de l'administration des hordes. Je ne ferai pas mention ici de la dépense qu'occasionnent les troupes destinées à garder les frontières, car le gouvernement les y entretiendrait quand bien même il n'existerait aucun commerce entre les Kirguizes et les Russes. »

Les Chinois donnent en retour aux Kirguizes des étoffes de soie, de la porcelaine, du brocard, de l'argent, du thé, de la poterie vernissée et quelques autres produits de leurs manufactures.

Les Boukhares, les Khiviens et les habitants de Taschkende leur fournissent des étoffes de soie et de coton, des fusils, des sabres, de la poudre, etc. Les Kirguizes livrent en échange, indépendamment des objets dont nous avons parlé plus haut, des esclaves, qu'ils enlèvent sur les frontières russes. Ces malheureux sont ordinairement transportés les mains liées sur le dos et les pieds attachés sous le ventre d'un cheval, qu'un Kirguize, également à che-

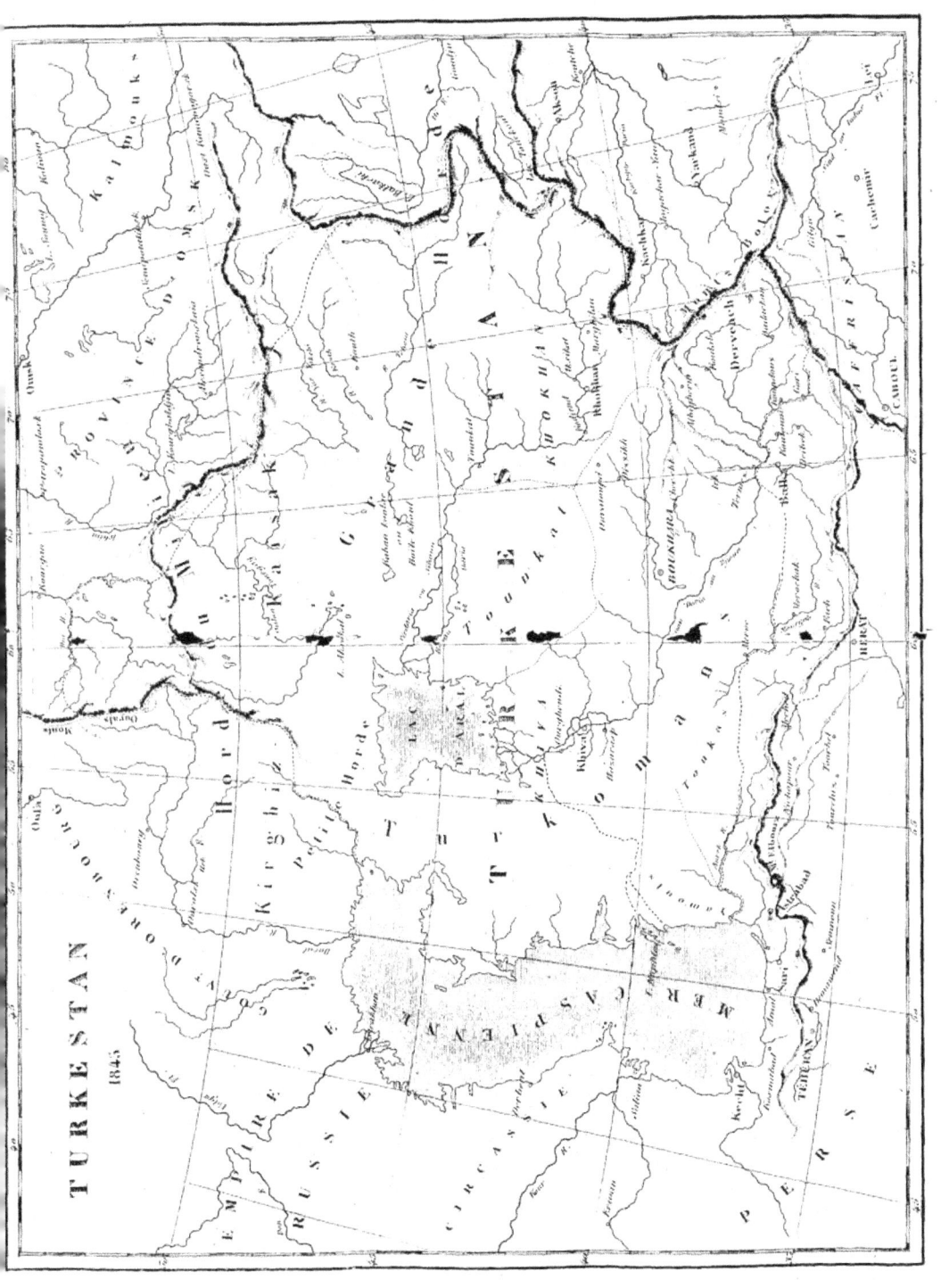

val, conduit par la bride. Ces nomades sont les agents du commerce de la Russie avec l'Asie centrale. Ils se chargent de transporter les marchandises sur leurs chameaux, et l'on serait toujours obligé, même en ne voulant pas les charger des transports, d'avoir recours à eux pour traverser les steppes, où il n'existe pas de routes tracées, et où le voyageur sans guide et sans défense aurait sans cesse à craindre d'être pillé et assassiné ou de mourir de soif. Leur intervention forme cependant un très-grand obstacle au développement des relations commerciales. Une fois l'accord fait et la caravane en route, les marchands n'ont plus le droit de se mêler de rien. Ce sont les Kirguizes qui choisissent leur route, fixent les séjours, les lieux de campement pour la nuit et les haltes. Ils n'obéissent qu'à leur caravan-bacha ou chef de caravane, et celui-ci éprouve lui-même quelquefois de la résistance et des contradictions de leur part. Ces gens, beaucoup moins occupés des moyens d'abréger le voyage que de le rendre utile et commode pour eux, font passer la caravane par leurs aouls, où il leur est facile de renouveler leurs provisions sans faire de dépense. Là aussi ils se reposent quelques jours, et, en cas de besoin, ils changent ceux de leurs chameaux qui sont épuisés, contre d'autres dont ils peuvent attendre de meilleurs services. La nécessité de se conformer aux exigences et aux caprices des conducteurs, et les pertes de temps, ne sont encore rien en comparaison des risques auxquels sont exposés les marchands qui parcourent les steppes. Là ils se voient arrêtés par un sultan qui exige un droit de passage à travers le pays où sont piquées ses tentes, et menace, en cas de refus, de retenir toutes les marchandises; plus loin, ils rencontrent un chef qui renouvelle les mêmes sommations et les mêmes menaces; ailleurs, une troupe de brigands armés, poussés par une haine particulière contre les Kirguizes, guides de la caravane, ou simplement par cet instinct de pillage qui distingue la nation, fait une attaque soudaine et se livre contre les marchands à des actes d'une férocité inexplicable. Les tribus peu puissantes ne se hasardent guère à escorter les caravanes; et la protection de celles qu'on redoute le plus dans les steppes ne peut être réellement utile que lorsqu'il n'existe pas de dissensions sérieuses entre elles et quelques autres; dans ce dernier cas, on doit toujours craindre les violences et les déprédations, et il n'y a plus aucune sûreté pour le commerce. Lorsque la caravane essuie une attaque à main armée, les marchandises, considérées comme la propriété des guides, sont impitoyablement pillées par les brigands, qui exercent même leur cruauté contre les marchands de la caravane. La Russie a employé divers moyens pour mettre un terme aux violences et aux brigandages dont les déserts du Turquestan sont si souvent le théâtre; mais tous sont demeurés sans effet. L'expérience a prouvé que la force seule impose aux Kirguizes, et récemment le gouvernement russe s'est décidé à fournir de nombreuses escortes aux caravanes de marchands qui voyagent dans les steppes : de cette manière, elles ne sont point inquiétées.

Il est intéressant de connaître tout le matériel nécessaire pour traverser ce pays. Voici la liste des troupes et des approvisionnements de tout genre qui suivirent l'ambassade de M. de Négri à Boukhara en 1820 :

PERSONNEL ET MATÉRIEL DE L'AMBASSADE.

Le chargé d'affaires, M. de Négri, conseiller d'État actuel et secrétaire de légation.

M. le baron George de Meyendoff, alors colonel d'état-major de S. M. l'empereur de toutes les Russies.

M. de Jacovlew, assesseur de collége.

M. le docteur Pander, naturaliste.

MM. Volkonsky et Simosryrf, lieutenants d'état-major.

Escorte.

Cosaques (*cavalerie*). . . . . 200 h.
Cavaliers bashirs. 25
Fantassins. 200

Total. . . 425 h.

2 pièces de canon.
Chameaux chargés des provisions de l'escorte. 320
Idem des bagages et des provisions des personnes attachées à l'ambassade. 38

Total. . . 358

Vingt-cinq chariots attelés de trois chevaux et conduits chacun par un Baskir étaient destinés à servir au transport des hommes fatigués, des malades et des blessés.

Deux bateaux placés sur des chariots et construits de telle manière qu'on en formait un radeau capable de porter une vingtaine d'hommes, devaient servir au passage des rivières.

Les chevaux formaient un nombre total de 400.

La marche à travers la steppe d'Orenbourg jusqu'à Boukhara ne pouvait pas durer moins de deux mois. On calcula qu'il fallait 105 livres pesant de biscuit par homme, sans le gruau, dont le soldat russe ne peut guère se passer, et quatre quintaux d'avoine par cheval.

L'ambassade emportait, en outre, un double approvisionnement de munitions pour les deux pièces d'artillerie ;

Quinze tentes de feutre ;

200 tonneaux pour transporter de l'eau ;

Enfin plusieurs tonnes d'eau-de-vie.

M. de Négri s'était muni d'une somme équivalant à 72,000 fr. en numéraire, et destinée à faire des approvisionnements à Boukhara.

En arrivant dans le Kizil-Koum, les chevaux maigrissaient à vue d'œil ; ceux des Baskirs étaient exténués, et ne pouvaient plus traîner les six chariots restant des vingt-cinq qui accompagnaient l'ambassade à son départ d'Orenbourg. Ils furent remplacés par des chevaux cosaques, qui jusque-là avaient porté le bât. Les membres de l'ambassade et les soldats de l'escorte, surtout les fantassins, avaient prodigieusement maigri.

L'ambassade arriva à Agatma au bout de soixante et dix jours de marche.

« Nous trouvâmes à Agatma, dit M. le baron de Meyendorff, du pain blanc et frais, des raisins délicieux, des melons d'eau et des grenades. On peut juger du plaisir que chacun de nous éprouva, si l'on réfléchit que depuis soixante et dix jours nous ne vivions que de biscuit qui chaque jour durcissait davantage. Nos chevaux eurent du fourrage nourrissant et du djougara. C'est une espèce de grain blanc de la grandeur et de la forme des lentilles. On le donne aux chevaux au lieu d'orge. » Le changement de nourriture fit périr environ une cinquantaine de chevaux. M. de Meyendorff paraît supposer toutefois qu'il eût été possible d'éviter cette perte, en rendant la transition moins brusque, et surtout en évitant d'abreuver les chevaux trop souvent.

Un fait résulte de cette relation : c'est que pour traverser les steppes des Kirguizes et se rendre soit à Boukhara, soit à Khiva, il faudrait compter sur un chameau par homme. Mais nous sommes persuadés que cette difficulté serait loin d'être insurmontable s'il s'agissait d'une invasion ; d'autant plus qu'une armée russe numériquement très-faible suffirait pour occuper militairement les deux khanats les plus considérables du Turquestan, celui de Boukhara et celui de Khiva. Les diverses rencontres qui ont eu lieu entre les hordes pillardes du Turquestan et les escortes russes qui accompagnent les caravanes prouvent, à n'en pouvoir douter, qu'un détachement d'infanterie, soutenu par quelques chevaux et surtout par du canon, défie les efforts de plusieurs milliers de barbares.

TARTARIE CHINOISE.

TURQUESTAN ORIENTAL OU PETITE-BOUKHARIE.

DÉNOMINATIONS. Turquestan oriental, Turquestan chinois, Petite-Boukharie. Les Boukhares appellent cette contrée *Alti-schakan*, mots qui en turc ou en tartare signifient *les Six villes*. Les Chinois lui donnent dans leur langue un nom qui répond à *Province au sud des Montagnes célestes*. Ils la nomment encore *Pays de la Nouvelle-Frontière* (1).

(1) Ce fut en 1758 que l'empereur Kien-Long fit passer ce pays sous la domination chinoise.

TARTARIE.

POSITION ASTRONOMIQUE. Entre le 35ᵉ et le 44ᵉ degré de latitude nord, et entre le 69ᵉ et le 93ᵉ degré de longitude est.

LIMITES. Ce pays est borné au nord par la Dzoungarie, à l'est par la Mongolie et par le pays des Mongols du Khoukhounoor, au sud par le Tibet, et à l'ouest par des chaînes de montagnes qui le séparent du Turquestan occidental.

ÉTENDUE. Environ 450 lieues de longueur de l'est à l'ouest, 200 lieues dans sa plus grande largeur du nord au sud, et 66,000 lieues carrées de superficie.

MONTAGNES. — RIVIÈRES. — ASPECT GÉNÉRAL DU PAYS.

Le Turquestan oriental est entouré de presque tous les côtés par des chaînes de montagnes, et forme un plateau ou une suite de plaines sablonneuses qui s'élèvent de 6,000 jusqu'à 8,000 pieds au-dessus du niveau de l'Océan. Le pays est arrosé par des rivières qui se perdent dans les sables ou dans les lacs; mais aucun de ces cours d'eau ne dépasse les limites du Turquestan. La rivière la plus considérable est celle de Tarim ou d'Erguéougol, appelée aussi *Yarkende-Déria* ou *rivière d'Yarkende*. Ses principaux affluents sont, comme nous l'apprend M. Balbi, à la droite, la rivière de Khotan, et à la gauche, la rivière de Caschgar, la rivière d'Aksou, le Moussour et le Kaïdou. Le Tarim coule de l'ouest à l'est et se jette dans le lac de Lob.

Le pays à l'est, au sud et au sud-ouest du lac de Lob est entièrement inhabité, quoique abondant en sources. On n'y voit que des steppes incultes, des marais, des montagnes escarpées et couvertes de neiges éternelles, et des rivières. Les cascades tombent de rocher en rocher, et des nappes d'eau couronnent les hauteurs. Ces eaux ont presque toutes une teinte jaune. Les rivières sortent, sauf un petit nombre d'exceptions, du flanc méridional des Montagnes Neigeuses et se jettent dans le lac de Lob. Il existe près de ce lac deux villages d'environ cinq cents maisons chacun. Les habitants ne cultivent pas la terre et n'élèvent pas de bestiaux; la pêche et la vente du poisson fournissent à tous leurs besoins. Ils font des toiles avec du chanvre sauvage et des pelisses de duvet de cygne. Ils parlent turc, mais ne professent pas l'islamisme. Ils sont ichthyophages; et quand ils sortent de ce pays pour vendre du poisson, et qu'on leur offre du pain et de la viande, leur estomac refuse cette nourriture, si par hasard ils veulent essayer d'en manger.

CLIMAT. Les vents se font sentir au printemps et en été; mais ils ne sont pas violents. Le moment où ils commencent à souffler coïncide avec l'époque à laquelle les arbres fruitiers se couvrent de fleurs et de feuilles. Quand la saison des vents a passé, arrivent des brouillards qui arrosent la terre. La pluie est très-rare dans le Turquestan oriental, et, suivant les informations recueillies par M. Timkovski, lorsqu'elle tombe, même en petite quantité, elle nuit aux biens de la terre, couvre les arbres d'une matière huileuse, fane les fleurs et altère la qualité du fruit (1).

NATURE DU SOL. — IRRIGATION. — PRODUCTIONS VÉGÉTALES. — LIQUEURS FERMENTÉES.

Le sol est gras et fertile. En automne on sème beaucoup de froment, puis on conduit l'eau dans les champs pour les arroser. On sème les melons avec le froment, tantôt en pleine terre, tantôt dans des planches oblongues, séparées les unes des autres par des sillons; quelquefois aussi on sème les melons séparément. Le sol produit des céréales de toute espèce.

L'orge et le millet ne servent que pour en extraire de l'eau-de-vie et pour la nourriture du bétail. Les pois, les lentilles et les haricots viennent très-bien; mais les habitants n'aiment point à se nourrir de ces légumes, et n'en sèment qu'une très-petite quantité.

Aussitôt que la chaleur du printemps a fait fondre la glace des lacs et des étangs, on conduit l'eau dans les champs, et lorsque la terre est bien humectée, on

(1) Voyez le *Voyage à Péking à travers la Mongolie*, t. Iᵉʳ, pages 409 et 410 de la traduction française.

laboure et l'on sème; quand les jeunes plantes s'élèvent à quelques pouces de hauteur, on arrose une seconde fois. Les laboureurs n'arrachent jamais les mauvaises herbes qui croissent avec le blé, parce qu'ils s'imaginent que c'est un moyen de conserver la fraîcheur de la terre. L'expérience n'a pas encore été capable de les détromper sur ce point.

Les froids, lorsqu'ils arrivent au printemps, font beaucoup de mal aux biens de la terre, parce que, l'époque de la fonte des neiges étant retardée, l'irrigation ne devient possible qu'après le moment favorable pour les semailles.

On remarque parmi les productions végétales du pays des jujubes excellentes et dont la chair est très-molle. On s'en sert, entre autres usages, pour hâter la fermentation du vin.

Le *togourak* est un arbre qui pousse dans les steppes sablonneuses du pays. On en voit des forêts considérables. Le tronc du togourak est tortueux, et l'on ne peut guère l'employer que comme bois de chauffage. Pendant les chaleurs de l'été, il coule de la racine du togourak une gomme qui durcit comme l'ambre jaune, et l'écorce de cet arbre se couvre d'une substance blanche assez semblable à de la céruse.

Il y a dans le pays une espèce d'oignon sauvage qui n'est pas plus gros qu'un œuf et dont les feuilles ressemblent à celles de l'oignon ordinaire, avec la différence toutefois qu'elles ne sont pas creuses à l'intérieur. Ce légume est très-estimé. Le nom turc qu'on lui donne signifie *oignon des sables*.

Le *roseau des sables* ressemble au roseau ordinaire. Il n'a point de nœuds, et est remarquable par la dureté de son écorce. On l'emploie à plusieurs usages.

On trouve dans le Turquestan oriental une grande quantité de mûriers avec le fruit desquels les habitants font une sorte de vin; ils emploient aussi les pêches au même usage. En automne, lorsque les raisins sont bien mûrs, on en tire un vin exquis; tout le reste de l'année on distille beaucoup d'eau-de-vie extraite de l'orge et du millet. On fait encore avec ce dernier grain une sorte de bière un peu aigre et inodore appelée *baksoum*. Cette boisson n'est pas capiteuse. Les Turquestanis prétendent qu'elle arrête la dyssenterie.

KARA-KOUTSCHKATSCH. Il existe dans le Turquestan oriental, à ce qu'on assure du moins, une espèce d'étourneau assez semblable à la caille, à l'exception toutefois du bec et des pieds, qui sont rouges. Cet oiseau, appelé *kara-koutschkatsch*, habite les glaciers; il vole en troupes et pond sur la glace. On prétend que pendant les grands froids les œufs s'ouvrent d'eux-mêmes, et que les petits s'élèvent dans les airs (1).

AIGLES. L'aigle noir atteint dans ce pays une taille et une force extraordinaires. Il habite les montagnes; on prétend qu'il attaque même les chevaux et les bœufs.

SERPENTS ET SCORPIONS. Le Turquestan oriental est infesté de serpents et de scorpions. Souvent, à l'époque où l'on coupe les orges, les gens employés à ce travail sont piqués par des scorpions. La blessure devient quelquefois mortelle.

BIO. On trouve encore dans le pays une quantité considérable de *phalanges* venimeuses, qu'on appelle *bio*. Ces insectes ressemblent à l'araignée de terre. Ils sont ronds et couleur de cannelle. Leur tête est rouge pourpré; et leurs pattes, au nombre de huit, sont extrêmement courtes. Cette araignée se tient dans les canaux, dans les vieilles constructions de terre et autres endroits humides. On en voit de la grosseur d'un œuf; les plus petites sont comme une noix. Dès que le vent souffle avec force, le bio cherche un abri dans les maisons. Cet insecte court très-vite, et lorsqu'il est irrité, il se dresse sur ses pattes et s'élance contre les hommes. Quand un bio marche sur une personne, il faut se garder de le toucher, on doit attendre qu'il s'en aille de lui-même; si on le touche, il pique aussitôt, et son venin est tellement actif, qu'à moins de très-prompts secours, la mort est inévitable. Toutefois, si la piqûre n'est pas complète, il n'en résulte pas de suites fâcheuses; mais si après avoir piqué l'insecte paraît haletant, c'est un signe

(1) Nous ne faisons que rapporter textuellement, sans nous en rendre garants, une indication puisée dans le voyage de M. Timkovski, t. Ier, page 413 de la traduction française.

qu'il a injecté tout son venin dans la blessure : les remèdes sont inutiles. Quelques gens du pays font venir en pareil cas un mollah, espérant qu'il pourra obtenir du ciel leur guérison par ses prières. Le malade meurt toujours avant même que les prières soient achevées.

Chevaux et taureaux sauvages. Il y a sur les montagnes et dans les steppes des troupeaux de chevaux et de taureaux sauvages ; ces derniers sont d'une grande force et très-farouches. Quand le chasseur ne parvient pas à les tuer du premier coup de fusil, il court grand risque d'être mis en pièces.

Chacals. Les montagnes sont peuplées de chacals ; ces animaux ont environ un pied de hauteur et trois pieds de long. Ils ressemblent un peu au loup. Ils marchent toujours par troupes et dans un certain ordre. Lorsqu'ils rencontrent une bête féroce, ils se précipitent sur elle tous à la fois, et parviennent souvent à la dévorer. On prétend que les tigres n'osent pas se montrer dans les montagnes où les chacals se trouvent en grand nombre.

Oiseau-suif. Si nous pouvions croire ce que rapporte M. Timkovski, une des plus grandes singularités du règne animal dans le Turquestan chinois serait sans contredit l'*oiseau-suif*. Ce volatile atteint, dit-on, la grosseur d'un poulet ; il est très-gras, de couleur noire et n'a pas de plumes. Lorsqu'il se pose sur le toit d'une maison, il se met à crier, et l'on peut alors le saisir avec une grande facilité. Il est extrêmement familier, et se perche sur l'épaule ou sur la main des personnes qu'il rencontre. Quand on lui presse le croupion, il rend une espèce de suif que l'on recueille avec soin, pour l'employer à différents usages. Lorsqu'on a obtenu cette graisse, on lui rend la liberté. L'oiseau-suif paraît avoir été imaginé pour faire le pendant du kara-koutschkatsch.

Bézoard. Cette pierre, que l'on trouve dans l'estomac et dans la tête des vaches, des chevaux et des cochons, est dure comme du sel gemme, dit M. Timkovski, et varie pour la grosseur et la couleur. Il y en a de la rouge, de la blanche, de la verte et de la brune. Les naturels attribuent une grande vertu au bézoard, et croient, entre autres choses, que l'on peut avec son secours faire tomber la pluie sur la terre, déchaîner les vents et refroidir tout à coup l'atmosphère. Pour obtenir de la pluie, ils attachent le bézoard à une perche de saule qu'ils mettent ensuite dans l'eau. Pour avoir du vent, ils enferment cette pierre dans un sac qu'ils attachent à la queue d'un cheval ; et enfin pour rafraîchir l'atmosphère, ils la suspendent à leur ceinture. On accompagne toujours ces pratiques de conjurations et de prières.

La confiance superstitieuse dans les vertus du bézoard est extrêmement ancienne chez les peuples de race turque. L'empereur Baber y fait souvent allusion dans ses Mémoires, et on voit qu'il partageait sur ce point l'opinion de ses compatriotes. Il appelle le bézoard *yédeh-tasche*. Voici ce que les auteurs orientaux rapportent au sujet de l'origine de cette pierre : « Japhet étant sur le point de quitter Noé, son père, pour aller habiter les contrées qui lui étaient échues en partage, reçut la bénédiction du patriarche, qui lui donna en même temps une pierre sur laquelle était gravé le saint nom de Dieu. Cette pierre avait la vertu de faire tomber ou cesser la pluie, selon la volonté de Japhet. Avec le temps, elle disparut, et l'on ne sait où elle se trouve actuellement ; mais il en existe d'autres tout à fait semblables à la pierre originale, et qui, suivant une opinion universellement répandue parmi les Tartares, descendent, par voie de générations mystérieuses, de la pierre donnée par Noé à Japhet. »

Un voyageur asiatique appelé *Izzet-Oullah* cite, dans une description qu'il donne de la ville d'Yarkende, le yédeh-tasche comme une des merveilles du pays : suivant cet auteur, la pierre se trouve dans la tête des chevaux et des vaches, et lorsqu'on l'emploie avec quelques cérémonies magiques, on produit infailliblement, par son moyen, la pluie ou la neige. Quelques personnes seulement savent se servir du yédeh-tasche. On appelle ces magiciens *yédeh-tschi*. Quoique étranger, Izzet-Oullah, ajoute une foi implicite aux assertions des gens du pays. Il avoue cependant avec naïveté qu'il n'a jamais été témoin des faits merveilleux qu'il rapporte; mais comme des personnes extrêmement respectables, et dont on ne saurait révoquer en doute le témoignage, lui ont assuré cette vérité, il ne peut se refuser à y croire. Les yédeh-tschi, continue le même auteur, sont aujourd'hui très-nombreux à Yarkende. Lorsqu'ils veulent se servir de la pierre, ils la trempent dans le sang d'un animal quelconque, puis ils la mettent dans l'eau, et prononcent certaines paroles mystérieuses. Aussitôt un vent violent commence à souffler, et bientôt, suivant la volonté du magicien, la pluie ou la neige tombe en abondance. Le voyageur asiatique, comme s'il voulait aller au-devant de l'incrédulité de ses lecteurs, avertit que, bien que le yédeh-tasche produise infailliblement son effet dans le pays très-froid d'Yarkende, on ne pourrait pas se flatter d'obtenir le même résultat dans les contrées brûlantes de l'Inde. Il finit par justifier son opinion sur les qualités singulières et mystérieuses du bézoard, par la vertu non moins extraordinaire et non moins inexplicable de l'aimant.

POPULATION. Les habitants du Turquestan oriental sont, pour la plupart, de race turque. On trouve aussi parmi eux quelques Tadjics. Le nombre total de la population est estimé à 1,500,000 âmes.

PROVINCES ET VILLES. Le Turquestan oriental, partagé d'abord en huit principautés tributaires, forme maintenant dix provinces entièrement soumises à l'empire de la Chine. Elles portent toutes le nom de leurs chefs-lieux respectifs; ce sont:

Khamil.
Pidjan.
Kharaschar.
Koutsché.
Sairam.
Aksou.
Ouschi.
Caschgar.
Yarkende.
Khotan.

Nous ne nous arrêterons qu'aux plus importantes de ces provinces.

KHAMIL, que les voyageurs nomment aussi *Hamil*, *Chamul* et *Camul*, est environnée de déserts. Le climat, dit le père du Halde (1), y est assez chaud en été. Le terrain n'y produit guère que des melons et des raisins; mais les premiers surtout sont d'une excellente qualité. Ils se conservent pendant l'hiver. On les sert sur la table de l'empereur de la Chine. Suivant l'abbé Grosier, on trouve dans le pays de Khamil des carrières d'agate et des dépôts d'alluvions contenant des diamants. On représente les habitants comme grands, robustes et vivant dans l'aisance. Aujourd'hui ils professent presque tous le mahométisme. Du temps de Marco-Polo, ils étaient idolâtres.

PROVINCE DE KOUTSCHÉ. La province de Koutsché est très-vaste et en partie montagneuse. On y trouve aussi des plaines fertiles et bien cultivées. Quelques vallées du nord de cette contrée renferment de bons pâturages, où l'on rencontre plusieurs sortes de bestiaux à l'état sauvage, ainsi que des bêtes féroces. Ces vallées ne sont point habitées. Au sud de la province on remarque des steppes et des marais. Le pays est riche en minéraux, et principalement en cuivre, en salpêtre, en sel ammoniac et en soufre. Cette dernière substance est extraite d'une montagne située près de la ville même de Koutsché et couverte de crevasses d'où s'échappent des flammes; de sorte que, pendant la nuit, elle paraît illuminée par des milliers de lampes. Personne alors ne peut en approcher, car le sol est brûlant. Ce n'est qu'en hiver, quand la neige a diminué la chaleur du terrain, que les habitants s'occupent de ramasser le sel ammoniac. Ils se mettent tout nus pour faire ce travail. Le sel se trouve dans des cavernes sous forme de stalactites très-difficiles à détacher.

La ville de Koutsché ou Koutscha est protégée par une muraille. Elle sert de résidence à un gouverneur militaire chinois et à un magistrat civil du pays. On y compte environ un millier de familles et une garnison de quelques centaines d'hommes.

AKSOU. Cette ville paraît être la capitale du Turquestan chinois. Le

---

(1) Voyez *Description de l'empire de la Chine et de la Tartarie Chinoise*, tome IV, p. 80 et 84.

commandant des troupes de toute la province y a sa résidence. Aksou renferme à peu près 6,000 maisons et est le siége d'un commerce considérable; on y travaille le jade avec une extrême perfection, et l'on y fabrique un grand nombre d'objets de sellerie avec du cuir de cerf brodé. Les campagnes des environs sont extrêmement fertiles, et produisent des céréales et des légumes en grande quantité. On y trouve des vergers et des prairies.

Ouschi. Cette ville, qui renferme aujourd'hui 3 à 4,000 âmes, est bien déchue de son ancienne grandeur. On y voit cependant encore un hôtel des monnaies, où l'on frappe des pièces de billon. Ouschi est traversée dans sa partie septentrionale par une belle rivière.

Caschgar. Cette principauté forme l'extrême frontière de l'empire chinois. Elle est arrosée par la rivière du même nom. La capitale est une ville assez considérable; mais on ne sait pas exactement le chiffre de sa population. Il y a lieu de croire cependant qu'elle n'est pas au-dessous de 16,000 âmes, sans la garnison qui s'élève à 10,000 hommes. Les habitants sont riches et adonnés aux plaisirs. Ils entretiennent une grande quantité de chanteuses et de bayadères.

Yarkende. Cette principauté est généralement fertile, et l'on y élève une race de chevaux très-estimés dans l'empire chinois. La ville capitale, appelée également *Yarkende*, est située sur la rivière du même nom. On y compte 12,000 maisons et 32,000 habitants (1). Elle est entourée d'une muraille de terre et d'un fossé. Ces fortifications, quoique très-peu importantes, font considérer la ville comme une place de guerre. L'empereur de la Chine y entretient, dans un quartier séparé, une garnison qui s'élève à plus de 4,000 hommes (2).

Yarkende renferme plusieurs beaux édifices, et entre autres un palais, quelques colléges et un très-grand bazar. Cette capitale fait un commerce extrêmement considérable. On y remarque des manufactures d'étoffes de soie, de coton et de lin. De nombreux ouvriers s'occupent à travailler le jade. Cette substance minérale se trouve en abondance aux environs de la ville. Une rivière qui descend des montagnes en roule des morceaux dont quelques-uns ont jusqu'à un pied de diamètre. La couleur et la grosseur varient à l'infini. Le jade est un monopole du gouvernement, et la pêche s'en fait en présence d'un inspecteur accompagné d'un détachement de soldats. Vingt à trente plongeurs se mettent à l'eau tous ensemble, et dès qu'ils ont trouvé un morceau de jade, ils le jettent sur le bord de la rivière. On bat aussitôt la caisse et l'on fait une marque rouge sur une feuille de papier. Quand la pêche est terminée, l'inspecteur examine les pièces pour en connaître la valeur. Le jade recueilli de cette manière est envoyé tous les ans à la cour de Pékin.

Province de Khotan. La principauté de Khotan est assez fertile. Son nom, dérivé du sanscrit, est dans cette langue *Koutsana*, et signifie *mamelle de la terre*; de *Koutsana* les Arabes et les Persans ont fait *Khotan*, dénomination sous laquelle cette province et sa capitale sont généralement connues. Les Chinois l'appellent *Yu-thian*, c'est-à-dire *pays du Yu* ou *du jade*.

La ville de Khotan est depuis longtemps célèbre dans l'Orient pour son musc, ses jardins et la beauté de ses habitants. Les annales de la Chine contiennent, sur le pays de Khotan et sur sa capitale, plusieurs légendes que M. Abel Rémusat a réunies dans un de ses ouvrages (1). Elles nous ont paru mériter de trouver place ici.

Voici ce que ces annales nous apprennent touchant le royaume de Khotan au septième siècle de notre ère : Les habitants du Khotan ont des chroniques, et les caractères dont ils se servent pour écrire sont, ainsi que leurs lois et leur

---

(1) Suivant un mémoire que nous avons sous les yeux (*Memoir on Chinese Tartary and Khotan*, by W.-H. Wathen, Persian secretary of the Bombay government, inséré dans le *Journal of the Asiatic society of Bengal*, t. IV, pag. 653 et suivantes, année 1835), la population d'Yarkende se compose, d'après un recensement fait par les Chinois, de 30,000 familles qui comptent chacune de cinq à dix personnes.

(2) Environ 7,000 hommes suivant M. Wathen, mémoire précité, page 654.

(1) *Histoire de la ville de Khotan*; Paris, 1820, in-8°.

littérature, imités des Indous, sauf de légères altérations. Cette civilisation étrangère diminua la barbarie des naturels, et modifia leurs mœurs et leur langue. Ils honorent extrêmement Bouddha, et sont si attachés à sa loi, qu'ils ont élevé plus de cent monastères dans lesquels vivent au delà de 5,000 religieux, tous adonnés à l'étude de leur doctrine et de leurs mystères. Le roi de Khotan est très-belliqueux et grand sectateur de la loi de Bouddha. Il prétend tirer son origine du dieu Pi-cha-men. Anciennement, ce royaume était un pays désert et inhabité. Un prince, voulant y bâtir une ville, fit publier que tous ceux qui entendaient la maçonnerie, voisins ou éloignés, eussent à se présenter. Alors on vit paraître un maçon portant sur ses épaules une grande calebasse remplie d'eau, et qui, s'étant avancé, dit : « Je m'entends en maçonnerie, » et il se mit à verser son eau en décrivant un grand circuit. Il courait si vite qu'on l'eût bientôt perdu de vue. Mais on suivit la trace de l'eau qu'il avait versée, et l'on se servit de cette indication pour élever les murailles, qui ne sont pas plus hautes que celles d'une autre ville. Khotan est néanmoins si difficile à prendre, que, depuis l'antiquité, nul ne s'en est jamais emparé. Le même roi bâtit encore d'autres villes. Il s'occupa de gouverner ses peuples en paix et de rendre son État florissant. Quand il se vit très-âgé, il dit à ses courtisans : « Me voici parvenu à la fin de ma vie ; je suis sans héritiers, et je crains que mon royaume ne périsse. Allez adresser vos prières au dieu Pi-cha-men pour qu'il m'accorde un successeur. » En effet le front de la statue du dieu s'étant ouvert, il en sortit un enfant qu'on porta au roi. Les gens du pays se livrèrent à la joie la plus vive. Mais l'enfant ne voulant pas teter, on craignit qu'il ne mourût, et l'on délibéra de retourner vers le dieu et de lui adresser de nouvelles prières, pour qu'il voulût bien nourrir le petit prince. Quand on fut devant la statue du dieu, on vit la terre s'élever tout à coup en forme de mamelle, et le divin enfant se mit à teter. Il grandit et devint bientôt un prince accompli, prudent, courageux, digne en tout du dieu Pi-cha-men, auquel il fit bâtir un temple, pour lui rendre des honneurs comme à son aïeul. C'est de ce prince que descendent les rois qui se sont succédé sans interruption dans ce pays. Et voilà pourquoi on voit dans le temple du dieu un si grand nombre d'objets précieux, qui y ont été déposés en offrande sans qu'aucun roi ait manqué de s'acquitter de ce devoir. La mamelle sortie de terre, qui servit à nourrir le fondateur de la race royale, a donné naissance au nom que porte le pays.

Au midi de la ville royale de Khotan, à dix li (environ une lieue), est un grand monastère qu'un ancien roi du pays a fait construire en faveur d'un pieux *rahan* ou solitaire appelé *Pi-lou-che-na*. Autrefois le bouddhisme n'était pas encore établi dans ce pays. Un rahan vint de Cachemire se fixer dans une forêt, où il demeurait assis. Quelqu'un qui l'aperçut fut frappé de sa figure et de son habillement, et alla avertir le roi, qui se transporta lui-même dans la forêt, pour voir ce personnage. En l'apercevant, il lui demanda : « Quel homme êtes-vous, pour demeurer ainsi seul dans une obscure forêt ? — Je suis, répondit le rahan, un disciple de Bouddha, appliqué à la contemplation. Pour vous, ô roi, si vous voulez jeter les fondements d'une véritable félicité, vous devez exalter la loi de ce dieu, élever un monastère, et y appeler des religieux. — Quel vertu a ce Bouddha ? reprit le prince. Quel dieu est-il, que vous vous résignez pour lui à mener une vie si dure et à rester perché comme un oiseau ? — Bouddha, répondit le solitaire, est l'être qui, dans sa miséricorde et sa bonté, préside aux quatre naissances (1), qui dirige les trois mondes (2); visible ou caché, il voit également la vie et la mort. Celui qui observe sa loi s'éloigne de la vie et de la mort; celui qui la méconnaît demeure retenu dans les filets des passions. — Ce que vous dites me paraît vrai, reprit le roi ; mais cela doit être l'objet d'une importante discussion. Puisque c'est pour moi,

---

(1) La naissance d'une matrice, la naissance d'un œuf, la naissance de l'humidité, la naissance par transformation. Telles sont les quatre manières de naître, suivant les Bouddhistes. (*Note de M. Abel Rémusat.*)

(2) Le monde des désirs, le monde des couleurs ou des formes, le monde sans couleurs ou sans formes. (*Note du même auteur.*)

ô grand saint, que vous êtes apparu dans ces contrées, et puisque j'ai le bonheur de porter mes regards jusqu'à vous, je dois conformer mon cœur à vos intentions ; me convertir et publier en tout lieu la loi.—Le rahan lui répondit : O roi, élevez un monastère, et le mérite que vous acquerrez par là obtiendra une pleine et entière récompense. » Le roi s'étant rendu à ses vœux, et ayant fondé un monastère, on y vit accourir des contrées les plus éloignées comme des plus prochaines une foule de gens qui venaient s'instruire de la loi et bénir une si sainte entreprise; il n'y avait cependant pas encore d'instrument pour appeler à la prière les personnes pieuses. Le roi dit un jour au rahan : « Voilà le monastère achevé, maintenant où est Bouddha ? » Le rahan répondit : « Vous pouvez avancer, ô roi, le véritable saint n'est pas éloigné. » Le roi s'étant prosterné pour faire sa prière vit tout à coup paraître dans les airs la figure de Bouddha, qui descendit et lui remit le marteau destiné à annoncer la prière. Ce prodige affermit le prince dans sa foi à la doctrine de Bouddha, et il la fit publier dans tout son royaume.

Au sud-ouest de la ville royale de Khotan, à 20 li (environ deux lieues), on voit la montagne de Kiu-chi-ling-kia, dont le nom signifie *Corne de bœuf.* Cette montagne a deux pics extrêmement escarpés et très-pointus. Dans la vallée qui les sépare, on a élevé un monastère où l'on voit une statue de Bouddha qui répand autour d'elle une vive lumière. Anciennement le dieu, étant venu dans cet endroit, fit un exposé de sa doctrine. En mémoire de cet événement, on a élevé sur le lieu même un grand monastère, où on se livre à l'étude et à la pratique de la loi qui y fut prêchée.

Sur l'escarpement du mont de la Corne de bœuf, il y a un grand édifice de pierre, dans lequel était un rahan livré à la méditation, ou, pour mieux dire, abîmé dans la contemplation de la miséricorde de Bouddha. Pendant plusieurs siècles, ce solitaire ne cessa de lui offrir des sacrifices; mais les roches qui étaient près de l'édifice s'écroulèrent et vinrent boucher la porte et fermer toute issue. Le roi du pays envoya des soldats pour enlever ces roches; mais un essaim de mouches noires attaqua les travailleurs, et les obligea par ses morsures venimeuses à se disperser. Depuis ce temps la porte est restée fermée, et elle l'est encore à présent.

Au sud-ouest de la ville royale de Khotan, à un peu plus de dix li, on voit un monastère dans lequel se trouve une statue de Bouddha qui est venue primitivement du royaume de Khiou-tchi. Un ministre du pays de Khotan, ayant autrefois été exilé, alla demeurer dans le Khiou-tchi, où il rendit un culte assidu à cette image. Rappelé ensuite dans sa patrie, il continua de loin à lui adresser ses vœux. Une nuit, la statue vint d'elle-même se placer dans la maison de cet homme, qui fit élever un monastère sur cet emplacement.

A l'ouest de cette capitale, à plus de trois cents li, se trouve la ville de Phou-kia-i. On y voit une statue de Bouddha assise. Sa figure est belle et remplie de majesté ; sur sa tête est une tiare enrichie d'ornements qui la rendent toute resplendissante. C'est une tradition généralement répandue dans le pays, qu'elle était d'abord dans le Cachemire, et que l'on a obtenu qu'elle fût transportée dans cet endroit. Voici à quelle occasion : Il y avait autrefois un rahan dont le disciple, étant à l'extrémité, demanda à goûter du pain de riz fermenté. Le rahan, par un effet de sa perception divine, connut qu'il y avait de cette espèce de pain dans le pays de Khotan ; et, s'y étant transporté par des moyens surnaturels, il parvint à se procurer ce que lui demandait son disciple. Celui-ci, ayant goûté le pain de riz, désira pouvoir renaître dans le pays où on le faisait. Ses vœux furent exaucés, et même il naquit fils du roi de Khotan, et par la suite il succéda à ce prince. Devenu roi lui-même, il leva des troupes, et ayant traversé les montagnes de neige, il vint attaquer le royaume de Cachemire. Le roi de Cachemire, de son côté, assembla son armée pour repousser l'attaque; mais en ce moment le rahan l'avertit de ne point livrer bataille au roi de Khotan : « Je sais, dit-il, les moyens de l'engager à s'en retourner; car il est instruit dans les préceptes de la loi. » Le roi eut quelque peine à le croire, et il voulait toujours livrer bataille. Mais le rahan prit le vêtement que portait le roi de Khotan dans le temps qu'il était son disciple, et alla le lui montrer. En le voyant, le prince se rappela sa naissance antérieure, et ayant demandé pardon au roi de Cachemire, il fit la paix, et s'en retourna avec son armée, emmenant avec lui la statue de Bouddha, devant laquelle, étant disciple du rahan, il avait célébré les cérémonies du culte. Quand cette statue fut arrivée dans le pays, on ne put la faire ni avancer ni reculer, et on l'entoura d'un monastère dans lequel vinrent habiter des religieux. La tiare précieuse qu'on voit encore aujourd'hui sur la tête de la statue, est celle même dont le roi lui fit offrande à l'époque dont nous parlons.

A l'ouest de la ville royale, à la distance de 150 ou 160 li, au milieu de la route qui conduit au grand désert, il y a un tertre qu'on nomme le *Tertre ou le Tombeau des rats*. Voici ce que la tradition rapporte à ce sujet : Il y a dans ce désert sablonneux des rats de la grosseur d'un hérisson, et dont le poil est de couleur d'or et d'argent, et vraiment admirable. Quand ils sortent de leur trou, ils vont par bandes, et ont à leur tête un chef. Si celui-ci s'arrête, ils font de même, et suivent ainsi tous ses mouvements. Or, les Hioung-nou vinrent autrefois, au nombre de plusieurs centaines de mille hommes, faire une incursion dans ce pays, et attaquer les villes des frontières. Parvenus au Tertre des rats, ils y établirent leur camp. Le roi de Khotan avait, de son côté, rassemblé plusieurs dizaines de mille soldats ; mais il craignit que ces forces ne fussent pas suffisantes. Il connaissait la beauté des rats du désert, mais non leur puissance surnaturelle. En approchant des troupes ennemies, ne voyant aucun moyen de salut, le prince et ses soldats étaient dans la consternation, et ne savaient à quel expédient se déterminer. Dans cet embarras, le roi fit préparer un sacrifice, allumer des parfums ; et, comme si les rats eussent eu quelque intelligence, il les supplia d'être les auxiliaires de son armée. La même nuit, le roi de Khotan vit en songe un gros rat qui lui dit :
« Vous avez réclamé notre secours, disposez vos troupes pour livrer bataille demain matin, et vous serez vainqueur. » Le roi, se croyant assuré d'une protection surnaturelle, fit aussitôt ses dispositions. Il rangea sa cavalerie, et partit avant le jour pour attaquer à l'improviste les Hioung-nou. Ceux-ci, surpris, voulurent monter à cheval et endosser leurs armures ; mais les harnois des chevaux, les habits des soldats, les cordes des arcs, les courroies des cuirasses, tout ce qui était fait d'étoffe ou de fil avait été entièrement rongé et mis en pièces par les rats. Ainsi privés de tout moyen de défense, ils furent exposés aux coups de leurs ennemis. Leur général fut tué ; l'armée entière faite prisonnière, et les Hioung-nou, frappés de terreur, reconnurent dans cet événement une main plus qu'humaine. Le roi de Khotan voulut témoigner aux rats sa reconnaissance pour un service si important. Il construisit un temple, fit des sacrifices ; et à dater de cette époque, on n'a pas cessé d'y porter des offrandes d'objets précieux. Depuis le roi jusqu'au dernier du peuple, tous y font des sacrifices pour obtenir du bonheur ou du secours, et pour cela ils vont à l'endroit où est l'ouverture du tertre et passent rapidement devant, en y laissant pour offrande des habits, des arcs, des flèches, des parfums ou de la viande et des mets choisis. Ceux qui s'acquittent de ce devoir le plus exactement en sont récompensés par du bonheur et du profit ; ceux qui y manquent éprouvent ordinairement des calamités et des revers (1).

(1) Hérodote rapporte une légende assez semblable à celle qu'on vient de lire. Il est curieux de rapprocher les récits de l'historien grec et de l'annaliste chinois : « Après Anysis, dit Hérodote, un prêtre de Vulcain nommé Séthon monta sur le trône. Il n'eut aucun égard pour les guerriers, et les traita avec mépris, comme s'il n'avait jamais dû avoir besoin d'eux...... Mais dans la suite, lorsque Sanacharib, roi des Arabes et des Assyriens, alla attaquer l'Égypte avec une armée nombreuse, les guerriers ne voulurent pas combattre. Le prêtre, ne sachant quel parti prendre, se retira dans le temple, et se mit à gémir devant la statue du dieu sur le sort auquel il se voyait exposé. Pendant qu'il déplorait ainsi ses malheurs, il s'endormit, et crut voir le dieu lui apparaître, l'encourager et l'assurer que s'il marchait à la rencontre des Arabes, il n'éprouverait aucun mal et recevrait du secours. Plein de confiance en cette vision, Séthon prit avec lui tous les gens de bonne

TARTARIE.

Le Lama des Tartares Mongols.

A l'occident de la ville royale, à cinq ou six li, est le monastère de So-ma-jo. On y voit une source qui jaillit à la hauteur de plus de cent tchhi ou pieds, ainsi que des pierres précieuses et des reliques qui jettent un éclat divin. Autrefois il vint des contrées éloignées un rahan ou solitaire, qui s'arrêta dans une forêt alors située à cet endroit. Ses divines qualités étaient annoncées par la lumière qui l'entourait. Une nuit, le roi, qui était monté dans un des pavillons de son palais, apercevant de loin la lumière qui brillait dans la forêt, s'informa de ce que ce pouvait être. On lui répondit qu'un solitaire venu de pays éloignés s'était fixé et demeurait assis dans la forêt, et qu'il semblait un être surnaturel. Le roi fit aussitôt préparer son char pour aller s'assurer du fait par lui-même. Comme il était plein de sagesse, il s'empressa de témoigner son respect au saint personnage; et, ne s'en tenant pas là, il le pressa de venir dans son palais. Mais le solitaire lui répondit : « Il y a des règles de convenance pour chaque chose, et nos actions doivent y être soumises. Vivre au milieu d'une forêt obscure, près d'un lac ou d'un étang, voilà l'objet de mes vœux. Un vaste palais, un *somptueux pavillon*, ne me conviendraient pas. On m'a parlé de la piété de votre majesté. Qu'elle la montre davantage encore par la construction d'un monastère. » On éleva alors celui de la source jaillissante, et beaucoup de solitaires qu'on invita à y venir établirent leur demeure dans ce lieu. Le roi eut en récompense plusieurs centaines de che-li (1). Un cadeau si précieux le combla de joie; mais il réfléchit, et dit en lui-même : « Quand les che-li vont arriver, il faudra les placer au-dessous de la source jaillissante. Mais comment ferai-je ? » Il courut au monastère, et fit part de son embarras au rahan. Celui-ci lui dit : « Ne vous inquiétez pas, ô roi ! Il faudra recevoir les che-li dans des vases d'or, d'argent, de cuivre, de fer et de marbre. » Le roi donna ses ordres aux ouvriers, et en moins d'un jour l'ouvrage fut terminé. On porta au monastère des vases précieux. Alors le roi, suivi de toute sa cour, sortit de son palais, et alla au-devant des che-li, accompagné d'une foule immense. Le solitaire prit de sa main droite la source jaillissante, et il dit au roi de placer au-dessous les reliques. On fit un creux dans la terre, et on les y déposa. Quand cela fut terminé, on remit la fontaine à sa place, sans qu'il y eût rien de dérangé ni une goutte d'eau renversée. Ce prodige remplit de joie les assis-

volonté, se mit à leur tête, et alla camper à Péluse, qui est la clef de l'Égypte. Son armée n'était composée que de marchands, d'artisans et de vagabonds; aucun guerrier ne l'accompagna. Cette multitude étant arrivée à Péluse, une quantité prodigieuse de rats des champs entra pendant la nuit dans le camp ennemi, et rongea les carquois, les arcs et les courroies des boucliers; de sorte que le lendemain, les Arabes étant sans armes, la plupart périrent dans la fuite. On voit encore aujourd'hui dans le temple de Vulcain une statue de pierre qui représente Séthon tenant un rat dans la main, avec cette inscription : *Qui que tu sois, apprends en me voyant à respecter les dieux !* » (Hérodote, II, 141.)

(1) Che-li. Ce sont les os du corps terrestre de Bouddha recueillis après le *che-'wei*, c'est-à-dire après que ce corps eut été brûlé. Il y en a qui sont portés dans les airs, d'autres qui répandent une vive lumière. On distingue les che-li de la loi vulgaire et ceux de la loi mystique : ceux-ci sont cachés et invisibles; les autres se placent dans des tours de pierre, ou on les tient renfermés. Telle est l'explication que le dictionnaire Tching-tseu-thoung donne du mot sanscrit che-li. Je trouve heureusement ailleurs une explication moins inintelligible.

Che-li du corps vivant : le mot sanscrit *che-li* ou *che-li-lo* signifie en chinois *os du corps*. On dit que Bouddha, incarné et rentré dans l'anéantissement, se soumit au *che-'wei* (mot sanscrit qui signifie *brûlement*). Ce qui resta de lui après cette opération se nomme che-li. Il y en a de trois couleurs : de blancs, qui sont les restes de ses os; de noirs, qui proviennent de ses cheveux, et de rouges, qui sont les débris de ses chairs. Ces restes sont d'une telle dureté, qu'en les frappant on ne saurait les briser. Il y en a aussi qui proviennent des bodhisattwa et des rahan ; ils sont de la même couleur, mais moins durs. Il est extrêmement difficile de s'en procurer, et c'est le plus grand bonheur qu'on puisse obtenir. Ceux qui peuvent élever des tours, et faire des sacrifices devant ces précieuses reliques sont assurés d'une félicité sans bornes.

On conçoit maintenant l'importance du présent fait au roi de Khotan. Quant aux che-li de la loi, dont il n'est pas question ici, il suffit de dire que ce sont les préceptes fondamentaux sortis de la bouche même de Bouddha, invariables, inaltérables, et que les autres n'en sont que les emblèmes ou les signes visibles dans la doctrine populaire ou mythologique.

Che-li-lo est la corruption de *sârîra*, qui signifie en sanscrit *corporelle*, ou de *sarîram*, *corps*, suivant l'opinion de M. de Chézy. Au sujet des reliques de Bouddha et de ses saints, on peut voir les *Asiatic Res.*, t. VII, p. 40 et ailleurs. (*Note de M. Abel Rémusat.*)

tants, et ceux qui n'avaient pas encore embrassé la loi de Bouddha s'y consacrèrent avec le plus grand zèle. Le roi fit à ses officiers le discours suivant : « J'ai toujours ouï dire que les forces de Bouddha étaient au-dessus de l'intelligence ; que le pouvoir des dieux était inimaginable. Tantôt se partageant entre un million de corps, tantôt accordant à chaque homme ce qui lui est convenable, les dieux tiennent l'univers dans la paume de leurs mains. Le mouvement donné à tous les êtres, la pensée, la loi, la nature, obéissent à leur voix éternelle. Tous les êtres leur sont soumis : tous tirent leur intelligence de la puissance des dieux. Sans eux ils n'auraient ni prudence ni connaissance. A la vérité, la cause de cette intelligence est cachée, ou du moins nous ne la savons que par la tradition ; mais les dons que nous recevons d'eux chaque jour sont des gages de leurs bienfaisants efforts. Honorons donc, suivons avec respect cette doctrine de Bouddha, par laquelle ce qu'il y a de plus obscur et de plus profond devient clair et lumineux. »

Au sud-est de la ville royale de Khotan à cinq ou six li, on voit le monastère de Lou-che, fondé par une ancienne reine du pays. Autrefois les habitants du royaume ne connaissaient ni les mûriers ni les vers à soie. On entendit parler de ceux qu'il y avait dans les royaumes orientaux, et l'on envoya un ambassadeur pour en demander. Le roi d'Orient se refusa à cette requête, et fit une défense expresse aux gardiens des frontières et aux douaniers de laisser sortir ni mûriers ni semence de vers. Alors le roi de Khotan fit demander une princesse en mariage. Lorsque le roi d'Orient la lui eut accordée, le roi de Khotan chargea l'officier qui devait aller chercher cette princesse, de lui dire que dans le pays qu'elle allait habiter il n'y avait point d'habits de soie, parce que l'on n'y trouvait pas de mûriers ni de cocons, et qu'il fallait en apporter, afin d'avoir des étoffes pour se faire des vêtements. La princesse, avertie de la sorte, se procura en secret de la semence des uns et des autres, et la cacha dans son bonnet. Quand le cortège fut arrivé à la frontière, l'officier qui y commandait fouilla partout, excepté dans le bonnet de la princesse, qu'il n'osa pas toucher. Une fois arrivée dans le pays de Khotan, la princesse s'arrêta dans le lieu où fut bâti par la suite le monastère de Louche ; et pendant qu'on faisait les préparatifs nécessaires pour la recevoir d'une manière qui répondît à son rang et à sa naissance, elle déposa dans cet endroit la semence de mûrier et des vers. Au printemps on planta les arbres, et la princesse assista elle-même à la récolte des feuilles. On fut obligé d'abord de nourrir les vers à soie avec des feuilles de quelques autres arbres ; mais enfin les mûriers poussèrent, et la reine fit graver sur la pierre une défense de tuer les papillons jusqu'à ce que l'on pût se procurer une quantité suffisante de cocons : contrevenir à cet ordre était, disait le décret, se révolter contre la lumière et renoncer à la protection des dieux. Ce fut pour conserver le souvenir de l'importation des mûriers et des vers à soie dans le pays, que l'on construisit le monastère. On y voit plusieurs vieux troncs d'arbres qu'on prétend être ceux des mûriers plantés dans l'origine. Aujourd'hui même, dans ce pays, on a conservé l'usage de ne pas faire mourir les vers, et si quelqu'un ôte à la dérobée la soie des cocons, l'année suivante il ne peut avoir de vers.

Au sud-ouest de la ville, à cent li, il y a une grande rivière qui coule vers le nord-ouest, et dont les habitants tirent de grands avantages parce qu'elle leur fournit de l'eau pour arroser les champs. Il arriva que le cours de cette rivière fut absolument interrompu. Le roi, étonné de ce prodige, fit apprêter son char pour aller consulter les solitaires. Il leur exposa ainsi le motif de sa venue : « L'eau du grand fleuve qui sert à mes sujets pour une foule d'usages a tout à coup cessé de couler. A quelle faute puis-je attribuer un pareil malheur ? Existe-t-il quelque injustice dans mon gouvernement, quelque irrégularité dans ma conduite ? Sans cela le ciel m'enverrait-il un châtiment si terrible ? » Les solitaires répondirent au roi : « Le gouvernement de votre majesté est pur et irrépréhensible. L'eau n'a cessé de couler que par un effet de la volonté du dragon qui préside au fleuve. Il faut sur-le-champ lui offrir un sacrifice, afin qu'il se laisse toucher, et que le peuple recouvre les avantages qu'il a perdus. Le roi reprit la route de son palais, et offrit un sacrifice au dragon du fleuve. Tout à coup une femme sortit des eaux, et prononça ces paroles : « Mon mari m'a été enlevée par une mort prématurée : voilà ce qui a causé l'interruption du cours de l'eau et le dommage qu'ont éprouvé les laboureurs. Mais, ô roi, choisissez un grand dans vos États et donnez-le-moi pour mari, et l'eau reprendra son cours habituel. » Le roi répondit : « Je reçois vos ordres avec respect. » Le dragon témoigna sa joie; et le roi, s'en étant retourné, dit à ceux qui l'entouraient : « Les grands sont les gardiens de l'État, les laboureurs en sont la substance et la vie : si l'État perdait ses gardiens, il serait en danger; mais si les hommes manquent de nourriture, ils meurent. Entre ces deux périls, quelle conduite faut-il tenir? » Un grand alors, s'agenouillant sur la natte devant le trône, dit : « Il y a longtemps que moi, Miéou, ne suis qu'un être inutile; il est temps de remplir le devoir que mon rang m'impose. J'ai toujours pensé à ce que je devais à l'État, sans que j'aie trouvé l'occasion de m'en acquitter. Si je suis choisi en ce moment, vous mettrez un terme aux graves reproches que je mériterais. Quand il s'agit de l'avantage de tout un peuple, doit-on épargner un magistrat? Les magistrats sont les aides de l'État; mais le peuple en est la base. Que votre majesté n'hésite pas, et que, pour assurer la félicité publique, elle fonde un monastère. » Le roi se rendit au désir du grand, et celui-ci ayant demandé la permission d'entrer le lendemain matin dans le palais du dragon, les seigneurs de la cour furent assemblés. On donna un repas de cérémonie au généreux magistrat; et celui-ci vêtu d'une robe simple, et monté sur un cheval blanc, reçut les adieux du roi et les démonstrations de respect et de reconnaissance de tout le peuple. Il poussa son cheval dans le lit du fleuve, et s'avança au milieu des eaux sans être submergé; mais il s'ouvrit avec son fouet un passage dans lequel il entra et disparut. Quelques instants après, on vit ressortir des eaux le cheval blanc portant sur son dos un tambour de bois de sandal et une lettre dont le contenu était en substance : que le roi n'avait rien perdu au sacrifice qu'il avait fait; que Miéou était admis au rang des dieux; qu'il veillerait à la prospérité du royaume et qu'il envoyait à Sa Majesté un tambour pour le suspendre à la porte de la ville du côté du sud-est; que si des ennemis venaient attaquer la ville, on en serait averti par le son du tambour. L'eau reprit alors son cours ordinaire, et n'a pas cessé depuis de procurer aux habitants les mêmes avantages qu'autrefois. Le fleuve déborde à la première lune et arrose les champs les plus éloignés. Il y a longtemps que le tambour du dragon n'existe plus; mais à la place où il était suspendu on voit un étang qu'on nomme l'*Étang du tambour*. Le monastère est également ruiné, et il ne s'y trouve plus de religieux.

A l'orient de la ville royale, à trois cents li, au milieu du grand désert, il y a plusieurs milliers d'arpents où la terre, absolument dépouillée d'arbustes et même d'herbes, est de couleur rouge et noirâtre. Tous les vieillards racontent que dans ce lieu une armée fut mise en fuite. Il y eut autrefois un général d'un royaume situé à l'Orient qui fit une expédition dans l'Occident à la tête d'un million de soldats. Le roi de Khotan se prépara, de son côté, à la défense, et rassembla cent mille hommes de cavalerie. Les ennemis étant arrivés en cet endroit, les deux armées s'y rencontrèrent et la bataille fut livrée. L'armée d'Orient fut taillée en pièces. Le roi tua le général ennemi, et fit un tel carnage que nul n'échappa. Le sang qui coula teignit la terre, et l'on en voit encore les traces aujourd'hui.

A l'est du champ de bataille, en faisant environ 30 li, on arrive à la ville de Pi-ma. On y voit une figure de Bouddha sculptée en bois de sandal, et haute de deux tchang (environ vingt pieds). Elle a des propriétés merveilleuses et répand sans cesse une vive lumière. Toutes les personnes qui ont quelque maladie attachent des feuilles d'or à la statue, selon la partie affectée, et elles sont toujours guéries. On va aussi faire des vœux et des prières à cette déesse, et on dit dans le pays que la statue fut élevée par un roi en mémoire des bienfaits dont Bouddha, pendant sa vie terrestre, avait comblé son royaume. Quand Bouddha *sortit du siècle*, la statue fut négligée et transportée au nord du pays dans une autre ville appelée Ho-lao-lo-kia, dont les habitants étaient riches, adonnés aux plaisirs et livrés à des inclinations perverses, et ils ne s'embarrassèrent pas d'honorer le dieu qui venait habiter au milieu d'eux. Par la suite, arriva un solitaire qui rendit ses hommages à la statue. Les gens de la ville, choqués de l'extérieur et du costume de cet homme, coururent avertir le roi, qui ordonna de l'enterrer dans le sable. On couvrit donc de sable le corps du Rahan jusqu'à la hauteur de la bouche, et on ne lui donna rien à boire ni à manger. Il se trouva un homme qui avait de tout temps témoigné un profond respect à la statue, et qui, voyant le solitaire en cet état, lui apporta secrètement à manger. Le solitaire était décidé à se soustraire aux indignes traitements qu'il éprouvait; mais avant de partir, il dit à cet homme : « Dans sept jours il tombera une pluie de sable et de terre qui couvrira entièrement la ville, de sorte que personne n'en échappera. J'ai voulu que vous en fussiez prévenu, afin que vous prissiez de bonne heure vos précautions. Cette pluie sera le juste châtiment du crime dont ils se sont rendus coupables en me faisant ensevelir dans le sable. » Après avoir prononcé ces paroles, le solitaire disparut. L'habitant, rentré dans la ville, courut avertir ses parents; mais, parmi ceux qui l'entendirent, il n'y en eut aucun qui ne se moquât de lui. Le second jour il s'éleva un grand vent qui enleva l'herbe dans les champs, et il tomba une pluie qui bouleversa la terre et inonda les rues et les chemins. Les habitants ne surent que vomir des imprécations; mais l'homme qui avait été averti, prévoyant ce qui allait arriver, courut se réfugier dans une espèce de caverne qu'il avait creusée lui-même quelque temps auparavant, pour s'y ménager une retraite. Le septième jour, après minuit, il tomba une pluie de sable sous laquelle la ville entière demeura ensevelie. L'homme qui avait échappé à cette catastrophe, sortit de la caverne et, se dirigeant vers l'Orient, il s'arrêta dans la ville de Pi-ma. A peine y était-il arrivé, que la statue de Bouddha s'y transporta d'elle-même. Pour continuer de lui rendre les honneurs accoutumés, il ne voulut pas quitter ce pays et y fixa sa demeure. Suivant ce qui est rapporté dans les anciennes chroniques, quand la loi de Chakia sera consommée, cette statue sera mise dans le palais du dragon. La ville de Ho-lao-lo-kia n'est plus maintenant qu'un vaste monceau de sable. Les princes de divers pays ont souvent voulu y faire fouiller pour enlever les objets précieux qui y sont enfouis; mais à chaque tentative il s'est élevé un vent furieux avec des tourbillons de fumée et un épais brouillard qui a dérobé le chemin et égaré les travailleurs.

Le ruisseau qui est près de la ville de Pi-ma coule du côté de l'Orient, et entre dans le désert de sable. En faisant deux cents li, on vient à la ville de Ni-jang. Elle a trois ou quatre li de tour et est au milieu d'un grand marais. La terre, aux environs de ce marais, est chaude et humide, et il est difficile de ne pas s'y embourber au milieu des joncs et des autres herbes aquatiques qui font qu'on ne peut retrouver son chemin. Il n'y a qu'en passant par la ville qu'on parvient, quoique avec peine, à ne pas s'égarer, et c'est ce qui fait que tous les voyageurs prennent leur route par là. Ni-jang forme, de ce côté, la frontière orientale et le lieu de péage du pays de Khotan. De là, en allant vers l'Orient, on entre dans *les grands sables coulants*, que l'on nomme ainsi, parce qu'ils sont mobiles et que, poussés par les vents, ils forment des flots et des monticules. La trace des voyageurs s'y efface, de sorte qu'un grand nombre de personnes s'égarent, et que, perdues dans un espace immense, où rien ne s'offre à la vue pour indiquer la route qu'on doit suivre, elles périssent de fatigue. On trouve, dans différents endroits, des monceaux d'ossements. Il n'y a dans ce désert ni eau ni herbe, et il s'y élève souvent un vent brûlant qui fait perdre haleine aux hommes et aux animaux, et cause de fréquentes, maladies. On entend presque toujours au milieu des sables coulants des sifflements aigus ou de grands cris, et lorsqu'on cherche à voir d'où ils partent, on est effrayé de ne rien apercevoir. Il y a même très-souvent des gens qui périssent dans ces occasions; car ce désert est le séjour des mauvais génies (1). »

MŒURS ET USAGES. Les habitants du Turquestan chinois sont, ainsi que nous l'avons remarqué, mahométans de la secte sunnite. Ils observent avec une grande régularité les pratiques extérieures de leur culte. Pendant le Ramazan, les hommes et les femmes ne prennent rien depuis le lever du soleil jusqu'à son coucher. Les gens scrupuleux ne se permettent même pas d'avaler leur salive. Quand les étoiles paraissent, chacun est libre de boire et de manger; mais on doit s'abstenir de vin et d'eau-de-vie. Cette injonction peut sembler étrange pour des musulmans, auxquels des boissons enivrantes sont toujours sévèrement interdites. C'est que, malgré leur dévotion, les Turquestanis ne s'en privent dans aucune autre circonstance. A cette époque de l'année, les hommes et les femmes se lavent tout le corps avec de l'eau pure avant de se mettre en prière. La fin du Ramazan coïncide avec le commencement de la nouvelle année. On entend alors pendant toute la nuit le son des tambours et de la musique. Le lendemain, les officiers du gouvernement sortent de la capitale précédés de chevaux et de chameaux richement caparaçonnés, et suivis d'une troupe de musiciens et de membres du clergé musulman. Ce cortége se rend à un temple situé dans le voisinage; et quand le service divin est terminé on va chez le hakim-beg, ou gouverneur de la ville, pour le complimenter à l'occasion de la nouvelle année. Ce fonctionnaire offre un repas aux personnes qui viennent ainsi lui rendre leurs devoirs. M. Timkovski nous apprend qu'avant la conquête du Turquestan par les Chinois les principaux membres du clergé, après le service divin du jour de l'an, prononçaient un discours consacré à louer les vertus du hakim-beg ou à flétrir ses vices. Si ce chef était reconnu pour un homme vertueux, il conservait ses fonctions; mais si on lui prouvait, par des faits, qu'il s'était rendu coupable de quelque faute grave, il était destitué et mis à mort. Pour se trouver en mesure de résister à de pareilles sentences, les hakim-begs s'entouraient d'une garde nombreuse. Aujourd'hui ces fonctionnaires, quoiqu'ils ne jouissent plus du pouvoir souverain, ont cependant conservé l'habitude d'entretenir des soldats près de leur personne.

Quarante jours après cette solennité le hakim-beg va une seconde fois au temple, entouré d'une foule nombreuse; toute la ville se réjouit et se divertit; on appelle cette journée *Kourban-aït* c'est-à-dire *la fête du sacrifice*.

Trente jours après les Turquestanis célèbrent la Commémoration des morts, et vont réciter des prières sur les tombeaux de leurs parents. Plusieurs se font au cou une incision avec un couteau, et y passent des fils. Le sang se répand sur tout le corps; c'est le plus grand sacrifice qu'ils puissent offrir à l'âme du défunt.

Une dizaine de jours après la Commémoration des morts les habitants de tout âge et de tout sexe, vêtus d'habits neufs et leurs bonnets parés de fleurs de papier, se rendent aux lieux les plus élevés dans les environs des villes. Les femmes et les filles dansent; les hommes galopent sur leurs chevaux, tirent des flèches, battent du tambour, chantent en s'accompagnant avec des instruments, boivent du vin, et après s'être enivrés se mettent à danser. Ces divertissements continuent jusqu'au soir; alors chacun rentre chez soi; on appelle cette fête *Nourouz* ou *Nauruz*.

On trouve dans les grandes villes de la partie occidentale du Turquestan chinois un lieu très-élevé, où l'on bat journellement du tambour, et où l'on fait en même temps de la musique religieuse. Les mollahs et les akhouns dès que la musique a cessé se tournent vers l'ouest, et font des révérences et des prières; cette cérémonie se renouvelle cinq fois par jour, suivant le nombre des prières canoniques pour les musulmans. On fait encore de la musique sur ces hauteurs à l'occasion de tous les événements heureux ou malheureux, ou lorsque des gens d'un haut rang viennent à passer,

(1) Voyez *Histoire de la ville de Khotan*, extraite des *Annales de la Chine*, par M. Abel Rémusat, pages 37 et suivantes.

et enfin au convoi des personnages importants.

Les Turquestanis ne se distinguent pas par des surnoms, et l'on ne voit pas de familles dont on conserve les généalogies. Les pères et les enfants sont attachés les uns aux autres par des sentiments d'amour et de respect; mais c'est à peine si les liens de parenté moins étroits existent dans ce pays. Le mariage est permis à tous les degrés; cependant une femme ne peut épouser son fils ni un père sa fille. Cette union chez les Turquestanis est précédée d'une convention entre les deux parties. Le père et la mère du futur envoient en présent des bœufs, des moutons et de la toile; ils invitent tous leurs parents, et se rendent avec plusieurs akhouns dans la demeure de la jeune fille, pour terminer l'accord, qui est confirmé par des prières. Le jour des noces, le père ou le frère de la mariée monte avec elle à cheval, la couvre d'un voile, et la conduit au son de la musique dans la demeure du futur.

Si le mari et la femme ne vivent pas bien ensemble, ils peuvent divorcer. Si c'est la femme qui veut quitter son mari, elle n'emporte pas la moindre chose en sortant du domicile conjugal. Si, au contraire, son mari l'abandonne, elle a le droit de prendre dans la maison tout ce que bon lui semble, et les enfants restent, les garçons avec le père, et les filles avec la mère. Si la femme accouche dans le courant de l'année qui suit la séparation, l'enfant est reconnu légitime. Mais passé ce terme les enfants sont tout à fait étrangers au mari divorcé. Au bout de plusieurs années, la femme peut encore reprendre son ancien mari, lors même qu'elle en aurait eu d'autres dans l'intervalle.

A la mort d'un Turquestani, quelques calenders se rassemblent autour du corps, chantent et récitent des prières. Toutes les personnes qui demeurent dans la maison se couvrent la tête d'un bonnet de toile blanche, en signe de deuil. On enterre les morts ordinairement le lendemain du décès, dans un cimetière situé hors des villes. Le corps n'est pas déposé dans un cercueil; on se borne à l'envelopper dans une pièce de toile blanche. Les parents s'assemblent dans la maison du défunt pour y réciter des prières; et chacun contribue aux frais des funérailles. Les habits et autres effets de la personne décédée sont distribués au peuple. On fait encore de nouvelles aumônes à l'intention de son âme. Les parents ne portent le deuil que pendant quarante jours.

Les gens riches font élever des monuments ronds et couverts de tuiles vertes. On enterre ordinairement les morts près des grandes routes, afin que les passants pensent à prier pour eux.

Quand les Turquestanis s'abordent, ils croisent les mains sur la poitrine et inclinent la tête. Ils donnent à ce salut le nom arabe de *salam*. Les gens âgés des deux sexes se contentent de toucher légèrement les épaules des personnes plus jeunes. Depuis l'époque de la conquête, les Turquestanis plient les genoux toutes les fois qu'ils rencontrent un officier chinois.

Le vêtement principal des habitants consiste en une robe avec un grand collet et des manches étroites. Les hommes relèvent le bas de cette robe du côté gauche. Les femmes portent pendant toute l'année des chapeaux garnis de fourrure, et auxquels elles attachent des plumes. Les hommes se couvrent la tête en hiver avec des chapeaux de cuir, et en été ils ont des chapeaux de satin cramoisi garni de velours. Leur chaussure est de cuir rouge avec des talons de bois. Les femmes portent des pantoufles sans quartier et qui laissent le talon à découvert. Elles ne font usage de ces pantoufles que pendant la saison froide; en été, elles marchent le plus souvent nu-pieds.

Les jeunes filles laissent flotter leurs cheveux, qui sont ordinairement nattés en plusieurs tresses. Quelques mois après le mariage elles les garnissent de rubans rouges et les laissent tomber sur le dos. Les bouts de ces tresses, qui descendent souvent jusqu'à terre, forment, avec les rubans rouges, une espèce de frange. Les femmes riches placent dans leurs tresses des perles, du corail et autres pierres précieuses.

Les Turquestanis ne se rasent pas la barbe; ils se contentent de couper de temps en temps leurs moustaches de manièré à pouvoir manger et boire plus commodément.

Festins. Lorsque les Turquestanis veulent donner un festin ils tuent un nombre considérable d'animaux. Les mets les plus recherchés parmi eux sont la viande de chameau, de cheval ou de bœuf. On sert sur des plats d'étain, de cuivre et de bois, et en petits morceaux, la viande de mouton, des melons, du sucre candi, du sucre en pains, des pâtisseries, des tourtes de viande, etc. Chaque convive choisit les mets qui lui conviennent, et en prend autant qu'il veut. Pendant le repas, on joue de différents instruments de musique, et les convives chantent, dansent, crient et battent la mesure avec les mains. Il est rare que les invités se retirent sans être ivres; quelquefois, appesantis par le vin, ils s'endorment, et, après avoir cuvé un peu leur boisson, ils recommencent de nouveau. Avant que les convives se retirent, on leur distribue les mets et les fruits qui restent encore, et ils les emportent chez eux.

La chair de porc est sévèrement interdite aux Turquestanis, comme aux autres musulmans. Ils ne se nourrissent que d'animaux tués par la main des hommes.

Poids et mesures. Il n'existe dans le pays ni poids ni mesures légaux. Des bonnets servent à mesurer les petites quantités; les grandes se mesurent par sacs.

Instruments de musique. Ils ont une grande variété de tambours, les uns fort grands, les autres très-petits. Ils jouent aussi du chalumeau et de la flûte à huit trous. On voit chez eux une espèce de tympanon qui a plus de cinquante cordes. Les guitares en ont sept, dont quatre de fil de fer, deux de boyau et une de soie. Ils ont des violons de dimensions différentes, et tous à quatre cordes. Les modulations des tons, dit M. Timkovski, s'accordent avec le tambour. Les chants, les airs de danse et les variations après les couplets sont également d'accord avec le tambour; et si l'on écoute cet ensemble avec attention, on y trouve une espèce d'harmonie.

Maisons. Les murs des maisons sont construits de terre et ont de trois à quatre pieds d'épaisseur. Le toit est fait de bois et couvert de roseaux joints ensemble avec de l'argile. Quelquefois ils bâtissent des maisons à plusieurs étages. Les cheminées montent jusqu'au toit. On pratique dans les murs des armoires où l'on dépose les effets. Il existe ordinairement au milieu du toit deux ouvertures qui tiennent lieu de fenêtres, et donnent passage à la lumière du soleil (1). On ne perce dans les murs que de très-petites fenêtres, destinées plutôt à laisser entendre le moindre bruit du dehors, qu'à procurer de l'air et du jour. La singulière disposition que nous venons de signaler tient au grand nombre de voleurs répandus dans le pays, et qui y sèment la terreur. Avec de grandes fenêtres placées à une faible élévation au-dessus du sol, rien ne serait plus facile que de pénétrer dans la maison. Les toits sont plats, en sorte qu'on peut s'y promener, et y faire sécher du blé et des fruits. Ils sont extrêmement minces, et portent sur des murs d'une grande épaisseur; par conséquent, on n'est pas exposé à ce qu'ils s'écroulent; et comme les pluies sont très-peu fortes dans cette contrée, ils résistent également bien à l'humidité. Les maisons sont placées ordinairement près d'un jardin où il y a presque toujours un bassin ou un ruisseau. On cultive dans ces jardins une grande quantité de fleurs et d'arbres fruitiers, et on y construit pendant les chaleurs de l'été des pavillons entourés de fleurs et situés sur le bord de l'eau.

DZOUNGARIE.

Dénominations diverses. — Dzoungarie. — Calmouquie ou Kalmoukie. — Thian-Chan-Pe-lou, c'est-à-dire *Gouvernement au nord des monts Thian-Chan*.

Conquête par les Chinois. Les noms de Dzoungarie et de Calmouquie ne sont plus aussi exacts aujourd'hui qu'ils l'étaient autrefois. A la fin du dix-septième siècle, les Dzoungares, alors très-puissants, avaient soumis les autres tribus calmouques ainsi que les

(1) On les ferme au moyen d'un couvercle.

Mogols Khalkhas. Ceux-ci, incapables de résister par eux-mêmes à ces ennemis redoutables, implorèrent le secours de l'empereur de la Chine. Ce prince envoya une armée contre les Dzoungares, qui furent vaincus et obligés de recevoir une garnison chinoise dans quelques-unes de leurs places. Au bout de plusieurs années, l'empereur de la Chine, croyant pouvoir compter sur la soumission des Dzoungares, retira presque toutes les forces qu'il avait dans leur pays, et n'y laissa qu'un faible corps de troupes. Deux princes calmoucs, appelés l'un *Amoursana* ou *Amoursanan* et l'autre *Dawadji*, se trouvaient alors en guerre l'un contre l'autre. L'empereur prit parti pour Amoursana, et le mit sur le trône. Dawadji fut fait prisonnier par les troupes chinoises. L'empereur Kien-Long lui accorda la vie, moins peut-être par clémence, comme l'observe M. Abel Rémusat (1), que par politique, et pour être en mesure au besoin de l'opposer à Amoursana.

Celui-ci, pénétrant les motifs de la conduite de Kien-Long, et mécontent surtout de ce que les lieutenants de ce prince ne lui laissaient qu'une ombre d'autorité, anima le peuple contre les Chinois, et, croyant les circonstances favorables, il se révolta en 1755.

Les hauts fonctionnaires de l'empire jugeaient plus convenable de laisser les Dzoungares livrés à eux-mêmes, et d'attendre qu'ils se fussent affaiblis par leurs dissensions intestines. Ils trouvaient imprudent d'entreprendre une guerre lointaine contre une nation puissante et aguerrie. Kien-Long ne partagea point cette opinion, et il envoya une armée contre Amoursana. Les généraux chinois, trahis par les Tartares, qui formaient la plus grande partie de leurs troupes, ne purent réussir à se rendre maîtres de la personne d'Amoursana, comme ils avaient ordre de le faire. L'armée chinoise se trouva considérablement diminuée par la désertion, et hors d'état de prendre l'offensive.

Loin de se décourager par ce grave échec, Kien-Long résolut de pousser la guerre avec plus de vigueur que jamais. Il mit à la tête de son armée deux excellents généraux, dignes de sa confiance par leurs talents et leur fidélité. Les Dzoungares furent vaincus, et leur pays occupé par les troupes chinoises. Amoursana s'enfuit chez les Kirguizes-Kasaks; puis, ne se croyant pas assez en sûreté parmi eux, il se retira en Sibérie, où il mourut bientôt après de la petite vérole (1).

Les Dzoungares firent encore une nouvelle tentative de révolte. L'empereur, voulant en finir, envoya contre eux trois armées. Plus d'un million de ces Calmoucs furent impitoyablement massacrés, sans distinction de sexe ni d'âge. Quelques-uns d'entre eux se réfugièrent dans une vallée appelée *Makhatsin*, et située entre de hautes montagnes. Les troupes chinoises les détruisirent. On épargna ceux qui n'avaient pas pris une part directe à la révolte, et on les transporta dans des contrées lointaines. Tous les chefs de la nation que l'on saisit vivants furent envoyés à Pékin, où l'empereur, après les avoir jugés lui-même, les condamna au supplice des rebelles, parce qu'ils avaient accepté de lui des fonctions et des titres, avant leur révolte. En 1756 la Dzoungarie fut réunie à l'empire de la Chine. Le pays est administré maintenant par un général en chef, et le gouvernement chinois y entretient plusieurs corps d'armée.

POSITION ASTRONOMIQUE. Entre 72° et 88° de longitude est, et 41° 30' et 48° 40' de latitude nord.

LIMITES. A l'est la Dzoungarie est séparée par des chaînes de montagnes du pays des Mogols Khalkhas. Au sud elle confine avec le Turquestan oriental. A l'ouest la rivière de Talas la sépare des Bouroutes (2) et des Kirguizes-Ka-

(1) Voyez les *Nouveaux mélanges asiatiques*, t. II, p. 47.

(1) Kien-Long, dit M. Abel Rémusat, n'ayant pu avoir son ennemi vivant, voulut du moins qu'on lui en envoyât les ossements, pour en faire un exemple, suivant l'usage. Ce fut l'objet d'une négociation qui n'eut aucun succès, parce que la cour de Russie ne voulut pas consentir à l'extradition du cadavre d'Amoursana. On se contenta de faire voir aux officiers de Kien-Long, pour qu'ils pussent assurer leur maître de la mort du rebelle. Voyez *Nouveaux mélanges asiatiques*, t. II, page 48.

(2) Il ne faut pas confondre les Bouroutes, qui appartiennent à la famille turque, avec les Bourètes ou Bouriates, qui font partie de la famille mogole.

saks. Au nord elle est bornée par ces mêmes Kirguizes et par la Sibérie.

MONTAGNES ET GLACIERS. La principale chaîne de montagnes de la Dzoungarie est celle de *Thian-Chan* ou des *Monts Célestes*, connue aussi sous le nom de *Sine-Chan* ou *Monts Neigeux*. Les cimes les plus hautes de cette chaîne sont :

Le Youldouze, près de Kharaschar;

Le Mirdjaï ou Kaschtasch, près d'Yarkende. Cette montagne, tout entière de jade blanc, est toujours couverte de glace et de neige. Les eaux qui, au printemps, coulent de son versant méridional arrosent le pays et vont se jeter dans le lac Lob;

Le Bogdo, près d'Ouroumtsi;

Le Moussour, c'est-à-dire le *Glacier*, situé entre Ili et Ouschi. Les glaces qui couvrent constamment cette montagne lui donnent l'aspect d'une masse d'argent. Une route percée à travers ces glaciers, dans la direction du sud au nord, conduit du Turquestan oriental à Ili. Au nord de cette montagne on a établi un relai de poste, d'où la vue s'étend, en hiver, sur une vaste étendue de neige. Dans l'été on trouve sur les hauteurs de la glace, de la neige et quelques endroits marécageux. Il n'existe pas d'autres chemins pour les hommes et les bêtes que des sentiers étroits et tortueux sur les flancs de la montagne. Les voyageurs assez imprudents pour s'aventurer pendant la mauvaise saison au milieu de la plaine de neige sont perdus sans ressource.

Quand on est arrivé au glacier on n'aperçoit plus ni terre, ni sable, ni arbres, ni herbes. Rien n'est effrayant, disent les voyageurs, comme l'aspect de ces rochers gigantesques uniquement formés de glaçons entassés les uns sur les autres. Les fentes qui séparent ces masses énormes laissent un espace vide et sombre où le jour ne pénètre jamais. Le bruit des eaux qui coulent sous les glaces ressemble au tonnerre. Çà et là les yeux s'arrêtent sur des carcasses de chevaux et de chameaux. Pour faciliter le passage on a taillé des marches dans la glace; mais elles sont tellement glissantes, que chaque pas que l'on fait offre un danger nouveau. Souvent les voyageurs trouvent la mort dans ces précipices. Les hommes et les bêtes n'y marchent qu'avec effroi. Il est arrivé que des voyageurs, surpris par les ténèbres, ont été contraints de passer la nuit dans ces lieux inhospitaliers. Si le temps est calme ils entendent des sons assez agréables, et qui ressemblent à ceux de plusieurs instruments réunis : c'est, dit M. Timkovski, l'écho qui répercute le craquement des glaçons qui se brisent (1).

Le même voyageur nous apprend qu'il existe dans ces glaciers un animal qui tient le milieu entre le loup et le renard. Les habitants le regardent comme ayant quelque chose de surnaturel, et tâchent de suivre les traces de ses pattes sur la glace : c'est le moyen de n'être pas exposé à perdre la vie.

Une rivière se précipite du sein de ces glaciers, coule au sud-est, se partage en plusieurs bras et verse ses eaux dans le lac Lob.

OFFRANDES ET INVOCATIONS AUX GLACIERS. Le commandant de la ville d'Ouschi envoie annuellement un de ses officiers porter des offrandes aux glaciers. La formule de prières qu'on récite à cette occasion est envoyée de Pékin par le tribunal des rites.

RIVIÈRES ET LACS. Les principales rivières de la Dzoungarie sont :

L'ILI, formé par la réunion de plusieurs affluents. Il se jette dans le lac Balkhasch;

Le TSCHOUÏ, qui sort du lac Touze-Koul et se jette dans le lac Kaban-Koulak après un cours de 250 lieues;

Le TALAS, qui porte ses eaux au lac Sikirlik après avoir arrosé cent lieues de pays;

Enfin le KOUR, l'ÉMIL et le fleuve IRTISCHE, qui prend sa source dans ce pays, et dont nous aurons occasion de parler plus loin.

Quelques-uns des lacs que nous venons de nommer sont très-considérables. Le lac Balkhasch n'a pas moins de 40 lieues de longueur et de 20 lieues dans sa plus grande largeur.

Le Touze-Koul, ou *Lac salé*, est long de 35 lieues et large de 12 à 15.

DIVISIONS MILITAIRES. La Dzoun-

---

(1) Voyez *Voyage à Pékin à travers la Mongolie*, t. 1er, p. 443 de la traduction française.

garie forme aujourd'hui trois divisions ou gouvernements militaires, qui portent les noms de leurs chefs-lieux ; ce sont :
 Ili ou Gouldja,
 Kour-khara-oussou,
 Tarbagataï.

GOULDJA. Cette ville, à laquelle les Chinois ont donné un nom qui signifie *Ville du gouvernement militaire*, s'étend sur la rive droite de l'Ili. Elle est entourée d'une muraille de pierres, haute de trois toises, sans fossés ni ouvrages extérieurs. Les soldats qui montent la garde au poste principal, ainsi que les sentinelles, ne portent point d'armes. Les rues de la ville sont étroites et malpropres. Le nombre des maisons s'élève à environ 10,000, presque toutes assez petites. Les temples bouddhiques sont très-beaux. On y donne chaque jour des fêtes et des spectacles. Les mosquées sont desservies par des mollahs.

La population de Gouldja est peu considérable ; mais on voit dans cette capitale nombre de marchands de l'intérieur de la Chine, de la Boukharie, du Khokande et même de l'Inde et du Cachemire. Ces derniers importent des mousselines de qualité commune, des étoffes de soie et coton, des indiennes et des espèces de calicots. Tous ces commerçants demeurent dans des auberges hors de la ville.

Les rues de Gouldja sont toujours pleines de marchands et d'artisans. Le nombre des auberges et des maisons où l'on prend du thé est fort considérable ; car l'usage veut que les voyageurs et les hommes qui ne sont pas mariés ne fassent jamais la cuisine chez eux, et envoient chercher leur dîner et leur souper à l'auberge. Bien des gens mariés y font prendre également leur nourriture. Les maisons où l'on boit du thé sont toujours remplies de fumeurs. Il y fait une chaleur insupportable et malsaine, entretenue par le feu et la fumée des pipes. On voit aussi à Gouldja des maisons de jeu tolérées par le gouvernement chinois ; elles sont extrêmement fréquentées.

Il existe dans cette capitale des ouvriers tels qu'orfévres, chaudronniers, forgerons, serruriers et charpentiers. Les mahométans du Turquestan oriental y sont assez nombreux ; ils font le commerce ou se livrent à la culture des terres, au jardinage et à l'exercice des arts mécaniques.

Le commerce consiste principalement en bœufs et en chevaux.

Le chef militaire chinois commandant la division de Gouldja est tenu de résider dans cette capitale. On le voit toujours entouré d'officiers supérieurs et d'une troupe de 120 Mandchous qui forment sa garde. Aux deux côtés de la porte de son hôtel, sont placés en faction douze soldats armés d'arcs et de flèches et commandés par un sous-officier.

Les troupes stationnées à Gouldja et dans les autres points de la division forment un total de 28,000 hommes de cavalerie, parmi lesquels on compte 6,000 Calmoucs. Ces troupes sont partagées par régiments de dix escadrons, forts chacun de cent hommes. Elles font à tour de rôle le service sur la frontière, sur les bords de la rivière d'Ili et dans quelques autres endroits. Les soldats ne sont point armés d'une manière uniforme : ils ont en général des arcs et des flèches, d'autres portent des lances ; tous sont munis de sabres. En temps de paix, chaque homme est obligé de se pourvoir d'armes et de chevaux ; en temps de guerre, c'est le gouvernement qui se charge de ces différentes fournitures.

Quand un cheval confié à un cavalier meurt de maladie, celui-ci n'éprouve aucune réduction sur sa paye s'il n'est pas coupable de négligence ; dans le cas contraire on lui fait une retenue proportionnée à la valeur de la bête.

Suivant la relation de M. Poutimstev, publiée par M. Klaproth (1), il existe à une distance d'environ douze lieues de la ville d'Ili ou Gouldja-Kouré, dont nous venons de donner la description, une autre ville de Gouldja, qui ne se trouve pas indiquée sur nos cartes. Cette ville est habitée par des mahométans, dont le chef porte le titre de *Hakim-beg*. L'autorité de ce magistrat s'étend sur toutes les villes des environs.

KACHEMIR. Il y a dans le gouvernement d'Ili une ville appelée *Kachemir*, qu'il ne faut pas confondre avec la capitale du royaume du même nom, située dans l'Inde, et si connue par la beauté

---

(1) Voyez *Magasin asiatique*, tome I, p. 222.

des châles qu'on y fabrique. La ville de Kachemir ressemble beaucoup à celle de Gouldja. On y compte environ trois mille maisons. Les habitants sont pour la plupart des Kara-Kitaï ou Chinois noirs et des Toupgous. Les premiers font le commerce en gros et exercent divers métiers; les derniers sont aubergistes et marchands en détail.

COLONIES DE CONDAMNÉS. Le gouvernement chinois a établi aux environs de Kachemir, principalement entre cette ville et Gouldja, des colonies de malfaiteurs. Ces gens cultivent la terre. Ceux d'entre eux qui ont mérité la mort sont employés à des travaux forcés.

SIGNAUX. Il existe entre Kachemir et Gouldja une barrière avec deux corps de garde, près desquels sont placées en réserve de grandes quantités de matières combustibles. On y met le feu en cas d'alarme, pour servir de signal. Au delà de cette barrière se trouve un pont jeté sur la rivière de Bayanda et au milieu duquel on remarque des statues de pierre assez bien faites. Près de ce pont, sur la rive gauche de la Bayanda, s'élève un magnifique temple bouddhique entouré d'arbres.

DÉPENSES ET REVENUS. Le gouvernement d'Ili rapporte beaucoup moins à la Chine qu'il ne lui coûte. Les contributions des habitants s'élèvent à un total d'environ 40,000 onces d'argent (333,400 francs), et l'empereur de la Chine envoie chaque année dans le pays 500,000 onces d'argent (4,167,500 fr.), ainsi que plusieurs millions de pièces de satin et de taffetas destinées à être livrées aux Kirguizes en échange de leurs bestiaux (1).

GOUVERNEMENT DE KOUR-KHARA-OUSSOU. La population de cette province est, suivant M. Klaproth, très-peu considérable; les terres sont en partie cultivées par des soldats que le gouvernement chinois y a établis. On ne trouve dans le district aucune rivière considérable. Le chef-lieu du pays est une petite forteresse bâtie vers 1763.

GOUVERNEMENT DE TARBAGATAÏ. Ce gouvernement est au nord de celui d'Ili. Il tire son nom de Tarbagataï-Ohla ou *la Montagne des Marmottes*, qui le borne à l'est. Les Kirguizes l'appellent *Tasch-Dava* ou *Pays des Rochers*. Les indigènes lui donnent le nom d'*Yar*, de *Tschoukou-tschou* ou *Tschougoutschak*. Cette division militaire est bornée au nord par la Sibérie.

C'est dans le gouvernement de Tarbagataï qu'est située la source de l'Irtisch. Ce fleuve traverse le lac Dzaïsang ou Dzaïsang-Noor, c'est-à-dire en mogol *lac des Nobles*. Les Calmoucs lui donnent le nom de *Koung khotounoor*, ou *lac des Cloches*, parce que les vagues se brisent avec fracas contre ses bords et occasionnent un bruit continuel qui, de loin, ressemble au son des cloches. La longueur de ce lac est de vingt-cinq lieues et sa largeur de neuf.

Le pays est habité par 12,000 Éleuthes, 4,000 Calmoucs Torgoutes et 8 à 900 soldats qui se livrent à la culture des terres. Les femmes et les enfants ne sont pas compris dans ce nombre.

TSCHOUGOUTSCHAK. — Cette ville, capitale du district, est située par 46° 8' de latitude nord et 80° 18' de longitude est, près de la base du versant oriental du mont Takhta. Elle est défendue par une muraille de pierres, et forme un carré dont les faces ont chacune à peu près cent cinquante toises. Les angles sont flanqués de tours carrées, hautes d'environ cinq toises. On remarque aux faces extérieures de ces tours des fenêtres garnies de papier au lieu de vitres, et qui ferment par des volets de bois. Les portes de la ville se trouvent au milieu des côtés du carré; elles sont défendues à droite et à gauche par des tours Les murailles, comme les tours, sont de briques séchées au soleil, liées avec de l'argile et blanchies en dehors. La hauteur des murailles, prise de l'extérieur, est de deux toises et demie. A la moitié de cette hauteur on a placé des gouttières pour l'écoulement des eaux pluviales. Un canal, alimenté par deux petites rivières, tourne autour des murs. La ville est elle-même traversée par une troisième rivière. On voit au nord et au sud de Tschougoutschak de belles allées de saules. Les faubourgs s'étendent à l'est et à l'ouest.

La ville renferme à peu près six cents maisons et bâtiments publics; les habi-

---

(1) Nous avons vu plus haut, page 148, que les Kirguizes ne font le commerce que par voie d'échange.

tants domiciliés ne forment qu'une petite partie de la population; mais un grand nombre de marchands chinois, venus de toutes les provinces de l'empire, se rendent à Tschougoutschak pour leur commerce, et y font un séjour temporaire. La population fixe se compose en grande partie de Chinois exilés pour crime. Ces gens sont condamnés à cultiver les terres du gouvernement. On voit parmi les marchands un nombre assez considérable de Calmoucs de différentes tribus, mais principalement des Torgoutes. Le gouvernement chinois paraît n'avoir qu'une médiocre confiance en ces nomades; car il envoie chaque année, de Gouldja, 1,500 hommes pour garder les frontières.

On cultive dans les environs de Tschougoutschak du froment, du millet et de l'orge.

EAUX MINÉRALES. — Il existe entre Tschougoutschak et Gouldja des sources minérales que les Calmoucs désignent sous le nom d'*Araschan* ou *Eaux bénies*, et qui, si l'on en croit la tradition conservée par ces nomades, furent découvertes, il y a environ quatre-vingts ans, par un de leurs souverains appelé *Galdan*. Ce prince alla visiter le canton où se trouvent les sources, pour obéir au désir de sa femme, qui, n'ayant jamais pu avoir d'enfants, rêva qu'elle en obtiendrait par l'usage de ces eaux. Galdan fit bâtir dans le voisinage un temple qu'on y voit encore. Cet édifice est fait de briques séchées au soleil et liées avec de l'argile; le tout recouvert de plâtre. Ce temple est assez petit. On y remarque dix-sept idoles taillées en relief et coloriées. Les eaux minérales sortent d'une colline qui s'élève à une très-petite distance du temple. Le sol des environs est formé d'une ocre rougeâtre. L'eau, extrêmement chaude au moment où elle jaillit de la source, ne conserve plus, quelques instants après, qu'une chaleur ordinaire. Elle exhale une odeur sulfureuse. M. Poutimstev rapporte qu'étant resté environ un quart d'heure dans le bain, il se trouva très-affaibli et eut beaucoup de peine à en sortir. Le temps, qui d'ailleurs était chaud, contribua à amener une transpiration abondante. Après avoir pris quelque repos à l'ombre d'une roselière qui se trouvait dans le voisinage, il goûta un peu de cette eau, qui ne lui parut pas désagréable. Il pense que son usage doit être fort salutaire.

M. Poutimstev visita ensuite le temple, dans lequel il vit une inscription en langue calmouque qui indiquait que plusieurs tribus mogoles et nombre de Kirguizes fréquentaient les *Eaux bénies* pour se guérir de diverses maladies. Ces nomades arrivent vers le commencement de septembre et repartent au mois d'octobre. Il est réellement fâcheux, dit M. Poutimstev, qu'on ne fasse rien pour la conservation de la source, qui est dans un état fort différent de celui où elle se trouvait autrefois. Indépendamment du temple, Galdan avait bâti cinq maisons pour les prêtres qui le desservaient. Actuellement on n'en voit plus aucune trace.

On trouve à une distance de vingt toises des eaux *Araschan*, sous un rocher escarpé, une source minérale froide qui est aussi salutaire que la source chaude: elle ne jaillit pas de terre avec impétuosité comme la première; l'eau paraît immobile à la surface, et n'a ni goût ni odeur.

POPULATION. Les contrées du Turquestan occidental et du Turquestan chinois dont nous avons eu à nous occuper jusqu'ici sont toutes habitées par des populations turques ou persanes, et la race mogole y est à peine représentée. Nous la trouvons pour la première fois dans la Dzoungarie, et il est indispensable de faire connaître les principales branches de cette race et les différents points de l'Asie centrale où elle forme la masse des habitants.

RACE MOGOLE. Les Mogols se subdivisent en Mogols proprement dits, en Khalkhas et en Scharraï-gol, ou Mogols du Tibet. Ces différentes branches occupent surtout la Mongolie, une partie du Tibet et le pays du Khoukhou-Noor.

Les Bouriates ou Bourètes habitent en Sibérie le gouvernement d'Irkoutsk.

Les Calmoucs, appelés aussi *Olètes*, *OElœts*, *Éleuthes* et *Mogols occidentaux*, errent principalement dans la Dzoungarie, dans le pays des Khalkhas et dans quelques autres provinces de la Chine. En Russie, on les rencontre dans les gouvernements d'Astracan, de

Simbirsk, d'Orenbourg, du Caucase, du Kherson, de la Tauride et dans le pays des Cosaques du Don. Enfin nous avons remarqué que 20,000 Calmoucs piquent leurs tentes sur le territoire de Boukhara et 30,000 sur celui de Khiva (1). Ils conservent les mêmes mœurs dans ces différents pays.

SUBDIVISIONS DE LA FAMILLE CALMOUQUE. Les Calmoucs se subdivisent en quatre grandes tribus, qui sont : les Dzoungares ; les Khoschotes ; les Dorbates, Dourbètes ou Durbètes ; et les Torgoutes, Tourgoutes ou Tourgaoutes.

TRAITS DISTINCTIFS DE LA RACE CALMOUQUE. Les Calmoucs sont d'une taille médiocre, mais bien prise, et très-robustes. Ils ont la tête fort grosse et fort large ; le visage plat, le teint olivâtre, les yeux noirs, brillants, très-éloignés l'un de l'autre et peu ouverts, quoique extrêmement fendus ; les pommettes saillantes ; le nez plat et presque de niveau avec le visage, en sorte que le bout seul, qui est également très-plat et s'ouvre par deux grandes narines, forme une légère saillie. Ils ont les oreilles démesurément grandes, sans bords et très-écartées de la tête. Leur barbe est peu fournie, et ils arrachent les poils qui leur viennent sur le visage. Enfin ils ont les cheveux noirs, la bouche petite et les dents blanches. « On voit, dit madame Hommaire de Hell, fort peu de Calmoucs contrefaits ; cependant ils s'en reposent entièrement sur la nature pour développer leurs enfants. Ceux-ci vont tout nus jusqu'à l'âge de huit ou dix ans, et dès qu'ils marchent avec facilité on les place sur un cheval, et on leur fait contracter l'habitude de la lutte et de l'équitation, qui forment la partie principale de l'éducation et des divertissements de ce peuple. »

Il n'existe aucune race asiatique dont les traits soient aussi caractéristiques et présentent un type aussi uniforme que les nations mogoles. « Peindre un individu, dit cette dame, c'est peindre la nation tout entière. » Elle raconte qu'Isabey, chargé en 1815 de faire le portrait d'un prince calmouc, et voyant que celui-ci était fort ennuyé de poser, l'engagea à se faire remplacer par un de ses gens, Calmouc comme lui. Le portrait fut achevé de cette manière, et il est fort ressemblant.

Les femmes ne se distinguent des hommes que par des traits moins grossiers. Mais quand une fois elles ont passé la première jeunesse, on ne les reconnaît plus guère que par le costume. L'absence de la barbe rend la ressemblance plus complète encore.

Les Calmoucs dans leur enfance sont assez blancs. On a voulu inférer de là que l'habitude de vivre à l'air en toute saison, ainsi que la fumée qui remplit les iourtes, sont les causes principales qui donnent à leur peau une teinte jaune bleuâtre. Cette supposition n'est guère probable, car on retrouve la même nuance de peau chez tous les Mogols, appelés pour cette raison *race jaune*. Il est vrai cependant que les femmes calmouques sont moins brunes que les hommes, et que parmi celles d'un rang élevé on en trouve quelques-unes qui sont assez blanches.

Les Calmoucs, on doit s'en douter d'après ce qui précède, ont sur la beauté des idées complétement différentes des nôtres. Madame Hommaire de Hell rapporte qu'une princesse de cette nation, considérée par les Européens comme d'une laideur repoussante, passait pour une merveille de beauté aux yeux de ses compatriotes. Après avoir compté un nombre considérable de prétendants, elle fut enfin enlevée de force par un de ses adorateurs.

On a remarqué que le mélange du sang russe et du sang turc ou tartare avec le sang calmouc produit des hommes robustes et bien constitués ; mais le type calmouc laisse des traces ineffaçables pendant de longues générations, et l'on reconnaît toujours les individus qui comptent dans leurs familles des croisements de cette sorte. Ils ont tous le nez fort peu proéminent et complétement écrasé près du front.

Les Calmoucs ont l'odorat très-subtil, l'ouïe très-fine et la vue extraordinairement perçante. Cette perfection des organes des sens leur est fort utile. Ils sentent de très-loin la fumée ou l'odeur d'un camp. Plusieurs d'entre eux,

---

(1) Voyez ci-devant page 13, colonne 1, et page 65, col. 2.

en mettant le nez à l'entrée d'un terrier, reconnaissent la présence de l'animal. Ils entendent à une distance très-considérable le bruit des pieds des chevaux. Pour cela ils se baissent et appliquent l'oreille contre terre. Mais leur vue est plus extraordinaire encore. Souvent, quoique placés sur un lieu peu élevé, au milieu de déserts immenses, malgré les ondulations du terrain et les vapeurs de l'atmosphère, ils aperçoivent les plus petits objets à une distance considérable.

Le caractère des Calmoucs, quoique fort éloigné de la perfection, est cependant bien supérieur à celui des autres peuples de l'Asie Centrale. Ces nomades sont hospitaliers, affables, obligeants, et gais; mais on leur reproche d'être paresseux, sales, très-rusés et colères. Ils vivent entre eux en bonne intelligence, recherchent la société, aiment les festins, et ne peuvent se faire à l'idée de manger seuls; leur plus grand plaisir est de partager avec leurs amis la nourriture, la boisson et le tabac qu'ils réussissent à se procurer. S'ils n'ont qu'une seule pipe, elle passe de l'un à l'autre; si on leur donne du tabac ou des fruits, ils s'empressent d'en offrir à leurs compagnons; si une famille fait sa provision de lait pour fabriquer de l'eau-de-vie, les voisins sont invités aussitôt à venir prendre part au régal après la distillation. Avant de toucher à leurs aliments, ils en donnent une bouchée à des étrangers ou à des enfants. Cette conduite, à ce qu'ils supposent, est agréable à leurs dieux. Toutefois, cette générosité fraternelle ne s'étend qu'au boire et au manger, et ils gardent soigneusement leurs biens. Ils ne sont pas aussi adonnés au pillage que les Kirguizes et les Turcomans. Ils détroussent les voyageurs lorsqu'ils croient pouvoir le faire impunément; mais ils ne cherchent pas à faire des prisonniers pour les vendre, et encore moins pour les employer dans leurs campements. Les membres de la famille suffisent pour garder les troupeaux; et ils ne veulent pas se charger de bouches inutiles.

S'il se commet des meurtres parmi eux, ils sont le plus souvent occasionnés par inimitié ou par vengeance; jamais, au reste, ces crimes n'ont lieu à force ouverte; c'est toujours par ruse et par trahison qu'un Éleuthe cherche à se défaire de son ennemi.

Un des traits les plus remarquables du caractère des Calmoucs, c'est l'attachement invincible pour leur campement et pour le genre de vie auquel ils sont accoutumés. Madame Hommaire de Hell cite, dans son *Voyage*, un exemple bien frappant de cette disposition naturelle.

Un chef calmouc, rival d'un Cosaque, tua celui-ci dans un accès de jalousie; et sans vouloir prendre la fuite, pour se dérober au châtiment qui le menaçait, il opposa une vive résistance à des soldats russes chargés de l'arrêter. Quelques serviteurs le soutinrent; à la fin cependant ils furent tous faits prisonniers, et renfermés dans un fort en attendant leur jugement. Au bout d'un mois, on reçut l'ordre de les envoyer en Sibérie; les trois quarts de ces captifs étaient morts. Le chagrin avait fait périr les uns, et les autres s'étaient tués. Quant au chef lui-même, les précautions les plus minutieuses l'avaient empêché d'attenter à sa vie; mais l'altération profonde de ses traits et son silence obstiné prouvaient que son désespoir n'était pas moins vif que celui de ses compagnons d'infortune. Quand il eut été placé dans le chariot de poste qui devait le conduire en Sibérie, quelques Calmoucs obtinrent la permission de lui dire un dernier adieu. « Que pouvons-nous faire pour toi, lui dirent-ils à voix basse? — Vous le savez, répondit le chef. » Aussitôt un Calmouc prend un pistolet, et, avant qu'on eût le temps de l'arrêter, il lui brûle la cervelle. Deux autres prisonniers, qui accompagnaient le chef, remercièrent le Calmouc en s'écriant, pleins de joie : « Merci pour lui; quant à nous, nous ne verrons jamais la Sibérie. » « C'est que, dit toujours madame Hommaire de Hell, le Calmouc a un amour passionné pour ses steppes et sa kibitka. Accoutumé à ne subir aucune gêne, aucune contrainte, il se trouve partout mal à l'aise, et il préfère la mort à l'exil. Car c'est ainsi qu'il appelle une existence passée ailleurs que dans ses solitudes. »

COSTUME DES HOMMES. Les hommes portent des chemises d'une espèce de toile de coton grossière. Ils ont des pantalons de la même étoffe, et souvent aussi de peau de mouton et toujours fort larges. Dans quelques-uns des pays qu'ils habitent, ils n'ont pas de chemises en été, et leur vêtement consiste en une espèce de veste de peau de mouton sans manches, placée immédiatement sur la peau, la laine en dehors. Le bas de la veste entre dans le pantalon, et ces deux vêtements sont maintenus par une ceinture. Dans d'autres provinces, la chemise forme une partie indispensable du vêtement en toute saison. Pendant l'hiver, ils font usage de pelisses qui descendent jusqu'à mi-jambe, et dont la laine est en dedans, pour donner plus de chaleur. Ces pelisses ont des manches extrêmement longues, qu'ils retroussent lorsqu'ils veulent faire usage de leurs mains. La chaussure consiste en une paire de bottes très-grandes et très-fortes, propres à garantir du froid et de l'humidité, mais incommodes pour la marche. Les Calmoucs, qui vont rarement à pied, ne s'aperçoivent guère de cet inconvénient. Ils portent encore, en hiver, des manteaux de feutre ou de peau de mouton préparée. L'habillement de ces nomades varie, comme on voit, suivant les pays qu'ils habitent. On peut dire cependant que le costume national consiste, sauf quelques modifications, en une veste, un large pantalon, de grandes bottes, une longue robe ou pelisse, et un bonnet.

COSTUMES DES FEMMES. L'habillement des femmes ne diffère pas beaucoup de celui des hommes; seulement il est mieux fait, les manches en sont moins larges et l'étoffe plus légère.

CHEVEUX ET COIFFURE. Tous les hommes se rasent la tête, et ne conservent qu'une petite touffe de cheveux sur le sommet. Les riches partagent ces cheveux en deux ou trois petites nattes; les pauvres n'en font qu'une seule.

Les femmes sont fort jalouses de leur chevelure. Les petites filles courent les cheveux épars jusqu'à dix ou douze ans. A cet âge on commence à leur faire des nattes qu'on roule ensuite autour de la tête. Les femmes riches portent deux nattes qu'elles laissent pendre sur leurs épaules; les femmes du peuple cachent leurs cheveux dans une bourse lorsqu'elles travaillent à des ouvrages violents.

Les bonnets des filles et ceux des femmes sont presque tout à fait semblables. Les femmes pauvres ne les mettent que lorsqu'elles se parent ou qu'elles sortent. Ces bonnets sont ronds, garnis d'une bordure de fourrure, et tellement petits, qu'ils ne couvrent que le sommet de la tête.

OCCUPATIONS DES HOMMES ET DES FEMMES. Tous les soins de l'intérieur du ménage regardent naturellement les femmes; mais les Calmoucs les chargent de plusieurs travaux qui exigent de la force, tandis qu'ils n'ont guère eux-mêmes d'autres occupations que de faire des tentes, de les réparer, de distiller du lait et de soigner leurs chevaux. Hors cela, ils emploient le temps à chasser, à prendre du thé ou de l'eau-de-vie, à jouer aux échecs ou aux osselets, à fumer ou à dormir. Les femmes, excédées de fatigues, vieillissent extrêmement vite. La fabrication du feutre est l'œuvre de toute la famille réunie, père, mère et enfants des deux sexes. Ils en font de grandes pièces qui servent à couvrir les tentes, et d'autres plus petites qui tiennent lieu de tapis et de coussins. Cette fabrication ne diffère en rien de celle des Kirguizes, dont nous avons déjà parlé (1).

ANIMAUX DOMESTIQUES. Les principales richesses des Calmoucs consistent en chevaux, moutons, bœufs et chameaux.

Les chevaux calmoucs sont plus petits que ceux des Kirguizes. Ces animaux sont remarquables par la finesse de leurs jambes. On ne peut les employer pour le trait; car s'ils ont beaucoup de vivacité, ils manquent de force; mais ce sont de bons coureurs. Ils n'ont rien d'extraordinaire pour la beauté. Quelques riches Calmoucs possèdent jusqu'à deux mille chevaux, juments et poulains.

MOUTONS. Ces quadrupèdes sont de la même espèce que ceux des Kirguizes, dont nous avons déjà donné la description.

(1) Voyez page 147.

TENTES ET CAMPEMENTS. Les tentes des Calmoucs ne diffèrent pas de celles des Kirguizes et des autres peuples nomades du Turquestan. Ces tentes résistent bien aux ouragans, et forment un assez bon abri contre la pluie, la neige et les rayons du soleil. On les appelle *iourtes* en langue calmouque et mogole. Ce mot est l'équivalent de *kibitka* et de *khirgahs*.

Dans les campements, les tentes sont placées à une assez grande distance les unes des autres. Les troupeaux s'établissent dans les espaces vides. Les principaux quartiers d'un grand campement sont les quartiers du chef, celui des prêtres, et le bazar ou marché. Autour de ces différents quartiers, les simples Calmoucs dressent leurs tentes, plus petites, plus sales et moins bien aérées que celles des chefs et des prêtres. Ces dernières s'élèvent à peu de distance du quartier du chef, et se distinguent par la bonne qualité du feutre qui les recouvre. Elles sont rangées pour l'ordinaire en demi-cercle, et l'on place dans cet espace toutes celles qui sont destinées au culte. On désigne cette partie du campement sous le nom de *khouroull*.

CHAUFFAGE. Pendant la journée, les Calmoucs se chauffent avec des roseaux et du fumier, et laissent découverte l'ouverture pratiquée dans la partie supérieure de leur iourte, pour donner passage à la fumée. Le soir, lorsque le combustible est réduit en braise, ils ferment soigneusement toutes les ouvertures pour concentrer la chaleur; ce qui est facile, car les feutres qui couvrent les tentes sont fort épais et très-bien fabriqués.

HORDE CALMOUQUE EN VOYAGE. Une horde de Calmoucs en voyage offre un spectacle assez pittoresque. Là on aperçoit un troupeau conduit par une femme. Ailleurs, ce sont des juments qui suivent un cheval. Plus loin, c'est une troupe de dix à quinze *guelloungs* ou prêtres, bien nourris, qui suivent gaiement leur route. La misère est cependant représentée dans ces caravanes; souvent on voit un enfant à peine vêtu de quelques haillons, et conduisant à pied un ou deux chameaux. Sa mère se tient à côté de lui, montée sur le seul cheval qu'elle possède : c'est une veuve et un orphelin. Les chefs des hordes sont généralement entourés d'une troupe d'hommes armés.

Pendant la marche, les enfants de trois à quatre ans excitent la compassion. Ces pauvres petits êtres, placés deux à deux dans des caisses que portent des chameaux, sont attachés de manière qu'ils peuvent à peine remuer les pieds et les mains. Quelques-uns cependant parviennent à dégager leur tête de dessous la couverture de feutre qui les emprisonne; d'autres se font des blessures, sans pour cela se délivrer de leurs entraves. C'est ainsi que les Calmoucs, dès leur plus jeune âge, s'habituent aux contrariétés et aux souffrances, que dans l'âge viril ils savent supporter avec une fermeté et un courage qui étonnent un Européen.

Les hommes comme les femmes voyagent tous à cheval, et se montrent bien moins occupés de garantir des injures du temps leur personne que leurs bonnets, à la bonne conservation desquels ils attachent le plus grand prix.

DÉPART DES STATIONS D'HIVER. — OFFRANDES AUX DIEUX. Le départ des stations d'hiver est une époque que les Calmoucs voient toujours approcher avec joie. Alors ils n'ont plus à craindre de perdre leurs troupeaux par la rigueur de la saison : l'herbe qui pousse dans les steppes leur donne l'assurance qu'ils conserveront leur bétail. Aussi comparent-ils souvent l'hiver à l'enfer, et l'été au paradis.

Avant leur départ, ces nomades font des offrandes aux bourkhans ou divinités des fleuves et des rivières qui se trouvent le plus à leur proximité, en reconnaissance de la protection qu'ils leur ont accordée pendant l'hiver. Le chef de la horde, suivi de sa famille et d'un certain nombre de prêtres, s'avance vers le bord de l'eau, et jette dans le courant plusieurs pièces de monnaie; puis il supplie le dieu de lui continuer sa protection pour l'avenir.

NOURRITURE ET REPAS. Les Calmoucs vivent très-frugalement. Le laitage forme la base de leur nourriture, et le thé est la boisson qu'ils préfèrent. Ils le font de différentes manières; cependant, la préparation que nous avons indiquée ci-devant sous le nom de *thé calmouc* (1), est la plus en usage parmi eux. Ceux qui sont trop pauvres pour se procurer cette espèce de thé boivent une infusion d'une petite réglisse qui pousse dans les lieux les plus arides. Ils se nourrissent aussi de viande ; mais ils la font bien cuire, et ne la mangent jamais crue. Ils connaissent à peine les céréales, et ce n'est que dans de rares occasions qu'on trouve dans leurs tentes du pain ou du gruau. Ils sont extrêmement adonnés à l'ivrognerie, et leur goût pour le thé ne les empêche pas de rechercher avec passion les liqueurs spiritueuses. Ils fabriquent une espèce d'eau-de-vie qu'ils tirent du lait de vache ou de jument distillé ; mais, comme elle est extrêmement faible, ils tâchent d'en avoir de plus forte à prix d'argent. Ils en achètent surtout aux Russes.

En été, les Calmoucs tirent de leurs troupeaux une énorme quantité de lait. Ils préfèrent le lait de jument, qu'ils trouvent plus doux et plus gras que tous les autres ; et ils le regardent aussi comme supérieur pour la distillation. Quand ils font de l'eau-de-vie, le chef de la tente réunit ses amis et parents, et leur offre cette boisson chaude et souvent presque bouillante. On commence par servir les personnes les plus âgées, sans avoir égard au sexe. Deux ou trois tasses suffisent pour enivrer. Les femmes et les enfants ne sont pas moins passionnés pour cette liqueur, et en général pour tous les spiritueux, que les hommes eux-mêmes. Nous avons déjà eu occasion de remarquer que l'ivrognerie est un vice commun à toute la race calmouque.

Le *bousah* ou *résidu de la distillation du lait* est extrêmement acide. Il sert à différents usages. On le mange en le retirant de la chaudière mêlé avec du lait frais, et on l'emploie pour préparer les peaux. Après avoir distillé du lait de vache, on fait bouillir le bousah jusqu'à ce qu'il devienne épais, puis on le presse, on en exprime soigneusement la partie aqueuse, et on le met dans des sacs. Cette espèce de fromage, coupé par petits morceaux ou taillé en gâteaux de forme ronde, est séché au soleil et mis en réserve pour l'hiver ; on le mange avec du beurre, et toujours sans pain ni légumes. On fait aussi des fromages avec le lait de brebis ; mais on ne le distille jamais. Le beurre est composé de lait de vache cuit dans une chaudière avec une certaine quantité de lait de brebis. On ajoute ensuite du caillé qui fait aigrir le tout en un seul jour. On bat alors ce mélange avec une espèce de pilon de bois ou de battoir, et on le verse dans une grande gamelle. Le beurre qui surnage est enlevé, mis dans des vases de cuir et salé. Si le lait n'a pas perdu toute sa graisse, on le fait bouillir une seconde fois.

Les Calmoucs ne manquent pas de viande ; la chasse et les troupeaux leur en fournissent toujours abondamment. Il est rare cependant qu'ils se décident à tuer une pièce de bétail ; à l'exception toutefois des gens riches, lorsqu'ils donnent quelque grand repas. Quant aux pauvres, ils n'ont recours à ce moyen que dans le cas d'une disette absolue. Ces nomades dévorent sans répugnance presque tous les oiseaux et quadrupèdes qu'ils peuvent se procurer, pourvu que ces animaux soient bien gras. Ils mangent avec plaisir le blaireau, la marmotte et une espèce de musaraigne qu'ils appellent *souslik*. Le castor est pour eux un mets exquis. Ils se nourrissent de chevaux, de chèvres sauvages, de sangliers, et même des oiseaux de proie les plus gros ; mais ils ont une aversion extrême pour la chair du loup, qu'ils disent être amère, et ne mangent qu'avec dégoût le renard et quelques autres animaux carnassiers, qu'ils ne trouvent pas assez gras.

En été, lorsqu'ils ont plus de viande qu'ils ne peuvent en consommer, ils la coupent par tranches minces, qu'ils font sécher au soleil, ou qu'ils exposent, lorsqu'il pleut, à la fumée du foyer. Cette viande séchée forme une partie des provisions d'hiver ou de voyage.

Les Calmoucs recherchent aussi pour leur alimentation quelques racines sauvages, et entre autres les nœuds du *bodmon-soc* (*phlomis tuberosa*). Ils les réduisent en poudre lorsqu'ils sont bien secs et les font bouillir avec du lait ; ils mangent également la racine du *sokhnok* (*lathyrus tuberosus*), qu'ils font cuire avec de la viande, et celle d'une espèce de crambe.

(1) Voyez pages 70 et 71.

Leurs repas ne ressemblent en rien aux nôtres. Une grande écuelle de bois pleine de viande de mouton est apportée au maître de la tente, qui distribue avec la main des portions à toutes les personnes présentes. Arrive ensuite une jatte de bouillon salé, qu'on verse sur la viande. Chaque convive prend un couteau, dont il n'oublie jamais de se munir quand il va dîner, et coupe sa viande par morceaux qu'il porte à la bouche après les avoir trempés dans le bouillon.

Lorsque les convives ont fini de manger, s'il reste encore de la viande, comme cela arrive ordinairement, les domestiques la partagent entre eux. C'est un usage établi chez les Calmoucs que chaque personne présente reçoive une portion de ce qui se trouve dans l'écuelle qu'on apporte. Même la part qui reste pour les inférieurs est partagée avec tant d'égalité, qu'aucun d'eux ne peut se plaindre d'être traité moins favorablement que les autres. Quand les convives appartiennent à différentes classes, les prêtres sont servis les premiers. Dès qu'ils ont fini, ils nettoient leurs écuelles avec les doigts, puis avec la langue. Les grands personnages laissent ce soin aux domestiques, qui peuvent employer leurs doigts à ce travail, mais non leur langue.

Voici en quels termes Bergmann parle des repas qu'on lui offrit chez les Calmoucs russes. « L'heure du dîner étant venue, on m'apporta, dans une écuelle, de la viande hachée très-fin. Ce mets n'était pas appétissant, et l'odeur ne le rendait guère plus agréable : car ce n'étaient que des boyaux qui n'avaient pas même été nettoyés. Du reste, je fus satisfait de voir que mon écuelle n'était pas remplie; et, après avoir mangé avec peine la moitié de ma portion, je condamnai mon estomac au jeûne jusqu'au souper.

« Le soir, on m'apporta quelques morceaux de viande, sur lesquels il y avait toutes sortes d'ordures et jusqu'à de la terre. Le bouillon était noir, et à la surface on voyait des cheveux et d'autres objets tout aussi dégoûtants. Je mangeai un peu, et me couchai ensuite sur ma couverture de feutre, après avoir, pour ainsi dire, jeûné pendant vingt-quatre heures.

« Le lendemain, je bus copieusement du thé pour satisfaire en quelque sorte la faim que j'éprouvais, et en attendant un meilleur dîner. Erdeni me fit servir mon repas vers midi. Un Calmouc m'apporta sur sa main un os de cheval auquel était attachée de la viande qui sentait mauvais. Je pris cet os, et essayai par trois fois d'y porter la bouche; mais le dégoût me fit lâcher prise à chaque fois. Je le donnai alors à des Calmoucs agenouillés autour de moi. Ils se montrèrent fort satisfaits du présent, et trouvèrent que j'étais bien difficile de ne pas savourer un tel mets. Le soir, je fus obligé d'avoir recours à une écuelle pleine de viande de cheval. Le jour suivant, on crut me donner quelque chose de très-bon en m'offrant un morceau de graisse de la queue d'un mouton. Avaler un tel ragoût sans pain eût été chose impossible pour moi dans tout autre pays. Mais ici la faim m'y obligea. »

On voit, au milieu de la tente, un grand trépied de fer sous lequel le feu est constamment allumé. Ce trépied sert à supporter une marmite et quelques autres vases où l'on prépare les aliments. La batterie de cuisine consiste en marmites et en poêles de fer, en gamelles et gobelets de bois, en outres et autres vaisseaux de cuir. Il faut ajouter à ces ustensiles une théière, qui chez les pauvres est de cuir, et chez les gens riches de bois, assez bien travaillée, et garnie de petites plaques et de cercles de cuivre ou d'argent.

Le même voyageur vit chez les Calmoucs une immense marmite où l'on faisait cuire des vaches et des moutons entiers. Elle était placée au-dessus d'un énorme feu de charbon de fumier qui l'entretenait en ébullition.

ARMES. Les armes les plus ordinaires des Calmoucs sont la lance, l'arc, les flèches et le fusil à mèche. Leurs arcs sont faits de différents bois, mais, autant que possible, d'érable; ils en ont aussi de corne; ce sont les meilleurs, mais ils coûtent plus cher. Les Calmoucs emploient différentes sortes de flèches. Quelques-unes sont fort courtes et garnies d'une grosse pointe de fer; d'autres sont très-légères et armées d'un fer extrêmement effilé. Les flèches de guerre portent à leur extrémité un gros fer pointu et très-fort. Toutes ces flèches sont empennées avec trois ou quatre rangs de plumes d'aigle. On ne se sert pas des plumes des ailes, qui ont une courbure et font dévier la flèche, mais de celles de la queue, qui sont plates et droites. Le carquois, attaché à la selle du cheval, est partagé en autant de compartiments qu'il y a d'espèces de flèches différentes. L'arc est enfermé dans un étui et placé à gauche. Les Calmoucs décochent leurs flèches avec beaucoup de vigueur et d'adresse. On assure qu'à une petite distance ils percent un homme d'outre en outre. Malgré ce que nous disons de leur adresse à se servir de cette arme, ceux d'entre eux qui peuvent se procurer des fusils les préfèrent de beaucoup aux arcs. On ne voit guère chez eux que de longues arquebuses à mèche de plus de six pieds, dont le canon est extrêmement épais, et qui portent, dit-on, à six cents pas. Dans les marches, ils les suspendent sur leur dos.

Tous les Calmoucs assez riches pour avoir un armement complet possèdent une cuirasse ou une cotte de mailles. Les meilleures de ces armures viennent de Perse, et valent jusqu'à cinquante chevaux et quelquefois même davantage. Les plus communes coûtent sept ou huit chevaux. Un Calmouc armé de toutes pièces porte sur la tête un casque rond garni d'un filet d'anneaux de fer qui tombe par-devant jusqu'aux sourcils, et qui par-derrière couvre le cou et les épaules. Il porte sur le corps une cotte de mailles avec des manches qui descendent jusqu'au poignet et se terminent par une pointe qui recouvre la main et est agrafée entre les doigts. Le dessous du bras est protégé par une plaque d'acier qui part du coude et descend jusqu'au poignet, où elle est attachée. Cette plaque sert de bouclier, et ils parent dessus les coups de sabre.

L'armement que nous venons de décrire est en général celui des Calmoucs de la Dzoungarie et des autres provinces de l'empire chinois. Chez les tribus de ce peuple soumises à la Russie, l'usage de l'arc et des flèches, des casques et des cuirasses se perd de plus en plus. Ils possèdent presque tous des fusils à mèche, et même des pistolets. Suivant toute apparence, ils adopteront bientôt le fusil à piston, qu'ils voient tous les jours entre les mains des soldats du czar. Sur ce point, comme sur tout le reste, les Calmoucs soumis à la Russie sont moins éloignés de la civilisation européenne que les Calmoucs chinois.

DIVERTISSEMENTS.

LUTTE. Les fêtes ne se passent guère sans qu'il y ait des combats de lutteurs. Pour l'ordinaire, on choisit quatre juges, qui, revêtus de robes rouges galonnées, s'asseyent au milieu de l'arène. Quelques cavaliers se placent sur différents points, en dehors de l'enceinte réservée aux combattants, prêts à les séparer avec leur fouet, si cela devient nécessaire. Les lutteurs s'avancent des deux côtés opposés, derrière de grands rideaux blancs attachés à des perches et soutenus par des porteurs. Ils s'agenouillent, puis on enlève le rideau. Les deux adversaires se trouvent face à face, et s'élancent aussitôt l'un contre l'autre. Les lutteurs n'ont pas d'autres vêtements qu'un simple caleçon.

Bergmann fait le récit d'un de ces combats auquel il eut occasion d'assister. La fête était donnée par un chef du nom de *Tchoutcheï*. « Ce prince, dit le voyageur, me fit observer chaque mouvement des lutteurs; et, ayant remarqué que j'étais trop éloigné pour bien suivre toutes les circonstances du combat, il me dit d'approcher. Mais, la palissade m'empêchant encore de tout voir bien distinctement, j'allai prendre une place hors de la tente. Le lutteur favori du prince donnait, ce jour-là, les dernières preuves de son adresse; car, ses forces commençant à baisser, il devait, après le combat, être rayé de la liste des lutteurs. Dans les grands jeux, les plus forts combattants doivent toujours paraître les premiers; mais Tchoutcheï, pour éviter des dangers à son protégé, et pour le favoriser, car cet homme ne pouvait espérer une récompense qu'autant qu'il serait vainqueur, avait ordonné secrètement que le premier lutteur de la princesse ne parût que dans le second combat.

« Les adversaires, qui ne s'étaient pas

encore vus, et qui même, après qu'on eut enlevé les rideaux, avaient paru ne pas se regarder, se mirent à courir l'un autour de l'autre à la distance de vingt à trente pas avec une fureur sauvage. Ils s'approchèrent ensuite. Leur premier mouvement fut d'incliner l'avant-corps et de chercher à se saisir. Nous eûmes occasion d'admirer l'adresse et la vigueur avec lesquelles ils déjouaient les efforts l'un de l'autre. Leurs mains étaient enfoncées dans les bras de l'adversaire; leurs pieds paraissaient comme attachés à la terre par des racines; ils demeurèrent plusieurs minutes dans cette position, puis ils se séparèrent tout à coup, et cherchèrent à se prendre tantôt par la tête et tantôt par les jambes et par la ceinture. Il arrivait quelquefois à l'un ou à l'autre d'être jeté par terre; mais alors celui qui était renversé se relevait avec une promptitude extraordinaire, et savait profiter de l'instant favorable pour culbuter son ennemi. Le combat avait duré ainsi plus d'un quart d'heure sans interruption, et les athlètes faisaient encore preuve de vigueur, quand les juges du combat, pour relever leurs forces, leur jetèrent de l'eau fraîche sur le corps. Un instant après, le combat fut suspendu comme par une convention tacite et pour reprendre haleine. Les adversaires se séparèrent, tournèrent deux ou trois fois l'un autour de l'autre, et s'attaquèrent de nouveau. D'après la règle établie chez les Calmoucs, un lutteur peut être jeté par terre sur le ventre ou sur le côté, sans pour cela être vaincu; ce n'est que lorsqu'il se trouve renversé à plat sur le dos que l'adversaire est proclamé vainqueur. Depuis plus d'une demi-heure les deux combattants faisaient des efforts inutiles, lorsque le lutteur favori du prince parvint à renverser son adversaire d'une façon à peu près satisfaisante, et que les juges voulurent bien considérer comme une victoire complète; cependant le vaincu était plutôt sur le côté que sur le dos, et il s'appuyait encore sur son bras, lorsque les juges accoururent avec les cavaliers pour séparer les combattants. Le vainqueur s'avança vers la tente du prince, et touchant la terre avec son front Tchoutcheï fit apporter à cet homme une coupe de lait caillé, et le gratifia d'un manteau.

Quelques autres personnes lui donnèrent encore des vêtements.

« De nouveaux athlètes parurent aussitôt, et commencèrent à se combattre avec fureur. Le premier lutteur de la princesse montra une supériorité marquée sur tous ses rivaux. Le combat n'avait duré que quelques secondes, lorsqu'il saisit son adversaire par les pieds et le renversa sur le dos. La princesse donna à cet homme, qui était venu se prosterner devant elle, une fourrure et d'autres pièces d'habillement. Pendant qu'il passait, ceux des assistants qui appartenaient au même parti que lui criaient : *Voih! voih!* et de toutes parts on lui jetait des vêtements.

« Les lutteurs de la princesse ayant obtenu presque tous les avantages, le prince retarda exprès le repas, espérant que la victoire tournerait enfin de son côté. Mais ce fut en vain, et le parti de la princesse conserva le dessus. »

COURSES. Les fêtes sont souvent accompagnées de courses à cheval. Des cavaliers, montés sur les coureurs les plus rapides qu'on peut trouver dans la horde, se réunissent au jour convenu. Les Calmoucs ont l'habitude de ne rien donner à manger aux chevaux pendant toute la nuit qui précède, afin qu'ils soient plus légers. La distance à parcourir varie de sept à dix lieues. Le premier rayon du soleil est ordinairement le signal du départ. Les cavaliers commencent par aller au pas, ensuite ils prennent le trot, et finissent par pousser les chevaux au grand galop vers le but.

JEUX. Les Calmoucs ont une sorte de jeu qu'ils appellent *baki*. On le joue avec huit osselets de mouton qu'on jette sur une couverture de feutre. Les osselets doivent toujours tomber sur ce feutre. Le dernier gagnant commence la partie suivante. Il observe d'abord pendant quelques instants la position des osselets; ensuite il en enlève un, sans toucher aux autres, et ainsi de suite, jusqu'à ce qu'il parvienne à les enlever tous, et gagne la partie. S'il perd, son adversaire recommence de nouveau. Ce jeu est beaucoup plus gai qu'on ne l'imagine. A chaque coup tous les assistants s'agitent; les joueurs se pressent la bouche avec la main, et les autres spectateurs crient : *Ezegyn machan idé*, jurement ordinaire des Calmoucs, et qui signifie : *Mange la chair de ton père*. Les hommes seuls profèrent cette imprécation, qui ne sort jamais de la bouche d'une femme. Les prêtres jouent au baki ou y regardent jouer tout en disant leur rosaire. Malgré l'exactitude qu'ils mettent à faire rouler dans leurs doigts les grains du chapelet, ils ne manquent cependant pas, à chaque coup mal joué, même pendant leur prière, de crier à tue-tête : *Ezegyn machan idé*.

Un des passe-temps les plus agréables des Calmoucs est le jeu des échecs, que non-seulement les princes et les membres du clergé, mais même les gens du commun, jouent avec beaucoup de facilité.

L'échiquier est ordinairement composé de deux parties, afin de pouvoir le démonter et le transporter plus facilement; on réunit les deux moitiés lorsqu'on veut s'en servir. Les pièces qui composent le jeu ont d'autres formes et d'autres noms que parmi nous; la marche est la même. La dame s'appelle *touschimell*, mot qui correspond à peu près à *vizir*, ou *général en chef et ministre*. Cette dénomination est plus juste et plus exacte que celle de *dame* ou *reine*, fort peu en rapport avec les fonctions de cette pièce.

Le roi s'appelle *khan*; les pions, *garçons*; les tours, *chameaux*, etc. Les pièces sont presque toutes de forme arrondie, et se ressemblent beaucoup. Le khan est seulement un peu plus gros que le touschimell; les *chameaux* ont la forme d'une espèce de bouteille. Lorsque le khan ou le touschimell est en danger, les Calmoucs poussent un cri qui sonne à l'oreille comme s'ils disaient *schatt*; mais on entend fort peu la voyelle. Lorsque la partie est gagnée, ils disent *matt*; mais la voyelle est encore à moitié supprimée. Les joueurs calmoucs ne se fâchent pas lorsque les assistants donnent des conseils; mais une pièce qui a été enlevée de sa place ne peut plus y être remise. Lorsqu'ils prennent une pièce, ils disent qu'*ils la mangent*.

Les Calmoucs connaissent aussi les cartes, et l'on ne doit pas s'étonner de les voir en usage parmi eux; car nous apprenons, par les *Mélanges asiatiques* d'Abel Rémusat (1), qu'elles furent imaginées à la Chine en l'an 1120 de notre ère. Enfin ils ont un jeu appelé *narve*, et qui ressemble beaucoup à notre trictrac.

MUSIQUE, CHANTS POPULAIRES ET DANSE. Les instruments de musique servent principalement dans les cérémonies religieuses. Ceux qu'on entend dans les temples sont au nombre de cinq. Le *buré*, tube de métal d'environ trois aunes, est composé de trois pièces qui s'adaptent parfaitement l'une dans l'autre. Le son du buré ressemble à celui de la saquebute ou du buccin.

Le *bischkurr*, espèce de flûte longue d'environ une aune, dont la pièce du milieu est faite de bois dur ou d'os. L'embouchure et le reste de l'instrument sont de fer-blanc et de cuivre.

Le *ganydoung*, sorte de trompette de tôle ou de laiton.

Le *kenguergué* est une espèce de tambour très-peu élevé et couvert de parchemin. Sa circonférence est la même que celle de nos tambours ordinaires. On l'attache à un bâton et on le suspend en l'air, puis on frappe dessus avec un maillet qui a la forme d'une tête de dragon.

Le *tsilang*, cymbales assez semblables aux nôtres.

Les Calmoucs possèdent encore un instrument d'un autre genre, qui ressemble un peu au violon, et qu'ils appellent *dombour*. Il est fait de mauvais bois et très-grossièrement travaillé. Le fond en est rond et fort petit; le manche long et étroit. Il n'a que deux cordes à boyau, soutenues par un petit chevalet. Le dombour est quelquefois orné de dents d'hippopotame. Cet instrument a des sons assez agréables. Les Calmoucs s'en servent pour accompagner le chant et pour danser.

Bergmann avoue que les concerts et surtout le chant des Calmoucs ne lui déplaisaient point. « En entrant, dit ce voyageur, je vis à la porte un vieux Calmouc qui chantait en s'accompagnant avec un dombour. Ce chanteur, qui était à genoux, se faisait entendre depuis assez longtemps, et avec tant de véhémence, qu'il en avait presque une

(1) Voyez tome Ier, page 400.

extinction de voix. On remarquait une certaine harmonie dans cette longue chanson, et j'étais émerveillé d'entendre un air calmouc aussi parfait. Mon étonnement fit plaisir au prince. A chaque couplet, le musicien s'arrêtait pour se rafraîchir le gosier en vidant une écuelle de thé noir ou en fumant, et il reprenait ensuite son dombour, et continuait sa chanson. Je profitai d'une de ces pauses pour lui demander quel était le sujet de la chanson qu'il venait de me faire entendre. Il me répondit : Ce sont des exploits de quelques héros. Je lui demandai encore s'il savait un grand nombre de chansons semblables. J'en ai une bonne provision, me répondit-il; je voudrais seulement que ma voix pût y suffire.

« Si par la suite je parviens à gagner l'amitié de ce chanteur (ce dont je ne doute pas aussi longtemps que j'aurai de l'eau-de-vie et du tabac à lui donner), et si je puis comprendre assez la langue calmouque pour être en état d'écrire ces chants héroïques, j'en formerai une collection. »

PEINTURE. La peinture, chez les Calmoucs, se borne, pour ainsi dire, à la représentation de sujets religieux. Les riches et les gens de condition regardent comme une action méritoire de faire peindre dans la khouroull des images de bourkhans. Le prix de l'image dépend tout à fait de la générosité de celui qui la commande; car le *guelloung* (1) peintre (les prêtres seuls s'occupent de peinture) regarde comme un péché de demander la rémunération de son travail. Mais plus celui qui commande la peinture paye largement, plus son mérite sera grand dans la vie future.

Le fils d'un prince avait fixé à une somme d'environ cent francs le prix de l'image d'une divinité. Bergmann lui dit qu'un peintre russe ferait le même travail tout aussi bien pour cinq francs. Mais le prince répondit qu'il voulait consacrer cent francs au salut de son âme, et qu'au reste il savait très-bien que l'artiste pouvait se contenter de cinq francs.

Bergmann nous apprend que ce peintre était un des plus riches propriétaires de la khouroull; car il possédait au moins 5,000 têtes de bétail, dont 600 chevaux. Ces richesses lui étaient échues par héritage. Quant à son talent comme artiste, cet homme n'avait qu'un seul rival; du reste, il était également bon tailleur, bon cordonnier, excellent sellier, et un des plus rusés coquins de la horde.

La toile que les Calmoucs emploient pour peindre est faite de lin. Les couleurs sont délayées et broyées, dans de l'eau de colle de poisson, au moyen d'une boule de cristal fixée à un manche de bois.

La première opération du peintre consiste à fixer un morceau de toile sur un carré formé par quatre bâtons liés ensemble. La toile est fortement tendue. Cette opération préliminaire exige, de la part des artistes calmoucs, toute une matinée de travail.

On prépare ensuite de la craie délayée, dont on retire l'eau trop abondante en suçant avec la bouche. Avant d'étendre la craie sur la toile, les peintres adressent une prière au dieu dont ils vont reproduire l'image, pour lui demander sa bénédiction. Pendant que la première couche de craie sèche, ils font cuire dans une cuiller de fer de la colle de poisson, et en enduisent les deux côtés de la toile qu'ils polissent, lorsqu'elle est sèche, avec une dent de loup ou de sanglier.

Avant de mettre la couleur sur la toile, ils tirent plusieurs lignes diagonales pour déterminer la place que doit occuper la figure qu'ils veulent représenter. Ensuite ils tracent leur esquisse sur du papier et avec de l'encre de la Chine, puis ils mélangent les couleurs et les étendent sur la toile. Quand le tableau est fini, ils le collent sur un morceau de toile plus grand et entouré d'une étoffe de soie; ils attachent des cylindres en haut et en bas de la toile, afin de pouvoir la rouler ou la suspendre.

SCULPTURE. Les prêtres calmoucs font de petites statuettes de bronze, de terre cuite et de plusieurs autres matières; elles représentent quelques-uns de leurs dieux. Le travail en est extrêmement grossier.

ÉCRITURE. Les Calmoucs sont arrivés plus tard que les autres nations mogo-

---

(1) Prêtre d'un ordre assez élevé, comme nous le dirons plus bas.

les à la connaissance de l'alphabet. Ils reçurent d'un lama appelé *Arandjimba Khoudouktou* un système d'écriture qui, au fond, est le même que celui des Mogols, mais qui diffère cependant de celui-ci pour la forme de quelques lettres et par un genre particulier d'élégance (1).

Ils écrivent quelquefois avec un stylet, et beaucoup plus souvent avec des plumes. Ils tiennent le papier sur leurs genoux. Dans la main gauche, ils ont un pinceau imbibé d'encre de la Chine, et qui leur sert à remplir leur plume. Tous ces instruments sont contenus dans un étui de bois.

LANGUE. La langue calmouque ou olète est un dialecte mogol. Toutefois, on rencontre dans l'idiome des Calmoucs un grand nombre d'expressions radicalement étrangères au mogol; mais les mots qui forment le fond des deux langues ont une dérivation commune. Ces dialectes ont beaucoup d'analogie entre eux dans leur système grammatical; seulement le calmouc possède des formes plus simples, pour la déclinaison des substantifs, et une conjugaison plus savante (2).

LITTÉRATURE. Abel Rémusat regarde les Calmoucs comme les plus ignorants de tous les Mogols et ceux dont la littérature est la plus pauvre. Cet auteur indique cependant quelques ouvrages dont nous allons donner l'indication d'après lui :

1° Le *Yertunchin tooli* ou *Miroir du monde*, sorte de cosmographie abrégée, où les idées des Indous sur la constitution de l'univers sont reproduites fidèlement, et sans qu'on y trouve aucun mélange de croyances mogoles;

2° Le *Bokdo Gæsærkhan* (3), ouvrage moral en deux sections, qui prend son titre du personnage fabuleux qui y joue le principal rôle, et qui, suivant les Mogols, naquit pour extirper la racine des dix sortes de péchés;

3° *Ouchandar-Khan*, ouvrage mythologique assez court, dont le héros est un prince nommé *Ouchandar-Khan*;

4° *Goh-tchikitu*, roman mythologique en quatre livres. C'est le plus considérable des ouvrages traduits par Bergmann;

5° Le commencement d'une histoire héroïque, dont le théâtre n'est pas, comme pour les précédentes, dans l'Indoustan, « ni, ajoute Abel Rémusat, dans les espaces imaginaires des Indous, mais en Tartarie, dans les monts Altaï et sur les bords d'un fleuve nommé *Ertsich*, que Bergmann croit être le lac Baïkal, mais que je serais plus porté à prendre pour l'Irtisch, fleuve qui n'a pas d'autre nom dans toute la Tartarie (1) ».

Bergmann raconte de la manière suivante les circonstances d'une visite faite à un prêtre calmouc qui s'était engagé à lui montrer les livres religieux qu'on possédait dans son campement :

« J'arrive à la tente; j'entre. Sept à huit prêtres, nus jusqu'à la ceinture, et jouissant du plaisir qu'ils trouvent à dormir, sont couchés d'un côté : je regarde autour de moi, j'en vois un éveillé, et je lui demande si le guelloung Dchouyench y est. Il m'indique à droite un grand coussin sur lequel ce prêtre, d'une classe supérieure, dans le même costume que ses collègues, était plongé dans un profond sommeil. Je me mis à converser avec celui qui se trouvait éveillé, et bientôt les autres sortent aussi de leur assoupissement et prennent part à notre conversation. Ils voulaient savoir quelle était ma patrie, et plus encore mon état. Je leur indiquai mon pays en traçant des lignes sur le sable, au moyen d'une canne que j'avais à la main : du reste je leur fis croire que j'étais un ancien *guetzull* (2), sans m'inquiéter de ce qu'ils pouvaient penser de cette déclaration.

« Cependant le guelloung en chef s'était réveillé : je lui rappelai la promesse qu'il avait faite de me montrer un de ses livres religieux. Ce livre, que je connaissais déjà un peu, d'après les mémoires du conseiller d'État Pallas, et que M. Weseloff m'avait indiqué comme étant digne d'attention, est intitulé

(1) Voyez Abel Rémusat, *Recherches sur les langues tartares*, t. 1er, p. 160.
(2) Ibid., p. 169.
(3) Ou, suivant la prononciation mogole indiquée par MM. Timkovski et Klaproth, *Bogdo Gessur-Khan*. Nous donnerons à l'article de la Mongolie un extrait de ce livre.

(1) Voyez *Recherches sur les langues tartares*, tome I, pag. 225 et 226.
(3) C'est un prêtre d'un ordre inférieur, comme on le verra plus loin.

Neligaryn Dalaï, ce qui signifie à peu près *Mer de paraboles*. L'auteur met dans la bouche du dieu actuel de la terre, selon les croyances bouddhiques, plusieurs récits et des leçons de morale. » Voici un de ces apologues que nous empruntons encore à Bergmann :

« Une femme qui avait eu plusieurs enfants les perdait toujours peu de temps après leur naissance. Elle était enceinte de nouveau, lorsqu'un putois vint la trouver, et lui dit : « Si tu veux « me prendre à ton service, tu ne per- « dras plus tes enfants, comme par le « passé. » La mère, comptant sur la puissance de ce putois, qui avait le don de la parole, accepta son offre. Au bout de quelque temps, elle accoucha d'un fils. Un jour, s'étant absentée pour aller chercher de l'eau, un serpent monstrueux s'approcha de l'enfant; mais le putois se jeta sur le reptile, le déchira, et courut en sautillant à la rencontre de la femme, qui rentrait avec son vase rempli d'eau. Celle-ci, ayant remarqué les barbes ensanglantées du putois, saisit une bûche, et tua l'animal qu'elle croyait coupable de la mort de son fils. Elle rentra alors dans sa tente, et à la vue du serpent mort et de son enfant qui souriait, ses craintes maternelles se changèrent en une amère douleur; mais ce fut en vain qu'elle regretta le fidèle animal. »

Ce récit et quelques autres du même genre excitèrent vivement la curiosité de Bergmann, qui voulut connaître l'ouvrage. Le guelloung ne l'avait pas chez lui; mais il l'envoya chercher sur-le-champ. Il était aisé de voir que les prêtres calmoucs professaient un extrême respect pour ce livre : il était enveloppé dans une toile jaune, puis dans une toile rouge; la couverture extérieure se composait de deux petites planches fortement liées ensemble par des courroies. On plaça un coussin devant le voyageur chrétien, et on enleva successivement les planchettes et les toiles qui recouvraient le livre écrit, comme tous les ouvrages calmoucs, sur des feuillets étroits et oblongs, et copié avec soin.

Quand le livre fut ouvert, les prêtres s'approchèrent, en prirent quelques feuillets qu'ils pressèrent contre leur front, voulant témoigner ainsi de leur respect pour cet ouvrage. Avant d'accorder à Bergmann la faveur de le lire, on apporta de l'eau pour qu'il se lavât les mains, afin de les rendre moins indignes de toucher le livre sacré. Les ablutions terminées, les prêtres s'assirent autour du voyageur, et l'engagèrent à lire tout haut.

Les Calmoucs manifestent d'une façon assez singulière le respect qu'ils ont pour leurs livres saints. Ces ouvrages ne peuvent être placés ni à terre ni auprès d'un lit; ils ne peuvent être serrés avec des objets non consacrés, et on les regarde comme souillés lorsque quelqu'un s'est assis dessus.

« Je fis, dit Bergmann, tout ce qui dépendait de moi pour me bien pénétrer de ces idées; cependant, sans le vouloir, je donnai à ces gens un grave sujet de scandale. J'avais couché par écrit plusieurs explications de l'interprète, et j'avais posé mes notes à terre; les Calmoucs ne s'en aperçurent que lorsque par hasard mon pied se trouva un instant sur le papier; on s'écria alors de toutes parts que je méprisais les livres saints; et ce fut en vain que je m'excusai en disant que je n'avais écrit que quelques mots : on me répondit que ces mots étant pris dans un livre sacré devaient être respectés comme le livre lui-même. Je ne pus rien faire de mieux que de m'excuser sur mon ignorance. Cette justification tranquillisa tellement l'assemblée, que le chef des guelloungs me permit d'emporter l'ouvrage chez moi.

« Ce trait, continue le même auteur, nous montre les prêtres calmoucs sous le jour le plus favorable. Un étranger, qu'ils n'avaient vu qu'un petit nombre de fois leur demande un de leurs livres les plus importants, et dont la sainteté est d'autant plus grande, que ce livre est venu directement du Tibet; ils ne pensent pas que l'étranger puisse avoir peu de soin du livre sacré; ils se fient entièrement à sa délicatesse, et le lui abandonnent. Il est probable qu'un de nos théologiens ne confierait pas si facilement à un Calmouc curieux un exemplaire de la Sainte Écriture. Je fus fort sensible à cette complaisance, et j'acceptai l'offre que me fit le guelloung d'aller tous les jours m'exercer à la lecture chez lui; il me promit de tenir toujours des livres prêts sur la table sainte où sont placées ordinairement les offrandes (1). »

Les prêtres sont tenus d'avoir des livres d'astrologie, au moyen desquels ils déterminent le jour et l'instant favorable pour faire un acte, une entreprise ou une affaire quelconque; car un Calmouc vrai croyant ne commence jamais rien sans avoir consulté auparavant son guelloung. Ces prêtres ont un livre qui leur enseigne à prédire l'avenir par le vol des oiseaux. La chouette blanche est pour eux le signe d'un bonheur ou d'un malheur, suivant qu'elle vole à droite ou à gauche. Lorsqu'elle veut prendre son vol de ce dernier côté, ils font tous leurs efforts pour la chasser vers la droite, et s'ils y parviennent ils s'imaginent avoir écarté le malheur qui les menaçait. Tuer une chouette blanche est considéré par eux comme un crime.

La littérature légère est peu riche, et ne mérite guère d'ailleurs de fixer notre attention. Madame Hommaire de Hell cite la chanson suivante, qui, bien qu'elle soit d'une princesse appartenant aux Calmoucs soumis à la Russie, et par conséquent les plus civilisés, ne peut donner qu'une idée fort triste du talent poétique de ce peuple. La voici :

« Mon cheval roux, qui dispute le prix de la course au chameau, broute l'herbe des champs du Don. Dieu, notre Seigneur, tu nous feras la grâce de nous retrouver dans une autre contrée; et toi, charmante herbette agitée par le vent, tu t'étends sur la terre. Et toi, ô cœur le plus tendre, volant vers ma mère, dis-lui qu'entre deux montagnes et des vallées, dans un vallon uni, demeurent cinquante braves qui s'approchent avec courage pour tuer une outarde bien grasse. Et toi, tendre mère nature, sois-nous propice (2). »

(1) *Voyage de Benjamin Bergmann chez les Kalmuks*, traduit de l'allemand par M. Moris. Châtillon-sur-Seine, 1825, in-8°. Page 87.
(2) (Voyez *les Steppes de la mer Caspienne, le Caucase, la Crimée et la Russie méridionale, voyage pittoresque, historique et scientifique*, par Xavier Hommaire de Hell. Paris, chez P. Bertrand, 1844 et 46. 3 vol. in 8°; tome Ier, p. 441. La partie descriptive et historique a été

DIFFÉRENTES CLASSES DU PEUPLE. La nation calmouque est divisée en trois ordres : la noblesse, le clergé et le peuple. Les membres de la noblesse prennent le titre d'*os blancs*, et on appelle les gens du peuple *os noirs*. Les prêtres sont pris indifféremment dans ces deux classes; mais ceux qui appartiennent aux rangs du peuple ne parviennent que très difficilement à faire oublier la tache de leur origine.

CLERGÉ. Le clergé se divise en quatre classes différentes. La première et la plus élevée comprend celle des lamas ou pontifes chargés de l'enseignement de la religion et de la consécration des prêtres qui passent d'une classe dans une autre. Chaque horde de Calmoucs entretient un lama.

Les prêtres les plus élevés en dignité après les lamas sont désignés par le titre de *guelloungs*. Au-dessous des guelloungs se trouvent les *guetzulls*, aides ou *diacres*. Enfin, la dernière classe se compose des *mandchis*, sorte de postulants ou de novices qui se destinent au sacerdoce. Ce sont, pour l'ordinaire, des enfants.

Le pontife suprême est le Dalaï-Lama ou Grand-Lama du Tibet. Depuis un temps assez considérable, il est défendu aux Calmoucs de Russie de correspondre avec ce grand-prêtre.

Le clergé calmouc est extrêmement nombreux, et jouit de fort grands priviléges. Ses membres sont exempts de toutes les charges publiques et ne payent aucun impôt. Les chefs et le peuple doivent pourvoir à tous leurs besoins. Ces prêtres font tous, sans exception, vœu de chasteté et de continence. Ils passent cependant pour avoir des mœurs assez déréglées. Bergmann nous apprend que ceux d'entre eux qui ne tiennent pas à l'estime de leurs confrères prennent une concubine, et se retirent dans un autre campement, où ils se livrent à la pratique de la médecine et de la sorcellerie. La loi religieuse leur défend d'être propriétaires; mais ils ne s'inquiètent nullement de cette

rédigée par madame Hommaire de Hell, et la partie scientifique par son mari. Il y a dans ce curieux et important ouvrage assez de faits nouveaux, d'aperçus ingénieux et de détails intéressants pour défrayer deux réputations.

disposition, et possèdent de nombreux troupeaux. La paresse et l'indolence de ces prêtres passent tout ce qu'on peut imaginer. Il n'existe peut-être nulle part de gens aussi désœuvrés. Les jours de fête, ou, comme ils les appellent, *les bons jours*, leur donnent un peu d'occupation. Ils doivent alors chanter ou réciter certaines prières, et exécuter avec des trompettes, des cymbales et d'autres instruments de musique, des concerts qu'ils n'ont pas le talent de rendre harmonieux. Le reste du temps ils ne font absolument rien, que manger, boire et dormir. Il ne faut pas s'étonner d'après cela que leurs corps ressemblent à une masse de graisse recouverte de peau. L'obésité, qui se porte ordinairement chez les hommes vers la partie inférieure de l'abdomen, semble, chez eux, avoir son siège sur la poitrine. Cette particularité, jointe au manque de barbe, comme chez tous les autres Calmoucs, fait qu'il devient extrêmement difficile, dans la plupart des cas, de déterminer le sexe auquel ils appartiennent.

Les *guetzulls* ou aides, prêtres de la troisième classe, sont en général attachés aux guellongs, dont ils gardent les troupeaux. On prend parmi eux les sujets qui doivent passer dans la seconde classe. Ce choix est bien plutôt déterminé par le crédit et la richesse des candidats que par leur capacité et par la pureté de leurs mœurs. La consécration de ces ministres du culte a lieu assez ordinairement pendant les derniers jours des fêtes solennelles. Ils sont tenus de passer toute la nuit qui précède leur admission à se promener autour de la *khouroull*, ou quartier des prêtres. Ils doivent marcher nu-pieds et avoir la tête rasée et découverte. Par-dessus la robe rouge qu'ils portent ordinairement, ils jettent, pour cette circonstance, une pièce d'étoffe de soie jaune qui pend depuis les épaules jusqu'aux talons, et couvre le bras gauche, tandis que le droit reste découvert jusqu'à l'épaule. Ils tiennent dans la main droite un chapelet dont ils font passer les grains entre leurs doigts avec une extrême gravité.

Le costume ordinaire des membres du clergé se compose d'une large robe ou tunique à manches et d'une espèce de chapeau de drap à forme plate et à larges bords. Le jaune et le rouge sont les couleurs spécialement affectées à la classe sacerdotale.

SORCIERS. On voit chez les Calmoucs des magiciens ou chamans, qu'il faut bien se garder de classer parmi les prêtres et autres personnes appartenant à la hiérarchie ecclésiastique. Ces magiciens sont méprisés et même punis lorsqu'on les surprend dans l'exercice de leurs actes illicites. Il y a des chamans des deux sexes. Les uns et les autres appartiennent à la dernière classe du peuple, et ne sont guère consultés que par des gens aussi abjects qu'eux. Ils emploient pour leurs opérations une écuelle pleine d'eau, et dans laquelle ils trempent une plante qui leur tient lieu de goupillon, pour asperger la tente où ils doivent faire leurs enchantements. Ils ont dans chaque main des racines séchées et allumées qui leur servent de torches. Ils chantent ensuite des paroles accompagnées de force contorsions, et s'exaltent graduellement jusqu'au point d'entrer dans une véritable fureur. Ils répondent alors aux questions qu'on leur a faites. Ces réponses contiennent la prédiction de l'avenir ou l'indication des lieux où l'on doit retrouver les objets égarés, perdus ou volés.

RELIGION.

Le clergé seul chez les Calmoucs a une idée à peu près exacte de ses croyances ; quant aux gens du peuple, ils ne sont pas capables de répondre à la question la plus simple touchant leur religion. D'ailleurs le bouddhisme, qu'ils professent, est si fertile en légendes souvent assez opposées, qu'on ne peut que difficilement en tirer les principes du dogme, sans tomber dans quelques contradictions. Nous nous bornerons à donner un aperçu des principales doctrines religieuses généralement admises par le peuple.

Les Calmoucs reconnaissent un être suprême, créateur de toutes choses et existant par lui-même. Ils ne font aucune représentation de ce dieu tout-puissant, et ne l'adorent même pas. Ils ne rendent de culte qu'aux divinités inférieures, qu'ils appellent *Bourkhans*. Au-dessous de celles-ci ils placent des génies bons et mauvais. Le matin, ils récitent une prière par laquelle ils tâchent de se rendre favorables les divinités malfaisantes dont ils redoutent le pouvoir.

Cosmogonie. Il existait dans le principe un abîme profond de douze millions de lieues. Ce fut de cet abîme que les *tongueris*, ou *esprits* existant de toute éternité, tirèrent le monde. Des nuages couleur de feu répandirent une pluie dont chaque goutte égalait la grandeur de la roue d'un chariot. Cette pluie forma les mers. Bientôt la surface des eaux se couvrit d'une quantité d'écume blanche comme du lait, et de laquelle sortirent tous les êtres vivants, y compris les hommes. Des ouragans qui se faisaient sentir dans les dix parties du monde produisirent au sein de l'hémisphère supérieur une colonne aussi haute que l'Océan est profond. Les différents mondes qui composent l'univers voltigent autour de cette colonne, qui a quatre faces différentes : l'une d'argent, l'autre d'azur, la troisième d'or et la dernière rouge foncé. Au lever de l'aurore les rayons du soleil se reflètent sur le côté d'argent, avant midi sur le côté d'azur, à midi sur le côté d'or, et quand le jour touche à son déclin, sur le côté rouge. Le soleil, en disparaissant derrière la colonne, laisse la terre dans les ténèbres.

Il existe quatre grands continents : le premier, situé à l'est, est habité par des géants hauts de huit coudées, et dont l'existence se prolonge jusqu'à 150 ans; le second, situé à l'ouest, est peuplé par des habitants qui ont seize coudées de haut et vivent 500 ans; dans le troisième, situé au nord, les habitants atteignent une taille de 32 coudées et vivent jusqu'à 1000 ans, sans être sujets à aucune infirmité; le quatrième continent, situé vers le midi, est celui que nous habitons. On y remarque quatre fleuves mystérieux, qui prennent leur source au milieu de quatre montagnes élevées, sur chacune desquelles se tient un éléphant blanc, dont le corps a deux lieues de longueur. Chacun de ces animaux a trente-trois têtes rouges, et de chaque tête sortent six trompes d'où jaillissent des fontaines.

A l'origine des choses, les habitants de la terre vivaient 80,000 ans, et leurs yeux lançaient des rayons de lumière qui suffisaient à les éclairer sans qu'ils eussent besoin du soleil. La grâce divine leur tenait lieu de nourriture. Ce fut à cette époque que naquirent les *Bourkhans*, ou *divinités secondaires*, qui, enlevés à ce monde, furent placés dans le séjour des dieux. Mais la nature humaine s'étant corrompue perdit tous les avantages qui la distinguaient. Quelques bourkhans descendirent des cieux, pour tâcher de ramener les hommes à la vertu; ils ne purent rien obtenir. La race humaine dégénéra toujours, perdit ses avantages, et ses maux augmentèrent. Cependant il s'en faut que les êtres vivants aient encore atteint la dégradation à laquelle ils doivent arriver par la suite des siècles. Un jour viendra où le cheval sera de la taille d'un lièvre, et où les hommes, réduits dans la même proportion, se marieront à cinq mois et ne vivront que dix ans. Ces faibles créatures seront détruites par une épidémie et par une pluie de lances, d'épées et d'armes de toutes sortes. Les eaux du ciel tomberont sur la terre et entraîneront tous ces cadavres dans l'Océan.

Quelques mortels échappés à la destruction générale sortiront alors des cavernes où ils auront été cachés, et, régénérés par une pluie vivifiante et par des aliments qui tomberont du ciel, ils produiront une race plus forte. C'est ainsi que, par des progrès successifs, l'espèce humaine atteindra de nouveau sa taille colossale et sa longévité merveilleuse.

Les bourkhans sont des créatures qui furent enlevées de dessus la face de la terre pour être placées au nombre des dieux. Ils diffèrent par le rang et la puissance; ils exercent sur la terre une influence bienfaisante; on les adore avec respect, et on place leurs images dans les temples.

Les Calmoucs racontent qu'un jour, tandis que trois bourkhans étaient en prière, un démon, les voyant ainsi occupés, alla faire des ordures dans la coupe d'un d'entre eux. Quand les bourkhans eurent achevé leur méditation, ils découvrirent cette infamie, et délibérèrent sur la conduite qu'ils devaient tenir. En répandant au milieu des airs ces substances délétères ils auraient détruit tous les êtres qui vivent dans cet élément; en les jetant sur la terre, ils causaient la mort de tout le genre humain. Ils se partagèrent le contenu de la coupe, et l'avalèrent; le goût en était si horrible, que celui des bourkhans à qui le fond du vase échut en partage eut le visage bouleversé et devint tout bleu. Telle est la cause pour laquelle les idoles de cette divinité sont toujours représentées avec un visage bleu.

Au-dessous des bourkhans sont des esprits aériens ou génies, les uns bons et les autres méchants. Les Calmoucs rendent un culte plus suivi à ces derniers, qu'ils redoutent beaucoup, et négligent les bons, qu'ils regardent comme incapables de leur faire du mal. Les mauvais génies produisent toutes les infirmités de la race humaine, ainsi que les ouragans et les tempêtes. C'est pour cette raison que les Calmoucs craignent le tonnerre, et que lorsqu'ils l'entendent gronder, ils tirent des coups de fusil pour mettre en fuite les démons qui voltigent dans les airs : ces différents génies ne sont point immortels.

On voit dans les tentes consacrées au culte un nombre considérable d'idoles monstrueuses qui, presque toutes, représentent des femmes. Ces statues, faites par les prêtres calmoucs, sont ordinairement de terre cuite ou de bronze, quelques-unes d'argent ou même d'or.

Suivant les croyances des Calmoucs, il y a aux enfers un juge appelé *Erlik-khan*, devant lequel les âmes comparaissent en sortant du corps, pour être rémunérées suivant leurs œuvres. Si elles ont été justes et pures, elles sont placées sur un siège d'or et enlevées par un nuage qui les porte dans le séjour des bourkhans. Si le bien et le mal se compensent, l'âme entre dans un autre corps, et retourne sur la terre pour y passer une nouvelle vie. C'est à ces âmes revenues de l'autre monde que les Calmoucs attribuent la connaissance qu'ils ont du paradis et de l'enfer.

Erlik-khan est le maître souverain du séjour des réprouvés. On entend retentir dans son palais des timbales immenses, dont le bruit glace d'effroi.

La demeure d'Erlik-khan est dans une grande ville entourée de murailles blanches. En dehors de cette capitale des enfers s'étend, jusqu'à une grande distance, une mer d'urine et d'excréments. C'est là que les damnés souffrent les supplices auxquels ils ont été condamnés. Un sentier de fer traverse cet océan immonde. Lorsque les réprouvés veulent le suivre pour s'échapper des enfers, le sentier se rétrécit sous leurs pas, jusqu'à n'avoir plus que la largeur d'un cheveu, puis enfin il se brise, et les coupables retombent dans l'abîme.

Au delà de cette mer, il en existe une autre dont les flots sont de sang, et dans laquelle on voit des têtes humaines. C'est là que sont tourmentés les meurtriers et les assassins. Plus loin, d'autres coupables endurent les tourments de la faim et de la soif, sur un sol nu et stérile. Ils creusent la terre avec les doigts, dans l'espoir d'y trouver quelques racines pour s'en nourrir; mais ce travail ne sert qu'à user leurs mains et leurs bras jusqu'aux épaules. Puis ces membres repoussent de nouveau, pour renouveler leurs souffrances. Les pécheurs punis de cette manière sont les hommes qui, pendant leur existence terrestre, ont refusé de subvenir aux besoins des membres du clergé. Les peines qu'ils éprouvent, comme celles des autres coupables, ne sont point éternelles.

MÉTEMPSYCOSE. Nous avons vu que la doctrine de la métempsycose forme la base de la croyance des Calmoucs; cependant, comme l'homme a besoin d'une alimentation substantielle, et que dans les steppes on est souvent contraint de se nourrir de viande, ces nomades ont trouvé des accommodements avec leurs doctrines religieuses (1), et ils tuent les

---

(1) Il en est de même, je crois, de tous les peuples qui admettent la métempsycose. Voici les dispositions de la loi brahmanique :

Que le *dwidja* (littéralement en sanscrit *né deux fois*, *régénéré* ; c'est un homme des trois premières castes qui a reçu le cordon sacré) mange de la viande lorsqu'elle a été offerte en sacrifice et sanctifiée par les prières d'usage, ou bien une fois seulement quand les brahmanes le désirent, ou dans une cérémonie religieuse lorsque la règle l'y oblige, ou quand sa vie est en danger.

C'est pour l'entretien de l'esprit vital que Brahmâ a produit ce monde; tout ce qui existe,

bêtes sauvages et les animaux domestiques pour les manger. Toutefois, un homme véritablement religieux ne devrait ôter la vie à aucun être, à l'exception ou mobile ou immobile, sert de nourriture à l'être animé.

Les êtres immobiles sont la proie de ceux qui se meuvent; les êtres privés de dents, de ceux qui en sont pourvus; les êtres sans mains, de ceux qui en ont; les lâches, des braves.

Celui qui, même tous les jours, se nourrit de la chair des animaux qu'il est permis de manger, ne commet point de faute; car Brahmâ a créé certains êtres animés pour être mangés, et les autres pour les manger.

Manger de la viande seulement pour l'accomplissement d'un sacrifice a été déclaré la règle des dieux; mais agir autrement est dit la règle des géants.

Celui qui ne mange la chair d'un animal qu'il a acheté, ou qu'il a élevé lui-même, ou qu'il a reçu d'un autre, qu'après l'avoir offerte aux dieux mânes, ne se rend pas coupable.

Que le dwidja qui connaît la loi ne mange jamais de viande sans se conformer à cette règle, à moins de nécessité urgente; car s'il enfreint cette règle, il sera, dans l'autre monde, dévoré par les animaux dont il a mangé la chair illicitement, sans pouvoir opposer de résistance.

La faute de celui qui tue des bêtes fauves, séduit par l'attrait du gain, n'est pas considérée, dans l'autre monde, comme aussi grande que celle du dwidja qui mange des viandes sans les avoir préalablement offertes aux dieux.

Mais l'homme qui, dans une cérémonie religieuse, se refuse à manger la chair des animaux sacrifiés, lorsque la loi l'y oblige, renaît, après sa mort, à l'état d'animal, pendant vingt et une transmigrations successives.

Un brahmane ne doit jamais manger la chair des animaux qui n'ont pas été consacrés par des prières (*mantras*); mais qu'il en mange, se conformant à la règle éternelle, lorsqu'ils ont été consacrés par les paroles saintes.

Autant l'animal avait de poils sur le corps, autant de fois celui qui l'égorge d'une manière illicite périra de mort violente à chacune des naissances qui suivront.

L'être qui existe par sa propre volonté a créé lui-même les animaux pour le sacrifice; et le sacrifice est la cause de l'accroissement de cet univers; c'est pourquoi le meurtre commis pour le sacrifice n'est point un meurtre.

Les herbes, les bestiaux, les arbres, les animaux amphibies et les oiseaux dont les sacrifices ont terminé l'existence, renaissent dans une condition plus relevée.

Lorsqu'on reçoit un hôte avec des cérémonies particulières, lorsqu'on fait un sacrifice, lorsqu'on adresse des offrandes aux mânes ou aux dieux, on peut immoler des animaux; mais non dans toute autre circonstance: telle est la décision de Manou.

Voyez. *Manava-Dharma-Sastra* ou *Lois de Manou comprenant les institutions religieuses et civiles des Indiens*; traduites du sanscrit et accompagnées de notes explicatives, par A. Loiseleur-Deslongchamps, pages 169-172.

tion des bêtes féroces et des oiseaux de proie qui attaquent les troupeaux. Les Calmoucs, il est vrai, ne détruisent ni les serpents ni aucun autre reptile, ni même les poux qui, au dire de tous les voyageurs, sont une véritable plaie pour ce peuple.

Bergmann demanda à un vieillard qui, voulant se délivrer de ces insectes, les secouait à terre, s'il n'en tuerait pas un pour de l'argent : « Certainement non, répondit-il. — Mais pour mille roubles? reprit Bergmann. — Pas pour un million. Que je tue un pou ou un homme, c'est la même chose. Ils ont tous deux une âme. — Mais, ajouta Bergmann, votre loi vous défend tout aussi bien de détruire un animal domestique qu'un pou, et cependant vous ne vous faites aucun scrupule de tuer un cheval et d'en manger la chair. » A ces mots, le vieillard, embarrassé, se tut pendant quelques instants, puis il dit « qu'en effet la défense de manger des animaux domestiques existait réellement; mais qu'elle était l'œuvre d'un pontife qui vivait dans les temps anciens, et non l'effet d'un ordre positif des dieux; et que pour cette raison on pouvait l'enfreindre sans se rendre coupable d'un crime. » Il est à remarquer cependant qu'à l'époque de certaines solennités, les Calmoucs ne tuent aucun animal et ne vivent que de laitage.

Bergmann nous apprend encore que, se trouvant un jour avec un Calmouc qui était occupé à jouer, celui-ci, entre autres questions singulières qu'il lui adressa, lui demanda s'il tuait des poux. Le voyageur allemand, voulant découvrir toute la pensée de son interlocuteur, lui répondit : « Toujours, ou du moins toutes les fois que j'en trouve l'occasion. » A peine Bergmann eut-il prononcé ces paroles, que le Calmouc, oubliant son jeu et son chapelet, se mit à répéter plusieurs fois de suite : *C'est un péché; c'est un péché.* Bergmann, pour le tranquilliser, lui dit que dans son pays il ne se faisait aucun scrupule de tuer ces insectes; mais que depuis le jour de son arrivée dans la horde il s'était toujours conformé aux usages reçus, et se contentait de les chasser sans leur faire aucun mal. Cette explication apaisa tout à fait le Calmouc. « Vous voyez, par ce petit épisode, continue Bergmann, si j'ai eu raison de ne pas persister dans le dessein que j'avais formé d'abord de faire une collection d'insectes du pays; j'aurais perdu toute la confiance des Calmoucs, qui m'auraient considéré comme un barbare, qui trouvait du plaisir à tuer des créatures innocentes; ils se seraient éloignés de moi, et j'aurais rencontré mille difficultés pour suivre le projet qui m'avait amené au milieu d'eux. »

C'est par suite de ces opinions que, lorsque les Calmoucs se trouvent dans des pays infestés de serpents et autres reptiles, ils prennent la précaution, avant de piquer les tentes, de faire claquer leurs fouets à différentes reprises. Cette précaution est tout autant dans l'intérêt des animaux qu'on pourrait tuer ou blesser involontairement, que dans celui des hommes qui éloignent ainsi ces hôtes incommodes.

MANIÈRES DIFFÉRENTES DE PRIER. Les Calmoucs font ordinairement leurs prières en famille; souvent ils prient avec un chapelet. D'autres fois aussi ils se servent d'un cylindre creux dans lequel ils placent des prières écrites sur de petits morceaux de papier, puis ils font tourner le cylindre, et cet acte purement mécanique leur paraît tout aussi méritoire qu'une véritable prière. Lorsqu'ils sont occupés de cette façon, ils parlent, fument, se disent des injures, et ne se gênent nullement pour exhaler leur colère. Pourvu que le cylindre tourne toujours, ils s'imaginent être en prières et croient faire un acte agréable à leurs divinités. Ils ont encore une autre manière de prier. Ils plantent en terre, devant leurs tentes, une perche à laquelle est attaché un morceau d'étoffe où sont tracées des prières. Le vent soulève l'étoffe, et porte en présence des bourkhans les paroles qui y sont inscrites.

FÊTES. Les Calmoucs célèbrent un grand nombre de fêtes religieuses. Nous allons en faire connaître les principales.

FÊTE DES LAMPES. Cette solennité tire son nom de la manière dont on la célèbre. Les Calmoucs datent de la fête des lampes le commencement de l'année et l'anniversaire de leur naissance. L'enfant né la veille est censé avoir ce jour-là un an révolu. On s'occupe dès le matin des préparatifs de la cérémonie, qui cependant n'a lieu que le soir, lorsque les étoiles commencent à briller. On remplit de graisse des lampes faites avec une espèce de pâte particulière et composée pour cette circonstance, et l'on fixe au milieu de la lampe une tige de la plante nommée par les botanistes *Stipa capillata*. On entoure cette tige de fil de coton, afin qu'elle puisse servir de mèche. Chaque famille a une lampe commune, dans laquelle on place autant de fils de coton que les membres de la famille réunie comptent d'années.

Les personnes de distinction font élever sur le devant de leur iourte une espèce d'autel nommée *dender*, que souvent aussi l'on place près de la khourouli. Ces autels sont ordinairement de la hauteur d'un homme. Ils ont trois à quatre pas de long et la moitié de large. Ils sont faits de petites branches d'arbre tressées ensemble, posées sur des perches et recouvertes de gazon. Quand la nuit approche, le clergé se rassemble autour de l'autel de la khourouli. De chaque côté brille un petit foyer ardent. Les prêtres attendent, pour allumer les lampes, que les principaux d'entre eux aient commencé une procession. Le chef du campement et sa famille, accompagnés d'une suite nombreuse, marchent derrière les prêtres qui portent, au son d'une musique bruyante, l'image d'un dieu appelé *Soukouba*. La procession fait trois fois le tour de l'autel, et à chaque fois, le chef, sa famille et tous les assistants se prosternent. La marche est plus lente ou plus rapide, suivant le mouvement de la musique. La procession fait de cette manière le tour de la khourouli. Ensuite chacun retourne dans sa iourte pour achever la fête en buvant et en jouant de son mieux.

FÊTE DU ZAGAAN. Au printemps, on célèbre la fête du Zagaan, dont le nom signifie *fête blanche*. Un mois avant l'époque de la solennité, l'orchestre religieux de la khourouli se fait déjà entendre. Les iourtes qui servent de temples sont ornées intérieurement de rideaux de soie. Les autels, recouverts de superbes tapisseries, sont chargés de coupes remplies de riz, d'autres céréales et de différentes substances alimentaires, présentées comme offrande aux divinités. A côté des coupes sont des pyramides ou des petites figures de pâte et de beurre.

La fête du Zagaan fut instituée pour perpétuer le souvenir d'une victoire remportée par Dchakdchamouni (1) sur six faux docteurs qu'il eut à combattre pendant une semaine entière. C'est en mémoire de cet événement que la fête dure aussi une semaine. Pendant ce temps de dévotion, un silence absolu règne dans les iourtes, et les gens pieux se rendent à la khouroull pour y faire leurs prières. Les chefs donnent ordinairement l'exemple de l'exactitude à remplir ce devoir. Les prêtres célèbrent par des chants et des jeux la nuit qui précède le dernier jour de la fête, et le matin on porte devant le temple une image de Dchakdchamouni, qu'on abrite avec un parasol, de manière toutefois que le dieu puisse recevoir les premiers rayons du soleil levant. De chaque côté de l'image sont des coupes remplies d'offrandes. Au lever du soleil, les prêtres les plus distingués de la khouroull, munis de cymbales, s'asseyent sur des tapis de feutre, tandis que d'autres prêtres d'un ordre moins élevé, les uns debout, les autres assis, forment un demi-cercle. Chacun d'eux tient quelques feuillets écrits en langue tibétaine. Pendant qu'ils chantent, des troupes de Calmoucs s'approchent de l'image, se prosternent et font processionnellement le tour de la khouroull. Enfin ils vont se placer au centre de l'assemblée, pour prendre part aux cérémonies religieuses qui doivent suivre. Quel que soit le froid, les prêtres qui assistent à la fête sont toujours nu-tête, bien qu'ils aient presque tous les cheveux coupés fort ras.

L'office achevé, les prêtres et une grande partie des laïques se rendent à la principale iourte de la khouroull, dans l'intérieur de laquelle on dépose l'image de Dchakdchamouni et les coupes avec les offrandes. Les prêtres chantent alors une courte prière, après laquelle ils se lèvent subitement, et chacun s'approche des images suspendues dans la chapelle, pour les toucher avec le front. Le clergé et le peuple, après avoir touché ainsi les images, reviennent sur leur pas pour se saluer les uns les autres, en criant *mendou*, c'est-à-dire *je te salue*. Le tumulte est si grand dans ces sortes d'occasions, que l'on reçoit force coups de tous les côtés. Quand les cris de *mendou* et les serrements de mains se sont un peu apaisés, les prêtres s'asseyent sur des tapis, et l'on apporte du thé et de l'eau-de-vie. On distribue en même temps à l'assemblée quelques morceaux de viande. Après ce repas, chacun se sépare.

En sortant de la cérémonie, les Calmoucs se rendent chez leur chef qui, assis avec sa femme auprès du foyer, reçoit le salut du Zagaan. L'audience destinée à recevoir et à rendre ce salut dure assez longtemps. Il est d'usage, pendant la fête, de porter dans un sac, à la ceinture, du sucre, des raisins de Corinthe, des figues et d'autres fruits secs, et l'on s'offre réciproquement ces petites friandises, en prononçant le mot sacramentel *mendou*. Les Calmoucs de distinction font porter derrière eux, par un domestique, un sac contenant des fruits secs qu'ils donnent en échange de ceux qu'ils reçoivent.

Après la réception, le chef du campement se présente, avec sa femme, à la tente du lama, qui lui rend immédiatement sa visite. Le chef fait servir alors aux assistants de l'eau-de-vie et du vin avec profusion. Les prêtres, s'ils se conformaient à la règle, ne devraient faire que tremper le doigt dans la boisson; mais il en est à peine quelques-uns qui se conforment à ce précepte.

Pendant qu'on se réjouit de cette manière dans les iourtes du chef, d'autres prêtres s'acquittent à la khouroull d'une cérémonie religieuse qui consiste à offrir aux bourkhans des figures de farine et de miel. Les Calmoucs ont une vénération telle pour ces figures, qu'ils ne les approchent qu'avec respect, et n'osent pas les toucher avec les mains. Ils regardent même comme un crime d'en approcher la bouche, dans

---

(1) Nous avons cru devoir conserver la transcription de Bergmann, qui représente la prononciation calmouque du nom de *Schakiamouni* ou *Chakiamouni* et plus correctement *Sâkyamouni*.

la crainte de les souiller avec l'haleine. On ne fait les figures de pâte que pour les grandes solennités; et quand une fois elles ont été placées sur l'autel, on les jette dans la rivière ou dans le lac le plus prochain. Les Calmoucs se rendent le soir processionnellement sur le bord de l'eau pour accomplir cette cérémonie.

Les prêtres et les laïques, comme les femmes et même les jeunes filles, ne terminent jamais la fête du Zagaan qu'à moitié ivres. La solennité dure depuis le 1er jusqu'au 8 du premier mois du printemps. Le premier jour, qui est célébré avec le plus de pompe, est appelé *le grand jour de la fête du Zagaan*. Le second jour et les suivants sont beaucoup moins solennels. La gaieté, résultat de leur caractère insouciant et de l'eau-de-vie qu'ils ont bue, se montre chez les prêtres par des discours animés et sans suite, par des danses et par des chants; cependant les divertissements profanes leur sont interdits: mais à l'occasion de la fête du Zagaan, les prêtres les plus austères ne se conforment pas toujours à cette défense. Quand ils sont ivres, ils se font apporter des images de bourkhans et les touchent avec le front. Les autres Calmoucs dansent et chantent dans leurs tentes. Les quantités d'eau-de-vie et de vin qu'ils absorbent dans cette solennité sont vraiment effrayantes.

AUTRE FÊTE. A l'époque des longs jours, les Calmoucs célèbrent une grande fête annuelle. Le son des instruments annonce, vers le milieu de la journée, le commencement de la cérémonie. Les prêtres, réunis près de la khouroull, distribués par groupes et rangés en ligne, attendent le signal pour se mettre en marche. Les hommes chargés de porter les instruments de musique sont en grand nombre. On voit flotter en l'air des drapeaux faits de bandes de soie de différentes couleurs. D'autres, semblables à des bannières, pendent à de grandes perches auxquelles ils sont attachés par un bâton transversal. Les principaux d'entre les prêtres, chargés de deux grandes caisses assez semblables à des cercueils, sortent d'une iourte, et se placent en tête de la foule pour ouvrir la marche; d'autres, revêtus de leurs ornements rouges, suivent les caisses et s'approchent l'un après l'autre pour aider à les porter, ou tout au moins pour les toucher, ne fût-ce qu'avec le bout du doigt. Quant aux instruments, les timbales sont fixées à des perches qu'on attache à la ceinture de deux porteurs, et placées comme sur un brancard, et les grandes trompettes sont appuyées sur des bâtons que soutiennent des gens pauvres. Le bruit de tous ces instruments fait un affreux vacarme. Le peuple ferme la marche. On voit à cette fête de vieilles femmes qui prouvent leur dévotion par des soupirs qu'elles paraissent arracher du plus profond de leur cœur.

A quelques centaines de pas du point de départ, on dresse un échafaudage en forme d'autel, haut de dix à douze pieds et attaché au sol par devant et par derrière avec des cordes. Devant l'autel est une place circulaire couverte de tapis destinés aux prêtres. Entre les tapis et l'autel on tend un parasol qui doit abriter le lama. Les caisses sacrées sont déposées au pied de l'autel, et l'on déroule les images qui y sont renfermées. Celle de ces images que l'on considère comme la principale, est élevée au milieu de l'autel; les autres sont placées sur les côtés. On les recouvre toutes d'un voile. L'autel est caché par une grande pièce d'étoffe jaune garnie de plis et ornée de fleurs rouges travaillées avec beaucoup de soin. Sur cet autel se trouvent des coupes remplies d'offrandes et les statues dorées de quelques dieux. Les bannières et les instruments de musique restent en dehors de l'espace circulaire dont nous avons parlé. L'assemblée attend que le lama arrive; car la fête ne peut commencer sans lui. Dès qu'il paraît dans le lointain, les prêtres se lèvent et s'avancent à sa rencontre; car on doit recevoir ce pontife avec grande solennité. Il est promené en triomphe sur un palanquin, et au son de la musique, tout autour du cercle; puis il descend et s'avance vers l'autel à l'endroit où s'élève le parasol. Le chef du campement et sa famille sont placés derrière les prêtres. A un signal donné, les voiles qui dérobaient la vue des images des dieux tombent tout à coup, et le peuple, comme les prêtres et le chef du campement, se prosterne par trois fois. Bergmann, qui assista à cette solennité, fut frappé du spectacle imposant que présentent 4 à 5,000 hommes se jetant tout à coup la face contre terre, et répétant par trois fois ce mouvement en mesure et avec ensemble. Mais il ne put en jouir complétement ; car il lui fut impossible de découvrir une place où il se trouvât tout à fait en sûreté contre les mouvements de tête et les coups de pied des gens qui se prosternaient.

Après cette cérémonie, le chef fait trois fois avec sa suite le tour de l'espace circulaire, tenant son chapelet à la main, puis il prend place auprès du lama. La femme du chef s'assied en dehors du grand cercle, sous un pavillon dressé pour elle et où le thé l'attend.

Le lama et quelques prêtres s'approchent de l'image principale qui occupe la façade de l'autel, avec des pastilles d'encens allumées et placées sur de grandes feuilles d'arbre, de manière à ne pas leur brûler la main. On apporte ensuite aux prêtres réunis des écuelles de bois pleines les unes de thé et les autres de gâteaux. Un troupeau entier de moutons est destiné au repas qui doit suivre la cérémonie religieuse. On fait avancer les victimes vers le lieu du sacrifice, et on les immole. Le banquet, souvent interrompu par des prières et par d'autres cérémonies, se prolonge jusqu'au coucher du soleil. Enfin, les images sont roulées de nouveau, placées dans les caisses, et reconduites en procession à la iourte où on les a prises. La fête continue pendant les deux jours suivants ; mais on change l'image qui joue le rôle principal, et chacune d'elles n'occupe qu'à son tour la place d'honneur. On choisira par exemple, pour figurer au milieu de l'autel, *Abidaba* pour le premier jour, *Dchakdchamouni* pour le second, et *Maïdari* pour le troisième.

FÊTE DU FEU. Tous les ans, un peu avant le commencement de la nouvelle année, les Calmoucs font une offrande au dieu du feu : ils lui sacrifient des brebis, dont on choisit les morceaux les plus succulents pour les lui présenter. Les autres parties des victimes, destinées à servir de nourriture aux fidèles, sont bouillies dans des marmites et placées dans de grandes gamelles. Aucun Calmouc n'oserait se dispenser d'offrir le sacrifice annuel au dieu du feu. Bergmann vit célébrer cette fête chez un prince. Une lampe était allumée sur l'autel. A côté, on voyait des coupes pleines d'offrandes. Deux groupes de quarante à cinquante personnes chacun entouraient le foyer. On éleva au-dessus d'un feu de fumier une espèce de bûcher composé de petits morceaux de bois. Pendant ce travail, des tasses pleines d'eau-de-vie circulaient dans l'assemblée, et chacun était obligé de vider la sienne jusqu'à la dernière goutte. Bergmann espérait qu'en sa qualité d'étranger on ne le soumettrait pas à une aussi rude épreuve. Mais les Calmoucs lui dirent fort clairement qu'il devait payer de sa personne comme les autres. Trois lampes de terre pleines de graisse furent ensuite placées en triangle auprès du bûcher. Le prince, sa femme et la plus jeune de ses filles étaient assis à la place qu'ils occupaient habituellement ; mais un fils de ce chef se tenait de côté, et avait à la main un cordon de soie bleue passé dans un anneau attaché au sommet de la tente, et à l'autre bout duquel pendait un os du mouton qu'on venait de sacrifier. Deux nobles du campement, assis un peu plus bas, portaient, le premier, un sac de cuir, où se trouvaient des morceaux de viande bouillie, l'autre, une massue, destinée à immoler les victimes. On voyait encore dans la tente quelques prêtres qui avaient si bien fêté cette solennité, que, même avant la fin du sacrifice, ils donnaient déjà des signes manifestes d'ivresse. Un vieux guelloung à barbe grise, qui avait bu beaucoup plus que de raison, interpellait sans cesse la princesse de la manière la plus inconvenante, en lui disant : *Écoute donc, Dchedchi !*

Les morceaux de viande destinés à être offerts en sacrifice furent jetés dans le feu, pendant qu'on chantait une prière souvent interrompue par les cris de *khourou, khourou*. Ces expressions ont pour but d'attirer sur les assistants la bénédiction du dieu du feu. Chaque fois que ce mot était prononcé, le prince qui tenait le cordon de soie bleue le tirait et faisait sauter en l'air l'os de mouton attaché à l'autre bout. L'homme qui portait le sac de cuir l'agitait fortement, et celui qui était muni d'une massue abaissait cette arme. Au premier *khourou* que l'on prononça, la fille du prince, sur l'ordre de sa mère, s'approcha de l'homme qui tenait le sac de cuir, sur lequel on avait placé le cœur du mouton immolé; elle y mordit par trois fois de suite, en enlevant chaque fois un morceau. Un jeune prince en fit autant; et tandis que le fils du chef chargé de tirer le cordon de soie bleue s'acquittait de ses fonctions, les deux nobles dont nous avons déjà parlé et quelques autres assistants continuèrent à mordre dans le cœur du mouton, jusqu'à ce qu'il n'en restât plus un seul morceau. Pendant que la graisse destinée à être consumée en l'honneur du dieu du feu brûlait dans le foyer, on y jeta les coupes qui contenaient les offrandes, et les os du mouton immolé furent réduits en cendres. On distribua ensuite à l'assemblée les morceaux de viande apportés dans le sac de cuir.

La particularité qui frappe le plus dans les fêtes religieuses des Calmoucs, c'est qu'elles sont invariablement suivies d'un repas dans lequel prêtres, laïques, hommes, femmes et enfants, se gorgent de viande et de liqueurs spiritueuses; car la gourmandise et l'ivrognerie sont les passions favorites de ces nomades.

Le lendemain matin Bergmann, se rendit de bonne heure à la tente du prince chez lequel il avait assisté à la cérémonie. Le froid était excessif, et le voyageur allemand voulait se réchauffer auprès d'un bon feu en prenant du thé. La marmite de fer dans laquelle on prépare cette boisson fumait déjà, et l'on tira du sac de cuir les morceaux de viande qui restaient de la fête de la veille pour les distribuer aux assistants. « Je fus sur le point, dit Bergmann, de donner à mon chien, sans y penser, un de ces morceaux de viande. Mais un cri général d'indignation s'éleva tout à coup; car les hommes seuls ont le droit de manger la viande qui a paru dans cette fête, et ce serait un péché d'en donner à d'autres êtres animés. Les os même doivent être brûlés. »

On ne comprend pas comment les Calmoucs concilient cette opinion avec le dogme de la métempsycose et l'opinion qu'un insecte et un homme sont deux créatures douées d'une âme tout à fait semblable.

CULTE ET LITURGIE. Les prêtres sont obligés, vers le milieu de l'après-midi, de se réunir dans les tentes destinées au culte. On les convoque au son de la trompette. Le lama indique, pour chaque jour, les prières que l'on doit réciter et la divinité à laquelle on adressera des invocations. Il y a dans chacune de ces tentes environ douze à quinze prêtres d'un ordre inférieur, qui, sous la conduite des guelloungs et assis sur deux lignes, entonnent diverses prières. On n'entend les timbales et les autres instruments que les jours où l'on célèbre quelque grande fête. Dans les circonstances ordinaires, les prêtres suppléent à l'absence de l'orchestre en frappant dans leurs mains aussi fort qu'ils peuvent. Cet usage de claquer des mains pendant les cérémonies de la religion paraît d'abord si singulier, que les personnes qui ne sont pas habituées à une pareille scène peuvent se croire au milieu d'une réunion d'insensés.

Avant la fin de l'office de l'après-midi, deux prêtres apportent un grand vase plein de *tchigan*, liqueur extraite du lait de jument fermenté. Les personnes présentes s'asseyent sur des pièces de feutre, et l'on offre à chacune d'elles, sans en excepter les étrangers, s'il s'en trouve quelques-uns, une tasse pleine de cette boisson. Les prêtres en avalent une grande quantité, et Bergmann vit un jeune mandchi de dix à douze ans qui parvint à en boire cinq énormes jattes d'environ une bouteille chacune. Il paraissait tout glorieux de cet exploit. Un vieux guelloung, après bien des efforts, en avala douze petites tasses, et il répétait avec chagrin que son âge l'empêchait de boire autant que les autres. Bergmann remarqua que le tchigan lui portait à la tête. Mais les prêtres calmoucs se montraient fort aises de l'effet que cette boisson produisait sur eux. Ils commencèrent à parler tartare et russe, et essayèrent même de prononcer quelques mots allemands. Le vieux guelloung, oubliant ses chagrins, se mit à chanter des airs nationaux.

Bergmann lui demanda s'il avait l'habitude d'avaler toujours autant de tchigan; le vieillard répondit avec un certain air de gravité : Nous nous enivrons tous les jours. Et les autres prêtres soutinrent au voyageur allemand qu'on pouvait considérer cette boisson comme fort salutaire; car après en avoir pris jusqu'à s'enivrer on se portait à merveille. Cette assertion est cependant loin d'être prouvée. Le feu et l'agitation que Bergmann remarqua dans le regard de tous ces buveurs lui firent croire au contraire que le tchigan doit être fort nuisible à l'organe de la vue. Les maladies des yeux, si fréquentes chez les Calmoucs, pourraient bien avoir en partie pour cause l'usage immodéré de cette liqueur. Nous avons d'autant plus lieu de le croire, que plusieurs étrangers remarquèrent, après en avoir bu, qu'ils éprouvaient un picotement très-vif dans les paupières.

EAU LUSTRALE. Pendant les fêtes, on voit, à l'entrée des tentes destinées au culte, des guetzull et des mandchi avec des vases pleins d'eau lustrale qu'ils versent dans le creux de la main aux personnes qui se présentent. Les fidèles en avalent une partie et se frottent le visage avec le reste. Il entre, à ce qu'il paraît, du safran et du sucre dans la composition de cette eau. On donne, en la recevant, une petite pièce de monnaie.

LOIS. Les Calmoucs ont un recueil de lois qui fut mis en ordre, approuvé et confirmé vers 1620, sous le khan Galdan. On trouve dans ce code des peines pour tous les crimes et délits, ou actions réputées telles, d'après les croyances et les usages des Calmoucs. Ces peines sont la confiscation des biens, les amendes et les châtiments corporels. Aucun crime n'entraîne la mort. Les princes comme le peuple doivent être soumis à ces lois. Quelques dispositions du code calmouc sont assez remarquables pour mériter qu'on en fasse mention.

Le premier titre du code est relatif aux actes d'hostilité ou de trahison. La loi condamne les coupables à perdre tout ce qu'ils possèdent. Ce premier titre s'applique, par une interprétation judicieuse, aux hommes qui ne se rendent pas à l'armée pour combattre l'ennemi dans une guerre nationale. Un autre titre condamne tout chef ou soldat convaincu de lâcheté à une forte amende, proportionnée à ses richesses. Le guerrier qui a ainsi forfait à l'honneur est, en outre, dépouillé de ses armes, habillé en femme et promené dans tout le camp. Le législateur prononce des peines sévères contre l'homicide; mais ce sont toujours des amendes ou des confiscations. Le parricide même n'entraîne pas de châtiment corporel. Les hommes qui sont restés spectateurs impassibles d'une rixe particulière sont condamnés à payer un cheval, quand l'un des deux adversaires est resté sur la place. Si un Calmouc en tue un autre dans une querelle de jeu, il est condamné à prendre chez lui la femme et les enfants du mort, et à pourvoir à leur entretien. L'agresseur injuste et coupable de meurtre est soumis à la même punition. Quiconque frappe une personne ou la blesse paye une amende proportionnée à la qualité de l'offensé et aux circonstances du crime. La loi détermine l'amende que l'on doit acquitter pour une dent, pour une oreille et pour chaque doigt de la main coupé ou blessé. Les parents qui frappent leurs enfants sans cause raisonnable doivent subir une punition. Il existe également des amendes pour toute espèce d'insulte. Les offenses les plus graves contre les personnes sont, s'il s'agit d'un homme, de le tirer par la barbe, d'arracher la houppe de son bonnet, de lui cracher au visage; pour les femmes, de les tirer par les cheveux, de leur mettre la main sur la gorge ou sur quelques autres parties du corps. L'amende n'est pas déterminée, et devient plus ou moins forte, suivant l'âge et le rang de la personne offensée. On réprime également les attentats contre les mœurs; mais les punitions sont légères. Le législateur a encore établi des châtiments pour les braconniers, pour les gens coupables d'avoir éteint le feu du camp, de s'être approprié, sans déclaration préalable, un animal égaré ou perdu, et, ce qui pourra sembler plus extraordinaire, d'avoir apporté une charogne dans sa tente. Cette prévision de la loi serait inexplicable chez nous; elle se comprend chez les Calmoucs, qui perdent souvent des bestiaux dans les steppes par la maladie et par plusieurs accidents; et comme ces nomades mangent sans aucune espèce de répugnance la viande à moitié pourrie (1), le législateur a dû garantir à chacun la possession des bêtes mortes qui lui appartiennent.

De tous les crimes, c'est le vol qui est puni avec le plus de rigueur, et c'est peut-être aussi celui auquel les Calmoucs sont le plus enclins. Il emporte des peines corporelles ou de très-fortes amendes, et dans certains cas la confiscation de tous les biens. Le voleur est condamné à restituer les objets qu'il a dérobés, et de plus la loi décide qu'il aura un doigt de la main coupé, ne se fût-il approprié qu'un objet de très-peu de valeur. Mais il faut ajouter que le coupable a le droit de racheter cette dernière peine, moyennant cinq pièces de gros bétail. Le code a prévu tous les cas de vol possibles, même les plus insignifiants, jusqu'à celui d'une aiguille ou d'un bout de fil.

Le chef ou le magistrat chargé de la surveillance d'une centaine de tentes doit répondre de tous les vols commis par les hommes placés sous ses ordres. Les chefs qui ne dénoncent pas un voleur doivent avoir le poing coupé. Un simple Calmouc est mis aux fers pour ce même crime de non-révélation. Toute personne convaincue de vol pour la troisième fois est condamnée à perdre ses biens. On voit que la majeure partie des peines consiste en confiscations et en amendes. Le produit de ces condamnations se partage entre les chefs, les prêtres et le dénonciateur. Lorsque le coupable appartient à une famille puissante, on l'oblige à donner, au lieu d'argent et de bétail, des casques, des cuirasses et d'autres armes que les Calmoucs ne parviennent à se procurer que difficilement. La plus grande peine prononcée contre un prince qui se rend coupable d'hostilité contre un autre chef est une amende de cent cuirasses, de cent chameaux et de mille chevaux. Si par ses actes de brigandage un chef a ruiné des campements ou des tribus entières, il est dépouillé de tous ses biens, dont une moitié est consacrée à indemniser les princes qui l'ont fait rentrer dans le devoir, et la seconde moitié est remise à la partie lésée, à titre de dommages et intérêts. Dans certains cas on enlève au criminel un ou plusieurs de ses enfants. La peine la plus légère est l'amende d'une chèvre avec son cabri, ou celle d'un petit nombre de flèches.

Une loi ordonne que tous les ans quatre hommes au moins par quarante tentes se marient. Si ces hommes sont pauvres, on prélève sur les possessions publiques, pour chaque homme, dix pièces de bétail destinées à l'achat d'une femme. Celle-ci, de son côté, doit apporter en dot quelques habillements de peu de valeur.

Quand un Calmouc est appelé à prêter serment en justice, il applique contre sa bouche le canon de son fusil, et le baise; s'il ne possède pas de fusil, il prend une flèche, et, après l'avoir touchée avec la langue, il en applique la pointe sur le devant de sa tête.

L'épreuve du feu est ordonnée dans certains cas graves. Voici comment on y soumet les prévenus. On fait rougir une hache, ou bien on enflamme un morceau de bois, et l'accusé doit porter un de ces objets sur le bout des doigts, jusqu'à une distance de quelques toises, pour être déclaré innocent. On voit des Calmoucs si fort coutumiers du fait, qu'ils passent le fer d'un doigt sur l'autre sans être gravement blessés. Cet acte d'adresse est regardé comme une preuve incontestable de leur innocence.

Le code de Galdan ne régit les Calmoucs que dans des cas spéciaux; ces nomades sont soumis, pour les circonstances ordinaires, aux lois des pays dans lesquels ils vivent. Les lois de la Chine sont exécutées en Dzoungarie avec toute la rigueur possible, comme on pourra en juger par les deux exemples suivants, rapportés par M. Poutimtsev.

« L'interprète, dit le voyageur russe (1), arriva chez moi de bonne heure, et me dit qu'il fallait aller à l'instant même avec toute ma suite au bureau

(1) Voyez ci-devant, pages 175 et 176; et ci-après, page 178, col. 1.

(1) Voyez le *Magasin asiatique, ou Revue géographique et historique de l'Asie centrale et septentrionale*, publiée par J. Klaproth, tome I, page 192.

d'administration. Là, le chef donna ordre à ses subalternes de nous conduire hors de la ville (Tschougoutschak). Cette mesure nous surprit extrêmement. Nos gardes, interrogés sur la cause d'une pareille injonction, nous répondirent qu'ils l'ignoraient. Il fallut obéir.

« Arrivés hors de la ville, nous vîmes des soldats, le sabre nu, qui escortaient une charrette à deux roues sur laquelle il y avait un homme les mains liées derrière le dos. Douze gardes et trois membres de l'administration marchaient à la file et précédaient la charrette. Un de ces hommes placé au milieu portait quelque chose qui me parut être une tablette cachée sous une couverture, et avec une inscription chinoise. L'homme placé dans la charrette était un criminel que l'on conduisait au supplice. Deux soldats de l'escorte entrèrent bientôt dans une tente, et déposèrent la tablette sur une espèce de bureau. Quand le criminel fut arrivé, un officier s'approcha de nous, et nous fit dire par l'interprète : « *Par ordre de Sa Majesté l'Empereur*, nous ferons, dit-il (en montrant le criminel et un cheval qui était à côté de lui), couper la tête à ce malheureux pour avoir volé ce cheval. Quand vous serez de retour dans votre pays, vous pourrez dire que vous avez été témoins de cet acte de justice, et de l'exécution rigoureuse de nos lois. Vous ajouterez que non-seulement nos sujets fidèles, mais toute autre personne serait punie pour un délit semblable, sans égard pour son rang. »

« Le criminel se mit à genoux ; on lui banda les yeux avec une corde dont les deux bouts étaient tenus par deux bourreaux. Un troisième bourreau tenait à la main le glaive ; il en frappa le condamné sur le cou, mais, n'ayant pu réussir à détacher la tête, ses camarades vinrent à son aide, renversèrent le coupable contre terre, et achevèrent de lui couper la tête. Le malheureux qui fut exécuté de la sorte n'avait pas dix-huit ans. »

« Dans la nuit du 28 au 29 juillet, dit encore le même voyageur, les ouvriers attachés à la caravane attrapèrent un Calmouc qu'ils avaient surpris essayant de voler nos chevaux : Nous les attachions toujours pendant la nuit, d'après le conseil que nous avaient donné les gardes. Deux officiers, l'un Mandchou, l'autre Tsakhar, et sept soldats auraient dû se trouver cette nuit-là à leur poste ; mais on n'y avait laissé que deux Calmoucs, et cette négligence fut cause de la tentative dont la caravane faillit être victime. Le lendemain matin, les gardes arrivèrent accompagnés de leur interprète, et ils supplièrent M. Poutimtsev de ne pas porter plainte à l'administration, et de remettre entre leurs mains le voleur, qu'ils s'engageaient à punir. Dès qu'il leur eut été livré, ils lui appliquèrent cinquante coups de fouet. »

MARIAGES. Une loi défend aux filles de se marier avant l'âge de quatorze ans, et lorsqu'elles ont dépassé vingt ans ; celles qui sont fiancées peuvent, si leur futur refuse de les épouser, prendre un autre mari, après en avoir prévenu le chef du campement. L'époux est obligé de donner au père de la fille qu'il prend en mariage un certain nombre de têtes de bétail ; mais il reçoit en échange une dot qui consiste pour l'ordinaire en meubles et ustensiles de ménage. La loi n'est pas très-explicite sur ce point, et les clauses du contrat se discutent de gré à gré entre les parties.

Les Calmoucs contractent des engagements pour le mariage de leurs fils et de leurs filles, quelquefois même avant qu'ils ne soient nés ; et lorsque les enfants sont de sexe différent, on les marie ensemble dès qu'ils ont atteint l'âge requis. Ces sortes de promesses sont regardées comme inviolables, quoique les fiançailles aient lieu tandis que les enfants sont encore fort jeunes.

Le mariage ne peut se faire dans aucun cas avant la stipulation du nombre de chevaux et de chameaux, ou de la somme d'argent que le futur doit remettre aux parents de la jeune fille qui lui est destinée. Quand les parties ne peuvent pas s'entendre sur les clauses du contrat, et que l'homme tient réellement à sa fiancée, il emploie la ruse ou la force pour l'enlever, et du moment où il est parvenu à la faire entrer dans sa tente, les parents n'ont plus aucun droit sur elle. Les père et mère fournissent à leur fille des vêtements, des meubles, des coussins de feutre recouverts d'étoffes de soie, des couvertures pour le lit, enfin une tente neuve de feutre, ordinairement de couleur blanche. On demande ensuite au guelloung d'indiquer un jour heureux pour la célébration du mariage, et le futur, accompagné de quelques-uns de ses amis, monte à cheval pour aller enlever sa fiancée. Suivant l'usage presque invariable de tous les peuples nomades de la Tartarie, la famille et les amis de la jeune fille feignent d'opposer de la résistance; mais le marié, comme on s'en doute bien, finit toujours par enlever sa future compagne. Il la fait monter sur un cheval richement harnaché, et l'emmène au milieu des applaudissements et des décharges de mousqueterie de ses compagnons. Arrivés à l'endroit où ils ont planté leur tente, les mariés descendent de cheval, entrent dans leur nouvelle demeure avec leurs familles et le guelloung, puis ils s'agenouillent, et celui-ci leur donne la bénédiction nuptiale. Ils se relèvent ensuite, et debout, la tête tournée vers le soleil, ils adressent à haute voix des invocations aux quatre éléments. Après avoir lu plusieurs prières sur les deux époux, le guelloung ordonne qu'on délie les cheveux de la mariée, réunis en une seule tresse, suivant l'usage des jeunes filles, et qu'on les partage en deux, comme les femmes ont coutume de les porter. Il demande ensuite les bonnets des deux époux, les emporte hors de la tente, et, suivi d'un guetzull, il s'écarte jusqu'à une certaine distance, parfume ces bonnets avec de l'encens, et récite quelques prières. Il rentre ensuite, et donne les bonnets à une femme chargée des préparatifs de la noce. Celle-ci les place sur la tête des époux. Après cette cérémonie, on donne un repas auquel prennent part tous les assistants. C'est en général pendant ce festin que le père de l'époux livre les chevaux et le bétail stipulés dans le contrat.

Les gens riches font débarrasser de ses harnais et mettre en liberté le cheval qui a amené la jeune femme dans sa nouvelle demeure. Il devient la propriété du premier Calmouc assez heureux ou assez adroit pour s'en emparer. Cet usage a pour but de rappeler à la femme qu'elle doit vivre uniquement dans son ménage, et ne plus songer à retourner chez ses parents.

La jeune mariée conserve son voile jusqu'au moment où l'époux lui découvre le visage. Les demoiselles d'un haut rang choisissent des filles d'honneur qui les suivent lorsque le mari les enlève. Arrivée à l'endroit où l'on dresse la tente qu'elle doit habiter, la jeune femme jette son mouchoir, et le Calmouc qui s'en empare devient le fiancé de la fille d'honneur.

La mariée reste pendant un an enfermée chez elle, sans qu'il lui soit permis de recevoir des visites ailleurs qu'à l'entrée de sa tente. Après une année révolue, elle jouit d'une liberté complète. Chez les Calmoucs soumis à la Russie, dit Bergmann, quand une fille se marie, elle reste plusieurs mois, et, si le mari l'exige, un an, avant de rendre visite à ses parents. Le mariage, à ce qu'ils prétendent, ne serait point heureux si l'on négligeait l'accomplissement de cette pratique. Lorsque la jeune femme retourne chez eux pour la première fois, elle s'agenouille à l'entrée de la tente, où son père et sa mère vont la recevoir. Après cette cérémonie, les parents s'entretiennent librement avec leur fille. Le terme de la séquestration qui suit toujours le mariage est marqué par un grand festin.

Les noces des princes sont accompagnées de fêtes et de réjouissances publiques. On donne un repas splendide après la bénédiction nuptiale; les mets sont servis dans de grands plats de bois. Les gens qui les portent sont précédés d'un écuyer richement vêtu et orné d'une longue écharpe de toile blanche. Le repas est suivi de combats de lutteurs, de courses de chevaux et de plusieurs autres divertissements. Des prêtres en grand nombre récitent des prières à l'intention des jeunes mariés.

POLYGAMIE ET DIVORCE. La polygamie et le divorce existent, sinon de droit, du moins de fait, chez les Calmoucs. La femme infidèle peut être répudiée publiquement si le mari l'exige. Dans ce cas, on choisit le plus mauvais cheval de tout le campement, on lui coupe la queue, et l'on place dessus la femme, que l'on chasse ignominieusement au milieu des huées. Il faut dire, à la louange de ces nomades, que de pareils scandales sont rares, et pour l'ordinaire le mari renvoie sa femme sans éclat, en lui donnant quelques têtes de bétail pour la faire subsister.

La polygamie n'est pas générale, et les femmes jouissent d'une grande liberté. Leur sort paraît moins malheureux que celui des victimes enfermées dans les harems.

Naissances. Lorsqu'une femme est sur le point d'accoucher, on appelle un ou plusieurs prêtres, et le mari, armé d'un bâton, court autour de la tente pour éloigner les mauvais esprits, tandis que les prêtres, debout devant l'entrée, récitent des prières et implorent les bénédictions des dieux pour l'enfant qui va naître. Aussitôt après la délivrance, un des parents sort de la tente, et donne au nouveau-né le nom du premier objet qui frappe ses regards. M. Hommaire de Hell connut personnellement un prince calmouc dont le nom signifiait *petit chien*, et il eut occasion de rencontrer des personnes appartenant à la même nation et tout aussi singulièrement nommées. Après leurs couches, les femmes sortent voilées pendant plusieurs jours, et ce n'est qu'au bout d'un certain temps qu'elles peuvent assister aux cérémonies religieuses.

Funérailles. D'après les croyances des Calmoucs, il est très-important de connaître l'heure exacte de la mort; car les cérémonies funèbres se règlent d'après l'instant où la personne décédée a rendu le dernier soupir. Aussi ces nomades ne manquent-ils jamais, lorsqu'ils le peuvent, de se procurer une montre pour de semblables occasions.

Si un homme du peuple meurt un jour heureux, on l'enterre et l'on plante sur sa tombe un petit drapeau; s'il meurt un jour néfaste, son corps est placé sur le sol et recouvert d'une pièce de feutre ou d'une natte, et on l'abandonne aux bêtes, qui le dévorent. Les amis ou les parents du mort se tiennent en observation pour voir l'animal qui le premier déchirera le cadavre; et on décide, suivant l'espèce à laquelle il appartient, si l'âme du défunt est heureuse ou malheureuse.

Les princes ne sont jamais exposés de cette manière : mais s'ils meurent un jour néfaste, on dépose leurs restes dans la terre; et s'ils expirent un jour heureux, on brûle leur corps en grande pompe, et on élève sur le lieu où ils ont rendu le dernier soupir un petit monument pour y placer leurs cendres.

Bergmann assista aux funérailles d'un prince calmouc. On conserva le corps pendant trois jours, et le quatrième il fut livré aux flammes. Les principaux membres du clergé se rendirent dans la tente du défunt. Des prêtres d'un rang moins élevé se tenaient assis alentour, et le peuple était réuni dans le même endroit. On prononça un long discours. Le corps, assis sur une espèce de brancard, fut enveloppé d'une toile imbibée de poix. Sur la tête du mort, on avait placé une couronne de laquelle pendait un voile noir. Des joueurs d'instruments ouvraient la marche; ensuite venait le lama dans un palanquin; puis le corps, suivi par tous les membres du clergé, qui étaient nu-tête; après ceux-ci, on voyait une grande foule de peuple. Un bûcher avait été préparé à quelques centaines de pas de la tente du prince. La fosse, creusée à une profondeur d'environ quatre pieds, avait été remplie de matières combustibles; des trous pratiqués aux angles entretenaient un courant d'air. On plaça le corps sur une sorte de trépied. Le lama mit lui-même le feu au bûcher, puis il s'éloigna au son de la musique. Quelques personnes chargées de ce soin restèrent auprès du corps, sur lequel elles versaient continuellement de la poix. Le feu brûla pendant plusieurs heures. Quand il fut éteint, on recueillit les cendres, que l'on conserva comme des reliques. On éleva à la mémoire du défunt un petit monument de terre glaise et de jonc.

Les prêtres qui ont joui d'une réputation de sainteté sont brûlés, et l'on fait avec leurs cendres une statuette que l'on porte dans un *satza* ou *temple funéraire*. Les Calmoucs ont une vénération profonde pour les tombeaux de leurs prêtres. Ils y déposent des images et des offrandes, et y entretiennent une lampe. Dans le cas où elle viendrait à s'éteindre, le premier passant est tenu de la rallumer.

On trouve au milieu des steppes quelques satzas qui renferment les reliques des grands prêtres. Quand un de ces pontifes vient à mourir on brûle son corps, et l'on va en grande pompe porter les cendres dans le monument destiné à les recevoir. On y place aussi des images réputées saintes, et qui doivent veiller à la conservation des reliques du mort. La vénération que les Calmoucs éprouvent pour ces tombeaux est si grande, qu'ils osent à peine en approcher. M. Hommaire de Hell réussit à pénétrer clandestinement dans un satza : c'était un petit bâtiment carré de couleur grise, et percé de deux trous fort étroits, qui servaient tout à la fois de portes et de fenêtres. Le voyageur détacha quelques pierres, et se fraya ainsi un passage. Il ne trouva dans le tombeau que de petites idoles de terre cuite, rangées à terre le long des murs ; et, de distance en distance, des niches où étaient quelques images de papier, pourries par l'humidité. Le sol, de terre battue, et une partie des murs étaient recouverts de feutre. Le savant voyageur s'empara de deux statuettes, qu'il emporta comme souvenir. Suivant les croyances religieuses des Calmoucs, aucun forfait ne peut entrer en comparaison avec le sacrilége dont on se rend coupable en entrant dans ces asiles, considérés comme inviolables.

MALADIES. Les Calmoucs sont à l'abri d'un grand nombre d'infirmités qui affligent les nations policées. Ils éprouvent cependant plusieurs maladies, résultat de la manière de vivre qu'ils ont adoptée. Leur nourriture, composée en partie de viandes corrompues, cause chez eux des affections inflammatoires et putrides extrêmement dangereuses. L'abus des liqueurs spiritueuses, et en particulier de l'eau-de-vie de lait, ne leur est pas moins funeste. Ils sont sujets à une fièvre chaude épidémique qui enlève le malade en huit jours. On a calculé que lorsque cette fièvre règne dans un campement, elle emporte au moins une personne par tente. Dès qu'elle a signalé son apparition, on s'éloigne de ceux qui en sont attaqués.

La gale est aussi fort commune chez les Calmoucs. Leur malpropreté, leur nourriture et le manque d'exercice les prédispose à toutes les affections cutanées. La fumée qui règne dans les tentes, jointe à la réverbération du soleil dans les steppes, et peut-être aussi à l'abus de l'eau-de-vie de lait, occasionne parmi eux de graves ophthalmies (1), et ils portent quelquefois sur les yeux un bandeau de toile claire, pour ménager leur vue.

Les Calmoucs sont fort attachés à la vie ; aussi, dès qu'ils se sentent malades n'ont-ils rien de plus pressé que de faire appeler des médecins. Ceux-ci tâtent le pouls ordinairement aux deux bras. Ils recommandent souvent la diète ; mais leurs remèdes les plus ordinaires consistent en offrandes qu'ils font placer sur les autels des bourkhans.

Les membres du clergé tirent un parti fort avantageux de l'usage où sont leurs compatriotes d'invoquer les dieux pour recouvrer la santé. Dès qu'une personne tombe malade, ils récitent des prières à son intention ; si le malade est pauvre, le prêtre qui a prié pour lui s'empare d'une pelisse ou d'un manteau, sous prétexte qu'un mauvais génie s'y est logé et pourrait tourmenter le patient : si celui-ci est riche, il n'en est pas quitte à si bon marché. On admet aussi quelquefois que le mauvais esprit s'est réfugié dans le corps même du malade, et, dans ce cas, il faut de toute nécessité trouver un homme qui veuille bien lui donner asile. C'est d'ordinaire quelque pauvre diable qu'on charge, bon gré mal gré, des fonctions de bouc émissaire. On l'amène dans la tente du malade. Après différentes cérémonies bizarres, on lui impose le nom du possédé, et, suivant une croyance généralement admise chez les Calmoucs, le mauvais esprit passe au même instant dans le corps de cet homme, qui est chassé du campement avec toute sa famille, et il lui est défendu d'y reparaître jamais. Il peut aller s'établir dans un autre campement, mais à la condition de dresser sa tente dans un endroit séparé.

Peu de jours avant la mort du prince dont nous avons décrit les funérailles, les médecins, ne sachant quels moyens employer pour obtenir sa guérison,

(1) Voyez ci-devant pages 175 et 194.

s'étaient imaginé de recourir à la magie. Ils brûlèrent l'omoplate d'un mouton pour y lire la cause du mal, et ils finirent par savoir que les souffrances de ce chef tenaient à la malheureuse étoile de sa bru. « Si les membres de la khouroull ont véritablement découvert cela au moyen de leurs opérations mystérieuses, ou s'ils ne l'ont vu qu'avec les yeux de la superstition, c'est, dit Bergmann, ce que je vous laisse à penser ; et je suis bien persuadé que si je m'étais trouvé auprès du prince dans les derniers jours de sa vie, on m'aurait regardé comme la cause de sa mort ; on m'aurait encore attribué la maladie que ses enfants ont éprouvée pendant une partie de l'hiver, et la mort de la vieille princesse ; enfin la mort du prince n'eût été causée que par la colère des dieux envers un étranger qui travaillait audacieusement à mettre au jour les secrets du lamisme. Mais heureusement j'étais à Sarepta ; les effets de la superstition sont tombés sur une personne qui n'était pas moins innocente que moi, sur l'épouse du fils aîné du prince. Une semaine avant la mort de celui-ci, on ordonna à la jeune femme de retourner chez ses parents. Elle se vit contrainte de quitter la demeure de son époux. Maintenant que les dieux n'ont pas récompensé ce sacrifice, on a invité cette jeune femme à revenir ; mais elle se refuse à le faire : sa fierté blessée s'y oppose. »

MONGOLIE.

ÉTENDUE ET LIMITES. La Mongolie est un plateau vaste et élevé, borné à l'est par la Mandchourie, à l'ouest par le Turquestan oriental et la Dzoungarie, au nord par la Russie asiatique, dont elle est séparée par des chaînes de montagnes ; au sud elle confine avec le Tibet et la grande muraille de la Chine. La Mongolie s'étend entre 33° et 53° de latitude nord et 72° et 122° de longitude est.

MONTAGNES. On trouve dans la Mongolie plusieurs chaînes de montagnes dont la nomenclature offrirait peu d'intérêt. Nous nous bornerons à mentionner celles de ces montagnes qui rappellent quelques souvenirs historiques.

LE BOURKHAN-OOLA, ou *montagne divine* (1), est célèbre par le voisinage du lieu où naquit *Gengiskan*.

LE TONO-OOLA est situé sur la rive droite du Kherouloun. L'empereur Khang-hi s'y arrêta dans le mois de juin 1696, pendant qu'il était en campagne pour combattre Galdan, prince des Dzoungares, et il fit graver sur le roc des vers dont le sens est : « Que le désert de Gobi est immense ! Que le Kherouloun est large et profond ! C'est ici que six corps d'armée, obéissant à mes ordres, ont déployé leur courage ; semblables à la foudre, ils ont tout ébranlé ! Le soleil et la lune les ont vus avec épouvante ; frappé de leurs traits, l'ennemi a disparu, et les déserts au loin sont rentrés dans le calme de la paix. »

LE KHAN-OOLA est situé sur la rive gauche de la Tola. Ce fut dans le voisinage de cette montagne que Khang-hi détruisit l'armée des Dzoungares en juin 1696. Pour transmettre à la postérité le souvenir de cette importante victoire, il fit graver sur le roc l'inscription suivante : « Le ciel nous a prêté son secours puissant pour abattre nos ennemis et détruire les méchants ; ces bêtes féroces (les Dzoungares), épuisées par la résistance, s'étaient cachées à l'ouest. Le ciel secondait nos efforts. Bientôt ils tombèrent sous le fer de mes troupes. Au premier coup de tambour, leurs tentes plantées dans le désert furent abandonnées. J'ai fait graver sur cette roche le récit des hauts faits de l'armée victorieuse. »

LE TSAGAN-TSILOO, à 80 lieues environ au nord de Khalgan, est situé près de la ligne des corps de garde de la frontière. Cette montagne et quelques autres des environs furent traversées par l'empereur Khang-hi lorsqu'il combattait Galdan. Il y érigea un monument de pierre avec une inscription qui signifie en substance : « Tout l'espace qu'em-

(1) Cette montagne est encore appelée *Ty li ven Phou tha* et *Dourben Pouta* (Voyez Timkovski, *Voyage à Peking*, tome II, page 226 de la traduction française) ; *Diloun Bouldac* ou *Deligoun Bouldac* (voyez *Histoire des Mongols depuis Tchinguizkhan jusqu'à Timour Bey ou Tamerlan*, par M. le baron C. d'Ohsson, tome 1, page 36 et note). M. d'Ohsson nous apprend que *bouldouc* ou *bouldac* veut dire *colline*, en mongol. L'Onon prend sa source dans le Bourkhan-Oola.

brasse la voûte du ciel est peuplé de mes enfants. Je rétablis la paix dans l'étendue de mes domaines. J'écrase les serpents et les reptiles ; les génies qui président aux lacs, aux montagnes, aux pâturages et aux douces fontaines secondent mes entreprises. Cette pierre en transmettra la mémoire à la postérité. »

RIVIÈRES. La Mongolie, principalement dans le nord, est arrosée par un assez grand nombre de rivières, parmi lesquelles on peut citer la Sélinga, l'Orkhon et la Tola.

Le Khérouloun et l'Onon forment, par leur réunion, l'Argoun ou Amour, nommé encore *Sakhalien-Oula* et *Keloung-Kiang*.

LACS. Il existe dans la Mongolie plusieurs lacs, dont le plus important est le Khouloun-noor, formé par les eaux du Khérouloun.

CLIMAT. Le climat de la Mongolie est froid. C'est une conséquence de la grande élévation de ce plateau, et aussi peut-être de l'abondance de *koudjir* ou sulfate de natron, dont les steppes sont couvertes en plusieurs endroits. Les jésuites français remarquèrent que l'hiver est infiniment plus rigoureux dans les hautes contrées de la Mongolie situées entre les 43e et 45e degrés de latitude nord, que dans les parties de la France qui se trouvent sous la même latitude. M. Timkovski vit dans cette contrée le thermomètre de Réaumur descendre, pendant les mois d'octobre et de novembre, à 10, 15 et même 18 degrés au-dessous du point de congélation (1).

Il neige et il pleut beaucoup dans certaines parties du pays, et notamment entre la ville russe de Kiakhta et l'Ourga. En été, les montagnes sont enveloppées de brouillards épais, et l'on y éprouve pendant la matinée un froid très-vif.

Le vent souffle presque continuellement dans les steppes situées entre l'Ourga et le pays des Tsakhares. « Cette région, la plus élevée de la Mongolie, attire et retient, dit M. Timkovski, des nuages de neige qui amènent des torrents de pluie (2). C'est pour cette raison que les neiges sont très-rares dans le désert de Gobi, tandis qu'on y éprouve souvent des sécheresses très-funestes au bétail. »

« La Tartarie occidentale, dit le révérend père Bruguière (1), est un pays pauvre et très-froid. Sivang n'est qu'au 41e degré 39 minutes de latitude, c'est-à-dire plus au midi qu'aucune ville de France ; et cependant il y fait aussi froid qu'en Pologne. Les gelées blanches, quoique peu sensibles dans un climat si sec, commencent à la fin d'août ou à peu près. Dans les vallées qui sont peu échauffées par les rayons du soleil, il y a de la glace toute l'année. En hiver, ici, et surtout dans les environs, le thermomètre de Réaumur descend jusqu'à 30 degrés et quelquefois plus bas. Alors toutes les liqueurs gèlent, excepté l'esprit-de-vin. Je disais la messe dans une petite chapelle remplie de monde ; il y avait quelquefois deux brasiers à côté de l'autel ; on conservait le vin dans un vase d'eau chaude ; malgré ces précautions, j'avais bien de la peine à empêcher que les saintes espèces ne gelassent. Dans ces occasions, on ne peut toucher aucun métal ; si peu que l'on ait les mains moites, l'objet se colle aussitôt fortement aux doigts, et on ne l'enlève qu'en arrachant quelquefois l'épiderme. Lorsque l'on sort et que l'on reste quelque temps en plein air, les vapeurs qui s'exhalent par la respiration se congèlent sur la barbe et sur la moustache, et forment des glaçons de l'épaisseur du doigt. Quand on voyage, on est obligé de se couvrir le nez et les oreilles avec une espèce de capuchon fourré qui descend sur les épaules ; sans cette précaution, on serait exposé à les perdre. Cela n'empêche pas que les poils des moustaches se collant avec ceux de la barbe, la bouche ne reste, pour ainsi dire, fermée à clef. Alors on respire plus par le nez que par la bouche. Tout ce que je rapporte ici est fondé sur ma propre expérience, et sur celle des autres aussi. Transporté tout d'un coup des chaleurs de la ligne dans un climat

---

(1) Voyez tome II, page 289.
(2) Tome II, p. 290.

(1) Voyez un article intitulé *les Mantchoux, les Mankoux et les Houitzes ;* — *Sivang*, dans la *Revue de l'Orient*, XXXIIIe cahier, janvier 1846, page 16.

si froid, j'aurais dû, ce semble, m'en ressentir. Je n'ai éprouvé cependant aucun effet sensible de l'influence d'une telle température. Comme on est toujours couvert de la tête aux pieds, que le ciel est constamment beau et le soleil brillant, on s'aperçoit peu de l'intensité du froid. Néanmoins mes compagnons de voyage se sont un peu ressentis de la dureté du climat : ils ont été malades tout le temps que le thermomètre de Réaumur s'est soutenu de 20 à 30 degrés au-dessous de zéro.

« Voici la graduation croissante ou décroissante du froid, selon les différents mois de l'année :

	Degrés au-dessous de zéro du th. de Réaum.
8 septembre de	3 à 4
Du 20 au 22 octobre	9 1/2
Fin de novembre	14 1/2
31 décembre	28 1/5
7 janvier, près de	26
Aux environs de Sivang	30
Mi-février	20
Du 18 au 20 mars, presque	17
15 avril	13
8 mai	10
7 juin	3/4

« Je pense que le 20 du même mois le thermomètre pouvait être au moins à zéro ; je n'eus pas occasion de l'observer.

« Tout le mois de juillet a été frais et pluvieux.

« A la fin du mois d'août, il m'a paru que le thermomètre était à zéro.

« Les 25, 26 et 27 septembre, fortes gelées.

« Depuis la fin de l'été jusqu'à la mi-février, le ciel est ordinairement beau, et l'air très-pur ; dans les grands froids, l'atmosphère est aussi azurée dans l'endroit opposé au soleil qu'au zénith. On ne voit pas comme en France, même dans les plus beaux jours, ces légers nuages ou ces vapeurs blanchâtres qui ceignent l'horizon d'une espèce de gaze plus ou moins épaisse ; le soleil est chaud dans les lieux abrités, et dans une position favorable il dégèle un peu, mais l'air est toujours glacial.

« De la fin de novembre jusqu'au 1er avril on passe sur la glace la petite rivière qui coule devant Sivang. La terre est gelée bien avant dans le mois de mai. Il est bon d'observer que l'hiver dernier a été fort doux, comparé aux hivers précédents ; tout le monde en convient. Quelle aurait été l'intensité du froid si l'hiver eût été rude !

« Les habitants de la Tartarie ne craignent point le froid ; tant que la température n'est qu'à 16 ou 18 degrés, ils disent qu'il ne fait pas froid, mais frais seulement. Comme les chapelles où nous célébrions les offices divins étaient trop petites, une partie des fidèles étaient obligés d'entendre la messe dans une cour. Il y avait de quoi frissonner quand on voyait des hommes et des femmes à genoux, par un froid terrible, sur un tas de neige ou de glace, pendant une heure et demie ou deux heures. Les mendiants qui ne trouvent aucun abri pour passer la nuit se blottissent dans la neige. L'expérience semble démontrer en effet que dans les contrées septentrionales le thermomètre descend moins sous la neige qu'à la surface.

« Les animaux semblent participer de ce tempérament. Les bêtes de somme et les autres animaux domestiques n'ont ni étables, ni écuries, ni abris ; quelque froid qu'il fasse, ils sont toujours logés à la belle étoile ; ils ne s'en ressentent pas ; on dirait même qu'ils ont plus de vigueur. Au contraire, les chaleurs de l'été, qui ne sont pas assurément excessives, débilitent leurs forces. La nature semble avoir prévu cet inconvénient ; elle les a pourvus d'une double fourrure : tous ces animaux sont couverts d'un poil long, épais et crépu.

« Il neige rarement, et fort peu chaque fois. Dans le printemps, l'air n'est pas si pur qu'en hiver ; l'atmosphère est souvent surchargée de légers brouillards, dont la réfraction est désagréable à la vue ; ils brisent et réfléchissent en tout sens les rayons du soleil ; le ciel ressemble à du verre dépoli. Il s'élève quelquefois des vents du nord-ouest très-forts ; ils entraînent des tourbillons de poussière qui produisent l'effet d'un nuage épais. L'été est la saison de l'année où il pleut davantage. En plein air à l'ombre le thermomètre de Réaumur monte jusqu'à 30 et 32 degrés ; dans les chambres il monte rarement à 27. A l'ombre la différence du grand froid et des grandes chaleurs est de 60 degrés Réaumur.

« La contrée de la Tartarie où se trouve Sivang n'a commencé à être cultivée que depuis quatre-vingts ans. Le froid, quelque grand qu'il y soit encore, l'est déjà beaucoup moins qu'autrefois : on y sème aujourd'hui des grains qu'on ne pouvait pas semer il y a trente ans. On sait qu'à mesure que les défrichements augmentent, le froid diminue proportionnellement. Les terres cultivées conservent la chaleur et absorbent mieux les rayons du soleil que les terres en friche. »

DÉSERT DE GOBI, de *Cobi* ou de *Chamo*. Ce désert est le plateau le plus élevé de l'Asie Centrale. Il commence dans le pays des Khalkhas et se prolonge jusqu'à celui des Tsakhares.

La steppe aride de Gobi est coupée par des montagnes qui se prolongent de l'est à l'ouest. On ne trouve de bois nulle part dans ce désert. Les seules traces de végétation qu'on y remarque sont des touffes d'une herbe maigre et chétive appelée *souli*. M. Timkovski observa que les chevaux qui mangent cette plante et s'abreuvent ensuite avec de l'eau saumâtre, sont attaqués d'une violente dyssenterie à laquelle ils succombent presque toujours. Mais ce voyageur paraît croire que le souli n'est dangereux pour les animaux que dans certaines conditions. Malgré les désagréments attachés à un pareil séjour, le désert de Gobi n'est point malsain. Les Mogols, il est vrai, y perdent une notable partie de leur bétail, qui succombe à la sécheresse de l'été et aux froids extrêmes de l'hiver. Mais tous les animaux qui résistent à ces épreuves, offrent l'apparence de la santé et sont très-forts. La sécheresse de l'atmosphère et les vents continuels qui soufflent dans ce désert empêchent la multiplication des petits insectes qui, dans des contrées plus heureuses, tourmentent les bestiaux. On ne trouve dans le désert de Gobi ni cousins, ni taons, ni serpents, ni grenouilles. Toutefois, cette circonstance ne suffirait pas à elle seule pour expliquer la vigueur et la bonne santé du bétail. On suppose qu'il existe dans le voisinage de ce désert quelques oasis inconnues aux voyageurs, et dans lesquelles les animaux vont paître; on croit aussi que la nature saline du terrain dans quelques endroits donne à l'herbe des qualités nutritives qu'elle ne possède pas ailleurs.

Quelques misérables tentes, un petit nombre de cabanes noires disséminées dans cette vaste et triste solitude, en abritent les rares habitants.

On voit dans le désert de Gobi des silex de différentes espèces, et surtout des cornalines rouges, des calcédoines et des agates de diverses couleurs.

ASPECT GÉNÉRAL DU PAYS. Un respectable et zélé missionnaire, le révérend père Huc, après avoir décrit nos pays civilisés, continue ainsi : « En Tartarie (1), rien de tout cela ; ce sont des prairies et des solitudes immenses. Dans chaque royaume on rencontre seulement une ville ou plutôt une modeste habitation où le roi fait sa résidence. Les populations vivent sous des tentes, sans jamais avoir de poste fixe ; elles campent tantôt ici et tantôt là, prenant pour règle de leurs migrations successives la variation des saisons et la bonté des pâturages.

« Aujourd'hui une vaste étendue de terrain offre l'aspect le plus vivant et le plus animé. Sur le fond vert de la prairie on voit s'élever des tentes de diverses grandeurs ; tout à l'entour, dans les gorges des montagnes, sur le versant des collines, aussi loin que la vue peut s'étendre sur l'horizon, l'œil ne découvre que des troupeaux immenses de bœufs, de chameaux et de chevaux. Dans la plaine, ces grands troupeaux ne se font distinguer que par leurs ondulations ; on dirait la mer qui moutonne et qui commence à grossir. Cependant ce tableau est sans cesse sillonné par des Tartares à cheval qui, armés d'une longue perche, galopent de côté et d'autre, pour réunir à la masse du troupeau les animaux qui s'en sont écartés. A l'endroit où sont les tentes, ce sont des enfants qui folâtrent et badinent, des matrones qui font cuire le lait ou vont puiser de l'eau à la citerne qu'on a creusée la veille. Le lendemain ce paysage, aujourd'hui si pittoresque et si vivant, n'est plus qu'une vaste solitude.

---

(1) L'auteur désigne par le nom de *Tartarie* ou *Tartarie mongole* la contrée que nous appelons *Mongolie*.

Hommes, troupeaux, habitations, tout a disparu. Une fumée noire et épaisse qui s'élève çà et là de quelque foyer mal éteint, le croassement des oiseaux de proie qui se disputent des débris de chameau abandonnés, voilà les seuls indices qui annoncent que le nomade mongou (1) a, la veille, passé par là. Et si l'on me demande pour quelle raison ces Tartares ont si brusquement abandonné ce poste, je répondrai : Leurs troupeaux avaient dévoré toute l'herbe qui couvrait la plaine : ils les ont donc poussés devant eux, et ils ont été chercher plus loin, n'importe où, de nouveaux et plus frais pâturages. Ces grandes caravanes s'en vont ainsi à travers le désert sans dessein formé ; elles dorment où la nuit les surprend, et quand ces pasteurs ont rencontré un endroit à leur fantaisie, ils y dressent leurs tentes.

« La Tartarie offre, en général, un aspect sauvage et profondément mélancolique. Il n'est rien qui y réveille le souvenir de l'agriculture et de l'industrie ; les pagodes et les *lamaseries*, ou couvents de religieux idolâtres, sont les seuls monuments qu'on rencontre. Les Tartares y attachent une grande importance. La religion est tout pour eux ; le reste est, à leurs yeux, vain, fugitif, et indigne d'occuper leur pensée. Aussi tout ce qui ressent la richesse et l'opulence, tout ce qui porte l'empreinte des arts se trouve concentré dans les pagodes ; par la même raison, tout ce qui se rattache de loin ou de près aux sciences et aux lettres ne dépasse pas l'enceinte des lamaseries (2). »

POPULATION. M. Timkovski évalue la population de la Mongolie à 2,000,000 d'âmes. Cette estimation est un peu conjecturale ; aucune donnée positive n'existe à cet égard, et, malgré les dénombrements qu'il fait faire, le gouvernement chinois ne sait pas exactement lui-même combien il possède de sujets dans cette province de l'empire.

RACES ET TRIBUS. La Mongolie est peuplée presque entièrement par différentes tribus de race mogole, qui donnent leur nom au territoire qu'elles habitent. Les plus importantes de ces tribus sont celles des Khalkhas, des Sounites et des Tsakhares. On voit encore sur différents points du même pays des Chinois et des Ouriankhaï ou Soïoutes. Ce dernier peuple, bien que considéré par M. Timkovski comme appartenant à la souche mogole, n'est, comme l'a prouvé M. Klaproth, qu'un ramas de pauvres familles samoïèdes et turques, presque sauvages, et sur lesquelles nous n'aurons, par conséquent, que peu de chose à dire.

SOÏOUTES. Les Soïoutes payent à la Chine un tribut qu'ils acquittent en fourrures de zibelines, de loups, de renards ou d'écureuils. Trois zibelines comptent pour six loups, douze renards ou cent écureuils.

Quelques Soïoutes élèvent un petit nombre de bœufs, de moutons, de chèvres et de chevaux. Plusieurs tribus de ce peuple possédaient autrefois des rennes ; mais une épizootie les détruisit tous. Les Soïoutes négligent l'agriculture. Ils se nourrissent de chair, de racines, de pignons de pin, et lorsqu'ils manquent de ces aliments, ils ont recours au thé en brique fortement salé.

Ils sont extrêmement malpropres et fort grossiers. En été même ils sont vêtus de peaux de mouton qu'ils portent sur le corps jusqu'à ce qu'elles tombent en lambeaux.

Plusieurs Soïoutes n'ont point de bestiaux, et vivent dans un dénûment extrême. Lorsqu'en hiver ils ne trouvent pas de racines pour s'en nourrir, ils mangent d'abord les courroies et les sacs de cuir qu'ils possèdent, puis, lorsqu'ils sont poussés par la faim, ils deviennent anthropophages, et dévorent même leurs propres enfants. Si avant le printemps ceux-ci ne suffisent pas, le mari dévore sa femme ou la femme son mari, ou bien les enfants devenus grands se repaissent de la chair de leurs père et mère. On ne peut malheureusement pas révoquer en doute ces monstruosités ; Klaproth, si profondément versé dans la géographie et l'ethnographie de l'Asie Centrale, les a consignées dans son *Magasin asiatique* (1), et M. Bal-

---

(1) C'est-à-dire *Mogol* ou *Mongol*. Cette légère variante ne saurait arrêter le lecteur.
(2) Voyez *Excursion dans la Tartarie mongole*, par le révérend père E. Huc, citée dans la *Revue de l'Orient*, XXXIV° cahier, février 1846, page 111.

(1) Tome Ier, p. 140.

bi(1), qui n'est pas une autorité moins imposante pour trancher cette question, accuse aussi les Soïoutes d'être anthropophages.

Les riches n'ont aucune espèce de compassion pour les pauvres qui appartiennent à la même race qu'eux. Ce n'est pas notre faute, disent-ils, si ces gens n'ont rien, mais celle de leurs parents, qui ne leur ont rien laissé. Pourquoi les pauvres ne s'efforcent-ils pas d'améliorer leur condition? Les riches ne leur doivent rien. Si un Soïoute près de mourir de faim amène à un chef de famille plus puissant que lui sa fille ou son fils capable de travailler, le chef, lorsqu'il a besoin de gens pour le servir, prend les enfants du pauvre et en fait des esclaves; mais il ne donne rien, pas même un morceau de viande au père et à la mère, et ceux-ci n'ont d'autre alternative que de se laisser mourir de faim ou de se manger l'un l'autre.

On lit dans la relation d'Iegor Pesterev (2) que, peu de temps avant son voyage, un Soïoute du nom de Tchékhrydaï, chassé des forêts par la faim, ainsi que sa femme, ses deux fils et une fille, essaya de placer les trois enfants en esclavage chez des gens riches de sa tribu, afin que ces malheureuses créatures ne mourussent pas d'inanition. Les chefs auxquels il s'adressa consentirent à prendre les garçons; mais ils refusèrent la fille, et ne voulurent donner aux parents ni vêtements ni nourriture. Alors, poussés par la faim, Tchékhrydaï et sa femme mangèrent cette infortunée. Ensuite le mari dévora sa femme, et quelque temps après on le trouva lui-même étendu mort dans sa iourte.

Le gouvernement chinois parut s'émouvoir à la vue de ces atroces calamités : chaque Soïoute reçut de l'empereur un cheval, une vache, une brebis et une chèvre; et ce peuple fut transporté de la frontière sur les bords du lac Tochi-noor ou Toudzi-noor.

Le vol, et surtout le vol de bétail, est puni avec une excessive rigueur parmi les Soïoutes. L'homme qui s'en est rendu coupable est mis à genoux et frappé sur le visage, jusqu'à ce que ses joues enflent au point qu'on ne lui voie plus les yeux. Une fois dans cet état on lui casse les jambes à coups de massue, et on l'abandonne sans s'inquiéter de ce qu'il pourra devenir.

DESCRIPTION DU PAYS DES KHAL-KHAS.

Cette province est bornée au nord par la Sibérie, à l'ouest par le Turquestan oriental et le gouvernement d'Ili, au sud par le pays des Sounites, et à l'est par la Mandchourie.

Les Khalkhas ou *Mogols jaunes* forment la plus nombreuse, la plus riche et la plus illustre des tribus de leur race qui sont soumises à la Chine. Ils font remonter leur origine aux Mogols chassés de cet empire en 1368 par le fondateur de la dynastie des Ming, et qui se retirèrent à cette époque sur les bords de la Sélinga, de l'Orkhon, de la Tola et du Khérouloun.

Plusieurs villes s'élevaient autrefois dans cette contrée de la Mongolie. Des ruines assez considérables existent encore sur les bords du Khérouloun. On y trouve quelques fondations de bâtiments détruits, des restes de murs et des pyramides écroulées.

Les Khalkhas furent gouvernés par un souverain qui descendait de Gengiskan. Vers la fin du dix-septième siècle ils passèrent sous la domination des Chinois, auxquels ils avaient demandé du secours contre les Calmoucs de la Dzoungarie, comme nous l'avons déjà remarqué ci-devant (1). Ils furent à cette époque divisés par bannières.

L'empereur de la Chine entretient des troupeaux et des haras dans le pays des Khalkhas.

C'est dans cette province, sur la rive gauche de l'Orkhon, et non loin des sources de ce fleuve, que l'on doit placer l'ancienne Karakhorin ou Caracorum (2), résidence ordinaire des premiers successeurs de Gengiskan, et capitale *du plus vaste empire qui ait jamais existé.*

---

(1) Voyez *Abrégé de géographie*, pages 670 et 779 de la troisième édition.
(2) Voyez le *Magasin asiatique* de Klaproth, tome 1, page 150.

(1) Voyez pages 165 et 166.
(2) Voyez Klaproth, cité par M. Balbi, *Abrégé de géographie*, pages 779 et 780 de la troisième édition.

Les seules villes qu'on trouve dans le pays des Khalkhas sont Maïmatchin, Ourga ou Kouré, et Ouliassoutaï.

Maïmatchin (1) est bâtie sur l'extrême limite septentrionale du pays des Khalkhas, à soixante toises de distance de la ville russe de Kiakhta. Au milieu du court espace qui les sépare, on remarque deux poteaux de la hauteur de dix pieds et portant chacun une inscription, l'une en russe et l'autre en mandchou, destinées à faire connaître les limites respectives de l'empire de Russie et de la Chine.

Un fossé de trois pieds de largeur entoure Maïmatchin. Cette ville forme un carré long de 350 toises et large de 200. Au milieu de chaque face du carré se trouve une porte; on a bâti au-dessus des corps de garde de bois qui servent à loger la garnison composée de quelques Mogols en guenilles et armés de bâtons. Ces gens doivent maintenir l'ordre et la tranquillité, surtout pendant la nuit. Les maisons de Maïmatchin, au nombre d'environ deux cents, sont bâties à la manière des Chinois. Les édifices publics les plus remarquables sont l'hôtel de l'inspecteur du commerce, les deux pagodes, le théâtre et la mosquée. Le gouvernement du Céleste Empire a fait élever en dehors de Maïmatchin une enceinte de bois haute de quatre toises, pour empêcher que les étrangers ne puissent voir ce qui se passe dans les rues de la ville.

Les négociants chinois qui se trouvent à Maïmatchin n'y résident que temporairement; ils s'y rendent pour arranger leurs affaires de commerce, et en partent dès qu'elles sont terminées. On ne tolère pas de femmes chinoises dans cette ville.

DESCRIPTION DU PAYS ENTRE MAÏMATCHIN ET L'OURGA.

La contrée qui sépare Maïmatchin de la ville d'Ourga est assez belle et offre un aspect pittoresque et animé. En sortant de Maïmatchin, on entend de tous côtés les mugissements des bœufs et des chameaux. « De grands troupeaux, dit M. Timkovski, paissaient çà et là; des chevaux couraient en liberté; la fumée s'élevait du milieu de plusieurs tentes de feutre. Ce tableau de la vie nomade, si nouveau pour nous, nous rappela les temps heureux de l'existence patriarcale. Quelques Mogols de la garde de la frontière que les Chinois empêchent de faire le commerce à Kiakhta, croyant trouver une occasion favorable, vinrent nous offrir des chameaux. Je rejetai leurs propositions dans l'espoir d'en obtenir de meilleures à l'Ourga (1). »

La saison ayant été très-pluvieuse, le voyageur russe trouva la plaine couverte d'eau et de boue. L'ambassade arriva bientôt à un endroit plus élevé d'où l'on apercevait parfaitement la ville russe de Kiakhta. On continua à marcher vers le sud, à travers une petite forêt de bouleaux et de pins qui couronne la hauteur. On ne voyait nulle part des terres labourées; mais la vue s'étendait sur une plaine tapissée d'herbes que les pluies avaient fait pousser dans ce sol fertile. Le chemin passait sur un terrain sablonneux; il était sillonné par des empreintes de roues et rempli d'ornières. On rencontre bientôt une grande vallée située entre des rochers à pic, et traversée par une petite rivière. Il existe dans les environs une grande quantité de bêtes sauvages. Le chef d'une station voisine alla au-devant de l'ambassade et salua, à la manière des habitants du pays, les différentes personnes qui la composaient. Il sauta à bas de son cheval, fléchit le genou gauche devant M. Timkovski, appuya son bras droit sur le côté gauche du fonctionnaire russe, et pressant le côté droit avec sa main gauche, il s'écria : *Amour*, c'est-à-dire *paix, tranquillité*; ensuite il remonta à cheval, et conduisit la petite caravane jusqu'aux iourtes. Un grand nombre de curieux s'étaient rassemblés autour de la station pour voir les Russes. M. Timkovski reçut dans sa tente de feutre la visite de plusieurs Mogols. Il leur fit distribuer du pain et de la viande :

---

(1) Ce nom est une altération de *mai mai tchin*, expressions qui signifient *entrepôt* ou *lieu destiné uniquement au commerce*. Voyez Klaproth, dans le *Voyage de Timkovski*, tom. 1, page 64, note.

(1) Tome I, page 13 de la traduction française.

ces gens se retirèrent fort satisfaits, élevant au-dessus du front, en signe de reconnaissance, les cadeaux qu'ils avaient reçus. M. Timkovski remarque qu'ils aiment beaucoup le pain.

Le 2 septembre, pendant la nuit, le thermomètre de Réaumur marqua 3 degrés au-dessous de zéro. L'air est toujours froid dans ce pays entouré de hautes montagnes. Depuis Maïmatchin, dont la position est assez élevée, on monte constamment jusqu'au désert de Gobi; on s'aperçoit de cette disposition du terrain au refroidissement graduel de l'atmosphère.

A une petite distance au delà des montagnes s'étend une vallée profonde dans laquelle M. Timkovski aperçut des iourtes éparses et quelques bouleaux solitaires. On descend dans cette plaine par un chemin étroit, au milieu des rochers escarpés du Tsaganoola ou *Montagne-Blanche*, dont le pied, dans certaines saisons, se revêt d'une herbe haute et épaisse. Les rochers sont couverts d'arbres et particulièrement de bouleaux. Le bois du pays est en général humide, éclate et jette au loin des étincelles qui brûlent et endommagent les vêtements et tous les objets qui se trouvent dans les iourtes. La mauvaise qualité de ce combustible, jointe à sa rareté dans quelques autres parties de la Mongolie, a fait contracter aux habitants l'habitude d'employer pour le chauffage le fumier de bœuf, de vache ou de cheval, séché et partagé en mottes. On donne à cette préparation le nom d'*argal*.

« A peu près à la moitié de notre chemin, dit M. Timkovski, entre les rivières d'Ibitsykh et d'Iro, nous rencontrâmes, sur le sommet de la montagne, deux Mogols avec sept chameaux qui revenaient de l'Ourga. Ils étaient allés porter des présents au vang (1) de la part d'un fonctionnaire public. C'est un usage reçu parmi les personnes qui briguent un emploi plus avantageux que celui qu'elles occupent. Du lieu élevé où nous nous trouvions, on découvrait une plaine entourée de montagnes. Elle avait une étendue de deux lieues et demie environ, et s'inclinait d'une manière sensible jusqu'aux rives de l'Iro. On y remarquait çà et là des champs de millet et de quelques autres graminées que l'on cultive comme fourrage. On les coupe avec de petites faux à manche court, semblables à celles dont se servent les Bouriates. On n'attend pas que le foin soit sec pour le réunir en meule.

« Un lama (1) d'un âge très-avancé qui, monté sur un cheval gris, allait visiter ses champs, se joignit à notre caravane. Il tenait dans une main un chapelet qu'il élevait vers le ciel. Ce prêtre de Bouddha répétait continuellement les mots *Om ma ni bat me khom*, qu'il accompagnait de profonds soupirs. Il les prononçait avec le ton que les Mogols emploient lorsqu'ils font leurs prières, ton qui ressemble beaucoup au son d'une contre-basse, ou au bourdonnement des abeilles. Tout sectateur de Bouddha est obligé de réciter cette oraison jaculatoire aussi souvent qu'il le peut, en se livrant à des méditations pieuses. Afin que les fidèles ne l'oublient pas, elle est écrite sur la toile, sur le papier, sur le bois et sur la pierre dans les temples, dans les iourtes et sur le bord des chemins. Les lamas mogols prétendent que les mots *Om ma ni bat me khom*, auxquels ils attachent un pouvoir mystérieux et surnaturel, exemptent les croyants des peines de la vie future, augmentent les bonnes qualités, et nous rapprochent de la perfection divine (2). »

Près des bords de l'Iro, à l'est de la route que suivit l'ambassade russe, s'élève un rocher à pic formant l'extrémité d'une chaîne de montagnes qui s'étend sur la rive droite de cette rivière. Au sommet du rocher on remarque un *obo* ou monceau de pierres; on en voit

(1) Le titre de *vang* correspond à celui de *vice-roi.* Voyez Timkovski, *Voyage*, tome 1, page 135 et *passim*.

(1) Le nom de *lama* employé par les Calmoucks et les Mogols n'a pas chez ces deux peuples la même acception : parmi les premiers il désigne un pontife (voyez ci-devant page 183), et parmi les seconds un simple prêtre. Il ne faut pas oublier cette distinction importante.

(2) Cette prière ou cette formule, qui a donné lieu à de nombreuses et longues explications mystiques parmi les sectateurs de Bouddha, est regardée comme une égide toute-puissante contre les malheurs, les enchantements et les fascinations. M. Klaproth la rend par : *O lotus précieux.*

de semblables sur presque toutes les hauteurs.

« L'habitant de ces steppes, dit M. Timkovski, convaincu de l'existence d'un être suprême, incompréhensible, tout-puissant, dont le pouvoir s'étend sur toute la nature, croit que son esprit bienfaisant se manifeste plutôt dans les objets qui frappent la vue par leurs grandes dimensions : aussi un vaste rocher, une haute montagne, un arbre touffu, ou une large et profonde rivière, sont-ils l'objet de la vénération du Mogol. C'est là qu'il élève avec respect, d'après le conseil d'un lama, des *obos* ou *autels de pierre, de sable, de terre* ou *de bois*, devant lesquels il se prosterne pour adorer la Divinité. En temps de guerre, il demande le secours de cet être surnaturel pour vaincre son ennemi et défendre le pays où il est né; il l'implore dans les maladies qui affligent sa famille ou détruisent son bétail, et dans tous les malheurs qu'il éprouve. Tout Mogol qui rencontre un obo descend de cheval, se place au sud de cet autel, le visage tourné vers le nord, se prosterne plusieurs fois jusqu'à terre, et dépose son offrande. J'ai vu souvent sur des obos des touffes de crin de cheval : ce sont les gages des prières des cavaliers nomades pour la conservation des animaux compagnons de leur existence. Les obos servent encore à indiquer les routes et les frontières (1). »

En sortant de la plaine dont nous venons de parler, on descend dans une prairie sur les rives de l'Iro. Quand les membres de l'ambassade russe arrivèrent sur les bords de cette rivière, un grand nombre d'habitants s'y étaient réunis pour leur en faciliter le passage. Les pluies continuelles de l'été avaient donné à l'Iro une largeur de près de quarante toises, et le courant était devenu très-rapide. Les objets de quelque valeur furent placés sur des *komyga* ou grandes poutres de pin creusées. On en attache toujours deux ensemble pour former un radeau. Les rives de l'Iro sont couvertes de gras pâturages comme celles de l'Orkhon. Il faut observer au surplus que le nom d'*Iro* ou *Iouro* signifie, en mogol, *bienfaisant*. M. Timkovski remarqua près de ces deux rivières de grands troupeaux de moutons blancs, à laine crépue, sans cornes et à longues oreilles, et un grand nombre de chevaux de haute taille.

Pallas affirme, dans une de ses observations sur le journal de Laurent Lange, qui fit le voyage de Pékin en 1727 et 1728, que les Mogols tirent du fer des montagnes situées près des bords de l'Iro, et en font des vases qu'ils vendent à Kiakhta. M. Timkovski ne put pas savoir si l'assertion de Pallas était exacte; il maintient seulement que les Mogols du pays achètent à des marchands chinois tous les vases et ustensiles de fer dont ils se servent, quoiqu'on trouve dans le sable des bords de l'Iro des paillettes ferrugineuses.

« Le soir, dit le voyageur russe, la curiosité amena dans ma tente les lamas qui nous avaient aidés à passer l'Iro. De telles visites sont très-communes dans les steppes. On vient dans les iourtes d'un étranger pour recevoir des biscuits, fumer une pipe de tabac et s'asseoir près de son foyer. La proximité de deux temples situés dans le voisinage rassemblait dans ce canton un nombre considérable de lamas.

« Cette partie de la Mongolie jusqu'à l'Ourga, et même environ quinze lieues au delà de cette ville, est peuplée par des Mogols sujets du *koutoukhtou* ou *pontife suprême* de la Mongolie. Ces Mogols portent le nom de *schabis*, qui, dans leur langue, veut dire *disciples* ou *personnes qui obéissent à une autre*. Le koutoukhtou commande à environ 30,000 iourtes habitées par autant de familles. Les impôts qu'il lève sur ses sujets sont appliqués à son entretien et à celui de sa cour (1). »

L'Ourga. L'Ourga ressemble beaucoup plus à un campement qu'à un établissement stable. C'est une réunion d'iourtes, parmi lesquelles apparaissent quelques maisons et autres bâtiments. Les portes de cette ville sont gardées par des Mogols armés d'arcs et de flèches. Les habitations de l'Ourga consistent presque toutes en iourtes entourées de palissades de pieux. On y voit aussi

(1) *Voyage*, tome I, page 20.

(1) *Voyage*, page 29.

quelques constructions chinoises. De ce nombre est l'hôtel du vang, édifice fort modeste, à en juger par la description suivante de M. Timkovski. « Nous mîmes pied à terre, dit ce voyageur, et nous entrâmes dans la cour. La porte était gardée par vingt soldats du prince, vêtus de robes blanches, sans ceintures, et tenant leur épée de la main gauche. Hoai vint à notre rencontre, et, se plaçant à la gauche, qui en Chine est la place d'honneur, il conduisit l'archimandrite. Je les suivis; le reste du cortége venait après moi. Les portes principales étaient ouvertes et laissaient voir les équipages du vang et ses chaises à porteurs. La maison tombait en ruines. Après avoir passé devant deux portes fermées, et traversé une cour où coulait un ruisseau ombragé de bouleaux, on nous introduisit dans une petite antichambre, où l'on voyait des vases de porcelaine et des boîtes vernissées placées sur une table. La porte était gardée par des soldats comme la première. Nous tournâmes à droite pour entrer dans une espèce de corridor assez étroit, et qui servait de salle de réception. Un côté de cette pièce était entièrement occupé par une grande fenêtre garnie de papier blanc, et au milieu de laquelle se trouvait une plaque de verre. Près de la fenêtre, sur un sopha, à côté d'une petite table, on voyait le vang et l'amban, vêtus l'un et l'autre de pelisses blanches bordées par le haut de peau d'agneau, et assis les jambes croisées. Je remarquai, sur une table, près de la fenêtre, des pendules anglaises. Il me sembla qu'elles n'étaient pas montées. Adressant la parole par un interprète aux gouverneurs de la Mongolie septentrionale, je les complimentai au nom du commandant d'Irkoutsk. Le vang s'informa de la santé de ce dernier, ensuite on apporta deux caisses contenant des présents, et, suivant l'usage, on les passa devant le vang et l'amban. Le premier nous témoigna sa reconnaissance en ces termes : La coutume de se faire mutuellement des dons entre voisins et entre amis, dit-il, est très-ancienne chez nous : ainsi, quand vous retournerez dans votre pays, nous vous donnerons également des présents pour le gouverneur d'Irkoutsk. » Il me fit ensuite asseoir vis-à-vis de lui, et recommanda aux étudiants d'être assidus au travail pendant leur séjour à Pékin, pour remplir convenablement les vues du gouvernement russe. On servit à chacun de nous une tasse de thé avec du sucre (1). »

Une heure après cette visite, le vang envoya à M. Timkovski et à l'archimandrite dix-sept plateaux de confitures, trois flacons d'un vin chinois appelé *schaoussin* et qui se fait avec du riz, six livres de thé noir et deux pièces d'étoffe de soie pour chacun de ces deux chefs de l'ambassade. Les personnes de la suite reçurent chacune une pièce de la même étoffe de soie. Chaque objet portait son adresse. On fit présent aux Cosaques de deux caisses de thé en briques, contenant trente-six briques chacune.

Le Maïmatchin, ou faubourg des marchands (2) de l'Ourga, est situé sur les bords de la rivière de Tola. Toutes les maisons en sont de bois et d'une apparence fort mesquine; les rues larges et boueuses sont garnies d'un grand nombre de boutiques remplies de différentes marchandises. Quand M. Timkovski visita ce faubourg, il fut suivi par une foule considérable qui s'attachait à ses pas, malgré les injonctions de deux officiers civils, qui chassaient les importuns à grands coups de fouet. Le *dzargoutchi*, sorte d'inspecteur de commerce, alla au-devant de l'ambassadeur russe, et l'invita à entrer dans sa maison, où l'on avait bâti une salle exprès pour recevoir des hôtes.

Les édifices les plus remarquables de l'Ourga sont les temples et le palais du koutoukhtou. Ces bâtiments, entourés de murs très-hauts, se dérobent presque à la vue des personnes qui passent au dehors. Les temples, construits dans la direction du sud au nord, ont des toits peints en vert. On en voit un qui est entouré d'une grille dorée. Le koutoukhtou habite une iourte placée au milieu de l'enceinte. A quelque distance des temples s'élève un grand bâtiment de bois : c'est l'école où les lamas

(1) *Voyage*, tome I, page 88.
(2) Nous venons de dire page 205, que *maimaitchin*, d'où l'on a fait *naimatchin*, veut dire *entrepôt, lieu destiné au commerce*.

apprennent à lire le tibétain et à jouer des instruments de musique dont ils se servent dans les cérémonies religieuses. Lors du passage de M. Timkovski à l'Ourga on comptait plus de mille de ces étudiants, tous entretenus aux frais du koutoukhtou. Au nord-est se trouve l'habitation du *schandzab*, ou premier directeur des affaires du pontife. C'est une réunion de plusieurs iourtes; tout auprès on voit un bâtiment qui sert de trésor; il est couvert d'un toit de terre, et offre l'apparence d'une maison de paysan. Vers le nord-ouest sont situés les magasins. Près de la porte il y a une enceinte où l'on renferme les chameaux, les chevaux, les moutons et autres animaux offerts au koutoukhtou.

Devant les principales portes des temples, tournées vers le midi, on a laissé un petit espace entouré d'une balustrade de bois peinte en rouge : c'est là que les lamas pratiquent leurs cérémonies religieuses. Tous les jours de fête on chante des prières et l'on brûle des parfums sur un petit échafaudage de bois placé au sud. De chaque côté des temples s'étendent des cours entourées de palissades, et dans lesquelles on voit des grandes iourtes élevées sur des poutres et recouvertes de toile de coton blanche : ce sont les temples particuliers des khans des Khalkhas.

LE KHAN-OOLA OU MONT IMPÉRIAL. Sur la rive gauche de la Tola, en face des temples, s'élève le Khan-oola ou *mont Impérial*. Un des flancs de cette montagne est couvert d'inscriptions de dimensions colossales en mandchou, en chinois, en tibétain et en mogol. Ces inscriptions sont formées avec de grosses pierres blanches, et toutes signifient *joie céleste*. Elles expriment les sentiments de satisfaction et de bonheur des Khalkhas à l'occasion de la régénération du koutoukhtou. La dimension des caractères, dit M. Timkovski, suffirait à elle seule pour faire connaître la haute importance de cet événement. On peut les lire à une grande distance. Le sommet de la montagne Impériale est couvert de bois; dans les parties inférieures on a placé des iourtes où se tiennent des gardes chargés d'éloigner toute personne assez hardie pour oser approcher d'un lieu consacré à la divinité incarnée. Un calme non interrompu règne sur le Khan-oola, habité seulement par des troupeaux de chèvres sauvages.

Le vang possède sur les bords de la Tola un château près duquel, dans les grandes solennités, on voit des lutteurs, des gens qui tirent à la cible et des courses de chevaux. L'extérieur du château est fort simple, et n'annonce pas la résidence d'un descendant de Gengiskan, allié à une princesse chinoise. La maison est entourée d'une palissade et de bouleaux. On a conduit dans la cour des ruisseaux d'eau vive qui viennent des montagnes voisines. Le jardin est entouré d'une haie, et ressemble beaucoup à un potager. On y voit des bassins, un puits, des espaces de terrain où poussent des choux, et un pavillon délabré entouré de saules. En général, les habitations des chefs de l'Ourga ressemblent moins à des châteaux ou à des hôtels qu'à des maisons de fermiers.

M. Timkovski faisait souvent des petites promenades à pied, au grand mécontentement du soldat de garde auprès de lui, et obligé de le suivre toujours. Cet homme ne pouvait pas comprendre qu'on trouvât du plaisir à exercer ses jambes. Les Mogols, habitués à monter à cheval, n'aiment point la marche, et regardent cet exercice comme humiliant.

Sur la route du Maïmatchin de l'Ourga on rencontre une colline au sommet de laquelle s'élève un *soubourgan*, ou pyramide sacrée des bouddhistes, érigée par un prince mogol. La base, de forme carrée, est composée de pierres brutes liées avec un mortier d'argile et de paille. La pyramide est de briques grises, et l'intérieur a été rempli avec du sable et des pierres. Du haut de la colline la vue plane sur la Tola et sur la ville, dont on découvre les temples. Au sud s'étend le mont Khan-oola; à l'ouest on aperçoit la demeure du vang et celle de l'amban, une quantité d'iourtes qui font partie de l'Ourga, et de vastes prairies; à l'est le Maïmatchin, et au loin des masses de granit nu.

Le climat de l'Ourga est très-rigoureux; l'humidité naturelle du pays, entouré de montagnes où se forment des sources innombrables, est encore augmentée par le voisinage du Khan-oola, dont les cimes dominent la ville au sud et interceptent les vents chauds. Le froid est si violent dans les campagnes voisines, que les plantes potagères n'y poussent qu'avec difficulté. Les habitants de l'Ourga sont obligés de faire venir des légumes de Kiakhta, quoique cette ville soit à une distance de soixante et quatorze lieues.

Sur la rive gauche d'une petite rivière appelée *Selby* M. Timkowski remarqua la maison du chef de la police de l'Ourga. Cette habitation misérable, entourée d'une palissade, ne renfermait que des magasins et des iourtes; cependant le chef de la police est un personnage de considération, et il juge les affaires conjointement avec le *schandzab*, parce que la majeure partie des habitants de l'Ourga sont ecclésiastiques et soumis à la juridiction du koutoukhtou. Ce pontife délègue son autorité au schandzab, et ne prend aucune part aux décisions des juges.

On évalue le nombre des habitants de l'Ourga à 7,000, dont 5,000 lamas.

EAUX MINÉRALES. On trouve à deux journées à l'ouest de l'Ourga des sources minérales chaudes, la plupart sulfureuses. Les Mogols, guidés par les conseils de leurs lamas, font usage de ces eaux dans certains cas. Rien n'est disposé pour recevoir les malades. Quand ils arrivent on creuse des trous qui leur servent de cuve.

Il serait inutile de nous étendre plus longtemps à décrire cette contrée vaste et stérile, presque toujours d'un aspect uniforme. On a vu que la population se compose de Mogols, de Chinois et de Soïoutes. Nous avons déjà parlé de ceux-ci. Les Chinois, étrangers au pays, sont en dehors de notre cadre : nous allons nous occuper des Mogols.

CARACTÈRES PHYSIQUES DES MOGOLS. Les Mogols, quoique robustes, sont d'une taille au-dessous de la moyenne. Ils ont les cheveux noirs et fort gros, le visage rond, le teint basané, le nez plat, les yeux enfoncés mais très-vifs, les oreilles larges et longues, les pommettes des joues saillantes et la barbe très-peu fournie ; si par hasard il se trouve parmi eux un homme doué d'une barbe épaisse, il devient l'objet de l'admiration générale. Ces nomades se rasent les cheveux sur le front et aux tempes: Ils en conservent sur le sommet de la tête une touffe qu'ils tressent et dont ils forment une queue qui retombe sur le dos.

Dans le pays des Khalkhas et dans celui des Tsakhares on rencontre parfois des Mogols d'une physionomie agréable.

Les femmes ont le teint frais, le regard plein de vivacité et d'expression; quelques-unes d'entre elles, si nous en croyons M. Timkovski, seraient trouvées belles même en Europe.

RELIGION, MŒURS ET USAGES.

Chez les Mogols, comme chez tous les peuples bouddhistes, la religion occupe une place si considérable dans les institutions comme dans les moindres usages, que c'est par elle que nous devons commencer le tableau de l'état moral et intellectuel de ces nomades. Tout pour eux découle d'une source unique, la doctrine de Bouddha, dont l'influence a réagi sur la nation entière.

RELIGION. Les Mogols savent que leur religion n'est point originaire du Tibet, mais qu'elle vient primitivement de l'Inde. Ils ignorent cependant l'époque exacte de l'introduction du lamisme parmi eux. Plusieurs Mogols pensent que cette religion remplaça dans leur pays le chamanisme au dix-septième siècle. Ce fut, dit-on, un pieux Éleuthe ou Calmouc, habitant de la Dzoungarie, qui y porta le *Gandjour*, célèbre ouvrage tibétain contenant la doctrine de Bouddha, laquelle bientôt se répandit dans les contrées environnantes. Les prêtres mogols eux-mêmes ne comprennent pas le véritable sens de ce livre, quoique, à force de le lire continuellement, ils le sachent presque par cœur.

Suivant les doctrines bouddhiques des Mogols, l'univers est habité par un être unique et incompréhensible, qui se représente sous des formes d'une variété infinie. Cette religion admet l'immortalité de l'âme; mais elle enseigne en même temps les doctrines de la métempsycose. Les bouddhistes mogols croient que l'on peut acquérir par des actions vertueuses le bonheur éternel, qui, suivant eux, consiste dans les jouissances des sens. Ils croient aussi que les mauvaises actions seront punies par des tourments affreux. L'âme, après sa séparation d'avec le corps, doit comparaître devant le souverain des enfers, qui juge ces actions et lui inflige le châtiment qu'elle a mérité. Ils n'admettent pas l'éternité des peines; mais ils supposent que l'âme, après avoir éprouvé les tourments de l'enfer, passe dans le corps d'un être vivant pour y finir d'expier les fautes dont elle s'est rendue coupable dans sa vie précédente. Les bonnes actions peuvent quelquefois s'élever à des mérites si grands, que celui qui les a faites devienne *bourkhan*, dénomination que nous avons déjà vue, et qui chez les Mogols désigne tout à la fois *un être divin* ou un *saint personnage*. Pour indiquer le Créateur les Mogols se servent des expressions de *Ciel*, de *Roi des mondes*, et de quelques autres semblables.

Les livres sacrés des Mogols sont très-nombreux, et l'on pourrait en composer, sinon une bonne, du moins une volumineuse bibliothèque. Dans ce nombre les ouvrages tibétains occupent le premier rang; ils ne contiennent que des prières, et sont connus sous le nom de *livres du salut*. On les écrit et on les imprime, comme les livres mogols, sur des feuilles de papier étroites et longues, que l'on conserve dans de petites caisses de bois. Les livres mogols sont enveloppés dans des mouchoirs, puis on place les feuillets entre deux planchettes. Les lignes descendent perpendiculairement du haut en bas, tandis que celles des livres tibétains vont de gauche à droite.

Après les idoles et les images les livres saints sont les objets les plus révérés par ces idolâtres. Quand un Mogol, prêtre ou laïque, tient une image ou un livre saint, on reconnaît dans sa physionomie quelque chose de solennel qui annonce qu'il se sent élevé au-dessus des objets terrestres. Avant d'ouvrir leurs ouvrages sacrés les lamas se lavent les mains et se rincent la bouche, pour ne pas les souiller par leurs attouchements ni par une mauvaise haleine. Ceux de ces livres qui contiennent la relation des miracles opérés par leurs dieux ne peuvent être lus qu'au printemps ou en été, parce qu'on suppose qu'en toute autre saison la lecture en produirait des tempêtes ou de la neige. Les copistes des livres saints, choisis parmi les lamas, s'occupent exclusivement de ce travail.

Les prières de la liturgie mogole sont en partie indiennes, en partie tibétaines, et quelques autres ont été rédigées dans la Mongolie. Elles sont presque toutes courtes et inintelligibles pour les prêtres comme pour les laïques. On les répète continuellement. Les prières tibétaines sont en si grande quantité, qu'elles remplissent des volumes. On chante les jours de fête des prières en langue mogole, mêlées d'expressions tibétaines; mais les Mogols sont persuadés qu'il n'est nullement nécessaire de connaître le sens des invocations que l'on adresse aux dieux, et qu'il suffit de prononcer les paroles; aussi ne trouvent-ils pas mauvais que l'on interrompe le service divin par des mots prononcés à haute voix ou même par des ris, pourvu toutefois que l'on n'ait pas l'intention de tourner en ridicule leurs cérémonies religieuses. La prière la plus usitée, celle que tout pieux Mogol répète jusqu'à mille fois par jour, c'est : *Om ma ni bat me khom*, dont nous avons déjà parlé.

Il n'existe peut-être pas de pays en Asie où les prêtres jouissent d'une aussi grande considération et sachent autant faire valoir leur importance qu'en Mongolie. Les membres du clergé inférieur se regardent comme bien au-dessus des personnes qui ne font pas partie du clergé. Voici comment s'explique sur ces prétentions un ouvrage mogol intitulé *Nomoun dalaï* ou *Mer des lois* : « On ne doit pas traiter les lamas avec indifférence; il faut, au contraire, leur témoigner de la gratitude pour tout le bien qu'ils font. Il faut accepter comme parfait tout ce qui est écrit dans les livres sacrés, et ne jamais chercher à les réfuter. Enfin il faut contribuer autant qu'on le peut à réjouir les âmes des lamas, en éloignant d'elles tout ce qui peut s'opposer à leur contentement. » Un autre ouvrage dit encore : « Vous arriverez à la plus haute sagesse si vous honorez les lamas. Le soleil même, qui dissipe les brouillards impénétrables, ne se lève que parce qu'on rend des honneurs aux lamas. Les plus grands péchés sont pardonnés à ceux qui témoignent du respect à ces doctes religieux. En glorifiant le grand lama on dispose les *bourkhans* et les *bodhisattwas* ou émanations divines à répandre leurs bienfaits sur les hommes, et à détourner le mal de dessus la terre. La bénédiction du chef des lamas donne la force corporelle, communique à la jeunesse de grands avantages, et procure la gloire. Si l'on implore sincèrement pendant un jour la bénédiction du lama tous les péchés commis pendant d'innombrables générations se trouvent effacés. L'homme devient alors *bourkhan*. S'il se rend indigne d'une telle faveur il devient la proie de l'enfer. Toute offense contre les lamas fait perdre des mérites acquis pour plusieurs milliers de générations. Quiconque montre du dédain pour la sainteté des lamas est puni par des accidents, des maladies et plusieurs autres fléaux. Si l'on tourne en dérision les préceptes du lama on en est puni par le bégayement, les étourdissements, etc. Se moquer de l'âme du lama amène l'obsession du démon, la perte totale de la mémoire et de l'intelligence, et le bannissement dans les lieux des tourments éternels (1). Une pareille dérision est le plus grand de tous les péchés. Celui qui s'en rendra coupable n'aura jamais de repos; ni son corps, ni sa langue, ni son âme ne jouiront de la moindre tranquillité. Celui qui parvient à se conserver pur de cette action, en la reconnaissant pour le plus grand de tous les crimes, aura un sort heureux. C'est pour cette raison que les livres sacrés recommandent et ordonnent de prier et d'honorer le dalaï-lama du Tibet avec une persévérance infatigable. »

En leur qualité de disciples zélés de la religion lamaïque, les Mogols ont la plus haute vénération pour le dalaï-lama, leur pontife suprême. Cependant ils mettent encore au-dessus de lui le *bantchan-erdeni* ou *bogdo-lama*, qui réside dans le couvent de Djachi-loumbo (1). Ils considèrent ce dernier comme l'objet de l'affection particulière de Bouddha, maître de l'univers. Quelques riches Mogols entreprennent de longs et pénibles voyages pour recevoir la bénédiction de ce pontife. Les habitants qui ne peuvent sortir de la Mongolie se prosternent avec une piété sincère devant les *koutoukhtous*, ou *vicaires du dalaï-lama du Tibet*. Il y a dans le pays des Khalkhas un *koutoukhtou*, confirmé par la cour de Pékin, et qui séjourne dans la ville de l'Ourga. Les autres tribus ont recours, pour tout ce qui concerne la religion, à des *koutoukhtous* particuliers qui résident à Pékin. Ces grands prêtres jouissent d'une considération très-grande. Les Mogols croient fermement qu'ils ne meurent jamais, et qu'après avoir vécu dans ce monde ils le quittent momentanément, abandonnent leur corps usé, et que leur âme revient ensuite animer le corps de jeunes enfants de la plus belle figure, et que l'on reconnaît à des signes particuliers. Le koutoukhtou de l'Ourga est appelé par les Mogols *guéguen koutoukhtou*. Depuis la conversion de ce peuple à la doctrine lamaïque, un des dix koutoukhtous, ou vicaires, réside dans le pays des Khalkhas. Ces pontifes tiennent le premier rang après le dalaï-lama. Les Mogols regardent les koutoukhtous comme les lieutenants du dieu qui régit l'univers, et croient qu'ils possèdent le don de connaître le présent et l'avenir, ainsi que le droit de remettre les péchés. Enfin, de même que le dalaï-lama, les koutoukhtous ont le privilége de ne pas mourir et de ne quitter leur enveloppe terrestre que pour passer aussitôt après dans un autre corps.

Autrefois le dalaï-lama, comme chef suprême de la religion lamaïque, désignait les enfants dans le corps desquels passait l'âme des koutoukhtous mogols. La cour de Pékin, craignant que cette prérogative ne devînt trop dangereuse dans quelques circonstances, jugea convenable de se la réserver à elle-même.

Le koutoukhtou régénéré est ordinairement choisi dans une des principales

---

(1) Les tourments sont éternels sans que les coupables y soient condamnés éternellement. L'enfer subsiste toujours, mais les âmes qui l'habitent changent et se renouvellent. Il est nécessaire de bien remarquer cette différence.

(1) Nous parlerons de ces deux pontifes à l'article du Tibet.

familles du pays; il reçoit une éducation en harmonie avec sa grandeur future. Quand l'âme du koutoukhtou cesse d'animer son corps les lamas cherchent ou peut-être feignent de chercher la personne chez laquelle cette âme se manifeste de nouveau. Lorsqu'ils l'ont trouvée les plus anciens lamas, envoyés pour constater l'exactitude de la découverte, emportent quelques effets du koutoukhtou décédé, les placent au milieu de différents objets, et les présentent ainsi au régénéré, qui ne manque pas de choisir les meubles ou ustensiles dont il avait l'habitude de se servir dans sa naissance précédente. On adresse ensuite au jeune candidat plusieurs questions relatives aux événements les plus remarquables qui se sont passés dans sa dernière existence terrestre. Il répond d'une manière satisfaisante. Alors il est reconnu pour véritable koutoukhtou avec les démonstrations de la joie la plus vive. On le conduit solennellement à l'Ourga, et on l'installe dans la demeure de son prédécesseur.

Jusqu'à un certain âge fixé par des règlements le nouveau koutoukhtou est exclusivement confié aux lamas, qui se chargent de son éducation. Les simples fidèles ne peuvent le voir que de loin, et un petit nombre de personnes seulement jouissent de cette insigne faveur. Les Mogols Khalkhas assurent que leur koutoukhtou a déjà vu seize générations, et que l'aspect de son visage change à chaque phase nouvelle de la lune. D'abord il ressemble à un adolescent; il devient ensuite un homme fait, et enfin son corps n'est bientôt plus que celui d'un vieillard. L'avénement du koutoukhtou est célébré par des cérémonies religieuses et des divertissements de tout genre. Nous allons donner, d'après Pallas, le récit d'une de ces fêtes solennelles.

INTRONISATION DU KOUTOUKHTOU.

Le 22 juin, à la deuxième heure du jour, c'est-à-dire au lever du soleil, le principal temple de l'Ourga fut décoré pour la fête. On avait placé vis-à-vis de l'entrée l'idole du bourkhan Aïouscha. A gauche se trouvait un trône orné de pierres précieuses et de riches étoffes.

Des siéges de bois avaient été disposés dans le temple pour les lamas. La sœur du koutoukhtou défunt, trois khans mogols, un amban envoyé de Pékin par l'empereur, le père du nouveau koutoukhtou, les khans des Khalkhas et plusieurs autres Mogols de distinction assistaient à la fête. Le nombre des lamas s'élevait à peu près à 26,000, et celui du peuple, hommes, femmes et enfants, à plus de 100,000. Après que les personnages les plus considérables se furent réunis dans le temple, on fit placer devant la porte, sur deux rangs, deux cents lances avec des pointes dorées et ornées de figures de bêtes sauvages. On forma en même temps une ligne de deux cents Mogols avec des tambours et de grandes trompettes de cuivre. Quand tous les préparatifs furent achevés on vit sortir du temple six lamas portant sur un fauteuil la sœur du koutoukhtou défunt. Cette femme était suivie des khans, des vangs et de tous les hauts dignitaires du pays, très-richement vêtus; le cortége marcha en silence jusqu'à l'iourte du nouveau koutoukhtou. Une heure après ce pontife régénéré parut, conduit par les principaux seigneurs mogols et par les plus anciens lamas, qui lui donnaient la main et le tenaient sous les bras. Ils le firent asseoir sur un cheval magnifiquement harnaché. La bride était tenue d'un côté par un prêtre d'un rang distingué, et de l'autre par le *ta-lama*, ou doyen des lamas.

Quand le koutoukhtou sortit de sa iourte les lamas entonnèrent des hymnes en son honneur au son des instruments. Les seigneurs et le peuple s'inclinèrent avec respect, en levant les mains au ciel. Le cortége s'avança lentement vers le temple. La sœur du koutoukhtou défunt, que le nouveau appelait également *sa sœur*, le suivait dans une chaise à porteurs. Venaient ensuite un très-ancien lama envoyé par le dalaï-lama, l'amban chinois, tous les lamas, le vang et les autres Mogols de distinction; le peuple suivait des deux côtés.

L'intérieur de la place située devant le temple renfermait six iourtes surmontées de pointes dorées, d'où pendaient de riches étoffes, de couleurs différentes. Arrivé à la barrière, le cortége s'arrêta. Les lamas placés le plus près du koutoukhtou l'enlevèrent de dessus son cheval, avec les marques du plus profond respect, et l'introduisirent dans l'enceinte par la porte du sud. Après y être resté une demi-heure les plus anciens lamas le conduisirent par la main dans le temple, où entrèrent également sa sœur et tous les grands dignitaires. L'envoyé du dalaï-lama, aidé par les personnes de sa suite, le fit asseoir sur un trône, et l'amban annonça au peuple l'ordre de l'empereur de lui rendre les honneurs dus à son rang. Alors tous les assistants se prosternèrent trois fois jusqu'à terre; ensuite on plaça devant lui, sur une table, plusieurs clochettes d'argent dont les lamas font usage pendant les cérémonies religieuses. On avait eu soin de tenir en réserve la clochette dont le koutoukhtou précédent s'était servi avant sa régénération, afin de connaître si le nouveau pontife s'apercevrait qu'elle n'était pas avec les autres; car le peuple demeure convaincu par cette épreuve qu'il est véritablement régénéré. Le koutoukhtou, après avoir jeté ses regards sur les clochettes, dit au lama qui était auprès de lui : Pourquoi ne m'avez-vous pas apporté ma clochette habituelle? Ces mots entendus, les khans, les vangs, les lamas et tout le peuple s'écrièrent : *C'est le véritable chef de notre religion! C'est notre koutoukhtou!* La vieille sœur s'approcha ensuite la première, pour recevoir sa bénédiction, qu'il lui donna par l'imposition des mains; il la donna de la même manière aux khans, aux vangs et autres personnes de distinction. Les grands dignitaires se rendirent alors à l'habitation du koutoukhtou précédent, où on leur servit des confitures, et où ils se livrèrent à la joie. Mais le koutoukhtou régénéré fut contraint de rester jusqu'au soir dans le temple, pour donner sa bénédiction aux autres assistants. La musique se fit toujours entendre durant ce temps-là. Les principaux lamas conduisirent ensuite le pontife à l'habitation où il devait passer la nuit. Ses hôtes s'étaient déjà retirés chacun chez eux.

Le 23 juin, à la première heure du jour, l'envoyé chinois et tous les grands se rendirent au temple, autour duquel le peuple était déjà rassemblé. Le koutoukhtou, soutenu par-dessous les bras, fut placé sur un trône, après avoir été adoré par tous les khans, qui s'étaient avancés à sa rencontre jusqu'à l'entrée du temple. Sur la demande du délégué chinois, les lamas entonnèrent un hymne pour la prospérité du règne de l'empereur. Le chant de cet hymne dura près d'une heure et demie. Après quoi cet envoyé offrit les présents qu'il avait apportés, et qui consistaient en un plateau d'or massif, pesant environ 28 livres, et au milieu duquel étaient enchâssées huit pierres précieuses. Sur le plateau étaient des pièces d'argent pour une valeur d'environ 2,000 fr. et quatre-vingt-une pièces de drap d'or et d'argent. Une note écrite sur chacune de ces pièces d'étoffe indiquait que la façon avait coûté 300 lan (environ 600 francs) en argent. Enfin l'amban présenta quatre-vingts plats chargés de confitures et plusieurs autres choses. Il offrit ces cadeaux au koutoukhtou en lui donnant les marques du respect le plus profond, accompagnées de félicitations au nom de l'empereur, pour lequel il lui demanda sa bénédiction, et il termina ainsi son discours : « Grand pontife, toi qui es incorruptible comme l'or, qui ne se corrompt jamais, toi qui brilles d'autant d'éclat que les pierres précieuses, sois aussi propice et aussi favorable à l'empire pendant mon règne que tu l'as été sous celui de mon père. » Après le discours qu'on vient de lire, le koutoukhtou accepta les présents qui lui étaient offerts de la part de l'empereur, et donna à l'amban sa bénédiction pour ce prince. Il la donna ensuite aux lamas et au peuple, qui s'avancèrent saisis d'une crainte respectueuse, et pénétrés de l'idée qu'ils la recevaient de Dieu même.

Dans l'après-midi on dressa quatre grandes tentes et une infinité de petites, à peu de distance du temple, en laissant au centre un espace pour les lutteurs. Les grandes tentes furent occupées par les khans et par les autres chefs. Les combattants, partagés en deux bandes de deux cent soixante-huit hommes chacune, entrèrent par des points opposés. La lutte dura jusqu'au soir. Les noms des vainqueurs furent proclamés. Les vaincus se virent obligés de quitter l'enceinte. A la fin il ne resta plus que trente-cinq vainqueurs.

Le 24 juin tous les Mogols allèrent de nouveau au temple pour faire leurs dévotions et adorer le koutoukhtou. Le 25 juin le vang et quelques autres dignitaires offrirent au nouveau pontife des dons consistant en vaisselle d'or et d'argent, en étoffes de soie, en thé et autres objets. Les fidèles de toutes les classes s'empressèrent de prouver par des offrandes le profond respect que leur inspirait sa personne. Un Mogol d'un rang inférieur donna trois cents chevaux à ce pontife. Les marchands chinois qui se trouvaient alors à l'Ourga lui offrirent cent cinquante pièces de satin et quatre cents caisses de thé en briques.

Le 27 les luttes recommencèrent; il faisait extrêmement chaud, et les combattants se trouvaient accablés de fatigue; alors les khans prièrent les lamas de produire de la pluie. Au bout d'une demi-heure le temps se couvrit, et il tomba quelques gouttes d'eau; les gens pieux attribuèrent cet événement au pouvoir surnaturel des lamas. Cependant la chaleur se fit bientôt sentir de nouveau avec tout autant de violence.

Depuis le 28 juin jusqu'au 3 juillet les combats de lutteurs continuèrent tous les jours. Le 3 juillet les khans et les autres seigneurs mogols, accompagnés d'une grande foule de peuple et des trente-cinq lutteurs qui avaient été victorieux, se rendirent à un endroit situé à environ une douzaine de lieues de l'Ourga. Là il y eut, le 5 juillet, une course de chevaux. La distance à parcourir était de quatre lieues et demie. On fit courir ensemble onze cent dix chevaux. Sur ce nombre cent furent déclarés excellents. On leur donna des noms distingués, et leurs maîtres obtinrent des prix.

Le lendemain, 6 juillet, il y eut dans le même lieu une course de seize cent vingt-sept chevaux âgés de six ans. L'espace qu'ils devaient franchir n'était que de quatre lieues. Les maîtres des cent chevaux qui atteignirent les premiers le but obtinrent également des prix.

Le 7 juillet il y eut une troisième course entre neuf cent quatre-vingt-quinze chevaux de quatre ans; ils devaient faire trois lieues au galop. Les cent premiers arrivés reçurent des prix, comme pour les jours précédents. Les chevaux qui avaient figuré dans les courses étaient au nombre de trois mille sept cent trente-deux, et ils appartenaient tous à des Mogols de la tribu des Khalkhas. Le même jour, après la course, les trente-cinq lutteurs victorieux combattirent entre eux. Les sept qui restèrent vainqueurs furent reconduits en triomphe à l'Ourga.

Pendant les courses et les luttes trois cent deux archers mogols tirèrent au but avec des flèches, à une distance de vingt-cinq toises. Chaque archer tira quatre fois de suite; vingt-cinq d'entre eux qui atteignirent le but chaque fois, ou même trois fois seulement, furent déclarés d'excellents tireurs. Le 8 juillet les Mogols retournèrent à l'Ourga. Le lendemain les vingt-cinq archers vainqueurs s'exercèrent entre eux, afin de décider à qui demeurerait la supériorité sur tous les autres.

Dans l'après-midi, on dressa une iourte richement décorée dans laquelle on introduisit le koutoukhtou en le tenant par la main. On portait devant lui plusieurs idoles, et l'on brûlait des parfums dans des encensoirs d'argent. Entré dans l'iourte, on le fit monter sur son trône, et chacun des assistants alla s'asseoir à la place qu'il devait occuper. On apporta alors du thé en briques dans des tasses d'argent; on en offrit une au koutoukhtou, et une autre à sa sœur. Le pontife, après avoir goûté la tasse qui lui était offerte, la rendit, en ordonnant qu'on versât une partie de ce thé dans chaque théière. Dès que sa volonté eut été exécutée, on offrit une tasse du thé béni à chacun des grands personnages présents. Ceux qui n'avaient pas eu la précaution de se munir de tasses reçurent dans le creux de la main le breuvage consacré, que chaque assistant avala avec une vive piété. Après cette cérémonie, les sept lutteurs victorieux recommencèrent le combat; un Mogol nommé *Babéï Ikédzàn*, c'est-à-dire *le Grand éléphant solide*, resta vainqueur. La lutte terminée, on ramena le koutoukhtou dans son habitation, et chacun se retira chez soi.

Le 10 juillet il y eut un banquet dans la tente d'un grand dignitaire. Les principaux seigneurs et les lamas les plus considérables assistèrent à ce repas. Après le dîner on tira de l'arc. Les archers les plus habiles reçurent des prix, comme les lutteurs.

Le 11 juillet, à quatre heures du matin, les khans et les autres seigneurs se réunirent dans la demeure du koutoukhtou, et délibérèrent jusqu'au soir sur les noms qu'on devait donner aux vainqueurs qui avaient remporté les prix de l'arc ou de la lutte. Ces noms étaient destinés à signaler à l'admiration et au respect de leurs compatriotes et de la postérité les hommes auxquels on les décernait. Le nom de *Lion* fut accordé d'une voix unanime au premier lutteur, qui avait déjà obtenu celui de *Grand éléphant solide*. Les autres vainqueurs reçurent également, chacun selon leur mérite, des noms d'oiseaux de proie ou d'autres animaux courageux. L'homme qui obtenait ainsi un surnom glorieux se prosternait d'abord devant le koutoukhtou, et s'inclinait ensuite trois fois jusqu'à terre devant les khans et les vangs. Ces derniers lui donnaient un morceau d'étoffe blanche, puis on le conduisait ensuite autour de l'enceinte, en proclamant à haute voix ses exploits et son nouveau nom. Le premier lutteur obtint en prix un fusil, une cuirasse, quinze bœufs ou vaches, quinze chevaux, cent moutons, un chameau, mille briques de thé, quelques pièces de satin, et plusieurs peaux de renard et de loutre. Les autres reçurent des dons proportionnés à leur force et à leur adresse. Les archers furent récompensés de la même manière : le dernier prix, pour les lutteurs comme pour les archers, consistait en deux vaches et deux moutons.

La fête se termina le 12 juillet. Ce jour-là les Mogols partirent tous pour retourner chez eux.

LITTÉRATURE. Si l'on excepte un certain nombre de chansons et d'autres poésies légères du même genre, les productions du génie mogol portent toutes un caractère religieux. Nous reproduisons, d'après les ouvrages de Bergmann et de Timkovski, l'analyse d'un poëme héroïque et quelques chansons, qui suffiront pour donner une idée assez exacte de cette littérature.

Histoire de Guessur-khan, poëme.

I.

Bogdo-Guessur-khan, né pour la destruction des racines des dix maux, et régnant dans les dix parties du ciel, s'élança comme un lion et vainquit, avec les forces d'un khoubilgan, Mangoucha, être méchant à douze têtes, s'empara de son épouse Aroula, et s'établit dans ses palais dorés.

Aroula, l'âme remplie de ressentiment, présenta un jour un philtre au bogdo, en l'invitant à le goûter. A peine Guessur-khan, qui savait tout, l'eut-il bu, qu'il oublia tout ce qui s'était passé.

Le bogdo demeura douze ans dans les palais de Mangoucha aux douze têtes. Pendant ce temps ses possessions furent envahies par trois khans de Charagol ; son empire fut détruit, et son peuple dispersé. Alors les trois sœurs bienheureuses de ce souverain jetèrent leurs regards du haut des cieux, et, le cœur oppressé, parlèrent ainsi :

« Le breuvage enchanté a vaincu celui qui avait toujours été invincible ; tu t'es élevé avec les forces d'un khoubilgan jusqu'au trône de Mangoucha aux douze têtes, et là tu as tout oublié. » Ainsi parlèrent les sœurs bienheureuses. Elles écrivirent une lettre sur le bois d'une flèche, et l'adressèrent au souverain déchu. Il la lut, et commença à se rappeler les choses passées. Mais la méchante Aroula ne tarda pas à lui verser son breuvage fatal, et le bogdo fut de nouveau dominé par l'oubli.

Les bienheureuses sœurs descendirent au palais de Mangoucha pour ranimer le courage de Guessur. Elles parvinrent à le délivrer de son enchantement ; le souvenir du passé revenant tout à coup à sa mémoire, sa voix de lion se fit entendre, la terre trembla, et un tourbillon de feu ayant enveloppé quatre-vingt-huit fois les palais dorés, et trois fois les remparts de la ville, tout fut dévoré par les flammes. Le vainqueur monta un cheval bai (1) enchanté, et retourna dans son empire.

S'étant élevé au mérite de mille khou-

(1) Dans les temples mogols, Guessur-khan est représenté monté sur un cheval de bois peint de cette même couleur.

bilgans, le souverain dévasta tout le pays de Charagol, délivra sa pieuse épouse de la prison, et rétablit le trône dans la ville qui avait deux fois treize temples et cent huit grands châteaux forts.

Ce dominateur des dix parties du ciel, voyant Tsarguin, guerrier octogénaire, et les filles et les enfants de ce héros vaincus par les khans de Charagol, poussa un profond soupir; l'âme affligée et commençant à se souvenir des héros ses compagnons d'armes, il s'écria :

« O toi, vautour rapide, qui, d'un cœur généreux parmi les hommes, te précipitais toujours en avant, cher Sessé-Chikher, mon cher frère, où es-tu ? Et toi, aigle parmi les mortels, toi sans peur, écrasant tes ennemis, tel qu'un éléphant, où es-tu, fier Choumar ? Où es-tu, mon Bouiantik, épervier parmi les hommes, toi qui, doué d'un cœur de caillou, me sacrifias tes forces dans un âge si tendre?

« Griffe de lion du souverain, toi qui, semblable au faucon, ne manquais jamais ta proie ; toi, vainqueur de quatre-vingt-huit nations, où es-tu, mon Nanson, avec tes quinze ans? et toi, mon héros au cœur de pierre, Bars, vainqueur irrésistible, où es-tu ? » En parlant ainsi de ses guerriers, il éleva la voix, et à ce bruit les murs agités tremblèrent par trois fois.

Le souverain ordonna de seller son cheval bai pour aller promptement aux lieux où avaient succombé ses héros. Tsarguin excita son grand cheval pommelé à le suivre.

Arrivé sur le champ de bataille, le souverain poussa des cris affreux; et lorsqu'il vit les squelettes de Bouiantik et de Bars, il tomba sans connaissance. Mais l'âme de Nanson ayant passé dans le corps d'un lion, et celle de Choumar dans celui d'un éléphant, le monarque s'éveilla. Il embrassa l'éléphant et le lion; puis, s'adressant aux dieux des dix parties du ciel, il s'écria :

« O mes héros incomparables, Nanson, Choumar, et toi mon frère, mon cher Sessé-Chikher! Et toi, Bars, qui te précipitais avec fureur sur l'ennemi! Vous, morts si tôt pour ma défense; vous étiez les flambeaux éclatants qui chassiez les ténèbres de la nuit! fidèle Bouiantik, ô vous mes héros, mes prêtres et mon peuple, vous tous inébranlables au choc des ennemis, comme un rocher de granit. Oui! je suis le bogdo régnant; mais après avoir dompté Mangoucha aux douze têtes, j'ai été vaincu par le breuvage enchanté d'Aroula. »

Semblable au bruit du tonnerre produit dans le ciel par les dragons bleus, ainsi retentirent les lamentations du souverain. Les âmes de ces héros, sous la forme d'éléphants, de tigres et de loups, entourèrent trois fois leur monarque en poussant des hurlements plaintifs.

Les trois sœurs bienheureuses entendirent ces gémissements, et descendirent des célestes demeures pour calmer le désespoir de leur frère; mais, le voyant inconsolable, elles retournèrent près de Khourmousta, leur père, chef des trente-trois tengueris ou divinités et grand protecteur de la terre. Khourmousta ouvrit le livre des destins, et y lut les paroles suivantes : « Guessur-khan a quitté l'empire des tengueris à la tête de ses héros; le sort a voulu qu'ils périssent avant leur maître. Cependant Guessur-khan, avant de livrer son dernier combat, vainquit neuf fois les trois mauvais tengueris, qui, sous la forme de trois khans, avaient réussi à le vaincre une fois sur la terre ! »

Khourmousta, entouré d'une foule de divinités, se présenta devant Bouddha, et dit avec respect : « Maître des dieux, votre envoyé sur la terre y a perdu trente de ses héros. La guerre est terminée ; mais le chef valeureux embrasse en gémissant les ossements de ses guerriers. »

Le souverain des dieux l'écoute avec un doux sourire; et en présence de mille bourkhans il prend un vase sacré plein d'une liqueur divine, et le présentant à Khourmousta, il lui dit :

« Envoie ce vase au guerrier désolé. Dès qu'il aura répandu sur le corps de ses héros une goutte de la liqueur qu'il contient, l'âme leur sera rendue; la troisième goutte les rappellera entièrement à la vie. Qu'ils boivent alors ce breuvage divin, et leurs anges protecteurs, retournant auprès d'eux, sauront les douer de vertus extraordinaires. »

Khourmousta prit alors le vase, et le remit aux trois sœurs bienheureuses, en leur disant : « Dites à celui qui a terminé son combat : Qu'es-tu devenu? les dieux des dix régions du ciel veillent sur ta tête; ton sein est défendu par les dieux vaillants, et tes pas sont protégés par le pouvoir de quatre-vingt-huit bourkhans; cent quatre-vingts déesses gardent ta ceinture. O Guessur-khan! tu commandes dans les dix régions du ciel, toi, le descendant de Khourmousta! Si tu n'avais pas été séparé de tes héros tu ne serais pas ainsi livré à la douleur. »

Les trois sœurs bienheureuses descendirent des nuages, accompagnées de terribles coups de tonnerre, semblables aux rugissements de vingt dragons. Guessur-khan, après s'être prosterné neuf fois devant le maître des dieux et neuf fois devant son père Khourmousta, prit le vase, et, par l'effet du breuvage miraculeux, les trente héros furent rendus à la vie, et reprirent leur forme première.

De retour dans sa patrie, après tant de combats, le monarque rassembla ses héros et les trois souches de son peuple. Des cris d'allégresse firent retentir tous les rivages de la mer. Les parfums s'élevèrent des autels en nuages épais. Des lis d'un éclat extraordinaire sortaient de la terre; le jour ils étaient invisibles, mais pendant la nuit ils servaient de brillants flambeaux. Défendus par des remparts inaccessibles, les héros se prosternaient devant leur souverain. Après trois mois de fêtes et de joie, chacun retourna dans sa demeure. La force de lion du monarque avait ressuscité ses héros. Les destins accomplis, Bogdo-Guessur-khan vécut dans une paix profonde.

II.

Bogdo-Guessur-khan régnait dans les dix régions du ciel, sur les prêtres comme un soleil, et sur le peuple comme un roc de granit.

Andoulman-khan, doué d'un corps miraculeux, régnait sur Dokour-tib, avec la force d'un démon; il avait cent bras et cent yeux; le milieu de son corps était gardé par quatre divinités parjures; huit esprits infernaux en surveillaient la partie supérieure; il avait soixante et dix khoubilgans. Sous ses ordres étaient trois cent soixante héros à toute épreuve, trois mille guerriers et trente-trois millions de soldats; son coursier jaune tigré égalait la force de treize dragons. Sur les rivages du pays de Touk il conquit cinq cent millions de provinces, et il envoya les chefs de ces peuples à Guessur-khan avec ces paroles :

« Andoulman-khan est arrivé de la province de Dokour-tib. Lequel des khans de Sampou-tib a pu lui résister? Vaincus, nous nous sommes soumis à ses armes; trois mille héros lui jurent obéissance. Son coursier jaune tigré égale la force de treize dragons; nous avons été quinze ans à parcourir le pays de Dokour-tib. »

Après avoir donné aux trois princes et aux trois mille cavaliers qui composaient leur suite deux cents chevaux pour chacun d'eux, il ajouta : « Hâtez-vous; allez nuit et jour; dans trois ans vous arriverez dans les provinces de Guessur; il vous faudra trois ans pour revenir, et alors il vous restera encore neuf ans pour traverser mes États. »

Au bout de trois ans, les princes arrivèrent aux États de Guessur, et s'étant approchés des palais, ils se prosternèrent neuf fois, et prononcèrent à haute voix les ordres d'Andoulman, khan de Dokour-tib. Le souverain appela les héros. En apprenant la nouvelle des victoires d'Andoulman, ils sourirent, et demandèrent à l'instant qu'on lui déclarât la guerre. Bouiantik, qui parle dix langues, proposa d'envoyer dix messagers, suivis chacun de dix millions de soldats, de les faire marcher nuit et jour, en annonçant partout que Guessur lui-même les suivait de près avec sa puissante armée. Choumar revêt déjà sa brillante cotte de mailles; il saisit son arc pesant, et remplit son carquois de quatre-vingt-huit flèches ornées de larges plumes; il ceint un glaive long de neuf toises, et sautant sur son cheval bai, il s'approche du souverain, et s'écrie : « Monarque redoutable, j'irai seul contre Mangoucha aux douze têtes. Il a conquis cinq millions de provinces qui nous appartenaient. Que tardons-nous ? »

Le puissant monarque donne l'ordre de se préparer à la guerre.

Lorsque les guerriers furent tous rassemblés, il voulut que cette campagne, qui pouvait durer douze ans, fût terminée en douze mois. Il confie au vieux Tsarguin le soin de veiller sur le peuple et sur les troupeaux; mais le héros octogénaire adresse ces paroles à son prince:

« O mon maître, il est vrai, j'ai vécu quatre-vingts ans, mais je désire encore une fois me trouver à un combat terrible. Lorsque Khourmousta, du haut des cieux, t'envoya à Sampoutib, il te prédit deux guerres cruelles. La première fut excitée par les khans de Charagol, l'autre commence aujourd'hui; j'ai vu beaucoup de jours, je n'ai plus longtemps à vivre. Permets donc, ô mon prince, que je t'accompagne au combat. »

Ainsi parla le vieillard ému. Le khan pouvait à peine retenir ses larmes. Alors un héros, le jeune Nanson, s'approche et lui dit: « Tu as toujours obéi à ton souverain, pourquoi veux-tu t'opposer à ses ordres? » Le vieux Tsarguin répondit aussitôt: « Que penses-tu de moi, toi, Nanson, âgé de quinze ans? Je suis Tsarguin, accablé par le fardeau de mes quatre-vingts ans; mon cheval, au poil mêlé, peut à peine arracher l'herbe des prés; des cheveux blancs couvrent ma tête, mais je désire encore une fois combattre sous les yeux de mon souverain et dans les mêmes rangs que toi, cher Nanson. » Ainsi parla ce héros avec une voix touchante, et tous les héros joignirent leurs larmes aux siennes.

Alors le roi donne ses vêtements au vieillard, et lui dit: « Tsarguin, mon bien-aimé, tu dis la vérité; mais tu as toujours respecté mes ordres: reste donc ici, et veille sur mon peuple.

« Bénies soient tes paroles, ô Bogdo, répondit Tsarguin; je t'ai obéi dès ma jeunesse; serait-il possible que le vieux Tsarguin voulût se rendre criminel? Mes os sont desséchés; mon sang noir s'est refroidi dans mes veines; la vieillesse me destine à la terre. Je désirais mourir sous tes yeux sur le champ de bataille, tu en ordonnes autrement. — Tsarguin! tu n'as plus de vigueur; garde les foyers. — Oui, il est vrai, mes forces sont épuisées.... J'obéis! »

Le souverain se dispose à la guerre contre Mangoucha aux douze têtes, et donne cet ordre à Oulan et à Bouïantik: « Allez en avant; arrivez sur le territoire de l'ennemi, annoncez que Guessur-khan, souverain de Sampoutib, s'avance avec son armée pour couper toutes les têtes de Mangoucha l'une après l'autre. »

Oulan et Bouïantik montent joyeusement à cheval, et parviennent au pays ennemi. Tous deux se précipitent sur le haras de chevaux blancs du khan, s'emparent de onze mille chevaux et les amènent au milieu d'un bruit épouvantable qui fit trembler la terre.

Andoulman-khan s'écrie en entendant ce bruit: « Quel est le téméraire qui ose venir jusqu'ici? Un être mortel n'aurait pas osé pénétrer jusqu'à moi. Il faut que ce soit Khourmousta. »

Les gardiens des troupeaux se présentent, et racontent ce qui s'est passé. « Quel était le nombre des guerriers? » demande Andoulman. Les gardiens répondent: « Il nous sembla d'abord que plus de dix mille ennemis avaient surpris le haras confié à nos soins; mais plus tard nous découvrîmes qu'ils n'étaient que deux. »

Le khan s'écria: « Il faut que ce soient des princes envoyés par mon ennemi Guessur-khan. Vous, mes guerriers, Arkhaï et Charkhaï, prenez mille soldats, et poursuivez les fuyards. Ne les tuez pas; amenez-les vivants, et revenez vers moi. » Arkhaï et Charkhaï les poursuivirent.

Cependant Oulan et Bouïantik ayant déjà atteint les hauteurs de la montagne du Lion, choisirent le plus beau cheval du troupeau, et s'occupèrent de le seller. Pendant qu'il adressait ses prières au maître de la terre, Bouïantik entend du bruit; il s'élance sur son cheval, et après avoir regardé du haut de la montagne du Lion, il s'écrie: « Oulan, à cheval, voici l'ennemi! » Oulan, riant aux éclats, saute sur son cheval. Les deux héros fondent sur l'ennemi, en invoquant l'ange protecteur de leur souverain.

Bouïantik crie à son ami: « Ne les tue pas, cher Oulan. » En disant ces mots, il renverse d'un coup d'épée les mille soldats; ensuite, les deux héros coupent les mains à Charkhaï, les lui attachent à la ceinture, et le renvoient annoncer à son maître Andoulman l'approche du terrible Guessur.

Oulan et Bouiantik retournent vers leur souverain avec les onze mille chevaux blancs. Le prince des dix régions célestes leur dit : « Notre entreprise sera couronnée de succès, puisque Oulan et Bouiantik sont revenus près de nous. Onze mille chevaux sont d'un heureux augure. » En disant ces mots, il donna l'ordre de distribuer les chevaux entre les guerriers. Ces héros continuèrent leur route. Après une marche de trois mois, ils découvrent la ville d'Andoulman, et s'écrient : « Voyez! c'est la ville d'Andoulman-khan. » Tous se hâtent de suivre les traces de leur souverain.

A peine Guessur-khan approchait de l'armée ennemie, lorsque Andoulman, voyant sur les hauteurs des millions de guerriers, commença à trembler d'effroi; Guessur fit arrêter ses soldats, et leur parla ces termes : « Chers compagnons, vos cœurs ressemblent aux durs rochers. Le nombre des ennemis est grand, mais si vous croyez être trop faibles pour les vaincre, appelez-moi : Guessur-khan a de la force pour neuf, et renouvellera la vôtre. Si vous êtes blessés, appelez-moi : Guessur-khan guérira vos plaies sans le secours de l'art. Si vous êtes épuisés par la soif, appelez-moi : Guessur-khan vous désaltérera avec le breuvage divin. »

Il dit, et tous ces héros s'écrient avec enthousiasme : « Puissant souverain des dix régions célestes, né pour la destruction des racines des dix maux, tu es notre appui! »

En prononçant ces paroles, ils se prosternent devant lui. Le monarque les entend et remonte à cheval. Semblable au soleil et à la lune, la cotte de mailles du terrible Guessur brille de sept pierres précieuses. Sur les épaules du héros pend un arc noir et pesant, avec un carquois de couleur éclatante. A son côté retentit un long glaive d'acier. C'est ainsi que le souverain partit pour aller combattre Mangoucha. Sa voix ressemble aux rugissements de mille dragons. Les sept couleurs de l'arc-en-ciel répandent leurs rayons sur son dos, où brillent cinq ailes de garoudine, oiseau du paradis. Son visage est animé d'un feu céleste, son front ressemble à celui de Maha-Gallan (1). Des étincelles jaillissent sous les pieds de son cheval bai et enchanté, et s'échappent de chacun de ses cheveux. C'est ainsi que le souverain s'élança sur l'ennemi, le glaive d'acier à la main.

Les trente héros montent à cheval armés de toutes pièces et remplis de joie, comme s'ils avaient trouvé une pierre précieuse d'une inestimable valeur; ils s'écrient d'une voix unanime : « Attaquons hardiment l'ennemi! »

Alors commença un massacre horrible. Guessur, accompagné des trente héros, éleva sa voix semblable aux rugissements de mille dragons. Son glaive atteignait à la longueur de six mille coudées, et chaque coup abattait mille ennemis. Après s'être fortifié avec le breuvage divin, il se précipita sur le khan Andoulman. Le héros attaque un des flancs de l'armée ennemie, parvient jusqu'à Mangoucha, abat avec un glaive tranchant cinq de ses têtes; mais aussitôt elles sont remplacées par d'autres.

Pendant ce temps, Saïn-Touchimel, un des héros de Mangoucha, commandant l'aile gauche de l'armée, déracine un arbre énorme que cinq hommes n'auraient pu embrasser, et s'en servant comme d'une faux, il jonche la terre de cadavres; mais Nanson et Choumar le terrassent et le tuent. Le souverain des dix régions du ciel tranche encore cinq têtes à Mangoucha, mais elles reparaissent aussitôt.

Fatigué d'un combat inutile, Guessur baisse le glaive vers la terre. Alors Andoulman-khan fend son ennemi en deux; mais les parties séparées se rejoignent à l'instant. « Khourmousta, mon père, s'écrie Guessur-khan, je ne saurais vaincre un si redoutable adversaire! »

Les trois grandes sœurs bienheureuses, entendant ces paroles, arrivent auprès de Khourmousta : le maître des dieux en-

(1) Divinité célèbre chez les Mogols. L'idole de ce bourkhan est peinte en bleu, en noir et en blanc. On représente Maha-Gallan avec trois yeux et six mains, et un visage qui inspire la terreur. Quelquefois il est monté sur un éléphant, ou sur un monstre qui tient tout à la fois de l'homme et de la brute. Les Mogols supposent qu'il habite au milieu des eaux; plusieurs d'entre eux, cependant, croient que sa demeure est située dans des forêts impénétrables qui se trouvent vers le sud-est du monde.

voie au secours de Guessur-khan le frère de ce prince, Sessé-Chikher. Porté sur un cheval gris à huit ailes, Sessé descend de l'empire des dieux; il regarde de tous côtés, aperçoit son frère combattant Mangoucha. Il dit alors à la princesse Guimsoun : « Si je m'approche de trop près, je serai forcé de hacher Mangoucha en morceaux : l'âme de ce méchant prince est dans ses yeux. Pour que mon frère me reconnaisse, je vais aveugler l'ennemi qu'il combat. »

En parlant de la sorte, il tira, à une distance de cinq journées, une flèche qui alla trouver l'âme de Mangoucha dans ses yeux. Le géant tomba sur la terre avec le cheval jaune tigré qu'il montait, tel qu'une montagne énorme qui s'écroule avec fracas.

Guessur s'écrie : « La victoire est votre œuvre, ô mes trois sœurs bienheureuses ! O mes trois divinités, la victoire est votre œuvre ! »

Sessé-Chikher lâche la bride à son cheval gris à huit ailes, et s'élance le glaive levé ; il détruit les restes de l'armée ennemie, et les disperse comme la cendre dans l'air. Un seul coup de son glaive a suffi pour tout renverser ; le héros accourt ensuite près du souverain.

Guessur-khan, reconnaissant son frère, l'embrasse tendrement. « Cher frère, lui dit-il, les khans de Charagol t'avaient vaincu. Incomparable guerrier, d'où viens-tu ? Où veux-tu aller actuellement ? »

Le souverain des dix régions célestes et Sessé Chikher levèrent leurs regards vers le ciel ; ensuite un tourbillon fit tourner la terre par trois fois ; mais ils la remirent dans sa position naturelle.

Après la victoire sur Mangoucha aux douze têtes, les héros tuèrent Badmou-Rakau, épouse de ce tyran, brûlèrent son fils, ainsi que le corps d'Andoulman-khan, et réduisirent ses sujets en esclavage.

Les vainqueurs avaient déjà parcouru quinze journées de chemin depuis l'endroit où Sessé Chikher était descendu des cieux pour tuer Mangoucha, lorsqu'ils virent arriver à leur rencontre l'épouse de Guessur, la pieuse Almour. Elle était entourée de plus de mille hommes, et accompagnée du vieux Tsarguin. Le peuple était plein de joie en voyant Sessé-Chikher et son souverain. Tous s'approchèrent, excepté le prince Tchoton, qui avait trahi dans le combat contre les khans de Charagol.

Le souverain des dix régions célestes retourna dans ses États avec son frère Sessé, et rentra dans la ville qui avait deux fois treize temples et cent huit grands châteaux forts. Là, dans de vastes palais, ils célébrèrent la fête de la victoire. Le grand Sessé-Chikher vida vingt coupes d'eau-de-vie, et reconnaissant le prince Tchoton, il exigea sa mort..., et le peuple l'exigea également. Alors le souverain des dix régions célestes dit : « Cher Sessé, arrête, il ne faut pas qu'on le tue. Tchoton veille sur nous pendant notre sommeil. Il nous rappelle à nos devoirs, et nous lui devons les plaisirs de cette fête. Tchoton est coupable ; mais le méchant est un de mes mille khoubilgans; sans ma bienveillance le perfide aurait cessé d'exister depuis longtemps. Vous savez pourquoi je l'épargne. Je livre mes raisons à votre propre jugement. » Tous gardèrent le silence.

Alors le souverain des dix régions célestes distribua le butin ; il donna à Sessé-Chikher le coursier jaune tigré de Mangoucha, qui avait la force de treize dragons ; sa cotte de mailles à anneaux à Choumar ; Tsarguin reçut l'énorme cheval de Saïn-Touchimel, et le jeune Nanson, âgé de quinze ans, obtint la cuirasse de ce guerrier. Les autres héros reçurent également des présents. Enfin le sévère Guessur-khan alla dans le pays de Nouloum, et, heureux et tranquille, il s'y fixa, d'après la volonté des saintes divinités, dans de vastes palais.

Le souverain des dix régions célestes détruisit les racines des dix maux, vainquit Mangoucha aux douze têtes, et fit revenir son frère Sessé-Chikher. Ce retour fut une joie pour toutes les créatures terrestres. »

Après avoir donné un échantillon de la poésie épique des Mogols, nous croyons devoir faire connaître leur littérature légère.

Voici quelques chansons que nous empruntons à l'ouvrage de M. Timkovski.

I.

Dzoungkhaba (1), le prince de la loi, est le roi puissant de tout ce qui existe. O peuples heureux, nés dans la patrie des dieux, nous vous prions de nous transporter au delà du grand fleuve, afin que notre âme puisse s'élancer librement vers le séjour d'Outaïchan (2)! Et vous, hommes pervers, qui troublez le repos de vos semblables, sachez qu'il y a un juge pour le bien et le mal : c'est l'équitable Eerlik Nomounkhan (3). Les lamas nous enseignent les dogmes de la foi ; nos parents l'art de bien vivre : tâchons de profiter de leurs leçons ; car, errant en aveugles dans une vallée obscure, nous ne pouvons cheminer sûrement, ni pénétrer les pensées de l'homme qui vit avec nous ; mais si l'intercession du dalaï-lama nous est favorable, nous saurons échapper au piége de nos ennemis, et nos fautes cachées nous seront pardonnées par les trois bogdos (4).

II.

Une troupe guerrière va sortir du territoire du Tsetsen-khan. Elle se compose de trois mille cavaliers ayant le brave Tsebden beilé à leur tête. Parmi les cavaliers de la cour, Khounkhoun taïdzi a été désigné par le choix. L'audacieux beilé Dordji djonom et Banba bouisoun noïn, guidés par leur propre volonté, ne tarderont pas à rejoindre leurs compagnons. La valeur peu commune de ces héros a déjà été éprouvée par l'ennemi dans le combat sanglant livré sur le mont Khanggai ; et lorsque le Maître Auguste (l'empereur), dans sa clémence, aura mis un terme à nos travaux, nous passerons, en retournant dans notre patrie, à Enketala, dont les gazons touffus et verdoyants serviront de pâture à nos excellents coursiers.

III.

Coursier alezan à la démarche fière, toi qui joins à la beauté du poil une taille superbe, quand tu folâtres gaiement dans le troupeau, combien tu t'embellis encore par la présence des tiens ! Mais cette jeune beauté que le sort a jetée sur une terre étrangère languit loin de sa patrie ; elle tourne sans cesse le regard vers ces lieux. Ah ! si le mont Khanggai ne s'élevait entre nous, je pourrais te voir à chaque instant ; mais en vain voudrions-nous vivre pour l'amour, le destin cruel nous sépare.

IV.

Ainsi que les buissons sur les glaciers blanchâtres se courbent frappés par les vents impétueux, les forces de l'homme succombent dans la vigueur de l'âge par l'excès de la boisson. Un jeune cheval égaré qui se trouve par hasard dans un troupeau étranger regrette toujours les compagnons de son enfance. Une princesse que le mariage a conduite dans une terre lointaine, obsédée par une foule importune qui lui déplaît, se désole et gémit. Elle ne voit que malheur dans tout ce qui l'entoure. Un nuage vient-il obscurcir l'horizon, pour elle c'est l'approche d'un orage ; et si parfois, apercevant dans le lointain la poussière s'élever sur la route, elle se dit : C'est l'ami qui arrive ! détrompée bientôt, elle soupire plus fort.

V.

O quel breuvage délicieux que l'archan (1), généreux don de l'empereur. Il a pour nous la douceur du miel ! Buvons-le donc dans des réunions fraternelles. Son usage immodéré engendre la stupidité ; mais qui en boit

---

(1) Dzoungkhaba était, comme nous l'apprend M. Klaproth, le dalaï-lama de la première génération spirituelle et le fondateur de la secte jaune des lamas tibétains. Il passe pour une incarnation de la divinité mandjouchiri. Il bâtit le temple Galdan à Lassa. Voyez le *Voyage à Peking*, par M. Timkovski, t. II, page 301, note de la traduction française.
(2) Montagne célèbre de la Chine, avec un temple de Bouddha.
(3) Dieu de l'enfer. Il a déjà été question de cette divinité ci-devant page 186, sous le nom d'*Erlik-khan*.
(4) Ou *les trois augustes*; ce sont : le dalaï-lama, le bantchan-erdeni et le koutoukhtou de l'Ourga.

(1) On appelle *archan* une eau consacrée qui, suivant les lamas, acquiert une vertu miraculeuse lorsqu'elle a été préalablement offerte aux bourkhans. On y ajoute une composition de muscade, de clous de girofle, de cardamome de deux espèces différentes et de marne ou d'argile blanche. Nous avons vu que les Calmoucs ont une sorte d'eau lustrale dont la composition se rapproche beaucoup de celle-ci. *Voyez* ci-devant page 193.

sobrement connaît le comble du plaisir. Vivent la santé, la vigueur, la jeunesse! Rarement réunis par le hasard, savourons ensemble la liqueur agréable. Un banquet entre frères est la plus grande des jouissances.

VI.

C'est dans cette vaste plaine qu'est né ce coursier de couleur isabelle, prompt comme la flèche, l'ornement des troupeaux, la gloire du khochoun entier. Appelé à la chasse par le bogdo, Idam vole à la forêt de Kharatchin (dans les environs de Je-Ho), renverse les chèvres et les cerfs, terrasse les sangliers féroces et les terribles panthères; chacun admire la hardiesse du cavalier et la vitesse de son coursier.

Là, c'est le jeune Tsyren, armé pour le service du khan; il vole à la frontière russe, à la garde de Mendzin; il adresse sa prière aux bourkhans, il prend congé de son père et de sa mère; sa femme, avec une douleur extrême, selle son cheval noir. D'un air morne et rêveur, le cavalier s'élance vers le nord; il traverse les steppes silencieuses. Le vent du désert agite à peine les plumes de ses flèches, et son arc élastique retentit sur la selle solone. Tsyren traverse des forêts sombres et inconnues; il aperçoit au loin des montagnes bleues qui lui sont étrangères; les paroles amicales des Cosaques, ses compagnons vaillants, rassurent son âme attristée, mais toujours ses pensées le ramènent aux montagnes paternelles.

L'âme inquiète, l'esprit accablé sous un pouvoir inconnu, le jeune Mogol voit, dans ses rêves, apparaître à ses yeux les ombres des guerriers ses ancêtres.

Où est-il, notre Gengiskan menaçant et intrépide? Ses hauts faits retentissent en chants mélancoliques au milieu des rochers de l'Onon et sur les rives verdoyantes du Kherouloun... Qui s'avance sur le chemin uni de la rive du Chara, chantant à voix basse des paroles chéries? A qui appartient ce coursier bai-brun (djoro-mori) qui court si rapidement? Que cherche-t-il des yeux, ce joyeux *bahatour* (brave) qui passe devant les iourtes blanches? son cœur sait bien quelle est celle qui y demeure: il cessera dans peu de parcourir ces montagnes; son coursier ardent lui méritera dans peu une épouse... Ce coursier bai, ce coursier semblable à un tourbillon, il est préparé à la course... L'obo est couvert de spectateurs. Il hennit; de son pied léger il effleure les cailloux pointus; il ronge les sillons avec impatience. Le signal est donné, tous s'élancent vers le but. Des nuages de poussière couvrent les coureurs, et le coursier bai, toujours vainqueur, arrive le premier, laissant au loin ses rivaux, etc.

Costume des hommes. Le costume des Mogols est fort simple. Les hommes portent en été une longue robe de nankin ou de soie, en général gros-bleu, attachée sur la poitrine et garnie de pluche noire. Ils ne se mettent jamais en route sans emporter un manteau à manches, de drap noir ou rouge, qu'ils placent sur la selle de leur cheval.

Une ceinture de cuir retenue par des boucles d'argent ou de cuivre sert à porter un couteau, un briquet et une pipe.

Leurs bonnets, de forme ronde, sont faits d'une étoffe de soie et garnis de peluche noire, avec trois rubans rouges qui pendent sur le dos.

Les chemises et autres vêtements de dessous sont de nankin de couleur. Les Mogols portent des bottes de cuir, avec des semelles très-épaisses. En hiver ils se couvrent de longues pelisses de peau de mouton et de bonnets de fourrure plus ou moins beaux, suivant la fortune du propriétaire.

Le jaune est la couleur distinctive des classes élevées et des personnages éminents. L'usage en est interdit au peuple.

Les gens pauvres portent des peaux de mouton et d'agneau avec la laine en dedans. Au printemps, les plus riches d'entre eux se parent avec des vestes de peau de cerf, de daim ou de chèvre sauvage assez bien préparées.

Costume des femmes. Les femmes ont adopté un costume qui ressemble beaucoup à celui des hommes. Elles se partagent les cheveux en deux tresses, qui tombent sur la poitrine, et au bout desquelles on attache de petites pièces d'argent, du corail, des perles et des pierres précieuses de diverses couleurs. Les ornements de corail dont les femmes mogoles se couvrent quelquefois forment la partie la plus coûteuse de leur ajustement. On voit des personnes âgées des deux sexes qui possèdent des ceintures ornées de coraux, et dont le prix monte à une valeur de plusieurs milliers de francs. Il paraît que les jeunes gens, soit par pauvreté, soit par esprit de convenance, s'interdisent ordinairement des parures aussi chères.

ARMES. Les armes principales des Mogols sont la lance, l'arc et le sabre, qu'ils remplacent quelquefois par un grand coutelas. Les chasseurs seuls recherchent les armes à feu. On donne des fusils aux hommes qui servent dans l'armée mandchoue. La poudre et les balles viennent de la Chine. Ces nomades ne combattent qu'à cheval.

HARNAIS. Ils emploient le cuivre, l'argent et le corail à orner les selles et les harnais des chevaux. Leurs étriers sont tellement courts, que le mollet du cavalier se trouve rapproché de la cuisse. Un Européen ne pourrait pas supporter longtemps une pareille position. Les selles des femmes ne diffèrent pas, pour la forme, de celles des hommes, mais elles sont recouvertes avec un beau tapis au lieu de cuir.

INSTRUCTION, ARTS ET MÉTIERS. A aucune époque les Mogols ne se sont distingués dans les arts ni dans les sciences. Les missionnaires nous apprennent cependant qu'on voit dans quelques pagodes des peintures qui décèlent chez leurs auteurs un certain talent. Le bizarre et le grotesque dominent dans les représentations d'hommes et d'animaux; mais les fruits et les fleurs sont très bien rendus. Les peintres ne possèdent aucune notion du clair-obscur, et ils ignorent complétement les règles de la perspective. Dans leurs paysages, tous les objets se trouvent rangés sur le même plan.

Les ouvriers sont fort rares parmi les Mogols. Les princes prennent quelquefois à leur service des orfévres pour monter des bijoux. Le talent de ces artistes est plus que médiocre; ce qui ne paraîtra pas étonnant si l'on considère que les forgerons, les charpentiers, les charrons et les menuisiers, dont les états exigent beaucoup moins d'intelligence et d'adresse, et qui d'ailleurs ont souvent occasion d'exercer leur savoir-faire travaillent tous fort mal.

Il n'existe pas une seule fabrique dans la Mongolie, et le talent industriel des habitants se borne à la confection des feutres et à la préparation des peaux. Ils emploient des procédés analogues à ceux qui sont en usage parmi les Kirguizes (1).

TENTES. Les tentes des Mogols consistent, comme celles des Kirguizes et des Turcomans, en claies d'osier attachées ensemble par des courroies et soutenues par des perches qui se rapprochent vers le haut et laissent entre elles une ouverture pour la fumée. La charpente, recouverte de feutre, reçoit pendant l'hiver jusqu'à trois pièces de cette étoffe placées l'une sur l'autre, précaution que les voyageurs ne signalent ni chez les Kirguizes ni chez les Calmoucs, et qui contribue quelque peu à diminuer l'intensité du froid. Les Mogols se plaignent cependant de geler sous leurs tentes. On conçoit à peine en effet qu'ils puissent résister aux hivers rigoureux du pays qu'ils habitent, avec d'aussi faibles abris.

On pratique vers le midi une porte basse et étroite qui sert d'entrée à l'iourte, et l'on couvre de sable tout le terrain environnant. Au milieu de la tente est le foyer au-dessus duquel s'élève un chaudron de fonte destiné à faire cuire le thé, le lait, la viande et tous les autres aliments. Le côté droit, près de l'entrée, appartient aux femmes. Les personnes âgées garnissent le sol de pièces de feutre couvertes de dessins. Les gens riches emploient au même usage des tapis de Perse ou du Turquestan.

En face de l'entrée, et dans la partie la plus enfoncée, on place sur une table de petites idoles de cuivre. A droite on voit un lit de bois couvert de feutre; à gauche sont des caisses et des coffres où l'on serre les vêtements et quelques autres objets. Il n'y a jamais de chaises dans ces tentes; chacun s'assied par terre les jambes croisées. Près de l'entrée, on place des seaux et autres ustensiles de ménage. On trouvera peut-être étonnant qu'un si grand nombre d'objets trouvent place dans une tente; mais celles des Mogols sont spacieuses, et assez hautes pour que l'on puisse s'y

(1) Voyez ci-devant page 147.

tenir debout. Les gens riches réunissent ensemble plusieurs iourtes, qui forment autant de chambres ayant chacune leur destination particulière.

Les Mogols mettent beaucoup de vanité dans le nombre et la grandeur des tentes qu'ils possèdent, comme dans la quantité de leurs troupeaux.

NOURRITURE ET REPAS. Le lait forme la base de la nourriture des Mogols. Ils mangent aussi la chair de leur bétail. L'alimentation varie, au surplus, suivant le pays qu'ils habitent et la facilité qu'ils peuvent avoir de se procurer des subsistances de telle ou telle nature. Ils mangent sans répugnance la chair des chevaux et des chameaux, et même celle des bestiaux morts de maladie. Souvent ils ne boivent que de l'eau; mais le thé en briques est la boisson la plus ordinaire des pauvres comme des riches. On voit presque toujours dans les iourtes le chaudron de fonte rempli de ce thé, avec du lait, du beurre et du sel. Le voyageur fatigué peut entrer sans crainte et apaiser sa faim et sa soif; mais l'usage exige qu'il se présente muni d'une tasse de bois, que les Mogols regardent comme la partie la plus indispensable de leur mobilier. Les plus belles de ces tasses sont fabriquées dans le Tibet. Les gens riches les font quelquefois incruster d'argent.

Les repas commencent ordinairement par le thé en briques, auquel on ajoute de la farine frite et quelques autres substances qui en font un véritable potage; puis on sert des herbes salées, après lesquelles les convives se gorgent d'eau-de-vie, ou plutôt d'esprit-de-vin qu'ils avalent tout bouillant. On mange ensuite la viande.

Lorsqu'un Mogol veut donner à son voisin de table une preuve d'estime et lui faire une politesse, il prend l'os qu'il vient de ronger, et le lui passe. Celui-ci le lèche à son tour, et le remet à son voisin, jusqu'à ce que le cercle soit fini. Après le repas, les convives essuient leurs mains sur la robe de leur hôte, en commençant depuis le col jusqu'en bas. Le maître de la tente rend aussitôt cette politesse.

Rien n'égale la malpropreté des Mogols. Sans parler de la graisse qui couvre leurs vêtements, ils vivent toujours au milieu des ordures. On sent ces nomades longtemps avant de les approcher, et leurs tentes exhalent une odeur insupportable; aussi les Chinois les désignent-ils sous le nom de *Tartares puants*, et cette dénomination n'est que trop bien justifiée.

USAGE DU TABAC. Les Mogols sont passionnés pour le tabac; ils le respirent en poudre; mais ils sont surtout grands fumeurs, et la première chose que font deux amis lorsqu'ils se rencontrent, c'est de s'engager mutuellement à fumer. Ils achètent les fourneaux de leurs pipes aux Chinois, et font eux-mêmes les tuyaux, qu'ils garnissent quelquefois d'argent et de corail.

SALUTATIONS ET POLITESSES. Ces nomades ne se découvrent jamais la tête; ils témoignent leur respect en baissant les mains d'une manière insensible, et en pliant les genoux. Ils s'agenouillent trois fois devant les princes et les généraux, en avançant d'un pas après chaque génuflexion. Devant l'empereur, ils se prosternent neuf fois jusqu'à terre. Lorsqu'ils veulent exprimer leur reconnaissance pour un cadeau, ils touchent leur front avec l'objet qu'ils ont reçu (1). Donner à une personne le titre de frère cadet est une marque de politesse des plus flatteuses. Lorsque ces nomades veulent témoigner de la tendresse à leurs enfants, ils ne les embrassent pas, mais ils leur flairent la tête.

DIVERTISSEMENTS. La chasse, la course à cheval, la lutte et le tir de l'arc sont leurs principaux amusements. La danse n'est point en usage parmi eux.

En été, un de leurs plus grands plaisirs est de se régaler d'aïrak, liqueur fermentée, extraite du lait de brebis et de vache, ainsi que de koumize et d'eau-de-vie, qu'ils achètent aux Chinois. Ils passent presque tout leur temps, dans cette saison, à fumer et à boire; ils célèbrent en même temps la gloire de leurs ancêtres, et les hauts faits des grands hommes des temps passés. Ils tâchent d'oublier ainsi les peines qu'ils peuvent avoir et le joug des Mandchous. Les liqueurs spiritueuses dont ils font usage inspirent à quelques-uns d'entre

---

(1) Nous avons dit plus haut (page 206) que des Mogols témoignèrent de cette façon leur gratitude à M. Timkovski.

15e *Livraison.* (TARTARIE.)

eux des saillies, des contes et des anecdotes sur les aventures des chasseurs, sur la vitesse de quelques chevaux fameux, et sur les accidents les plus remarquables de la vie nomade. Ils chantent quelquefois des airs lugubres, avec accompagnement de flûte ou d'une espèce de guitare garnie de deux ou trois cordes.

MARIAGES. Les Mogols se marient fort jeunes. Jusqu'à l'époque de leur union, les jeunes gens des deux sexes vivent avec leurs parents.

L'homme qui se marie reçoit de son père une tente et des bestiaux. La dot de la fille consiste, indépendamment des vêtements et des ustensiles de ménage, en une certaine quantité de brebis et de chevaux. On peut dire que l'autorité des père et mère est aussi grande et aussi complète que l'obéissance des enfants. Ceux-ci, après leur mariage, habitent en général les mêmes cantons que leurs parents, autant du moins que le permet l'étendue des pâturages. Les cousins germains peuvent se marier ensemble, et il est permis à un homme d'épouser successivement les deux sœurs.

Les Mogols attachent une haute importance à leur généalogie, et malgré l'augmentation des familles et le mélange avec d'autres tribus ou même avec des étrangers, ils suivent toujours soigneusement la filiation de leur race.

Avant de conclure un mariage, on calcule, à l'aide des livres d'astrologie, le thème natal des deux époux, afin que l'astre de la femme ne puisse pas nuire à celui du mari ni le dominer; car la femme ne doit pas commander dans le ménage. Souvent il arrive que des mariages, parfaitement convenables du reste, ne peuvent avoir lieu à cause de la supériorité ou de l'antipathie qui existe entre le thème natal des deux futurs.

Le mariage est arrangé par des personnes étrangères aux deux familles. Quand une fois on a obtenu le consentement des parties, le père du futur, accompagné de l'entremetteur et de quelques proches parents, va rendre visite au père de la jeune fille. Il porte avec lui au moins un mouton cuit et coupé par morceaux, plusieurs vases pleins d'eau-de-vie et des mouchoirs bénis. Après avoir exposé le motif de sa venue, il met sur un plat, devant les idoles des bourkhans, la tête et quelques morceaux du mouton, ainsi que les mouchoirs. On allume des cierges, et toutes les personnes présentes se prosternent à plusieurs reprises devant les idoles; ensuite elles s'asseyent, et les visiteurs régalent d'eau-de-vie et de viande de mouton les parents de la future, à chacun desquels ils remettent en même temps un mouchoir béni ou une pièce de monnaie de cuivre qu'on jette dans une tasse remplie de vin. On boit le vin, et l'on garde la pièce de monnaie. La conversation s'engage ensuite sur le nombre de bestiaux que l'on exige pour la fille. Dans ces sortes d'occasions, les gens pauvres débattent leurs intérêts avec tout autant de ténacité et aussi peu de cérémonie que s'ils se trouvaient dans un marché. Les gens riches ne stipulent rien. Les princes surtout mettent un certain orgueil à s'en reposer sur la bonne foi l'un de l'autre. Cependant la quantité de bétail dont il s'agit pour eux est extrêmement considérable. La dot, pour les simples particuliers, excède fort rarement quatre cents bêtes de différentes espèces. Les femelles pleines comptent pour deux. La livraison ne se fait pas pour l'ordinaire en une seule fois, mais à différentes époques, et les termes en sont quelquefois fort éloignés; il y a tel Mogol qui ne peut se libérer qu'au bout de six ou sept ans.

Quand tous les points qui pourraient amener des discussions ont été réglés, les parents de la mariée lui construisent une iourte neuve, qu'ils doivent pourvoir des objets et ustensiles nécessaires dans un ménage, afin, disent-ils, que leur fille ne se trouve pas dans la nécessité de rien demander à des étrangers. On lui donne encore des vêtements et des parures conformes à son état, et jusqu'à un cheval harnaché qui doit la conduire chez son époux. L'obligation de fournir ces objets contraint quelquefois les parents à se dépouiller eux-mêmes, pour donner à leur fille ce qu'ils possèdent.

Dès que les bestiaux ont été livrés au père de la future, celui-ci donne une fête qui lui est bientôt rendue par le jeune marié; ce dernier, accompagné de ses parents et de ses amis, quelquefois au nombre de cent personnes, va à la tente de son futur beau-père, portant des plats de mouton, une grande quantité d'eau-de-vie et des mouchoirs consacrés aux idoles. Il trouve, en arrivant, tous les convives réunis. Après avoir adoré les dieux dont les images se trouvent dans l'iourte, il offre au père, à la mère et aux plus proches parents de la mariée les mouchoirs bénis. Ensuite tous les convives sortent de l'iourte, s'asseyent en cercle, et le repas commence. Il se compose de thé en briques, de viande et de vin. Quand les convives ont cessé de manger, la jeune fille offre en cadeau à son prétendu, et souvent même au père et à la mère de celui-ci, de riches vêtements. La fête terminée, le futur se rend, quelquefois avec les personnes de sa suite, chez des parents de la mariée; mais cette coutume n'est pas générale.

L'usage veut que depuis le moment où l'on a célébré les fiançailles les futurs époux ne se voient plus jusqu'à la célébration du mariage. Pendant la fête dont nous venons de parler les deux parties chargent les lamas de fixer un jour heureux pour la cérémonie. Quand l'époque du mariage approche, la future rend des visites à ses plus proches parents, et passe au moins une nuit, dans la maison de chacun d'eux, à s'amuser et à se promener avec les amies de son enfance, qui l'accompagnent ensuite chez ses père et mère, où elles passent ensemble les deux dernières nuits qui précèdent le mariage à chanter et à se régaler. La veille du jour où la jeune fille doit quitter l'iourte paternelle, les lamas s'informent s'il n'est point survenu quelques obstacles, et récitent des prières; ils en prononcent aussi le lendemain, au moment du départ. Aussitôt que l'on a expédié la tente qui doit servir de demeure aux époux, et les autres objets qui forment la dot, les amis intimes de la famille de la femme se réunissent dans l'iourte et s'asseyent en cercle près de la porte avec la mariée, en se tenant très-rapprochés d'elle. Des personnes envoyées par le futur font sortir tous ces gens un à un, et se saisissent de la jeune fille, qu'ils emportent hors de l'iourte. Ils la placent sur un cheval, l'enveloppent dans un manteau, lui font faire trois fois le tour d'un feu sacré, puis ils se mettent en route suivis des proches parents de la mariée. La mère fait toujours partie du cortège. Cet enlèvement n'a pas lieu sans une forte opposition, surtout quand la famille de la mariée compte au nombre de ses amis plusieurs champions vigoureux. Autrefois on attachait la femme à la charpente de l'iourte, aujourd'hui cet usage est tombé en désuétude.

Ordinairement le père reste dans sa tente, et le troisième jour seulement il va savoir des nouvelles de la santé de sa fille. Le marié envoie du vin et de la viande pour régaler son épouse et les personnes qui l'accompagnent. On dresse ensuite l'iourte destinée au jeune ménage. Quand la mariée y est entrée, on l'assied sur le lit; on défait les tresses nombreuses qu'elle portait comme jeune fille, on en forme deux grosses nattes, on la revêt des habits des femmes mariées, et elle est conduite chez son beau-père pour le saluer. Là elle trouve toute la famille et les amis de son époux. On récite des prières; et, le visage voilé, elle répète les mouvements d'un homme de même âge qu'elle, et qui lui sert de guide; elle s'incline profondément vers le feu, puis vers le père, la mère et les autres parents de son futur, qui lui donnent leur bénédiction. On distribue alors à ces différentes personnes des vêtements et quelques autres objets. Il se passe quelquefois six ou sept jours avant que le mari se trouve seul avec son épouse. La mère de celle-ci doit rester au moins une nuit avec elle. Mais quand la mère part il est expressément défendu à la mariée de la suivre.

Un mois après, la jeune femme, accompagnée de son époux ou de quelqu'un de ses proches, va faire une visite à ses parents, qui lui remettent une partie ou la totalité des bestiaux qui forment sa dot. On s'accorde à dire que dans ces sortes d'occasions les Mogols se montrent aussi généreux que leur fortune le comporte. La jeune femme ne peut recevoir les parents de son mari, ni leur rendre visite, sans être vêtue d'une robe courte de dessus, de nankin ou de soie et sans manches, qu'on appelle *oudji*. Quand ses parents viennent la voir dans l'iourte qu'elle occupe, elle doit se lever lorsqu'ils approchent, et il lui est défendu de s'asseoir en leur présence; elle évite aussi de leur tourner le dos. Quand elle se trouve dans l'iourte de son beau-père, elle doit y occuper une place près de la porte, et n'a pas le droit d'avancer jusqu'à la partie située entre le foyer et les idoles des bourkhans. De même, le beau-père ne doit pas s'asseoir près du lit de sa bru.

Les Mogols peuvent prendre plusieurs femmes; mais celle qu'ils ont épousée la première est toujours la plus respectée et conduit la maison.

DIVORCE. Le divorce est très-commun chez ces nomades; le moindre sujet de mécontentement suffit pour l'amener. Si le mari veut renvoyer sa femme sans cause légitime, il doit lui donner une de ses plus belles robes, et un cheval tout harnaché pour la reconduire chez ses parents. Il conserve le reste de la dot, comme une compensation pour les bestiaux qu'il a livrés.

Si une femme s'enfuit de chez son mari pour cause d'aversion, et se retire chez ses parents, ceux-ci doivent la rendre trois fois de suite à son époux. Si la femme le quitte une quatrième fois, alors on s'occupe du divorce; mais dans ces occasions toute la dot de la femme appartient de droit au mari, et le père de l'épouse inconstante est obligé de rendre à celui-ci une certaine quantité de bétail fixé par les autorités légales. Les gens les plus riches ne rendent jamais plus de trente-cinq têtes de bétail, et cette restitution n'a lieu, pour l'ordinaire, que dans le cas où la femme divorcée se remarie. Quelquefois cependant, pour s'éviter des désagréments à eux-mêmes et à leur fille, ils font spontanément et sans retard la restitution.

Les séparations de cette espèce sont très-désavantageuses pour les parents de la femme et pour la femme elle-même. Aussi obtient-elle quelquefois d'emporter ses meilleures robes et ses bijoux; mais si elle a pris ces objets sans l'autorisation du mari, celui-ci peut l'appeler devant des juges, qui la condamnent à tout restituer, à l'exception d'un cheval harnaché et d'une des plus belles robes qui faisaient partie de sa dot.

FUNÉRAILLES. On enterre quelquefois les morts, quelquefois on les abandonne dans des cercueils, ou bien on recouvre les corps d'un monceau de pierres. Les différents modes de sépulture que nous venons d'indiquer ne sont point employés indistinctement; mais on note le thème natal du défunt, son âge, le jour et l'heure du décès, et d'après toutes ces circonstances, combinées avec les indications des livres astrologiques que les lamas interprètent, on décide la manière de se débarrasser du corps.

Quelquefois on brûle les cadavres, ou bien on les expose aux bêtes féroces et aux oiseaux de proie, qui les dévorent. Les parents qui perdent leurs enfants par une mort subite abandonnent les corps sur les chemins, après les avoir enveloppés dans des sacs de cuir, où ils déposent du beurre et quelques autres provisions, qui, suivant leur croyance, ont la vertu d'éloigner les mauvais esprits.

On célèbre des services pour les morts. La longueur de ces cérémonies expiatoires dépend de la richesse et des regrets des parents. Elles durent quelquefois quarante-neuf jours, pendant lesquels les lamas récitent sans cesse des prières dans la tente du défunt. Ces prêtres reçoivent pour leur salaire des bestiaux et quelques autres objets. Les gens riches font aussi prier dans les temples, et ils y envoient de belles offrandes en bestiaux.

Les chamans ou sorciers sont enterrés par d'autres chamans, qui font des conjurations pour empêcher les mauvais esprits de troubler l'âme du défunt. On enterre ces devins dans l'endroit qu'ils ont désigné. Ce sont, pour l'ordinaire, des lieux élevés et très-passants. Les Mogols prétendent que les chamans sont déterminés dans leur choix par la volonté de nuire encore aux hommes après leur mort.

Il arrive quelquefois que ces imposteurs annoncent aux personnes contre lesquelles ils ont quelque sujet de haine que leur ombre viendra un jour les tourmenter. Lorsqu'une personne tombe malade ou éprouve une incommodité quelconque, on attribue toujours ces malheurs à la méchanceté des âmes des chamans, et l'on s'empresse de les apaiser par des sacrifices. Les Mogols croient que ces âmes ne peuvent s'élever jusqu'à Dieu; mais qu'errantes sur la terre, elles deviennent de mauvais esprits, et se plaisent à faire du mal aux hommes. Les chamans profitent d'une croyance qui leur est si utile, et ils exigent les plus grandes marques de respect de la part des gens simples au milieu desquels ils vivent. Lorsqu'une personne est attaquée d'une maladie inconnue, on court aussitôt chez le chaman, pour le consulter sur la cause du mal et sur le remède qu'on doit y appliquer. Le sorcier ne manque jamais d'attribuer la maladie à quelque esprit malfaisant, qu'il faut apaiser par des offrandes et par des sacrifices.

Ces misérables jongleurs furent chassés d'une partie de la Mongolie en 1819 et 1820. Un lama qui jouissait d'une grande considération parla avec tant d'énergie contre eux, qu'il parvint à les faire expulser du pays des Khalkhas. Plusieurs autres cantons suivirent cet exemple. Les meubles et les vêtements de ces imposteurs furent brûlés.

DIVISIONS CIVILES ET MILITAIRES. GOUVERNEMENT.

La Mongolie est divisée en plusieurs principautés, toutes soumises à l'empereur de la Chine. Chaque principauté est gouvernée par un des anciens nobles du pays, ou par un officier chinois qui porte le titre de *vang*, correspondant à celui de *vice-roi*, comme nous l'avons déjà fait remarquer (1). La horde des Khalkhas, extrêmement considérable, se trouve placée sous l'autorité de quatre khans indépendants l'un de l'autre. La cour de Pékin s'est toujours efforcée de partager le pouvoir dans la Mongolie entre un grand nombre de chefs. Cette politique est très-prudente; car si les habitants se trouvaient réunis sous un seul maître habile et entreprenant, ils pourraient devenir fort redoutables au Céleste-Empire.

Les hordes mogoles sont subdivisées en bannières (*khochoun*), en régiments (*dzalan*), et eu escadrons (*somoun*). Cette organisation militaire convient à la Chine, qui se trouve avoir ainsi à sa disposition plusieurs corps de cavalerie qu'elle peut employer en cas de besoin, et de l'obéissance desquels les chefs lui répondent plus facilement qu'ils ne pourraient faire si les Mogols étaient soumis à un régime civil. Tous ces hommes enrégimentés mènent dans les steppes la vie de pasteurs. Les officiers sont en même temps chargés de l'administration.

Le territoire appartient aux princes mogols, qui reçoivent des chefs de famille un léger tribut en bétail, et sont pourvus par eux de pâtres et de domestiques en nombre suffisant pour garder leurs troupeaux. Ces princes jugent en dernier ressort, suivant les lois établies, toutes les affaires litigieuses qui s'élèvent entre les habitants des provinces qu'ils administrent pour le gouvernement chinois.

L'empereur de la Chine entretient en Mongolie des inspecteurs généraux permanents, investis du commandement supérieur des différents corps d'armée de la province. L'inspecteur général des Khalkhas réside dans la ville d'Ouliassoutou. Cet officier a au-dessous de lui quatre adjoints, qui reçoivent leurs instructions directement de l'empereur. Ceux-ci sont assistés à leur tour par un conseiller. Cette organisation répond fort bien aux vues de la cour de Pékin, laquelle, voulant être toujours exactement informée des événements qui pourraient survenir dans la Mongolie, et de l'état des esprits dans cette contrée, a institué des officiers militaires et civils, aussi indépendants les uns des autres que le permettent les exigences du service et l'observation des règles de la hiérarchie. Ces fonctionnaires se contrôlent et s'observent mutuellement. En partageant ainsi l'autorité, et en ne rendant les fonctionnaires responsables de la plus grande partie de leurs actes qu'à l'égard de l'empereur, le gouvernement chinois est parvenu à pouvoir livrer le pays à lui-même, sans avoir à craindre

---

(1) Voyez page 206, colonne I, note.

une révolte de la part des habitants.

Toutes les affaires qui concernent les chefs de bannières sont soumises plus tard à la diète générale de la principauté. Cette assemblée, composée des gouverneurs de la province, se réunit tous les trois ans. La diète des Khalkhas se tient dans la ville d'Ouliassoutou. Les princes qui font partie de cette assemblée générale sont tenus de se présenter en personne à la cour de Pékin, pour obtenir de l'empereur la confirmation de leurs pouvoirs.

La direction supérieure de la Mongolie appartient à une des divisions du tribunal des affaires étrangères de Pékin, connue sous le nom de *Djourgan* ou *Tribunal mogol*.

La dignité de prince est héréditaire en Mongolie, et passe aux fils aînés. Les cadets descendent de génération en génération jusqu'à la dernière classe des *taïdzis*, qui forment un corps de noblesse assez considérable. Les emplois inférieurs sont confiés aux gens qui ont fait preuve de plus de capacité ou qui réussissent à s'attirer les bonnes grâces des princes et des chefs.

DÉNOMBREMENTS. — ARMÉE. — NOBLESSE. — TRIBUTS. — ALLIANCES AVEC LES PRINCESSES DE LA FAMILLE IMPÉRIALE.

Les chefs des divisions militaires sont obligés de composer leurs bannières d'hommes forts et valides, habiles à tirer de l'arc, et choisis parmi les classes nobles des *taïdzis* et des *tabounans*. A défaut de ceux-ci, ils peuvent prendre des gens du peuple, en ayant toujours soin de les choisir robustes et propres au service. On établit pour dix hommes un dizenier chargé de veiller à leur conduite. Les chefs mogols, comme nous l'avons dit plus haut, se réunissent tous les trois ans pour régler les affaires du pays; ils déterminent, dans ces diètes, le nombre d'hommes qu'il faudra entretenir sous les armes. Les princes qui négligent de paraître à la réunion sont punis par des amendes ou des retenues qu'on exerce sur leurs traitements.

Tous les ans les chefs des différentes bannières réunissent leurs troupes, et les passent en revue. Ils s'assurent du bon état des arcs et des flèches, complètent les cadres, et exercent les hommes à tirer de l'arc.

On fait tous les trois ans un dénombrement de la population. Quand le moment de commencer les opérations approche, le tribunal des affaires étrangères de Pékin, après avoir reçu les ordres de l'empereur, expédie des courriers aux princes et aux autres chefs principaux, afin qu'ils aient à s'occuper du recensement. Chaque bannière a soin de se pourvoir à l'avance de cahiers de papier blanc revêtus du sceau de l'empire, pour y inscrire les noms des enfants nés depuis le dernier dénombrement. Les personnes décédées sont rayées des listes. Les moindres négligences dans les inscriptions, lorsqu'on les découvre, sont punies avec la dernière sévérité (1). Les listes sont envoyées à Pékin pour y être examinées; on en conserve une copie dans les bannières.

Suivant que la population a augmenté ou diminué, on forme de nouveaux escadrons (*somoun*) ou l'on réduit le nombre des anciens. Chaque escadron est composé de cent cinquante cavaliers. Le Mogol, si ses forces et sa santé le lui permettent, peut être appelé au service depuis l'âge de dix-huit ans jusqu'à soixante; dans le cas d'empêchement légitime, il est rayé des contrôles. On entretient dans chaque escadron un cavalier armé et équipé sur trois. En temps de guerre, deux hommes sont obligés de marcher, et le troisième reste dans le campement. Ainsi chaque escadron qui entre en campagne compte cent hommes. Les régiments se composent pour l'ordinaire de six escadrons.

Les Mogols envoient à la cour de Pékin un tribut qui consiste en bestiaux. L'empereur de la Chine rend toujours en échange une valeur dix fois plus forte. Les princes reçoivent de ce souverain des cadeaux considérables en argent, en étoffes de soie et en riches vêtements.

Les empereurs de la dynastie mand-

(1) Il paraît que, malgré toutes les précautions dont il s'environne, le gouvernement chinois ne parvient jamais à obtenir un état exact de la population de la Mongolie. Voyez ce que nous avons dit à cet égard, page 203, et le *Voyage de Timkovski*, tom. II, pages 293 et 294.

choue, actuellement régnante, ont su se concilier l'affection de plusieurs chefs mogols, en leur donnant en mariage des princesses de la famille impériale. Ces princesses emmènent toujours, parmi les personnes qui composent leur suite, quelques Mandchous dévoués à la cour de Pékin et chargés d'exercer une surveillance constante sur les princes mogols. Ceux-ci reçoivent du gouvernement chinois des appointements fixes. C'est là sans aucun doute le principal motif qui leur fait rechercher avec empressement l'alliance de la famille impériale, et les engage à fermer les yeux sur l'espionnage organisé dont on les entoure. Plusieurs d'entre eux reçoivent environ 20,000 francs par an, et quarante pièces de différentes étoffes de soie. D'autres touchent des appointements plus faibles, suivant l'influence et le pouvoir dont ils disposent, et la nature ou l'importance des services qu'ils peuvent rendre à la Chine. Les princesses impériales mariées à des chefs mogols jouissent après la mort de leurs époux des mêmes pensions que ceux-ci, pourvu qu'elles ne contractent pas un nouveau mariage. Les princes conservent également leur pension et leur titre de *gendres de l'empereur* lorsqu'ils se soumettent à rester veufs; mais ils perdent ces deux avantages s'ils convolent en secondes noces.

Lorsque les princes et les nobles mogols se sont rendus coupables de négligence dans l'exercice de leurs fonctions, le gouvernement chinois fait des retenues sur les appointements qu'il leur alloue. Si cependant les coupables meurent avant de s'être libérés, on ne réclame rien de leurs enfants. Les Mogols époux des princesses impériales et autres proches parentes de l'empereur sont choisis sur une liste que l'on envoie tous les ans au tribunal des affaires étrangères de Pékin, et dans laquelle se trouve un état exact des jeunes princes âgés de quinze à vingt ans qui se sont fait remarquer par leur capacité et leurs vertus. On n'omet aucun détail, aucune circonstance relative à ces prétendants. On fait venir ensuite de la Mongolie ceux d'entre eux qui semblent plus dignes de fixer le choix de l'empereur; tous les hommes d'une santé faible sont exclus de la liste.

C'est par des moyens de ce genre que la Chine établit d'une manière durable sa domination sur la Mongolie. Les princes trouvent leur intérêt à rester soumis au gouvernement de Pékin, et ne pensent nullement à secouer le joug; les gens du peuple, accoutumés à suivre aveuglément la volonté de leurs chefs, ne songent pas davantage à la révolte. D'ailleurs, les Mogols conservent encore le souvenir de la protection que leur accorda l'empereur Khang-Hi dans les guerres sanglantes qu'ils eurent à soutenir contre Galdan, prince des Dzoungares. Depuis cette époque ils ont toujours joui de la paix. Ils reconnaissent tous les avantages qui résultent pour eux d'un pareil état de choses. Aussi le gouvernement chinois peut-il compter sur leur fidélité.

Lois et règlements civils et militaires. Les soldats qui désertent leur drapeau ou quittent leurs rangs dans une marche sont arrêtés et conduits devant les chefs de la bannière à laquelle ils appartiennent. Ceux-ci les condamnent à l'amende d'un bœuf, au profit du dénonciateur.

On coupe la tête aux incendiaires. Les hommes qui volent une selle, une bride, ou tout autre objet de harnachement ou d'équipement, sont punis du fouet. Dans les marches de nuit, les hommes ne doivent ni crier ni faire du tapage, de manière à incommoder les habitants des pays qu'ils traversent. Les infractions à ce règlement sont punies avec sévérité. Les princes chargés de la conduite des corps doivent veiller au maintien de l'ordre, et, en cas de besoin, prêter aide et assistance aux habitants.

Si des officiers ou des soldats fatiguent outre mesure, en les employant pour leur usage particulier, des chevaux du gouvernement, ils perdent leurs appointements pendant six mois, ou se voient condamnés à une amende de dix chevaux.

Si pendant un combat une bannière prend la fuite, et si un prince chef d'une autre bannière arrive à temps pour la secourir, les chefs de la bannière qui a lâché pied sont punis, et perdent un escadron que l'on donne au prince qui a rétabli le combat.

Si un prince marche seul contre l'ennemi avec sa bannière avant que les autres généraux aient formé leurs divisions en ordre de bataille, ce prince doit être récompensé suivant les services qu'il aura rendus et le nombre de prisonniers qu'il aura faits.

On coupe la tête aux soldats qui se sont laissé vaincre; leurs biens sont confisqués, et on réduit leurs familles en esclavage, pour les donner à des officiers ou à de simples soldats qui, par leur courage, ont contribué à la victoire.

Si un jour de bataille les chefs attaquent imprudemment l'ennemi, le croyant moins nombreux qu'il ne l'est en réalité, leur négligence à prendre des informations est punie par la confiscation des chevaux et des prisonniers qui se trouvent en leur pouvoir.

Si pendant la guerre les ennemis tuent un soldat qui a quitté son corps pour piller, la famille du décédé devient esclave, et l'officier qui devait surveiller la conduite de cet homme est responsable de sa mort envers le gouvernement.

Il est défendu aux soldats en campagne de détruire les temples et les maisons, et de tuer inutilement les voyageurs; mais il leur est ordonné de mettre à mort toutes les personnes qui leur opposent de la résistance.

Il leur est encore enjoint de ne pas faire de mal aux gens qui veulent se rendre, de ne pas dépouiller les prisonniers de leurs vêtements, de ne pas séparer le mari et la femme, et enfin de ne pas confier aux prisonniers la garde des chevaux.

Quiconque dépasse les limites de son district, et va planter ses iourtes dans un autre canton, est puni par la perte d'une année d'appointements, s'il est prince ou chef employé par le gouvernement chinois. Les grands personnages qui ne sont point en activité payent une amende de cinquante chevaux. Lorsque le coupable appartient à une classe inférieure, on se saisit de tout son bétail et de celui de ses complices, s'il en a, pour le donner au propriétaire du terrain envahi.

Les officiers et soldats doivent s'abstenir, sous les peines les plus sévères, de vendre aux Russes, aux Calmoucs et aux habitants du Turquestan Chinois des cottes de mailles, des arcs, des flèches et autres objets d'armement et d'équipement militaire.

L'officier de service dans un poste est tenu d'accompagner les ambassadeurs qui traversent son territoire, et de veiller à leur sûreté; s'il néglige ce devoir, et que l'ambassadeur soit dépouillé par des brigands, l'officier paye une amende de vingt-sept têtes de bétail, et les soldats sont punis par cent coups de fouet.

Quand un chef parvient à se rendre maître de quelques déserteurs, il doit faire enchaîner le principal coupable et le remettre entre les mains de la justice dans l'espace de deux jours : ce terme écoulé, il devient passible d'une amende, et perd trois mois d'appointements.

Si un officier commandant un détachement laisse passer la frontière à un déserteur et ne parvient pas plus tard à le saisir, l'officier perd son grade et se voit condamner à une amende de vingt-sept têtes de bétail. Le chef d'escouade de service est rayé des contrôles de son corps, paye cinq têtes de bétail et reçoit cent coups de fouet. Chaque soldat est condamné à subir cette dernière peine.

Les officiers chinois employés sur les frontières de la Mongolie pour juger les querelles et les difficultés qui s'élèvent entre les marchands, choisissent parmi ceux-ci les hommes qui ont une meilleure réputation et les chargent de surveiller la conduite de leurs confrères. Ces inspecteurs veillent également à ce que les Chinois ne s'introduisent pas dans les villes de la Mongolie, sous prétexte d'y chercher du travail. Tous les hommes qu'on surprend en contravention sont renvoyés sur-le-champ dans leur pays, excepté lorsqu'ils ont, dans le lieu qu'ils habitent, des parents qui puissent répondre d'eux à l'autorité.

Aux époques de disette, les princes, les gens riches et les lamas de chaque bannière sont tenus de pourvoir à l'approvisionnement des habitants. S'ils n'ont pas les moyens de leur fournir des subsistances, la communauté doit venir au secours des pauvres. La liste des personnes qui ont été assistées de cette manière est envoyée au tribunal des affaires étrangères de Pékin. Lorsque le manque de pâturages et les épizooties se prolongent durant quelques années, et que les ressources de la communauté ne sont plus en rapport avec ses besoins, les chefs rédigent une supplique qu'ils adressent au Tribunal Mogol de Pékin, et dans laquelle ils prient l'empereur d'envoyer un officier chargé de prendre connaissance des faits et de fournir l'argent nécessaire pour acheter des vivres. En pareille circonstance, le gouvernement chinois paye d'avance aux chefs leurs appointements d'un an, et ceux-ci doivent adopter des mesures pour empêcher avec cette somme que leurs sujets ne soient réduits à l'extrémité. Lorsque, par mauvaise volonté ou par défaut d'intelligence, les chefs n'emploient pas l'argent qu'ils ont reçu à se procurer des vivres pour eux et leurs sujets, ils perdent l'emploi dont ils étaient pourvus, et l'on nomme à leur place d'autres titulaires.

Chaque prince mogol doit recevoir tous les ans les redevances qui lui sont payées par ses sujets.

Lorsqu'on envoie les tributs à Pékin, ainsi qu'à l'époque où ils se mettent en route pour se rendre à la diète, et dans quelques autres circonstances, les princes ont le droit d'exiger de leurs sujets un cheval, une charrette attelée d'un bœuf ou un chameau par dix iourtes. Chaque Mogol possesseur de trois vaches doit donner un seau de lait. Le propriétaire de cinq vaches ou d'un nombre plus considérable donne un vase d'eau-de-vie de lait. L'homme qui a un troupeau de plus de cent moutons doit donner une pièce de feutre. Lorsque les princes exigent quelque chose de plus que ce qui est ordonné, ils peuvent être mis en jugement.

Si un officier ou un homme du peuple commet un vol ou un assassinat, le coupable et ses complices, si on en découvre, sont mis à mort, sans égard pour leur rang, et la tête de ces criminels est ensuite exposée en public.

Si un officier ou un homme du peuple commet un vol sans blesser personne, il est transporté avec sa famille, ses bestiaux et tout ce qu'il possède, dans les provinces de Ho-nan ou de Chan-toung, en Chine, pour y être employé à l'entretien des grandes routes. Lorsque le vol a été commis par plusieurs personnes, le principal coupable est étranglé. Ses bestiaux et ses autres richesses sont donnés à la partie lésée, et les membres de sa famille sont condamnés aux travaux publics dans le Ho-nan. Ses complices et leurs familles éprouvent le même sort.

Si quand l'empereur de la Chine voyage pour faire une partie de chasse, un Mogol ou un Chinois vole dans le campement un nombre de chevaux supérieur à quatre, cet homme est étranglé sur-le-champ, et son cadavre exposé en public. Les voleurs de trois ou de quatre chevaux sont envoyés en exil dans des lieux malsains. Le voleur d'un ou de deux chevaux est condamné à travailler aux grandes routes.

Dans les circonstances ordinaires, les voleurs de dix à vingt chevaux, bœufs ou chameaux, sont mis en prison et ensuite étranglés. Les voleurs de deux chevaux sont envoyés dans le Ho-nan ou le Chan-toung. Un bœuf, un chameau ou un cheval, équivalent à quatre moutons.

Celui qui vole moins de quatre moutons est puni de cent coups de fouet. Celui qui vole un chien doit donner cinq bestiaux au propriétaire du chien.

Les princes et les autres Mogols qui cacheraient des voleurs sont punis par la perte d'une année de leurs appointements; les personnes qui ne reçoivent pas d'appointements, par une amende de quarante-cinq têtes de bétail. Si un homme jure qu'il n'a pas caché un voleur, on oblige l'oncle paternel du prévenu à confirmer l'innocence de celui-ci par un serment. A défaut d'oncle, on s'en tient aux cousins germains.

Lorsqu'un prince en colère ou ivre tue un de ses subalternes ou de ses esclaves avec une arme acérée, il doit payer une amende de quarante chevaux; un personnage moins important, trente chevaux; un *taïdzi* ou *noble*, vingt-sept têtes de bétail. Le montant de ces amendes appartient au frère et autres proches parents de l'homme assassiné. Cette famille a le droit de choisir alors le lieu qu'elle veut habiter, et de sortir ainsi de la dépendance de ce chef indigne.

Si un homme, en se battant, blesse si grièvement son adversaire, que la mort s'ensuive dans l'espace de cinquante jours, le meurtrier est emprisonné et étranglé dans sa prison.

Un officier ou un homme du peuple qui tue sa femme avec préméditation est mis en prison et étranglé ensuite; s'il la tue par accident et dans une dispute, il est puni par une amende de vingt-sept têtes de bétail qui sont données à sa belle-mère. Si la femme se conduit mal, et que son mari la tue sans en prévenir les autorités, il est condamné à la même amende.

Quiconque commet un meurtre, de quelque manière que ce soit, est conduit en prison et étranglé.

Un esclave qui tue son maître est mis en pièces.

Un officier qui par malice cause un incendie et fait périr quelqu'un est étranglé; l'homme d'une classe moins élevée est conduit en prison et décapité.

Quiconque démolit le tombeau d'un prince ou d'une princesse subit la même peine. La famille du coupable devient la propriété de la couronne; les meubles et les bestiaux de cet homme appartiennent au possesseur du cimetière.

La personne convaincue d'avoir démoli le tombeau d'un homme du peuple est condamnée à cent coups de fouet et à une amende de neuf têtes de bétail au profit du propriétaire du cimetière.

Un homme du peuple qui injurie un prince présent ou absent est puni d'une amende de vingt-sept têtes de bétail au profit de l'offensé.

Un Mogol du peuple qui s'oublie avec une femme de son rang paye quarante-cinq têtes de bétail. La coupable est rendue à son mari, qui peut la tuer; et dans ce cas il garde le bétail; s'il l'épargne, les bestiaux appartiennent à son prince.

Un prince qui entretient des relations avec la femme d'un simple Mogol doit payer une amende de neuf fois neuf têtes de bétail; un chef d'une noblesse moins illustre sept fois neuf, un simple noble cinq fois neuf. Ces bestiaux sont donnés au mari.

Un homme du peuple qui a un commerce illicite avec une princesse est mis en pièces; on coupe la tête à sa complice, et la famille du criminel devient esclave.

Celui qui porte sur son bonnet une bouffette qui en dépasse les bords, un bonnet qui couvre les oreilles ou un bonnet de feutre sans bords, paye, suivant la classe à laquelle il appartient, trois chevaux ou un bœuf de trois ans.

Si une personne attaquée de la petite vérole se trouve dans l'habitation d'une autre personne et lui donne cette maladie, le coupable doit payer, en cas de mort, trois fois neuf têtes de bétail; si le malade guérit, il n'en paye que neuf. Celui qui communique à une autre personne une maladie quelconque, qui ne soit pas la petite vérole, doit un cheval.

Un aliéné est placé sous la surveillance de ses oncles, de ses neveux et de ses proches parents, et, à défaut de parents, remis au dizenier de l'escadron voisin; si le fou s'échappe, on punit le surveillant de cent coups de fouet.

Si quelqu'un refuse à un voyageur un gîte pendant la nuit, et si ce voyageur vient à mourir par l'excès du froid, le propriétaire de la iourte doit payer neuf têtes de bétail. Si le voyageur ne meurt pas, l'amende n'est que d'un bœuf de deux ans. Si un étranger est volé, son hôte est tenu de lui restituer l'équivalent de ce qui a été pris.

Il est défendu de garder dans les bannières des officiers ou même de simples soldats d'une mauvaise conduite. Ces hommes doivent être envoyés avec leurs familles, effets et bestiaux, dans le Honan ou dans le Chan-toung, pour travailler aux grandes routes.

Nous ne pouvons mieux terminer la description de la Mongolie que par les extraits suivants, empruntés au récit d'une excursion du révérend père Huc dans cette contrée (1):

...... Arrivés à ce hameau, les voyageurs n'eurent pas besoin de délibérer sur le choix de l'auberge; ils s'estimèrent fort heureux de trouver à leur disposition une grange obscure et sale. Ils y entrèrent après avoir attaché leurs montures à une perche fichée en terre, devant la porte. Les gens de l'endroit, jeunes et vieux, ne tardèrent pas à rendre visite aux nouveaux venus. « D'où es-tu? Où vas-tu? Quel est ton nom illustre? » Voilà, dit le révérend père Huc, les ques-

_____
(1) Cette relation a été insérée dans la *Revue de l'Orient*, XXXIVe cahier, février 1846, pages 110 et suivantes.

tions obligées et indispensables que l'on s'adresse. Bientôt chacun allume sa pipe; et si, en pareille circonstance, le pauvre voyageur n'a pas eu soin de préparer quelques provisions, après avoir fumé il est obligé de se remettre en route, car il est censé avoir dîné. Mon conducteur avait prévu le cas ; il tira de son havre-sac une bonne tranche de mouton rôti ; on nous apporta un peu de sel sur un fragment de porcelaine, et dans un moment le repas fut fini. Après dîner, il est convenable de prendre le thé ; c'est l'étiquette des gens comme il faut. Nous demandâmes donc aux Chinois qui nous entouraient s'ils n'auraient pas une théière à nous prêter. Ils se mirent à rire, et nous montrant leurs habits déchirés : « Est-ce que nous pouvons encore boire du thé, nous autres? » dirent-ils. Cependant un homme de bonne volonté sortit, et rentra un instant après apportant de l'eau bouillante dans un large et profond récipient. Je détachai bien vite de ma ceinture le sac à thé, je jetai une poignée de feuilles dans cette eau, et mon compagnon de voyage et moi, armés chacun d'une écuelle, nous nous mîmes à puiser dans cette théière peu élégante, il est vrai, mais proportionnée aux circonstances. Nous invitâmes la société à suivre notre exemple, et bientôt chacun arriva à la ronde puiser dans le baquet une tasse d'eau bouillante. Quand tout le monde se fut bien régalé, nous fumâmes encore une pipe, et nous reprîmes notre route avec un nouveau courage. »

Après avoir gravi une montagne assez escarpée, M. Huc se trouva sur le *Man-tien-dze*, immense plateau, qui a peut-être plus de cent lieues de circonférence. Là, point d'habitation, point de terre cultivée, pas un arbre : ce n'est qu'une vaste prairie ; c'est, dit le saint missionnaire, comme un océan de verdure.

Les voyageurs courent grand risque de s'égarer sur le *Man-tien-dze*, entrecoupé et sillonné par mille sentiers qui se ressemblent tous, et qui tous ont une direction différente. Si on perd celui qui seul peut conduire au terme du voyage, et si, pour comble de malheur, le temps vient à s'obscurcir, et qu'on ne puisse pas se guider d'après la marche du soleil, on se trouve exposé à des dangers imminents; pendant l'hiver on est perdu sans ressource, car sur ce terrain élevé le froid est des plus terribles. Quand le vent souffle avec violence, chevaux et cavaliers succombent en très-peu de temps.

« Nous nous égarâmes, dit M. Huc... le soleil venait de se coucher, et nous étions vers la fin du mois de novembre ! Je regardais mon conducteur, qui avait l'air tout à fait ébahi, et qui tournait la tête de côté et d'autre, comme un homme qui cherche et qui ne trouve pas. « Eh bien ! lui dis-je, est-ce que par « hasard nous aurions perdu notre « route ? — Hélas, me dit-il, dans mon « cœur il s'élève des doutes... Depuis « le temps que nous sommes en che- « min, nous devrions être déjà descen- « dus du plateau, nous devrions nous « trouver dans la *vallée des Mûriers*... « Rebroussons chemin, rebroussons « chemin, s'écria-t-il avec énergie ; à « cette heure, *cette affaire devient* « *blanche et luisante* (c'est-à-dire, je « comprends cette affaire) : nous au- « rions dû prendre le sentier que nous « avons rencontré à gauche. »

« Nous virons donc de bord, et nous entrons dans ce sentier d'espérance, qui nous conduisit, en effet, sur les bords du *Man-tien-dze*. Déjà, du haut de mon petit mulet, je découvrais là-bas, au loin dans l'enfoncement, des champs cultivés, et mon cœur s'épanouissait insensiblement. « Aujourd'hui, vraiment, « je ne suis que *mastic et colle* (je suis « stupide), grommela mon conducteur « entre ses dents. Voilà que cette val- « lée n'est pas la *vallée des Mûriers*. »

« Il ne fallut pas délibérer longtemps ; nous descendîmes de cheval. La nuit commençant à se faire obscure, il était prudent de nous réfugier dans cette vallée, où nous pouvions espérer de trouver quelque habitation, puisque nous apercevions des champs en culture. Cela valait infiniment mieux que de s'exposer à bivouaquer la nuit entière sur ce malencontreux *Man-tien-dze*.

« Cependant je ne pouvais considérer sans effroi cette descente longue et ardue qui conduisait à la gorge où nous comptions trouver quelques renseignements ; j'étais travaillé d'une soif dévorante, et je ne me sentais pas grandes forces aux jambes pour me soutenir sur le versant de cette montagne escarpée. « Allons, il n'y a pas d'autre moyen, « disait mon homme *à mastic* et *à colle*, « il faut dégringoler par ici. — C'est « vrai; mais je suis brisé, je meurs de soif. « — Ah! nous avons une outre toute « pleine; buvons un coup d'eau-de-vie. « — A la bonne heure, lui dis-je en riant; « quoique tu te sois fourvoyé, tu sais « encore donner un bon conseil... » En disant cela, je m'emparai de l'outre, que j'appliquai promptement à mes lèvres. J'étais si altéré, que je ne m'apercevais ni du goût ni de la force d'un si violent breuvage. J'en bus à longs traits; il me semblait que j'étais à une source d'eau fraîche et délicieuse. Je me sentis à l'instant plein de vigueur. Nous tirâmes donc nos montures par la bride; et, tantôt assis, tantôt debout, tantôt roulant et culbutant, nous nous trouvâmes enfin au bas.

« Il était nuit close. Nous remarquâmes dans un enfoncement, au pied d'une colline, une lueur vers laquelle nous nous dirigeâmes, comme par instinct, et sans nous rien dire. C'était la cabane d'un berger. Nous approchâmes vers la fenêtre, et à travers les crevasses du papier qui, dans ce pays-ci, tient lieu de carreaux de vitre, nous vîmes un Chinois accroupi à côté de quelques tisons et fumant tranquillement sa pipe. « Holà! mon *vieux frère* « *aîné*, sommes-nous dans le chemin de « la *vallée des Mûriers*? ». A l'instant cet homme fut à côté de nous.... « Vous vous êtes égarés sur le *Man-tien-* « *dze*, n'est-ce pas? La *vallée des Mû-* « *riers* est au détour de cette gorge; il « y a encore une lieue et plus; la route « est bonne. » Ces paroles du vieillard nous rassurèrent. Après l'avoir remercié et lui avoir souhaité du bonheur, nous remontâmes à cheval; nous chevauchâmes encore pendant une heure dans l'obscurité, et nous arrivâmes enfin, sans nouvel encombre, à la demeure des Tartares Mongous.

« Nous fûmes accueillis avec une expansion et une cordialité au delà de toute expression. « Voilà Takoura, le « chef de la famille, » me dit mon conducteur, en me montrant un homme de taille moyenne, et d'une maigreur effrayante. Après nous être fait mutuellement la révérence, le vieux Takoura nous invita à nous asseoir. Il eut la bonhomie de me prendre pour un homme de quelque importance, et en conséquence il me fit mettre à la place d'honneur, c'est-à-dire au côté opposé à la porte d'entrée. Je me laissai faire, et bientôt tout le monde s'assit en rond, et à la façon des tailleurs, autour du brasier, qui répandait encore plus de fumée que de chaleur.

Après s'être offert les uns aux autres la petite fiole de tabac en poudre; après avoir allumé leurs pipes et en avoir fait mutuellement l'échange, le vieux Tartare adressa la parole au missionnaire : « Tu n'es pas Chinois, lui « dit-il, tu es Tartare Mandchou; je « comprends cela à la frange qui est au- « dessus de ton bonnet. Quel est ton « noble royaume? — Je suis du royaume « de France. — Ah! ah! du royaume « de France? C'est bien... Et quelle est « ta ville illustre? — Je suis de la ville « de Toulouse. — Ah! ah! tu es de la « ville de Toulouse... C'est bien, c'est « bien. — Sans doute, ajouta M. Huc, « tu as été à la ville de Toulouse; il « s'y fait un grand commerce. — Non, « répondit-il; j'ai été seulement une « fois à Moukden, mais je ne suis pas « arrivé à la ville de Toulouse. »

« Il n'est pas nécessaire de dire, continue toujours le missionnaire, que les Tartares Mongous ne sont pas très-forts en géographie. Les bonnes gens s'imaginèrent sans scrupule que le royaume de France, la ville de Toulouse, tout cela était renfermé dans la Mandchourie. Cette croyance ne me paraissant nullement dangereuse, je la leur ai laissée... »

On avait posé sur le brasier une cruche de fer pleine de thé au lait. Pendant que la compagnie raisonnait, en criant à tue-tête, sur les routes du Man-tien-dze, M. Huc avalait force tasses de ce thé. Bientôt on apporta les petites herbes salées et l'eau-de-vie, prélude obligé des repas chinois et tartares. « Le chef de famille, dit le missionnaire, prit mon petit verre, le remplit, et me l'offrit cérémonieusement en le soutenant des deux mains. Je l'acceptai de la même manière; et quand tous les verres furent remplis, Takoura prit le sien, et, faisant à la ronde une petite inclination de tête, il nous invita à boire. « Mais « ton vin est froid, me dit l'amphitryon, « je vais te le changer. » Il le versa dans la petite urne à vin qui fumait sur les charbons, et me remplit de nouveau le verre. En Chine et en Tartarie, il n'est pas d'usage de boire froid; l'eau-de-vie même, ou plutôt ce violent esprit-de-vin, on vous le sert chaud et fumant.

« Ce soir, je n'étais guère d'humeur de boire de l'eau-de-vie bouillante; je sentais comme un incendie dans mes entrailles. « Si tu as de l'eau froide, « dis-je à Takoura, pour le moment, « c'est tout ce que je désire. » Je n'avais pas encore achevé d'émettre cette hasardeuse proposition, que de toutes parts on me tira des arguments à bout portant, pour me prouver qu'il n'était ni bon ni prudent de boire de l'eau froide. Mais un jeune lama de huit à neuf ans, arrivant fort heureusement avec une grande tasse d'eau fraîche, coupa court à cette altercation. Je m'emparai de la tasse, je demandai à mon argumentateur s'il en voulait boire la moitié, et pendant qu'il riait de toutes ses forces j'avalai d'un seul trait cette eau délicieuse. Je rendis la tasse au petit lama, en lui recommandant de la remplir de nouveau. « C'est une affaire « finie, dit alors Takoura, puisque abso- « lument tu ne veux pas boire de vin, « qu'on serve le souper. »

Pendant que le fils aîné de la famille enlevait les petits verres et l'eau-de-vie, son frère, autre lama de vingt et un ans, apporta un grand plat où s'élevait en pyramide un hachis de viande de mouton. « A l'aide de mes deux bâtonnets, continue le père Huc, j'en saisis quelques morceaux; puis rejoignant les bâtonnets et les élevant horizontalement à la hauteur du front : « Mangez lentement, dis-je aux convi- « ves; pour moi, j'ai fait. » Et comme je m'aperçus que le bon Takoura allait encore batailler, je m'empressai d'ajouter : « Tiens, écoute mes paroles, et ne va « pas me quereller. Nous sommes bons « amis, n'est-ce pas? Tu le sais, dans ta fa- « mille, c'est comme si j'étais chez moi : « pour le moment, je suis trop fatigué; « mais ne crains pas, demain nous re- « parlerons de tout cela. » Pendant que le Tartare répétait en branlant la tête : *Cela ne peut pas passer*, je me levai, et j'allai m'étendre à l'endroit qu'on m'avait assigné pour passer la nuit. Je m'y enveloppai de ma couverture, et bientôt je m'endormis d'un sommeil de plomb.

« Le lendemain, j'eus lieu de m'apercevoir que pendant mon sommeil mon conducteur n'avait pas perdu son temps : il ne s'était pas fait faute de boire quelques verres d'eau-de-vie, et cela l'avait rendu disert outre mesure. Il avait fourré dans la tête de nos Mongous, candides et ingénus, que j'étais un homme extraordinaire, d'une science à faire trembler les plus fameux lamas. Il leur avait annoncé quel était le but de mon voyage : je savais à peu près, assurait-il, les langues des 10,000 royaumes qui sont sous le ciel; je désirais encore apprendre la langue mongole, et c'est pour cela que j'avais dessein d'habiter pendant quelques jours chez les Tartares. Ainsi, je dus à la magnifique amplification de mon conducteur tous les témoignages d'honneur, de respect et d'affection dont je fus entouré dans cette famille.

« Docteur, me dit Takoura, puisque « tu as le dessein d'apprendre les pa- « roles mongoles, tu as très-bien fait « de venir ici; le lama Tsanmiaud (1) a « beaucoup de capacité, dans peu de « temps il t'aura enseigné tous les mots. « Quand tu sauras exprimer les choses « essentielles, nous ne parlerons plus « chinois. » J'acceptai de bon cœur cette invitation; et comme mon conducteur ne m'était plus nécessaire, il s'en retourna le jour même dans sa famille.

« Quand nous eûmes pris le repas du matin, après avoir prouvé à ces Tartares, par des faits irrécusables, que je ne méprisais ni le vin ni les mets de leur table, j'étalai sur un buffet ma petite bibliothèque. J'ouvris mes livres, et je

(1) Le jeune lama Tsanmiaud était un des fils de Takoura, et il pourra sembler étonnant que ce chef, au lieu de dire simplement mon fils Tsanmiaud, le désigne par sa qualité de ministre de Bouddha. Peut-être était-ce afin de montrer plus de respect pour le caractère sacré dont ce jeune homme était revêtu, et aussi pour rappeler que la famille avait l'honneur de posséder un lama parmi ses membres.

les feuilletai tous les uns après les autres. Ces bonnes gens étaient pressés autour de moi, les yeux tout grands ouverts, et la bouche béante, comme des enfants autour de la table d'un escamoteur. A mesure que je prenais un livre, le père de famille annonçait solennellement à l'assemblée la qualité de la marchandise. « Voici, disait-il, un livre chinois, « voici un livre mandchou, voici un « livre mongou.... » Mais quand je fis paraître mon bréviaire doré sur tranche et relié en maroquin vert, ce fut un enthousiasme difficile à décrire; après l'avoir ouvert, je le présentai au lama comme au plus lettré de la société. A peine eut-il aperçu les caractères européens, qu'il s'écria aussitôt : *Chara! chara!* Il fit passer le livre à la ronde, et tous, après l'avoir feuilleté, répétaient avec stupéfaction : Un livre *chara!* »

« Les lamas mongous et tibétains donnent le nom de *chara* à une certaine écriture énigmatique et mystérieuse, dont la forme ressemble beaucoup aux lettres gothiques. J'en ai remarqué sur tous les grands livres de prières qui se trouvent dans les pagodes. Il m'est venu en pensée que cela pourrait être des rubriques. Ces caractères sont tous, en effet, soulignés en rouge, et ils sont répandus çà et là dans le corps du volume, de manière à rappeler à un Européen les antiphonaires et les livres de prières du moyen âge. On rencontre encore beaucoup de ces caractères disséminés parmi les peintures des voûtes des pagodes. Les lamas ne comprennent rien à cette écriture, ils ne savent pas même la lire : de là vient qu'ils donnent le nom de *chara* à toute langue qui est pour eux inintelligible.

« Le jeune Tsanmiaud, me remettant le bréviaire, me dit d'une voix toute tremblante d'émotion : « N'est-ce pas « que c'est du *chara*? — Si ce n'est « pas du *chara*, lui dis-je, que sera-ce? » Il s'assit alors à côté de moi, avec l'air satisfait d'un homme qui vient de faire une trouvaille. Il prit de nouveau le bréviaire entre ses mains, et il ne cessait de le tourner et de le retourner dans tous les sens... « Mais, dit-il, est-ce « que tu connais le *chara*, toi? — Oh! « je suis très-fort en *chara*; tiens, re- « garde, je le lis même plus vite que le « chinois et le mandchou; avec le *chara* « je puis parler et écrire tout ce que je « veux. — Dans la pagode où j'ai étudié « les livres, il y a plus de 800 lamas: « aucun ne connaît cette langue; il y a « seulement un vieux lama qui sait en « lire quelques mots... Mais, ajouta-t-il, « quelles paroles y a-t-il dans ton li- « vre *chara*? — Ce livre contient des « paroles saintes; c'est mon livre de « prières. — Oh! est-ce que tu récites « des prières? s'écria le vieux Takoura. « — Et pourquoi n'en réciterais-je « point? Je prie tous les jours, et plu- « sieurs fois par jour; tiens, maintenant « je vais prier encore, le moment est « arrivé. » Et je me levai aussitôt pour réciter mon bréviaire. « Puisque tu veux « prier, me dit Tsanmiaud, je vais te « conduire dans une autre tente, tu « seras plus tranquille; ici il y a trop de « tumulte. » J'allai donc dans la tente voisine, accompagné du lama et de son neveu. Durant tout le temps que je mis à dire mon bréviaire, ils restèrent debout, à côté de moi, gardant un religieux silence. Quand j'eus terminé, Tsanmiaud me demanda si j'avais fini mes prières; et sur ma réponse affirmative, ils me firent l'un et l'autre une inclination profonde, comme pour me féliciter de ce que je venais de faire.

« Une fois que mes hôtes se furent aperçus que j'étais un homme de prières, je fus décidément un ami de la famille. Les Mongous sont essentiellement religieux; ils croient à une vie future, et ils s'en occupent sérieusement. Les choses d'ici-bas sont pour eux d'un intérêt secondaire. Takoura était le plus fervent de la famille : au commencement de chaque repas, pendant que je récitais mon *Benedicite*, il trempait son petit doigt dans son verre, puis il projetait au loin quelques gouttes d'eau-de-vie; cette pieuse libation ne l'empêchait cependant point de se griser assez souvent. Ce bon vieillard ne savait pas prier dans les livres; mais il avait presque toujours son chapelet à la main. Les Mongous se servent, en effet, pour prier, d'une espèce de chapelet composé de cent huit grains; à chaque grain, ils doivent dire : *Paix et bonheur aux quatre parties du monde...* C'est, disent-ils, une formule que *Fo* enseigna aux hommes. Mais ses disciples ne sont pas très-scrupuleux sur ce point; il en est beaucoup qui ne récitent rien du tout. Takoura avait adopté cet usage facile et expéditif; il se contentait souvent de dérouler entre ses doigts les grains du chapelet, et cela ne l'empêchait pas d'entretenir la conversation à droite et à gauche avec le premier venu.

« Comme pour le moment je ne devais pas faire un long séjour parmi les Tartares Mongous, je me hâtai de rédiger un petit manuel de conversation, une espèce de dictionnaire contenant les expressions les plus usuelles. Pendant que j'écrivais en français ce petit ouvrage, ces bonnes gens étaient consternés d'étonnement : ils ne pouvaient comprendre comment, à l'aide de ces caractères *chara*, comme ils les appelaient, je pouvais écrire des mots mongous. « Maître, me dit le vieux Tartare, puis« que tu t'empares de toutes nos pa« roles, tu voudras bien m'enseigner « quelques expressions *chara*... Je ne « suis pas trop vieux pour les appren« dre? Ma langue est encore assez sou« ple, n'est-ce pas? » A l'instant il me montra un couteau, puis un briquet, en me demandant le nom *chara* de ces divers objets. « Ceci s'appelle *couteau*, « cela s'appelle *briquet*. Quand tu iras « dans le royaume de France, si tu dis « *couteau, briquet*, tout le monde te « comprendra. » Mon homme était dans le délire de l'enthousiasme. Si quelque étranger chinois ou tartare venait le visiter, il répondait à leurs formules de politesse en leur criant de toutes ses forces : *couteau, briquet;* et puis il se prenait à rire d'un rire inextinguible.

« Ce petit succès dans ses premières études de la langue *chara* l'encouragea outre mesure. Il apprit encore à dire : *ma pipe, fumer tabac*... Mais je m'arrêtai là ; je me gardai bien de lui en apprendre davantage, car il me répétait à satiété ces deux ou trois mots, et je ne pouvais plus obtenir de lui qu'il me parlât mongou. La première nuit qui suivit son initiation dans la science *chara* il lui arriva plusieurs fois de me réveiller brusquement pour me demander si c'était bien *couteau, briquet*, qu'il fallait dire. Je fus obligé de me fâcher, et de lui répondre que la nuit était faite pour dormir, et non pas pour apprendre les langues. — « Ah! me répondit« il, tu as dit vrai; tes paroles abondent « en raison! » Dès lors il ne me tourmenta plus ; mais il ne se faisait pas faute de temps en temps des *aparté*, et de marmoter entre ses dents : *couteau, briquet, ma pipe, fumer tabac*. Une autre raison plus grave m'empêcha de l'introduire plus avant dans la connaisrance du *chara*; je m'étais aperçu qu'en récitant son chapelet, au lieu de dire : *paix et bonheur aux quatre parties du monde*, il disait sans trop se gêner : *couteau, briquet*, etc.

« Le troisième jour après mon arrivée, Takoura fut obligé de faire un voyage à un marché chinois qui se tenait à deux journées de sa résidence. J'avoue que cet accident ne me contraria guère; je fus dès lors plus tranquille, pour continuer avec le lama mon petit dictionnaire. Tous les jours, accompagné de Tsanmiaud, j'allais faire une promenade à une petite pagode, qui n'était guère éloignée que d'un quart d'heure. Elle est située dans une position vraiment pittoresque. Qu'on se figure une montagne escarpée et rocailleuse, dont les flancs entr'ouverts forment une espèce d'angle aigu : c'est dans cet enfoncement qu'est érigée la pagode. Aux environs se trouvent disséminées çà et là, sans régularité et sans plan, les cellules ou habitations des lamas. Des arbres magnifiques s'élèvent parmi ces maisonnettes, et au pied de la montagne les eaux d'un torrent bondissent à travers d'énormes quartiers de roche. Quand les lamas, vêtus de leurs grandes robes rouges ou jaunes, prennent leur récréation, le tableau est vraiment ravissant.

« La pagode était alors en réparation; deux lamas travaillaient aux peintures de la voûte, et il m'a paru que ces artistes mongous n'étaient pas dépourvus d'habileté. Le bizarre et le grotesque dominent dans tous les dessins des pagodes; les fruits et les fleurs sont rendus avec fraîcheur et délicatesse ; mais les personnages sont tous sans vie et sans mouvement : leurs yeux ne regardent pas ; la carnation est froide et morte.

Les peintres mongous n ont pas la moindre idée du clair-obscur ni de la perspective : dans les paysages, tout se trouve aligné sur le même plan.

« Les prêtres attachés à cette pagode sont peu nombreux : il y en a tout au plus une cinquantaine; mais ce qui en augmente le nombre, c'est que chaque lama, en général, a sous sa direction deux ou trois *chabi* ou novices, auxquels il enseigne les prières et la liturgie. Tous les jours j'allais causer avec ces lamas, qui ont toujours été pour moi pleins d'affabilité et de prévenance. Je ne sais pour quel personnage ils me prenaient; mais ils poussaient le respect à un tel point, que, par pudeur, je fus obligé de leur défendre de me faire la prostration à deux genoux quand ils me saluaient. Une fois je vis le moment où ils allaient creuser une niche dans leur pagode, et m'y placer à côté de leurs idoles.

« Un jour que nous causions tous ensemble de différentes choses : « J'ai « envie d'apprendre le tibétain, leur dis-« je, est-ce bien difficile? — Très-dif-« ficile, me dit un lama : quand on ne « commence pas jeune, on étudie, on « étudie, et c'est vainement. — Voyons, « va chercher un livre tibétain. » Il courut à la pagode, et revint un moment après chargé d'un énorme in-folio. « Lis-« moi, lui dis-je, une page de ce livre, « mais bien lentement et avec une gran-« de clarté. »

« A mesure qu'il lisait, j'écrivais en caractères soi-disant *chara*. La page étant achevée, ils me demandèrent pourquoi j'avais écrit du *chara*. « Dans un « instant vous le saurez, » leur répondis-je. Et je me mis à fumer une pipe pendant qu'ils s'amusaient à regarder mon écriture énigmatique. Quand j'eus fini de fumer : « Tenez, leur dis-je, je « vais vous lire ce que j'ai écrit. — Oh! « oh! firent-ils tous à la fois, c'est inu-« tile, c'est inutile; nous ne compre-« nons pas le chara, nous autres. — « N'importe, écoutez. Et toi, dis-je à « celui qui avait lu le passage tibétain, « cherche l'endroit que tu viens de par-« courir, et écoute si mon *chara* s'ac-« corde ou ne s'accorde pas. »

Pendant que je lisais, tous ces pauvres lamas retenaient leur respiration. A peine eus-je fini : « Tout s'accorde, « s'écrièrent-ils; les paroles une à une, « une à une, tout s'accorde. » Et hors d'eux-mêmes, ils se demandaient entre eux, en gesticulant avec vigueur : « Comment cela se fait-il? On lit *tibé-« tain*, il écrit *chara*; puis il lit *chara*, « et c'est *tibétain*. »

Un lama, écartant alors les autres de ses deux bras, vint se placer devant moi, et me regardant fixement : « Es-tu *Fo* vivant? » me demanda-t-il. Cette singulière interpellation me fit crisper les nerfs. « Tu es un insensé! lui répon-« dis-je avec énergie. — En vérité, ajou-« ta-t-il, en se frappant avec la main, « en vérité, je ne sais pas, je ne com-« prends pas; mais certainement les *Fo* « vivants n'en savent pas tant que toi. »

« Qu'un Chinois, qui ne connaît que ses caractères presque hiéroglyphiques, ne puisse pas se faire une idée juste des idiomes alphabétiques, à la bonne heure; mais les langues mandchoue, mongole et tibétaine sont purement alphabétiques, et je ne comprends pas comment ces lamas n'ont pas encore soupçonné qu'à l'aide d'un alphabet on pouvait écrire toutes les langues. Au reste, ces lamas ne m'ont pas paru grands amateurs de l'étude. J'ai eu lieu de m'apercevoir qu'ils passaient leur vie dans une oisiveté profonde; de plus, leurs idées ne sont guère spiritualisées. Ils n'ont pas de leur état une très-haute opinion. Tous m'ont dit, il est vrai, qu'être lama valait mieux qu'être *homme noir* (c'est ainsi qu'on appelle les gens du monde ou ceux qui ne rasent pas leur tête); mais quand je leur ai demandé en quoi l'état de lama l'emportait sur celui d'homme noir, j'ai été surpris et choqué d'entendre toujours la même réponse. Tous m'ont dit : « Tant « qu'on est *chabi*, ou étudiant, on a, « il est vrai, beaucoup à souffrir; mais « quand on a appris les prières jusqu'au « bout, tout est fini, on n'a plus besoin « de travailler, on peut se reposer du « matin au soir; on n'a pas à se préoc-« cuper ni du boire, ni du vêtir, ni du « manger. »

» Il ne faudrait pas pourtant généraliser ce que je dis; peut-être qu'ailleurs les choses vont différemment. Il pourrait bien se faire que l'esprit de relâchement se fût introduit dans la petite *lamaserie* dont je parle. Quand j'aurai visité les grandes pagodes, peut-être serai-je obligé de tenir un autre langage.

« Les lamas ne sont pas cloîtrés ; ils ont en général le caractère ambulant. Ils courent sans cesse de pagode en pagode, quelquefois par esprit de dévotion, souvent par humeur de vagabondage : c'est ce qui m'a fourni l'occasion d'en voir un grand nombre. Un soir que j'étais paisiblement occupé à écrire la nomenclature des expressions mongoles que me dictait Tsanmiaud, nous entendîmes au dehors comme le piétinement d'un grand nombre de chevaux. Nous allâmes voir : c'était un escadron de douze lamas. Ils venaient de fort loin, et ils avaient encore plus de cent lieues à faire, avant d'arriver au terme de leur voyage. Ils allaient en pèlerinage à la grande pagode de Tolonor. Ces lamas étaient inconnus de la famille ; ils furent néanmoins hébergés comme des amis et des frères. On leur servit d'abord le thé au lait ; et après qu'on eut préparé un repas frugal, mais copieux, on leur disposa des tentes pour passer la nuit.

« Les droits de l'hospitalité sont inviolables chez les Tartares. Il ne s'est pas passé de jour sans qu'il vînt quelque étranger, et je n'en ai pas vu éconduire un seul ; tous ont été accueillis avec une sincère et loyale générosité. Je suis moi-même une grande preuve du caractère hospitalier de la nation mongole. En définitive, je n'étais qu'un étranger pour ces gens-là, puisqu'ils me croyaient Mandchou ; je ne leur avais jamais rendu aucun service, ils n'avaient rien à attendre de moi ; ils voyaient clairement que c'était mon intérêt propre, mon avantage qui m'avait conduit et qui me retenait chez eux, et pourtant, il faut le dire, j'ai été traité comme ne le serait pas un bienfaiteur par ses protégés.

« Enfin, après six jours d'absence, Takoura fut de retour de son voyage à Oula-Hada. Quand il parut j'éprouvai des battements de cœur ; en vérité, ce fut comme si je retrouvais un vieil ami. Je lui demandai en mongou des nouvelles de sa santé, si le voyage avait été heureux, si la neige qui était tombée en abondance ne lui avait point causé de mal... Mes questions étaient rapides, animées et palpitantes d'émotion ; je lui décochais sans interruption toutes les phrases sentimentales que Tsanmiaud m'avait enseignées : mais, à mon grand désappointement, je n'obtins pas un seul mot de réponse. Je me sentis alors profondément humilié, et je demeurai convaincu que je prononçais mal le mongou. Je changeai d'idiome, et sur un ton un peu plus modeste, je lui adressai en chinois les mêmes questions... Même profond silence !... Takoura était toujours immobile devant moi, ses yeux me regardaient fixement ; sa figure s'enflammait, et prenait peu à peu un caractère vraiment effrayant. La peur s'empara de moi, je n'osai pas hasarder d'autres questions ; je crus qu'il avait éprouvé quelque grand malheur, et que, par suite, son système cérébral s'était détraqué. Enfin, après un silence de part et d'autre, silence vraiment sinistre, lugubre, l'explosion eut lieu... *Couteau ! briquet !* s'écria-t-il d'une voix vibrante et métallique ; et puis il se laissa aller sur un large tapis de feutre, comme un homme épuisé par un grand effort. « *Enfin*, ajouta-t-il d'une voix sourde et étouffée, *à force de penser, le souvenir est monté... Ma pipe, fumer tabac.* » Je pris vivement sa pipe, je la garnis de tabac, et je la lui offris en disant : « Tu parles admirablement le *chara*. » Cette petite flatterie ne fut pas sans effet ; elle me valut des compliments à perte de vue sur mes progrès dans la langue mongole.

« Ce jour fut comme un jour de fête pour toute la famille, et le repas du soir avait l'air d'un petit festin. Le bon Takoura, qui voulait me régaler, avait acheté quelques gourmandises à la station chinoise. Pendant que nous buvions le vin, il appuya la main sur mon épaule, et, s'approchant confidentiellement de moi, il me dit à l'oreille et à voix basse : « J'ai acheté un paquet d'oignons ; nous « allons en manger un, n'est-ce pas ?... » Et puis, prenant le ton du commandement : « Voyons, s'écria-t-il, qu'on « m'apporte les oignons ! »

« Les oignons de ce pays-ci ne poussent pas de bulbe grosse et renflée, comme ceux de l'Europe ; ils sont oblongs et semblables aux poireaux. La saveur est pourtant la même ; elle est également brûlante et âcre. Un oignon est pour les Tartares et les Chinois un mets très-friand, et cela m'a fait comprendre comment le souvenir des oignons d'Égypte avait pu si fortement exciter les murmures des Israélites dans le désert. Ceux que Takoura me fit servir s'étaient gelés en route; ils étaient durs et roides comme des barres de fer. « Je m'en doutais, me dit Takoura; « mais n'aie pas peur, j'en ai inséré « quelques-uns dans mes bottes, et j'es« père qu'ils ne seront pas gelés. » Aussitôt il enfonça son bras dans une de ses bottes, et en retira, en effet, un oignon qui était tout fumant. Après l'avoir essuyé avec soin sur le devant de son gilet, il m'en offrit généreusement la moitié. Nous le mangeâmes sans autre apprêt, à peu près comme si c'eût été une orange.

« Après avoir passé une douzaine de jours chez ces Tartares mongous, je songeai à revenir dans ma *vallée des Eaux-Noires*. « Demain, au soleil levé, « je pars, dis-je au chef de famille; il « faut que je m'en retourne. » Il est inutile de dire quelles furent les instances et les supplications de ces bonnes gens, pour m'engager à rester parmi eux encore quelques jours.

Il était dix heures du soir, et le vieux Takoura n'avait pas encore achevé ses harangues. « Il est tard, lui dis-je, le « temps de dormir est arrivé; tu dis « des paroles toutes *blanches* (vaines); « demain, il faut que je m'en re« tourne. — Tu as raison, il est tard; « disons seulement une parole; que ce « soit une parole droite et raisonnable: « est-ce que demain, au soleil levé, tu « dois absolument partir? — Absolu« ment, j'en ai pris la résolution. — « Dans ce cas-là... Macheke, fais chauf« fer l'eau-de-vie; fais frire quelques « tranches de chevreau. — Est-ce que « tu vas encore manger? — Tais-toi, « me dit-il; tiens, je n'écoute plus tes « paroles... Comment! tu pars demain, « et avant de dormir nous ne boirions « pas encore ensemble un verre de « vin! » Je dus me résigner et subir cette intempestive collation.

Le lendemain, quand le jour parut, je me hâtai d'empaqueter ma bibliothèque de voyage. « Le déjeûner n'est pas « encore prêt, me dit Takoura, tu n'as « pas besoin de tant te presser: attends « un instant, je vais dehors examiner « le temps. » Il rentra quelques minutes après, et me dit avec l'air et le ton d'un homme convaincu: « C'est affreux! le « temps est abominable; aujourd'hui, « on ne peut pas voyager, il est impos« sible de traverser le *Man-tien-dzé*; « en vérité, ce temps est affreux! » Takoura me disait tout cela avec un sérieux vraiment admirable. Le ciel était pourtant pur et serein; pendant l'hiver, on ne pouvait désirer un plus beau jour. « Cela n'est pas bien, Takoura, je vois « que tu dis des paroles creuses, tu épar« pilles des mensonges... Puisque tu « ne veux pas me lester le cœur, je par« tirai sans déjeûner. — Ce n'est pas « cela; ce n'est pas cela; je sais bien « que tu veux partir, mais tu ne peux « pas t'en aller seul : Tsanmiaud t'ac« compagnera. Je vais faire seller les « chevaux: quand on est deux, vois-tu, « la route est riante et animée. »

Cette proposition me plut assez. Mais Takoura était toujours d'une lenteur insupportable; le déjeûner n'en finissait pas; c'était toujours à recommencer. Le temps faisait pourtant son chemin, et je n'avais pas envie de me trouver en route pendant la nuit. Au lieu de hâter avec moi les préparatifs du départ, mon hôte était comme pétrifié; il avait toujours quelque méchante raison à m'objecter pour me retenir encore quelques minutes. « Qu'as-tu peur? « me disait-il, le temps est magnifique, « le soleil est chaud et brillant, la soi« rée ne peut pas être froide... » Enfin, après nous être salués le plus affectueusement possible, ou, en d'autres termes, après nous être fait les adieux en braillant, je me mis en route, accompagné du lama.

« Quand nous eûmes gravi une haute montagne, nous nous trouvâmes sur le *Man-tien-dze*. Le vent, qui ne se faisait pas remarquer dans la vallée, était pourtant glacial et violent; il passait sur la figure, tranchant et aigu comme des lames de rasoir. La neige, qui était tombée en abondance les jours précédents, ajoutait encore à la rigueur du froid. Pendant l'hiver, elle est ici permanente; l'orage la disperse et la balaye de côté et d'autre; quelquefois elle va s'accumuler dans quelque enfoncement, et alors elle devient inamovible;

les chaleurs de l'été n'en fondent que la superficie. Ce jour-là le vent enlevait en tourbillons cette neige glacée, et nous la lançait avec violence; c'était à peu près comme si on nous eût jeté au visage des poignées d'épingles. Nous ne rencontrâmes pas un seul voyageur sur le Man-tien-dze; nous aperçûmes seulement au loin quelques troupeaux de brebis jaunes et de bouquetins qui s'enfuyaient à notre approche, et des outardes qui se laissaient emporter dans les airs par la rapidité du vent. Le soleil venait de se coucher quand nous entrâmes dans la vallée des Eaux-Noires, où les bons offices des chrétiens chinois, qui attendaient mon retour, nous firent bientôt oublier les petites incommodités de la route...

« Maintenant, il faut le dire, cette tente où j'ai passé douze jours est un palais; cette famille tartare-mongole où j'ai reçu une si franche et si cordiale hospitalité est une famille royale. Le bon Takoura n'est ni plus ni moins qu'un prince du sang; les fils et les petits-fils du prince Takoura, tous ses enfants sales et morveux, sont des ducs, des comtes, des barons, des marquis, que sais-je? Les familles princières ne sont pas ici dorées et enrubanées comme en Europe. Il m'est venu en pensée que tous les monarques de l'antiquité, tous ces rois magnifiques qu'Homère a eu l'extrême complaisance d'habiller si richement, pourraient fort bien avoir été des personnages à la façon du prince Takoura. Quand je voyais la duchesse Macheke, aux habits tout luisants de graisse et de beurre, se traîner maussadement à la citerne voisine, et charrier avec effort l'eau nécessaire au ménage, je me figurais ces grandes et illustres princesses d'autrefois qui, au dire des poëtes, ne dédaignaient pas de porter leurs pas sur les bords des fontaines, et de purifier de leurs royales mains les tissus de lin et de laine.

« Et, pour bien prouver que le prince Takoura est en effet un haut et puissant personnage, un grand seigneur, s'il en fut jamais, je dois ajouter que sur sa terre féodale, autour de sa royale habitation, il possède quelques familles d'esclaves. Mais l'esclavage, tel que je l'ai vu mis en pratique dans la *vallée des Mûriers*, ne m'a pas paru quelque chose de bien affreux; le plus rigide républicain n'y trouverait certainement rien à redire. Les princes et les esclaves traitaient toujours d'égal à égal; ils prenaient ensemble le thé, s'offraient mutuellement la pipe quand ils fumaient; les enfants jouaient et se battaient ensemble; le plus fort assommait le plus faible, qu'il fût comte ou esclave, et voilà tout.

« Je dois pourtant avouer qu'ils rougissaient et avaient honte de dire qu'ils étaient *esclaves*. C'est qu'en effet l'esclavage, si mitigé qu'on le suppose, est une atteinte à la dignité humaine, et voilà pourquoi il a été insensiblement aboli partout où l'Évangile a pénétré. Si, plus tard, il vient à être chassé de la Tartarie, ce sera encore l'œuvre du christianisme. »

MANDCHOURIE.

POSITION ASTRONOMIQUE ET CONFINS. Cette province est située entre 38° 58' et 55° 30' de latitude nord et entre 114° et 139° de longitude est. Au nord elle confine à la Sibérie, à l'est à la mer du Japon, au sud à la Corée, et à l'ouest à la Mongolie.

ÉTENDUE. — La Mandchourie s'étend sur une longueur de plus de 400 lieues du nord au sud; sa plus grande largeur est de 325 lieues de l'est à l'ouest, et sa superficie d'environ 95,000 lieues carrées.

CHAÎNES DE MONTAGNES. Au nord on trouve les monts Stanovoï, couverts de forêts et qui recèlent des mines abondantes de différents métaux. Sur les côtes de la mer du Japon se prolonge une chaîne peu élevée qui se réunit vers le sud aux Monts Neigeux, appelés en chinois *Tchang-pé-chan,* c'est-à-dire *la Grande Montagne Blanche*. Cette chaîne est couverte de forêts à sa base. Les versants conservent toute l'année des neiges et des glaces. La cime de la Grande Montagne Blanche est terminée par un plateau que dominent cinq pics très-élevés. On y remarque un lac qui a environ quatre lieues de circonférence. C'est sur cette montagne que les Mandchous placent le berceau de leur nation.

16.

« Au-dessus de la Montagne Blanche (Tchang-pé-chan), disent les livres des Mandchous, vers le lieu d'où le soleil se lève, il y a un lac renommé, qui porte le nom de *Poulkouri*, ainsi que la partie de la montagne sur laquelle il est situé. Nous avons appris, par la tradition, que la fille du ciel, étant descendue sur les bords de ce lac, goûta d'un fruit rouge, l'avala, conçut et mit ensuite au monde un fils de la même nature qu'elle. Comme cet enfant miraculeux était rempli des dons célestes, il parla dès le moment de sa naissance. Sa figure était admirable, tout en lui respirait la grandeur et la majesté. Devenu grand, il s'amusait quelquefois à parcourir le lac dans un tronc d'arbre qui était creusé en forme de nacelle. Il arriva un jour qu'il se laissa aller au courant de l'eau : la nacelle qui le portait s'arrêta d'elle-même à cet endroit de la rivière, qui sert de port aux peuples des deux côtés et d'entrepôts pour leurs différentes marchandises. Aux environs de ce lieu, il se faisait chaque jour des assemblées tumultueuses pour l'élection d'un souverain. Trois chefs de famille se disputaient entre eux l'honneur de commander aux autres. Chacun d'eux avait ses partisans, qui étaient à peu près égaux en nombre et en forces; ce qui était cause qu'ils ne pouvaient s'accorder, personne ne voulant céder, et chacun regardant son parti comme le meilleur. Il y aurait eu de la honte à reconnaître pour chef celui qui ne devait pas l'être. Quelqu'un de la troupe, s'étant détaché pour venir puiser de l'eau dans la rivière, vit avec admiration le jeune étranger. Après l'avoir contemplé quelques moments, il retourna sur ses pas, et courut vers ses compagnons pour leur donner avis de la rencontre qu'il venait de faire. Dès qu'il fut à portée d'être entendu : « Merveille! s'écria-t-il, merveille! que toute dispute cesse entre nous, le ciel veut lui-même y mettre fin. Il nous envoie un roi dans la personne d'un enfant extraordinaire que je viens de voir sur la rivière. Oui, c'est le ciel lui-même qui nous l'envoie; j'en juge par ce que j'ai vu. Pour quelle autre fin aurait-il donc permis qu'un jeune homme de cette espèce vînt aborder ici? » A ces mots, tous accourent sur le rivage pour jouir du spectacle qu'on venait d'annoncer. Les premiers arrivés, se tournant vers ceux qui les suivaient, leur disaient : « Rien n'est plus vrai; c'est véritablement un enfant miraculeux, c'est le roi que le ciel veut nous donner : il ne nous en faut point d'autre. » Ces paroles passèrent de bouche en bouche, et il n'y eut personne qui ne se fît un plaisir de les répéter. Les premiers transports d'admiration s'étant un peu calmés, deux des principaux de la troupe s'adressant à l'étranger, lui dirent : « Aimable jeune homme, illustre enfant, qui êtes-vous? Par quel heureux hasard avons-nous l'avantage de vous voir parmi nous? » — « Je suis, répondit le jeune homme, je suis le fils de la fille du ciel : mon nom est *Aisin Kioro* ou *Kioro d'or*. C'est ainsi que le ciel lui-même m'a appelé. Mon surnom est *Poulkouri Yongchon*. Je suis destiné à terminer vos disputes, et à faire régner l'union et la concorde parmi vous. »

« A peine eut-il achevé de parler que les transports de joie éclatèrent de tous côtés par des applaudissements réitérés. Alors les deux hommes qui lui avaient adressé la parole entrelacèrent leurs doigts les uns dans les autres, étendirent leurs bras, et formèrent ainsi une espèce de siège sur lequel on plaça l'auguste prince. Ils le portèrent avec respect, suivis de la multitude, jusqu'à l'endroit où étaient alors les trois concurrents. « Voilà, leur dirent-ils en les abordant, voilà le souverain que le ciel lui-même nous envoie, il ne nous en faut point d'autre. Toute dispute doit finir, plus d'altercations parmi nous. » — « Nous y consentons, répondirent les trois prétendants; que cet auguste enfant nous gouverne, qu'il soit notre roi, nous le reconnaissons dès à présent pour tel [1]. »

Les montagnes qui courent le long de la côte orientale de la Mandchourie avancent quelquefois très-près de la mer du Japon, et n'en sont séparées, dans plusieurs endroits, que par une étroite

---

[1] Voyez *Éloge de la ville de Moukden et de ses environs*, par l'empereur Kien-Long, traduit par le P. Amiot, et publié par de Guignes, page 221.

langue de terre. Ces montagnes se prolongent jusqu'à l'embouchure du fleuve Amour. Sur différents points la chaîne s'élève à 4,000 et même à 5,000 pieds au-dessus du niveau de la mer. On ne suppose pas que ses plus hauts sommets dépassent 8,000 pieds.

LACS, FLEUVES ET RIVIÈRES. L'Amour, appelé en mandchou *Sakhalien-Oula*, et en chinois *He-Loung-Kiang*, est le plus grand fleuve de la contrée. Ses eaux arrosent le nord-ouest, le centre et le nord-est de la Mandchourie. On remarque parmi ses principaux affluents, à droite le Soungari, l'Oussouri, le Tondon et le Nemdenkte; à gauche le Dzinguiri, le Nicuman, le Kerin et le Khenggoun.

Le Liao, qui coule dans la partie sud-ouest du pays, se jette dans le golfe Liao-Toung.

Le lac le plus grand de la Mandchourie est le Hinka.

NATURE DU SOL, ASPECT DU PAYS. *Productions naturelles.* Le sol est argileux et calcaire dans quelques parties de la contrée; sablonneux, graveleux ou marécageux dans d'autres. Presque partout la terre est extrêmement fertile. On lit dans la relation de la Pérouse une curieuse description des côtes de la Mandchourie; nous allons la mettre sous les yeux du lecteur :

« Cinq petites anses, semblables aux côtés d'un polygone régulier, forment le contour de cette rade; elles sont séparées entre elles par des coteaux couverts d'arbres jusqu'à la cime. Le printemps le plus frais n'a jamais offert, en France, des nuances d'un vert si vigoureux et si varié; et quoique nous n'eussions aperçu, depuis que nous prolongions la côte, ni une seule pirogue, ni un seul feu, nous ne pouvions croire qu'un pays qui paraissait aussi fertile, à une si grande proximité de la Chine, fût sans habitants. Avant que nos canots eussent débarqué, nos lunettes étaient tournées vers le rivage; mais nous n'apercevions que des cerfs et des ours qui paissaient tranquillement sur le bord de la mer. Cette vue augmenta l'impatience que chacun avait de descendre; les armes furent préparées avec autant d'activité que si nous eussions eu à nous défendre contre des ennemis; et pendant qu'on faisait ces dispositions des matelots pêcheurs avaient déjà pris à la ligne douze ou quinze morues. Les habitants des villes se peindraient difficilement les sensations que les navigateurs éprouvent à la vue d'une pêche abondante : les vivres frais sont des besoins pour tous les hommes; et les moins savoureux sont bien plus salubres que les viandes salées les mieux conservées. Je donnai ordre aussitôt d'enfermer les salaisons, et de les garder pour des circonstances moins heureuses; je fis préparer des futailles pour les remplir d'une eau fraîche et limpide qui coulait en ruisseau dans chaque anse; et j'envoyai chercher des herbes potagères dans les prairies, où l'on trouva une immense quantité de petits oignons, du céleri et de l'oseille. Le sol était tapissé des mêmes plantes qui croissent dans nos climats, mais plus vertes et plus vigoureuses; la plupart étaient en fleur : on rencontrait à chaque pas des roses, des lis jaunes, des lis rouges, des muguets, et généralement toutes nos fleurs des prés. Les pins couronnaient le sommet des montagnes; les chênes ne commençaient qu'à mi-côte, et ils diminuaient de grosseur et de vigueur à mesure qu'ils approchaient de la mer; les bords des rivières et des ruisseaux étaient plantés de saules, de bouleaux, d'érables; et sur la lisière des grands bois on voyait des pommiers et des azeroliers en fleur, avec des massifs de noisetiers dont les fruits commençaient à nouer.

« Notre surprise redoublait lorsque nous songions qu'un excédant de population surcharge le vaste empire de la Chine, au point que les lois n'y sévissent pas contre les pères assez barbares pour noyer et détruire leurs enfants; et que ce peuple, dont on vante tant la police, n'ose point s'étendre au delà de sa Muraille pour tirer sa subsistance d'une terre dont il faudrait plutôt arrêter que provoquer la végétation. Nous trouvions, à la vérité, à chaque pas, des traces d'hommes marquées par des destructions, plusieurs arbres coupés avec des instruments tranchants; les vestiges des ravages du feu paraissaient en vingt endroits, et nous aperçûmes quelques abris qui avaient été élevés par des chasseurs au coin des bois. On rencontrait aussi de petits paniers d'écorce de bouleau, cousus avec du fil, et absolument semblables à ceux des Indiens du Canada; des raquettes propres à marcher sur la neige, tout enfin nous fit juger que des Tartares s'approchent des bords de la mer dans la saison de la pêche et de la chasse; qu'en ce moment ils étaient rassemblés en peuplades le long des rivières, et que le gros de la nation vivait dans l'intérieur des terres, sur un sol peut-être plus propre à la multiplication de ses immenses troupeaux.

« Trois canots des deux frégates remplis d'officiers et de passagers abordèrent dans l'Anse aux Ours à six heures et demie; et à sept heures ils avaient déjà tiré plusieurs coups de fusil sur différentes bêtes sauvages qui s'étaient enfoncées très-promptement dans les bois. Trois jeunes faons furent seuls victimes de leur inexpérience : la joie bruyante de nos nouveaux débarqués aurait dû leur faire gagner des bois inaccessibles dont ils étaient peu éloignés. Ces prairies si ravissantes à la vue ne pouvaient presque pas être traversées; l'herbe épaisse y était élevée de trois ou quatre pieds, en sorte qu'on s'y trouvait comme noyé et dans l'impossibilité de diriger sa route. On avait d'ailleurs à craindre d'y être piqué par des serpents, dont nous avions rencontré un grand nombre sur le bord des ruisseaux, quoique nous n'eussions fait aucune expérience sur la qualité de leur venin. Cette terre n'était donc pour nous qu'une magnifique solitude; les plages de sable du rivage étaient seules praticables, et partout ailleurs on ne pouvait qu'avec des fatigues incroyables traverser les plus petits espaces. La passion de la chasse les fit cependant franchir à M. de Langle et à plusieurs autres officiers ou naturalistes, mais sans aucun succès; et nous pensâmes qu'on n'en pouvait obtenir qu'avec une extrême patience, dans un grand silence, et en se postant à l'affût sur le passage des ours et des cerfs, marqué par leurs traces. Ce plan fut arrêté pour le lendemain; il était cependant d'une exécution difficile, et l'on ne fait guère dix mille lieues par mer pour aller se morfondre dans l'attente d'une proie au milieu d'un marais rempli de maringouins. Nous en fîmes néanmoins l'essai le 25 au soir, après avoir inutilement couru toute la journée : mais chacun ayant pris poste à neuf heures, et à dix heures, instant auquel, selon nous, les ours auraient dû être arrivés, rien n'ayant paru, nous fûmes obligés d'avouer généralement que la pêche nous convenait mieux que la chasse. Nous y obtînmes effectivement plus de succès.

« Chacune des cinq anses qui forment le contour de la baie de Ternai offrait un lieu commode pour étendre la seine, et avait un ruisseau auprès duquel notre cuisine était établie. Les poissons n'avaient qu'un saut à faire des bords de la mer dans nos marmites. Nous prîmes des morues, des grondeurs, des truites, des saumons, des harengs, des plies; nos équipages en eurent abondamment à chaque repas : ce poisson et les différentes herbes qui l'assaisonnèrent, pendant les trois jours de notre relâche, furent au moins un préservatif contre les atteintes du scorbut; car personne de l'équipage n'en avait eu jusqu'alors aucun symptôme, malgré l'humidité froide occasionnée par des brumes presque continuelles, que nous avions combattues avec des brasiers placés sous les hamacs des matelots, lorsque le temps ne permettait pas de faire le branle-bas....

« .... Le spectacle ravissant que nous présentait cette partie de la Tartarie orientale n'avait cependant rien d'intéressant pour nos botanistes et nos lithologistes. Les plantes y sont absolument les mêmes que celles de France, et les substances dont le sol est composé n'en différent pas davantage. Des schistes, des quartz, du jaspe, du porphyre violet, de petits cristaux, des roches roulées : voilà les échantillons que les lits des rivières nous ont offerts sans que nous ayons pu y voir la moindre trace de métaux. La mine de fer, qui est généralement répandue sur tout le globe, ne paraissait que décomposée en chaux, servant comme un vernis à colorer différentes pierres. Les oiseaux de mer et de terre étaient aussi fort rares; nous vîmes cependant des corbeaux, des tourterelles, des cailles, des bergeronnettes, des hirondelles, des gobe-mouches, des albatros, des goëlands, des macareux et des canards; mais la nature n'était point animée par les vols innombrables d'oiseaux qu'on rencontre en d'autres pays inhabités. A la baie de Ternai ils étaient solitaires, et le plus sombre silence régnait dans l'intérieur des bois. Les coquilles n'étaient pas moins rares. Nous ne trouvâmes sur le sable que des détriments de moules, de lépas, de limaçons et de pourpres...

.... « Le 1er juillet, une brume épaisse nous ayant enveloppés à une si petite distance de terre, que nous entendions la lame déferler sur le rivage, je fis signal de mouiller par trente brasses, fond de vase et de coquilles pourries. Le temps fut si brumeux jusqu'au 4, qu'il nous fut impossible de faire aucun relèvement, ni d'envoyer nos canots à terre; mais nous prîmes plus de huit cents morues. J'ordonnai de saler et de mettre en barriques l'excédant de notre consommation. La drague rapporta aussi une assez grande quantité d'huîtres, dont la nacre était si belle, qu'il paraissait très-possible qu'elles continssent des perles, quoique nous n'en eussions trouvé que deux à demi formées dans le talon. Cette rencontre rendrait vraisemblable le récit des jésuites, qui nous ont appris qu'il se fait une pêche de perles à l'embouchure de plusieurs rivières de la Tartarie orientale : mais on doit supposer que c'est vers le sud, aux environs de la Corée; car plus au nord, le pays est trop dépourvu d'habitants, pour qu'on puisse y effectuer un pareil travail, puisqu'après avoir parcouru 200 lieues de cette côte, souvent à la portée du canon, et toujours à une petite distance de terre, nous n'avons aperçu ni pirogues ni maisons; et nous n'avons vu, lorsque nous sommes descendus à terre, que les traces de quelques chasseurs qui ne paraissent pas s'établir dans les lieux que nous visitions. Le 4, à trois heures du matin, il se fit un bel éclairci... Nous avions par notre travers, à deux milles dans l'ouest-nord-ouest, une grande baie dans laquelle coulait une rivière de quinze à vingt toises de largeur. Un canot de chaque frégate... fut armé pour aller la reconnaître... La descente était facile, et le fond montait graduellement jusqu'au rivage. L'aspect du pays est à peu près le même que celui de la baie de Ternai; et quoique à trois degrés plus au nord, les productions de la terre et les substances dont elle est composée n'en diffèrent que très-peu. Les traces d'habitants étaient ici beaucoup plus fraîches; on voyait des branches d'arbres coupées avec un instrument tranchant et auxquelles les feuilles vertes tenaient encore. Deux peaux d'élan, très-artistement tendues sur de petits morceaux de bois, avaient été laissées à côté d'une petite cabane qui ne pouvait loger une famille, mais qui suffisait pour servir d'abri à deux ou trois chasseurs; et peut-être y en avait-il un petit nombre que la crainte avait fait fuir dans les bois. M. de Vaujuas crut devoir emporter une de ces peaux; mais il laissa, en échange, des haches et autres instruments de fer d'une valeur centuple de la peau d'élan qui me fut envoyée. Le rapport de cet officier et celui des différents naturalistes ne me donnèrent aucune envie de prolonger mon séjour dans cette baie, à laquelle je donnai le nom de *baie de Suffren* (1). »

On trouve dans la relation qui précède des détails suffisants sur les plantes de la partie de la Mandchourie voisine de la mer. Il ne reste plus qu'à parler de celles qui croissent dans l'intérieur des terres, et particulièrement du lis jaune et du ginseng.

Le lis jaune, qui vient aussi sur la côte, est tout à fait semblable, à la couleur près, à nos lis blancs. Cette fleur exhale un parfum agréable. C'est là une particularité digne de remarque; car, à ce qu'on assure, les fleurs à la Chine perdent en arome ce qu'elles gagnent pour la vivacité des teintes. Aussi, les Mandchous les estiment-ils beaucoup. Les plus belles plantes de cette espèce se trouvent à sept ou huit lieues de la palissade de Liao-toung. On en voit une quantité prodigieuse dans

(1) *Voyage de la Pérouse autour du monde*, publié et rédigé par M. L. A. Millet-Mureau; Paris, an VI (1798), tome III, pag. 48 et suivantes.

une plaine inculte et humide, abritée d'un côté par de petites collines et terminée de l'autre par une rivière.

L'avoine vient très-bien dans la Mandchourie orientale. Elle sert, comme chez nous, à la nourriture des chevaux. Le riz et le froment sont de qualité inférieure, et ne poussent que difficilement dans cette province. Le sol y produit beaucoup de millet et une sorte de graine inconnue en Europe, et qui tient de la nature du froment et de celle du riz. On y trouve encore des pommes, des poires, des noix, des châtaignes, et plusieurs racines potagères. Le cotonnier y réussit médiocrement.

Mais de toutes les plantes de la Mandchourie la plus précieuse est le *ginseng*, à laquelle les Mandchous donnent le nom d'*orcota* (1), c'est-à-dire *plante principale* ou *reine des plantes*. On lui attribue des qualités extraordinaires pour la guérison de différentes maladies, et surtout pour le rétablissement des tempéraments épuisés par des fatigues excessives de corps ou d'esprit. Le ginseng passe pour la principale richesse de la Mandchourie orientale. On le paye extrêmement cher à Pékin. Cette plante ne pousse que sur le versant des montagnes bien boisées, le long des rivières et sur quelques rochers. Si, comme cela arrive quelquefois, un incendie dévore la forêt où pousse le ginseng, le précieux végétal ne reparaît plus qu'au bout de trois ou quatre ans. Les froids excessifs ne lui conviennent pas, car on n'en voit point au delà du 47e degré. La plante se distingue par un bouquet de grains rouges et ronds porté sur un pédoncule qui s'élève au milieu des feuilles. La tige est d'un rouge noirâtre, droite, unie et haute d'environ dix-huit pouces. Le sommet se partage en trois pétioles creusés en gouttière et disposés en cinq rayons qui soutiennent chacun une feuille composée de cinq lobes lancéolés, dentés, inégaux, d'un vert pâle, et un peu veinés en dessous. La racine est la seule partie du ginseng qui soit employée en médecine. On reconnaît facilement l'âge de la plante.

Plus elle est ancienne, plus elle a de vertu.

Il faut être muni d'une autorisation du gouverneur pour avoir le droit de cueillir le ginseng. L'autorité envoie des détachements de troupes commandés par des officiers pour assister à la récolte. Quelquefois cependant les marchands chinois parviennent à se procurer en fraude quelques racines. Voici comment ils s'y prennent : ils se joignent à la suite de quelques mandarins, ou se mêlent aux soldats placés en observation dans les lieux où pousse la plante. Les gens qui s'occupent de cueillir le ginseng ont à souffrir de grandes privations, et se voient exposés quelquefois à des dangers réels : ils sont obligés de quitter leurs chevaux et leurs bagages, qui ne pourraient les suivre sur des rochers escarpés ni dans les fourrés où ils s'enfoncent. Ils ne peuvent transporter avec eux d'autres provisions qu'un sac de millet rôti au four, et passent la nuit couchés sur la terre ou sous des cabanes grossières qu'ils font à la hâte avec quelques branches d'arbres. Quelques hommes chargés de ce soin vont leur porter des provisions. Il arrive souvent que les herboristes occupés à la recherche du ginseng sont dévorés par des bêtes féroces. Les soldats qui surveillent ces travailleurs, pour empêcher qu'ils n'emportent une plus grande quantité de racines qu'ils n'en ont déclaré, ne sont pas exposés aux mêmes périls; ils établissent leur campement dans un lieu commode et agréable, bien pourvu de fourrage, et d'où ils peuvent surveiller les gens employés à la récolte, et empêcher qu'ils n'en passent en fraude des quantités considérables.

Le ginseng ne pousse pas exclusivement en Mandchourie. On en trouve dans l'Amérique du Nord. Les Chinois prétendent que celui-ci est d'une qualité très-ordinaire, et ne possède pas les mêmes vertus médicinales que celui qu'ils récoltent. Les essais tentés par la science européenne n'ont pas été favorables à cette plante. Suivant toute apparence, il en est du ginseng comme du bézoard et de plusieurs autres remèdes qui nous sont venus de l'Orient, et dont les expériences des médecins et des chimistes ont démontré l'inefficacité.

---

(1) Cette plante est encore appelée *jencheng*, *jinseng* et *orhota*. Voyez *Éloge de la ville de Moukden*, page 271.

Si quelquefois leur emploi réussit dans les pays où l'on en fait usage, on peut dire que c'est en agissant sur l'imagination.

Les forêts de la Mandchourie paraissent très-anciennes; les arbres en sont gros et d'une hauteur prodigieuse. Ce n'est que sur la lisière que la hache les abat ; à l'intérieur la vieillesse seule les renverse. Des nuées d'oiseaux de proie habitent dans leurs branches; il y en a d'une grandeur démesurée et qui enlèvent de jeunes cerfs. Les faisans abondent aussi dans les bois. On ne saurait se faire une idée de leur multitude, quoique les aigles et les vautours leur fassent une guerre cruelle. « Un jour, dit le diacre coréen Andreas Ki-maï-Kim (1), nous vîmes un de ces oiseaux rapaces fondre sur un malheureux faisan ; nous effrayâmes le ravisseur, qui s'envola n'emportant que la tête de sa proie; le reste nous servit de régal. »

Il y a huit ans à peine on ne rencontrait dans les parties lointaines du pays aucune habitation, aucune cabane qui donnât un abri aux voyageurs. Ceux-ci se réunissaient en caravanes, et campaient à l'endroit où la nuit les surprenait, ayant soin, pour écarter les tigres, d'entretenir des feux jusqu'au matin. Maintenant il existe sur quelques routes des espèces d'hôtelleries. Ce sont de grandes huttes construites à la manière des sauvages, avec des branches et des troncs d'arbres superposés, dont les intervalles et les fentes sont bouchés avec de l'argile. Les architectes et les maîtres de ces caravansérails enfumés sont des Chinois, qu'on appelle en langue du pays *Kouang-koun-tze*, *gens sans famille*, venus de loin, la plupart déserteurs de la maison paternelle, et vivant de rapines. C'est pendant l'hiver seulement qu'ils sont là ; le beau temps revenu, ils quittent leurs cabanes, et s'en vont braconner dans les bois, ou chercher le ginseng.

« L'intérieur de ces taudis est, dit l'auteur que nous venons de citer, encore plus hideux que le dehors n'est misérable. Au milieu, montée sur trois pierres, repose une grande marmite, seule vaisselle de ces auberges. On met le feu par-dessus, et la fumée s'échappe par où elle peut ; aussi les parois sont-elles noires comme de la suie. Des fusils et des couteaux de chasse, enfumés comme tout le reste, sont suspendus aux murs; le sol est couvert d'écorces d'arbres; les voyageurs se trouvent quelquefois plus de cent, couchés là pêle-mêle, presque les uns sur les autres.

« Les *Kouang-koun-tze* n'offrent à leurs hôtes que le toit et l'eau. C'est donc une nécessité pour ceux-ci de faire leurs provisions. La monnaie de cuivre n'a pas de cours dans le pays, et l'argent y est presque inconnu : les maîtres d'auberge reçoivent, en échange de l'hospitalité qu'ils donnent, du riz, du millet, de petits pains cuits à la vapeur ou sous la cendre, de la viande, du vin de maïs, etc. Quant aux bêtes de somme, elles sont logées à la belle étoile, et il faut faire sentinelle pour les soustraire à la voracité des loups et des tigres, dont l'approche est signalée par les hennissements des chevaux, qui soufflent avec force de leurs naseaux dilatés par la peur. On s'arme alors de torches, on frappe du tam-tam, on crie, on hurle, jusqu'à ce qu'on ait mis l'ennemi en fuite. »

CLIMAT. L'hiver est long et rigoureux en Mandchourie. La saison des chaleurs ne dure que quatre mois, depuis le commencement de mai jusqu'à la fin d'août. On lit dans quelques relations que le fleuve Sakhalien-Oula, quoique très-large et très-profond, se trouve souvent dès les premiers jours de septembre tellement encombré de glaces, que les barques ne peuvent plus le traverser. On attribue la rigueur du climat à l'élévation du sol et aux vastes forêts dont le pays est couvert.

POPULATION. Les géographes portent à deux millions d'âmes le nombre des habitants de la Mandchourie. Cette population se compose de Mandchous proprement dits, de Dahouriens ou Dakhouriens, de Tongouses, de Houmares, de Guilakes, de Yupi, d'Orotsko, de Khedjen, de Fiakha, d'Aïnos, et, dans les parties méridionales, de Chinois et de Coréens.

---

(1) La relation de ce diacre a été insérée dans la *Revue de l'Orient*, numéro XXXVII, mai 1846, pag. 40 et suiv.

Les Mandchous appartiennent à la grande race jaunâtre qui peuple l'Asie orientale. Ils ont des formes plus robustes, mais la physionomie moins expressive que les Chinois.

Les Daouriens sont une race mêlée de Mandchous et de Mogols.

OCCUPATIONS DES HABITANTS. Les naturels de la Mandchourie cultivent peu la terre; mais ils élèvent du bétail, et se livrent à la pêche et à la chasse. Les Solons ou Ssolons-ta-sé, dont le nom signifie *chasseurs*, et qui appartiennent à la famille Tongouse, comme les Mandchous, sont les plus actifs, les plus robustes, les plus adroits et les plus braves de tous les habitants de la contrée. Leurs femmes montent à cheval, chassent le cerf et plusieurs autres animaux, et conduisent la charrue. Les Solons partent ordinairement vers la fin de septembre ou le commencement d'octobre pour aller à la chasse. Ils sont vêtus de camisoles courtes et étroites, et de bonnets de peaux de loup. L'arc est attaché sur leur dos. Ils placent sur un cheval la provision de millet qui doit servir à leur nourriture, et les longues pelisses de renard ou de tigre dont ils s'enveloppent lorsque le temps est trop froid, surtout pendant la nuit. Les chiens des Solons, parfaitement dressés pour la chasse, gravissent les rochers les plus escarpés, et savent déjouer toutes les ruses des animaux qu'ils poursuivent. Ni la rigueur de l'hiver, ni la crainte des bêtes féroces dont ils deviennent souvent la pâture, n'empêchent les Solons de continuer ce rude et dangereux exercice, dont même ils ont fait leur principal moyen d'existence. Ils tuent des bêtes à fourrures, des renards, des martres, des hermines, des loutres, des castors, des ours, des tigres, des panthères, des loups, et plusieurs espèces d'antilopes et de sangliers. Les plus belles peaux sont réservées pour l'empereur de la Chine, qui en donne un prix fixé d'avance; le reste est vendu dans le pays même, à des conditions fort avantageuses.

Les bêtes féroces se réunissent souvent pour combattre les chasseurs et les passants. On assura au diacre coréen Kimaï-Kim que pendant un hiver, dans un seul canton, près de quatre-vingts hommes et plus de cent bœufs ou chevaux avaient été dévorés par les bêtes féroces. Aussi, les voyageurs ne marchaient-ils que bien armés et en caravanes. Les Mandchous font cependant, comme les Solons, une guerre d'extermination au gibier et aux bêtes féroces. Chaque année, vers l'automne, l'empereur de la Chine envoie dans les forêts de la Mandchourie une armée de chasseurs. En 1844, ils étaient au nombre de 5,000. Il y en a toujours plusieurs parmi eux qui payent de la vie leur audace. Le diacre coréen rencontra le corps d'un chasseur que ses compagnons portaient au tombeau à plus de cent lieues de l'endroit où il avait été tué. On voyait sur la bière un bois de cerf et une peau de tigre. L'homme qui conduisait le convoi funèbre jetait de temps en temps sur le chemin du papier-monnaie destiné à servir au défunt dans l'autre monde.

DIVISIONS POLITIQUES ET ADMINISTRATIVES. La Mandchourie est partagée en trois gouvernements, qui portent les noms de *Ching-King*, de *Guirin-Oula* et de *Sakhalien-Oula*.

GOUVERNEMENT DE CHING-KING. Ce département portait autrefois le nom de *Province de Liao-Toung* et de *Province de Moukden*.

Moukden, chef-lieu de la contrée, était la résidence des souverains mandchous avant la conquête de la Chine. Cette capitale forme, pour ainsi dire, deux villes entourées de murailles, l'une intérieure et l'autre extérieure. La première, qui a environ une lieue de tour, renferme le palais dans lequel réside le vice-roi, le palais de justice, l'arsenal et les hôtels des principaux fonctionnaires du gouvernement; car depuis que les Mandchous règnent sur la Chine, les souverains de cette dynastie ont établi à Moukden, leur ancienne capitale, les mêmes tribunaux [1] et les mêmes officiers qu'à Pékin. Le général qui commande les troupes a le titre de

---

[1] Ces tribunaux sont le tribunal des rites, celui des ouvrages publics, des crimes, de la guerre et des finances. Il existe en outre à Pékin un tribunal des mandarins, que les empereurs mandchous n'ont pas cru devoir établir à Moukden. Voyez *Éloge de la ville de Moukden*, page 305.

tsiang-kiun, qui signifie littéralement *général d'armée* et désigne le grade le plus élevé de la milice (1).

La ville extérieure a plus de trois lieues de circonférence : elle sert de demeure aux marchands, et en général à toutes les personnes qui ne remplissent pas de fonctions publiques. On remarque près des portes deux beaux mausolées des premiers empereurs de la dynastie mandchoue. Ces monuments sont très-respectés par les gens du pays.

GOUVERNEMENT DE GUIRIN-OULA. On y remarque les villes de Bédouné, Ningouta, et de Tondon.

Le chef-lieu de ce département est Guirin-Oula, sur la rive gauche du Soungari, résidence d'un général mandchou, qui jouit de toutes les prérogatives de vice-roi. C'est une ville mal bâtie, peu considérable, et dont la population se compose en grande partie de criminels. On lit dans la relation d'Andreas Kimaï-Kim :

« La première ville que nous rencontrâmes fut *Guirin*, métropole de la province qui porte le même nom, et résidence d'un *tsiang-kiun* ou général d'armée. Elle est assise sur la rive orientale du Soungari, dont le froid de février enchaînait encore le cours. Une chaîne de montagnes, courant de l'occident à l'orient, et dont les cimes s'effaçaient alors dans un léger nuage de vapeurs, l'abrite contre le vent glacial du nord. Comme presque toutes les cités chinoises, Guirin n'a rien de remarquable. C'est un amas irrégulier de chaumières, bâties en briques ou en terre, couvertes en paille, avec un seul rez-de-chaussée. La fumée qui s'élevait de ses toits montait perpendiculaire, et, se répandant ensuite dans l'atmosphère à peu de hauteur, formait comme un manteau immense, de couleur bleuâtre, qui enveloppait toute la ville. Mandchous et Chinois l'habitent conjointement ; mais les derniers sont beaucoup plus nombreux. Les uns et les autres, m'a-t-on dit, forment une population de 600,000 âmes ; mais comme le recensement est inconnu dans ce pays, et que la première qualité d'un récit chinois est l'exagération, je pense qu'il faut en retrancher les trois quarts pour avoir le chiffre réel de ses habitants.

« Ainsi que dans les villes méridionales, les rues sont très-animées : le commerce y est florissant ; c'est un entrepôt de fourrures d'animaux de mille espèces, de tissus de coton, de soieries, de fleurs artificielles dont les femmes de toutes les classes ornent leur tête, et de bois de construction qu'on tire des forêts impériales.

« Ces forêts sont peu éloignées de Guirin. Nous les apercevions à l'horizon, élevant leur tête chauve et noire au-dessus de l'éclatante blancheur de la neige. Elles sont interposées entre le Céleste-Empire et la Corée comme une vaste barrière, pour rompre toute communication entre les deux peuples, et maintenir, ce semble, cette division haineuse qui existe depuis que les Coréens ont été refoulés dans la péninsule. De l'est à l'ouest, elles occupent un espace de plus de 60 lieues ; je ne sais quelle est leur étendue du nord au midi. »

Bédouné ou *Pétouné*, à 60 lieues plus bas sur la même rivière, renferme aussi un grand nombre de criminels condamnés à l'exil.

Ningouta, ville importante par son commerce, est fermée par un double rang de palissades hautes de vingt pieds. Au delà de ces palissades s'étendent de grands faubourgs, habités par des Chinois.

Tondon, petite ville dont la population se compose d'exilés.

GOUVERNEMENT DE SAKHALIEN-OULA. Ce département, nommé par les Chinois *He-Loung-Kiang*, est le plus vaste de toute la Mandchourie. La ville capitale est située sur la rive droite du fleuve du même nom, au milieu d'une plaine cultivée et parsemée de villages. C'est une place forte élevée pour servir de boulevard à l'empire de la Chine du côté de la Russie. Cette ville fait un commerce considérable.

Tsitsicar, ville fondée par l'empereur Khang-Hi pour mettre les frontières à l'abri des Russes, est défendue par une double enceinte de terre et de palissades. Ses rues sont étroites et garnies de maisons d'argile.

C'est à la province de Sakhalien-Oula

(1) Voy. *Éloge de la ville de Moukden*, p. 305.

qu'appartient l'île de *Tarrakaï* ou *Tchoka*, appelée aussi *île de Sakhalien*.

Nous lisons dans la relation de la Pérouse « que plusieurs insulaires de l'île de Sakhalien portaient des habits de nankin bleu ouatés, assez semblables pour la coupe à ceux des Chinois; d'autres étaient vêtus d'une longue robe entièrement fermée au moyen d'une ceinture et de quelques petits boutons. Ils avaient la tête nue et entourée seulement d'un bandeau de peau d'ours. Le sommet de la tête et le visage étaient rasés; par derrière ils laissaient croître leurs cheveux jusqu'à une longueur de huit ou dix pouces. Tous ces gens portaient des bottes de peau de loup-marin. Leurs armes étaient des arcs, des piques et des flèches garnies d'une pointe de fer.

« Le plus âgé de ces insulaires, celui auquel ses compagnons témoignaient le plus de respect, avait les yeux fort malades, et portait autour de la tête un garde-vue, pour se préserver de la trop grande clarté du soleil. Les manières de ces gens étaient graves, nobles et très-affectueuses. Les marins français virent dans l'île une sorte de construction élevée sur des piquets à quatre ou cinq pieds du sol : c'était un magasin dans lequel on avait déposé du saumon, du hareng séché et fumé, quelques vessies remplies d'huile, et des peaux de saumon minces comme du parchemin. Le magasin étant beaucoup plus considérable que ne le comportaient les besoins d'une seule famille, on doit supposer que ces objets étaient destinés à quelques échanges. On entendait plusieurs chiens qui aboyaient dans les bois. Quelques personnes qui étaient descendues à terre voulurent se diriger vers l'endroit d'où partaient ces aboiements. Mais les insulaires firent les plus vives instances pour que nos compatriotes n'allassent pas de ce côté. On peut supposer que cette démarche était dictée par la jalousie, et que leurs femmes demeuraient de ce côté.

« Les habitants semblaient n'estimer que les choses utiles. Ils recherchaient surtout le fer et les étoffes. Ils connaissaient fort bien les métaux, et préféraient l'argent au cuivre, et le cuivre au fer. Ils paraissaient fort pauvres. Trois ou quatre d'entre eux seulement avaient des pendants d'oreilles d'argent ornés de verroterie bleue. Les briquets et les pipes dont ils faisaient usage étaient chinois ou japonais. Ils firent comprendre par signes que le nankin bleu dont plusieurs d'entre eux étaient vêtus venait du pays des Mandchous, et ils prononçaient ce nom absolument comme nous le prononçons en français. Voyant quelques-uns de nos compatriotes qui tenaient du papier et un crayon à la main pour écrire les mots qu'ils prononçaient, ils devinèrent cette intention, prévinrent les questions qu'on voulait leur adresser, et montrèrent les objets en articulant le nom, le répétant même quatre ou cinq fois de suite, jusqu'à ce qu'ils fussent bien certains que nos voyageurs avaient saisi leur prononciation. Ces gens, qui témoignaient une prédilection marquée pour les haches et pour les étoffes, au point qu'ils en demandaient, se montrèrent scrupuleux observateurs de la probité et ne prirent jamais rien que ce qu'on leur donna. Un vieillard auquel M. de la Pérouse demanda un tracé de la côte de la Mandchourie, comprit parfaitement les signes du navigateur, et traça sur le sable, avec le bout de sa pique, une carte de cette côte, le tout avec beaucoup d'exactitude. « Assurément, dit M. de la Pérouse, les connaissances de la classe instruite des Européens l'emportent de beaucoup sur celles des insulaires avec lesquels nous avions communiqué; mais chez les peuples de ces îles les connaissances sont généralement plus répandues que dans les classes communes des peuples d'Europe. Tous les individus y paraissent avoir reçu la même éducation. Ce n'était plus cet étonnement stupide des Indiens de la baie des Français. Nos arts, nos étoffes, attiraient l'attention des insulaires de la baie de Langle. Ils retournaient en tout sens ces étoffes; ils en causaient entre eux, et cherchaient à découvrir par quel moyen on était parvenu à les fabriquer. La navette leur est connue. J'ai rapporté un métier avec lequel ils tissent des toiles absolument semblables aux nôtres; mais le fil en est fait avec de l'écorce d'un saule très-commun dans leur île, et qui m'a paru différer peu de celui de France. Quoiqu'ils ne cultivent pas la terre, ils profitent avec la plus grande intelligence de ses productions spontanées. Nous avons trouvé dans leurs cabanes beaucoup de racines d'une espèce de lis que nos botanistes ont reconnu pour être le lis jaune ou la *saranne* du Kamtschatka. Ils les font sécher, et c'est leur provision d'hiver. Il y avait aussi beaucoup d'ail et d'angélique; on trouve ces plantes sur la lisière des bois (1). »

La Pérouse ne fit pas un séjour assez long dans l'île de Sakhalien pour découvrir si les habitants possèdent un gouvernement régulier; mais ce navigateur assure qu'ils paraissaient avoir beaucoup de respect pour les vieillards, et que leurs mœurs semblaient fort douces.

Ces gens sont en général bien faits, d'une constitution assez forte, d'une physionomie agréable, et ils ont le corps très-velu. Leur taille est petite. La Pérouse n'en vit aucun qui atteignît cinq pieds cinq pouces, et plusieurs d'entre eux avaient moins de cinq pieds. Ils permirent aux peintres français de les dessiner; mais ils ne voulurent jamais souffrir que le chirurgien prît la mesure des différentes parties de leur corps. Ils s'imaginèrent peut-être qu'il s'agissait de quelque opération magique; car les idées superstitieuses sont extrêmement répandues dans la Mandchourie et dans les pays environnants. Ce refus, dit la Pérouse, et leur obstination à cacher et à éloigner de nous leurs femmes, sont les seuls reproches que nous ayons à leur faire. Les marchandises que le navigateur français trouva dans l'île étaient du poisson sec, de l'huile de poisson, des vêtements de peau d'ours et de loups marins, quelques pelleteries; il vit aussi plusieurs morceaux de charbon de terre sur le rivage, mais pas un seul caillou qui contînt de l'or, du fer ou du cuivre. Les habitants laissaient croître leurs ongles comme les Chinois. Ils saluaient aussi comme ceux-ci en se mettant à genoux et se prosternant jusqu'à terre. Ils s'asseyaient et mangeaient comme eux avec de petites baguettes; du reste, pour l'extérieur et les habitudes, ils ne ressemblent en rien aux Chinois ni aux Mandchous.

Les cabanes des insulaires paraissent bâties avec intelligence, et l'on prend toutes les précautions pour en faire de bons abris contre le froid. Elles sont de bois, revêtues d'écorce de bouleau, et surmontées d'une charpente couverte de paille séchée et arrangée comme les toits de chaume dans quelques parties de la France. La porte, extrêmement basse, est placée dans le pignon. Le foyer se trouve au milieu de la cabane, immédiatement au-dessous d'une ouverture du toit qui donne issue à la fumée. De petites banquettes, élevées de huit ou dix pouces, règnent au pourtour, et le sol est couvert de nattes.

La cabane que décrit la Pérouse était située à cent pas environ du bord de la mer au milieu d'un bois de rosiers. Ces arbustes, alors en fleur, exhalaient une odeur délicieuse, mais insuffisante pour neutraliser la puanteur insupportable qu'exhalaient le poisson et l'huile. M. de la Pérouse, voulant juger de l'impression que produiraient sur les insulaires les odeurs que nous regardons comme agréables, plaça sous le nez d'un de ces gens un flacon rempli d'une eau de senteur très-douce. L'homme respira l'odeur, et témoigna la même répugnance que nos marins éprouvaient pour son huile et son poisson. Ces gens avaient tous constamment la pipe à la bouche. Leur tabac était de bonne qualité et à grandes feuilles. L'exemple des Français ne put les engager à respirer du tabac en poudre. Dans un des voyages qu'ils firent à terre, nos marins surprirent quelques femmes qui fuirent à leur approche et se cachèrent dans les herbes en poussant de grands cris, comme si elles avaient craint qu'on ne les dévorât. Elles étaient cependant sous la garde d'un homme qui semblait faire des efforts pour les rassurer. Un dessinateur eut le temps de les examiner avec assez de loisir. Elles ont une physionomie extraordinaire, mais assez agréable. Leurs yeux sont petits, leurs lèvres grosses, peintes ou tatouées en bleu. Leurs jambes

(1) Voyez tome III, page 74.

étaient nues, et comme elles portaient une longue robe toute mouillée par la rosée des herbes, ce vêtement étant collé au corps, le dessinateur put voir toutes leurs formes, qui étaient peu élégantes. Ces femmes laissaient pousser leurs cheveux.

Dans une partie retirée de l'île se trouvait une espèce de cirque, planté de quinze ou vingt piquets surmontés chacun d'une tête d'ours. Les ossements de ces bêtes féroces étaient épars sur le sol aux environs.

Dans un ruisseau dont la largeur n'excédait pas quatre toises, et qui n'avait pas plus d'un pied de profondeur, on voyait une quantité si prodigieuse de saumons, que les matelots en tuèrent douze cents à coups de bâton, en moins d'une heure.

La végétation autour de ce ruisseau était plus vigoureuse que partout ailleurs : les arbres y atteignaient des proportions plus grandes. Le céleri et le cresson poussaient en abondance sur les bords du ruisseau. Le sol était jonché de baies de genièvre. Les arbres qu'on trouvait en plus grand nombre étaient les sapins et les saules, quelques chênes, érables, bouleaux et azeroliers. Les arbustes les plus communs étaient le groseillier et le framboisier. Les fraisiers tapissaient la terre.

Tartares yu-pi-ta-tsée. Ces Tartares, qui habitent les bords du Soungari, sont indépendants, et ne tolèrent pas d'étrangers parmi eux ; mais ils payent au gouvernement chinois un tribut en martres zibelines. Ils parlent un dialecte qui se rapproche de la langue mandchoue, et appartient par conséquent aux langues de la famille tongouse. Ces gens paraissent assez doux ; mais ils ont un esprit lourd, grossier et sans aucune espèce de culture. Il n'existe chez eux ni temples ni liturgie, et leur religion se borne à quelques pratiques superstitieuses. Ils s'occupent presque exclusivement de la pêche et de la chasse, dont ils échangent les produits avec les Chinois pour de la toile, du riz et de l'eau-de-vie de millet. Ces transactions ont lieu pendant l'hiver, et le poisson qui alors est gelé se transporte facilement jusqu'à plus de deux cents lieues à la ronde. Pendant l'été, ils s'occupent à sécher le poisson et à en extraire l'huile, qu'ils brûlent dans leurs lampes.

Ils ont différentes manières de pêcher : ils frappent avec des dards les gros poissons, et prennent les autres avec des filets. Leurs barques sont petites et légères ; ils les font avec des écorces d'arbres. Ils mangent peu de viande, ce qui tient à la rareté et à la qualité du bétail et du gibier : ils vivent presque uniquement de poisson. On ne s'aperçoit pas que cette nourriture nuise à leur santé, car ils sont en général vigoureux et bien portants.

Ces Tartares portent des vêtements faits avec des peaux de poisson, et c'est la cause qui leur a valu de la part des Chinois le surnom de *Yu-pi-ta-tsée*. Ils préparent ces peaux, les teignent, les coupent et les cousent avec assez d'adresse. Ils ont de longues tuniques de dessous garnies d'une bordure verte ou rouge sur un fond blanc et quelquefois gris. Les femmes attachent au bas de leur robe de petites pièces de monnaie de cuivre ou des grelots dont le bruit se fait entendre dès qu'elles marchent ou qu'elles remuent. Leurs cheveux sont partagés en longues nattes qui pendent sur les épaules, et qu'elles surchargent d'anneaux, de miroirs et de quelques autres ornements.

Les Chinois accusent ces ichthyophages d'être d'une saleté repoussante, reproche très-fondé, mais que l'on pourrait appliquer avec tout autant de justice aux Chinois eux-mêmes. Le pays qu'habitent les Yu-pi-ta-tsée est pauvre et naturellement stérile. Ces gens ne cultivent qu'un peu de tabac, qu'ils sèment dans les champs qui entourent les villages. Tout le reste de leur territoire est couvert de bois épais, qui se remplissent pendant l'été de myriades de cousins et de plusieurs autres insectes.

Au sud du pays des Yu-pi-ta-tsée, et sur le bord de la mer, se trouve une contrée où se retirent les vagabonds chinois et coréens. Parmi ces gens il en est quelques-uns qui cherchent un asile où ils puissent se trouver à l'abri des vexations de leurs chefs ; mais la plupart sont des hommes souillés de crimes, qui fuient la punition qu'ils ont méritée. Ces misérables ont cependant compris la nécessité d'établir parmi eux une espèce d'ordre, et ils sont convenus d'un commun accord que tout homme coupable de meurtre serait enterré vif. Leur chef lui-même est soumis à cette loi. Comme il n'y a pas de femmes dans la colonie, les habitants s'en procurent autant qu'ils peuvent par des enlèvements.

Les Ke-chang-ta-sé habitent une étendue d'environ 150 lieues, sur les bords du Saghalien, entre Tondon et l'Océan. Ces gens paraissent doués de plus d'intelligence que les Yu-pi-ta-tsée. Ce furent eux qui révélèrent aux jésuites l'existence de l'île de Tarrakaï.

LANGUE, ALPHABET ET LITTÉRATURE. La langue mandchoue, comme nous l'apprend le père Amiot, n'est pas de formation très-ancienne. Le peuple qui la parle ne possédait pas d'écriture particulière avant le commencement du dix-septième siècle. Vers cette époque, le souverain chargea quelques-uns de ses sujets de dessiner des lettres d'après celles dont se servaient les Mogols. Cet alphabet, complété au moyen de certains signes destinés à représenter les sons particuliers au mandchou, fut adopté alors par toute la nation.

En 1634, le prince qui régnait sur la Mandchourie ordonna que l'on traduisît les livres chinois, et que l'on rédigeât un code de lois pour tous les peuples soumis à son empire. En 1641, un savant mandchou, appelé *Tahai*, retoucha la forme des lettres, et leur donna un degré de perfection dont on ne les aurait pas crues susceptibles.

Chun-tché, le premier des empereurs de la race mandchoue qui ait habité la Chine, fit continuer la traduction des livres chinois et rédiger des dictionnaires des deux langues.

Khang-Hi établit un tribunal de savants versés dans le chinois et dans le mandchou. Plusieurs d'entre eux continuèrent la traduction des ouvrages classiques ou historiques de la Chine; les autres s'occupèrent de la rédaction d'un dictionnaire complet, qui fut intitulé : *Miroir de la langue tartare-mandchoue*, et pour lequel ni les soins ni les dépenses ne furent épargnés (1). On interrogeait sur les mots douteux les vieillards distribués sous les huit bannières ; et l'on accordait une récompense à toute personne qui parvenait à découvrir une ancienne expression hors d'usage et digne d'être consignée dans le dictionnaire.

L'empereur Kien-Long ne témoigna pas moins d'intérêt que ses prédécesseurs pour les travaux du tribunal de traduction, et le père Amiot disait dans le siècle dernier : « Il n'existe maintenant aucun bon livre chinois qui n'ait été traduit en mandchou. » Il paraît toutefois que cette assertion est exagérée. Kien-Long composa lui-même un poëme dont le titre signifie : *Éloge de la ville de Moukden et de ses environs* (2). Nous croyons devoir en extraire, comme spécimen de la littérature mandchoue, le passage suivant, qui offre la description d'une chasse royale :

« Les Mandchous, dit Kien-Long, suivent dans ces expéditions un ordre constant et toujours conforme aux préceptes de l'art militaire. Ils arrivent, ils campent, et savent partir à propos. S'ils décochent leurs flèches, ce n'est pas en vain ; mais on remarque en eux une aisance et une adresse, fruit de l'expérience la plus consommée. Quelquefois ils désignent à l'avance la partie du corps où ils frapperont la bête, et cette annonce se trouve toujours juste. Également propres à la grande et à la petite chasse, ils se livrent à ces deux exercices avec le même plaisir et le même succès. Quelquefois ils se réunissent au nombre de plusieurs brigades pour battre le pays, puis ils se séparent, se rejoignent ensuite, et se partagent de nouveau, trois par trois, deux par deux, en grandes ou en petites troupes, suivant qu'ils veulent débûcher le sanglier, courir le lièvre, forcer le cerf, ou poursuivre la chèvre blanche jusque dans son réduit escarpé. Couvert de poussière et de sueur, l'épaule endolorie, le bras fatigué, le chas-

---

(1) Feu M. Abel Rémusat a rendu un compte détaillé de ces ouvrages dans les *Notices et Extraits des manuscrits*, tome XIII, pag. 1 et suivantes.

(2) Ce poëme a été traduit en français par le père Amiot, et publié par de Guignes. Paris, Tilliard, 1770, in-8°.

seur mandchou ne se délasse et ne rend la souplesse à ses membres qu'en comptant les bêtes qui sont tombées sous ses coups, et en comparant leur nombre à celui des flèches qu'il a décochées.

« D'autres fois, embrassant en même temps la plaine, la forêt et la montagne, les chasseurs attaquent, se défendent, avancent, reculent, se cachent, reparaissent, tendent des piéges, se partagent, se rallient et enveloppent dans un cercle immense des bêtes de toute grosseur et de toute espèce. Ils les excitent, les pressent et les resserrent, en rétrécissant eux-mêmes d'une manière insensible le cercle qu'ils forment; ils se rapprochent jusqu'à ce que le champ de bataille ne soit plus qu'une enceinte étroite et fermée de toutes parts. Alors on donne le signal (1). Le prince commence. Il frappe, il tue; et lorsqu'il est rassasié de carnage, il fait continuer la chasse par les hommes braves qui l'accompagnent. Et quel est celui d'entre eux qui ne fera pas tous ses efforts pour mériter l'approbation d'un pareil témoin? C'est à qui montrera le plus d'adresse et de vaillance. Que d'ordre, que de bravoure, que d'intrépidité dans toutes leurs actions, et jusque dans les moindres mouvements! Ils frappent la queue du léopard; ils enlèvent l'ours dans son fort, ils assomment le vieux hôte des déserts. Témoin de semblables exploits, le prince découvre ce que valent ses guerriers et ce qu'ils sont capables de faire; il désigne des yeux ceux qu'il mettra à la tête de ses troupes. Il choisit déjà dans son cœur les capitaines et les officiers qui peuvent augmenter ou maintenir la gloire de ses armes. Pour accoutumer ces hommes à l'obéissance et à la modération, il les arrête tout à coup, lorsqu'ils semblent plus acharnés à poursuivre ou à combattre leur proie. Il commande, et l'attaque cesse tout à coup. Chaque homme se replie, rentre sous ses étendards et reprend son rang. Le cercle est rompu, des issues sont ouvertes; le cerf timide, l'ours plein de vigueur, le tigre furieux, et toutes les bêtes qui ont échappé aux atteintes du fer, fuient avec précipitation, et vont mettre en sûreté dans leurs cavernes, dans leurs tanières ou dans leurs forts, une vie qu'ils réservent, sans le savoir, à de nouveaux périls.

« Les hommes qui ont pris part à ces glorieuses fatigues doivent en recueillir les honneurs et les fruits. Les bêtes tuées sont partagées en trois parts. Celles qui ont succombé sous le premier coup du chasseur sont mises de côté pour être suspendues dans la salle des ancêtres et y être offertes ensuite, après qu'on en aura fait rôtir la chair.

« Les bêtes moins endommagées forment une seconde part. On les réserve pour les donner en présent à des étrangers que le prince veut honorer. On envoie à l'office celles de la troisième classe, et là on les tient en réserve jusqu'au moment où on veut les apprêter, pour les faire servir comme mets principal sur la table d'honneur. Le reste de la chasse est distribué aux officiers et aux gens de la suite du prince. Ainsi se termine cet exercice agréable et utile au ciel, à la terre et aux troupes. Le ciel y obtient des victimes qui lui sont offertes; la terre se trouve soulagée par la destruction de tant d'hôtes inutiles ou cruels qui la dévasteraient; les troupes y rencontrent un exercice qui les accoutume à supporter les périls et les fatigues de la guerre. Est-il donc surprenant, après ce que nous venons de dire, que la victoire soit le fruit de nos combats, que le bonheur vienne à la suite des sacrifices que nous offrons? Nos ancêtres ont marché sur les traces de la vertueuse antiquité. Ils ont envisagé la chasse sous les points de vue qui sont véritablement dignes du sage. Ils ont chassé pour se procurer un divertissement honnête. Ils ont chassé pour assurer aux possesseurs des champs les productions de la terre qu'ils cultivaient. Ils ont chassé pour empêcher que les bêtes qui peuvent nuire à l'homme ne se multipliassent trop. Ils ont chassé enfin pour pouvoir

---

(1) Ni la traduction ni les notes qui y sont jointes ne disent en quoi consiste ce signal. Peut-être le donne-t-on avec les grandes conques marines, qui remplacent la trompette pour la cavalerie mandchoue. Il paraît que le son de ces conques est infiniment plus doux et plus mélodieux que celui de la trompette. Voyez *Éloge de la ville de Moukden et de ses environs*, page 301.

exercer leurs cérémonies et pratiquer leurs rites. Et qu'on ne croie pas que la chasse leur ait jamais dérobé un seul moment qu'ils devaient employer ailleurs. Qu'on ne s'imagine point qu'ils s'y soient livrés indifféremment dans toutes les saisons. Jamais ils n'empêchèrent l'utile mûrier de pousser sa tendre feuille ni l'homme, dont elle fait la richesse, de l'aller cueillir. Jamais ils ne manquèrent d'ensemencer la terre, de la cultiver à propos, et de faire la récolte au temps prescrit. On ne les vit point élever de hautes murailles autour d'un vaste terrain, l'agrandir ensuite, puis l'augmenter encore pour en faire un parc immense, composé de ce qui servait auparavant à la subsistance du peuple (1). Non, les Mandchous n'eurent jamais de ces parcs célèbres (2). »

ARMÉE. Les éloges que l'empereur Kien-Long accordait aux guerriers ses compatriotes manqueraient d'exactitude aujourd'hui, comme il est facile d'en juger d'après l'ordonnance suivante, traduite du mandchou, et insérée dans le Voyage de M. Timkovski (3) :

« On a reçu ces jours derniers de Lebao, général en chef, un rapport dans lequel il dit, entre autres choses, que les soldats et les officiers qu'on lui a envoyés, du soi-disant corps d'élite des Mandchous, non-seulement ignorent complétement ce qui concerne le service, mais sont même incapables de pouvoir supporter les fatigues et les dangers inséparables de l'état militaire. A ces causes, l'empereur a jugé qu'il était plus convenable de les renvoyer à Pékin que de les laisser à l'armée, où ils ne seraient d'aucune utilité ; leur entretien y coûterait trop, et ils n'y donneraient qu'un mauvais exemple. L'empereur ordonne donc qu'aussitôt après leur arrivée dans la capitale ils soient mis sous les ordres des principaux chefs du corps ; il enjoint à ceux-ci de tenir strictement la main à ce que ces soldats soient instruits à faire l'exercice qu'il leur est honteux d'ignorer. Quant aux soldats chinois, qui sont sous les ordres du général Eldembao, il les a trouvés parfaitement instruits et bien tenus ; il leur donne des éloges. Ces soldats, nonobstant toutes les fatigues auxquelles ils ont été exposés presque journellement, ont montré dans plusieurs combats une valeur distinguée.

« Il résulte de ces renseignements que nos Mandchous ne sont, sous aucun rapport, propres au service militaire. La cause en est due à ce qu'ils ne sont point exercés pendant la paix, et qu'ils sont entièrement abandonnés à eux-mêmes, ce qui les rend négligents, mous et fainéants. Dans le temps où nos soldats mandchous, méprisant les dangers que leur petit nombre leur faisait rencontrer presque à chaque pas, se montraient si courageux qu'ils battaient toujours un ennemi dix fois plus nombreux, et que la victoire suivait partout nos armes, nous avions le droit de dire que depuis les siècles les plus reculés jusqu'à nos jours on n'avait pas vu dans l'univers des soldats plus vaillants ; et pourtant il n'y avait pas alors de corps régulièrement formés comme à présent, où, d'après leur institution, on ne doit recevoir que des soldats et des officiers d'élite pourvus de tout, afin qu'ils puissent s'occuper exclusivement de leurs devoirs militaires. Alors l'intérêt commun, le zèle inépuisable, le désir de l'indépendance et l'amour ardent de la patrie animaient chaque Mandchou et le rendaient invincible. Les soldats mandchous actuels ne peuvent, malgré tous les efforts du gouvernement, se comparer en rien à leurs ancêtres ; et même, à notre extrême regret, ils sont devenus plus faibles que les soldats chinois ; enfin ils ne sont bons à rien. Nous avions pris d'abord une idée assez favorable des troupes d'élite et du corps d'artillerie ; mais actuellement nous voyons avec chagrin que c'est tout le contraire ; et si les soldats de ces corps sont si indisciplinés et si mous, quelle idée doit-on se faire de nos gardes et des autres soldats?

---

(1) Le poëte impérial fait ici allusion à des parcs fameux où allaient chasser quelques empereurs de la Chine. Un jour qu'un de ces princes s'extasiait sur la grandeur, la beauté et les agréments de ces parcs, un seigneur lui dit : Il est vrai qu'aucun de vos prédécesseurs n'en a eu de pareil ; mais les monarques qui vous succéderont voudront encore renchérir sur vous, et bientôt, au lieu de terres cultivées, on ne verra plus dans tout l'empire que des parcs.

(2) Voyez *Éloge de la ville de Moukden*, p. 78 et suivantes.

(3) Voyez tome II, pag. 16 et suivantes, de la traduction française.

Ah! Mandchous! êtes-vous réellement si dégénérés, que l'honneur ne vous touche plus, et que votre conscience ne vous adresse plus de reproches? — Nous-même, qui rédigeons cette ordonnance, nous éprouvons à chaque mot un sentiment de honte en songeant à votre incapacité.

« Malgré cette conduite de nos soldats, qui mérite d'être punie, le général Fousemboo a l'audace de nous soumettre la demande insensée d'accorder des récompenses particulières à tous les soldats mandchous, afin d'exciter en eux plus de zèle pour le service. Mais cet officier maladroit a oublié que pendant tout notre règne impérial nos plus hauts bienfaits ont été continuellement répandus sur eux; car, indépendamment de la paye fixe accordée seulement aux Mandchous, et s'élevant par mois à plus de 320,000 lan, nous leur faisons encore compter à la fin de l'année le montant de la paye d'un mois, et annuellement des sommes assez considérables pour leur habillement, faveur qui s'étend même jusqu'aux jeunes gens qui courent sur des patins; si un Mandchou, homme ou femme, se marie, il reçoit deux mois de paye ou 6 à 8 lan en argent, et le double de la solde est accordé pour l'enterrement d'un homme ou d'une femme. En considérant tous ces avantages extraordinaires, dus à notre extrême bienveillance envers les soldats, chacun doit avouer que notre munificence souveraine répandue sur les Mandchous est sans bornes. Accorder encore des récompenses particulières, sans aucun motif légal, serait agir contrairement au bon sens et aux principes d'un gouvernement sage.

« Le bruit court que les soldats dont l'incapacité a été reconnue par le général Lebao n'ont pas été tirés de l'élite du corps, mais que l'on avait expédié sans distinction tous ceux qui avaient exprimé le désir de joindre l'armée. Nous ne pouvons nous empêcher de rire d'une idée qui doit contribuer plus à accuser qu'à excuser ceux qui l'ont conçue. Nous leur demandons à quoi bon envoyer des gens à l'armée d'après leur désir? N'est-ce pas pour prouver à l'empereur et à leur pays qu'ils sont réellement des sujets fidèles et vrais enfants de la patrie, prêts à exposer leur existence et à marcher vaillamment contre l'ennemi qui ose troubler la paix générale, et à faire éclater par cette conduite les nobles sentiments de leur reconnaissance pour les très-hautes faveurs dont ils ont profité pendant le temps de paix et de tranquillité? Mais privés, comme de vils esclaves, de tout sentiment généreux, et bien loin d'être animés du désir ardent de se distinguer par des hauts faits, ils se sont souillés par tous les vices les plus abominables et les plus dignes de châtiment; ils n'ont témoigné le désir de joindre l'armée que pour mieux satisfaire leurs inclinations honteuses.

« Il est parvenu à notre connaissance que pendant toute la durée de leur marche ils ont exigé illégalement, des mandarins des provinces qu'ils traversaient, des sommes considérables d'argent, et se sont emparés de force de tout ce qui excitait leur cupidité. Mais ce n'est pas encore tout ce qui fait leur déshonneur. Après avoir joint l'armée, ils ont allégué différents prétextes pour se soustraire aux combats, n'en ont pas moins reçu chaque mois leur paye, quoique passant tranquillement leur temps dans leurs quartiers. Peut-on compter sur des services réels de la part de soldats qui sont allés de la capitale à l'armée dans de si lâches dispositions?

« Nous voulons que cette ordonnance soit notifiée à tous les généraux et officiers de service, pour qu'ils s'occupent immédiatement, avec zèle et sans avoir égard aux difficultés ni à la perte de temps, de faire exercer journellement les soldats sous leurs ordres, afin de les rendre, en deux ou trois ans au plus, en état de décocher parfaitement une flèche; cette qualité est exigible de l'infanterie comme de la cavalerie. Les soldats devront aussi être complétement instruits dans toutes les autres parties de l'exercice militaire, pour se rendre enfin dignes du nom célèbre de Mandchous. Dans vingt-sept mois nous passerons personnellement en revue les deux corps, sans faire connaître à l'avance ni le lieu ni le jour. On apportera à cette revue une attention scrupuleuse et la plus grande sévérité. Dans le cas où, contre toute attente, il se trouverait alors des soldats inhabiles ou dégoûtés de leur état, tous les chefs, depuis le premier jusqu'au dernier officier, subiront sans aucune miséricorde le plus terrible châtiment. Que chacun donc profite de l'indulgence extrême que nous accordons pour la dernière fois ; que chacun emploie avec zèle le temps qui lui est donné pour réparer ses fautes et pour se rendre digne de son rang. »

Cette ordonnance est de la seconde moitié de l'année 1800. Les troupes mandchoues, si nous en croyons M. Timkovski, sont devenues plus détestables encore qu'elles ne l'étaient alors.

RELIGION. Les relations des jésuites nous apprennent que les Mandchous n'ont ni temples ni idoles, et qu'ils révèrent un Être suprême qu'ils nomment l'*Empereur du ciel*. Depuis la conquête de la Chine en 1644, un nombre assez considérable de Mandchous ont adopté la religion de Fo ou Bouddha.

TOMBEAUX. Le respect pour les morts est poussé très-loin dans la Mandchourie. « Ce fut à la suite d'une de ces parties de pêche, dit la Pérouse, que nous découvrîmes sur le bord d'un ruisseau un tombeau tartare placé à côté d'une case ruinée et presque enterré dans l'herbe : notre curiosité nous porta à l'ouvrir, et nous y vîmes deux personnes placées l'une à côté de l'autre. Leur tête était couverte d'une calotte de taffetas ; leur corps, enveloppé dans une peau d'ours, avait une ceinture de cette même peau à laquelle pendaient de petites monnaies chinoises et différents bijoux de cuivre. Des rassades bleues étaient répandues et comme semées dans ce tombeau : nous y trouvâmes aussi dix ou douze espèces de bracelets d'argent du poids de deux gros chacun, que nous apprîmes par la suite être des pendants d'oreilles ; une hache de fer, un couteau de même métal, une cuiller de bois, un peigne, un petit sac de nankin bleu plein de riz. Rien n'était encore dans l'état de décomposition, et l'on ne pouvait guère donner plus d'un an d'ancienneté à ce monument. Sa construction nous parut inférieure à celle des tombeaux de la baie des Français ; elle ne consistait qu'en un petit mulon, formé de tronçons d'arbres, revêtus d'écorce de bouleau ; on avait laissé entre eux un vide pour y déposer les deux cadavres. Nous eûmes grand soin de les recouvrir, remettant religieusement chaque chose à sa place, après avoir seulement emporté une très-petite partie des divers objets contenus dans ce tombeau, afin de constater notre découverte. Nous ne pouvions pas douter que les Tartares chasseurs ne fissent de fréquentes descentes dans cette baie. Une pirogue laissée auprès de ce monument nous annonçait qu'ils y venaient par mer, sans doute de l'embouchure de quelque rivière que nous n'avions pas encore aperçue.

« Les monnaies chinoises, le nankin bleu, le taffetas, les calottes, prouvent que ces peuples sont en commerce réglé avec ceux de la Chine ; et il est vraisemblable qu'ils sont sujets aussi de cet empire. Le riz enfermé dans le petit sac de nankin bleu désigne une coutume chinoise fondée sur l'opinion d'une continuation de besoins dans l'autre vie ; enfin la hache, le couteau, la tunique de peau d'ours, le peigne, tous ces objets ont un rapport très-marqué avec ceux dont se servent les Indiens de l'Amérique ; et comme ces peuples n'ont peut-être jamais communiqué ensemble, de tels points de conformité entre eux ne peuvent-ils pas faire conjecturer que les hommes, dans le même degré de civilisation et sous les mêmes latitudes, adoptent presque les mêmes usages ; et que s'ils étaient exactement dans les mêmes circonstances, ils ne différeraient pas plus entre eux que les loups du Canada ne diffèrent de ceux de l'Europe (1). »

SUPERSTITIONS. Avant de bâtir une maison, un tombeau, ou de faire une construction quelconque, les Mandchous recherchent la position ou l'aspect le plus favorable pour écarter les malheurs et attirer la prospérité. Voici comment ils pratiquent cette opération qu'ils ont empruntée aux Chinois. Ils écrivent sur un papier les noms des huit rumbs de vents : nord, nord-est, est, sud-est, sud, sud-ouest, ouest, et nord-ouest. Ils prennent les lettres cycliques de l'année courante, celles de la lune, du jour, de l'heure même où ils font la cérémonie magique, et ils recherchent dans leur calendrier le nom de l'esprit qui

(1) *Voyage de la Pérouse*, tome III, page 52.

domine l'année, la partie du monde où il a établi sa demeure, le nom des esprits qui président à la lunaison. Ils tâchent de savoir quels sont les astres favorables qui répandent alors leurs influences bienfaisantes, si ces astres sont en opposition, ou s'ils se trouvent d'accord avec ceux qui ont présidé à la naissance de la personne pour laquelle on travaille. Ils combinent tous ces éléments, au moyen des règles de l'astrologie, et déterminent, d'après le résultat de leurs opérations, la position du bâtiment qu'ils veulent élever. Si malgré toutes ces précautions ils éprouvent quelque malheur dans la nouvelle demeure, ils l'abandonnent et en bâtissent une autre; quelquefois ils se contentent d'y faire quelques modifications.

A l'époque du nouvel an ils se livrent à différentes superstitions. Le diacre coréen Andréas Kimaï-Kim rapporte qu'il se trouvait vers la fin de l'année dans une auberge dont tous les habitants passèrent la nuit à veiller. Le lendemain, un homme vêtu d'une manière bizarre s'approcha du diacre, qui était couché, et lui dit : « Levez-vous, voici que les dieux approchent. Les grands dieux vont venir; levez-vous; il faut aller à leur rencontre. » Le diacre s'excusa, ne voulant prendre aucune part à une fête païenne; mais il n'en perdit pas une seule circonstance. A minuit, les hommes, les femmes, les vieillards et les enfants qui se trouvaient dans l'auberge sortirent au milieu de la cour, revêtus de leurs plus beaux vêtements. Le chef de famille qui présidait à la cérémonie promena ses regards sur différents points du ciel. Lui seul a le privilége d'apercevoir les dieux. Dès qu'il croit les voir, il s'écrie : « Les dieux arrivent; qu'on se prosterne; ils sont de tel côté. » A l'instant, tous les assistants se prosternent vers le point qu'il a indiqué. On dirige vers le même côté la tête de tous les animaux et la partie antérieure des voitures, etc.; car tout dans la nature doit faire aux dieux un accueil respectueux et amical : il serait peu convenable que ces êtres surnaturels fussent frappés par la vue de la croupe d'un cheval. Quand les divinités ont été reçues de cette manière, on rentre dans la maison, et l'on fait un grand festin en leur honneur.

TIBET.

DÉNOMINATIONS. Le nom de cette contrée est écrit diversement par les voyageurs et les géographes. L'orthographe la plus ordinaire est *Tibet*; mais on trouve aussi *Thibet* et *Tubet*. Les dénominations de *Tangut*, *Tangout* et *Tangoute* sont moins usitées. Les Chinois appellent le Tibet *Si-Zzang*.

ÉTENDUE ET SITUATION. Le Tibet est situé entre les 73e et 99e degrés de longitude, et 27e et 35e de latitude. Ce pays occupe de l'est à l'ouest une longueur d'environ 600 lieues; sa plus grande largeur du nord au sud est d'à peu près 200 lieues.

RIVIÈRES PRINCIPALES. Le Zzangbo-Tchou, plus connu sous le nom d'*Iraouaddy*; le *Kin-cha-Kiang* ou *Rivière du Sable d'or*, appelée en tibétain *Bouraï-tchou*.

LACS. Les géographes chinois comptent dans le Tibet environ vingt lacs; le plus étendu est le *Tengri-Noor* ou *Lac du Ciel*. La teinte bleue de ses eaux lui a valu le nom qu'il porte.

Le *Maphan-Dalaï* ou *Manassarovar* passe pour sacré chez les Indous, et les pèlerins s'y rendent en foule. Les Tibétains l'ont aussi en grande vénération; et quelques-uns y jettent les cendres de leurs parents. On trouve sur les bords de ce lac des lapis-lazuli et du borax de bonne qualité.

Le lac Palté entoure une île dans laquelle sont bâtis de grands monastères. Les habitants laïques vivent de la culture des terres et de la pêche. L'île, couverte d'une riche végétation et de beaux édifices, présente un aspect très-pittoresque. Dans un de ces couvents réside la prêtresse, appelée en tibétain *Dhordze-phagh-mo* ou *la Sainte truie* (1). Les naturels la regardent

---

(1) Voyez la *Description du Tubet*, traduite du chinois en russe par le moine Hyacinthe, et du russe en français par M..., revue sur l'original chinois et accompagnée de notes par M. Klaproth, dans le *Nouveau Journal asiatique*, tome IV, pag. 295 et suivantes.

comme l'incarnation de la déesse Bhavani ; elle ne sort jamais sans être accompagnée d'un brillant et nombreux cortége. Lorsqu'elle se rend à Lassa, on la porte sur un trône au-dessus duquel est placé un grand parasol. La foule se précipite sur son passage pour recevoir sa bénédiction. Cette prêtresse a une cour ; et sa juridiction s'étend sur tous les monastères d'hommes et de femmes qui existent dans l'île. La tradition porte que dans les temps anciens, voulant fuir les persécutions d'un chef de la contrée, elle se sauva sous la forme d'une truie. Lorsqu'elle a quitté son enveloppe terrestre pour renaître dans un autre corps, ou, pour parler plus exactement, lorsqu'elle est morte, on reconnaît la personne qui doit lui succéder à un signe particulier sur la peau de la tête et qui représente un groin de cochon.

PRODUCTIONS NATURELLES. On cultive le riz dans les environs de Lassa, et on récolte dans tout le Tibet du froment, de l'orge d'une espèce particulière, des pois, des lentilles, des fèves, des choux, des oignons et d'autres légumes. On sème le blé et les pois à la fin du printemps et au commencement de l'été, et on les récolte en août et en septembre. La vigne vient bien dans différentes parties de la contrée. Les arbres fruitiers les plus communs sont le noyer, l'abricotier et le figuier ; les fleurs que l'on cultive surtout dans les jardins sont le pavot double, la mauve, la pivoine, et la marguerite.

Le bois est rare dans presque tout le pays, et les habitants emploient comme combustible la fiente desséchée des bêtes à cornes.

RÈGNE MINÉRAL. Il existe au Tibet un grand nombre de mines que l'on laisse sans les exploiter. « Cette contrée, dit Turner, est celle qui, autant que j'en puis juger du moins, répond le mieux à la curiosité des physiciens et aux recherches des minéralogistes. Le hasard a plus contribué, jusqu'à présent, que l'esprit de recherche et d'entreprise, à faire découvrir dans le Tibet des mines très-riches. Et pour commencer par l'or, on y en trouve des quantités fort grandes et souvent d'une qualité très-pure. Ce métal se présente sous la forme de poudre dans le lit des rivières. On le trouve le plus souvent attaché à de petites pierres; et il paraît avoir fait partie d'une masse plus considérable. Les pierres auxquelles on le trouve le plus souvent attaché sont le quartz et le caillou. Je l'ai vu quelquefois à moitié formé, comme une masse encore impure. En suivant le procédé d'usage, la poudre d'or ne me donna que douze pour cent de rebut; et en examinant le résidu je vis que c'était du sable et de la limaille de fer. Je présumai que cette dernière substance pouvait bien n'avoir été réunie à l'or que pour en altérer le poids.

« A deux jours de distance de Teschou-Loumbou(1), il y a une mine de plomb qui ressemble beaucoup à celle que j'ai vue dans le Derbyshire. Elle est minéralisée par le soufre, et on en obtient le métal par la simple fusion. Ce plomb contient souvent de l'argent, et dans une assez forte proportion pour engager les naturels à exploiter la mine.

« On trouve encore dans le pays du cinabre qui contient une partie assez considérable de mercure. On pourrait l'employer avec avantage à l'extraction de l'argent. Le procédé par la distillation est très-simple ; mais pour l'exécuter en grand il faudrait plus de bois que la contrée n'en peut fournir. J'ai vu quelques mines de cuivre, et je ne doute pas que ce métal n'existe en très-grande abondance dans le pays. Le fer paraît moins commun que dans le Boutan ; mais quand même il le serait davantage, la difficulté de se procurer le bois nécessaire pour fondre la mine la moins riche empêcherait toujours l'exploitation. La fiente des animaux est le seul combustible dont les Tibétains se servent ; et cette substance ne saurait produire le degré de chaleur nécessaire pour mettre le métal en fusion.

« Le *tinkal* (2), cette substance dont on ignorait la nature, est maintenant bien connue. Le Tibet, d'où nous le recevons, en contient des masses inépuisables. C'est un fossile que l'on apporte au marché dans l'état où on l'arrache

(1) Ou Djachi-Loumbou.
(2) Dans le Tibet, on donne ce nom au borax brut.

d'un lac. Les Européens le raffinent ensuite, et en font du borax. On trouve aussi le sel gemme en grande quantité dans le pays.

« Le lac d'où l'on tire le tinkal et le sel gemme est situé à environ quinze jours de marche au nord de Teschou-Loumbou; il est entouré de tous côtés par des hauteurs couvertes de rochers, sans qu'on aperçoive un seul ruisseau, une seule fontaine à l'entour. Les eaux sont alimentées par des sources salées, dont les naturels ne font aucun usage. On arrache le tinkal en gros blocs, que l'on brise ensuite en petits morceaux, pour la facilité du transport, et on l'expose à l'air pour le faire sécher. Quoiqu'on tire du tinkal de ce lac depuis fort longtemps, on ne s'aperçoit d'aucune diminution sensible de la masse, et comme les trous que l'on forme pour l'obtenir se remplissent et disparaissent aussitôt, c'est une opinion reçue parmi le peuple, que le tinkal se renouvelle continuellement. On le trouve dans les parties les moins profondes du lac et sur ses bords.

« C'est, au contraire, des endroits les plus profonds qu'on tire le sel gemme. Ce lac est gelé pendant une grande partie de l'année. Dès le mois d'octobre, la neige force les gens employés à l'extraction de ces deux substances à abandonner leurs travaux. On se sert du tinkal pour faire des soudures, et pour accélérer la fusion de l'or et de l'argent. Le sel gemme est d'un usage général dans le Tibet, le Boutan et le Népal (1). »

ASPECT DU PAYS. « Le Tibet, dit Turner, semble au premier aspect, un des pays les moins favorisés du ciel et les moins susceptibles de culture. Il est couvert de montagnes et de rochers, sur lesquels on n'aperçoit aucune trace de végétation. Les plaines sont d'une aridité effrayante et toujours stériles pour la main qui tâche d'en défricher quelques parties. Le climat est excessivement froid, les habitants sont obligés d'aller chercher des abris dans les vallées les plus profondes, dans les gorges des montagnes, et au milieu des rochers où le vent pénètre le moins. Cependant, ajoute le même voyageur, la Providence, en distribuant ses dons aux différentes parties de la terre, n'a sans doute pas été injuste. Si un pays peut se vanter de la fertilité de son sol, de l'abondance de ses fruits et de la beauté de ses forêts, un autre possède d'immenses troupeaux et des mines d'une richesse inépuisable. Ici, la végétation est riche; là les animaux se multiplient avec une prodigieuse fécondité. Le Tibet est couvert d'oiseaux, de gibier, de bêtes fauves, de bêtes féroces et de bétail. Au Boutan on ne voit guère d'autres animaux que ceux que l'homme élève et entretient. Les seuls quadrupèdes et les seuls oiseaux que j'y aie vus à l'état sauvage sont les singes et les faisans (1). »

CLIMAT. Il existe une régularité remarquable dans la température de chaque saison : au printemps, depuis le mois de mars jusqu'au mois de mai, on y a toujours de la chaleur, du tonnerre, et des ondées rafraîchissantes; du mois de juin au mois de septembre le temps est humide, les pluies abondantes et continuelles, les rivières coulent à pleins bords et avec une rapidité incroyable; depuis le mois d'octobre jusqu'au mois de mars le ciel est clair, l'air pur, et on ne voit presque jamais ni brouillards ni nuages; durant trois mois le froid est extrêmement vif. Les sommets des montagnes sont couverts de neige pendant toute l'année, et l'on éprouve des vents d'une grande violence et très-secs.

La sécheresse est telle que les habitants ont contracté l'usage de couvrir les colonnes des édifices et les chapiteaux qui sont de bois, et même leurs portes, avec de grosses pièces de toile de coton, pour les empêcher de se fendre. Les coffres, les boîtes, et en général tous les meubles, éclatent souvent avec un bruit aussi violent qu'un coup de fusil. Du reste, le bois paraît être exempt au Tibet de la pourriture et des vers.

RÈGNE ANIMAL. Parmi les animaux utiles qu'on remarque dans le pays le mouton mérite assurément la première place. Il sert à la nourriture et au vêtement des Tibétains. L'espèce semble

---

(1) Voyez l'*Ambassade au Tibet et au Boutan*, par M. Samuel Turner, traduit de l'anglais par J. Castéra ; Paris, Buisson, an IX, 1800, tome II, pag. 251 et suivantes.

(1) Voyez l'*Ambassade au Tibet et au Boutan*, tome I, page 324.

être indigène. Presque tous ces moutons ont la tête et les jambes noires, et sont de petite taille ; leur laine est douce et fine, et leur chair exquise. On les fait paître partout où l'on peut trouver de l'herbe. On préfère cependant le versant des collines et les vallées froides, où il ne pousse qu'une herbe excessivement courte, mais, à ce qu'il paraît, fort nourrissante. On emploie ces moutons comme bêtes de somme ; et l'on peut en voir de grands troupeaux chargés de sel et de grains. Chaque bête porte de douze à vingt livres. La peau des moutons que l'on tue est préparée avec la laine, et sert pour les vêtements d'hiver. Les peaux d'agneaux, également préparées avec la laine, sont l'objet d'un commerce considérable.

Le daim qui fournit le musc aime une température glaciale ; et on le trouve dans les montagnes couvertes de neiges. Il est armé de deux dents longues et recourbées, qui sortent de sa mâchoire supérieure, et semblent lui avoir été données pour déterrer les racines dont il se nourrit. Ce daim ne vit jamais longtemps lorsqu'on l'éloigne de ses déserts et de son rigoureux climat. Il est d'ailleurs impossible de l'apprivoiser. Sa taille approche de celle d'un cochon ordinaire ; et il ressemble beaucoup à cet animal pour la forme du corps. Il a la tête petite, la croupe large et ronde, les jambes extrêmement fines, et point de queue. Son poil est très-touffu, long de deux ou trois pouces et toujours hérissé, excepté sur la tête, les oreilles et les jambes, où il est uni et court. Turner compare les poils du daim à musc à des plumes ou plutôt aux piquants d'un porc-épic. Le musc se trouve dans un sachet ou vessie, semblable à une petite loupe, qui se forme à côté du nombril de l'animal. Le mâle seul en produit. Les chasseurs vendent le musc au poids, et souvent ils l'altèrent avant de le porter au marché. Mais il est très-facile de reconnaître la falsification. Le musc pur est noir, homogène, et séparé par de très-minces pellicules. Dans le Tibet, les daims à musc sont censés appartenir à l'empereur de la Chine, et nul ne peut aller à la chasse de ces animaux sans une permission expresse émanée de lui. Il résulte de là que la plus grande partie du musc passe par les mains des agents du gouvernement. Toutes les vessies qui sont munies du sceau de l'État doivent être considérées comme pures.

VILLAGES. Au Tibet, les villages n'ont point en général un aspect agréable. Les maisons en sont fort mal construites, et ressemblent, pour la forme et la grandeur, à des fours à briques. On les bâtit avec des pierres placées les unes sur les autres sans mortier. Les vents, qui règnent presque toujours dans le pays, engagent les habitants à n'y pratiquer que trois ou quatre petites ouvertures pour donner du jour. Le toit forme une terrasse entourée d'un parapet de deux ou trois pieds de haut. On y place quelques piles de pierres sur lesquelles on plante un petit drapeau, une branche d'arbre ou bien encore une corde à laquelle sont attachés des chiffons de toile blanche assez semblables à la queue d'un cerf-volant. Ce sont là, suivant les Tibétains, des charmes infaillibles contre le pouvoir des mauvais génies. Dans quelques parties de la contrée, les maisons des villageois sont régulières et fort propres.

MALADIES. Les maladies syphilitiques sont très-fréquentes au Tibet ; on les soigne par le mercure, que l'on prépare de la manière suivante : On met une certaine quantité d'alun, de nitre, de vermillon et de vif-argent dans un pot de terre que l'on bouche avec un autre pot plus petit renversé dessus, et on lute. On met du feu dessus et dessous, ayant soin de l'entretenir pendant quarante minutes. On n'a d'autre règle pour juger du degré de chaleur que le poids du combustible consumé ; car il n'est pas possible de voir la matière pendant l'opération. Quand l'appareil est refroidi, on le débouche, et on retire le médicament pour en faire usage. Le vif-argent ainsi préparé perd sa forme métallique, et devient, si nous en croyons Turner, un remède aussi sûr qu'efficace. Cette préparation répond très-bien, dit ce voyageur, à l'usage que l'on veut en faire, et les médecins ne l'emploient qu'avec beaucoup de réserve. La poudre obtenue de cette manière forme la base de leurs bols, et ils l'appliquent aussi à l'extérieur. On la mêle avec des pruneaux ou des dattes pour en faire des pilules. Les malades en prennent deux fois par jour, et deux ou trois à la fois. Ordinairement la salivation commence le quatrième ou le cinquième jour. Quand elle est bien établie, on met un bâton dans la bouche du malade, et on l'assujettit par derrière. Les médecins du pays prétendent que ce bâillon possède, entre autres vertus, celle d'empêcher les dents de tomber. On entretient la salivation pendant dix ou douze jours. Durant tout ce temps, le malade ne prend pas d'autre nourriture que de la bouillie ou des liquides.

Souvent on emploie la poudre mercurielle à l'extérieur. On la fait alors dissoudre dans de l'eau chaude, avec laquelle on lave les plaies et les bubons. Les médecins appliquent ordinairement pour faire disparaître ceux-ci des cataplasmes de feuilles de turneps, auxquels ils ajoutent du vermillon et quelquefois du musc. On emploie encore assez souvent du nitre à l'intérieur dans cette même affection comme rafraîchissant. Les médecins recommandent de se tenir chaudement et de ne point prendre l'air tant qu'on fait usage du mercure. Lorsque les bubons sont prêts à percer, ils y pratiquent une large incision que l'on ne ferme qu'après que la douleur et l'enflure ont entièrement disparu.

La toux, les rhumes et les rhumatismes sont fort communs au Tibet. Ces maladies tiennent moins encore au climat, qu'à la difficulté de se procurer du bois comme combustible et pour planchéier les appartements. Les fièvres sont rarement dangereuses dans ce pays. Il y existe quelques maladies du foie, et les douleurs d'entrailles y sont assez communes. Ce dernier mal tient, à ce qu'il paraît, à l'alimentation grossière des habitants. Leur malpropreté est la cause de graves affections. La plus dangereuse de toutes est l'hydropisie. Turner eut communication de soixante et dix remèdes en usage au Tibet. Les habitants emploient plusieurs espèces de pierres et de pétrifications savonneuses, spécialement dans les tumeurs et les douleurs des articulations. Ces maladies, ainsi que les maux de tête, cèdent souvent à des fumigations de fleurs et de plantes aromatiques qu'ils font sur la partie affectée.

Les médecins ne prennent jamais aucune information sur l'état du malade, et se contentent de lui tâter le pouls. Ils prétendent que ce moyen suffit pour permettre de juger du siége du mal. La plupart des remèdes auxquels ils ont recours appartiennent au règne végétal, et sont doux et peu actifs. Dans la toux, le rhume et les affections de poitrine, ils emploient les aromates et les carminatifs, tels que la centaurée, le carvi, la coriandre et la cannelle. Ils prennent aussi en décoction l'écorce, les feuilles, les grains et la tige de plusieurs autres arbres et arbrisseaux. Quelques-unes de ces décoctions ont l'amertume de nos remèdes les plus violents, et sont destinées à fortifier l'estomac et à purger. Leurs principaux médicaments sont apportés de la Chine à Lassa. Ils ne connaissent guère l'usage des vomitifs.

Les Tibétains attachent une grande importance à pratiquer la saignée à telle ou telle partie du corps, plutôt qu'à telle autre. Ils saignent au cou pour les maux de tête, à la veine céphalique pour les douleurs de bras ou d'épaule, à la médiane pour les maux de poitrine ou des épaules, à la veine basilique pour les maux de ventre. La saignée du pied est bonne, suivant eux, pour les maux des extrémités inférieures. Ils regardent comme dangereux de saigner par les temps froids, et les symptômes les plus graves ne sauraient les engager à enfreindre cette règle qu'ils ont établie. Ils font un grand usage des ventouses : on applique sur la partie du corps où l'on veut les poser une corne large comme un verre à ventouser, et par un trou pratiqué à l'autre extrémité, on attire l'air avec la bouche ; on scarifie ensuite au moyen de la lancette ; souvent on applique les ventouses sur le dos, principalement contre l'enflure du genou. Les Tibétains sont extrêmement adroits à toutes ces opérations. Un chirurgien anglais ayant fait cadeau de quelques lancettes à des gens du pays, ils essayèrent aussitôt d'en fabriquer de semblables. Les médecins emploient dans les fièvres la noix de kuthullega, dont l'efficacité a été reconnue au Bengale. Ils ont aussi plusieurs remèdes contre l'hydropisie ; mais ils ne guérissent jamais ce mal. La gravelle et la pierre sont inconnues ou du moins extrêmement rares dans cette contrée.

De tous les maux qui affligent l'humanité il n'en est aucun qui cause autant de terreur aux Tibétains que la petite vérole. La présence de cette maladie les frappe d'un si grand effroi, qu'ils perdent le jugement nécessaire pour la combattre, et ne songent qu'à fuir les malades. Toute communication avec ceux-ci est interrompue, au point qu'ils sont souvent exposés à mourir d'inanition. On rase la maison, ou même on détruit tout un village infecté. Ces précautions sont cruelles ; mais elles empêchent la maladie d'exercer au loin ses ravages. On voit peu de Tibétains marqués de la petite vérole. Les personnes attaquées de cette maladie succombent ordinairement. L'inoculation est pratiquée à la Chine, où plusieurs Tibétains en ont fait l'essai ; ils n'ont cependant pas jugé à propos de l'introduire dans leur pays.

« Nous traversâmes, dit Turner, les ruines de plusieurs villages qui étaient restés déserts, à cause des ravages de la petite vérole, maladie que les Tibétains redoutent à l'égal de la peste, parce qu'ils ne connaissent et n'emploient aucun moyen pour en arrêter les effets. Dès que cette maladie se déclare dans un village, ceux des habitants qui n'en sont pas encore attaqués fuient leurs maisons et abandonnent les malades. En même temps on ferme tous les chemins qui aboutissent à ce village, afin que les étrangers ne cherchent pas à y pénétrer, et que les malades ne puissent pas en sortir et propager le fléau. Il n'est pas étonnant, d'après cela, que les cas de guérison soient rares dans ce pays (1). »

Les maux d'yeux et la cécité sont très-communs au Tibet. On les attribue à la violence des vents, au sable qui entre dans les yeux, enfin à la réverbération du soleil et de la neige.

Les bains chauds sont en usage dans les douleurs d'entrailles et les irruptions cutanées. Il existe dans une montagne, près de Lassa, une source dont l'eau est excessivement chaude. Suivant un préjugé populaire répandu dans le pays, ces eaux n'ont de vertu que pour les gens pieux et justes ; les profanes ne sauraient en supporter la chaleur. Turner explique cette opinion par l'habitude où sont les prêtres du lieu d'endurer une température qui serait intolérable pour les personnes qui n'y sont point accoutumées (1).

Caractère des habitants. Les Tibétains sont, en général, très-doux et très-humains. Turner cite plusieurs exemples de leur bonté. Un jour que, couché dans sa tente, il était en proie à un mal de tête des plus violents, son conducteur se glissa près de lui, et, prenant un manteau et une pièce de toile, il les étendit sur le corps du voyageur avec le plus grand soin. Turner, qui souffrait extrêmement, fit semblant de ne pas s'apercevoir de ce qui se passait, afin de n'être pas obligé de parler. Cet homme sortit ensuite. « Peu d'instants après, dit-il, un autre Tartare entra, et souleva doucement ma tête avec sa main, pour remplacer par un coussin le banc sur lequel j'étais appuyé. Son attention m'était assez désagréable, car je m'étais déjà installé sur le banc ; mais je ne lui adressai aucun reproche, car j'étais sûr que sa conduite était dictée par des sentiments d'humanité. Ces marques d'attention ont laissé dans mon âme une impression qui ne s'effacera jamais, et je me plais à les rappeler, pour montrer combien la conduite de ces hommes est loin de ce caractère de férocité que l'on attache communément au nom d'un Tartare (2). »

DIVISIONS GÉOGRAPHIQUES ET ADMINISTRATIVES.

Le Tibet est partagé en quatre grandes provinces : l'Oui, le Zzang, le Kham et le Ngari.

Province d'Oui. On y remarque *Lassa* ou *H'lassa*, *Botala*, *Jigagounggar*.

Province de Zzang. *Jikadze*; *Djachi-Loumbo* (*Tissou-Loumbou* et *Teschou-Loumbou*); *Guiandze*; *Phari*, petite forteresse près du mont Chamoulari ; *Tchakakote*, ville assez commerçante,

---

(1) *Ambassade au Tibet et au Boutan*, tom. I, page 327.

(1) *Ambassade*, etc., t. I, p. 212.
(2) *Ibid., ibid.*, pag. 312 et 313.

et composée d'un millier de maisons; *Baldhi.*

PROVINCE DE KHAM. *Bathang; Tsiamdo; Sourmang* ou *Sourman; Souk.* La partie orientale de cette province a été réunie à la province chinoise de Sse-Tchouan (1).

PROVINCE DE NGARI. Ce pays comprend plusieurs petits États, tributaires du dalaï-lama; les villes principales sont : *Tchoumarte; Bourang-Dakla; Deba; Toling; Ladak* ou *Leï*, capitale du Ladak ou Petit-Tibet; *Garlou* ou *Gotorpe*, avec une garnison chinoise. La partie orientale de cette province est occupée par des tribus mogoles nommées *Khor* ou *Charraï-gol.*

LASSA ou H'LASSA, capitale, est située dans une grande vallée, sur un affluent du Zzangbo-Tchou. Cette ville est la résidence du *tazin*, magistrat chinois, qui jouit des mêmes prérogatives et a la même puissance qu'un viceroi. Les maisons sont de pierre et à deux ou trois étages. Les édifices, les rues et les marchés méritent l'attention des voyageurs.

La ville possède deux écoles d'enseignement supérieur, et plusieurs imprimeries. Le nombre des habitants s'élève à 80,000; et cette population augmente considérablement, à certaines époques de l'année, par le grand nombre de pèlerins qui arrivent de toutes les parties de l'Asie où l'on professe la religion de Bouddha. Parmi les habitants domiciliés on compte environ 150 naturels du Cachemire, 2,000 Chinois et 300 Indous. Les marchands se tiennent dans un immense bazar qui entoure un temple magnifique, situé au centre de la ville, et dont une des dépendances est la demeure d'hiver du dalaï-lama. La résidence d'été de ce pontife est un vaste couvent bâti sur le mont Botala. On prétend que les cascades bleues qui descendent de cette montagne, la pourpre éclatante du principal édifice et sa toiture dorée éblouissent les yeux des spectateurs. Ce palais est à un quart de lieue de Lassa. On y compte 10,000 chambres. Il est orné, à l'extérieur, de tours ou d'obélisques revêtus d'or et d'argent.

On a placé dans l'intérieur des statues de Bouddha, dont plusieurs sont faites de métaux précieux.

On voit à une petite distance le temple de *H'lasséi-tsio-khang*, resplendissant d'or et de pierreries, et desservi par plus de 5,000 lamas.

JIKADZÉ, capitale de la province de Zzang, à 53 lieues au sud-ouest de Lassa, renferme une population de plus de 30,000 habitants.

Djachi-Loumbo (Tissou-Loumbou, Teschou-Loumbou). Cette ville est la résidence du *bogdo-lama, bandjin-lama* ou *bantchan-lama*, regardé comme une incarnation divine. Les habitants du Haut-Tibet professent pour le bandjin-lama la même vénération que ceux du Bas-Tibet ont pour le dalaï-lama. A la mort de celui-ci, le bandjin explique la tradition sur sa renaissance, et le dalaï-lama agit de même lorsque le bandjin *change de demeure* (1).

CONSTRUCTIONS. Les maisons, dans les villes, sont en général construites de pierres brutes et ont plusieurs étages; on voit dans les hôtels des gens riches des salons ornés d'assez belles sculptures.

GOUVERNEMENT. Le dalaï-lama, le bandjin-lama et leurs ministres sont confirmés par lettres patentes de l'empereur de la Chine, et reçoivent des émoluments de ce souverain.

Les fonctionnaires publics moins considérables sont nommés par les généraux chinois résidant à Lassa et par le dalaï-lama; on les choisit toujours parmi les personnes les plus considérables par leurs talents, leurs richesses ou le crédit de leur famille. Chaque province est placée sous l'autorité d'un gouverneur. Il existe des employés spécialement chargés de la perception des impôts; d'autres rendent la justice, conduisent l'administration ou vérifient les comptes. Les fonctions de quelques-uns de ces employés sont héréditaires.

TRIBUTS. Tous les ans le dalaï-lama ou le bandjin-lama, chacun à leur tour, envoient à Pékin une ambassade avec un tribut déguisé sous le nom de *présent*: ce sont des draps et d'autres tissus de

---

(1) Voyez Balbi, *Abrégé de géographie*, troisième édition, page 780.

(1) C'est-à-dire *lorsqu'il meurt*, car les sectateurs de la métempsycose ne regardent la mort que comme un simple changement d'habitation.

laine, des bâtons d'odeur, de petits obélisques d'argent, des chapelets d'ambre jaune, des idoles, et différents objets employés dans le culte lamaïque ; ces présents se montent à des sommes assez considérables.

Le peuple paye l'impôt en nature avec des productions du pays, telles que des bœufs, des moutons, de l'orcanette, de l'orge, du fromage, du beurre, des étoffes de laine, de l'argent, du cuivre et du fer. Tous ces produits sont placés dans des dépôts publics ; une partie de leur valeur est appliquée à l'administration du pays et à l'entretien des lamas. Les Tibétains sont encore soumis à différentes corvées et au service militaire. Le gouvernement a le droit de mettre en réquisition les bêtes de somme. Les hommes âgés de plus de soixante ans sont exemptés de toute espèce de charges.

ARMÉE. Les troupes forment un total de 64,000 hommes. La garnison de Lassa est forte de 3,000 cavaliers. On prend, suivant la nécessité, un homme sur cinq ou un homme sur dix. Les soldats envoyés en expédition portent, comme armes défensives, des casques et des espèces de cottes de mailles, faites avec de petites plaques de fer, assez semblables pour la forme à des feuilles de saule. Les cavaliers ornent leurs casques de bouffettes de couleur rouge ou de plumes de paon. Ils portent l'épée au côté, un fusil en bandoulière sur le dos, et tiennent à la main une pique.

Les fantassins attachent à leurs casques des plumes de coq ; ils ont l'épée au côté, et portent un poignard à la ceinture. Ils ont sur le dos un arc et des flèches, et tiennent à la main un bouclier de jonc ou de bois large d'un pied et demi, et haut de plus de trois pieds. Ces boucliers sont ornés de représentations de bêtes féroces, de plumes de différentes couleurs, et garnis extérieurement de plaques de fer ; quelques fantassins ajoutent à leur armement une pique fort longue.

Les flèches dont ils se servent sont de bambou, garnies de plumes d'aigle, et le fer ressemble à un poinçon de trois ou quatre pouces de longueur. Les arcs, ordinairement de bois, avec des incrustations de corne, sont petits et très-durs à tendre ; on en fait aussi quelques-uns avec du jonc. On applique alors deux brins de jonc l'un contre l'autre, et on les lie ensemble. Ces arcs sont également très-durs. Les drapeaux sont tous d'étoffes de soie, mais de couleurs différentes ; on en voit des jaunes, des rouges, des noirs, des blancs, et des bleus.

Les troupes sont passées en revue le premier, le second et le troisième mois de chaque année. On exerce les soldats au tir de l'arc et du fusil, à la course à cheval, et à la lutte. Après les manœuvres, on distribue aux hommes qui se sont le plus distingués des écharpes d'honneur, de l'argent, du vin et des vivres.

LOIS CRIMINELLES. Aujourd'hui les Tibétains sont régis par le code pénal de la Chine. Le soin de rendre la justice est confié à deux généraux chinois. Toutes les affaires un peu importantes, après avoir été jugées en première instance, sont portées devant le dalaï-lama, qui les examine à son tour, et les deux généraux décident en dernier ressort. Mais il n'y a pas longtemps encore les Tibétains étaient régis par leur code particulier, partagé en quarante et un titres. Ces lois portent l'empreinte de la barbarie. Tous les coupables, quel que fût leur crime, étaient détenus en prison, les pieds et les mains liés, jusqu'au moment de l'exécution de la sentence. L'homme qui en tuait un autre dans une rixe était puni par une amende en argent ou en bétail, dont une partie était versée dans le trésor, et l'autre remise à la famille de la personne qui avait été tuée. Si le meurtrier n'avait ni argent ni bétail, on l'attachait dans l'eau, où on l'obligeait à rester un temps considérable, et l'on s'emparait de sa maison et de ses meubles pour le payement de l'amende.

Les brigands, les assassins et leurs complices étaient tous condamnés à mort. Quelquefois on attachait le criminel à une colonne, et on le tuait à coups de fusil, ou bien il était percé de flèches. Les hommes morts par suite d'ivrognerie avaient la tête coupée et exposée à la vue des passants, dans un lieu public. Quelquefois les condamnés étaient envoyés dans le pays d'un peuple féroce et anthropophage pour y être dévorés, ou bien on les jetait vivants dans la *fosse des scorpions*, où ils mouraient de la piqûre de ces insectes. Quand on arrêtait un voleur, on apposait les scellés sur tout ce qu'il possédait, et l'on exigeait de lui le payement d'une valeur double de celle qu'il avait dérobée. Après cette restitution, on lui crevait les yeux, et on lui coupait le nez ou les jambes.

Tout homme accusé d'un grand crime était d'abord fouetté avec des courroies, puis on le plongeait dans l'eau. Au bout de quelques heures on le fouettait de nouveau, et l'on recommençait ainsi jusqu'à trois fois avant de l'interroger. S'il ne s'avouait pas coupable, on lui versait du beurre bouillant sur la poitrine et sur le cou, et on lui faisait avec un couteau des incisions sur tout le corps. Si après cette torture il n'avouait pas encore son crime, on le liait et on l'asseyait dans l'eau. On faisait de ses cheveux deux tresses, au moyen desquelles on l'attachait à droite et à gauche, et on lui couvrait le visage d'une toile blanche sur laquelle on versait de l'eau. Quelquefois pour lui arracher l'aveu de son crime on lui enfonçait des éclats de roseau entre les ongles et la chair. S'il résistait à toutes ces épreuves et persistait à se dire innocent, on le mettait en liberté. Toutefois, quand on reconnaissait sa culpabilité, on le punissait beaucoup plus sévèrement.

Les gens coupables d'injures et de voies de fait payaient une amende. Le criminel qui n'avait pas d'argent à donner à ses bourreaux était chassé à coups de bâton après avoir subi sa peine. L'adultère entraînait une amende proportionnée à la fortune des coupables; quelquefois ceux-ci étaient mis en liberté, après avoir reçu un châtiment corporel. Toutes les personnes punies de cette manière, tant hommes que femmes, étaient dépouillées et mises dans un état de nudité complet, sur la place publique où avait lieu l'exécution. La punition de la cangue existait également au Tibet; mais elle datait d'une époque assez récente.

COMMERCE. Les principaux articles de commerce sont: la soie écrue, la laine fine, les tissus de laine, les bâtons d'odeur, les fruits, tels que les raisins, les noix, les pêches, et quelques autres denrées indigènes. Les hommes et les femmes se livrent au commerce; mais les femmes s'en occupent davantage, tandis que les hommes exercent de préférence les métiers de tailleur ou de cordonnier. Les marchandises ne sont pas exposées en vente dans des boutiques; mais on les étale sur des nattes doubles étendues à terre. On voit parmi les marchands étrangers un nombre considérable de mahométans de l'Inde et de Boukhares. Les premiers font le commerce de pierres précieuses, de perles et de toiles blanches; les Boukhares vendent des étoffes et des châles du Cachemire. Les marchands qui débitent des objets de seconde main joignent à ce trafic le commerce du bézoar (1) et celui de l'assa-fœtida. On remarque toujours dans les marchés un employé du gouvernement chargé de vérifier le prix des marchandises et d'arrêter les querelles.

MONNAIES. Il y a au Tibet fort peu de monnaie courante. Les pièces que l'on trouve le plus fréquemment sont l'*inder-millié*, monnaie d'argent frappée au Népal, et qui vaut environ seize sous de France. Pour la facilité des transactions, on coupe les pièces en trois ou quatre morceaux. Cette monnaie sert à acheter les denrées nécessaires à la vie; mais on ne l'emploie jamais dans les grandes transactions commerciales, pour lesquelles on a recours à des lingots d'or et d'argent.

ARTISTES ET OUVRIERS. Les tailleurs de pierre et les menuisiers sont très-habiles dans leur art. Les ouvriers qui travaillent les métaux n'ont pas moins de talent. La sculpture a atteint un degré de perfection remarquable chez un peuple asiatique.

SALUTS ET RÈGLES DE POLITESSE. Depuis les personnages les plus importants jusqu'au bas peuple, tous les Tibétains ôtent leurs bonnets devant le dalaï-lama et le bandjin-lama; ils croisent ensuite les bras sur la poitrine et tirent la langue roulée en pointe, action que l'on considère comme une marque de la plus grande politesse. Ils laissent ensuite retomber les bras, se redressent,

---

(1) Voyez ce que nous avons dit de cette pierre, ci-devant, page 153.

plient les jambes, et s'approchent du trône. Le dalaï-lama et le bandjin-lama bénissent alors la personne qui vient ainsi se prosterner devant eux. Quiconque paraît en présence de ces pontifes doit leur offrir une écharpe. Entre gens d'égale condition, c'est une grande politesse d'échanger mutuellement ses écharpes. Si un homme d'un rang élevé en rencontre un autre qui lui soit inférieur, celui-ci ôte son bonnet, et, baissant les bras, il se range de côté. Les hauts fonctionnaires tibétains se conduisent à l'égard des officiers chinois comme le bas peuple le fait envers eux-mêmes.

Nourriture et festins. Le peuple se nourrit généralement de farine d'orge grillée, que l'on appelle en chinois *tsan-pa*. On met un peu de cette farine dans une tasse, on verse du thé dessus, puis on remue le mélange jusqu'à ce qu'il ait acquis du corps et soit devenu une pâte épaisse. On mange aussi beaucoup de bœuf, de mouton, de lait et de fromage. Les riches et les pauvres regardent le thé comme un objet de première nécessité, et ils en prennent des quantités considérables. Ils font bouillir le thé et y ajoutent ensuite du beurre et du sel. Ils prennent cette boisson en mangeant de l'orge grillée ou du gruau mêlé avec de la viande hachée et qu'ils appellent *touba*. Assez ordinairement ils ne cuisent ni le bœuf ni le mouton, et mangent ces viandes après les avoir fait geler. Ils n'ont pas d'heures fixes pour leurs repas, et ne consultent que leur appétit. Ils mangent peu, mais souvent. Hommes, femmes, vieillards et enfants prennent en général les mets avec les doigts. Quand ils ont achevé de manger, ils lèchent la jatte et la placent dans leur sein.

Ils font de la bière avec l'orge, et tirent de l'eau-de-vie de ce même grain. Dans leur ivresse, les hommes et les femmes s'embrassent, rient et chantent dans les rues. Le maître de maison qui donne un festin s'assied à la place la plus honorable. Si parmi les personnes invitées il s'en trouve d'un rang supérieur à celui de l'hôte, on lui offre le vin avant toutes les autres personnes. Le plus grand honneur qu'on puisse faire à un convive est de lui offrir du beurre. Les riches donnent des festins deux ou trois fois, et les pauvres au moins une fois par mois. Les tables sont garnies de jujubes, d'abricots, de raisin, de viande de bœuf et de mouton. Le père Hyacinthe Bitchourine donne, dans sa *Description du Tibet*, la relation d'un festin que des Tibétains arrivés en ambassade à Pékin en 1818 firent dans cette capitale. « Au milieu d'une chambre carrée, dit ce religieux, étaient placées des tables longues et peu élevées, sur chacune desquelles on avait placé un sac de peau contenant une quinzaine de livres d'orge grillée. On étendit à terre devant les tables des matelas et des tapis de feutre, sur lesquels les convives se placèrent suivant leur âge, et s'assirent les jambes croisées. Dès qu'une personne arrivait, on commençait par lui offrir un plat de farine d'orge grillée accommodé avec beaucoup de beurre. Quand tous les convives furent réunis, on leur offrit du vin et ensuite du thé. Avant de se mettre à manger, ils ôtèrent leurs bonnets et récitèrent une courte prière; puis, s'étant recouverts, ils recommencèrent à boire du thé et à manger de la farine d'orge. Après le thé, ils se remirent à boire du vin. On apporta ensuite à chaque convive une jatte de gruau et de riz accommodés avec du beurre et du sucre. On récita de nouveau une prière, et l'on recommença à manger du gruau avec les doigts, puis on retourna au vin.

« Après ce premier service, tout le monde alla se promener dans la cour. Au bout d'un quart d'heure on se remit à table, et l'on apporta de la viande crue hachée et assaisonnée avec du sel, du poivre et de l'ail. Il y en avait une jatte pour chaque convive. On servit en même temps, sur toutes les tables, plusieurs plats avec de grands morceaux de viande de bœuf crue et gelée. Les convives, ayant récité encore une prière, prirent les couteaux qu'ils portaient sur eux, coupèrent la viande par morceaux et la mangèrent, ayant soin de la recouvrir d'abord d'une couche épaisse de hachis; puis on continua à boire.

« Ce service achevé, les convives allèrent encore se promener. De retour dans la salle, ils recommencèrent à boire du vin. Bientôt parut un baquet de *touba*;

on appelle ainsi du gruau mêlé avec du vermicelle et de la viande de bœuf hachée. On en offrit à chacun une jatte. Les convives, après avoir récité une prière, s'armèrent des petits bâtons qui leur tiennent lieu de fourchettes, et se mirent à manger. Enfin, on apporta des petits pâtés qu'on enveloppa dans des serviettes, pour les envoyer chez les convives. Ainsi se termina ce repas, qui avait duré plus d'une demi-journée. Après s'être promenés dans la cour, tous les convives rentrèrent dans la salle, et se mirent à boire de nouveau. Alors le maître de la maison et les convives commencèrent à chanter et à danser. Leur danse, comme celle de tous les Tibétains, consistait à sauter sans bouger de place.

« Bientôt on servit le souper, assez semblable au dîner, excepté qu'il dura moins longtemps. Les convives burent tous jusqu'à être complétement ivres. Les portes avaient été fermées, afin que personne ne pût s'échapper avant la fin du banquet (1). »

Turner a consigné dans la relation de son voyage le menu d'un repas qu'il fit au Tibet, et qui achèvera de donner une idée exacte du goût des habitants pour la viande crue. « Nous fîmes, dit ce voyageur, un excellent repas, qui nous donna l'occasion d'admirer combien est grande la force de l'habitude. La table était couverte de quartiers de mouton cru, et encore tout saignant, et de quartiers de mouton bouilli. Il va sans dire que nous préférâmes ces derniers, qui étaient froids, mais tendres et délicats. Les Tibétains firent tout autrement que nous; et nous fûmes tous satisfaits, sans porter envie aux morceaux des autres.

« Après cela tous les convives avec la même ardeur se mirent à boire du schong, espèce de liqueur spiritueuse et un peu acide que l'on fait avec un mélange de riz, de froment, d'orge et d'autres grains fermentés. Voici comment on brasse le schong. On met le grain dans un vase où l'on verse une quantité d'eau suffisante pour le couvrir. On lui fait subir ensuite une légère ébullition. Cette opération terminée,

(1) Voyez *Nouveau Journal asiatique*, tome IV, pag. 247 et suivantes.

on jette l'eau, et l'on étend le grain à l'air sur des nattes ou sur des toiles. Quand il est froid, on prend des boules faites avec les fleurs de la *cacalia seracenica* de Linné, qu'on émie et qu'on y mêle avec soin. Il faut une boule de la grosseur d'une muscade pour deux livres de grain. On met ensuite le grain dans des paniers garnis de feuilles d'arbre, et on le presse légèrement avec les mains, pour en faire sortir l'eau qui y reste. Puis on couvre bien les paniers avec des feuilles et de la toile, de manière que l'air ne puisse pas y pénétrer, et on les dépose pendant trois jours dans un endroit un peu chaud. On jette alors le grain dans des jarres, et l'on y ajoute une tasse d'eau froide pour quatre mesures de grain d'environ trente-six pouces cubes chacune. Les jarres sont ensuite bien bouchées et lutées. Au bout de dix jours on emploie le grain ainsi préparé. Si l'on attend davantage il est encore meilleur. Quand on veut faire du schong on met une certaine quantité de ce grain dans un grand vase, et l'on verse dessus de l'eau bouillante, en ayant soin de remuer le grain. Un instant après, on enfonce dans le vase un petit panier d'osier à travers lequel passe le schong, et on puise avec une calebasse garnie d'un manche de bois. Chaque convive s'approche, et on lui verse de cette liqueur. Les étrangers s'accoutument bientôt au schong, qui a l'avantage de n'être presque pas enivrant. »

On obtient en distillant le schong une liqueur spiritueuse appelée *arra*, et qui est extrêmement capiteuse.

Pour conserver la viande on la fait geler. Voici le procédé qu'emploient les Tibétains. Après avoir tué, écorché et vidé l'animal, ils le posent sur ses jambes et le laissent exposé à un courant d'air froid, jusqu'à ce qu'il soit complétement desséché et durci. Alors on peut le transporter partout, et le conserver même pendant les plus grandes chaleurs. On n'emploie pas de sel pour cette préparation. La viande ainsi conservée est encore bonne au bout d'un an; seulement la graisse devient quelquefois un peu rance. On la mange ordinairement crue; et comme elle est desséchée, l'aspect n'en est pas désagréable. On ne pourrait pas en dire autant de la viande fraîche et saignante qu'ils dévorent.

Vêtements. Le dalaï-lama et le bandjin-lama portent pendant l'hiver un bonnet d'une étoffe de laine brodée, pointu par le haut, large par le bas, et ordinairement de couleur jaune. Leur chapeau, assez semblable à un parasol chinois, est fait de peau et orné de broderies d'or. Ces pontifes font usage de caleçons et de justaucorps de laine. Leur vêtement de dessus consiste en un manteau sans manches, d'un rouge éclatant, et attaché par une bande de soie. Les bottes ou les souliers sont de soie ou de cuir. La ceinture est de soie. En hiver comme en été ils ont toujours une épaule découverte.

L'habillement des autres lamas diffère peu de celui-ci. Ils laissent tomber leurs cheveux sur les épaules, et sont coiffés d'un bonnet plat, sans bords, avec une bordure de peau de renard ou de satin et une houppe sur le haut du bonnet. Quelquefois la houppe est remplacée par des morceaux de peau de loutre. Ils tiennent un chapelet à la main, et une courroie leur sert de ceinture. Dans les fêtes ou dans les grandes cérémonies, les prêtres relèvent les cheveux des deux côtés vers le sommet de la tête, les lient en touffe, et portent des robes de soie ou d'étoffe de laine. Quelques autres prêtres se coiffent un peu différemment; ils attachent à leur oreille gauche une pendeloque de turquoise, montée en or, de la grosseur d'une cerise, et assez semblable pour la forme à un bec d'oiseau. A l'oreille droite ils portent un autre ornement composé de deux morceaux de corail enchâssés dans une garniture d'or. Ils ont une large robe avec des manches étroites, garnies de peau de loutre. Le bord des manches est orné d'un tissu de laine de différentes couleurs. Au lieu de pantalon ils portent un tablier d'étamine noire à plis. Ils chaussent des bottes de peau avec des semelles blanches et flexibles, et entourées d'une bande d'étamine rouge. A leur ceinture, qui est de satin rouge, ils attachent un couteau.

Depuis les personnages les plus importants de l'État jusqu'aux gens de la dernière classe, tous tiennent des chapelets à la main. Les hommes du peuple portent une sorte de casaque avec un grand collet. Ils se ceignent avec une courroie ou un mouchoir de coton, auquel ils attachent un coutelas, une petite tasse, un briquet et quelques autres ustensiles.

En hiver, ils font usage de grandes bottes de maroquin grenu, doublées de drap ou fourrées pour se garantir du froid. Ils portent ces bottes pour sortir comme pour rester chez eux. Leurs maisons, étant pavées de carreaux de marbre, sont d'un froid excessif. C'est en partie à cette cause qu'on doit attribuer les rhumatismes auxquels toute la population est sujette.

Les Tibétains ne connaissent pas les lits élevés de terre. Lorsqu'ils veulent se coucher, ils étendent sur le carreau un épais matelas composé de deux parties qui se tiennent par une toile, et qui pendant le jour se relèvent l'une sur l'autre, de manière que le matelas peut servir de siége.

Costume des femmes. Les femmes et les filles ont les cheveux partagés sur le sommet de la tête, séparés par de petites tresses épaisses comme des ficelles, et deux grosses nattes. Les femmes qui ne sont pas mariées en portent trois. Elles se couvrent ordinairement la tête d'un petit bonnet de velours de laine, rouge ou vert, et pointu par le haut. Elles ont des bottines, des jupons d'étamine noire ou rouge, un tablier d'étamine rouge ou de soie de diverses couleurs et garni de fleurs brodées. Un pourpoint à manches courtes fait de soie, de toile ou d'étamine, forme une des parties les plus importantes de leur ajustement. Elles jettent un petit châle sur leurs épaules, et ont aux doigts des anneaux de corail montés en argent. Le poignet gauche est enfermé dans un bracelet d'argent, et au poignet droit elles en portent un fait avec des coquillages. Elles prennent ces bracelets dès l'enfance, et ne les quittent plus que lorsqu'ils se brisent ou s'usent d'eux-mêmes. Elles font usage de boucles d'oreilles de turquoises montées en or ou en argent, d'un pouce de long et de huit lignes de large; derrière la pierre est un petit crochet engagé dans l'oreille. Celles qui en ont le moyen portent sur le sommet de la tête des perles et des morceaux de corail. Des ornements semblables sont attachés à leurs épaules. Les femmes de toute condition portent toujours sur elles un ou deux chapelets de corail, de lapis-lazuli ou de bois. Les riches en ont dont les grains sont faits avec de gros morceaux d'ambre jaune. Elles suspendent à leur cou une petite boîte d'argent, où elles renferment l'idole de leur dieu protecteur. On voit briller sur la poitrine un anneau d'argent, monté avec des perles précieuses, d'environ quatre pouces de circonférence et garni de petites chaînes qui servent à attacher le châle. Les femmes riches ont de grands chapeaux garnis de perles et dont le fond est de bois verni, enduit d'une couche de vermillon et surmonté d'une turquoise. Ces chapeaux coûtent fort cher. Les femmes âgées portent sur le front une plaque d'or garnie de turquoises et assez semblable à un miroir. Leurs parents et leurs amis vont les complimenter lorsque le moment est venu pour elles de prendre cet ornement.

Toute femme ou fille qui se présente devant un lama est tenue de se barbouiller le visage avec du rouge ou avec les feuilles de thé qui restent dans la théière. Si elle néglige cette mesure de prudence, on l'accuse de vouloir séduire un membre du clergé, et c'est là un crime qu'on ne lui pardonne point.

FÊTES. Pendant les trois premiers jours de l'année les marchands cessent tout commerce; on s'envoie des présents, qui consistent en thé, en vin et en provisions de bouche. Le second jour le dalaï-lama donne un dîner aux grands dignitaires chinois et tibétains, et l'on exécute une danse guerrière. Dix jeunes garçons, couverts de vêtements de différentes couleurs, et avec de petits grelots attachés à leurs pieds, tiennent dans leurs mains des haches et des hallebardes. Devant eux sont rangées sur une seule ligne dix timbales. Les timbaliers portent le même costume que les danseurs. Ceux-ci commencent leurs exercices au moment où l'on offre du vin aux convives. La vitesse ou la lenteur des mouvements se règle sur les timbales. Ces danses paraissent être un reste des pantomimes chinoises. Le jour suivant on donne le spectacle *des esprits qui voltigent*. Pour cela on tend une corde de cuir, de plusieurs dizaines de toises de longueur, et qui descend du temple de Botala jusqu'au pied de la montagne sur laquelle il est situé. Les baladins montent et descendent sur cette corde, puis ils la saisissent et remontent avec une agilité aussi grande que celle des singes. Arrivés au sommet de la montagne, ils se couvrent la poitrine d'une cuirasse de peau de cerf, « et, dit l'auteur chinois, ils tendent les bras et les jambes, et se laissent couler en bas de la corde avec la rapidité d'une flèche tirée avec force, ou comme une hirondelle qui, en volant, effleure de ses ailes la surface de l'eau. C'est un spectacle très-curieux (1). »

Après cette fête on fixe le jour auquel les lamas doivent se réunir au monastère de *H'lasséi-tsio-khang*. Là le dalaï-lama se place sur une estrade élevée, et leur explique la loi. Les habitants des provinces les plus éloignées du Tibet accourent en foule à Lassa pour cette solennité; en sorte que toutes les routes sont couvertes de voyageurs qui récitent des prières. Arrivés devant le dalaï-lama, ces gens placent sur leur tête de l'or, des perles et d'autres objets précieux, mettent un genou en terre, et les offrent au pontife. Si le grand lama daigne accepter ces dons, il passe un éventail sur la tête de celui qui les présente, ou lui impose trois fois les mains. Les personnes qui ont été accueillies de cette manière se retirent, et se félicitent auprès de leurs compagnons des faveurs dont les a comblées la divinité vivante.

Le 15 de la première lune on illumine l'intérieur du temple de *H'lasséi-tsiokhang*. On y élève plusieurs rangs d'échafaudages, sur lesquels on place une quantité innombrable de lanternes, ornées de figures coloriées d'hommes, de dragons, de serpents, d'oiseaux et de quadrupèdes, faites très-artistement avec une pâte de farine et d'huile. Cette illumination dure depuis le soir jusqu'au lever du soleil. Pendant la nuit on observe soigneusement si le ciel est pur ou couvert, s'il tombe de la pluie ou de la neige, si la lumière des lan-

(1) Voyez le *Nouveau Journal asiatique*, tome IV, page 141.

ternes est brillante ou pâle, et, d'après ces indices, on pronostique si l'année sera féconde ou stérile.

Le 18ᵉ jour on fait la revue des troupes (1). Trois mille hommes tant fantassins que cavaliers, revêtus de leurs habits militaires et armés de toutes pièces, font trois fois le tour du *H'lasséi-tsio-khang*, puis on commence à tirer des coups de canon pour chasser les démons. Sur la plus grande pièce d'artillerie se trouve une inscription en caractères chinois dont le sens est : *Je menace les traîtres de la mort, les rebelles de la destruction.* Après la revue on distribue aux soldats de l'or, de l'argent, des étoffes et du thé, tirés du trésor public, et on donne aussi aux prêtres de l'argent pour subvenir aux frais de leur nourriture pendant l'année.

Quelques jours après, des petits garçons, montés sur de beaux chevaux, parcourent au grand galop une distance d'environ trois lieues. Celui dont le cheval atteint le premier le but obtient un prix. D'autres petits garçons tout nus parcourent en même temps une distance d'environ une lieue. Si par hasard un de ces enfants se trouve épuisé, on lui verse aussitôt de l'eau froide sur la tête.

Le 30ᵉ jour de la seconde lune, après l'office, on célèbre la fête de l'expulsion du prince des démons. Un des lamas qui assistent à la cérémonie fait le rôle du dalaï-lama, et un homme du peuple, choisi à cet effet, remplit les fonctions du prince des démons. Il sort du monastère avec la joue gauche barbouillée de blanc et la droite de noir ; il attache à sa tête de grandes oreilles vertes, se coiffe d'un chapeau surmonté d'un petit drapeau, de la main gauche il tient un bâton court, et de la droite une queue de vache. Dans cet équipage, il se présente devant le dalaï-lama, en faisant des bonds et des sauts prodigieux, au son des tambours et des conques des lamas. Une discussion s'engage entre eux. Le dalaï-lama propose à l'esprit de ténèbres de vider leur querelle par un coup de dés. Celui-ci accepte. Le dalaï-lama l'emporte, et le prince des démons, effrayé, prend la fuite. Aussitôt des esprits célestes se joignent aux prêtres et aux laïques, et on poursuit le diable en décochant contre lui des flèches, et en lui tirant des coups de fusil et de canon. On a disposé d'avance des tentes près desquelles des hommes placés en observation examinent dans quel ravin le roi des démons a été se cacher. Alors on tire des coups de canon dans cette direction, et on le force à se retirer plus loin. C'est de cette manière que finit la cérémonie.

L'homme qui joue le rôle du diable reçoit un salaire ; il trouve dans le lieu qui lui est assigné pour retraite des provisions de bouche, et ne doit se montrer que lorsqu'il les a complétement épuisées.

Au commencement de la troisième lune on suspend les images des grands Bouddhas à Botala. Ces images sont brodées de différentes couleurs sur des canevas de soie. On les tend jusqu'au cinquième étage du palais du dalaï-lama, à une hauteur de trente toises environ. Les lamas se déguisent en bons et en mauvais génies ; et le peuple en tigres, en léopards, en rhinocéros, en éléphants et autres animaux. Ils font le tour du *H'lasséi-tsio-khang*, s'arrêtent devant les grandes images de Bouddha, dansent et chantent, et la fête se prolonge ainsi pendant un mois.

Le 15ᵉ jour de la quatrième lune, on fait des illuminations qui durent toute la nuit.

Le 30 de la sixième lune, il y a une fête dans deux temples fameux. Les hommes et les femmes passent la journée à se régaler, à chanter et à danser. On établit des joûtes et des mâts.

Le 15ᵉ jour de la septième lune a lieu l'inspection des récoltes. Un magistrat, précédé des anciens du canton qu'il régit, tous munis d'arcs, de flèches et de drapeaux, traverse les champs, examine les blés, décoche une flèche et boit en demandant au ciel une bonne récolte. On commence ensuite la moisson.

Pendant la septième et la huitième lune on élève sur le bord des rivières des huttes et des tentes où les hommes et les femmes se déshabillent pour aller ensuite se baigner, et par cette purification

---

(1) Chaque dalaï-lama, ainsi que le fait remarquer M. Klaproth, peut avancer cette cérémonie de deux jours.

détourner les malheurs qui peuvent les menacer.

La dernière nuit de l'année on représente dans un monastère, appelé *Morou*, au centre de la ville de Lassa, une pantomime religieuse et l'expulsion des démons. Des charlatans disent la bonne aventure et font des prédictions. Les hommes et les femmes, revêtus de leurs plus beaux habits, chantent, boivent et rentrent chez eux complétement ivres. C'est ainsi qu'ils finissent l'année.

Le Tibet est le chef-lieu de la branche du bouddhisme qu'on appelle *lamaïque*. Nous avons déjà eu occasion de faire connaître les principaux dogmes de cette religion (1), et il est superflu d'y revenir ; mais nous croyons indispensable de présenter ici un résumé complet de la cosmogonie et de la cosmographie bouddhiques. Nous empruntons cette esquisse au travail remarquable de M. Abel Rémusat, inséré dans le *Journal des Savants* de 1831 (2).

COSMOGONIE ET COSMOGRAPHIE. Suivant les bouddhistes, la terre habitable est partagée en quatre grandes îles ou continents placés aux quatre points cardinaux, relativement à la montagne céleste, ou mont Sou-Merou. A l'orient est le *continent de la beauté*; à l'occident le *continent des bœufs*; au nord le *continent élevé*; le continent du midi, qui comprend l'Inde, est nommé en sanscrit *Djambou-Dwipa*, ou *l'île de Djambou* (3). Le nom du premier continent est dû à la beauté corporelle de ses habitants. Le nom du continent occidental donne à entendre que la principale richesse des peuples qui s'y trouvent consiste en troupeaux de bœufs. On interprète le nom du continent du nord par *pays élevé* (4). Enfin la dénomination de *Djambou-Dwipa* vient de l'arbre *Djambou*, qui pousse dans la partie occidentale de cette contrée.

(1) Voyez ci-devant pages 184 et 210.
(2) Pages 597-610 ; 668-674 ; 716-731.
(3) Le nom de *djambou* désigne une sorte d'arbre. Voyez Wilson, a *Dictionary in Sanscrit and English*, page 348, colonne 2. L'*Amarakocha*, publié par feu M. Loiseleur-Deslongchamps, page 83, ligne 6 ; et le *Foe-Koue-Ki*, de feu M. Abel Rémusat, publié par MM. Klaproth et Landresse, page 81.
(4) Voyez le *Foue-Koue Ki*, page 81.

La taille des hommes et la durée de leur existence varient dans les quatre continents. La stature des habitants du continent oriental est de 8 coudées, chacune de 18 pouces, et leur existence se prolonge jusqu'à 250 ans. Dans le continent occidental, les hommes ont 16 coudées et vivent 500 ans. Les habitants du continent du nord ont 32 coudées et vivent 1,000 ans ; on ne voit jamais parmi eux de mort prématurée. Enfin, dans le Djambou-Dwipa, les hommes ont de 3 coudées et demie jusqu'à 4 coudées. Leur vie devrait être de 100 ans ; mais la plupart d'entre eux n'atteignent pas ce terme. Le visage des habitants de chaque continent est rond, carré ou ovale, suivant la forme du continent lui-même.

Les quatre continents des bouddhistes ne se rapportent pas, comme on voit, à une division naturelle du globe, et l'invention n'en repose que sur une hypothèse fabuleuse dont on ne peut pas trouver l'origine dans les traditions historiques ou géographiques des Indous. Le Djambou-Dwipa représente cependant l'ancien continent tel que le connaissaient les Indiens. Lorsqu'il n'est pas régi par un monarque universel, il se partage en quatre empires appartenant à autant de princes. A l'orient est le *roi des hommes*, ainsi nommé à cause de la population nombreuse de ses États. On trouve dans cette contrée une civilisation avancée. La justice, l'humanité et les sciences y sont en honneur ; le climat y est doux et agréable. Au midi est situé le royaume du *souverain des éléphants*, prince ainsi nommé parce que la contrée qui lui obéit est chaude et humide et convient à ces animaux. Les habitants sont féroces et violents ; ils s'adonnent à la magie et aux autres sciences occultes ; mais ils savent aussi se dégager des liens du monde, et s'affranchir des vicissitudes de la naissance et de la mort par l'anéantissement dans la divinité. A l'ouest est le *roi des trésors*. Ses États sont situés sur le bord de la mer, et l'on y trouve en abondance des perles et autres objets précieux. Les sujets de ce prince ne connaissent ni les rites de la religion, ni les devoirs de la société et n'estiment que les richesses. Au nord habite le *roi des chevaux*, dont le pays froid et stérile produit des chevaux remarquables. Les habitants de cette contrée sont cruels mais braves. Ils savent affronter la mort et supporter les fatigues.

On retrouve aisément dans cette distribution, dit M. Abel Rémusat, les quatre grandes monarchies que les Indous peuvent avoir connues. Le *roi des hommes* est l'empereur de la Chine; le *roi des éléphants*, le grand radja des Indes; le roi des *trésors*, le souverain de la Perse; et le *roi des chevaux* est le souverain des nomades du Nord, Scythes, Huns, Gètes, Turcs, Mogols, et autres nations vulgairement connues sous la dénomination de *Tartares*. Quant aux autres pays, les Indiens les ont classés parmi les îles secondaires. Les huit principales de ces îles sont annexées deux par deux, à chacun des quatre continents. Celles qui appartiennent au Djambou-Dwipa sont appelées par les Tibétains et les Mogols *Iles du grand et du petit chasse-mouche*, et par les Mandchous *Iles du blé et de l'orge*.

Quatre fleuves arrosent le continent méridional ou Djambou-Dwipa : à l'orient le Gange, au midi le Sinde ou Indus, à l'ouest l'Oxus, et au nord le Sihon ou Jaxartès. Ces quatre fleuves sortent d'un lac carré nommé *Anavadata*. Le Gange coule de la bouche d'un bœuf d'argent; le Sinde, de la bouche d'un éléphant d'or; l'Oxus, de la bouche d'un cheval de saphir, et le Sihon de la gueule d'un lion de cristal de roche. Chacun de ces fleuves fait une ou plusieurs fois le tour du lac, et va ensuite se jeter dans la mer.

Le lac Anavadata a environ 80 lieues de circonférence. Ses rives sont ornées d'or, d'argent, de saphir, de cristal, de cuivre, de fer, et d'autres matières précieuses. Il est placé au nord de la Grande Montagne de Neige, c'est-à-dire de l'Himalaya, et au midi de la Montagne des Parfums, ainsi nommée parce qu'elle produit des substances odoriférantes.

La largeur du Djambou-Dwipa est de 7,000 yodjanas (1). Sa longueur du sud au nord de 21,000, et son épaisseur de 68,000. Sous la terre de ce continent se trouve de l'eau jusqu'à l'épaisseur de 84,000 yodjanas. Sous l'eau est un feu de la même épaisseur; sous le feu il y a de l'air ou du vent, dont l'épaisseur est de 68,000 yodjanas. Au-dessous de l'air est une roue de diamant dans laquelle sont renfermées les reliques corporelles des Bouddhas des âges antérieurs. Quelquefois il s'élève un grand vent qui agite le feu, le feu met l'eau en mouvement, l'eau ébranle la terre, et telle est la cause qui produit les tremblements de terre.

Au-dessous de l'extrémité méridionale du Djambou-Dwipa, à la profondeur de 500 yodjanas, sont les huit grands enfers brûlants, les huit grands enfers glacés, et les seize petits enfers situés aux portes des grands. « La description de ces enfers et les supplices que les âmes des pécheurs y endurent ressemblent beaucoup, dit M. Abel Rémusat, à celles que des imaginations bizarres se sont plu à fabriquer dans tous les pays (1). L'étendue de ces enfers est, suivant quelques auteurs, de 80,000 yodjanas en longueur et en largeur.

Plusieurs montagnes se succèdent en allant vers le nord, depuis l'extrémité du Djambou-Dwipa jusqu'à la Montagne du Pôle. Quelques auteurs en comptent sept, et d'autres dix. Ceux qui adoptent ce dernier nombre varient encore sur les noms des montagnes et sur la nature des habitants qui les peuplent. Les sept Montagnes d'Or, ainsi nommées parce qu'elles sont de la couleur de ce métal, sont, en commençant par la moins élevée : 1° la *Montagne qui borne la terre*, autrement la *Montagne en bec de poisson*; on lui donne ce dernier nom, parce qu'elle ressemble par sa forme au museau d'un poisson de mer. Elle a en hauteur et en largeur 656 yodjanas; 2° la *Montagne des obstacles* ou *de la troupe d'éléphants* : celle-ci a 1,312 yodjanas,

---

(1) L'yodjana moyen, dont il s'agit ici, est de 60 lis chinois ou environ 6 lieues. Voyez Abel Rémusat, *Journal des Savants*, 1831, p. 602.

On peut encore consulter sur cette mesure itinéraire le Dictionnaire sanscrit-anglais de Wilson, p. 689, colonne première, de la seconde édition.

(2) Voyez ce que nous avons dit de l'enfer des Calmoucs, ci-devant page 186.

en hauteur et en largeur; 3° la *Montagne de l'oreille de cheval*, qui a 2,625 yodjanas; 4° la *Montagne belle-à-voir*, qui en a 5,250; 5° la *Montagne du santal*, de 10,500 yodjanas; 6° la *Montagne de l'essieu*, qui en a 21,000; 7° la *Montagne qui retient* ou *qui sert d'appui*, ou encore la *Montagne qui sert de soutien*, laquelle a 42,000 yodjanas, c'est-à-dire la moitié de la dimension du mont Sou-Merou, qu'elle entoure, comme elle est elle-même entourée par les six autres (1). M. Abel Rémusat pense que c'est à ces cercles de montagnes qu'on doit rapporter la division des sept mers. On compte la mer salée, qui est renfermée dans une roue de diamant en mouvement; la mer de lait; la mer de crème, la mer de beurre; la mer d'hydromel; la mer qui renferme les plantes d'heureux augure, et la mer de vin. Les auteurs bouddhistes consultés par M. Abel Rémusat n'entrent dans aucune explication sur ces mers.

On compte en allant du sud au nord : 1° les *Montagnes de Neige* (Himalaya), riches en substances médicinales; 2° les *Montagnes des Parfums*; 3° la montagne *Pitholi*, qui contient un nombre infini de choses précieuses; 4° la *Montagne des Génies*, ainsi nommée parce que les génies et les dieux y font leur séjour; 5° la *Montagne du double soutien*. C'est dans le sein de cette dernière que se forment les matières les plus pures et les plus précieuses, et le roi d'une classe d'êtres particuliers et supérieurs à l'homme y a établi sa demeure; 6° le *Mont de l'oreille de cheval*, qui produit des choses précieuses et un nombre considérable de fruits; 7° la *Montagne soutien des limites*; 8° le *Mont de la roue*, formé d'une roue de diamant. Cette montagne est remarquable par ses productions et par le séjour des immortels délivrés des peines de la renaissance; 9° le mont *Kitou-mo-ti*, où demeurent les princes des *asouras*, génies opposés aux dieux (2);

10° enfin le *Sou-Merou*, séjour des dieux. Le Sou-Merou est entouré de grandes masses d'eau, et c'est là ce qui explique comment, la chaleur du soleil étant absorbée par ces eaux, le froid va en augmentant du midi au nord. Il existe une masse d'eau entre le Djambou-Dwipa et le mont de la Roue de diamant; une autre entre ce dernier et le mont Tiao-Fou, et ainsi de suite jusqu'à huit.

En récapitulant la largeur assignée à ces différentes masses d'eau et aux montagnes placées dans l'intervalle, on reconnaît qu'un espace de plus de 300,000 yodjanas est supposé séparer l'extrémité septentrionale du Djambou-Dwipa du pied de la montagne Polaire ou du Sou-Merou, qui a 84,000 yodjanas d'élévation. Le Sou-Merou est le séjour des devas ou dieux (1). Le soleil, la lune et les étoiles tournent autour de cette montagne, révolution qui établit la distinction des nuits et des jours, des années et des autres révolutions du temps.

Le soleil est habité par un adorateur de Bouddha, à qui ses vertus, ses bonnes actions et sa piété ont mérité de renaître dans cet astre. Le saint personnage occupe un palais dont les murs et les treillis sont ornés d'or, d'argent et de saphir. Ce palais a une étendue de 51 yodjanas dans tous les sens. Il est par conséquent de forme cubique, et l'éloignement seul le fait paraître rond. Cinq tourbillons de vent l'entraînent sans cesse autour des quatre continents, sans lui permettre de s'arrêter jamais. L'un de ces tourbillons le soutient et l'empêche de tomber dans l'éther, le second l'arrête, le troisième le ramène, le quatrième le retire, et le dernier le pousse en avant et produit le mouvement circulaire.

---

(1) On ne comprend pas comment une chaîne de montagnes relativement petite peut en entourer une autre plus étendue, mais les bouddhistes ne sont pas toujours arrêtés par les impossibilités.

(2) Les asouras sont en guerre perpétuelle avec les dévas. Voyez les *Lois de Manou*, traduction de M. Loiseleur-Deslongchamps, p. 9, note 6. M. Abel Rémusat donne plus loin quelques explications sur les différentes classes de génies et de divinités.

(1) Les dévas sont des génies ou des divinités qui ont pour chef Indra, roi du ciel. On les nomme aussi *souras*, et *aditjas*, du nom de leur mère *Aditi*, femme de Casyapa. (Voyez *Lois de Manou*, p. 8, note 2.) Il en sera question plus loin.

Dans la mythologie des sectateurs de Zoroastre, les *dews* ou *dives* sont des mauvais génies.

Il est midi dans le Djambou-Dwipa quand le soleil est parvenu en face du côté du Sou-Merou qui répond à ce continent. Le jour baisse alors dans le continent oriental et commence à pointer dans le continent occidental. Il est minuit dans celui du nord. Les quatre points du jour sont ainsi déplacés successivement à l'égard des quatre continents.

La lune est un palais habité de la même manière que le soleil, et entraîné de même aussi dans un mouvement circulaire, autour du Sou-Merou, par cinq tourbillons de vent qui ne lui permettent jamais de s'arrêter. Mais ce palais n'a que 49 yodjanas d'étendue, deux de moins que celui du soleil, ou, selon d'autres, 50, un seul de moins que ce dernier (1). Le jour de la pleine lune, ce palais est devant celui du soleil, et le jour de la nouvelle lune il est situé en arrière. C'est la réverbération des rayons du soleil qui produit la pleine et la nouvelle lune.

Les plus grandes étoiles ont seize yodjanas de tour. Les vingt-huit mansions lunaires sont disposées dans l'espace avec la destination de protéger plus spécialement certains êtres, certaines professions et certaines localités. L'une exerce son influence sur les oiseaux; l'autre sur les religieux et sur les hommes qui s'occupent de la recherche des choses divines. Les femmes, les potiers, les orfévres, les rois, les grands, les guerriers, les montagnes, les trésors, les voleurs, les navigateurs, les marchands, la race entière des dragons, des serpents et des autres animaux qui rampent sur le ventre, enfin les gandharvas (2) et les musiciens sont placés sous la protection de certaines mansions lunaires.

Les flancs du Sou-Merou sont de cristal au nord, de saphir au midi, d'or à l'orient et d'argent à l'occident. Cette montagne est partagée en plusieurs étages habités par des devas.

D'après la cosmographie tibétaine, l'écliptique est supposée répondre au troisième des étages du Sou-Merou. Cette montagne est formée de quatre matières précieuses et exquises. Elle a huit faces et quatre étages. Au nord elle est couleur d'or, à l'orient couleur d'argent, au midi couleur de saphir, et à l'ouest couleur de cristal de roche. Tous les êtres et toutes les substances qui existent, oiseaux ou quadrupèdes, plantes ou minéraux, prennent la couleur des parties du Sou-Merou dont ils approchent, et la gardent pour jamais, sans aucun changement. Les vents les plus furieux ne sauraient ébranler cette montagne entourée de sept cercles concentriques, par les sept Montagnes d'Or et les sept mers aux eaux parfumées. Les dieux et les êtres qui ont acquis des facultés divines peuvent seuls y habiter. Le Sou-Merou est immuable et semble veiller sur les quatre continents. Il forme le centre autour duquel tournent le soleil et la lune, comme nous l'avons déjà vu. Il donne naissance à un arbre dont l'ombrage est favorable aux dieux, et dont les fruits, qui leur servent de nourriture, répandent un agréable parfum jusqu'à la distance de cinquante yodjanas. Le Sou-Mérou est d'ailleurs la première montagne formée lors de la reproduction des mondes, et la dernière qui se détruit à leur anéantissement, car l'univers se forme et se décompose comme le corps humain.

« Le mouvement circulaire du soleil et de la lune autour du Sou-Merou est une circonstance qui fait assez voir, dit M. Abel Rémusat, que la position de cette montagne doit être cherchée aux pôles de la terre et du ciel, confondus par l'ignorance de la véritable constitution de l'univers. Cette montagne est donc tout à la fois la partie la plus élevée du monde terrestre, autour duquel sont placés les quatre continents, et le point central du ciel visible, autour duquel se meuvent les corps planétaires et le soleil lui-même. Le nom de *montagne polaire*, par lequel je l'ai désigné précédemment, doit être pris dans cette signification (1). »

A moitié de la hauteur du Sou-Me-

---

(1) M. Abel Rémusat observe que c'est à peu près la différence des diamètres apparents moyens du soleil et de la lune.

(2) Les *gandharvas* ou *gandharbas* sont des espèces de génies ou musiciens célestes de la cour d'Indra, roi du firmament. Voyez les *Lois de Manou*, traduites du sanscrit par feu M. A. Loiseleur-Deslongchamps, page 9, note 4.

(1) Voyez *Journal des Savants*, 1831, p. 609.

rou, c'est-à-dire au quatrième des étages que l'on y reconnaît, commence la série des six cieux superposés les uns aux autres, lesquels constituent ce qu'on appelle *le monde des désirs*, parce que tous les êtres qui l'habitent sont soumis également, quoique d'une manière différente, aux effets de la concupiscence. Les uns se multiplient par l'attouchement des mains, les autres par le sourire ou le regard, etc. Au premier des six cieux, en commençant par en bas, habitent quatre dieux qui président aux royaumes des quatre points cardinaux. Le second ciel est nommé *le ciel des Trente-trois*, parce qu'Indra (1) y fait son séjour avec trente-deux personnages parvenus comme lui par leurs vertus de la condition humaine à celle de deva ou divinité. Le troisième ciel est appelé *ciel d'Yama* (2), parce que le dieu de ce nom y réside avec d'autres êtres semblables à lui. Dans le quatrième ciel, appelé *séjour de la joie*, les cinq sens cessent d'exercer leur influence. C'est là que les êtres purifiés, parvenus au degré qui précède immédiatement la perfection absolue, c'est-à-dire au grade de bodhisattwa, viennent habiter, en attendant que le moment de descendre sur la terre en qualité de Bouddha soit arrivé. Au cinquième ciel, appelé *ciel de la conversion*, les désirs nés des cinq atomes ou principes des sensations sont convertis en plaisirs purement intellectuels.

Au sixième enfin habite Iswara (3).

Tous les êtres qu'on vient d'énumérer, à l'exception de ceux des deux cieux inférieurs, résident non plus sur le Sou-Merou, mais au sein même de la matière éthérée.

Au-dessus des six cieux du monde des désirs commence une seconde série de cieux superposés, qui constitue *le monde des formes* ou *des couleurs*, ainsi nommé parce que les êtres qui y habitent, quoique supérieurs en pureté à ceux dont nous venons de parler, sont encore soumis à une des conditions d'existence de la matière, savoir la forme ou la couleur. On compte dix-huit degrés d'étages superposés dans le monde des formes, et les êtres qui les habitent se distinguent par des degrés correspondants de perfection morale et intellectuelle, auxquels on atteint par quatre modes de contemplation désignés sous les noms de première, seconde, troisième et quatrième. A la première contemplation appartiennent les brahmas, les ministres des brahmas, le grand brahma-roi, êtres qui se distinguent par la pureté morale ou l'absence de souillures. Trois cieux de la seconde contemplation sont doués d'éclat ou de lumière, trois cieux de la troisième contemplation ont pour attribut la vertu ou la puissance. Enfin divers genres d'une perfection encore plus grande caractérisent les neuf cieux de la quatrième contemplation.

Quand on a dépassé le monde des formes, on trouve le *monde sans forme*, composé de quatre cieux superposés, dont les habitants possèdent des attributs encore plus nobles. Ceux du premier habitent l'éther, ceux du second résident dans la connaissance, ceux du troisième vivent dans l'anéantissement, et ceux du quatrième, au-dessus duquel il n'existe plus rien, également exempts des conditions de la connaissance localisée et de l'anéantissement qui n'admet pas de localité, sont désignés par une expression sanscrite qui signifie littéralement *ni pensants ni non pensants*.

« Nous sortirions du champ de la cosmographie pour entrer dans celui de la métaphysique, dit M. Abel Remusat, si nous entreprenions d'éclaircir en ce moment ce qu'il y a d'énigmatique dans ces dénominations. Il suffira de remarquer que tout va en se simplifiant et en s'épurant dans l'échelle des mondes superposés, à partir de l'enfer, qui est le point le plus déclive, jusqu'au sommet du monde sans forme, qui est la partie la plus élevée. On trouve d'abord la matière corrompue avec ses vices et ses imperfections ; l'âme pensante enchaînée par les sensations, les passions et les désirs ;

---

(1) On peut consulter sur Indra le Dictionnaire des noms propres joint par M. Langlois à sa traduction des *Chefs-d'œuvre du théâtre indien*, et les *Lois de Manou*, traduction française, p. 86, note première.

(2) Voyez le Dictionnaire des noms propres de M. Langlois, au mot *Yama*, et les *Lois de Manou*, p. 86, note 2.

(3) Voyez ce mot dans le Dictionnaire sanscrit-anglais de Wilson, page 135, colonne 2, de la seconde édition.

l'âme purifiée ne tenant plus à la matière que par la forme ou la couleur ; la pensée réduite à l'éther ou à l'espace pur ; la pensée n'ayant pour *substratum* que la connaissance ; puis tout cela même anéanti dans une perfection qui est tout ce qu'il est donné à l'homme de concevoir, et qui toutefois est encore fort au-dessous de celle qui caractérise l'intelligence conçue, soit dans son rapport d'amour avec les êtres sensibles ou bodhisattwas, soit dans son état absolu et libre de tout rapport quelconque ou Bouddha (1). »

Les habitants qui peuplent les différentes parties de l'univers sont partagés en six classes : 1° les devas. On a coutume de rendre ce nom par celui de dieux ou divinités. Mais M. Rémusat fait observer que l'équivalent n'est pas tout à fait exact ; car, suivant l'opinion des bouddhistes, les devas, bien que doués d'une grande puissance de facultés surnaturelles et d'une longévité extraordinaire, sont cependant encore soumis aux vicissitudes de la naissance et de la mort, et exposés à perdre leurs avantages par le péché. Ils habitent le Sou-Merou et les étages célestes qui y sont pratiqués ; 2° les hommes ; 3° les asouras ou génies, qu'on partage en gandharvas, en pisatchas, en gakschas, en rakschasas. Ces génies vivent sur les bords de la mer, au fond de l'Océan, ou dans les escarpements du Sou-Merou ; 4° les *pritas*, ou démons faméliques, qui endurent pendant des périodes immenses tous les tourments de la faim et de la soif. Ceux-ci habitent au fond de la mer, parmi les hommes, dans les forêts, sous une forme humaine ou sous celle d'animaux de toute espèce ; 5° les brutes ; 6° les habitants des enfers. Les quatre dernières classes sont nommées *les quatre conditions mauvaises*. A ces six classes d'êtres il faut joindre les *nagas* ou dragons qui ont une existence équivoque entre les bons et les mauvais génies ; les *garoudas*, oiseaux merveilleux ; les *kinnaras* et un nombre considérable d'autres êtres plus ou moins parfaits, lesquels ont avec les précédents cela de commun, que les mêmes âmes peuvent animer successivement des corps appartenant à toutes ces différentes catégories, selon que de bonnes ou de mauvaises actions les font renaître à un degré plus ou moins élevé dans l'échelle des êtres vivants. « Il n'est pas question ici, dit M. Abel Rémusat, des gradations morales et intellectuelles, par lesquelles on peut passer pour devenir successivement *shravaka* ou auditeur de Bouddha, *pratyeka Bouddha, bodhisattwa*, et enfin Bouddha, quand on a réussi à s'affranchir des conditions d'existence auxquelles restent soumis tous ceux qui habitent l'enceinte des trois mondes (1). »

L'ensemble des trois mondes forme un univers. L'univers que nous habitons se nomme *savalokadhatou*, c'est-à-dire, suivant l'explication des bouddhistes, *le séjour* ou *le monde de la patience*, parce que les êtres qui y vivent sont sujets à la transmigration et à toutes les épreuves et les vicissitudes qui en découlent.

Pour comprendre le système cosmographique qui précède, il faut se rappeler que le Sou-Merou ou la montagne Polaire est le centre autour duquel le soleil fait sa rotation avec les autres astres, pour éclairer successivement les quatre continents.

Au-dessus du Sou-Merou se trouvent les cieux du monde des désirs, puis ceux du monde des formes distingués en cieux de la première contemplation, de la deuxième, etc. En s'arrêtant au premier ciel de la deuxième contemplation, on doit se représenter mille montagnes polaires, mille soleils, mille fois les quatre continents, mille fois les six cieux du monde des désirs, mille fois les trois premiers cieux du monde des formes, habités par les brahmas et par le grand brahma-roi, le tout recouvert par le premier ciel de la deuxième contemplation ; on aura ainsi mille mondes semblables à celui que nous habitons. « C'est ce qu'on nomme, dit M. Abel Rémusat, *le petit chiliocosme*. On me pardonnera de forger cette expression, qui rend exactement la dénomination sanscrite, afin d'éviter la confusion que produiraient les mots de mondes et

---

(1) *Journal des Savants*, 1831, page 669.

(1) Voyez *Journal des Savants*, 1831, p. 670.

d'univers pris en des sens différents et subordonnés les uns aux autres. Il faut ensuite concevoir mille petits chiliocosmes ou un million de soleils, un million de continents, un million de montagnes polaires, un million de cieux, habités par Brahma, recouverts par un ciel de la troisième contemplation ; c'est ce qu'on nomme un moyen chiliocosme. Enfin mille moyens chiliocosmes recouverts par un ciel de la quatrième contemplation constituent le grand chiliocosme, qui comprend mille millions de soleils, de lunes, de montagnes polaires, de cieux de Brahmas, un million de cieux de la deuxième contemplation et mille cieux de la troisième (1). »

Le grand chiliocosme, ou, comme les bouddhistes l'appellent encore, *la grande terre*, repose sur un tourbillon ou roue de métal ; cette roue repose elle-même sur un tourbillon d'eau de 68,000 yodjanas d'épaisseur. Celui-ci repose à son tour sur un tourbillon d'air ou de vent de la même épaisseur, et le tourbillon d'air est appuyé sur un tourbillon d'éther qui, bien qu'il ne soit appuyé sur rien, est contenu par l'effet de la conduite des êtres vivants dans le monde ; c'est-à-dire que l'existence du monde matériel tient à la moralité des actions, laquelle prolonge le séjour de ces êtres dans le monde, ou les réunit finalement à la substance universelle. Les tourbillons empêchent la matière de se dissoudre et de se séparer ; ils la tiennent en repos, lui procurent la durée, marquent ses limites, et lui assurent la solidité. Le métal se produit au-dessus de l'eau, comme la crème sur du lait chaud, par l'effet du vent qui souffle à la surface.

« Le degré où nous sommes parvenus, ajoute M. Abel Rémusat, et où semble s'être arrêtée l'imagination de plusieurs cosmographes bouddhistes, paraît, au contraire, avoir été le point de départ pour quelques autres auteurs. Toujours préoccupés de l'idée de l'infini en espace, et toujours renouvelant les plus vains efforts pour la saisir, ceux-ci prennent l'univers tel qu'il vient d'être constitué, avec ses trois mondes des désirs, des formes et sans formes, et tous ses cieux superposés, pour l'unité dont se compose un nouvel ordre d'univers. Un nombre d'univers qui ne saurait être exprimé que par des nombres tels que ceux dont j'ai parlé en commençant (1) forme un étage dans la série des univers superposés. »

L'univers dont fait partie le monde où nous vivons occupe le treizième étage. On en compte douze au-dessous et sept au-dessus ; en tout vingt étages, qui forment un système complet d'univers, ou, suivant l'expression des bouddhistes, *une graine des mondes*. Cette expression sera expliquée plus loin.

Au premier des vingt étages, en commençant par le bas, il n'existe qu'un seul *terrain*. On désigne par cette expression tout l'espace sur lequel peut s'étendre l'influence des vertus d'un Bouddha et où a lieu son avénement. Autour de ce *terrain* sont placés des mondes en nombre égal à celui des atomes dont se compose un Sou-Merou ou montagne Polaire. Le second étage comprend deux *terrains*, le troisième trois, et ainsi de suite jusqu'au treizième, où est notre monde et qui en contient treize ; puis jusqu'au vingtième et dernier, qui en a vingt. Les terres de Bouddha sont entourées dans chaque étage de ce nombre de mondes que M. Abel Rémusat appelle *atomistiques*. Chaque étage d'univers a sa forme particulière, ses attributs caractéristiques, ses Bouddhas, son nom. Chacun aussi repose sur un appui d'une nature spéciale. Par exemple, le treizième étage, dont le Savalokadhatou fait partie, est porté par un enlacement de fleurs de lotus que soutiennent des tourbillons de vent de toutes les couleurs. Son aspect est celui de l'espace ou du vide.

L'étage inférieur, ou le premier des vingt, repose sur la fleur d'un lotus appelée *fleur des pierres précieuses*. Et comme il occupe dans ce lotus la place du pistil, on désigne le système entier des vingt étages d'univers par le nom de *graine des mondes*. Le lotus est l'emblème des émanations divines, et de toutes les productions qui du sein de l'être absolu et souverainement parfait

---

(1) Voyez *Journal des Savants*, 1831, pages 670 et 671.

(1) Cent quintillions ou même plus.

se manifestent dans l'existence relative et secondaire. C'est ainsi que les dieux, regardés comme des effluves sortis immédiatement de la substance divine, sont toujours représentés sur des fleurs de lotus. De même ici, placer la graine des mondes au sein du lotus, c'est, dans le système panthéistique, base du bouddhisme, déclarer son origine et la rapporter à un acte de la puissance suprême (1).

Le lotus qui porte la graine des mondes sort de l'océan des parfums, contenu lui-même par un nombre atomistique de tourbillons de vents. Le nombre de ces lotus chargés de systèmes d'univers par myriades de myriades est tel que pour l'exprimer on accumule les chiffres les plus innombrables, les plus indicibles, et qui s'élèvent à plusieurs millions. C'est toujours afin d'exprimer que des mondes sans nombre jaillissent en tout sens et dans un espace infini du sein de la substance divine.

Les bouddhistes prétendent que la vie des hommes, d'abord de 84,000 ans, décroît d'une année par siècle, et finira par n'être plus que de dix ans seulement. La durée de la vie augmentera ensuite dans la même proportion, et atteindra ainsi de nouveau le chiffre de 84,000 ans. La première période qui succède à la destruction d'un monde antérieur est marquée par l'apparition d'un nuage de couleur d'or dans le troisième ciel de la seconde contemplation. De ce nuage sort une pluie abondante; il s'élève un grand vent qui amasse de l'écume, et donne naissance au Sou-Merou et aux autres montagnes. A cette époque tous les êtres vivants sont réunis dans le troisième ciel dont nous avons parlé. Les dieux se trouvent trop pressés dans cet espace, et ceux d'entre eux dont le bonheur commence à décliner, et qui voient approcher le terme d'une carrière longue, mais non pas éternelle, descendent pour renaître dans le monde inférieur. La première de toutes ces divinités est un fils des dieux qui, après être sorti du ciel de la *voie lumineuse*, alla renaître dans le ciel du grand Brahma et devint le Brahma-radja de l'âge qui commence. La durée de la vie de ce dieu est d'un milliard huit millions d'années. Dans la seconde période de formation les dieux du *ciel de la voie lumineuse* descendent dans les cieux de Brahma et y deviennent les sujets de ce dieu. Ils vivent pendant trois cent trente-six millions d'années. Ainsi descendent de nouveaux dieux pour renaître dans les *cieux du monde des désirs*. Ceux des dieux habitants du ciel de la voix lumineuse dont le bonheur est épuisé sont transformés et changés en hommes. Ils jouissent de plusieurs prérogatives qui leur sont particulières, et notamment de celle d'avancer en volant comme des oiseaux (1). Il n'existe parmi eux aucune distinction de sexe. Mais la terre fait jaillir de son sein une source dont l'eau est douce au goût comme la crême et le miel. Ces dieux en avalent quelques gouttes, et aussitôt la sensualité naît en eux. Ils perdent leurs attributs divins, et entre autres l'éclat lumineux qui émanait de leurs corps. Le monde se trouve au milieu des ténèbres. Un vent violent souffle à la surface des mers et en soulève les eaux. Le soleil et la lune paraissent sur les flancs du mont Sou-Merou et éclairent les quatre continents. Alors naît la distinction du jour et de la nuit. Mais les êtres vivants s'attachent aux choses terrestres, et prennent une couleur sombre et grossière. Ils mangent du riz qui a poussé spontanément. Cette nourriture produit en

---

(1) M. Abel Rémusat pensait que comme le premier des étages de la graine des mondes a la forme d'une pierre précieuse, et s'appuie sur un lotus appelé *fleur des pierres précieuses*, cette croyance offre l'explication de la formule célèbre: *Om mani padme hom!* qui doit signifier: *Adoration, ô pierre précieuse, qui es dans le lotus!* Ce rapprochement servirait à constater un dogme fondamental du bouddhisme, la production de l'univers matériel par l'être absolu, et signifierait que tout ce qui existe est renfermé dans le sein de la substance divine qui l'a produit. Les expressions *la pierre précieuse est dans le lotus* voudraient dire : *Le monde est en Dieu*. Cette explication paraît extrêmement plausible, et ne contredit point la traduction de M. Klaproth que nous avons donnée plus haut (page 206). M. Abel Rémusat observe au surplus qu'il donne son interprétation sans en repousser plusieurs autres, que l'on pourrait étayer de doctrines non moins authentiques. Car, ajoute-t-il, le bouddhisme admet la pluralité des systèmes, et n'est, à vrai dire, qu'un composé de panthéisme, de rationalisme et d'idolâtrie.

(1) Ils portent en chinois un nom que M. Abel Rémusat traduit par *Domini volando ambulantes* (*Journal des Savants*, 1831, page 718).

eux des désirs dont le résultat se manifeste dans la différence des sexes. Les habitudes de violence engendrent la concupiscence et la cohabitation des époux. Par la suite, les dieux du ciel de la voie lumineuse qui doivent renaître sont soumis à être renfermés dans le sein d'une mère, et c'est de cette manière que commence la naissance par l'utérus.

L'univers est alors dans un état stationnaire. C'est l'âge qu'on appelle d'*arrêt* ou *de repos*.

Le monde se détruit ensuite. Des ouragans, des cataclysmes, de vastes incendies anéantissent quelques parties de l'univers. Ces différents fléaux destructeurs atteignent par degrés toutes les parties du monde, et n'en laissent bientôt subsister que la charpente ou, comme disent les textes originaux, *le vase vide* (1). Lorsque tous les êtres vivants ont disparu, le vase lui-même est anéanti. Cette dernière catastrophe a pour cause la méchanceté des hommes, dont les crimes amènent le grand incendie. Le ciel ne verse pas de pluie; les semences ne germent plus; les sources, les rivières et les ruisseaux tarissent; la sécheresse continue. Un grand vent pénètre jusqu'au fond de la mer, enlève le palais du soleil, le porte sur le Sou-Mérou, d'où il répand sa lumière sur tout l'univers. Les plantes et les arbres se dessèchent et tombent. Enfin, tout ce qui n'est pas éternel se trouve anéanti. Ce bouleversement se fait sentir jusqu'au ciel de Brahma, et les hommes, les brutes, les damnés et les mauvais génies sont complétement anéantis. Ainsi se termine le troisième âge du monde, ou la période de destruction.

Le monde est remplacé ensuite par le vide ou l'éther. Il n'existe plus ni soleil, ni lune, ni jour, ni nuit, mais seulement de vastes et profondes ténèbres qui subsistent durant toute la période du vide, pendant vingt petits calpas (1).

Dans le système que nous venons d'exposer, la formation et la destruction des mondes sont les résultats d'une révolution perpétuelle et spontanée, sans fin et sans interruption. Le bouddhisme n'admet pas de création proprement dite; cette religion n'accorde pas à la cause première une existence distincte de celle de son effet, et tend toujours à identifier Dieu et l'univers. « Cependant, dit M. Abel Rémusat, il serait intéressant de connaître ce que les bouddhistes pensent sur l'origine du monde, sur la manière dont l'unité a enfanté la multiplicité, et sur les circonstances qui font que l'absolu et le relatif, l'éternel et le variable, le parfait et l'imparfait, l'esprit et la matière, l'intelligence et la nature peuvent coexister, au moins en apparence, dans les opérations du monde phénoménal... M. Hodgson a eu raison d'admettre comme base du système entier l'existence d'un être souverainement parfait et intelligent, qu'il nomme l'*intelligence primordiale*. On ne saurait opposer à son opinion que des arguties mystiques, fondées sur une intelligence incomplète des textes ou sur des obscurités résultant moins encore de la difficulté de la matière que de l'imperfection du langage philosophique chez les différents peuples qui ont embrassé le bouddhisme, et qui en ont traduit les livres dans leurs idiômes. L'antériorité de l'intelligence à l'égard du monde peut ne pas être dans le temps, mais dans l'action. Dire que les Bouddhas sont des hommes divinisés, c'est oublier que les hommes doivent être venus de Bouddha directement ou indirectement. Admettre même l'existence de plusieurs Bouddhas, c'est-à-dire de plusieurs êtres parfaits, de plusieurs absolus, de plusieurs infinis du même ordre, c'est parler la langue mythologique, c'est poser une assertion qui peut être de mise dans les vallées du Tibet ou dans les steppes des Calmoucs; mais c'est énoncer en philosophie une monstrueuse absurdité, un véritable non-sens. (1) »

Suivant le philosophe que nous venons de citer, le bouddhisme bien compris considère l'intelligence comme cause souveraine, et la nature comme un effet. Si les légendes comptent des milliers de Bouddhas, la doctrine ésotérique n'en admet qu'un seul. Ainsi lorsqu'on dit d'un être qu'il est devenu Bouddha, on

---

(1) Voyez *Journal des Savants*, 1831, p. 721.
(1) Le petit calpa est de 16,800,000 années.

(1) *Journal des savants*, 1831, pages 724 et 725.

veut dire, non pas qu'il est allé grossir le nombre de ces divinités imaginaires, mais qu'il est parvenu à atteindre le degré de perfection absolue qui est indispensable pour se confondre de nouveau avec l'intelligence infinie, et se voir délivrer de toute individualité, et par conséquent des vicissitudes du monde phénoménal.

Bouddha a deux corps, l'un sujet à la naissance et qui vient d'un père et d'une mère : c'est celui qu'il revêt dans ses transformations. L'autre est la loi elle-même. Ce second corps est éternel, immuable et exempt de toute modification. Le corps éternel, souverainement libre, est doué de toutes les vertus et capable de toutes les actions. Le corps non éternel est celui que prennent les Bouddhas lorsque, pour sauver et délivrer les êtres vivants, ils entrent dans la route de la vie et de la mort, et qu'ils prêchent la loi. Le véritable corps, le corps éternel, est identifié avec la loi et la science. Le corps relatif est en rapport avec les êtres du monde extérieur, sauve les vivants, et les inonde de bonnes influences, se plie à la mesure de leur intelligence, et se manifeste dans plusieurs sortes de corps, comme la lumière d'une lune unique se réfléchit à la surface de toutes les eaux.

Suivant un auteur bouddhiste, il est impossible de découvrir d'où viennent tous les êtres de l'univers, de savoir où ils vont, comment ils ont commencé, et où ils doivent renaître finalement. La formation des mondes est pareillement au-dessus de l'intelligence humaine. Nous avons déjà remarqué que la moralité des actions influe sur la constitution de l'univers physique. Cette opinion singulière ne se trouve pas suffisamment expliquée dans les livres bouddhistes. L'*avidya* c'est-à-dire l'*ignorance* et l'*obscurité morale* sont présentées comme le principe de l'individualité psychologique, et l'on rapporte à la même cause la formation des mondes.

Voici une explication de la cosmogonie bouddhique, d'après un célèbre auteur chinois. Nous copions la traduction française sans y rien changer, car il nous semble très-difficile de la comprendre, et nous craindrions de l'altérer en cherchant à y faire des modifications. Abel Rémusat lui-même, dont l'esprit était si pénétrant, déclare cette exposition presque inintelligible :

« Tous les êtres, dit l'auteur bouddhiste, étant contenus dans la très-pure substance de la pensée, une idée surgit inopinément et produisit la fausse lumière. Quand la fausse lumière fut née, le vide (l'éther) et l'obscurité (le chaos) s'imposèrent réciproquement des limites. Les formes qui en résultèrent étant indéterminées, il y eut agitation et mouvement. De là naquit le tourbillon de vent qui contient les mondes. L'intelligence lumineuse était le principe de solidité d'où naquit la roue d'or qui soutient et protège la terre. Le contact mutuel du vent et du métal produit le feu et la lumière, qui sont les principes des changements et des modifications. La lumière précieuse engendre la liquidité qui bouillonne à la surface de la lumière ignée, d'où provient le tourbillon d'eau qui embrasse les mondes de toutes parts. La même force que celle des actes produits par les êtres vivants fait que ces mondes s'appuient sur le vide et s'y soutiennent en repos. Il y a des périodes pour leur formation et leur destruction. Détruits, ils se reforment; formés, ils se détruisent de nouveau. Leur fin et leur commencement se succèdent sans interruption : c'est ce qu'on nomme *la succession des mondes*. (1) »

HIÉRARCHIE LAMAÏQUE. Les peuples qui suivent le bouddhisme appelé *lamaïque* reconnaissent le dalaï-lama pour leur chef suprême spirituel. Ils considèrent ce pontife comme la divinité incarnée, dont l'âme abandonne un corps décrépit pour entrer dans un autre corps brillant de pureté et d'éclat. A plusieurs époques, la politique de l'empereur de la Chine, opposée à celle des chefs et des souverains tartares, a fait soutenir les armes à la main les anti-dalaï-lamas, appuyés par une fraction des habitants du pays. Il résulte de ces dissidences de véritables schismes.

Dans le sud du Tibet, comme nous l'avons dit plus haut, il existe un autre pontife suprême, que l'on désigne par le nom de *bogdo-lama*. Les partisans du dalaï-lama ou les *houppes rouges*,

(1) Voyez le *Journal des savants* 1831, pag. 727.

comme ils s'appellent, pour se distinguer de la secte *des bonnets blancs* ou du bogdo-lama, placent au second rang ce dernier patriarche. Ils le considèrent cependant comme un dieu incarné, passant d'un corps humain dans un autre. Les Calmoucs le regardent comme plus ancien que le dalaï-lama, et ils adorent les images de ces deux pontifes.

Lorsqu'un dalaï-lama veut quitter ce monde (et les Tibétains assurent que cela arrive à l'époque, aux heures, et suivant les circonstances qu'il a lui-même déterminées), il laisse un testament dans lequel il désigne son successeur; il écrit ce testament de sa propre main, et le dépose dans un lieu secret. Le pontife indique le rang, la famille, l'âge et les autres qualités auxquelles on pourra reconnaître son successeur, l'époque à laquelle on devra le rechercher, suivant que son âme *khoubilganique* (destinée à renaître) a la volonté de reprendre un nouveau corps, après un espace de temps plus ou moins long. Ce testament est cherché et ouvert immédiatement après le décès du dalaï-lama par le chef supérieur du temple ou vicaire, en présence des plus saints *khoubilgans* ou *régénérés* et du haut clergé. Quand on a découvert le successeur du dalaï-lama, on procède à son installation. Le corps du pontife décédé est brûlé, et les cendres, considérées comme des reliques, sont partagées en petites boules.

Vers le milieu du siècle dernier, un dalaï-lama annonça par son testament que l'esprit divin qui résidait en lui ne se manifesterait plus qu'une seule fois, dans un enfant qu'il désignait, et qu'ensuite le dieu incarné, chef de la religion lamaïque, cesserait de paraître sur la terre. Cette prédiction mit en émoi tous les sectateurs de la doctrine; les lamas eux-mêmes éprouvèrent les plus vives inquiétudes sur le sort futur de leur religion. Toutefois il n'est rien arrivé de fâcheux, et le pontife suprême existe toujours, sous le protectorat de l'empereur de la Chine, il est vrai.

Un illustre philosophe, M. Vincent Gioberti, croit cependant le bouddhisme destiné à disparaître du reste du monde, comme il a disparu de l'Inde.

« Le bouddhisme, dit-il, de même que toutes les institutions humaines, renfermait dans son sein des germes funestes de déclin et de mort. Sa morale douce et compatissante (supérieure en ce point à celle des autres peuples idolâtres), le dogme de l'égalité religieuse de tous les hommes, l'union et la force de sa hiérarchie, le nombre et le zèle de ses apôtres furent des causes qui contribuèrent à le répandre de proche en proche dans toute la péninsule en deçà du Gange, dans l'île de Ceylan, à l'ouest de l'Indus, dans la Transoxane, dans le Tibet, dans l'Asie centrale, dans les pays au delà du Gange, dans l'Archipel Indien, au Japon et à la Chine; et on peut supposer qu'il passa en Amérique avec des essaims de peuples de race jaune, et que Vodan ou Votan, Quetzalcohuatl, Boquica, Manco, Amalivaca (1), qui donnèrent des institutions religieuses aux Chiapanèques, aux Toltèques du Mexique, aux Muisques, aux Péruviens, aux Tamanaques, étaient des prêtres bouddhistes. Mais cette religion qui se propageait ainsi commença après le cinquième siècle à se flétrir et à se dessécher sur le sol qui l'avait vu naître. Le bouddhisme, persécuté et vaincu au huitième et au neuvième siècle, disparaît de l'Inde entre le quatorzième et le quinzième. Nul doute que le brahmanisme moderne n'aurait pas pu prévaloir contre une religion enracinée depuis aussi longtemps, si d'ailleurs il n'avait été soutenu par les princes, par les grands et par les peuples. Il faut croire que la multitude excessive et le relâchement des moines, et le tort que recevait l'État de l'existence d'une tourbe oisive de célibataires et de contemplatifs, ainsi que la pauvreté intestine et la faiblesse militaire, résultats d'un pareil ordre de choses, refroidirent graduellement le zèle, affaiblirent la foi, lassèrent la patience des masses. L'opinion, de favorable qu'elle était, devint hostile; au respect succédèrent le mépris et la haine. Or, lorsqu'une institution humaine est viciée dans son principe, on ne saurait

---

(1) Je ne joins pas à ce nombre, dit le savant auteur, le *Caramurú* des Brésiliens, lequel était évidemment un Portugais.
On peut consulter sur la légende ou l'histoire du Caramurú, et sur le poëme portugais qui porte ce titre, une excellente exposition de M. Charles Magnin. Voyez *Causeries et méditations*, t. II, p. 441 et suiv.

la réparer. La gangrène empêche l'effet du remède, comme une affection grave enlève tout espoir d'une réaction salutaire. Le bouddhisme devait disparaître de l'Inde, comme il s'éteindra graduellement dans les pays où il se conserve encore, grâce à l'habitude, et nonobstant la dépravation de ses sectateurs. Nous admettons l'existence de cette dépravation, car il n'est pas vraisemblable que les missionnaires catholiques qui ont laissé une peinture effrayante des passions brutales et grossières qui souillent les Talapoins et les bonzes de l'Indo-Chine, du Japon et de la Chine, nous aient tous fait des récits empreints d'exagération. Le panthéisme conduit fatalement à une mysticité trompeuse, qui engendre elle-même l'inaction et les vices de toute espèce : tous les efforts et les tempéraments humains pour arrêter ou mitiger les effets d'un germe funeste ne sauraient prévaloir d'une manière durable et définitive (1) ».

Les sectateurs du lamisme honorent comme leurs principaux chefs, après le pontife suprême, sept koutoukhtous, auxquels ils attribuent également un esprit divin, qui, après le décès d'un corps, ne peut se manifester de son propre pouvoir dans un autre, mais qui reparaît dans celui que désigne le dalaï-lama. Nous avons vu qu'un de ces koutoukhtous réside parmi les Mogols.

Après les koutoukhtous viennent les autres dignitaires ecclésiastiques, tels que les tchéedchi-lamas ; les eremdchamba-lamas et les guilloung-lamas, prêtres ordinaires. Les ghetzulls sont des espèces de diacres, qui ne peuvent donner la bénédiction, et qui servent d'aides aux prêtres ordonnés. Tous les autres disciples du clergé sont compris sous la dénomination de *bandis* ou *khoubaragouts*.

Le dalaï-lama ne donne la bénédiction avec la main qu'aux souverains et aux khans qui se rendent en pèlerinage auprès de sa personne. Il bénit les autres laïques avec une espèce de sceptre ou de baguette élégante et dorée, de la longueur d'une aune environ, de bois rouge et odoriférant. Un des bouts est garni d'une poignée, l'autre est sculpté en forme de *nymphæa*. Du milieu de cette baguette sort un ruban de soie jaune d'environ deux pouces, avec trois morceaux d'étoffe de soie de couleur différente et à franges, attachés ensemble et longs d'un palme. Avec cette houppe de soie, le dalaï-lama touche la tête des personnes qui viennent l'adorer à genoux. S'il s'en présente un grand nombre, quelques-uns des lamas les plus distingués se placent à côté du trône, et soutiennent le bras droit du pontife. Les docteurs laïques invoquent d'abord les idoles, ensuite ils se prosternent devant le dalaï-lama autant de fois que leur dévotion les y porte. Enfin ils se mettent à genoux devant lui, et reçoivent la tête baissée, les mains sur le visage et dans le recueillement le plus profond, la bénédiction, dont ils témoignent leur reconnaissance par des prosternations réitérées. Le dalaï-lama ne refuse à personne sa bénédiction ; mais les fidèles qui viennent pour l'adorer n'ont pas toujours le bonheur d'être admis en sa présence.

Les lamas persuadent au peuple que lorsque plusieurs personnes se tiennent en adoration devant leur patriarche, cette incarnation divine apparaît à chacun sous une figure différente : à celui-ci le pontife-Dieu se montre jeune, à l'autre il semble plus âgé ; partout où il passe il répand une odeur agréable. A son commandement, des sources jaillissent dans des plaines arides ; des forêts poussent tout à coup, et il produit par sa toute-puissance plusieurs autres merveilles semblables.

Le bogdo-lama se sert également d'un sceptre pour donner sa bénédiction, et le souverain temporel du pays ou l'officier qui le représente se fait bénir par ce haut dignitaire religieux, comme par le dalaï-lama. Mais lorsque le bogdo-lama est en visite chez le dalaï-lama, celui-ci a seul le droit de donner la bénédiction. Il bénit alors le bogdo-lama lui-même, en lui touchant la tête avec son front. Les koutoukhtous bénissent les gens du commun avec la main droite enveloppée d'une pièce d'étoffe de soie. Les religieux d'un ordre moins élevé prennent leur chapelet dans le creux de

---

(1) Voyez l'ouvrage intitulé *Del Buono, per Vincenzo Gioberti*. Bruxelles, 1843, in-8° (tome XIII des œuvres complètes), pages 128 et suivantes.

la main et en touchent la tête du fidèle.

Les prêtres tibétains, mogols et calmoucs s'accordent à dire que les sécrétions du dalaï-lama et du bogdo-lama sont conservées comme des objets sacrés. Avec ces différentes substances on fabrique des amulettes et on fait des fumigations pour les malades. Les personnes pieuses emploient même ces reliques à l'intérieur. La partie liquide, distribuée par petites gouttes, est donnée comme spécifique dans les maladies graves. Les lamas attestent que leurs deux pontifes prennent une si petite quantité d'aliments et de boisson, qu'on ne saurait être assez économe de ces déjections fort rares.

Parmi les prêtres ordonnés, et même parmi les docteurs non ordonnés, il existe des prophètes élus et confirmés par le dalaï-lama lui-même. Suivant les idées superstitieuses des Tibétains, ces devins passent pour recevoir de temps à autre les inspirations de la divinité. Quelques auteurs considèrent l'existence des sorciers comme un reste de l'ancienne superstition chamanique. On appelle les prophètes dont nous parlons *nantchous*. Quand un d'entre eux veut annoncer l'avenir, il se revêt de ses plus beaux habits, prend son carquois, un arc, une épée, une lance, et invoque le dieu jusqu'à ce qu'il en ait reçu une réponse à la question qui l'intéresse. Si on lui amène de prétendus possédés, il ordonne pour leur guérison quelques prières que ces malheureux doivent lire eux-mêmes ou faire lire par un prêtre; ou bien il prend, suivant l'inspiration, une flèche, une lance ou une épée et en frappe le patient. Quelque violent que soit le coup, il ne doit en résulter aucune blessure, mais seulement une marque rouge, et le mauvais esprit doit abandonner aussitôt le malade. Quand le prophète commence à être inspiré, il tourne très-rapidement sur lui-même, et lorsque l'inspiration l'abandonne, il se dépouille de ses ornements et adresse au dieu des remercîments solennels. Le chef de ces jongleurs jouit d'une très-grande considération, et accompagne toujours le dalaï-lama lorsque celui-ci se rend d'un couvent à un autre. Il a un temple particulier dans lequel on conserve ses habits et ses ornements. Les Tibétains débitent un grand nombre de contes ridicules sur les qualités surnaturelles qu'ils attribuent à ce grand prophète.

Religieux. Il existe au Tibet deux classes de moines. Ceux de la première reçoivent la consécration, observent certaines règles de vie, s'adonnent à des pratiques religieuses; mais ils ne sont pas contraints de vivre dans le célibat. Les gens mariés qui entrent dans cet ordre continuent à vivre ensemble, et les célibataires qui en font partie peuvent se marier sans pour cela enfreindre leurs vœux. Les moines portent comme toutes les personnes attachées à l'état ecclésiastique, des robes rouges et jaunes, avec une écharpe rouge jetée sur l'épaule. Ils se rasent entièrement la tête. Les femmes qui adoptent la vie religieuse portent des vêtements semblables pour la forme à ceux des autres personnes de leur sexe; mais elles choisissent les couleurs spécialement affectées aux moines. Elles s'attachent un ruban rouge sur l'épaule droite, et ont la tête couverte avec des bonnets jaunes pointus semblables à ceux des lamas. Elles laissent croître leurs cheveux, et en forment deux nattes de chaque côté, tandis que les autres femmes n'en ont qu'une derrière chaque oreille. Toutes les personnes, hommes ou femmes, qui appartiennent à cet ordre, s'abstiennent de viande les 8, 15 et 30 de chaque mois, et jeûnent toute la journée. Il leur est cependant permis de prendre du thé avec un peu de lait. Ces religieux tiennent toujours à la main un rosaire et un cylindre à prières (1). Ils évitent de répandre le sang et craindraient de tuer le moindre insecte.

Les moines de la seconde classe sont de véritables ermites. Ils vivent seuls dans des cavernes, évitent la société des hommes, s'abstiennent de toute nourriture animale, et laissent pousser leurs cheveux.

D'autres enfin sont réunis sur des montagnes, dans différents couvents, et envoient dans les villes des frères quêteurs pour demander des aumônes en argent ou en nature.

Jeûnes et abstinences. Les ha-

(1) *Voy.* ci-devant, p. 188, col. 1.

bitants du Tibet observent des jours de jeûne et de prière dans la première lune du printemps (février), dans la première lune d'été (mai) et dans la première lune d'hiver (novembre). On fait en février pendant dix-sept ou dix-huit jours, en mai pendant vingt jours, en novembre pendant un mois et deux jours des prières solennelles auxquelles assiste tout le clergé. Ces jours-là on s'abstient de manger de la viande. Les 9, 19 et 29 de chaque lune sont encore spécialement consacrés à la prière. A ces diverses époques de l'année, des prêtres, au nombre de 1,000, 2,000 et 3,000, de toutes classes et de tous ordres, se réunissent, sous la présidence d'un chef, autour de chaque temple. Le dalaï-lama et les koutoukhtous ne paraissent pas ce jour-là au milieu de l'assemblée. Ces pontifes ne sont tenus de célébrer eux-mêmes l'office divin que dans les fêtes solennelles. Le service est accompagné du son des instruments de musique en usage chez les Calmoucs, comme chez les Mogols. Si nous en croyons Pallas, ce fréquent emploi de la musique dans les temples et la pompe qui accompagne toutes les autres cérémonies religieuses ont puissamment contribué à faire des prosélytes aux croyances lamaïques parmi les peuples grossiers de l'Asie centrale.

Les prêtres sont seuls chargés du service du culte, et les laïques ne peuvent entrer dans les temples que pour adorer les idoles et recevoir la bénédiction.

Au Tibet, comme chez les Calmoucs et chez les Mogols, les prêtres composent une sorte d'eau lustrale dans laquelle ils font entrer des épices, et dont ils versent, moyennant une légère offrande en argent, quelques gouttes dans le creux de la main des fidèles, qui la boivent pour se sanctifier.

Le dalaï-lama délivre des commissions aux prêtres qu'il envoie au milieu des hordes converties à la religion lamaïque, à l'effet de recueillir des dons et des offrandes pour son temple et son trésor. Les personnes chargées de ces sortes de commissions distribuent en même temps des indulgences. Pallas eut sous les yeux une lettre de ce genre imprimée avec beaucoup de luxe en chinois, en mandchou et en tibétain, sur une pièce de satin jaune de la dimension d'une très-grande feuille de papier. On voyait en tête les portraits du dalaï-lama et de plusieurs divinités bienfaisantes, et on avait placé au bas, par opposition, l'image de quelques mauvais génies. Cette lettre était roulée sur un cylindre et déposée dans une boîte de la même forme. Un lama mogol l'avait dérobée après la mort de celui à qui elle appartenait légitimement. Il s'en était servi pour se donner de la considération parmi les autres mogols de son canton, et plus encore sans doute pour faire des collectes. Mais le chef du clergé l'actionna devant l'autorité compétente, et il fut privé de la pièce. Voici la teneur de cette lettre :

« D'après les ordres du plus grand des empereurs, le présent écrit est donné par Outchir-Dara, dalaï-lama, vicaire fortuné sur cette terre du grand dieu saint, siégeant à sa droite (à l'ouest), et appelant à une seule doctrine tous les vrais croyants qui demeurent sous le ciel. (Ici était apposé le sceau de l'empereur de la Chine qui autorisait à délivrer un passeport au porteur de la commission.)

« Aux différents peuples épars sur la terre, aux Mogols divisés en quarante tribus, aux sept communes des Khalkas, aux quatre tribus confédérées des Calmoucs, aux treize gouvernements des Karakhitaï, à tous les très-honorables lamas, khans, hoangs, beïs et boïlis, ambans, grands et petits commandants, à tous les nobles et à tout le peuple demeurant autour du lac Bleu, nous faisons savoir que notre disciple Djinba-Djalsan, de la souveraineté de Djonia-arabschamba, qui nous a donné précédemment des preuves de son zèle sincère dans la collecte de différents présents et offrandes des bonnes âmes pour le trésor du temple Veissandabée (lieu pur central) et de tous ses bâtiments accessoires, est de nouveau envoyé par nous dans lesdites contrées, pour solliciter de la même manière, auprès des fidèles bien intentionnés, les dons qui doivent être employés au salut de leur âme ou de toutes les âmes. Nul ne portera obstacle audit lama, soit par larcin, vol, offense, refus de nourriture ou de chevaux pour relayer, mais au contraire on devra lui prêter de cœur et d'affection aide et assistance.

Tout le bien qui se fait de cette manière, ainsi que tous les dons volontaires offerts avec foi, tendront à procurer un bonheur durable dans ce monde-ci, et à faire atteindre le salut éternel. En foi de quoi le présent acte a été donné dans notre grand palais de Botala, l'année des chiens de bois mâles (1754), le premier bon jour du premier mois.

(Place du Sceau.)

« cachet du dalaï-lama, habitant heureusement à l'ouest du dieu du ciel, conservateur de la vraie croyance et élevé par-dessus tout. »

FUNÉRAILLES. Au Tibet, lorsqu'un homme est mort, on rapproche sa tête des genoux, on lui place les mains entre les jambes, et on le maintient dans cette position avec des cordes; puis on le revêt des habits qu'il portait ordinairement, et on le place dans un sac de cuir ou dans un panier. Les hommes et les femmes le pleurent, après avoir suspendu le corps à une poutre avec des cordes.

On invite ensuite le lama à dire des prières pour le repos de l'âme de la personne décédée, et, suivant les richesses de la famille, on porte dans les temples une certaine quantité de beurre pour le brûler devant les idoles. La moitié des effets laissés par le défunt est donnée au temple de Botala ; l'autre moitié est consacrée à offrir du thé et plusieurs autres choses aux lamas qui ont récité des prières pour le mort; de sorte que les parents n'en conservent rien.

Quelques jours après la mort, le cadavre est transporté à un endroit où se trouvent les *découpeurs*. Ceux-ci ayant attaché le corps à une colonne de pierre, le coupent en petits morceaux, qu'ils donnent à manger aux chiens. Ce mode de sépulture s'appelle *sépulture terrestre*. Quant aux os, on les pile dans un mortier de pierre, on les mêle avec de la farine grillée, et on en fait des boulettes qu'on jette encore aux chiens, ou bien on en nourrit des vautours : c'est la *sépulture céleste*. Ces deux modes de sépulture sont considérés comme très-heureux. Les découpeurs ont un chef, duquel ils dépendent. Les frais pour faire *découper* un cadavre montent au moins à quelques dizaines de pièces d'argent de la valeur d'un franc vingt-cinq centimes chacune.

Les cadavres des gens pauvres sont jetés à l'eau : c'est la *sépulture aquatique*; on la regarde comme malheureuse. Les corps des lamas d'un ordre inférieur sont brûlés, et on recueille les cendres, qu'on renferme dans de petites statues de métal qui sont conservées avec soin.

PARTIE HISTORIQUE.

Nous n'avons pas l'intention d'offrir au lecteur un tableau complet des événements dont l'Asie centrale a été le théâtre. Nous voulons seulement faire connaître l'histoire de la Tartarie aux époques fameuses de Gengiskan, de Timour et de quelques autres princes dont la renommée est parvenue jusqu'en Europe. La période assez courte qui s'étend depuis le premier de ces conquérants jusqu'aux successeurs immédiats du second, mérite de nous occuper. Le véritable caractère des peuples tartares ne se montre nulle part plus à découvert qu'au milieu de ces expéditions où chefs et soldats se livrent sans crainte comme sans remords aux excès de leur nature féroce, et massacrent de sang-froid des populations contre lesquelles ils n'ont ni vengeance ni représailles à exercer. Si parmi ces princes et ces guerriers barbares il n'en est aucun qui attire notre admiration ou nos sympathies, il faut reconnaître du moins que l'histoire de l'Asie et même de l'Europe pendant le treizième et le quatorzième siècle ne saurait être bien comprise qu'à l'aide des annales de la Tartarie. Le sujet que nous allons traiter n'est donc pas sans importance.

Mœurs et usages des Mogols à l'époque de Gengiskan.

Les relations des auteurs contemporains prouvent qu'au douzième et au treizième siècle les Mogols offraient un type physique en tout semblable à celui de leurs descendants. Les mœurs et les usages de ce peuple ne présentent aux deux époques que de faibles différences. Ces nomades se rasaient les cheveux sur le sommet de la tête en forme de fer à cheval; ils se les rasaient également sur l'occiput, et formaient avec le reste des tresses qui leur pendaient derrière les oreilles.

Ils portaient sur la tête des bonnets plats de diverses couleurs, dont le bord était un peu renflé, excepté par derrière, d'où pendait sur le dos un morceau d'étoffe long et large d'environ un palme. Deux cordons sur lesquels s'étendaient deux bandes étroites d'étoffe venaient nouer sous le menton, et empêchaient la coiffure de tomber. Les robes croisaient sur l'estomac et s'attachaient sur le côté : on les serrait au moyen d'une ceinture. En hiver, les Mogols en portaient deux : l'une avec le poil en dedans, et la seconde avec le poil en dehors. Les femmes se distinguaient par des coiffures assez hautes. Le costume des jeunes filles était presque semblable à celui des hommes. Les tentes ou iourtes ne différaient en rien de celles dont nous avons donné la description.

Alors, comme aujourd'hui, les principales richesses de ces nomades consistaient en chameaux, bœufs, moutons, chèvres et surtout en chevaux, dont la chair était leur mets favori. Mais, en cas de besoin, ils savaient se contenter de la nourriture la plus immonde, et mangeaient sans dégoût des chiens, des loups, des renards, des poux, des rats, des souris, et même de la chair humaine. Pour conserver les viandes, ils les faisaient sécher par tranches minces qu'ils exposaient à l'air ou à la fumée de leurs foyers. Ils s'enivraient, comme ils font encore de nos jours, avec le koumize. La laine et le crin de leurs moutons et de leurs chevaux leur servaient à fabriquer des feutres et des cordes. Les tendons fournissaient le fil à coudre et les cordes d'arc; les os étaient employés pour les pointes des flèches. Dans plusieurs localités la fiente desséchée tenait lieu de combustible. Le cuir des bœufs et des chevaux était réservé pour faire des outres, et les cornes d'une espèce particulière de bélier devenaient des vases à boire.

Les tribus changeaient de résidence lorsque le bétail avait consumé l'herbe d'un lieu. Chacune avait son territoire particulier, dont elle ne franchissait pas les limites, mais dont elle parcourait toutes les parties suivant les saisons.

Les Mogols épousaient autant de femmes qu'ils en pouvaient nourrir. Le fils était tenu de pourvoir à l'entretien des veuves de son père; souvent même il les épousait, à l'exception toutefois de sa mère. Le frère était également obligé de prendre soin des veuves de son frère. Les femmes, très-actives, veillaient à tous les soins du ménage. Les hommes, lorsqu'ils n'étaient pas occupés à la chasse ou à la guerre, passaient leur temps dans l'oisiveté. On leur reprochait d'être cruels, fourbes, rapaces, malpropres et extrêmement adonnés à l'ivrognerie, qui parmi eux n'était pas considérée comme un vice.

Lorsqu'un Mogol tombait malade, on plantait une lance devant sa tente, et tant que durait la maladie, nul n'y entrait, excepté la personne chargée de le servir. Quand le malade venait à mourir, ses parents et ses amis faisaient entendre des cris lamentables; puis ils se hâtaient de l'enterrer, dans la croyance qu'aussitôt après avoir rendu le dernier soupir, il se trouvait au pouvoir des mauvais esprits. On lui offrait de la viande et du lait, et l'on immolait près de sa tombe son cheval favori, sellé et bridé; puis on le plaçait dans la même fosse, ainsi qu'un arc, des flèches, et quelques ustensiles de ménage dont on supposait que le défunt pourrait avoir besoin dans l'autre monde. Les personnes qui prenaient part à cette cérémonie étaient ensuite purifiées en passant entre deux feux. On purifiait de la même manière la tente et tous les objets qui avaient appartenu au mort, puis on célébrait un repas funèbre en son honneur.

Les funérailles des princes ne différaient que fort peu de celles des gens d'une condition inférieure; mais on cachait soigneusement le lieu de leur sépulture, où l'on y plaçait des gardes pour en défendre l'approche.

Les Mogols reconnaissaient un dieu créateur de toutes choses; mais ils ne lui rendaient aucun culte. Les principaux objets de leur adoration étaient le soleil et la lune, les montagnes, les fleuves, les rivières, et les éléments. Ils faisaient, en se tournant vers le midi, des génuflexions au soleil, et ils répandaient sur la terre une partie de leur boisson en l'honneur des corps célestes et des éléments. Ils adressaient encore leurs prières et faisaient des sacrifices à de petites idoles de bois ou de feutre qu'ils attachaient aux parois de leurs iourtes. Ces idoles recevaient toujours les prémices des repas, et on leur frottait la bouche avec un morceau de viande, ou bien on la mouillait avec du lait. Suivant ces nomades, la mort n'était qu'un passage dans un autre monde, où l'on vit de la même manière que dans le nôtre. Ils attribuaient les maux dont ils étaient affligés, à l'influence des mauvais esprits, qu'ils s'efforçaient de fléchir par des offrandes ou par l'intercession des *cames* ou *chamans*, ministres de ce culte grossier, interprètes de l'avenir, et qui passaient pour avoir la puissance de guérir les peines de l'âme comme les maladies du corps. Ces sorciers jouissaient de la plus grande considération, et on les consultait pour tous les événements de la vie.

Les Mogols se distinguaient par plusieurs qualités utiles à la guerre. Ils étaient accoutumés dès l'enfance à la fatigue et aux privations, et se servaient avec adresse de l'arc et des flèches. Chaque homme qui partait pour une expédition emmenait plusieurs chevaux, car alors, comme de nos jours, les Mogols ne combattaient jamais à pied. Les soldats portaient de légères armures de cuir. Ils décochaient leurs flèches de loin, et évitaient autant qu'il leur était possible de combattre de près; une pareille manière d'attaquer donne la mesure du peu de courage de ces peuples. Ils partaient ordinairement pour les expéditions en automne, quand leurs chevaux, tenus au vert pendant le printemps et l'été, étaient pleins de vigueur. Ils campaient en cercle autour de la tente de leur chef. Une petite tente, une outre qu'ils remplissaient de lait et une marmite composaient tout leur bagage. Ils se faisaient suivre par des troupeaux dont le lait et la chair servaient à leur subsistance. Ils traversaient les rivières assis sur des sacs de cuir dans lesquels ils enfermaient leurs effets et qu'ils attachaient à la queue de leurs chevaux.

Les chefs de tribus étaient appelés *noyans* ou *taïschis*; ils étaient soumis au souverain de la nation. Leur titre était héréditaire. Les tribus se partageaient en compagnies qui avaient chacune leur chef, et dont les hommes campaient toujours ensemble. Les noyans recevaient de leurs vassaux un certain nombre de têtes de bétail chaque année, et pouvaient disposer de leurs biens et même de leurs personnes.

HISTOIRE DE GENGISKAN.

Suivant les traditions verbales des Mogols, deux mille ans avant la naissance de Gengiskan, leurs ancêtres furent vaincus et exterminés par quelques nations de la Tartarie. Deux hommes et deux femmes échappèrent seuls au massacre général; leur race se multiplia et se partagea en tribus : mais le pays qu'ils habitaient, séparé du reste du monde par d'immenses rochers taillés à pic, devint bientôt trop étroit pour une si nombreuse population. Dans un de ces rochers il existait une mine de fer. Les habitants amassèrent une immense quantité de bois, et y mirent le feu, ayant soin d'entretenir l'incendie au moyen de soixante et dix soufflets. Le fer qui se trouvait dans le rocher se fondit et laissa une vaste ouverture dans le rocher : ce fut par ce passage que les Mogols sortirent de leur prison. Les premiers successeurs de Gengiskan conservaient encore le souvenir de cette fable; la dernière nuit de l'année, des forgerons battaient un fer chaud en présence de toute la cour, et l'on rendait aux dieux des actions de grâces solennelles.

Les historiens orientaux accordent à Gengiskan une origine, sinon divine, du moins surnaturelle; ils rapportent qu'un chef mogol mourut laissant deux fils et une veuve appelée *Aloung-Goa*. Quelque temps après, cette femme se trouva enceinte; les parents de son mari lui ayant adressé des reproches sur sa conduite, elle répondit qu'elle avait vu plusieurs fois en songe, pendant la nuit, un rayon de lumière qui pénétrait par l'ouverture supérieure de sa tente, et qui prenait ensuite la forme d'un jeune homme blond; elle conçut de ce rayon lumineux, et eut de lui trois fils jumeaux dont le dernier, Boudantschar, est le huitième aïeul de Gengiskan.

Nous passons, sans nous y arrêter, l'histoire des autres ancêtres du conquérant mogol. Le récit des auteurs est loin d'offrir toutes les garanties de la vérité, et ne présente pas l'intérêt que l'on exige des fables.

Le père de Gengiskan, Yésoukaï-Bahadour, étant devenu khan des Mogols, rentrait dans son pays après avoir triomphé d'un chef appelé *Témoudjin* (1), apprenant qu'il venait de lui naître un fils, il lui donna le nom du prince qu'il avait vaincu, pour conserver le souvenir de sa victoire. Plus tard, Témoudjin fut appelé *Gengiskan;* on verra à quelle occasion. Les historiens rapportent qu'en venant au monde Témoudjin tenait à la main du sang caillé. Son père, frappé de cette circonstance, consulta les devins, qui ne purent lui donner une réponse satisfaisante. Il s'adressa alors à Sougoudjin, son ministre: celui-ci lui répondit que le jeune prince soumettrait un jour à sa puissance un grand nombre de nations, et forcerait ses ennemis à lui obéir.

La naissance de Témoudjin est placée à l'année 1162; mais on ignore la date précise de cet événement.

Le jeune prince perdit son père à l'âge de treize ans. Aussitôt plusieurs tribus qui obéissaient à Yésoukaï, croyant n'avoir rien à craindre de la part d'une femme et d'un enfant, se soulevèrent: mais la veuve d'Yésoukaï monta à cheval, prit l'étendard appelé *toug* (2), se mit à la poursuite des rebelles, les attaqua, et soumit quelques chefs.

Le parti de Témoudjin fut encore affaibli par la défection de plusieurs autres tribus; et un jour ce prince, se trouvant sans aucune suite, fut enlevé par un parti de Taïdjoutes qui le conduisirent à leur souverain Targoutaï, surnommé *Kereltouc ou le Haineux*. Celui-ci fit mettre au jeune prisonnier une cangue, instrument de supplice composé de deux planches échancrées qui, lorsqu'on les rapproche, forment un cercle dans lequel on emprisonne le cou du patient. Dans sa captivité, Témoudjin était servi par une vieille femme compatissante qui avait soin de lui peigner les cheveux et de placer des morceaux de feutre sur les endroits où la cangue lui écorchait la peau. Le jeune prince trouva enfin une occasion de s'évader. Il se cacha dans un petit lac, où, pour n'être point découvert, il eut soin de plonger tout entier avec sa cangue, ne tenant que les narines hors de l'eau. Les Taïdjoutes se mirent à la poursuite du fugitif; ils parcoururent les bords du lac sans voir celui qu'ils cherchaient. Mais un Seldouze qui se trouvait parmi eux l'aperçut, et forma le projet de le sauver. Quand ses compagnons furent éloignés, il retira de l'eau Témoudjin, le délivra de la cangue qu'il portait et le conduisit à son habitation, où il le cacha dans un chariot chargé de laine. Les gens qui étaient à la recherche du fugitif, après avoir fouillé tout le pays des environs, arrivèrent chez le Seldouze, visitèrent sa demeure avec soin, et enfoncèrent même des pieux dans la laine entassée sur le chariot. Heureusement le jeune prince ne fut pas atteint. Après le départ de ces gens, le Seldouze fit monter Témoudjin sur une jument, lui donna de la viande rôtie et des armes, et le renvoya. Contraint quelque temps après de prendre la fuite, pour se soustraire à la vengeance des Taïdjoutes, qui avaient été informés de sa conduite, le Seldouze se rendit auprès de Témoudjin. Ce prince n'oublia pas qu'il lui devait la vie.

Vers la même époque, Témoudjin courut un danger non moins grand. Il était accompagné de deux de ses amis, lorsqu'il aperçut tout à coup une troupe de douze Taïdjoutes. Il s'avança bravement contre eux: douze flèches furent décochées à la fois, et Témoudjin, atteint à la bouche et à la gorge, éprouva des douleurs si violentes qu'il perdit d'abord connaissance et se roula ensuite par terre, agité dans d'épouvantables convulsions. Ses deux compagnons firent chauffer des pierres, placèrent de la neige dessus, et tinrent la bouche de Témou-

---

(1) *Témoudjin* ou *témoutchin* signifie en mogol *le meilleur fer*. Voyez d'Ohsson, *Histoire des Mongols*, tome I, page 36, note 2.

(2) Cet étendard est formé de la queue d'un yak ou bœuf du Tibet. Nous avons parlé du yak ci-devant, page 98.

djin exposée à la vapeur qui se dégageait, pour lui faire rendre le sang caillé qu'il avait dans la gorge, et rétablir ainsi la respiration. Comme la neige tombait avec abondance, ils étendirent un manteau au-dessus de la tête du blessé, et restèrent toute la nuit dans cette position, ayant de la neige jusqu'à la ceinture. Au point du jour, ils placèrent Témoudjin à cheval et le ramenèrent à sa demeure. Dans la suite, ce prince récompensa le dévouement de ses deux compagnons, en leur accordant les priviléges appelés *terkhan*. Les personnes qui obtenaient cette faveur étaient exemptes de tout impôt, gardaient la totalité du butin qu'elles avaient pris à la guerre, avaient en tout temps un libre accès auprès du souverain, et pouvaient commettre impunément huit délits; on ne les condamnait qu'après la perpétration du neuvième.

Témoudjin, étant parvenu à réduire plusieurs tribus sous son autorité, remporta une grande victoire sur les Taïdjoutes. Ceux-ci, au nombre de 30,000 cavaliers, s'avançaient dans l'espoir de le surprendre. Témoudjin réunit à la hâte toutes ses troupes, et quoiqu'il n'eût que 13,000 hommes (1), il attendit les Taïdjoutes et les battit. Il ternit sa victoire par un acte d'une cruauté sauvage, en faisant jeter dans quatre-vingts grandes chaudières remplies d'eau bouillante les principaux d'entre ses prisonniers. Une pareille conduite, jointe à sa victoire, répandit au loin la terreur, et plusieurs petites hordes passèrent sous son obéissance.

Témoudjin convoqua au printemps de l'année 1206, près de la source de l'Onon, un *kouriltaï*, ou assemblée générale, dans laquelle il devait être proclamé chef suprême de toutes les tribus mogoles. Un devin du nom de *Gueukdjou*, en grand crédit parmi les nomades, auxquels il parlait toujours au nom de Dieu, déclara solennellement à Témoudjin, qu'après avoir vaincu et détruit plusieurs souverains honorés du titre de *gourkhans*, c'est-à-dire de *grands khans*, il ne pouvait pas adopter la même qualification, et que le ciel ordonnait qu'il prît le titre nouveau de *tchinkguize-khan* ou *khan des puissants* (1). Les chefs saluèrent Témoudjin de ce nom, qui lui resta toujours par la suite (2).

Le kouriltaï ayant ensuite été dissous, Gengiskan marcha contre un prince du nom de *Bouyourouc*; et l'ayant surpris à la chasse, non loin de la rivière de *Soudja*, il le tua et s'empara de sa famille, de ses troupeaux et de tous ses biens.

Dans l'automne de l'année 1207, il fit une seconde invasion dans le Tangoute (la première remontait à 1205) pour punir les habitants qui n'avaient pas payé le tribut. Peu après il députa deux de ses officiers vers le chef des Kirguizes, pour l'engager à se soumettre à lui. Ce prince y consentit, et envoya en présent, au souverain mogol, des gerfauts à yeux blancs d'une fort belle espèce.

Pendant l'automne de l'année 1209, il fit une troisième invasion dans le Tangoute. Après avoir remporté plusieurs avantages, il alla mettre le siége devant la capitale du pays, située sur la rive occidentale du fleuve Jaune. Il essaya d'inonder la ville au moyen de cette rivière; mais les eaux renversèrent les digues qu'il avait élevées, couvrirent tout le terrain sur lequel il avait établi son camp, et le contraignirent à la retraite. Il fit alors la paix avec le roi du pays, dont il épousa même la fille.

Gengiskan, devenu chef d'une armée nombreuse composée des hordes qu'il avait soumises, conçut le projet d'attaquer la Chine. La mort de l'empereur régnant lui parut une circonstance favorable pour mettre son dessein à exécution, et surtout pour en pallier l'odieux. Le nouveau souverain ayant envoyé en 1210 au chef mogol un officier pour lui notifier son avénement au trône et recevoir le tribut, cet envoyé exigea que, confor-

---

(1) Nous suivons le récit de M. d'Ohsson; suivant de Guignes (*Histoire générale des Huns*, tome III, page 12), l'armée de Témoudjin était forte de 30,000 hommes comme celle de ses adversaires.

(1) *Tchink*, comme nous l'apprend M. le baron d'Ohsson, veut dire en mogol, *fort, ferme* et la particule *guize* marque le pluriel; *khan* est la contraction du titre de *khacan*.

(2) Le magicien Gueukdjou, comptant sur l'influence dont il jouissait chez les Mogols, qui lui attribuaient une puissance surnaturelle, parlait à Gengiskan avec une liberté qui déplut à ce prince, et lorsqu'il pensa n'avoir plus besoin de ménager l'imposteur, il le fit massacrer.

mément à l'étiquette, le vassal reçut à genoux le message de son suzerain. « Qui est ce nouvel empereur? demanda Gengiskan. — Le prince Tchong-Heï, « répondit l'ambassadeur. Alors Gengiskan cracha du côté du midi, en disant : « Je croyais que le *fils du Ciel* (1) était un homme extraordinaire ; mais un imbécile comme Tchong-Heï est-il digne du trône, et dois-je m'humilier devant lui? » Il monta aussitôt à cheval, et s'éloigna.

Quand il eut achevé les préparatifs nécessaires pour entrer en campagne, il chargea un de ses généraux de contenir les tribus nouvellement soumises, et partit au mois de mars 1211 des rives du Khérouloun pour attaquer la Chine. Avant de se mettre en route, il monta sur le sommet d'une haute montagne ; et là, ayant placé sa ceinture sur son cou, il délia sa tunique, se mit à genoux, et prononça la prière suivante : « O Dieu éternel, je suis armé pour venger le sang de mes oncles ; si tu m'approuves, prête-moi le secours de ton bras, et ordonne que les hommes ainsi que les bons et les mauvais génies s'unissent pour me secourir. »

L'armée était partagée, suivant l'ancien usage des Turcs et des Mogols, en divisions de dix mille hommes, en régiments de mille hommes, en compagnies de cent hommes, en pelotons de dix hommes. Les officiers étaient appelés *chefs de mille, de cent*, etc. Les ordres de l'empereur, transmis par des aides de camp aux généraux commandant les divisions, étaient communiqués par ceux-ci aux chefs subalternes.

L'armée mogole consistait uniquement en cavalerie. Chaque homme était couvert d'une armure, et avait la tête garantie par un léger casque de cuir. Les armes offensives étaient l'arc, la hache, le sabre et la lance. Chaque cavalier était suivi de plusieurs chevaux, tous accoutumés à n'avoir jamais d'autre nourriture que l'herbe des prairies. De nombreux troupeaux suivaient l'armée. Chaque cavalier portait une petite provision de viande et de lait pour les marches forcées dans lesquelles on laissait les troupeaux en arrière.

Gengiskan pour atteindre la grande muraille avait à franchir un espace d'environ cent quatre-vingts lieues, à travers le désert de Gobi. L'empereur Tchong-Heï, averti de la marche des Mogols, refusa d'abord d'y croire ; mais bientôt il fallut se rendre à l'évidence. Les premières opérations de Gengiskan furent secondées par la trahison d'un chef soumis à l'empereur de la Chine. Plus tard, un officier chinois passa dans le camp des Mogols, et donna les détails les plus précis et les plus minutieux sur les plans et sur l'armée de Tchong-Heï. Gengiskan mit à profit tous ces renseignements, et battit les Chinois. Les Khitans, s'étant soulevés, opérèrent encore une diversion funeste à l'empereur. L'armée mogole se recruta par de nombreuses défections de chefs et de soldats soumis à Tchong-Heï. Plusieurs généraux chinois passèrent au service de Gengiskan avec les troupes placées sous leurs ordres. Les Mogols remportèrent de grands avantages, et firent un immense butin.

Au mois d'avril 1214, Gengiskan réunit son armée près de Takéou, forteresse située à quelques lieues à l'ouest de Tchong-Tou (1), et il envoya à l'empereur Outoubou, successeur de Tchong-Heï, deux de ses officiers avec un message conçu à peu près en ces termes : « Toutes tes provinces au nord du fleuve Jaune sont en mon pouvoir ; il ne te reste que Tchong-Tou. C'est le ciel qui t'a réduit à cet état d'impuissance, et si je te pressais davantage, j'aurais moi-même à craindre la colère céleste : ainsi je vais me retirer. » L'empereur accepta ces propositions, et la paix fut faite avec les Mogols. Mais bientôt Gengiskan viola avec une insigne perfidie le traité qu'il venait de conclure : les Mogols entrèrent à Tchong-Tou, firent un épouvantable carnage des habitants, et mirent le feu au palais impérial, qui brûla, dit-on, pendant un mois.

Cependant l'empereur de la Chine s'était retiré à Nankin. Gengiskan fit marcher des troupes contre lui, et ce prince, justement alarmé, envoya un ambassadeur au souverain mogol pour

---

(1) Titre que prennent les empereurs de la Chine.

(1) *Voyez*, sur cette ville, de Guignes, *Histoire générale des Huns*, tome I, page 70.

lui demander la paix; cependant il ne put accepter d'abord les conditions trop dures que prétendait lui imposer Gengiskan; bientôt il fut obligé de s'y soumettre.

Au printemps de l'année 1216, Gengiskan, de retour sur les rives du Khérouloun, fit marcher ses troupes contre les Merkites, qu'il détruisit. Le chef des Toumotes s'étant révolté, le souverain mogol envoya contre lui un de ses lieutenants qui le fit rentrer dans le devoir. Un soulèvement ayant éclaté dans le Léao-Toung fut également réprimé, et Gengiskan envoya en Chine un de ses officiers en qualité de généralissime.

En 1218, ce prince fit une quatrième invasion dans le Tangoute, et soumit le pays de Kara-Khitaï, composé en partie des provinces de Caschgar, d'Yarkende et de Khotan, dont la population active et industrieuse se livrait à l'agriculture et au commerce, et échangeait les productions de la Tartarie contre celles de la Chine et de l'Inde.

Les États de Gengiskan étaient devenus limitrophes de ceux du sultan Mohammed, souverain du Kharizme, et bientôt le conquérant mogol trouva des prétextes pour attaquer cet empire voisin, dont les richesses excitaient la cupidité de ses nomades. Mohammed, étant à Boukhara, reçut dans cette ville une ambassade de Gengiskan, avec des présents qui consistaient en lingots d'argent, en vessies de musc, en morceaux de jade et en robes de laine blanche d'un grand prix. Gengiskan, lui dirent les ambassadeurs, nous a chargés de ce message: « Je vous envoie mon salut. Je connais votre puissance et la vaste étendue de votre empire. Je sais que vous régnez sur une grande partie de la terre. J'ai le plus grand désir de vivre en paix avec vous. Je vous regarderai comme mon fils le plus chéri. De votre côté, vous n'ignorez pas que j'ai conquis la Chine et soumis à mon obéissance toutes les nations turques au nord de cet empire. Vous savez que mon pays est une fourmilière de guerriers, une mine d'argent, et que je n'ai pas besoin de convoiter d'autres domaines. Je pense que nous avons un égal intérêt à favoriser le commerce entre nos sujets. » En disant à Mohammed qu'il le regardait comme son fils, Gengiskan déclarait le regarder comme un vassal; car dans les rapports politiques entre les princes de l'Orient ces désignations de *père* et de *fils* indiquent une soumission et une dépendance totale. Mohammed, d'abord très-irrité, jugea toutefois prudent de renvoyer les ambassadeurs avec une réponse amicale.

Après avoir rangé sous son obéissance les peuples nomades de la Tartarie, Gengiskan, en habile politique, s'était appliqué à détruire les bandes de brigands qui infestaient plusieurs contrées, et pouvaient devenir des noyaux d'armée pour les chefs mécontents. Voulant faire montre de sa puissance et de ses richesses aux yeux des étrangers qui visitaient son empire, il avait ordonné à des gardes placés sur les grandes routes d'envoyer au camp impérial les marchands qui auraient quelques objets dignes d'être présentés à un souverain. Trois musulmans sujets de Mohammed, sultan de Kharizme, étant arrivés dans la Mongolie avec des étoffes de soie et de coton, l'un d'eux, conduit en présence de Gengiskan, mit à ses marchandises un prix tellement exagéré que le souverain mogol dit avec colère : « Cet homme s'imagine que nous n'avons jamais rien vu de semblable à ce qu'il apporte. » Et il fit étaler devant le marchand de Kharizme toutes les plus belles étoffes qu'il possédait. On dressa ensuite un état des marchandises qu'avait apportées le Kharizmien, et on les livra au pillage; puis Gengiskan fit appeler les deux compagnons de cet homme. Ceux-ci, profitant de l'exemple de leur confrère, ne voulurent fixer aucun prix aux étoffes qu'ils apportaient, et dirent que leur intention était d'en faire hommage à Gengiskan. Ce prince les paya généreusement, ainsi que le marchand dont il avait livré les étoffes au pillage; et quand ces hommes furent sur le point de partir, il envoya avec eux quelques personnes de distinction munies d'argent pour acheter différents objets précieux dans le pays de Kharizme. Ces grands personnages s'étant fait accompagner par plusieurs de leurs clients, formaient une troupe de quatre cent cinquante personnes. La caravane étant arrivée à Otrar, le gouverneur de la place conçut le projet de s'emparer des richesses des voyageurs. Il écrivit en conséquence au sultan Mohammed une lettre dans laquelle il représentait les chefs mogols et leurs clients comme autant d'espions. Ayant reçu l'ordre de les mettre à mort, il l'exécuta aussitôt. Gengiskan, informé de cet attentat, versa des larmes d'indignation ; et s'étant rendu sur le sommet d'une montagne, sa ceinture placée sur le cou, prosterné la face contre terre et la tête découverte, il implora le secours du ciel pour obtenir vengeance, et passa trois jours et trois nuits dans les prières et dans les mortifications. Il envoya ensuite un ambassadeur chargé de dire à Mohammed : « Vous m'aviez donné l'assurance que vous ne maltraiteriez aucun marchand de mes États : vous avez manqué à votre parole, et la mauvaise foi est abominable dans un souverain. Si je dois croire que les marchands tués à Otrar ne l'ont point été par votre ordre, livrez-moi le gouverneur de cette place, afin que je le punisse ; autrement préparez-vous à la guerre. » Mohammed n'était pas disposé à punir ce gouverneur allié à la famille royale et de plus un des principaux chefs de l'armée : il aurait pu cependant chercher à calmer la juste colère de Gengiskan, mais il n'en fit rien ; loin de là, il donna ordre qu'on mît à mort l'ambassadeur mogol, et fit raser la barbe à deux personnages qui l'avaient accompagné. Cette conduite fut suivie de plusieurs actes d'hostilité. Gengiskan, ayant convoqué en 1218 une assemblée générale des membres de sa famille et de ses principaux officiers, annonça dans cette diète l'intention formelle de faire la guerre à Mohammed, et régla tous les points relatifs à l'organisation de l'armée. Vers la fin de l'année, l'empereur mogol se mit en marche ; il passa tout l'été de l'année suivante sur les bords de l'Irtische pour refaire les chevaux. A l'automne, il se remit en route. L'approche des Mogols inspirait des craintes très-vives à Mohammed. Les forces de ce prince s'élevaient cependant à 400,000 hommes, si nous en croyons le rapport de la plupart des historiens. Mais ces troupes manquaient de chef, car Mohammed était aussi dénué de talents militaires que de courage.

Gengiskan arriva sans coup férir jusqu'à Otrar. Là, il fit ses dispositions pour envahir la Transoxane, ou *Mawaralnahr*; cette contrée était habitée par des peuples turcs qui, ayant passé au commencement du huitième siècle sous le sceptre des califes de Bagdad, avaient embrassé la religion de Mahomet. Un nombre considérable d'Arabes et de Persans s'étaient établis dans les villes du pays, très-florissantes à l'époque de l'invasion des Mogols. Des Turcs nomades parcouraient, à la suite de leurs troupeaux, les plaines stériles qui s'étendent jusqu'à la mer Caspienne.

Gengiskan partagea son armée en quatre corps. Il laissa le premier devant Otrar, le second et le troisième se dirigèrent sur Djende et sur Benaket, tandis qu'à la tête du dernier il marcha lui-même sur Boukhara.

La ville d'Otrar fut investie. Après cinq mois de siége, les troupes et les habitants, découragés, demandaient à se rendre. Le gouverneur coupable du meurtre des Mogols, comprenant qu'il n'avait aucune miséricorde à espérer, déclara qu'il resterait fidèle à son souverain jusqu'à la mort. Mais la défection se mit bientôt parmi les troupes, et les Mogols se rendirent maîtres de la ville. Ils commencèrent par chasser tous les habitants dans la plaine, afin de piller plus librement. Le gouverneur s'était retiré dans la citadelle avec le reste de la garnison, et il s'y défendit encore pendant un mois. Les Mogols s'étant aussi emparés de la citadelle, le gouverneur continua à se défendre avec le courage du désespoir. Tous ses soldats ayant été tués autour de lui, il se réfugia sur un toit en terrasse, suivi de deux hommes, qui bientôt tombèrent à ses côtés. N'ayant plus de flèches, il lançait des briques contre les assaillants, qui parvinrent, malgré sa résistance, à le prendre vivant, comme ils en avaient l'ordre. Il fut conduit à Gengiskan, qui ordonna qu'on lui coulât de l'argent fondu dans les yeux et dans les oreilles, pour venger la mort des infortunés qu'il avait fait périr si injustement. La citadelle d'Otrar fut rasée, et les Mogols conduisirent vers Boukhara les habitants qui avaient échappé au carnage.

Le corps d'armée qui marchait sur Djende s'arrêta près de la ville de Siguenac, sur les bords du Sihoun (1). Un musulman du pays, engagé au service de Gengiskan, fut envoyé dans la place pour sommer les habitants d'avoir à ouvrir leurs portes à l'armée mogole. Mais il avait à peine commencé à dire quelques paroles, qu'il fut massacré. Aussitôt le général mogol fit commencer l'attaque, et ordonna de ne plus interrompre le combat jusqu'à ce que la place fût emportée. Des troupes fraîches relevaient celles qui étaient épuisées par la fatigue. Après sept jours d'efforts non interrompus, les assiégeants entrèrent dans la place et en égorgèrent tous les habitants. Le même général prit et saccagea encore quelques autres villes; et comme il approchait de Djende, le gouverneur en sortit pendant la nuit. Les habitants, livrés à eux-mêmes, mettaient toute leur confiance dans la hauteur des murailles de la ville. Mais bientôt les Mogols plantent leurs échelles au bas des remparts et les escaladent sans trouver la moindre résistance. On épargna les vaincus, parce qu'ils avaient renoncé à se défendre; ils furent cependant chassés dans la campagne, où ils restèrent sans abri pendant neuf jours que dura le pillage de la ville.

La division de l'armée mogole qui avait été envoyée sur Benaket était forte de 5,000 hommes. La place avait une garnison de Turcs qui, au bout de trois jours, demandèrent à capituler. On leur promit la vie sauve; mais quand ils se furent rendus et que la population de Benaket eut été chassée hors de la ville, les Mogols séparèrent les soldats de la garnison, et les tuèrent à coups de sabre ou les percèrent de flèches. Les artisans et les jeunes gens furent répartis dans les différents corps de l'armée mogole.

Après la prise de Benaket, la même division continua sa marche sur Khodjende, dont le gouverneur Timour-Melic se retira avec mille hommes d'élite dans un château fort sur une île du Sihoun assez éloignée des deux bords du fleuve pour qu'on y fût à l'abri des flèches et des pierres lancées du rivage. Les assiégeants furent bientôt renforcés par 20,000 Mogols et par 50,000 habitants des contrées environnantes. Ceux-ci, partagés en petites bandes de cent hommes et de dix hommes, et commandés par des officiers mogols, furent employés à apporter des pierres qu'ils jetaient dans le fleuve pour en combler le lit. Timour-Melic, de son côté, avait fait construire douze grands bateaux pontés; et pour empêcher que les assiégeants n'y missent le feu, il les recouvrit de feutres enduits d'une couche épaisse de terre glaise détrempée avec du vinaigre. Chaque jour, six de ces bateaux s'approchaient du rivage, et des soldats lançaient des flèches contre les troupes mogoles. Souvent aussi Timour-Melic parvenait à surprendre les assiégeants, et leur faisait beaucoup de mal. Ce brave gouverneur, réduit à la dernière extrémité et ne pouvant plus se défendre, embarqua ses troupes et ses bagages sur environ quatre-vingts bateaux et descendit le fleuve, pendant la nuit, à la lueur des torches. Les Mogols avaient tendu une chaîne près de Benaket. Mais la flottille ne fut point arrêtée par cet obstacle et continua de descendre le fleuve, toujours suivie par les ennemis, qui avançaient sur les deux rives. Timour-Melic, ayant été informé que les Mogols avaient posté sur les bords du fleuve, près de Djende, un gros corps de troupes; qu'ils avaient dressé dans ce lieu des balistes, et que le Sihoun avait été barré par un pont de bateaux, prit le parti de débarquer. Pendant plusieurs jours il sut résister aux efforts des ennemis; enfin, après avoir perdu successivement tout son monde, il se trouva seul et pressé par trois cavaliers mogols; il décocha une flèche contre l'un d'eux et lui creva un œil. Il cria aux deux autres qu'il lui restait encore deux flèches et qu'il les engageait à se retirer; ce qu'ils firent aussitôt. Ce chef intrépide parvint à atteindre la ville de Kharizme.

Gengiskan avait pris la route de Boukhara. Arrivé près d'un bourg appelé *Zernouc*, les habitants se réfugièrent dans le château. Le souverain mogol leur envoya un parlementaire pour les sommer de se rendre. Cet homme leur

---

(1) *Voyez* d'Ohsson, *Histoire des Mongols*, tome I, page 221.

dit : « Je suis musulman et fils de musulman. Je viens de la part de Gengiskan pour vous sauver du gouffre de la mort. Ce prince est ici avec une armée formidable. Si vous faites la moindre résistance, votre fort et vos maisons seront rasés, et les campagnes seront inondées de votre sang. Si vous vous soumettez, vous conserverez la vie et vos biens. » Les habitants, effrayés, envoyèrent une députation avec des présents à l'empereur mogol, qui choisit parmi eux les hommes les plus jeunes et les plus robustes pour les employer au siége de Boukhara ; tous les autres obtinrent la permission de retourner à Zernouc, dont le château fut rasé.

Ce fut au mois de mars de l'année 1220 (moharrem 617 de l'hégire) que Gengiskan arriva devant Boukhara. La ville était défendue par 20,000 hommes de troupes. Après plusieurs jours de siége, les chefs de la garnison, ayant perdu tout espoir de défendre plus longtemps la place, convinrent de faire pendant la nuit une sortie générale, pour essayer de traverser l'armée ennemie. Les Mogols attaqués vigoureusement, et lorsqu'ils s'y attendaient le moins, tournèrent d'abord le dos ; mais ensuite étant revenus de leur effroi, ils se mirent à la poursuite des troupes qui se retiraient, les atteignirent sur les bords de l'Oxus, et les massacrèrent à l'exception d'un petit nombre d'hommes.

Le jour qui suivit le départ de la garnison, les membres les plus considérables du clergé et les habitants notables de la ville se rendirent dans le camp mogol. Gengiskan entra dans Boukhara, et passant devant la grande mosquée, il y poussa son cheval. Puis il demanda si cet édifice était le palais du sultan. On lui répondit que c'était la maison de Dieu. Il mit aussitôt pied à terre devant l'autel, et dit à haute voix : « Donnez à manger à nos chevaux, car la campagne est fourragée. » Les caisses où l'on serrait des exemplaires du Coran servirent d'auges pour les chevaux, et les livres qu'elles contenaient, jetés sur le sol, furent foulés aux pieds. Les Mogols déposèrent leurs outres pleines de vin dans la mosquée ; ils y appelèrent des baladins et des chanteurs, et se mirent à répéter leurs refrains nationaux. Tandis que cette soldatesque féroce et brutale se livrait à la débauche, tous les habitants de la ville, sans en excepter les membres les plus considérables du clergé, soignaient les chevaux et rendaient aux vainqueurs des services qu'on aurait à peine exigés d'hommes réduits en esclavage.

Gengiskan ne s'arrêta que deux heures à Boukhara. Il sortit de la ville pour se rendre au *Champ de l'Oratoire*, où les habitants avaient coutume de se réunir pour célébrer quelques solennités religieuses, et où ils avaient tous été rassemblés par son ordre. Le souverain mogol monta dans la chaire, et s'étant fait désigner les habitants les plus riches, il leur dit : « Sachez que vous avez commis de grandes fautes, et que les chefs du peuple sont les plus criminels. Si vous me demandez sur quoi je me fonde pour vous tenir ce discours, je vous répondrai que je suis le fléau de Dieu, et que si vous n'étiez pas de grands coupables Dieu ne m'aurait pas lancé sur vos têtes. » Puis il ajouta : « Je ne vous demande pas de me livrer les richesses que vous avez dans vos maisons ; je saurai les trouver : mais indiquez-moi celles que vous avez cachées sous terre. » Ces riches habitants furent placés chacun sous la garde d'un soldat mogol, et tous les jours, au lever du soleil, on les amenait devant la tente de Gengiskan.

Quatre cents cavaliers qui n'avaient pas pu suivre la garnison lors de la sortie générale, s'étaient jetés dans la citadelle, dont les Mogols firent le siége. Tous les habitants de Boukhara en état de porter les armes furent obligés, sous peine de mort, de travailler à combler les fossés. Ensuite on dressa des machines, et quand la brèche fut praticable, les assiégeants entrèrent dans la place et massacrèrent toutes les personnes qui s'y trouvaient. La faible garnison s'était défendue avec courage pendant douze jours, et avait tué un assez grand nombre de Mogols et de gens employés aux travaux du siége. La ville et la citadelle de Boukhara ayant été livrées au pillage, les habitants furent partagés entre les Mogols. « C'était un spectacle affreux, dit l'historien Ibn-al-Athir (1), que celui

(1) Cité par M. d'Ohsson, *Histoire des Mongols*, tome I, page 233.

de ces infortunés; on n'entendait que les pleurs et les sanglots des hommes, des femmes et des enfants, qui étaient séparés pour jamais. Les barbares attentaient à la pudeur des femmes, aux yeux de tous ces infortunés, qui, dans l'impuissance de repousser les maux qui les accablaient, n'avaient que la ressource des larmes. Plusieurs d'entre eux préférèrent la mort au spectacle de ces horreurs; de ce nombre furent le cadi Bedrouddin, l'iman Bokn-ouddin et son fils, qui, témoins du déshonneur de leurs femmes, se firent tuer en combattant. » On tortura les gens riches pour les forcer à indiquer les lieux où ils avaient caché leurs trésors, et les Mogols finirent par mettre le feu à tous les quartiers de la ville, dont les maisons de bois furent bientôt consumées; il ne resta sur pied que la grande mosquée et quelques palais.

Mohammed avait le plus grand intérêt à la conservation de Boukhara. Le courage de la garnison et des habitants rendait facile la défense de cette place; mais l'indigne sultan, uniquement occupé de fuir les Mogols, ne songea point à secourir le boulevard de son empire. Cette faute décida peut-être du sort de la guerre.

Gengiskan, étant parti de Boukhara pour se rendre à Samarcande, arriva devant cette ville accompagné d'un grand nombre d'habitants de Boukhara réduits en esclavage, et qu'il voulait employer aux travaux du siége. Ces malheureux étaient traités avec une atroce barbarie : ceux que la fatigue empêchait de suivre l'armée étaient impitoyablement mis à mort. Le sultan de Kharizme avait placé à Samarcande une garnison de 40,000 hommes, Turcs et Persans, commandés par ses meilleurs généraux. Les fortifications de la ville et de la citadelle avaient été réparées et augmentées. Gengiskan, dans la prévision d'un siége long et difficile, s'était rendu maître de tout le pays des environs. Il fut rejoint devant la place par différents corps d'armée et par un grand nombre de naturels réduits en esclavage et destinés à exécuter les travaux du siége. Cette multitude que Gengiskan affectait de montrer aux yeux des assiégés les remplit d'effroi. La garnison, croyant avoir affaire à une armée bien plus nombreuse qu'elle ne l'était en réalité, et ne pouvant compter d'ailleurs sur aucun secours de la part de Mohammed, n'osa pas attaquer les ennemis et se tint enfermée dans la ville; mais les habitants firent une sortie, et ayant donné dans une embuscade dressée par les Mogols, ils furent tous taillés en pièces. Le quatrième jour du siége, au moment où les assiégeants se disposaient à donner l'assaut, une députation, composée du haut clergé de la ville, alla faire sa soumission à Gengiskan. Samarcande ouvrit ses portes aux Mogols. La ville fut pillée, et nombre de personnes massacrées. Des Turcs Cancalis, qui formaient une partie notable de la garnison, reçurent de Gengiskan la promesse formelle d'être pris à son service. Quand ils se furent rendus, on les réunit à pied et sans armes dans un lieu voisin de Samarcande. Là, suivant l'usage adopté par les Mogols d'imposer leur costume et leurs modes aux étrangers qui entraient à leur service, on rasa une partie de la tête à ces Turcs, et l'on fit des tresses avec les cheveux qui restaient. Une pareille conduite n'avait d'autre but que de tranquilliser ces gens, et de les empêcher d'entreprendre aucun acte hostile contre les Mogols. La nuit suivante ils furent tous massacrés au nombre de 30,000 avec leurs chefs. Les chevaux, les bagages, ainsi que les femmes et les enfants de ces infortunés, devinrent la proie des Mogols. Trente mille ouvriers d'arts et de métiers furent donnés en présent aux femmes, aux filles et aux officiers de Gengiskan. On choisit trente mille hommes pour les employer aux travaux militaires. Cinquante mille prisonniers obtinrent la permission de rentrer dans Samarcande, moyennant une rancon de 200,000 pièces d'or. Plus tard, Gengiskan les reprit pour les employer à différents travaux militaires; et comme ils ne revirent jamais leur patrie, la province de Samarcande fut presque entièrement dépeuplée.

Le sultan de Kharizme, le pusillanime et cruel Mohammed, se tenait toujours éloigné du théâtre de la guerre. Il avait cependant sous ses ordres d'habiles généraux et des troupes aguerries, comme on a pu le voir par l'exemple de Timour-Melic et de la garnison de Boukhara. Mais il abandonnait à leur propres forces et laissait tomber sans les secourir ses plus généreux défenseurs, et les Mogols triomphaient sans peine d'hommes qui ne pouvaient leur opposer que des efforts isolés. D'ailleurs la terreur qu'il éprouvait et que décelaient tous ses actes se communiqua aux populations. Un jour, passant près des fortifications de Samarcande, il dit que les soldats de Gengiskan étaient si nombreux que, pour combler les fossés de cette ville, ils n'auraient qu'à y jeter leurs fouets. Quand il se retirait devant l'armée mogole, il recommandait aux gens qu'il rencontrait sur sa route de songer à leur propre sûreté, parce que ses troupes ne pouvaient les défendre. Il consultait tour à tour ses ministres et ses généraux, et les conseils différents que ceux-ci lui donnaient augmentaient encore son irrésolution naturelle. Il ne cessait de répéter que les biens et les maux ont été fixés par le destin, et qu'il fallait attendre un changement favorable dans le cours des astres. Après avoir été informé de la prise de Boukhara et de Samarcande, il avait formé la résolution de se retirer dans l'Irak. Les chefs des troupes turques, irrités de sa lâche conduite, conçurent le dessein de le tuer. Mohammed, instruit de leur projet, quitta sa tente pendant la nuit. Le lendemain on la trouva criblée de flèches. Consterné par cet attentat, il se rendit à Nischabour en toute hâte. Il espérait que les Mogols ne passeraient pas l'Oxus avant longtemps; mais au bout de trois semaines, il apprit que les troupes ennemies étaient dans le Khorasan. Aussitôt il sortit de Nischabour, sous prétexte de faire une partie de chasse. Les habitants, qui ne se faisaient aucune illusion sur les intentions réelles de leur souverain, tombèrent dans le plus profond découragement; cependant deux divisions mogoles, envoyées de Samarcande à la poursuite du fugitif, arrivèrent bientôt à Pendjab. Sur les bords du Djihoun, les soldats firent avec des branches d'arbres et des peaux de bœufs des caisses dans lesquelles ils enfermèrent leurs armes et leurs effets, et, se les attachant au corps, ils saisirent la queue de leurs chevaux qu'ils lancèrent à la nage, et traversèrent le fleuve. Pour obtenir des informations sur la route qu'avait suivie Mohammed, ils appliquaient à la torture les habitants dont ils pouvaient se rendre maîtres. Quelquefois cependant ils se contentaient de recevoir leurs déclarations sous serment.

Le Khorasan, contrée alors très-florissante, fut dévasté tout à la fois par les troupes mogoles et par un ramas de misérables qui profitaient de l'état de troubles et de guerre où se trouvait le pays, pour commettre impunément les crimes et les actes de déprédation les plus odieux.

Mohammed, en fuyant de Nischabour, s'était rendu à Casbin, où il trouva encore 30,000 hommes de troupes qu'il aurait pu opposer immédiatement aux Mogols. Le chef qui commandait dans le Louristan, guerrier plein d'intelligence, engagea alors ce prince à se retirer sans perdre de temps derrière les montagnes qui séparent le Louristan du pays de Fars. Une fois dans cette contrée riche en subsistances, il lui aurait été facile de lever une armée de 100,000 fantassins, plus que suffisante pour occuper les gorges des montagnes et empêcher les Mogols de pénétrer dans le pays. Une seule victoire suffisait pour relever le courage du soldat et lui ôter la terreur du nom tartare. Le sultan s'imagina que cet avis cachait des vues d'intérêt personnel, et il ne voulut pas s'y conformer. Il resta dans l'Irak. Bientôt il apprit que la ville de Reï avait été prise et livrée au pillage. L'effroi que cette nouvelle inspira fut tel, que bientôt Mohammed se trouva enfin abandonné par tous ses chefs et ses soldats. Resté seul, ce prince, indigne du trône, s'enfuit vers Caroun, où il resta un jour, puis il prit la route de Bagdad. Quelques Mogols se mirent à sa poursuite. Mohammed, craignant d'être atteint, changea d'itinéraire, et se dirigea vers les environs de Casbin. Il passa quelques jours dans ce pays, et se dirigea ensuite vers le Guilan et le Mazenderan, où il arriva presque seul et dans le dernier dénûment. Les Mogols l'avaient précédé dans ces provinces. Déjà ces barbares s'étaient rendus maîtres des deux villes importantes d'Amol et d'Asterabad, et les avaient livrées au pillage. Mohammed consulta les chefs du pays pour savoir dans quel lieu il pourrait se mettre à l'abri des bandes qui le poursuivaient sans relâche. On lui conseilla de se cacher pendant quelque temps dans une des petites îles de la mer Caspienne voisines de la côte du Mazenderan. Mohammed allait se conformer à cet avis. Il était depuis quelques jours dans un village situé au bord de la mer. « Là, dit un biographe cité par M. d'Ohsson (1), il allait régulièrement à la mosquée réciter ses cinq namazes (prières canoniques). Il se faisait lire le Coran par l'iman du temple, et promettait à Dieu en versant des larmes que si jamais il recouvrait le pouvoir il ferait régner la justice dans son empire. » Des Mogols, conduits par un prince dont l'oncle et le cousin avaient été dépossédés et mis à mort par Mohammed, se mirent à la poursuite du monarque fugitif. Mohammed eut à peine le temps d'arriver sur le bord de la mer Caspienne, de se jeter dans une barque et de gagner le large. Les cavaliers mogols décochèrent des flèches contre lui. Quelques-uns même, furieux de voir échapper leur proie et voulant l'atteindre à tout prix, se précipitèrent dans les flots, où ils se noyèrent. Mohammed parvint à gagner une petite île. Mais il était malade d'une pleurésie, et mourut bientôt après.

Turcan-Khatoun, mère de Mohammed, s'était retirée avec la famille de son fils dans un château très-fort du Mazenderan. Un général mogol, qui poursuivait Mohammed, laissa un corps de troupes devant cette place. Au bout de quelques mois, le manque d'eau obligea la garnison à se rendre. Turcan-Khatoun fut conduite, avec les femmes et les enfants de Mohammed, au camp de l'empereur mogol qui assiégeait alors Talécan. Cette princesse devint esclave. Deux fils de Mohammed, encore en bas âge, furent massacrés ; deux filles de ce prince données à Djagataï, fils de Gengiskan, devinrent l'une sa concubine, et l'autre la femme d'un de ses officiers ; une troisième fut mariée à un chambellan de Gengiskan. Turcan-Khatoun mourut à Caracorum en 1233. Le vizir de cette princesse, fait prisonnier avec elle, fut mis à mort aussitôt son arrivée devant Talécan.

(1) Voyez *Histoire des Mongols*, tome I, page 253.

Les joyaux de Mohammed tombèrent aussi au pouvoir de Gengiskan. Le souverain du Kharizme avait remis à un de ses officiers dix cassettes pleines de pierreries. Celui-ci plaça ce dépôt, comme il en avait reçu l'ordre, entre les mains du gouverneur d'un château situé près de la ville de Reï. Les Mogols, s'étant présentés devant la place, promirent au commandant la vie sauve s'il leur livrait ce trésor, qu'ils portèrent au camp impérial.

Gengiskan, devenu maître de Samarcande, avait cantonné son armée dans le pays situé entre cette ville et Nakscheb. Il y passa le printemps et l'été de l'année 1220. A l'automne, les chevaux étant bien remis de leurs fatigues, le conquérant mogol continua ses opérations. Il avait appris l'arrivée de Djelal-ouddin, fils et successeur de Mohammed, dans les murs de Kharizme, où se trouvaient réunies des forces imposantes. Il envoya aussitôt contre cette capitale une armée commandée par ses trois fils Djoutchi, Djagataï et Oktaï.

Peu de temps après, l'armée mogole se présenta devant Kharizme ; les assiégés essuyèrent bientôt un grave échec. Quelques troupes mogoles s'étant avancées jusqu'aux portes de la ville, faisant mine de vouloir enlever un troupeau de bétail, un corps de cavalerie et d'infanterie, fort d'environ dix mille hommes, sortit des murailles pour repousser ces maraudeurs, et donna dans une embuscade d'où cent hommes seulement parvinrent à s'échapper.

L'armée assiégeante se tint d'abord à une assez grande distance de la ville, pour construire des machines de guerre. Le pays ne fournissant pas de pierres bonnes à être employées comme projectiles, les soldats abattirent un grand nombre de mûriers, dont le bois servait à faire des boulets que l'on lançait avec des catapultes, après les avoir laissés dans l'eau pendant quelque temps, afin de les rendre plus lourds.

Les chefs mogols, tout en prenant leurs dispositions pour le siège, ne négligeaient pas la voie des négociations, tâchant d'agir sur l'esprit des gens de la ville par des promesses et des menaces. Ces moyens ne leur réussissant pas, ils mirent en réquisition, dans toutes les provinces environnantes, des hommes pour combler les fossés, travail qui fut terminé en dix jours. Les assiégeants essayèrent alors de s'emparer du pont sur le Djihoun, qui réunissait les deux parties de la ville. Trois mille Mogols engagés dans cette attaque y périrent (1). Ce succès augmenta le courage des habitants, et la désunion s'étant mise entre Djoutchi et Djagataï, les opérations du siége ne continuèrent plus qu'avec lenteur. Les règles de la discipline furent observées moins rigoureusement. Les assiégés profitèrent de ces circonstances pour harceler les troupes ennemies. Le siége durait depuis six mois, lorsqu'un officier envoyé par les deux princes annonça à Gengiskan, qui se trouvait alors devant la forteresse de Talécan, que l'armée avait perdu un très-grand nombre d'hommes devant Kharizme, et que l'on ne conservait plus aucun espoir de s'emparer de la place. Gengiskan, irrité contre ses deux fils aînés, dont la mésintelligence avait amené tous ces revers, donna à Oktaï le commandement du siége. Ce prince réussit par la douceur à réconcilier ses deux frères. Il s'occupa ensuite de rétablir la discipline dans le camp; et lorsqu'il crut pouvoir compter sur l'obéissance et le courage de ses troupes, il fit donner un assaut général. Les Mogols plantèrent leurs drapeaux sur les murailles, avancèrent jusqu'à l'entrée de la ville, et mirent le feu aux maisons avec des pots remplis de naphte. Les habitants continuèrent à se défendre. Chassés d'un point, ils se retiraient sur un autre. Les femmes et les enfants même prenaient part à cette lutte acharnée. On se battit durant sept jours dans la ville. Enfin la population n'ayant plus aucun moyen de résister, demanda à se rendre. Le chef de la police, député vers les princes mogols, leur dit : « Nous avons éprouvé toutes les rigueurs de votre colère : il est temps que nous sentions les effets de votre clémence. — Comment, s'écria Djoutchi, irrité, ils disent qu'ils ont éprouvé les rigueurs de notre colère, lorsque, par leur résistance, ils ont détruit une partie de notre armée! C'est nous qui avons jusqu'à présent éprouvé leurs rigueurs, et nous leur ferons maintenant éprouver la nôtre. » Il donna l'ordre de faire sortir de la ville tous les habitants. On proclama que les ouvriers d'arts et de métiers eussent à se ranger à part. Ceux qui obéirent à cet ordre eurent la vie sauve. Les Mogols, qui avaient besoin d'ouvriers, les envoyèrent en Tartarie. Nombre d'artisans qui craignaient d'être relégués dans ce pays, et qui pensaient d'ailleurs que les autres habitants auraient la vie sauve, restèrent avec la multitude. Ces infortunés furent partagés entre les troupes mogoles et massacrés à coups de sabre et de pioche, ou percés de traits. Quelques historiens prétendent que chaque Mogol eut pour sa part vingt-quatre personnes à égorger; mais c'est là une exagération manifeste. Les exploits de Gengiskan et de ses soldats sont cependant déjà assez horribles, sans qu'il soit besoin de dépasser les bornes de la vérité pour les faire haïr. Les jeunes femmes et les enfants furent seuls épargnés pour être réduits en esclavage. Les Mogols pillèrent la ville, et achevèrent de la ruiner en ouvrant les écluses qui retenaient les eaux du Djihoun.

A l'époque où les princes ses fils se mettaient en route pour réduire Kharizme, Gengiskan alla mettre le siège devant Termed. Cette ville, n'ayant pas voulu ouvrir ses portes au conquérant mogol, fut emportée d'assaut au bout de dix jours. Tous les habitants furent livrés aux soldats mogols pour être massacrés. On rapporte qu'une vieille femme, se voyant sur le point de recevoir le coup de la mort, dit qu'elle donnerait une belle perle si l'on consentait à lui accorder la vie sauve. Le soldat chargé de la tuer lui demanda aussitôt cette perle. Elle répondit qu'elle l'avait avalée. Alors le Mogol lui fendit le ventre, et en tira la perle. Gengiskan, supposant que d'autres personnes avaient pu avaler de cette manière des pierres précieuses, donna ordre d'éventrer tous les morts et d'examiner leurs entrailles.

Pétis de la Croix nous apprend qu'après la prise de Termed, Gengiskan, pour donner de l'occupation à ses trou-

---

(1) Nous nous conformons au témoignage de M. d'Ohsson (*Histoire des Mongols*, tome I, page 267). De Guignes (*Histoire générale des Huns*, tome III, page 54) dit simplement que les trois mille Mogols furent repoussés.

pes pendant l'hiver, ordonna une grande chasse dans les plaines qui environnent cette ville. En l'absence du grand veneur, le souverain mogol ordonna au lieutenant de ce dignitaire de prendre toutes les mesures qu'il croirait utiles pour rendre cette chasse plus belle. Le lieutenant du grand veneur indiqua à ses officiers l'espace que devait occuper l'enceinte, et il les fit partir à cheval pour en marquer les limites. Il commanda ensuite aux chefs des troupes de suivre les veneurs, en se faisant accompagner eux-mêmes par leurs soldats, et d'aller occuper immédiatement les quartiers qu'on leur assignerait, afin d'être prêts à agir selon les ordres de l'empereur.

Quand les officiers furent arrivés avec leurs troupes au lieu du rendez-vous, ils rangèrent les soldats, doublant quelquefois les rangs autour du cercle qui avait été marqué par les veneurs et que les Mogols appellent *Nerké*. Ils déclarèrent, quoique nul ne l'ignorât, qu'il y allait de la vie de laisser sortir les bêtes hors de l'enceinte, qui formait un espace de deux mois de marche, à partir du centre, pour arriver à un point quelconque du cercle (1). Le *Nerké* renfermait un nombre considérable de bois et de forêts peuplés de bêtes sauvages de toutes espèces. Le point central vers lequel les animaux devaient être poussés était marqué dans une grande plaine.

Toutes les mesures étant prises et chacun se trouvant à son poste, les timbales, les trompettes et les cors se firent entendre, et sonnèrent la marche de toutes parts. Les soldats se mirent en mouvement sur tous les points du cercle, et avancèrent vers le centre, en poussant devant eux les bêtes qu'ils avaient délogées. Derrière étaient les officiers. Les hommes étaient armés, comme pour une expédition militaire, de casques de fer, de halecrets (2) de cuir, de boucliers d'osier, de cimeterres, d'arcs, de carquois pleins de flèches, de limes, de haches et de masses d'armes. Mais il était défendu de tuer ni de blesser aucun animal, et des peines rigoureuses devaient atteindre les soldats qui feraient usage de leurs armes contre les bêtes, même pour se défendre : il était seulement permis de les effrayer par des cris, afin de les empêcher de forcer l'enceinte. L'empereur l'avait ainsi ordonné.

L'armée marchait le jour en poussant les bêtes vers le centre, et l'on campait la nuit. Tous les détails du service étaient exécutés comme dans une expédition militaire. On donnait le mot, on faisait des rondes, on établissait des corps de garde, et on posait des sentinelles.

La marche des troupes continua sans obstacle pendant plusieurs semaines; mais une rivière qu'il fut impossible de passer à gué interrompit le mouvement général, et les troupes firent halte sur tous les points, afin de conserver leurs distances. Cependant les bêtes furent poussées dans la rivière, qu'elles traversèrent à la nage. Les soldats passèrent ensuite sur de grands sacs de cuir. Plusieurs hommes étaient assis sur un de ces sacs, attaché à la queue d'un cheval que tenait par la bride un homme qui nageait devant lui.

Cet obstacle surmonté, la marche des troupes n'éprouva plus aucune interruption. Le cercle devenant plus étroit, les bêtes, dit l'auteur que nous suivons, commencèrent à se sentir pressées, et comme si elles se fussent aperçues qu'on les voulait acculer, les unes se jetaient dans les montagnes, les autres dans les vallées les plus couvertes ; les autres, sans se mettre en peine des voies et des routes, couraient au travers des forêts et des taillis, d'où bientôt sentant approcher les chasseurs, elles sortaient pour aller ailleurs chercher une retraite plus assurée. Les tanières, de même que les terriers, se remplissaient, mais inutilement ; car on les ouvrait avec des bêches ou des hoyaux; on se servait même de furets : de sorte que les bêtes étaient contraintes de sortir et de s'éloigner. Le terrain ordinaire leur manquant peu à peu, les diverses espèces se mêlèrent les unes avec les autres. Il y eut des animaux qui devinrent furieux et qui donnèrent beaucoup d'exercice aux chasseurs. Ce ne fut qu'après des peines

---

(1) Voyez Pétis de la Croix, *Histoire du grand Genghizcan*, pag 331 et suiv.

(2) Ce mot, que nous empruntons à Pétis de la Croix, n'est plus en usage aujourd'hui. On appelait *halecret*, et non *halcret*, comme écrit Pétis, une sorte de cuirasse de fer battu, plus légère que la cuirasse ordinaire. Voyez le Père Daniel, *Histoire de la milice française*, tome I, page 400 et le *Dictionnaire de Trévoux*.

extraordinaires que les huées et le bruit de plusieurs instruments les forcèrent à s'écarter.

Comme un grand nombre de bêtes se retirèrent jusque sur les montagnes, on détacha des chasseurs et des soldats pour les en déloger; ce qui, dit Pétis de la Croix, n'était pas sans difficulté, car, ainsi que nous l'avons déjà remarqué, il n'était pas permis aux soldats de les blesser, et elles leur résistaient souvent. D'autres partis descendaient dans les précipices qui servaient de retraites à certains animaux qu'ils n'avaient pas moins de peine à mettre en fuite. Il n'y eut toutefois point de caverne et point de forêt où on laissât une seule bête. Pendant ce temps-là, les courriers partaient continuellement de tous les quartiers pour aller avertir le grand khan de ce qui se passait à la chasse, et lui porter des nouvelles des princes, dont plusieurs prenaient part, comme les chasseurs, au divertissement que leur donnaient les courses, les embarras et les divers mouvements des animaux. L'empereur, qui avait d'autres vues que le plaisir de la chasse, allait souvent lui-même observer l'état des troupes, voir si ses ordres étaient exactement suivis, et s'il n'y avait point de relâchement dans la discipline.

L'espace devenant de jour en jour plus petit, et les bêtes féroces ne pouvant plus guère s'écarter, elles s'élançaient sur les plus faibles, et les déchiraient; mais leur furie ne fut pas de longue durée, car comme on les chassait de toutes parts, et qu'elles commençaient à n'avoir plus d'autre terrain que celui où on les voulait voir toutes ensemble, le lieutenant du grand veneur fit battre les tambours et les timbales, et jouer de toutes sortes d'instruments; tous ces sons, joints aux cris et aux huées des chasseurs et des soldats, causèrent une si grande frayeur aux animaux, qu'ils en perdirent toute leur férocité. Les lions et les tigres s'adoucirent, les ours et les sangliers, semblables aux bêtes les plus timides, paraissaient abattus et consternés.

Tous les animaux se trouvant enfin resserrés dans un faible espace, les chasseurs se disposèrent à les tuer. Gengiskan pénétra le premier dans l'enceinte aux sons des trompettes, tenant d'une main son épée nue et un arc de l'autre. Il portait sur l'épaule un carquois plein de flèches; quelques-uns de ses fils et tous ses officiers généraux l'accompagnaient. Il commença lui-même la chasse, et attaqua les bêtes féroces les plus dangereuses. Il se retira ensuite sur une éminence, s'assit sur un trône qu'on lui avait préparé, et de là il observait la force et l'adresse des princes ses fils et des officiers qui chassaient. Quelque grand que fût le danger, nul ne cherchait à s'y soustraire, et chacun, au contraire, s'étudiait à montrer d'autant plus de courage qu'on n'ignorait pas que l'empereur observait attentivement la conduite des chasseurs. Après que les princes et les seigneurs se furent retirés, les jeunes officiers de l'armée entrèrent dans l'enceinte, et détruisirent un grand nombre d'animaux. « Alors, dit Pétis de la Croix, les petits-fils de Gengiskan, suivis de plusieurs petits seigneurs de leur âge, se présentèrent devant le trône, et par une harangue faite à leur mode, prièrent l'empereur de donner la liberté aux bêtes qui restaient. Il la leur accorda en louant la valeur de ses troupes, qui furent aussitôt congédiées et renvoyées à leurs quartiers. En même temps les animaux qui avaient évité le sabre et les flèches, ne se voyant plus environnés, s'échappèrent et regagnèrent leurs forêts. »

La chasse de Termed dura quatre mois. Gengiskan aurait voulu la prolonger davantage; mais il craignait d'y être encore occupé, lorsque arriverait le moment d'entrer en campagne. Le souverain mogol s'empara ensuite du Badakhschan, et il envoya une armée dans le Khorasan sous la conduite du prince Touloui. Au printemps, le souverain mogol, maître de tout le pays au nord du Djihoun, passa ce fleuve. Des députés de la ville de Balkh allèrent au-devant de lui pour faire leur soumission et lui offrir des présents. Cette démarche ne put préserver la ville d'une destruction complète. Gengiskan, qui se proposait de poursuivre Djelal-ouddin, qui s'était retiré à Gazna avec ses troupes, ne voulait pas laisser derrière lui une ville aussi puissante. Il fit sortir de Balkh tous les habitants, sous prétexte d'un dénombrement, et il donna ordre qu'on les égorgeât. Les Mogols pillèrent la ville, la réduisirent en cendres, et rasèrent les fortifications.

Après la destruction de Balkh, le conquérant mogol s'avança vers la forteresse de Nousret-couh, située dans le canton de Talécan. Cette place, extrêmement forte, résistait depuis six mois aux efforts de ses lieutenants. Gengiskan traînait à la suite de son armée une grande multitude de prisonniers de guerre. Il les força de combattre en première ligne. Ceux qui reculaient étaient massacrés aussitôt. Les Mogols élevèrent un tertre jusqu'à la hauteur des remparts, et dressèrent dessus des machines avec lesquelles ils commencèrent à lancer des projectiles dans la place. Les troupes de la garnison, ne pouvant plus tenir, firent une sortie générale, et essayèrent de passer à travers les assiégeants. Les cavaliers réussirent et se jetèrent dans les montagnes; mais l'infanterie fut taillée en pièces. Les Mogols entrèrent dans la forteresse, dont ils massacrèrent tous les habitants, et la détruisirent ensuite. Le siége avait duré sept mois.

Peu de temps après la prise de Nousret-couh, le prince Touloui, qui avait ruiné le Khorasan, alla rejoindre son père. Togatschar, gendre de Gengiskan, reçut bientôt l'ordre d'assiéger Nessa. Il fit jouer contre les murailles des béliers et vingt catapultes servies par des captifs et des hommes pris de force dans les contrées environnantes. Ceux d'entre eux qui paraissaient agir à contre-cœur étaient égorgés aussitôt. Après quinze jours de siége, la brèche se trouva ouverte, et les Mogols se rendirent maîtres des murailles pendant la nuit. A la pointe du jour, ils entrèrent dans la ville, d'où ils chassèrent tous les habitants. Lorsque ceux-ci furent réunis dans la plaine, ils leur ordonnèrent de se lier les uns aux autres les mains sur le dos. « Ces infortunés, dit un biographe appelé Mohammed de Nessa, obéirent sans songer à ce qu'ils faisaient. S'ils se fussent dispersés en fuyant vers les montagnes voisines, la plupart d'entre eux se seraient sauvés. Lorsqu'ils furent garrottés, les Mogols les entourèrent et les abattirent à coups de flèches, hommes, femmes et enfants, sans distinction. Le nombre des morts, entre les habitants de Nessa et les gens de la province qui s'étaient réfugiés dans la ville, s'éleva à soixante-dix mille (1). »

Trois jours après le sac de Nessa, un détachement de Mogols alla assiéger le château de Kharender, qui appartenait au même Mohammed. « J'étais, raconte ce biographe, dans mon château, situé sur une montagne escarpée, et un des plus forts du Khorasan, lequel, s'il en faut croire la tradition, a appartenu à mes ancêtres depuis l'introduction de l'islamisme dans ces contrées orientales; et comme il est au centre de la province, il servait d'asile aux prisonniers évadés et aux habitants qui fuyaient la captivité ou la mort. Au bout de quelque temps, les Tartares, voyant qu'ils ne pourraient pas le prendre, demandèrent pour prix de leur retraite dix mille robes de toile de coton et une quantité d'autres choses, quoiqu'ils se fussent gorgés de butin à Nessa. J'y consentis; mais, lorsqu'il fallut leur porter ces objets, personne ne voulut s'en charger, parce qu'on savait que leur khan tuait tout le monde. Enfin deux vieillards se dévouèrent, et m'ayant amené leurs enfants, les recommandèrent à mes soins, s'ils perdaient la vie. En effet, les Tartares les massacrèrent avant de décamper (2). »

« Bientôt, ajoute le même auteur, ces barbares se répandirent dans le Khorasan. Lorsqu'ils arrivaient dans un district, ils en rassemblaient les paysans, et les emmenaient vers la ville qu'ils voulaient prendre, pour les employer au service des machines de siége. L'effroi et la désolation étaient à leur comble, au point que celui qui se trouvait captif était plus tranquille que celui qui attendait dans sa maison sans savoir quel serait son sort. Les chefs et les seigneurs étaient également obligés de se rendre avec leurs vassaux et leurs instruments de guerre devant la ville dont les Tartares voulaient s'emparer. Toutes les personnes qui n'obéissaient pas étaient sans exception passées au fil de l'épée (3). »

Togatschar se porta ensuite sur Nischabour, et tenta de prendre cette place; mais il fut tué le troisième jour du siége par une flèche tirée des remparts. Le gé-

(1) Voyez d'Ohsson, *Histoire des Mongols*, tome I, page 276.
(2) *Ibid.*, page 277.
(3) *Ibid.*, page 278.

néral qui lui succéda, jugeant qu'il n'avait pas assez de forces pour s'emparer d'une ville aussi considérable, se retira. Il partagea ses troupes en deux corps : avec l'un il marcha sur Sebzevar, qu'il enleva d'assaut au bout de trois jours, et dont il fit égorger tous les habitants, au nombre de soixante-dix mille; l'autre pénétra dans le district de Thous, et prit les châteaux forts de la contrée, notamment ceux de Car et de Nocan, dont tous les habitants furent massacrés.

La première opération de Touloui à son entrée dans le Khorasan fut l'attaque de Merve-Schahidjan. En s'éloignant des bords du Djihoun, le sultan Mohammed avait envoyé à Merve des ordres portant que les fonctionnaires publics et les troupes eussent à se retirer dans le château de Méraga, et que les habitants qui resteraient dans la ville faute de pouvoir émigrer reçussent les Mogols sans leur opposer de résistance. Mais déjà l'effroi de Mohammed s'était communiqué à ses officiers. Le gouverneur, Behaï-ul-Mulk, croyant qu'il n'y aurait pas de sûreté pour lui dans le fort de Méraga, alla s'enfermer dans celui d'Alatac. Plusieurs chefs retournèrent à Merve; les autres se dispersèrent. Le lieutenant de Behaï-ul-Mulk était, ainsi que le moufti, décidé à se rendre. Le cadi et le chef des Séids voulaient, au contraire, qu'on se défendît. Dès l'arrivée de Tchébé et de Souboutaï dans le district de Merve appelé *Maroutchac*, une députation alla leur annoncer que la ville était prête à faire sa soumission. Mais un officier turcoman, nommé *Boca*, ayant réuni quelques troupes, se jeta dans Merve, et ceux des habitants qui voulaient se défendre se réunirent à lui.

Cependant la domination de Boca n'eut pas une longue durée. Il fut bientôt dépossédé par un autre chef, et Touloui arriva devant la ville avec une armée de soixante-dix mille hommes, composée en partie de soldats levés dans les provinces conquises. Les Mogols s'occupèrent d'abord de détruire un corps de dix mille cavaliers turcomans campés non loin de Merve et qui auraient pu entraver leurs opérations. Ils les attirèrent dans une embuscade, en tuèrent un grand nombre, mirent les autres en fuite, et s'emparèrent d'une immense quantité de bétail.

Le lendemain, Touloui, à la tête de 500 cavaliers, alla reconnaître les fortifications de Merve. Les assiégés firent deux sorties sans aucun succès, et des détachements de troupes mogoles placés autour des remparts empêchèrent que personne ne pût fuir de la ville. Le gouverneur envoya vers Touloui un iman auquel le prince mogol fit les plus belles promesses; et, sur ces assurances, le gouverneur se rendit au camp ennemi avec de riches présents. Le perfide Touloui l'assura que son intention était de conserver la vie sauve à tous les habitants de Merve. Il le fit revêtir d'une robe d'honneur, et témoigna le désir de voir ses amis et ses clients, auxquels il avait l'intention d'accorder des emplois et des distinctions. Le gouverneur manda ses gens : aussitôt qu'ils furent en présence de Touloui, ce prince les fit garrotter, ainsi que le gouverneur, et les somma de lui indiquer les habitants les plus riches de Merve. Il dressa, d'après ces renseignements, une liste de six cents personnes, marchands, propriétaires, artistes ou artisans, qui reçurent l'ordre de se rendre au camp mogol. Aussitôt que Touloui les eut en son pouvoir, les troupes assiégeantes entrèrent dans la ville et en firent sortir toute la population. Chaque habitant était accompagné de sa famille, et emportait ses effets les plus précieux. C'était l'ordre de Touloui. L'évacuation de la place dura quatre jours. Le prince, assis au milieu de la plaine sur un siége doré, donna ordre qu'on amenât en sa présence les militaires captifs, et qu'on leur tranchât la tête à la vue des habitants. Après cette exécution, les hommes, les femmes et les enfants furent séparés les uns des autres. L'air retentissait de cris et de sanglots. Ces malheureux ne connaissaient pas encore cependant le sort qui leur était réservé. Ils furent partagés entre les soldats mogols, qui les massacrèrent. On n'épargna que quatre cents artistes ou artisans, dont les Mogols supposaient avoir besoin plus tard, et quelques enfants des deux sexes destinés à l'esclavage. Les gens riches furent appliqués à la torture jusqu'à ce qu'ils eussent fait connaître les endroits où ils avaient caché leurs richesses. La ville fut livrée au pillage. Les Mogols détruisirent le monument funéraire du sultan seldjoukide Sandjar, après avoir violé la tombe de ce prince, dans laquelle ils espéraient trouver des trésors. Les murailles et la citadelle furent rasées. Touloui laissa à Merve un commandant mogol assisté d'un des principaux habitants de la ville, dont il crut utile pour ses intérêts d'épargner la vie. L'armée assiégeante s'étant un peu éloignée, cinq mille personnes qui s'étaient cachées dans des souterrains sortirent de leur retraite. Mais c'était en vain que ces infortunés espéraient échapper à la mort. Quelques troupes mogoles qui passaient par Merve pour aller rejoindre l'armée les massacrèrent. Ces mêmes soldats tuèrent dans la campagne tous ceux des habitants qui s'y étaient enfuis et dont ils purent se rendre maîtres.

En quittant Merve, Touloui s'était dirigé avec son armée vers Nischabour, ville alors très-populeuse et située à une distance de douze journées de Merve. Les habitants, bien persuadés que tôt ou tard les Mogols voudraient venger la mort de Togatschar, et qu'ils ne pouvaient rien espérer de ces barbares, avaient combattu avec fureur tous les corps ennemis qui osaient se montrer dans les environs, et s'étaient préparés à la défense. Ils avaient établi sur les remparts trois mille balistes et cinq cents catapultes. Les Mogols, qui prévoyaient toutes les difficultés du siége, avaient commencé, suivant leur usage, par ruiner complétement la province de Nischabour; puis ils dressèrent contre les remparts trois mille balistes, trois cents catapultes, sept cents machines à lancer des pots de naphte, quatre mille échelles et deux mille cinq cents charges de pierres. Ces préparatifs formidables intimidèrent les assiégés, qui envoyèrent à Touloui une députation composée des personnages les plus éminents de la ville et de la province, s'offrant de lui ouvrir les portes et de payer un tribut annuel. Touloui refusa d'écouter ces propositions; et sans égard pour le droit des gens, il retint prisonnier le grand juge de la province de Khorasan, chef de la députation. Le lendemain, 12 de safar de l'an de l'hégire 618 (7 avril 1221), les Mogols donnèrent un assaut général. La lutte se prolongea pendant toute la journée et la nuit suivante. Le matin les fossés avaient été comblés. Les murailles étaient entamées par soixante et dix brèches, et dix mille Mogols venaient de les escalader. Les assiégeants entrèrent dans la ville de tous les côtés à la fois. Chaque rue, chaque maison devint le théâtre d'un nouveau combat. Dans la journée du vendredi 14 de safar, la veuve de Togatschar, fille de Gengiskan, entra dans Nischabour accompagnée de dix mille Mogols qui firent main basse sur toute la population. Le massacre dura quatre jours. Personne ne fut épargné. Les assiégeants tuèrent jusqu'aux chiens et aux chats. Touloui, ayant entendu dire que lors de la prise de Merve un nombre assez considérable d'habitants s'étaient sauvés en se couchant parmi les morts, fit couper toutes les têtes, dont les Mogols formèrent ensuite des pyramides : les unes de têtes d'hommes, les autres de têtes de femmes, et les dernières de têtes d'enfants. La destruction de cette ville florissante coûta quinze jours d'efforts, de travail et de meurtres. Nischabour disparut, et l'on sema de l'orge sur le lieu où elle s'élevait auparavant. La population fut anéantie, à l'exception de quatre cents ouvriers, que les Mogols épargnèrent pour les employer à leur service. Quelques détachements de soldats furent laissés dans les environs pour mettre à mort les personnes qui auraient pu échapper au massacre général.

Touloui se dirigea ensuite sur Hérat, la seule place du Khorasan dont il ne fût pas encore maître. Un corps de troupes sous ses ordres alla piller Thous, et détruisit non loin de cette ville le tombeau du calife Haroun-al-Raschid et d'Ali-Razi, descendant du calife Ali, pour lequel les schiites ont une grande vénération. Touloui ravagea la province de Cohistan, et assit son camp devant Hérat, à cinq journées au sud-est de Nischabour, dans une plaine bornée par des montagnes et couvertes de villages et de jardins. Le gouverneur de Hérat ordonna qu'on mît à mort le parlementaire envoyé pour sommer la place de se rendre; et il engagea les habitants à faire une vigoureuse résistance. La lutte se prolongea avec acharnement de part et d'autre pendant huit jours. Mais le gouverneur ayant été tué en combattant, un parti qui s'était formé parla de se soumettre. Touloui, informé de la disposition des esprits, s'engagea à conserver la vie sauve aux habitants, s'ils voulaient se rendre sans différer. Ces propositions furent acceptées. Touloui fit cependant mettre à mort tous les gens attachés à la personne du sultan Djelal-ouddin, au nombre de 12,000 hommes, et il établit dans la ville un préfet mahométan et un commandant supérieur mogol.

Huit jours après, Touloui reçut l'ordre d'aller rejoindre son père dans le canton de Talécan. Après avoir détruit cette place, Gengiskan s'établit jusqu'à l'automne dans les districts montagneux situés aux environs. Informé que le sultan Djelal-ouddin se trouvait dans le pays de Gazna, il se dirigea vers cette contrée. Il prit, après un mois de siége, la forteresse de Kerdouan, puis il traversa l'Indoukousch, et alla mettre le siége devant Bamian. Moatougan, fils de Djagataï, ayant été tué par une flèche devant cette place, son grand-père, qui l'aimait tendrement, fit donner l'assaut à la forteresse, et l'ayant prise, il ordonna à ses soldats de massacrer toutes les personnes qu'ils y trouveraient, et de n'y faire aucun butin. La place fut détruite.

Pendant qu'on démolissait Bamian, Djagataï, qui était absent, arriva. Quelques jours après, Gengiskan se trouvant à un repas avec ses trois fils, leur reprocha avec une colère affectée de ne pas obéir à ses ordres. En parlant ainsi il regardait fixement Djagataï. Ce prince, effrayé, se jeta à genoux, et protesta qu'il mourrait plutôt que de désobéir à son père. Gengiskan renouvela ses reproches plusieurs fois. A la fin Djagataï, persistant toujours à répéter la même chose, Gengiskan lui dit : « Mais es-tu sincère, et tiendrais-tu ta parole? — Si j'y manque, répondit Djagataï, je consens à mourir. — Eh bien! reprit alors Gengiskan, ton fils Moatougan a été tué, et je te défends de te plaindre. » Djagataï fut assez maître de lui pour retenir ses larmes.

Cependant, Djelal-ouddin partit de Gazna au printemps de l'année 617 de l'hégire (1221), à la tête de soixante ou soixante et dix mille hommes de cavalerie,

et se dirigea vers le canton de Bamian. Il remporta un avantage sur un corps de troupes mogoles auquel il tua un millier d'hommes. Dès qu'il apprit la nouvelle de ce succès, Schiki Coutoucou, qui se trouvait à la tête de trente mille Mogols sur la frontière montagneuse du Caboul et du Zaboulistan, marcha contre Djelal-ouddin. Les deux armées se rencontrèrent dans les plaines de Pérouan ; nombre de soldats furent tués; la victoire resta indécise, et la nuit sépara les combattants. Le général mogol, voulant persuader aux ennemis qu'il avait reçu des renforts, ordonna que chaque cavalier plaçât sur son cheval de main un mannequin de feutre, en ayant soin de le soutenir par derrière. Le lendemain, les généraux de Djelal-ouddin, voyant l'armée mogole rangée en bataille, crurent qu'elle avait été renforcée, et ils parlaient déjà de battre en retraite. Mais le sultan refusa de se soumettre à cet avis, et il ordonna à ses soldats de combattre à pied, comme ils avaient fait la veille. L'élite de la cavalerie mogole se lança contre l'aile gauche de Djelal-ouddin ; mais ces troupes, reçues par une nuée de flèches, tournèrent bride presque aussitôt. Elles revinrent encore à la charge. Alors le sultan ordonna à ses soldats de remonter à cheval; et ils se précipitèrent sur les Mogols, qui prirent la fuite en désordre. Une grande partie de cette armée fut taillée en pièces. La victoire, qui pouvait être si avantageuse à Djelal-ouddin, lui devint funeste. Deux chefs de son armée se disputant la possession d'un superbe cheval arabe, l'un frappa de son fouet la tête de l'autre. Celui-ci, outré d'une pareille injure, et ne pouvant obtenir de Djelal-ouddin aucune satisfaction, quitta le camp pendant la nuit à la tête des troupes qu'il commandait. Djelal-ouddin, voyant ses forces considérablement réduites, se retira vers le Sinde, afin d'éviter la rencontre de Gengiskan, qui s'était avancé pour venger l'échec qu'avaient reçu ses troupes. Le conquérant mogol arriva à Gazna quinze jours après le départ du sultan, et il atteignit bientôt ce prince sur les bords du Sinde, au moment où il se disposait à le passer. A l'aurore, les Mogols attaquèrent leurs ennemis. Djelal-ouddin et ses troupes combattirent avec courage jusqu'au milieu du jour ; mais, voyant qu'il ne pouvait parvenir à entamer les ennemis, le sultan sauta sur un cheval vigoureux, courut vers le fleuve, et s'y précipita d'une hauteur de vingt pieds, son bouclier sur le dos, son étendard à la main, et il traversa ainsi le fleuve. Gengiskan arrêta ses soldats, qui voulaient poursuivre le sultan dans les eaux, et appelant ses fils, il leur proposa ce prince pour modèle. Les Mogols tuèrent à coups de flèches un grand nombre de cavaliers qui s'étaient précipités dans le fleuve à la suite du sultan, et détruisirent les débris de son armée. La famille de Djelal-ouddin tomba au pouvoir de Gengiskan, qui fit périr tous les enfants mâles.

Deux généraux chargés de poursuivre Djelal-ouddin, ayant d'abord perdu ses traces, allèrent investir Moultan. Mais les chaleurs étant devenues insupportables aux Mogols, ils levèrent le siége, et, après avoir ravagé plusieurs contrées voisines, ils repassèrent le Sinde et pour rejoindre l'armée de Gengiskan, qui retournait en Tartarie.

Au printemps de l'année 1222, Oktaï, fils du conquérant mogol, détruisit la ville de Gazna et en massacra les habitants, à l'exception de quelques gens de métier qu'il envoya en Tartarie.

Un autre général fut chargé de détruire Hérat, qui s'était soulevé. Le chef mogol attendit pour mettre le siége devant la ville l'arrivée de 50,000 hommes de milice qu'il avait levés dans les pays environnants. Le siége dura six mois et dix-sept jours, et peut-être les Mogols ne se seraient-ils pas rendus maîtres de la place, si la discorde ne se fût mise parmi les habitants. Pendant une semaine entière les assiégeants ne firent que tuer, piller et détruire par le fer et le feu. Quelques jours après, un corps de deux mille Mogols fut renvoyé pour mettre à mort tous ceux des habitants qui avaient pu se soustraire au massacre général.

La ville de Merve s'était un peu repeuplée. Un officier du sultan de Kharizme, s'en étant rendu maître, fit mettre à mort un chef persan qui y avait été placé par Touloui. Cet événement amena une nouvelle catastrophe. Cinq mille hommes reçurent l'ordre d'entrer dans la ville pour la détruire de nouveau, et en tuer les habitants. En s'éloignant, les Mogols laissèrent un officier et quelques soldats chargés de massacrer les habitants qui auraient pu échapper à la destruction générale.

Vers le milieu de l'année 1223, Gengiskan, dont l'armée venait de souffrir les ravages d'une maladie épidémique, résolut de retourner dans la Mongolie, en passant par l'Inde et le Tibet. Avant de partir, il ordonna aux prisonniers, qui étaient extrêmement nombreux, de monder une grande quantité de riz pour ses soldats. Ce travail étant achevé, on égorgea tous les captifs, et l'armée se mit en marche pour le Tibet. Au bout de quelques jours, Gengiskan reconnut toutes les difficultés qu'il éprouverait à traverser ce pays montagneux et couvert de forêts. L'armée retourna à Peïschaver, pour de là rentrer en Perse par la route qu'elle avait déjà suivie. Gengiskan établit ses quartiers d'été dans le canton de Bacalan, où il avait laissé ses bagages, et il se remit en route à l'automne. Se trouvant dans les environs de Balkh, il fit égorger tous les gens qui étaient venus habiter cette ville. On prétend que les hommes, en fort petit nombre, qui restèrent dans la province, furent réduits, pour vivre, à manger des chiens et des chats ; car les Mogols détruisaient partout les grains, en sorte que les habitants qui avaient pu éviter le fer mouraient par la famine.

Gengiskan repassa le Djihoun. Arrivé à Boukhara, il ordonna au principal magistrat de la ville de lui envoyer un théologien profondément versé dans la connaissance de la loi musulmane, et il se fit expliquer les dogmes et les préceptes moraux de l'islamisme. Il les approuva tous, à l'exception du pèlerinage de la Mecque ; car, disait-il, le monde entier appartient à Dieu ; et les prières parviennent jusqu'à lui en quelque lieu qu'on les fasse. Arrivé devant Samarcande, il fut salué par les notables de la ville qui s'avancèrent à sa rencontre. Il ordonna qu'on y fît la prière publique en son nom.

Le souverain mogol passa l'hiver de l'année 1223 dans la province de Samarcande. Au retour du printemps il continua sa marche, et fut rejoint sur les bords du Sihoun par ses fils Djagataï et Oktaï, qui avaient chassé durant la saison froide dans les environs de Boukhara. Toutes les semaines ils envoyèrent à leur père cinquante charges de gibier. Pendant l'été de l'année 1224 Gengiskan s'arrêta dans le canton de Colantaschi. Le prince Djoutschi dirigea vers cette contrée d'immenses troupeaux de bêtes fauves et d'ânes sauvages. Gengiskan se livra alors au plaisir de la chasse. Quand il se fut lassé de cet amusement, les soldats tirèrent des flèches contre les ânes sauvages, qui étaient tellement excédés de fatigue qu'ils se laissaient prendre sans résistance. Après que Gengiskan et son armée eurent satisfait leur passion pour la chasse, on rendit la liberté aux ânes sauvages qui restaient. Mais les Mogols imprimèrent auparavant leur marque sur chacun de ces animaux. Gengiskan passa en voyage le reste de l'été et de l'hiver. Deux de ses petits-fils, Koubilaï et Houlagou, dont les noms devinrent plus tard si célèbres, allèrent à sa rencontre près de la rivière d'Imil. Le premier de ces princes, âgé de onze ans, avait tué en route un lièvre. Le second, qui n'avait encore que neuf ans, avait pris un cerf. C'était alors l'usage, parmi les Mogols, de frotter avec de la chair et de la graisse le doigt du milieu aux enfants la première fois qu'ils allaient à la chasse. Gengiskan pratiqua lui-même cette cérémonie sur la personne de ses petits-fils. Il continua ensuite son voyage, et arrivé dans un lieu appelé *Bouca Soutchicou*, il y donna une fête à l'armée, et se trouva de retour à sa horde au mois de février 1225.

Nous allons quitter Gengiskan et reprendre les événements de plus haut pour suivre ses lieutenants. Deux généraux de ce prince, Tchébé et Souboutaï, ravagèrent l'Irak-Adjémi. Reï, Kom et Zendjan furent successivement pillées. Les habitants de Casbin, dont la ville avait été prise d'assaut, se défendirent dans les rues à coups de couteau avec le plus grand courage, et tuèrent un grand nombre de Mogols; ils succombèrent ensuite. Tauris, où commandait un prince turc nommé *Euzbeg*, obtint la paix, moyennant une contribution très-considérable en argent, en vêtements et en chevaux. Les deux armées mogoles quittèrent alors l'Aderbidjan, et allèrent établir leurs quartiers d'hiver dans les plaines du Mogan, sur les bords de la mer Caspienne. Tchébé et Souboutaï firent une incursion dans la Géorgie, et détruisirent un corps d'armée géorgien fort d'environ dix mille hommes. Ils pénétrèrent ensuite jusqu'à une petite distance de Tiflis, mettant tout à feu et à sang sur leur passage.

Au printemps de l'année 1221 les Mogols évacuèrent la Géorgie, et se dirigèrent sur Tauris. Cette ville fut obligée de se racheter une seconde fois par de fortes contributions. Ils allèrent ensuite assiéger Méraga, dont ils se rendirent maîtres au bout de quelques jours. Les habitants furent massacrés suivant l'usage, et la place incendiée. Les généraux firent annoncer alors leur retraite, et les personnes qui s'étaient tenues cachées ayant reparu furent toutes mises à mort. Les Mogols se portèrent de là sur Hamadan, et demandèrent, pour épargner la ville, une contribution considérable en argent et en étoffes. Les habitants, qui avaient déjà été rançonnés l'année précédente, coururent chez le principal magistrat, et se plaignirent de ces nouvelles réquisitions, disant qu'il ne restait plus rien pour satisfaire les barbares. « Que faire, répondit le magistrat? nous sommes les plus faibles, et nous n'avons pas d'autres ressources que de sacrifier nos biens. » Alors ces gens lui reprochèrent d'être plus dur que les infidèles eux-mêmes. Le magistrat, les voyant fort irrités, se montra disposé à faire ce qu'on exigerait de lui. Il fut décidé que l'on chasserait le gouverneur mogol, et que l'on se préparerait à la défense. Mais le peuple, furieux, massacra le gouverneur. La place fut aussitôt investie. Les habitants firent plusieurs sorties, et combattirent avec tant de courage pendant les deux premiers jours, qu'ils firent éprouver aux Mogols des pertes considérables; le troisième, privés du secours de leur chef, ils furent vaincus et passés au fil de l'épée. Quand le carnage eut cessé, les Mogols incendièrent la ville.

Se dirigeant ensuite vers le nord, ces barbares saccagèrent Ardebil, exigèrent de Tauris une troisième contribution en argent et en étoffes. Ils prirent ensuite Sérab et Bailecan, et en tuèrent les habitants. Ils firent alors une nouvelle incursion dans la Géorgie, d'où ils sortirent chargés de butin. Ils entrèrent dans le Schirvan, s'emparèrent des villes de Schamakhi et de Derbende, et traversèrent le Caucase. Là, ils trouvèrent les Alans ou Ases, les Lezguis, les Circassiens et les Kiptchacs, qui s'étaient ligués pour les combattre. La victoire resta indécise. Alors les Mogols eurent recours à leur moyen habituel, la perfidie. Ils engagèrent les Kiptchacs à abandonner leurs alliés et à se retirer chez eux, leur promettant à cette condition de riches présents et de nombreux avantages. Les Kiptchacs consentirent; et, après avoir reçu le prix de leur désertion, ils retournèrent par petits détachements dans leur pays. Les Mogols se mirent alors à leur poursuite, les dépouillèrent et les tuèrent. Les Alans, les Lezguis et les Circassiens, n'étant pas assez forts pour résister seuls aux efforts des soldats de Gengiskan, furent complétement battus.

A la suite de cette expédition, les Mogols entrèrent dans le pays de Kiptchac, qui s'étendait au nord de la mer Noire, du Caucase et de la Caspienne, depuis les bouches du Danube jusqu'à celle du Jaïk. Les habitants se retirèrent vers les extrémités de leur territoire, abandonnant les meilleurs pâturages. Les Mogols établirent leurs quartiers d'hiver au centre du pays. Dix mille familles de Kiptchacs passèrent le Danube et entrèrent sur le territoire de l'empire grec. Plusieurs chefs de la Russie méridionale résolurent alors de faire cause commune avec les Kiptchacs contre les Mogols. Ceux-ci, prévoyant un danger dans cette alliance, envoyèrent aux princes russes des députés chargés de leur porter des paroles de paix, et de les engager à se venger des déprédations des Kiptchacs. Les princes russes, voyant bien où tendaient ces propositions insidieuses, firent mettre à mort les députés mogols et passèrent le Dniéper. Les deux armées se trouvèrent en présence le 31 mai 1223. Les Mogols remportèrent une victoire complète sur les forces combinées des Russes et des Kiptchacs. Un corps de troupes russes renfermé dans un camp fut bientôt obligé de se rendre. Le prince de Kiev, qui commandait ces troupes, demanda la vie pour lui et pour deux de ses gendres, moyennant rançon. Le général mogol accepta ces conditions sous serment. Mais dès que les Russes se furent rendus, il les fit tous massacrer. Les trois princes furent condamnés à souffrir une mort lente et douloureuse. On les fit étendre par terre, et l'on plaça sur leurs corps des planches qui servirent de siéges aux vainqueurs pour célébrer un festin. Les Mogols entrèrent ensuite en Russie. Les habitants de Novogorod et de Seviatopol sortirent avec des croix à la rencontre des barbares, et implorèrent leur compassion. Ils furent massacrés au nombre de dix mille, et les Mogols mirent à feu et à sang toute la Russie méridionale. Des bords du Dniéper, ils s'avancèrent jusqu'à la mer d'Azow, entrèrent dans la Crimée, et prirent la ville opulente de Soudac.

Vers la fin de l'année 1223, ils firent une invasion dans le pays des Bulgares, qui habitaient des contrées situées entre le haut Volga et la Cama. Les Bulgares marchèrent courageusement à la rencontre de l'ennemi; mais, ayant donné dans une embuscade, ils furent défaits. Après cette expédition, les généraux de Gengiskan passèrent par le pays des Khazars pour rejoindre le conquérant mogol, qui traversait alors la Perse.

Au commencement de 1224, un corps de trois mille Mogols parut tout à coup devant Reï, surprit une petite armée de six mille Kharizmiens campés près de cette ville, et massacra tous les habitants qui étaient venus la repeupler. Kom, Cachan et Hamadan furent détruites par ces Mogols, qui se portèrent ensuite sur l'Aderbidjan, où ils rançonnèrent de nouveau le prince Euzbeg et les habitants de Tauris; puis ils s'éloignèrent. Les déprédations, la cruauté et la perfidie des Mogols avaient répandu l'épouvante jusqu'en Europe. L'empereur Jean Ducas, craignant pour ses États, fit fortifier les places les plus importantes, et les pourvut de munitions de bouche et de guerre. Les Grecs éprouvaient une horreur telle pour les Mogols, qu'ils admettaient comme véritables toutes les fables qu'on débitait sur ces barbares. On disait d'eux, comme nous l'atteste l'historien Pachymère (1), qu'ils

(1) *Voyez* tome 1er, p. 87.

avaient des têtes de chien et se nourrissaient de chair humaine.

C'est ici que nous devons placer la relation de la conquête de la Chine septentrionale par les Mogols. Moucouli, lieutenant de Gengiskan, était entré dans ce pays dès l'année 1217. Au mois d'août 1220, la cour de Nankin envoya un ambassadeur au souverain mogol pour demander la paix. Ces propositions furent rejetées, puis renouvelées en 1222. Mais Gengiskan, ayant remarqué que les conditions qu'on lui apportait étaient les mêmes qu'il avait déjà repoussées, dit à l'ambassadeur : « Voici ce que je t'accorde en considération de ton long voyage. Le pays au nord du fleuve Jaune est déjà en mon pouvoir; mais plusieurs villes dans l'ouest du Schen-si ne se sont pas encore rendues. Que ton souverain me les cède, et qu'il garde le Ho-nan avec le titre de roi. » Ces conditions ne furent pas acceptées.

La Chine septentrionale avait été ruinée par une guerre de quinze ans. L'empereur des Kins envoya encore en 1227 un ambassadeur à Gengiskan, alors occupé à ravager le Tangoute. Le souverain mogol avait quitté la Tartarie en 1225 pour faire une expédition dans ce pays. Le prétexte qu'il prit pour l'attaquer fut que le roi avait reçu à son service un de ses ennemis, et n'avait pas voulu lui donner son fils en otage. Gengiskan entra dans le Tangoute en février 1226, après avoir laissé en arrière Djagataï avec un corps d'observation. Cette campagne offre une suite non interrompue de succès; tout fut mis à feu et à sang. Les habitants, dit un auteur, se cachaient en vain dans les montagnes et dans les cavernes pour échapper au fer mogol : à peine un ou deux sur cent parvenaient à se sauver. Les champs étaient couverts d'ossements humains. Gengiskan alla passer la saison des chaleurs dans les monts Liou-pan. Il vit bientôt arriver dans ce pays des ambassadeurs de l'empereur des Kins qui venaient lui faire des propositions de paix. Au nombre des présents que ce souverain lui offrait était un plat rempli de perles magnifiques. Gengiskan en fit distribuer quelques-unes à ceux de ses officiers qui portaient des pendants d'oreilles. Quand ces largesses furent faites, le reste fut répandu à terre et livré au pillage.

Gengiskan avait été s'établir ensuite avec son armée à une douzaine de lieues de la ville de Tsin-tcheou. Là il fut atteint d'une maladie grave. Déjà l'année précédente, si nous en croyons les historiens orientaux, amis du merveilleux, un songe lui avait fait pressentir sa fin prochaine. Après le repas du matin, il dit aux officiers qui se trouvaient dans sa tente de s'éloigner; puis il donna à ses deux fils Oktaï et Touloui plusieurs avis, qu'il termina en disant : « Mes enfants, je touche au terme de ma carrière. Je vous ai conquis, avec l'aide de Dieu, un empire si vaste, que de son centre à ses extrémités il y a une année de chemin. Si vous voulez le conserver, restez unis et agissez de concert. Il faut que l'un de vous occupe le trône : Oktaï sera mon successeur. Respectez ce choix après ma mort, et que Djagataï, qui est absent, n'excite pas de troubles. »

A son lit de mort, il traça aux principaux officiers de l'armée mogole le plan qu'ils devaient suivre pour pénétrer jusqu'à Nankin. Il leur recommanda en même temps, s'il venait à succomber, de cacher soigneusement sa mort; et lorsque le roi du Tangoute quitterait sa capitale, suivant une convention qui avait été arrêtée entre eux, il leur ordonna de le tuer, et de traiter avec la même rigueur toute la population de la capitale. Ce testament, si digne d'un barbare, reçut son exécution fidèle. Le conquérant mogol mourut au bout de huit jours de maladie, le 18 août 1227, à l'âge de soixante-six ans et dans la vingt-deuxième année de son règne. Le corps fut transporté secrètement dans la Mongolie. Voulant empêcher que cette nouvelle ne fût connue, les soldats qui escortaient le cercueil tuèrent toutes les personnes qu'ils rencontrèrent sur leur route. Arrivés près des sources du Kherouloun, ils annoncèrent la mort de leur souverain. Le corps fut porté successivement dans les hordes des principales épouses du défunt. Les princes et les chefs militaires accoururent de toutes les parties de l'empire, pour rendre les derniers devoirs à ce conquérant. Quelques-uns ne purent arriver qu'au bout de trois mois de voyage. Le cercueil fut ensuite inhumé sur une des montagnes qui appartiennent à la chaîne du Bourcan-Caldoun, d'où sortent l'Onon, le Khérouloun et la Toula. Un jour, étant à la chasse dans ce pays, Gengiskan s'était reposé à l'ombre d'un grand arbre isolé, et avait dit, en partant, qu'il voulait être inhumé dans ce lieu. Le terrain des environs se couvrit avec le temps d'une épaisse forêt, et bientôt il devint impossible de reconnaître l'arbre sous lequel Gengiskan avait été enterré. Plusieurs descendants de ce souverain furent inhumés dans la même forêt, dont la garde fut confiée pendant longtemps à mille hommes appartenant à une tribu exemptée pour cette cause du service militaire. Des parfums brûlaient sans cesse devant les images de ces princes, qu'on avait élevées près de leur sépulture.

PAROLES REMARQUABLES DE GENGISKAN.

« L'homme, disait Gengiskan, ne peut pas être, comme le soleil, présent partout. Il faut donc que la femme, lorsque son mari est à la guerre ou à la chasse, tienne le ménage en si bon ordre, que si un messager du prince ou tout autre voyageur entre dans sa tente, il la voie bien arrangée et puisse y trouver un bon repas. Un pareil soin fera honneur au mari. On connaîtra le mérite de l'homme par celui de la femme. »

Gengiskan voulait que ses officiers tinssent leurs soldats tellement en haleine, qu'ils fussent toujours prêts à monter à cheval au premier ordre. Il disait que l'officier qui commandait bien ses dix hommes méritait qu'on lui en confiât mille. « Mais si un chef de dix ne sait pas conduire son peloton, je le punis de mort lui, sa femme et ses enfants, et j'en choisis un autre dans la dizaine. J'en use de même à l'égard des chefs de cent, de mille et de dix mille ». Il engageait ses officiers à se rendre auprès de lui, au commencement de chaque année, pour prendre ses ordres et recevoir ses avis. « Ceux, disait-il, qui, au lieu de venir auprès de moi pour entendre mes instructions, resteront dans leur cantonnement, auront le sort d'une pierre qui tombe dans une eau profonde, ou d'une flèche lancée dans les roseaux : elles disparaissent. De telles gens ne sont pas dignes de commander. » Il exigeait que les chefs militaires fissent exercer leurs fils à monter à cheval, à tirer de l'arc et à lutter, afin que plus tard ces jeunes gens pussent mettre tout leur espoir dans leur courage, comme les marchands le mettent dans les riches étoffes et autres objets précieux dont ils trafiquent.

Il se vantait d'avoir toujours employé les hommes suivant leur capacité. « Je donnais, disait-il, le commandement des troupes à ceux qui joignaient l'esprit à la bravoure; à ceux qui étaient actifs et alertes, je confiais le soin des bagages; quant aux gens lourds, je leur faisais donner un fouet, et ils allaient garder le bétail. C'est de cette manière et par l'établissement de l'ordre et de la discipline que je vis ma puissance s'accroître de jour en jour comme une lune nouvelle, et que j'obtins l'appui du ciel, le respect et la soumission de la terre. Si mes descendants suivent les mêmes règles que moi, ils seront dans cinq cents ans, dans mille, dans dix mille ans, également protégés du ciel. Dieu les comblera de ses faveurs, les hommes les béniront, et ils jouiront pendant de longs règnes de toutes les délices de la terre. »

Il disait qu'avant d'entreprendre une expédition, les chefs devaient inspecter les troupes et examiner leurs armes. Indépendamment de l'arc, des flèches et de la hache, chaque homme était muni, suivant l'ordonnance, d'une lime pour aiguiser les traits, d'un crible, d'une alêne, d'aiguilles et de fil. L'homme auquel il manquait un seul de ces objets recevait une punition. Quelques soldats portaient des sabres légèrement recourbés, et possédaient pour armes défensives un casque et une cuirasse de cuir garnie de lames de fer.

Il avait coutume de dire qu'en temps de paix le soldat devait être, au milieu du peuple, doux et calme comme un veau; mais qu'à la guerre il devait fondre sur l'ennemi comme un épervier affamé tombe sur sa proie.

Parlant du mérite de ses généraux : « Aucun homme, dit-il, n'est plus brave qu'Iessoutaï; personne ne possède des qualités plus éminentes que lui; mais, comme la marche la plus longue ne lui fait éprouver aucune fatigue, comme il ne sent ni la faim ni la soif, il s'imagine que ses officiers et ses soldats n'en sont pas incommodés. C'est pourquoi il n'est pas propre au commandement. Un général ne doit pas être insensible à la faim et à la soif, afin de pouvoir comprendre les souffrances des hommes auxquels il commande. Ses marches doivent être modérées, afin de ménager les forces des hommes et des chevaux. »

Un jour il demandait à un de ses chefs militaires quel était le plus grand plaisir que l'homme pût trouver sur la terre. « C'est, répondit le général, d'aller à la chasse par un jour de printemps, monté sur un beau cheval, tenant sur le poing un épervier ou un faucon, et de voir l'oiseau abattre sa proie. » Il adressa la même question à d'autres officiers, qui firent la même réponse. Il reprit alors : « Non; la plus grande jouissance de l'homme, c'est de vaincre ses ennemis, de les chasser devant soi, de leur ravir ce qu'ils possèdent, de voir les personnes qui leur sont chères le visage baigné de larmes, de monter leurs chevaux, de presser dans ses bras leurs filles et leurs femmes. »

Il blâmait l'usage immodéré des boissons fortes. « L'homme ivre, disait-il, est sourd, aveugle et privé de raison. Il ne peut pas rester droit. Il est étourdi comme celui qui a reçu un coup sur la tête. Tout son savoir, tous ses talents ne lui sont plus d'aucun usage. Il ne recueille que de la honte. Un souverain adonné à la boisson est incapable de rien de grand. Un officier qui s'enivre ne peut pas bien conduire sa troupe. L'intempérance perd tous les hommes qui s'y adonnent; si l'on ne peut pas s'empêcher de se livrer à la boisson, il faut tâcher du moins de n'être ivre que trois fois par mois. Une seule fois serait bien préférable. Ne pas boire du tout vaudrait encore mieux. Mais où est l'homme qui jamais ne s'enivre! »

Gengiskan sanctionna par ses lois plusieurs opinions superstitieuses. Il attribuait à une foule d'actions indifférentes des effets désastreux, tels, par exemple, que la chute de la foudre, que les Mogols redoutaient excessivement. Ce fut pour détourner de semblables malheurs qu'il défendit, sous les peines les plus sévères, d'uriner dans l'eau ou sur des cendres, de sauter par-dessus le feu, par-dessus une table ou une assiette, de tremper les mains dans l'eau courante, que l'on doit seulement puiser avec un vase. Il défendait également de laver les vêtements; on devait continuer à les porter jusqu'à ce qu'ils fussent complétement usés. Il ne souffrait pas qu'on dît, en parlant d'une chose, qu'elle était sale; suivant lui, tout était propre.

Il était tellement superstitieux, qu'une nuit, dormant chez une de ses femmes appelée *Abica*, il se réveilla tout à coup effrayé par un songe. Il dit aussitôt à cette princesse qu'elle ne lui avait jamais donné aucun sujet de plainte; mais que, dans un songe qu'il venait de faire, il avait reçu de Dieu l'ordre de la céder à un autre, et qu'il la priait de ne pas lui en vouloir pour cette action. Puis il demanda à haute voix quel était le chef qui montait la garde près de son pavillon : c'était un prince du nom de *Kehti*. Gengiskan le fit entrer, et lui annonça qu'il lui donnait Abica en mariage. Comme Kehti ne savait que penser de ces paroles, Gengiskan l'assura qu'il parlait sérieusement. Puis il fit présent à la princesse de l'ordou qu'elle habitait, avec les esclaves, les effets et les troupeaux qui en dépendaient. Il ne se réserva, de tout ce qui lui avait appartenu, qu'un seul esclave et une coupe d'or qu'il conserva comme souvenir. Il voulait que les Mogols exerçassent la plus grande hospitalité, jusqu'à partager leur repas avec toute personne venant s'asseoir près d'eux. L'hôte était tenu de goûter les mets avant son convive, quelle que fût la différence qui existât entre eux pour le rang.

Les lois de Gengiskan peuvent se diviser en vingt-deux titres, dont nous allons indiquer les principales dispositions.

LOIS DE GENGISKAN

PUBLIÉES DANS UN KOURILTAI, OU DIÈTE, TENUE A CARACORUM EN 1205.

I. Il est ordonné de croire qu'il n'y a qu'un Dieu, créateur du ciel et de la terre, qui seul donne la vie et la mort, les biens et la pauvreté, qui accorde et refuse tout ce qui lui plaît, et qui a sur toutes choses un pouvoir absolu.

II. Les chefs de secte, les prêtres, les religieux, les personnes qui se consacrent à la pratique de la religion, les crieurs des mosquées, les médecins et les gens qui lavent les corps morts doivent être exemptés des charges publiques.

III. Défense, sous peine de la vie, qu'aucun homme, quel qu'il soit, se fasse proclamer empereur sans avoir auparavant été élu par les princes, les khans, les émirs et autres seigneurs mogols, assemblés légalement dans une diète générale.

IV. Il est interdit aux chefs des nations et des hordes soumises aux Mogols de prendre des titres d'honneur.

V. Défense de faire jamais la paix avec un roi, un prince ou un peuple qui ne seraient pas entièrement soumis.

VI. La loi antérieurement établie et qui partage les troupes en corps de dix, de cent, de mille et de dix mille hommes, est maintenue. Ces divisions ont été reconnues utiles pour lever en peu de temps une armée et pour former des détachements.

VII. Au moment d'entrer en campagne chaque soldat doit recevoir ses armes des mains de l'officier qui en est le dépositaire. Le soldat doit tenir ses armes en bon état, et les faire examiner par ses chefs au moment du combat.

VIII. Défense, sous peine de mort, de piller l'ennemi avant que le général en accorde la permission; mais cette permission une fois accordée, le soldat doit jouir des mêmes prérogatives que l'officier, et rester possesseur du butin dont il a pu s'emparer, pourvu qu'il paye au receveur impérial les droits établis.

IX. Afin de tenir les troupes en haleine, il est ordonné de faire de grandes chasses tous les hivers. Il est défendu en conséquence à tous les habitants de l'empire de tuer depuis le mois de mars jusqu'en octobre des cerfs, des daims, des chevreuils, des lièvres, des ânes sauvages et quelques espèces d'oiseaux.

X. Défense d'égorger les animaux qu'on tue pour s'en nourrir; on doit leur lier les jambes, leur fendre le ventre et leur arracher le cœur avec la main.

XI. Il est ordonné de manger le sang et les entrailles des animaux, ce qui était défendu auparavant (1).

(1) Voici à quelle occasion Gengiskan fit cette loi. Revenant un jour d'une expédition, et les troupes manquant de vivres, on trouva répandues sur la route une grande quantité d'entrailles de bêtes provenant d'une chasse générale, et qui avaient été abandonnées. La faim contraignit tous les Mogols, et Gengiskan lui-même d'en manger. Depuis lors, ayant jugé que ces aliments défendus pourraient encore devenir utiles à ses troupes dans d'autres occasions, il en permit et en ordonna même l'usage.

XII. Les immunités et les priviléges des grands de la nation sont réglés par ce titre.

XIII. Tous les sujets de l'empire doivent aller à la guerre ou travailler gratuitement à des ouvrages publics.

XIV. Les personnes coupables du vol d'un cheval, d'un bœuf ou d'un objet quelconque de la même valeur seront punies de mort, et le cadavre sera coupé en deux parties. Pour les vols moins considérables on est condamné plus ou moins, suivant la valeur, à recevoir un certain nombre de coups de bâton, qui peut varier de sept, dix-sept, vingt-sept, et ainsi de suite jusqu'à sept cents. Cette punition corporelle peut être rachetée, en payant neuf fois la valeur du vol.

XV et XVI. Les sujets de l'empire ne peuvent pas prendre pour domestique un Mogol, tous les hommes de cette nation devant, sauf les cas exceptionnels, faire partie de l'armée. Afin d'empêcher la fuite des esclaves étrangers que les habitants sont obligés d'entretenir pour leur service, il est défendu, sous peine de mort, à tout Mogol ou Tartare de donner asile et de fournir des vivres et des vêtements à un esclave qui ne lui appartient pas; toute personne qui rencontrerait des esclaves fugitifs et ne les ramènerait pas à leurs maîtres serait punie de la même peine.

XVII. Loi sur les mariages ordonnant que l'homme achète sa femme, et que les unions soient interdites au premier et au second degré; mais il est permis d'épouser les deux sœurs, et d'avoir plusieurs femmes et des concubines. L'administration des biens regarde les femmes; elles achètent et vendent suivant leur volonté. Les hommes n'ont qu'à s'occuper de la chasse et de la guerre. Les enfants nés d'esclaves sont légitimes comme ceux des épouses; toutefois ceux-ci, et principalement ceux de la première femme, jouissent de plusieurs avantages déterminés par les règlements.

XVIII. L'adultère est puni de mort, et il est permis de tuer les coupables surpris en flagrant délit(1).

XIX. Ce titre permet de célébrer des unions entre deux enfants morts, pourvu que

(1) Marco Polo rapporte que les habitants de la province de Caindu murmurèrent contre cette ordonnance, parce qu'ils avaient coutume de livrer leurs femmes aux hommes qui venaient les visiter. Ils présentèrent plusieurs requêtes pour n'être point privés de ce moyen de recevoir honorablement leurs hôtes. Gengiskan céda à leurs importunités, et leur accorda cette demande. Mais afin que les sentiments d'honneur de ses autres sujets ne fussent point blessés par une coutume aussi honteuse, il déclara en même temps qu'il tenait ces peuples pour infâmes.

l'un soit un garçon et l'autre une fille. Le contrat et les autres cérémonies doivent avoir lieu comme dans les cas ordinaires, et les deux familles se trouvent unies.

XX. Défense de se baigner, de faire des ablutions ou même de laver ses vêtements dans une eau courante (1).

XXI. Les espions, les faux témoins, les gens qui se livrent à des vices infâmes et les sorciers sont condamnés à mort.

XXII. Ce titre contient des dispositions très rigoureuses contre les chefs et les commandants qui manquent à leur devoir, surtout dans les provinces éloignées ; on doit les mettre à mort s'ils sont coupables d'un grand crime, et si leur faute est légère, ils sont tenus de se présenter en personne devant l'empereur pour se justifier.

Ces lois furent rédigées en mogol et écrites en caractères ouigours que Gengiskan avait fait apprendre à quelques-uns de ses sujets. Des copies de ce recueil de lois, intitulé *Ouloug-Yassa* ou *Grandes ordonnances*, furent conservées dans les archives des princes ses descendants. Lorsqu'il se présentait quelques circonstances difficiles, on apportait ce code, et on le consultait avec respect. Gengiskan avait chargé d'une manière spéciale son fils Djagataï, qu'il connaissait d'un caractère grave et austère, de veiller à l'exécution du Yassa. Il disait que si ses successeurs ne suivaient pas les règles de conduite qui l'avaient élevé au-dessus des autres hommes et avaient affermi sa puissance, leur empire serait bientôt renversé. Alors ils demanderont Gengiskan ! « Mes descendants, disait-il encore, se vêtiront d'étoffes brodées d'or, se nourriront de mets exquis, monteront de superbes chevaux, presseront dans leurs bras de jeunes et belles femmes, et ils ne songeront pas à celui à qui ils devront toutes ces jouissances. »

Gengiskan avait près de cinq cents épouses et concubines. Ces dernières étaient des captives enlevées dans tous les pays qu'il avait soumis à sa puissance, ou même des filles mogoles ; car, en vertu d'un usage qui subsista encore après lui, on choisissait dans les tribus mogoles les plus belles filles, qui étaient destinées au souverain ou aux princes. Chaque capitaine examinait celles qui appartenaient aux hommes de sa compagnie, et, après avoir choisi les plus belles, il les présentait au chef de mille qui choisissait à son tour parmi celles qui lui étaient présentées ; puis on faisait encore un nouveau triage, et les jeunes filles qui sortaient victorieuses de cette dernière épreuve étaient présentées à l'empereur par le chef de dix mille hommes. Celles que le prince ne voulait pas garder étaient placées au service de ses femmes ou données à ses parents.

Gengiskan avait cinq épouses d'un rang supérieur, et qui portaient le titre de *grandes dames*. La première de celles-ci était Bourta ; elle donna le jour à Djoutschi, à Djagataï, à Oktaï, à Touloui et à cinq filles. Les enfants de Bourta tenaient le premier rang parmi la postérité de leur père.

PARTAGE DES ÉTATS DE GENGISKAN. — RÉGENCE DE TOULOUI. — ÉLECTION D'OKTAI. — RÈGNE DE CE PRINCE. — SA MORT.

Gengiskan avait partagé ses vastes États entre ses fils et ses parents. Djoutschi, fils aîné de ce souverain, avait reçu en partage les contrées au nord de la mer d'Aral, bornées à l'occident par le pays des Sacassines. Les États de Djagataï s'étendaient depuis Cayalig et le pays des Ouigours jusqu'aux rives du Djihoun. Oktaï possédait les régions arrosées par l'Imil, et Touloui gouvernait les pays situés entre les monts Caracorum et les sources de l'Onon.

Après avoir rendu les derniers devoirs à Gengiskan, les membres de la famille impériale, les chefs des tribus et de l'armée, retournèrent à leurs campements. Deux ans plus tard, au printemps de l'année 1229, ils se réunirent pour nommer un chef suprême. Le lieu où se tint la diète, ou *kouriltaï*, était le grand ordou de Gengiskan, situé sur les bords du Kherouloun. Les membres de cette assemblée furent reçus par Touloui, qui avait été nommé régent jusqu'à l'élection du nouvel empereur. Pendant les trois premiers jours les

---

(1) Gengiskan promulgua cette loi moins peut-être par superstition que pour empêcher les Mogols de se jeter, lorsqu'ils entendaient gronder le tonnerre, dans les lacs et les rivières, où ils se noyaient. L'armée avait perdu de cette manière un nombre considérable de bons soldats.

chefs ne s'occupèrent nullement d'affaires; mais le temps fut employé en festins. Plusieurs membres de l'assemblée désiraient placer sur le trône Touloui. Ce prince, voulant éviter tout sujet de division, fit lire l'ordre de Gengiskan qui désignait Oktaï pour son successeur, et il déclara qu'on devait se soumettre aux dernières volontés de l'empereur défunt. Oktaï ayant dit que ses frères et ses oncles étaient plus dignes que lui du rang suprême, les différents membres du kouriltaï s'écrièrent : « C'est Gengiskan qui t'a désigné lui-même pour être son successeur; comment pourrions-nous agir contre sa volonté! » Pendant quarante jours Oktaï, arrêté peut-être par les prédictions des astrologues et des devins, refusa encore d'accepter; mais le quarante et unième ayant été annoncé comme un jour heureux, le nouvel empereur fut conduit au trône par un de ses oncles et par son frère Djagataï. Toutes les personnes qui se trouvaient dans la tente se prosternèrent jusqu'à neuf fois devant Oktaï, firent des vœux pour sa prospérité, le saluèrent du titre de *caan* (1), et jurèrent de lui rester fidèles. Voici la formule du serment : « Nous jurons que tant qu'il restera de ta postérité un morceau de chair qui jeté dans un pâturage empêcherait le bœuf d'en manger l'herbe, et qui jeté dans de la graisse empêcherait les chiens de la saisir, nous ne placerons jamais sur le trône des princes d'une autre branche que la tienne. »

Oktaï, suivi de tous les membres de la diète, sortit de sa tente pour adorer le soleil par trois génuflexions. Le peuple qui se trouvait réuni dans le même lieu se prosterna également trois fois. Les chefs mogols rentrèrent ensuite dans le pavillon impérial pour prendre part à un grand festin. Les princes étaient assis à la droite du trône, les princesses à la gauche. De jeunes esclaves des deux sexes servaient les convives.

Oktaï se fit ensuite apporter les trésors que Gengiskan avait enlevés dans toutes les contrées de l'Asie, et les distribua aux chefs mogols et à leurs soldats. Il ordonna que, suivant la coutume nationale, des mets fussent offerts pendant trois jours aux mânes de son père. Puis il fit choisir, dans les familles les plus illustres et les plus puissantes, quarante jeunes filles d'une grande beauté. Elles furent vêtues de robes magnifiques, couvertes des bijoux les plus précieux, et, suivant l'expression de Raschid-eddin (1), *on les envoya servir Gengiskan dans l'autre monde.* Cet horrible massacre fut suivi du sacrifice de plusieurs beaux chevaux.

En montant sur le trône, Oktaï s'appliqua à faire observer les lois de Gengiskan, et il accorda une amnistie en faveur des personnes qui depuis la mort de son père s'étaient rendues coupables de quelques délits. Le sage ministre Yéliuï-Tchoutsaï l'engagea à fixer par des règlements les priviléges, le rang et les prérogatives des princes et des chefs dans leurs rapports avec le suzerain et entre eux. On restreignit le pouvoir illimité et tyrannique des généraux mogols dans les provinces conquises. Ces chefs s'arrogeaient le droit de vie et de mort sur leurs administrés, et il suffisait de leur volonté pour envoyer au supplice une famille tout entière. Oktaï établit une sorte de procédure, à laquelle les chefs militaires furent tenus de se conformer, avant de procéder à une exécution. Ce prince détermina également la valeur et la nature des impositions. Les Chinois payaient en argent, en soie et en grains. Les Mogols donnaient une bête sur cent pour les chevaux, les bêtes à cornes et les moutons. Des dépôts de grains furent établis dans l'empire pour l'usage des messagers du souverain.

Aussitôt après la nomination d'Oktaï, les Mogols s'occupèrent de suivre les plans de conquête de Gengiskan, et ils convinrent d'entreprendre immédiatement trois grandes expéditions militaires. Une armée de trente mille hommes devait être envoyée en Perse pour renverser le sultan Djelal-ouddin,

---

(1) Ce mot, comme nous l'apprend M. le baron C. d'Ohsson, est une contraction de *khacan*, titre qui depuis Oktaï servit à désigner le prince suzerain des différentes branches de la famille de Gengiskan. Les grands vassaux ne prenaient que le titre de *khan*.

(1) Cité par M. d'Ohsson, *Histoire des Mongols*, II, pag. 13.

qui, étant revenu de l'Inde après la retraite de Gengiskan, avait recouvré la possession d'une grande partie des États de son père. Une autre armée de la même force devait soumettre les Kiptchacs, les Sacassines et les Bulgares. Oktaï, accompagné de son frère Touloui et de quelques autres princes de sa famille, se mit en marche pour achever la conquête de l'empire des Kins. L'expédition se termina par la destruction de cette monarchie, au commencement de l'année 1234.

Oktaï avait quitté dès le mois de mai 1232 l'armée expéditionnaire, pour retourner dans la Mongolie. Il tomba gravement malade en route. Quand il fut rétabli, il continua son voyage jusqu'aux sources de l'Onon. Ce fut dans ce lieu que mourut Touloui au mois d'octobre de la même année. Il était alors âgé de quarante ans. Ce prince était extrêmement enclin à l'ivrognerie, et les excès auxquels il se livrait hâtèrent sa fin (1).

Oktaï tint en 1234 une assemblée générale dans un endroit de la Mongolie appelé *Talantépé*. L'année suivante, il convoqua un nouveau kouriltaï dans la ville de Caracorum, où il avait fixé sa principale résidence (2). Pendant un mois on donna des fêtes aux princes qui étaient venus pour prendre part à l'assemblée, et on leur fit de grandes largesses. Lorsqu'on s'occupa enfin des affaires de l'empire, il fut décidé que l'on entreprendrait plusieurs expéditions, et que l'on enverrait une armée contre les Soungs et une autre en Corée pour réduire les habitants de ce pays qui s'étaient révoltés. Une troisième expédition fut envoyée pour conquérir les pays situés au nord de la mer Caspienne et de la mer Noire, une autre partit pour les frontières du Cachemire et de l'Inde. La Perse avait déjà été soumise antérieurement, et le sultan Djelal-ouddin avait péri en 1231.

Il fut décidé, dans le même kouriltaï, que les propriétaires de troupeaux seraient tenus de donner une tête de bétail par cent bêtes, et les cultivateurs la dîme de leurs récoltes. Le produit de ces tributs était destiné au soulagement des pauvres.

Oktaï avait amené de la Chine un grand nombre d'artistes et d'ouvriers habiles. Il les chargea de lui élever un palais dans la ville de Caracorum. L'édifice était entouré d'un parc, et on y avait ménagé quatre entrées : l'une réservée à l'empereur seul, la seconde aux princes du sang, la troisième aux dames de la famille impériale, et la dernière au public. On avait bâti autour du palais plusieurs hôtels destinés aux grands de la cour. Cet ensemble de constructions forma une ville à laquelle Oktaï donna le nom d'*Ordoubalik*, c'est-à-dire la *ville de l'Ordou*, mais qui est bien plus connue sous le nom de *Caracorum* (1). La nouvelle ville fut entourée en 1235 d'une muraille d'environ une demi-lieue de circuit. L'empereur fit établir, depuis Caracorum jusqu'à la frontière de la Chine, trente-sept relais qui étaient protégés par des détachements de cavalerie. Chaque jour on voyait arriver à la capitale, des différentes parties de l'empire mogol, cinq cents chariots chargés de vivres et de liqueurs de différentes espèces que l'on déposait dans de vastes magasins pour les livrer ensuite à la consommation de la cour et en faire des distributions au peuple.

Oktaï inaugura son nouveau palais en 1236. Il donna à cette occasion un grand festin. Au mois de mars de la même année, on créa en Chine des assignations munies du sceau du trésor. On en émit pour la somme de 10,000 petits lingots ou 50,000 onces d'argent.

L'empereur avait promis à ses généraux de leur distribuer les provinces conquises. Le sage ministre Yéliuï-Tchoutsaï fit entendre à ce prince combien un pareil système pouvait devenir préjudiciable à l'empire et à lui-même. Oktaï comprit la vérité de ce conseil, et récompensa ses généraux avec de l'argent, des étoffes précieuses et des bijoux. Cependant les provinces de la Chine furent données en apanage aux princes et aux

---

(1) Touloui (comme nous l'apprend M. d'Ohsson, *Histoire des Mongols*, tome II, page 60) signifie *miroir* en langue mogole. Après la mort de ce prince, il ne fut plus permis de prononcer son nom, et pour désigner un miroir, les Mogols empruntèrent de la langue turque le mot *gueuzugu*.

(2) Il a été question des ruines de cette ville ci-devant, page 204, col. 2.

(1) On l'appelait aussi Van-gan. *Voyez* de Guignes, *Histoire générale des Huns*, tome III, page 95, note *a*.

princesses du sang et à quelques seigneurs mogols; mais l'empereur nomma des fonctionnaires chargés de la perception de l'impôt. Cette modification atténuait les inconvénients du système des fiefs que l'empereur ne voulut pas détruire en Chine pour ne pas manquer à la parole qu'il avait donnée (1).

Le sage ministre fit instituer deux grands collèges destinés à l'instruction des jeunes nobles mogols, qui y apprenaient l'histoire, la géographie, l'arithmétique et l'astronomie, sous des maîtres habiles, choisis par le ministre lui-même.

Pendant que les armées mogoles ravageaient la Corée, le midi de la Chine, la Russie, la Pologne et la Hongrie, Oktaï passait sa vie dans l'oisiveté et se livrait à son penchant pour la chasse et l'ivrognerie. Il passait un mois du printemps à Caracorum, et allait s'établir, pour le reste de cette saison, dans le palais de *Kertchagan*, situé à une journée de chemin de la ville. Ce palais avait été bâti par des architectes persans, qui voulurent rivaliser avec les architectes chinois constructeurs d'Ordoubalik. En quittant ce château de plaisance, Oktaï retournait pour quelques jours à Caracorum, puis il fixait sa résidence pendant l'été dans un lieu nommé *Ormektoua* (2). Il tenait sa cour sous une tente de feutre blanc, garnie à l'intérieur de tissus de soie brochés d'or, et qui pouvait contenir jusqu'à mille personnes. En automne il passait environ quarante jours dans les environs du lac Keusché, à quatre journées de Caracorum; puis il se rendait à Ong-ki, où il passait l'hiver, saison de la grande chasse. Il avait fait construire dans ce canton une enceinte de pieux de deux lieues de circuit, et dans laquelle on avait pratiqué plusieurs portes. Toutes les troupes cantonnées jusqu'à la distance d'un mois de route recevaient l'ordre d'avancer en poussant du côté de l'enceinte le gibier et les animaux sauvages. Quand l'empereur avait chassé, venait le tour des princes du sang, puis des officiers, et les animaux qui restaient étaient tués par les soldats. Au retour d'une de ces parties de chasse aux environs du lac Tchitchek-Tchagan, au mois de mars de l'année 1241, il tomba malade. L'impératrice Tourakina, son épouse, vivement alarmée de sa position, consulta le sage Yeliuï-Tchoutsaï afin de savoir de lui quel moyen elle devait employer pour obtenir du ciel le rétablissement de l'empereur. Le ministre conseilla des actes de justice et de bienfaisance. Il dit que les fonctions les plus hautes et les emplois les plus importants de l'empire étaient confiés à des hommes qui trafiquaient de la justice et vendaient les places et les faveurs. Les prisons étaient pleines d'innocents dont le seul crime était d'avoir élevé la voix contre ces abus intolérables, et qu'il fallait accorder une amnistie générale. Tourakina voulait faire publier sur-le-champ cette amnistie; mais le ministre lui représenta qu'on ne pouvait pas prendre une mesure aussi importante sans un ordre formel de l'empereur. Aussi dès qu'Oktaï, qui avait perdu connaissance, fut revenu à lui, l'impératrice le pria d'accorder un pardon général à toutes les personnes qui avaient été envoyées en exil ou qui étaient détenues en prison. L'empereur accéda facilement à la requête de Tourakina, et quelque temps après il se rétablit; mais au mois de décembre suivant il fut atteint d'une nouvelle maladie. Il alla néanmoins encore à la chasse pendant cinq jours. A son retour il s'arrêta dans les environs du mont Eutegou-Coulan, et passa le temps à boire jusqu'à minuit. Le lendemain matin, 11 décembre 1241, on le trouva mort dans sa couche. Une de ses concubines et quelques autres personnes, faussement accusées de lui avoir donné du poison, furent condamnées au dernier supplice. Il était âgé de cinquante-six ans, et en avait régné treize. On l'enterra dans la vallée de Kinien.

---

(1) Voyez *Histoire des Mongols* du baron C. d'Ohsson, tome II, p. 67 et suivantes.
(2) M. d'Ohsson (tome II, p. 84, note 2) reconnaît la position de ce lieu dans la montagne et la station d'Ourmoukhtouï, près de la rivière Schara, qui va du sud-est se jeter dans l'Orgon, à environ vingt-deux lieues au sud de Kiakhta sur la route de l'Ourga. M. Timkowski parle d'Ourmoukhtouï dans son *Voyage à Pekin*, tome I, page 43.

CARACTÈRE D'OKTAÏ. — ANECDOTES SUR CE PRINCE. — SES FEMMES.

Oktaï, il faut le dire à sa louange, avait un caractère d'une douceur bien remarquable pour un Mogol de cette époque, et pour un fils de Gengiskan. Il était libéral jusqu'à la prodigalité. Lorsque ses officiers lui faisaient quelques représentations sur ses largesses, il leur répondait que, tout étant passager en ce monde, il fallait tâcher de se perpétuer dans la mémoire des hommes.

Lorsqu'on parlait des richesses amassées par quelque souverain : « Ils étaient tout à fait privés de bon sens, disait il; puisque les richesses ne nous préservent pas de la mort, et que nous ne pouvons pas revenir de l'autre monde, nous devons verser nos trésors dans le cœur de nos sujets. »

Un marchand étant venu un jour lui offrir un bonnet à la persane, Oktaï recommanda de compter à cet homme deux cents pièces d'argent. L'officier chargé d'acquitter la somme, s'imaginant qu'un pareil ordre ne pouvait avoir son origine que dans les fumées du vin, crut ne devoir pas obéir. Le lendemain Oktaï, apprenant que le marchand n'avait point été payé, lui assigna trois cents pièces au lieu de deux cents. Le jour suivant, la même chose arriva encore, et la somme promise s'éleva enfin à six cents pièces d'argent. Alors Oktaï s'emporta contre ses officiers, et leur dit qu'ils étaient véritablement ses ennemis, puisqu'ils l'empêchaient d'acquérir la seule chose durable en ce monde, une bonne renommée. « Je vois bien, ajouta-t-il, que vous ne vous corrigerez jamais tant que je n'aurai pas puni un ou deux d'entre vous pour servir d'exemple aux autres. »

Pendant qu'il faisait bâtir Ordoubalik, il entra un jour dans son trésor, et le trouvant plein de pièces de monnaie : « A quoi me servent, dit-il, toutes ces richesses qu'il faut encore prendre la peine de garder ? » Il fit publier que les personnes qui voudraient de l'argent eussent à se présenter. Aussitôt les habitants accoururent en foule au trésor, et chacun prit ce qu'il put emporter.

Un grand nombre de marchands, attirés par la réputation de générosité d'Oktaï, se rendaient à sa cour des contrées les plus lointaines. Ce prince achetait toutes leurs marchandises en bloc, et en faisait ensuite des présents. Il avait coutume, après le repas, de s'asseoir devant ses tentes et de distribuer des cadeaux à toutes les personnes qu'il voulait distinguer. Les marchands profitaient de sa facilité pour lui faire des comptes trop considérables ; mais il exigeait toujours que les mémoires fussent acquittés intégralement, et même que l'on accordât aux marchands un dixième en sus du montant de leurs factures. Quelques seigneurs de sa cour lui représentèrent que cette addition était superflue, puisqu'il payait déjà plus que les prix ordinaires. « Ces gens, répondit alors Oktaï, n'apportent ici leurs marchandises que dans l'espoir de faire de grands bénéfices. Je ne veux point qu'ils soient déçus dans leur attente. Et d'ailleurs n'ont-ils pas toujours quelques petites dépenses à faire pour vous autres ? »

Un jour Oktaï, ayant rencontré sur la route un vieillard qui paraissait étranger, le questionna suivant son usage. Ayant appris que cet homme était de Bagdad, qu'il avait dix filles à marier, et se trouvait dans la plus grande indigence : « Pourquoi, dit Oktaï, le calife ton maître ne vient-il pas à ton secours? —Toutes les fois que je lui fais connaître ma misère, reprit le vieillard, on me compte de sa part dix pièces d'or ; mais cette somme est bientôt absorbée par les nombreux besoins de ma famille. » Alors l'empereur lui fit compter mille pièces d'argent, qu'on lui remit aussitôt. « Mais, dit le vieillard, comment ferai-je pour transporter chez moi une pareille somme ? » Oktaï lui fit fournir des chevaux. « Mais, continua le vieillard, j'ai un si long voyage à faire, Dieu sait si j'arriverai à Bagdad ; et dans le cas où je viendrais à mourir en route, mes filles seront privées des bienfaits de l'empereur. » Oktaï lui fit donner une escorte de dix Mogols. Cet homme mourut, comme il le craignait, avant d'arriver à sa destination. Les soldats de l'escorte informèrent aussitôt de cet événement Oktaï, qui leur ordonna de porter l'argent à Bagdad, et de le remettre aux filles du défunt.

Oktaï faisait souvent avancer des fonds à des personnes qui voulaient tratiquer. Un marchand avait reçu du trésor, à titre d'emprunt, une somme de cinq cents pièces d'or. Il se présenta au bout de quelque temps pour annoncer qu'il avait tout perdu. Le caan lui fit remettre une somme égale à la première. L'année suivante, cet homme reparut. Il était dans la misère, et se plaignit du malheur qui le poursuivait. Quelques personnes l'accusèrent d'avoir *mangé* tout l'argent qu'il avait reçu. « Mais comment peut-on manger des pièces d'or, dit l'empereur? » On lui répondit qu'il les dépensait à ses plaisirs. « En ce cas, dit Oktaï, les pièces d'or n'en subsistent pas moins, et ceux à qui il les a données étant mes sujets, c'est comme si j'avais ces richesses dans mes coffres. Remettez-lui encore une pareille somme, et recommandez-lui de ne plus se montrer si prodigue à l'avenir. »

Se trouvant un jour à la chasse, un pauvre homme lui offrit trois melons. Oktaï, n'ayant ni bijoux ni argent sur lui, pria Mouga, une de ses épouses, de lui donner deux grosses perles qu'elle portait à ses oreilles. La princesse répondit que cet homme ne pouvait pas comprendre la valeur d'un pareil cadeau, et qu'il serait plus convenable de le faire revenir le lendemain et de lui donner des habits et de l'argent. « Croyez-vous donc, dit-il, que le pauvre puisse attendre jusqu'au lendemain? Quant aux perles, elles me reviendront toujours. » En effet, l'acquéreur, frappé de leur beauté, alla les offrir à l'empereur, qui les rendit alors à Mouga.

Il était défendu, comme nous l'avons dit plus haut (1), de se baigner dans une eau courante, et même d'y tremper les mains, de crainte d'attirer le tonnerre, dont les Mogols avaient une frayeur extrême. Lorsqu'un homme avait été frappé de la foudre, sa famille et la tente qu'il habitait étaient reléguées loin du campement, et aucun des siens ne pouvait entrer pendant trois ans dans l'ordou d'un prince de la famille impériale. Tout ce qui avait appartenu à cet homme, sa famille comme ses meubles, devait être purifié en passant entre deux feux. Oktaï, revenant un jour de la chasse avec son frère Djagataï, vit un musulman qui se tenait accroupi dans l'eau pour faire ses ablutions. Djagataï, stricte observateur des coutumes de l'empire, et d'ailleurs ennemi des mahométans, voulait que cet homme fût mis à mort à l'instant même. Oktaï dit qu'il serait interrogé et jugé le lendemain; puis il fit jeter en secret une pièce d'argent à l'endroit où le musulman avait été surpris, et il le fit avertir d'alléguer pour excuse qu'ayant eu le malheur de laisser tomber dans la rivière la seule pièce d'argent qu'il possédât, il était descendu dans l'eau pour la reprendre. Quand on interrogea le prévenu, il fit la réponse qu'Oktaï lui avait suggérée, et des personnes envoyées pour s'assurer si cette déclaration était exacte ayant rapporté la pièce de monnaie, Oktaï déclara qu'on ne devait dans aucun cas transgresser la loi; mais qu'il voulait faire grâce à cet homme en considération de son indigence, qui l'avait porté à exposer sa vie pour une somme aussi faible, et il lui fit donner encore dix pièces d'argent.

Au commencement de son règne, il avait fait défendre de couper la gorge aux animaux dont la chair est destinée à servir de nourriture : on devait, suivant l'usage mogol et le yassa de Gengiskan, leur fendre la poitrine (1). Cet ordre contrariait les mahométans, qui ne peuvent se nourrir que d'animaux égorgés. Un musulman, ayant acheté un mouton, fut observé par un Kiptchac qui le suivit, monta sur le toit de la maison, et sautant à terre au moment où le musulman égorgeait l'animal, traîna de force le coupable devant l'empereur. Oktaï fit mettre le musulman en liberté, et condamna le Kiptchac à la peine de mort, pour s'être introduit dans une maison étrangère.

Un homme ennemi des musulmans se présenta un jour devant Oktaï, et lui dit que Gengiskan lui était apparu en songe et lui avait adressé ces paroles : « Va dire de ma part à mon fils qu'il extermine les sectateurs de Mahomet, car ils sont une race méchante. » Après s'être recueilli quelques instants, Oktaï demanda à cet homme si Gengiskan s'était adressé à lui par le moyen d'un interprète; il dit que non. « Et sais-tu le mo-

(1) *Voyez* ci-devant, p. 315, col. 1.

(1) *Voyez* ci-devant, page 314, titre X.

gol, répliqua l'empereur? Cet homme avoua qu'il ne savait que le turc. Tu mens donc, continua Oktaï, car Gengiskan ne parlait que le mogol. Il fit condamner cet homme à la peine de mort.

De pareils actes de justice sommaire paraissent d'abord inexplicables chez un prince d'un naturel aussi doux qu'Oktaï. Il est facile de comprendre toutefois que cet empereur voulait arrêter la délation, qui pouvait compromettre la sûreté de sa personne et de ses États avec des hommes aussi ignorants et aussi superstitieux que les Mogols.

Quelques Chinois donnaient devant Oktaï un spectacle de marionnettes. Parmi les différentes figures qui parurent sur la scène on remarquait un vieillard coiffé d'un turban, portant de longues moustaches blanches et attaché par le cou à la queue d'un cheval. L'empereur demanda aux Chinois ce que représentait ce vieillard. « C'est de cette manière, répondirent-ils, que les soldats mogols traînaient les captifs musulmans. » Oktaï fit cesser aussitôt le spectacle, et donna ordre qu'on lui apportât les productions les plus rares de la Perse et de la Chine qui se trouvaient dans son trésor. Il prouva à ces Chinois que les objets de leur pays ne pouvaient pas soutenir la comparaison avec les produits des autres. Et il ajouta : « Il n'y a pas dans mon empire un seul riche musulman qui ne possède plusieurs esclaves chinois, et pas un seul riche chinois ne possède d'esclaves musulmans. Vous connaissez d'ailleurs la loi de Gengiskan qui prononce une amende de quarante pièces d'or pour le meurtre d'un musulman, et n'estime la vie d'un Chinois qu'à la valeur d'un âne. Comment, après cela, osez-vous insulter les Mahométans! » Et il les renvoya aussitôt.

Ce prince avait un goût prononcé pour les combats de lutteurs, et il entretenait un grand nombre d'athlètes kaptchacs et chinois. Ayant entendu vanter l'adresse et la force des lutteurs persans, il donna ordre à un de ses généraux d'en envoyer quelques-uns en Mongolie. Le général fit partir une trentaine de ces hommes sous la conduite de deux maîtres fameux, Pilé et Mohammed-Schah. Les lutteurs furent présentés à Oktaï, qui admira la bonne mine, la haute stature et les justes proportions des membres de Pilé. « Je crains bien, dit un général qui se trouvait présent, que les frais de voyage et le salaire de ces hommes ne soient autant d'argent perdu. — Eh bien, répondit le Caan, faites venir quelques-uns de vos lutteurs; ils essayeront leurs forces contre les Persans, et s'ils sont vainqueurs je vous payerai cinq cents pièces d'or; dans le cas contraire, vous me donnerez cinq cents chevaux. « Le général accepta cette proposition, et se présenta le lendemain avec un homme appartenant à sa division. Pilé s'avança vers lui. Les deux champions commencèrent à se mesurer des yeux, et se saisirent au corps. Le Mogol fut assez adroit pour renverser son adversaire, et tomba sur lui. « Tiens-moi bien, lui dit Pilé en riant; prends garde que je ne t'échappe. » Et au même instant il l'enleva, et le jeta contre terre si rudement qu'on entendit craquer ses os. Alors l'empereur dit à Pilé: « Tiens-le ferme! » Puis se tournant vers le général « : Eh bien! Pilé a-t-il gagné son salaire? » Et il exigea le montant de la gageure, qui fut remis à Pilé avec une somme considérable.

Oktaï, qui s'était attaché à cet athlète, lui avait donné une jeune fille d'une grande beauté. Quelque temps après, il demanda à celle-ci comment elle trouvait son Tazik (1); car les Persans jouissaient d'une grande réputation parmi les Mogols. La jeune fille donna à entendre qu'il n'existait aucune intimité entre elle et le lutteur. Oktaï demanda à Pilé le motif d'une pareille conduite. L'athlète lui répondit qu'étant devenu célèbre à sa cour, et n'ayant jamais été vaincu, il voulait conserver toutes ses forces pour continuer à mériter les bonnes grâces du Caan. Oktaï lui dit qu'il voulait avoir des hommes de sa race, et qu'il le dispensait de paraître dorénavant dans l'arène.

On rapporte de la part de ce prince un trait qui annonce que s'il était supérieur à ses compatriotes, il avait cependant conservé quelque peu de leur barbarie. Le bruit s'étant répandu parmi

---

(1) *Tazik* ou *Tadjic* signifie *Persan*. *Voyez* ci-devant page 65.

les membres d'une certaine tribu que l'empereur voulait marier leurs filles à des hommes d'une autre tribu, ces gens les fiancèrent et en marièrent même quelques-unes aussitôt. Oktaï, instruit de cette conduite, fit réunir toutes les filles de la tribu au-dessus de sept ans, et toutes les femmes mariées depuis deux ans. On les rangea sur deux lignes au nombre de quatre mille. Il choisit les plus belles pour son palais, en donna un grand nombre aux officiers de sa cour, en envoya d'autres dans des hôtelleries, et permit à tous les hommes présents d'enlever celles qui restaient. Cette scène se passait en présence des pères, des frères et des maris de ces infortunées.

Oktaï se montrait quelquefois superstitieux. Un Mogol lui raconta qu'un loup avait détruit une partie de son troupeau. Cet homme parlait encore lorsque des athlètes musulmans s'avancèrent, amenant aux pieds de l'empereur un loup qu'ils venaient de prendre dans les environs, et que l'on supposait être le même qui avait exercé de si grands ravages dans le troupeau du Mogol. Oktaï fit rendre à ce pauvre homme un troupeau de moutons, acheta le loup mille pièces d'argent, et le fit mettre en liberté, afin, disait-il, que cet animal allât prévenir ses compagnons du danger qu'il avait couru, et les engageât à quitter le pays. Mais à peine le loup était-il relâché, qu'il fut assailli et mis en pièces par des chiens. Oktaï se montra consterné de cet événement. Il rentra dans sa tente, et après avoir gardé longtemps le silence, il dit aux personnes qui l'entouraient : « Ma santé s'affaiblit de jour en jour, et en arrachant cet être à la mort je pensais qu'il plairait peut-être au ciel de prolonger mon existence. Mais ce loup n'a pu éviter sa destinée, et c'est là un triste présage pour moi. » On ajoute que ce prince mourut peu de temps après.

Oktaï avait eu plusieurs épouses et soixante concubines. Celle qui occupait le premier rang était l'impératrice Tourakina, dont nous avons déjà parlé ; il eut d'elle cinq fils.

DJAGATAÏ REFUSE LA RÉGENCE, ET LA DÉFÈRE A L'IMPÉRATRICE, TOURAKINA. — MORT DE DJAGATAÏ. — CARACTÈRE DE CE PRINCE. — SON MINISTRE MASSOUD-BEY. — RÉVOLTE A BOUKHARA.

Après la mort d'Oktaï, les grands de l'empire se disposaient à nommer régent ou même à proclamer empereur Djagataï, le seul des fils de Gengiskan qui vécût encore. Ce prince était comme ses frères, et comme presque tous les Mogols, très-adonné à l'ivrognerie, et d'ailleurs extrêmement débauché. Ce fut sans doute pour pouvoir se livrer à ses vices sans être dérangé par les affaires publiques qu'il engagea les autres princes du sang à confier les fonctions de la régence à l'impératrice Tourakina. Djagataï ne survécut que peu de mois à Oktaï. Pendant sa maladie, son ministre favori, qui était Turc, et son médecin qui était Persan, lui prodiguèrent les soins les plus dévoués. Cette conduite irréprochable n'empêcha pas que la princesse Issouloun, une des épouses de Djagataï, ne les fît mettre à mort avec leurs enfants.

C'est ici le lieu de faire connaître le caractère de Djagataï et quelques-uns des principaux événements de son règne. Ce prince était sombre et inflexible, et faisait observer dans toute leur rigueur les lois de son père.

Les musulmans surtout se plaignaient de sa sévérité, qui les contraignait à violer sans cesse les préceptes de leur code religieux. On rapporte de lui un trait qui prouve qu'il poussait au plus haut degré les idées d'ordre et de subordination, qualité bien rare chez un prince barbare. Étant sorti un jour avec l'empereur Oktaï son frère, tous deux la tête échauffée par la boisson, il soutint que son cheval devancerait à la course celui d'Oktaï, et offrit à ce prince d'en faire le pari. Il gagna ; mais, le soir, retiré dans sa tente, il réfléchit, et jugea qu'il avait manqué de respect à son souverain, en lui proposant un pari qu'il avait gagné. Pour détruire l'effet que pouvait produire, selon lui, un aussi dangereux exemple, il se rendit le lendemain matin suivi de tous ses officiers devant la tente d'Oktaï. Celui-ci, malgré toute la confiance qu'il avait en son frère, n'apprit pas sans inquiétude qu'il venait d'arriver de si bonne heure accompagné d'un nombreux cortége. Il fit demander quel sujet l'amenait. Djagataï répondit que, la veille, ayant manqué de respect au Caan, il venait se livrer à sa justice, prêt à subir la bastonnade et même la mort si elle lui était infligée. Oktaï, touché de cette preuve de soumission de la part de son frère aîné, lui fit faire de tendres reproches, et Djagataï consentit enfin à accepter son pardon. Mais il voulut se soumettre à toutes les expiations prescrites pour les criminels graciés : il se prosterna à l'entrée de l'ordou impérial, offrit au Caan un don de neuf fois neuf chevaux, et il exigea que l'on annonçât à haute voix que le Caan lui avait accordé la vie.

Djagataï avait remis l'administration de ses vastes États à Massoud-Bey. Ce ministre s'occupa avec zèle à réparer les maux que l'invasion de Gengiskan avait amenés sur la Transoxane. Le pays de Boukhara surtout devint l'objet de sa sollicitude. Cette capitale se repeupla alors, et devint florissante. Peu s'en fallut toutefois qu'une émeute, causée par le fanatisme de la populace, n'appelât une nouvelle catastrophe sur cette ville qui sortait à peine de ses ruines. Un homme du village de Tarab, à trois lieues de Boukhara, et qui gagnait sa vie à faire des cribles, prétendait avoir la puissance de commander à certains génies qui exécutaient ses ordres et lui dévoilaient l'avenir. Cet homme, appelé *Mahmoud*, compta bientôt un grand nombre de sectateurs. Car, alors comme aujourd'hui, la croyance à la magie était générale dans tout le Turquestan. Des personnes des deux sexes, mais surtout les femmes, se livraient à la pratique de cet art mensonger, et prétendaient guérir les malades en évoquant les démons par des danses et des contorsions horribles. La réputation de Mahmoud s'étant répandue dans le pays, des paralytiques, des épileptiques et des gens attaqués de plusieurs autres maladies accoururent en foule implorer sa puissance surnaturelle. Ces rassemblements, devenus fort nombreux, causèrent de l'inquiétude aux gouverneurs mogols de Boukhara. Ils informèrent de ce qui se passait Massoud-Bey, qui résidait à Khodjande, et lui témoignèrent en même temps l'intention où ils étaient de faire périr cet imposteur. Ils allèrent ensuite se présenter devant Mahmoud, à son village de Tarab, lui baisèrent les pieds avec respect, et l'engagèrent à se rendre à Boukhara, pour faire participer à ses dons surnaturels les habitants de cette ville. Leur intention était de se défaire de lui lorsqu'ils seraient arrivés à un certain endroit de la route. Mais soit que Mahmoud eût pénétré leur dessein ou qu'on l'en eût averti, arrivé près du lieu fatal, il regarda fixement le principal officier mogol qui l'accompagnait, et lui dit : « Renonce au méchant dessein que tu as conçu, sinon je te ferai arracher les yeux par une main invisible. » Les Mogols, surpris de cette apostrophe, et convaincus qu'il avait été informé de leur projet par un être surnaturel, n'osèrent pas le tuer. Il continua sa route, et arriva bientôt à Boukhara, où il fut logé dans un palais et comblé d'honneurs. Le peuple se rendait en foule dans le quartier qu'il habitait, chacun voulant voir de ses yeux le prophète du Très-Haut. Pour satisfaire l'empressement de la foule, il montait sur le toit de son palais, et aspergeait les assistants avec de l'eau dont il se remplissait la bouche. Cet homme, ayant été informé toutefois que les autorités mogoles ne cherchaient qu'une occasion de le faire périr sans exciter d'émeute parmi la multitude, crut prudent de quitter la ville. Aussitôt que les chefs s'aperçurent de sa disparition, ils lancèrent des cavaliers dans toutes les directions pour tâcher de découvrir sa retraite. On le trouva à quelques lieues de Boukhara. Le peuple de cette ville, convaincu qu'il avait échappé aux poursuites des Mogols en s'élevant dans les airs, se porta en foule vers le lieu où il était caché, pour le ramener dans la capitale. Mahmoud, se trouvant environné d'une grande multitude, se mit à crier : « Braves gens, qu'attendez-vous pour purger l'univers de ces hommes sans foi ? Que chacun de vous prenne des armes et me suive. » Il fut ramené en triomphe à Boukhara, que les chefs mogols jugèrent prudent d'évacuer. Le lendemain, qui était un vendredi, le nom de cet imposteur fut prononcé à la mosquée dans la prière canonique. Le peuple se porta ensuite sur les hôtels des gens riches, et commença à les piller. Le fanatisme des gens de Boukhara était arrivé à un degré tel, que Mahmoud ayant fait ses ablutions, l'eau dont il s'était servi fut versée dans des fioles, conservée précieusement, et donnée en potion à des malades. Une fois maître de Boukhara, Mahmoud appela près de lui les personnages les plus importants de la ville, les accabla d'injures, en fit mettre à mort plusieurs, destitua le chef du clergé, et le remplaça par un de ses adhérents. Les principaux habitants quittèrent Boukhara. Mahmoud cependant continuait à jouer son rôle de prophète. Il disait avoir sous ses ordres des légions de génies invisibles qui peuplaient la terre et les airs. Il ordonnait à ses sectateurs de regarder avec attention, disant qu'ils finiraient par découvrir les êtres surnaturels dont il leur parlait. Ces gens, sous l'influence d'idées superstitieuses, finissaient toujours par s'imaginer qu'ils voyaient quelque chose. Ils croyaient distinguer jusqu'aux vêtements des génies. Lorsque Mahmoud avait affaire à quelque mécréant, il lui faisait donner la bastonnade.

Les chefs mogols, ayant rassemblé leurs troupes à Kermineh, entre Boukhara et Samarcande, se mirent en marche contre les insurgés. Mahmoud, accompagné de ses nombreux prosélytes, sortit à la rencontre des Mogols. L'imposteur ne portait aucune espèce d'armes, et son corps n'était protégé que par ses vêtements ordinaires. Un ouragan terrible éclata pendant le combat. Les Mogols, extrêmement superstitieux, attribuèrent cet accident à la puissance surnaturelle de Mahmoud. Frappés de terreur, ils prirent la fuite. Les gens de Mahmoud les poursuivirent jusqu'à Kermineh. Mais lorsqu'ils revenaient en vainqueurs, après avoir fait un grand carnage des ennemis, ils ne trouvèrent plus leur prophète : Mahmoud avait disparu dans la mêlée, sans que ses partisans eux-mêmes se fussent aperçus de son absence. Ils annoncèrent partout qu'il reviendrait, et ils élurent pour chefs jusqu'à son retour ses deux frères Mohammed et Ali.

Huit jours après cette victoire, les troupes mogoles se présentèrent de nouveau devant Boukhara, et livrèrent une seconde bataille aux habitants, qui furent complétement défaits. On prétend qu'ils perdirent vingt mille hommes. Les deux frères de Mahmoud, qui, à l'exemple de cet imposteur, avaient cru devoir affronter l'ennemi sans casque ni cuirasse, furent tués dès le commencement de l'action. Le lendemain de leur victoire, les Mogols firent sortir tous les habitants de Boukhara. Ils avaient l'intention de massacrer les hommes, de réduire en esclavage les femmes et les enfants, et de piller la ville. Massoud-Bey empêcha l'exécution de ce plan horrible. Il soutint que le crime de quelques personnes ne devait pas retomber sur tous les habitants, et qu'il était contraire au bon sens de détruire une capitale qu'on avait eu tant de peine à tirer de ses ruines. Le souverain accorda à son ministre la grâce des habitants

BATOU ET QUELQUES AUTRES PRINCES MOGOLS RETOURNENT EN TARTARIE POUR L'ÉLECTION DU NOUVEL EMPEREUR. — L'IMPÉRATRICE TOURAKINA EST NOMMÉE RÉGENTE. — MORT D'YELIUI-TCHOUTSAI. — ANECDOTES SUR CE MINISTRE.

Le prince Batou et quelques autres chefs mogols étaient partis, au printemps de l'année 1236, pour faire une expédition dans les contrées à l'occident du Volga. Ils soumirent le pays des Bulgares, celui des Kaptschacs, la Russie, les provinces au nord du Caucase, la Pologne, la Silésie, la Moravie et la Hongrie. La mort d'Oktaï mit un terme à leurs dévastations; ils furent contraints de retourner en Tartarie pour prendre part à l'élection du nouvel empereur.

A la mort d'Oktaï, toutes les routes aux environs de sa résidence avaient été gardées, afin que nul ne pût s'éloigner, et répandre parmi les peuples la nouvelle de cet événement; des courriers lancés dans toutes les directions obligeaient les voyageurs à s'arrêter à l'endroit même où ils se trouvaient. Oktaï avait d'abord désigné pour son successeur Goutschou, son troisième fils, pour lequel il éprouvait une très-vive tendresse. Ce jeune prince étant mort en 1236, Oktaï désigna Sclhiramoun, fils de Goutschou, pour occuper le trône. Mais l'impératrice Tourakina voulait y placer son fils aîné Coyouc. Oktaï avait envoyé à ce prince l'ordre de se rendre, avec des troupes, dans une province de l'empire. Coyouc apprit en route la mort de son père. Les chefs de l'armée et les princes du sang reçurent, avec la notification de la mort d'Oktaï, une invitation de Tourakina pour se rendre à l'ordou impérial afin d'élire le successeur du souverain décédé. En attendant le retour de ces princes, Djagataï et les autres membres de la famille impériale qui se trouvaient en Tartarie déférèrent, comme nous l'avons dit plus haut, la régence à Tourakina. Le premier acte d'autorité de cette princesse fut de destituer Tchingcaï, chancelier d'Oktaï, et de remettre la direction des finances de l'empire à un musulman appelé *Abdoulrahman*, et qui possédait toute sa confiance. Le vieux ministre Yeliuï-Tchoutsaï, voyant que les moyens oppressifs employés par cet homme afin de procurer à l'impératrice l'argent qu'elle exigeait, détruisaient le fruit de sa longue administration et de sa prudente économie, en conçut un violent chagrin. Il mourut à Caracorum, à l'âge de cinquante-cinq ans. On persuada à Tourakina que ce grand homme, qui avait si longtemps administré les finances de la Chine, devait avoir amassé des trésors. On visita sa maison, mais on n'y trouva d'autres richesses que des instruments de musique, des livres, des cartes de géographie, des médailles et des pierres chargées d'inscriptions. Yeliuï-Tchoutsaï, quoique Chinois de naissance, appartient par sa vie à l'histoire mogole. Nous pouvons donc, sans sortir de notre sujet, rapporter quelques traits qui font connaître son caractère. Les exemples de grandeur d'âme, de droiture, de désintéressement et d'humanité sont d'ailleurs trop rares dans l'histoire de l'Asie pour qu'on ne s'arrête pas à recueillir ceux qui s'y trouvent clair-semés.

Yeliuï-Tchoutsaï naquit en 1190. A l'âge de trois ans, il perdit son père; mais sa mère dirigea si bien son éducation qu'il surpassa bientôt tous les jeunes enfants de son âge. Vers 1213, il obtint un emploi qu'il quitta bientôt pour la charge de gouverneur de Pékin. Lorsque Gengiskan se fut rendu maître de cette ville, on lui en présenta le gouverneur. Le conquérant mogol, frappé de la taille majestueuse, de la longue barbe et de la voix sonore de Yeliuï-Tchoutsaï, lui dit : « Je suis venu pour vous venger des Kins. — Tous mes ancêtres, répondit alors le gouverneur, mon père et moi-même nous avons toujours été au service des Kins. Peut-on être l'ennemi de son prince et de son père? » Gengiskan, touché de cette réponse, attacha Yeliuï à sa maison.

Il y avait à la cour du souverain mogol un Tangutain qui jouissait d'une grande faveur à cause de son habileté à fabriquer des arcs. Cet homme, fier de son crédit et disposé à mépriser les autres, demandait à quoi pouvait servir au milieu d'un peuple guerrier comme les Mogols un lettré comme Yeliuï-Tchoutsaï. « On a besoin d'ouvriers pour fabriquer des arcs, répliqua celui-ci; mais, s'il s'agit du gouvernement des empires, comment se passerait-on d'ouvriers qui connaissent l'art de régir les peuples? »

Il était versé dans l'astronomie, et cette science lui fut souvent très-utile. Quelques voyageurs présentèrent un jour à Gengiskan un calendrier dans lequel on avait annoncé pour une certaine époque une éclipse de lune. « Il n'y en aura pas, dit Yeliuï-Tchoutsaï. » Et l'événement confirma la vérité de ses paroles. L'année suivante, il annonça une éclipse de lune, et sa prédiction, contredite par tous les autres astronomes, se trouva pleinement justifiée. Ce grand homme faisait servir son savoir et les idées superstitieuses des Mogols au bien de l'humanité. Gengiskan se disposait à entrer chez les Indous orientaux; il vit ou il crut voir dans un défilé un animal semblable à un cerf avec une queue de cheval, le corps vert et la tête armée d'une corne, animal merveilleux, doué de la faculté d'imiter la voix humaine, et qui, dit la légende, cria aux gardes de l'empereur : Que votre maître se retire au plus vite. Gengiskan, étonné d'un semblable prodige, consulta Yeliuï-Tchoutsaï, qui lui dit : « Cet animal merveilleux se nomme *Kiotouan*. Il comprend les langues de tous les peuples du monde, il aime les êtres vivants, et il a horreur du carnage. Son apparition est un avertissement pour votre majesté.

Vous êtes le fils aîné du ciel; mais les peuples sont aussi vos enfants, et ils attendent de vous les sentiments que le ciel inspire pour leur salut. » Gengiskan se retira aussitôt. Dans une autre occasion, l'armée mogole était décimée par une violente épidémie. Il sauva un nombre considérable de soldats en leur faisant prendre de la rhubarbe et quelques autres médicaments dont il avait eu soin de se munir.

Gengiskan, qui ne s'occupait qu'à faire des conquêtes, n'avait pas songé à établir des magistrats et des juges dans les pays soumis par ses armes. Pékin était gouverné par un général féroce et sanguinaire, qui jonchait de cadavres tous les lieux publics. Au récit de ces épouvantables atrocités, Yeliuï-Tchoutsaï ne put retenir ses larmes. Il alla trouver l'empereur, et à force de représentations il obtint de lui qu'à l'avenir les accusés seraient jugés par des magistrats nommés à cet effet. La violation de cette décision de l'empereur entraînait la peine de mort.

A l'avénement d'Oktaï l'empire mogol ne possédait guère d'autres lois que les ordonnances de Gengiskan, dont les dispositions insuffisantes étaient même souvent enfreintes. Yeliuï-Tchoutsaï fit établir des magistrats pour protéger les personnes et les biens des sujets de l'empire. Il institua des officiers pour veiller à la conservation des richesses de l'État. Il décréta des peines contre les gens coupables de malversation ou de détournement des deniers publics. Tout homme qui se permettait un acte d'autorité sans un ordre de l'empereur ou des chefs de l'État, et tous ceux qui, en cultivant leurs terres, n'en payaient pas le tribut, devaient encourir un châtiment. Ces règlements furent tous approuvés par l'empereur.

Dans un moment de disette, les Mogols formèrent le projet d'exterminer la population des provinces de la Chine qu'ils avaient conquises, et de convertir tous les terrains en pâturages destinés à nourrir un grand nombre de bestiaux. Yeliuï-Tchoutsaï combattit cette abominable proposition par les arguments les plus propres à faire impression sur l'esprit de gens barbares et cruels comme les Mogols. Dans cette occasion il sauva la vie à plusieurs millions d'hommes.

On convoqua une grande assemblée de tous les princes au printemps de l'année 1236. Oktaï, au milieu du festin, prit un vase plein de vin, le donna à Yeliuï-Tchoutsaï, et lui dit : « Sage ministre, sans lequel la Chine ne serait pas en notre pouvoir, aujourd'hui même on m'a proposé de créer un papier-monnaie. — Du temps de Tchang-Tsoung de la dynastie d'Or, reprit le ministre, on commença à mettre du papier en circulation, concurremment avec la monnaie. Un ministre gagna beaucoup dans l'émission de ce papier, et le surnom de *Seigneur Billet* lui en resta. Les choses en vinrent au point que pour dix mille billets on pouvait tout au plus se procurer un gâteau. Le peuple eut beaucoup à souffrir, et l'État fut ruiné. Il faut profiter de cet exemple; et si l'on fait du papier-monnaie, on ne devra pas en émettre pour une somme de plus de cent mille onces d'argent. » Son conseil fut suivi.

Un grand seigneur engagea Oktaï à se faire livrer des jeunes filles appartenant aux maisons les plus considérables de la Chine. Le décret avait été rendu ; mais le sage ministre osa en arrêter l'exécution, et, s'adressant à l'empereur irrité : « Déjà, lui dit-il, vous avez choisi vingt-huit jeunes filles. Ce nombre n'est-il pas suffisant. J'ai craint, si vous alliez plus loin, qu'une pareille mesure n'amenât des troubles. Tel a été le motif de ma conduite. » L'empereur réfléchit longtemps, et finit par approuver son ministre; mais il dit qu'il voulait tout au moins qu'on réunît toutes les cavales qui appartiendraient au peuple soumis, et qu'on les lui livrât. Le sage ministre représenta encore que la Chine, n'étant pas un pays riche en chevaux, aurait beaucoup à souffrir de l'exécution d'un pareil ordre. Mais cette fois le décret fut rendu et reçut son exécution, malgré les représentations d'Yeliuï. Ce fut par les conseils de ce grand homme qu'Oktaï appela aux emplois les plus considérables des lettrés de la Chine. Plus de quatre mille d'entre eux furent nommés juges et magistrats dans les différentes provinces de l'empire.

Les bandes de voleurs étaient devenues tellement considérables, que les transactions commerciales se trouvaient souvent interrompues. L'usage voulait que si les brigands n'étaient point arrêtés dans le courant de l'année, les habitants du pays où l'on avait commis le crime payassent la valeur des objets dérobés. On était obligé alors d'avoir recours à mille expédients onéreux pour trouver de l'argent. Les magistrats s'adressaient ordinairement pour s'en procurer aux Tartares musulmans, qui leur en prêtaient, mais à un taux si onéreux, qu'au bout d'une année révolue la somme était doublée par les intérêts. Il fallait vendre le bétail des pauvres, et souvent les réduire eux-mêmes en esclavage, pour faire face aux exigences des usuriers. Yeliuï-Tchoutsaï demanda à l'empereur de fixer un taux raisonnable pour les intérêts, et de faire payer par le trésor public les sommes que réclamaient les Tartares musulmans. Cette sage mesure fut adoptée, et l'État eut à payer dans cette occasion une valeur de 760,000 onces d'argent.

Les commandants et les chefs des provinces et des districts s'étaient arrogé le droit, dans toutes les localités, de fabriquer des étalons particuliers des poids et des mesures. Le ministre obtint que les marchands fussent astreints à ne faire usage que des poids et des mesures qui sortaient des ateliers de la chancellerie impériale.

Tous les fonctionnaires publics, les princes et les gens attachés à la cour à un titre quelconque, vexaient le peuple en exigeant arbitrairement des chevaux de poste et des provisions de bouche. La moindre hésitation à satisfaire à leurs exigences injustes était aussitôt suivie d'injures et de voies de fait. Il fut établi que nul ne pourrait exiger ni chevaux ni vivres, à moins d'être porteur de lettres patentes indiquant le nom et le rang du voyageur, les fonctions qu'il remplissait, ainsi que les prestations et le nombre de chevaux auxquels il avait droit.

Deux religieux s'étant pris de querelle, le plus jeune tua son adversaire. Yeliuï fit immédiatement condamner le coupable. Oktaï, trouvant peut-être que son ministre aurait dû prendre avis de lui dans cette circonstance, et ne rien décider sans son aveu, le fit jeter en prison. Mais bientôt, reconnaissant l'injustice de sa conduite, il lui pardonna. Yeliuï-Tchoutsaï refusa d'abord sa liberté : « Vous m'avez nommé votre ministre pour conduire les affaires de l'État, dit-il à Oktaï; vous m'avez fait jeter en prison : j'étais donc coupable. Vous me faites remettre en liberté : je suis donc innocent. Il vous est facile de faire de moi un jouet. Mais alors comment pourrai-je diriger les affaires de l'empire? — Il m'échappe mille fautes en un jour, reprit l'empereur. Vous êtes innocent, et vous devez être rétabli dans tous vos droits. » Yeliuï-Tchoutsaï, après cette aventure, s'attacha plus fortement encore aux maximes qu'il s'était faites d'observer la plus stricte justice dans les examens et dans les promotions, ainsi que dans la rémunération des services rendus à l'État. Il honorait surtout les artisans et les agriculteurs; il établit l'ordre dans les impôts, et mit en réserve des approvisionnements, pour se trouver en mesure de pouvoir faire des distributions de grains dans les cas de nécessité.

En 1238 une grande famine ravagea l'empire; les chefs de l'administration paraissaient craindre que les rentrées ne fussent pas suffisantes pour faire face aux dépenses. Mais Yeliuï-Tchoutsaï prouva que le trésor et les greniers publics contenaient des réserves pour plus de dix ans.

La population de l'empire avait été estimée alors à 1,400,000 familles payant le tribut. Un dixième à peu près de ce nombre était en fuite, et les impôts étant toujours établis sur la même base, les peuples avaient grand'peine à les acquitter. Il obtint que le nombre de familles sur lequel était calculé l'impôt serait diminué de 350,000.

Oktaï aimait beaucoup le vin. Un jour il buvait avec ses courtisans. Yeliuï-Tchoutsaï, qui l'avait repris plusieurs fois, mais toujours inutilement, sur les funestes effets de cette passion, lui apporta un vase de fer dont le vin avait rongé le bord. « Si le vin, lui dit-il, a la force de corroder ainsi le fer, jugez de l'effet qu'il doit produire sur les entrailles. » Oktaï fut frappé de cet avertissement, et l'on assure que depuis lors il ne prenait plus que trois coupes de vin dans les repas qu'il faisait avec ses courtisans.

KOURILTAÏ. — ÉLECTION DE COYOUC. — PREMIERS ACTES DE CE PRINCE. — JEAN DE PLAN CARPIN, AMBASSADEUR DU PAPE. — CHRÉTIENS A LA COUR DE COYOUC. — PROJETS DE CE PRINCE CONTRE L'EUROPE. — SA MORT.

Les principaux membres qui devaient composer l'assemblée générale ou kouriltaï, pour l'élection du nouvel empereur, se réunirent au printemps de l'année 1246. Le premier jour du kouriltaï, tous les chefs mogols se montrèrent vêtus d'habits blancs, et le lendemain de rouges. Ils s'assemblaient dans une enceinte où l'on avait dressé une tente d'étoffes précieuses et de couleur blanche; cette enceinte pouvait contenir deux mille personnes. On y avait pratiqué deux grandes portes: l'une par laquelle le nouvel empereur devait seul entrer: celle-ci n'était point gardée, car tel était le respect qu'inspirait la personne du souverain, que nul n'aurait osé passer par la porte qui lui était réservée; l'autre était destinée aux grands seigneurs. Ceux-ci étaient armés de sabres, d'arcs et de flèches, dont ils se servaient pour écarter les personnes qui n'avaient pas le droit de pénétrer dans l'enceinte. « Ces seigneurs, dit l'auteur de l'*Histoire des Huns*, étaient si richement vêtus, que les ornements des harnais de leurs chevaux montaient environ à vingt marcs d'argent (1). »

Dès le second jour, Coyouc s'était rendu à l'assemblée, et le peuple attendait dehors, dans la campagne, pour connaître la décision des membres du kouriltaï. Ceux-ci, après avoir délibéré pendant quelque temps, se mirent à boire jusqu'au soir du lait de cavale fermenté; ensuite furent introduits plusieurs ambassadeurs, et entre autres Jean de Plan Carpin, religieux envoyé par le pape. L'assemblée continua ainsi pendant un mois. Coyouc était désigné comme successeur d'Oktaï, mais son élection devait être publiée ailleurs. Pendant cet interrègne, lorsque Coyouc sortait de sa tente, on chantait devant lui des chansons, et on le saluait avec des baguettes au bout desquelles était attachée une touffe de laine écarlate, preuve que ce prince devait être élu empereur. Tous les membres du kouriltaï allèrent ensuite à trois ou quatre lieues plus loin, dans une belle plaine, le long d'un ruisseau qui coulait entre les montagnes. Là était dressée une autre tente appelée *la horde dorée*. Cette tente, faite des plus riches étoffes, était soutenue par des colonnes couvertes de lames d'or; l'intérieur était tapissé d'écarlate; c'était là que Coyouc devait être placé sur le trône. On fut obligé de différer la cérémonie à cause de la grêle et de la neige, qui tombèrent en abondance le jour que l'on avait choisi. Le 24 du mois d'août 1246, tous les grands assemblés se prosternèrent du côté du midi, firent des prières, allèrent ensuite vers la tente, et placèrent Coyouc sur un siége doré, en lui disant : « Nous vous prions et vous commandons d'avoir toute puissance sur nous. » Le prince leur répondit: « Si vous voulez que je sois votre souverain, êtes-vous décidés à m'obéir en tout, à venir quand je vous appellerai, à aller où je voudrai vous envoyer, et à mettre à mort ceux que je vous ordonnerai de faire périr ? » Après que les assistants eurent répondu, » Oui, » il ajouta: « Ma simple parole désormais me servira de glaive. » Après cette cérémonie, ils étendirent à terre un feutre, sur lequel ils le firent asseoir, en lui disant : « Regardez en haut, et reconnaissez un Dieu; considérez ensuite ce feutre sur lequel vous êtes assis; si vous gouvernez sagement votre empire, si vous êtes généreux, bienfaisant et juste, si vous honorez les grands et les chefs de la nation, chacun selon son rang et sa dignité, vous régnerez avec splendeur et magnificence, toute la terre vous sera soumise, vous obtiendrez de Dieu tout ce que vous désirerez. Si vous tenez une conduite opposée, vous serez misérable, méprisé de vos sujets, et si pauvre, que vous n'aurez pas même en votre pouvoir le feutre sur lequel vous êtes assis. » On plaça ensuite sur le même feutre sa femme auprès de lui, et ils furent élevés en l'air l'un et l'autre, et proclamés à grands cris empereur et im-

(*) *Voyez* tome III, p. 113.

pératrice de tous les Tartares. On apporta devant Coyouc une quantité prodigieuse d'or, d'argent, de pierreries, et d'autres objets précieux qui lui furent offerts, et dont il distribua aussitôt une partie à tous les grands; les assistants commencèrent ensuite à boire du lait de jument fermenté et à manger des viandes cuites sans assaisonnement; on apportait le sel à part. Les convives étaient tous placés au-dessous de la tente de l'empereur. » Telle était, dit de Guignes (1), la manière d'installer sur le trône ces monarques, qui étaient maîtres de presque toute l'Asie; les richesses y étaient prodiguées sans magnificence, et l'on n'y voyait régner que la grossièreté et la barbarie. Ces hommes formidables à tout le reste du genre humain n'étaient que des pâtres qui, environnés de leurs troupeaux, se choisissaient un roi, et se paraient dans cette cérémonie de l'or et de l'argent que le brigandage leur fournissait. Ils voyaient trembler autour d'eux les ambassadeurs des plus puissants princes de l'Asie. »

Coyouc avait alors plus de quarante ans : il était de moyenne taille, et d'un caractère doux; il avait donné, dans plusieurs rencontres, des preuves de courage; il était sérieux, grave, et on le voyait rire rarement. Un grand nombre de chrétiens attachés à son service s'imaginaient qu'il voulait embrasser le christianisme, parce qu'il avait toujours auprès de sa personne des prêtres chrétiens, auxquels il donnait des appointements, et que devant sa tente on voyait une chapelle où ces prêtres célébraient régulièrement l'office divin. Kadac, son ministre, et Chingaï, un de ses secrétaires, étaient chrétiens; les évêques et les moines nestoriens avaient du crédit à sa cour, et les Mogols, comme nous l'apprend de Guignes, ne se saluaient plus entre eux que par ces mots syriaques : *Barec-mor*, c'est-à-dire, *Que la bénédiction du Seigneur soit sur vous.* Coyouc, bien que favorablement disposé pour le christianisme, avait formé le projet de soumettre à son empire les peuples qui professaient cette religion,

et il voulait exiger que le pape et les autres princes chrétiens lui prêtassent serment de fidélité; il se disposait même à entreprendre une nouvelle expédition contre l'Europe, et c'était pour l'exhorter à renoncer à la guerre, et à embrasser le christianisme, que Jean de Plan Carpin fut envoyé à sa cour par le pape.

Après son couronnement, Coyouc donna une première audience à tous les ambassadeurs. Un secrétaire prit d'abord leurs noms et ceux des princes qui les envoyaient, puis il en fit la lecture devant l'empereur; ensuite les ambassadeurs fléchirent le genou gauche, et après qu'on les eut fouillés, pour s'assurer s'ils ne portaient point de couteaux, et qu'on les eut avertis de ne pas toucher avec le pied le seuil de la porte, ils entrèrent du côté de l'orient, la porte de l'occident étant réservée pour l'empereur seul. Les ambassadeurs offrirent les présents qu'ils apportaient, les grands de la nation en apportèrent aussi.

Coyouc distribua ensuite plus de cinq cents charges de chariots d'or, d'argent et d'habits de soie, et nomma les gouverneurs des provinces. Il se rendit ensuite dans un autre lieu, où l'on avait élevé un trône d'ivoire enrichi d'or, de pierres précieuses, et orné de diverses figures : c'était l'ouvrage d'un orfèvre russe. On y montait par plusieurs degrés; ce trône était placé sous une tente fort riche. Au pied du trône étaient des bancs, sur lesquels les dames se tenaient assises. Elles occupaient le côté gauche de la tente, à droite il n'y avait personne, et les grands étaient au milieu de la salle sur des sièges. Coyouc, qui avait l'intention de porter de nouveau la guerre en Europe, et qui voulait que l'ambassadeur du pape ignorât ses desseins, le renvoya vers sa mère Tourakina: Plan Carpin avait séjourné pendant un mois entier à la cour de ce prince, sans pouvoir obtenir une audience particulière, et privé des choses les plus nécessaires à la vie; on lui ordonna de mettre par écrit le sujet pour lequel le pape l'envoyait, et après qu'on lui eut remis une réponse rédigée en mogol et en arabe, il obtint son congé. Coyouc se disposait à faire partir avec ce religieux des ambassadeurs pour le pape. « Mais Plan Carpin, dit le savant de Guignes, eut la prudence de l'en dé-

(*) Voyez *Histoire générale des Huns*, tome III, page 115.

tourner alors, parce que ces sortes d'ambassadeurs n'étaient que des espions qui s'informaient de l'état, des forces et de la situation des pays où ils allaient, pour ensuite y venir avec leurs armées faire des incursions. Après avoir salué la princesse Tourakina, qui lui donna quelques habits de peau de renard, il reprit le chemin de l'Europe, où il revint par la Tartarie et par la Russie (1). »

Coyouc ne resta pas assez longtemps sur le trône pour réaliser ses projets de conquête contre l'Europe. Il mourut au mois d'avril 1248, âgé de quarante-trois ans.

RÉGENCE D'OGOULGAÏMISCH, ÉPOUSE DE COYOUC. — ÉLECTION DE MANGOU. — RÈGNE DE CE PRINCE. — SA MORT.

A la mort de Coyouc, Ogoulgaïmisch, principale épouse de ce prince, fut nommée régente, suivant l'usage qui existait alors chez les Mogols. Cette régence ne fut point heureuse. Les peuples, écrasés par les impôts de toute nature que l'on exigeait d'eux, furent encore affligés par une grande sécheresse, qui fit périr un nombre considérable de bestiaux. Le trésor était vide, et Ogoulgaïmisch manquait de l'argent nécessaire pour payer les troupes qu'elle avait sur pied. Le kouriltaï ayant été convoqué, les princes qui le composaient élirent Mangou, fils de Toulouï et de Siourcoucteni. Le pouvoir suprême sortit ainsi de la famille d'Oktaï, et passa dans celle de Toulouï. Le 1er juillet 1251, Mangou, alors âgé de quarante-trois ans, fut placé sur le trône avec le cérémonial d'usage. Les princes mirent leurs ceintures sur leurs épaules, et fléchirent neuf fois le genou devant l'empereur. Dix mille soldats, placés autour du pavillon impérial, suivirent cet exemple. Mangou ordonna que ce jour-là ses sujets oubliassent leurs querelles et leurs travaux pour se livrer uniquement à la joie et au plaisir. Il défendit même de monter les chevaux, de charger les bêtes de somme, de tuer les animaux dont on mange la chair, de chasser, de pêcher, de travailler la terre et de troubler les eaux. Ces dernières dispositions prouvent que Mangou admettait le dogme de la métempsycose, et on n'en doit rien inférer touchant le caractère de ce prince. Mangou, qui montrait une si grande sollicitude pour les brutes et les éléments, était d'un naturel ingrat et cruel. Comblé de bienfaits par Oktaï, qui lui avait servi de père (1), il usurpa le pouvoir, et dépouilla les héritiers de cet empereur.

Le lendemain, Mangou donna un grand repas. Les fêtes se prolongèrent pendant une semaine, et chaque jour les convives se présentaient avec des vêtements nouveaux et d'une couleur différente. On consommait journellement trois cents chevaux et bœufs, cinq mille moutons, la charge de deux mille chariots de vin et du koumize.

Au milieu de ces réjouissances, on découvrit un complot contre Mangou. Soixante et dix personnes coupables ou soupçonnées de l'être furent mises à mort avec la plus grande cruauté. Quelques-unes périrent les entrailles déchirées par des pierres qu'on leur enfonçait dans la gorge.

Après ces cruelles exécutions, Mangou s'occupa de choisir les représentants de l'autorité souveraine dans les différentes provinces de l'empire Mogol. Koubilaï, son frère, fut nommé lieutenant général pour les contrées situées au delà du grand désert, et qui comprenaient une partie de la Tartarie et de la Chine.

Les impôts n'avaient pas été payés régulièrement dans toutes les provinces. Mangou défendit d'exiger les arrérages, disant qu'il tenait moins à remplir son trésor qu'à ménager le peuple. Cette conduite, jointe à quelques autres mesures sages qu'il prit pour diminuer les charges publiques, lui concilia l'affection de ses sujets. Sans doute Mangou était un prince cruel, l'histoire de son règne ne le laisse que trop voir; mais le privilége de répandre le sang paraît aux Asiatiques tellement inhérent au pouvoir suprême, qu'ils ne songent pas à s'en plaindre, et s'estiment heureux lorsque leurs souverains consen-

---

(1) *Histoire générale des Huns*, tome III, page 117.

(1) *Voyez* d'Ohsson, *Histoire des Mongols*, tome II, page 253, note 2.

tent à ne pas les dépouiller injustement de tout ce qu'ils possèdent.

Au mois de février 1252 Mangou perdit sa mère Siourcoucteni, à laquelle il avait décerné le titre d'impératrice. Suivant le témoignage d'un grand nombre d'historiens, cette princesse était chrétienne. Rien n'est moins prouvé cependant, et il y a tout lieu de croire que Siourcoucteni, comme un grand nombre de chefs et de princesses tartares depuis Gengiskan, montrait une extrême tolérance pour toutes les religions, et leur accordait une égale protection et un égal respect. Nous pourrions citer à l'appui de notre opinion la bienveillance constante qu'elle témoigna aux mahométans, et les encouragements qu'elle accorda à leur culte. Elle donna mille pièces d'or, et fit une dotation considérable en terres pour établir à Boukhara un collége destiné à l'enseignement de la théologie musulmane.

Au mois d'août de la même année, Mangou se rendit à Caracorum, où il statua sur le sort des princes et des princesses qui avaient témoigné le désir de voir les membres du kouriltaï choisir pour empereur un descendant d'Oktaï, et qui, de cette manière, s'étaient opposés plus ou moins directement à son élection. Ogoulgaïmisch fut amenée les mains cousues dans un sac de cuir. Le juge la fit dépouiller de tous ses vêtements, quoique cette princesse lui reprochât avec indignation d'exposer aux regards une femme qui n'avait jamais été vue que par l'empereur, son époux. Déclarée coupable d'avoir attenté par des maléfices à la vie de Mangou, elle fut enveloppée dans une pièce de feutre et noyée. La mère de Schiramoun partagea ce même supplice. Mais ce qui dut mettre le comble au malheur de ces infortunées, c'est que leurs propres fils les accusèrent, en déclarant qu'elles les avaient engagés à ne pas reconnaître Mangou. Plusieurs princes furent également condamnés au dernier supplice. Schiramoun, épargné d'abord, excita bientôt après les craintes de Mangou, qui le fit noyer. Toutes les personnes qui dans les différentes provinces de l'empire s'étaient prononcées en faveur de la famille d'Oktaï ressentirent les effets de la vengeance de l'empereur.

Cependant Koubilaï, devenu vice-roi d'une partie de la Chine, s'appliquait à connaître les moyens de remédier aux maux que la guerre avait causés dans son empire. Il avait été élevé par un Chinois, Yao-Chou, homme probe, qui, employé par le gouvernement mogol, s'était ensuite retiré pour ne prendre aucune part aux injustices qu'il voyait sans cesse commettre sous ses yeux. Koubilaï le rappela près de lui. Yao-Chou rédigea pour l'usage de son ancien élève un petit traité de morale et de politique, dans lequel il traçait les devoirs du souverain, les principes d'un bon gouvernement; et, arrivant à des préceptes d'une application plus immédiate encore, il lui indiquait la conduite qu'il devait tenir envers les Chinois, les Tartares, les troupes et les grands. Koubilaï fut tellement frappé du mérite de cet écrit, que par la suite il ne s'engagea dans aucune affaire importante sans avoir auparavant consulté Yao-Chou. Il rétablit l'ordre dans toutes les parties de l'administration, et parvint à faire aimer son gouvernement aux Chinois eux-mêmes.

A la fin de l'année 1253 deux religieux arrivèrent à la cour de Mangou avec des lettres de saint Louis. Ce prince ayant entendu dire que Sartac, fils aîné de Batou, s'était fait chrétien, pensa à envoyer des missionnaires en Tartarie, pour engager les Mogols à persister dans leurs nouvelles croyances. Guillaume de Rubruquis, cordelier, partit de Palestine accompagné d'un autre religieux, Barthélemi de Crémone et d'un clerc. Étant allé s'embarquer à Constantinople, il aborda à Soudac en Crimée, d'où il gagna en trois jours le premier cantonnement des Tartares, et « quand je les eus vus et considérés, dit-il, il me sembla que j'entrais « en un nouveau monde. » Il se rendit ensuite auprès du prince Sartac, qui était campé à trois journées en deçà du Volga. « Dans ce voyage, qui dura deux « mois, depuis Soudac, dit-il, nous ne « couchâmes dans aucune maison, ni « tente, mais toujours à l'air ou sous « nos chariots, et dans toute cette route « nous ne trouvâmes aucun village ni « vestige de bâtiments, sinon des sépultu- « res de Comans en grand nombre. » Rubruquis fut présenté à Sartac par un des officiers de ce prince qui était chrétien nestorien. Le cordelier était revêtu de riches ornements sacerdotaux; il tenait dans ses mains une belle Bible, qu'il avait reçue de saint Louis, et un psautier de grand prix, orné d'images coloriées, dont la reine lui avait fait présent; frère Barthélemi de Crémone portait le missel et la croix; le clerc tenait un encensoir. Ils furent avertis, suivant l'usage, de prendre garde à ne pas toucher le seuil de la porte; et on les engagea à chanter un cantique qui attirât sur Sartac la bénédiction du ciel. Ils entonnèrent le *Salve, Regina*. Après que Sartac et ses femmes eurent examiné les vêtements et les livres des religieux, Rubruquis présenta des lettres de saint Louis avec deux traductions, l'une en arabe, l'autre en syriaque. Sartac, ayant pris connaissance du contenu, fit dire le lendemain à Rubruquis que puisqu'il voulait séjourner dans le pays il était nécessaire qu'il en obtînt la permission de son père Batou, et qu'on allait le conduire à la cour de ce prince. Sartac avait auprès de sa personne des prêtres nestoriens qui célébraient l'office divin suivant leur rit, mais il n'était pas chrétien : « Il me semble bien plutôt, dit Rubru« quis, qu'il se moque des chrétiens et « les méprise. »

Les missionnaires furent donc obligés de se rendre à la cour de Batou, sur les bords du Volga. Rubruquis remarqua avec surprise que le camp de ce prince couvrait autant de terrain qu'une grande ville, et que les environs, jusqu'à une distance de trois ou quatre lieues, étaient encombrés par une foule nombreuse. Au centre du camp était placée l'habitation du prince, dont l'entrée regardait le sud; de ce côté-là nul ne pouvait dresser des tentes; mais on les avait rangées à droite et à gauche du pavillon royal, dans la direction de l'est à l'ouest; celles des femmes étaient à gauche, à un jet de pierre l'une de l'autre. Toutes ces tentes étaient couvertes de feutres enduits de lait de brebis, ou d'une couche de suif, pour les rendre imperméables à l'eau.

Rubruquis fut conduit en présence de Batou, qui avait fait dresser une grande tente pour le recevoir, parce que celle qu'il habitait ordinairement ne pouvait pas contenir toutes les personnes de la cour. « On nous avertissait toujours, dit « Rubruquis, de nous garder bien de « toucher les cordes qui tenaient cette « tente attachée, parce qu'ils l'estiment « comme le seuil de la maison. Nous de« meurâmes là nu-pieds, en notre ha« bit, la tête découverte, et en spectacle « à la vue de tous. Frère Jean de Plan « Carpin y avait déjà été avant nous, « mais il avait changé d'habit, pour « n'être pas en mépris, d'autant qu'il « était envoyé par le saint-père. Après, « nous fûmes introduits jusqu'au milieu « de cette tente, sans exiger de nous que « nous fissions aucune révérence, en « fléchissant le genou, comme les am« bassadeurs envoyés vers eux ont cou« tume de faire. Nous demeurâmes ainsi « en sa présence environ la longueur d'un « *Miserere*, et tous gardaient un grand « silence. Baatu (Batou) était assis sur « un haut siége ou trône, de la grandeur « d'un lit et tout doré, auquel on mon« tait par trois degrés; près de lui il y « avait une de ses femmes; les hom« mes étaient assis à droite et à gauche « de cette dame. Comme les femmes ne « remplissaient pas un des côtés (car il « n'y avait là que celles de Baatu), les « hommes occupaient le reste de la place. « A l'entrée de la tente était un banc, sur « lequel il y avait du coumiz et de grandes « tasses d'or et d'argent, enrichies de pier« res précieuses. Baatu nous regardait « fort, et nous le considérions avec atten« tion. Son visage était un peu rougeâtre. « Enfin il me fit commandement de par« ler; alors notre conducteur nous aver« tit de fléchir les genoux et de lui par« ler ainsi. Je pliai donc un genou à « terre, comme devant un homme; mais « il me fit signe que je les pliasse tous « deux, ce que je fis, n'osant leur déso« béir en cela; sur quoi, m'imaginant « que je priais Dieu, puisque je fléchis« sais ainsi les deux genoux, je commen« çai ma harangue par ces paroles : Mon« seigneur, nous prions Dieu, de qui tous « biens procèdent et qui vous a donné « tous ces avantages temporels, qu'après « cela il lui plaise vous donner aussi les « célestes, d'autant que les uns sont « inutiles et vains sans les autres. Vous « devez savoir, monseigneur, que vous « n'aurez jamais ces derniers si vous « n'êtes chrétien; car Dieu a dit lui-

« même : Qui croira et sera baptisé sera
« sauvé ; mais qui ne croira sera con-
« damné. A ces mots, le prince sourit
« modestement, et tous les Mogols com-
« mencèrent à frapper des mains et à
« se moquer de nous. Après, silence
« s'étant fait, je lui dis que j'étais venu
« vers son fils, parce que nous avions
« ouï dire qu'il était chrétien, et que je
« lui avais apporté des lettres de la part
« du roi de France, mon souverain sei-
« gneur, qui m'avait envoyé vers lui,
« dont il devait savoir le motif. Ayant
« ouï cela, il me fit lever, s'enquit du
« nom de Votre Majesté(1), de ceux de mes
« compagnons et de moi, et mon inter-
« prète les lui fit mettre par écrit. Il
« me dit encore qu'il avait entendu que
« Votre Majesté était sortie de son pays
« avec une armée pour faire la guerre.
« Je lui répondis qu'il était vrai ; mais
« que c'était pour la faire aux Sarrasins,
« qui occupaient la sainte cité de Jérusa-
« lem, et profanaient la maison de Dieu.
« Il me demanda aussi si jamais vous lui
« aviez envoyé des ambassadeurs, et je
« lui dis que non. Alors il nous fit asseoir
« et donner de leur lait à boire, ce qu'ils
« réputent à grande faveur, quand il
« fait boire du coumiz en sa maison
« avec lui. Comme je regardais fixement
« en terre, il me commanda de lever les
« yeux. Nous sortîmes ensuite. »

Après l'audience, Rubruquis apprit que Batou n'osait pas lui permettre de demeurer dans le pays sans une autorisation expresse de Mangou, et il se mit en route avec son compagnon pour la solliciter lui-même de cet empereur. Après avoir suivi la cour de Batou pendant six semaines, le long du Volga, les deux religieux partirent à cheval, le 15 de septembre, avec le fils d'un officier que Batou avait chargé de les conduire. Ils restèrent en route plus de trois mois. « Il est impossible de dire, « écrit Rubruquis, combien, en tout ce « chemin, nous endurâmes de faim, de « soif, de froid et de lassitude. » Les missionnaires traversèrent les vastes plaines qui avant la conquête des Mogols formaient le territoire des Cancalis, puis le Turquestan, le pays des Ouïgours, celui des Naïmans, et ils arrivèrent le 27 de décembre à la cour du grand khan, qui se trouvait alors à quelques journées au sud de Caracorum. Dans ce voyage, les vivres, les chevaux et les chariots leur étaient fournis gratuitement, par voie de réquisition, suivant la règle établie ; car les personnes qui voyageaient sous la protection des princes du sang étaient, de même que les envoyés de l'empereur, défrayés sur la route par les habitants du lieu. Partout on rendait des honneurs à l'officier de Batou ; on sortait des villes pour aller à sa rencontre, on lui offrait des vivres, et souvent on chantait devant lui en battant des mains.

Aussitôt après leur arrivée, les deux religieux furent interrogés sur le sujet qui les amenait en Tartarie ; et malgré tout ce qu'ils purent dire, les officiers de l'empereur restèrent persuadés qu'ils étaient envoyés pour demander la paix à leur maître, et reconnaître sa suprématie. Rubruquis leur répétait en vain qu'il n'était pas ambassadeur du roi de France, mais un simple missionnaire, porteur de lettres de recommandation de ce souverain pour le prince Sartac ; car saint Louis, sachant que l'envoi d'une ambassade était considéré par les Tartares comme un acte de soumission, avait recommandé au frère Guillaume de ne pas prendre d'autre qualité que celle de missionnaire. Les deux religieux furent admis, le 4 janvier 1254, à l'audience du grand khan. « Le feutre qui
« était devant la porte du palais étant le-
« vé, nous y entrâmes, dit Rubruquis,
« et comme nous étions encore au temps
« de Noël, nous commençâmes à enton-
« ner l'hymne *A solis ortus cardine*, etc.
« Lorsque nous eûmes achevé, ils se
« mirent à nous fouiller partout, pour
« voir si nous ne portions point de cou-
« teau caché, et contraignirent notre
« interprète même de laisser sa ceinture
« et son couteau au portier. A l'entrée
« de ce lieu il y avait un banc, et des-
« sus du coumiz ; auprès de là ils firent
« mettre notre interprète tout debout,
« et nous firent asseoir sur un banc vis-à-
« vis des dames. Ce lieu était tout tapissé
« de toiles d'or ; au milieu il y avait un
« réchaud plein de feu, fait d'épines et
« de racines d'absinthe, qui croît là en

---

(1) La relation de Rubruquis est adressée à saint Louis.

« abondance ; ce feu était allumé avec
« de la fiente de bœuf. Le grand khan
« était assis sur un petit lit, vêtu d'une
« riche robe fourrée et fort lustrée com-
« me la peau d'un veau marin. C'était
« un homme de moyenne stature, d'un
« nez un peu plat et rabattu, âgé d'en-
« viron quarante-cinq ans. Sa femme,
« qui était jeune et assez belle, était assise
« auprès de lui, avec une de ses filles,
« nommée Cyrina, prête à marier et assez
« laide ; plusieurs petits enfants se repo-
« saient sur un autre lit proche de là. Le
« khan nous fit demander ce que nous
« voulions boire, du vin, ou de la tera-
« sine, qui est un breuvage fait de riz,
« ou du cara-coumiz, qui est du lait de
« vache tout pur, ou du ball, qui est fait de
« miel ; car ils usent, l'hiver, de ces quatre
« sortes de boissons. A cela je répondis que
« nous n'étions pas gens qui se plussent
« beaucoup à boire ; que toutefois nous
« nous contenterions de tout ce qu'il
« plairait à sa grandeur de nous faire
« donner. Alors il commanda de nous
« donner de cette terasine, faite de riz,
« qui était aussi claire et douce que du
« vin blanc, dont je goûtai un peu pour
« lui obéir ; mais notre interprète, à no-
« tre grand déplaisir, s'était accosté du
« sommelier, qui l'avait tant fait boire,
« qu'il ne savait ce qu'il faisait et disait.
« Après cela, le khan se fit apporter
« plusieurs sortes d'oiseaux de proie,
« qu'il mit sur le poing, les considérant
« fort, assez longtemps. Puis, il nous
« commanda de parler. Il avait pour son
« interprète un nestorien ; nous avions
« aussi le nôtre, comme j'ai dit, fort
« mal accommodé du vin. Nous étant
« donc mis à genoux, je lui dis : « Que
« nous rendions grâces à Dieu de ce qu'il
« lui avait plu nous amener de si loin pour
« venir voir et saluer le grand Mangu-
« Khan, à qui il avait donné une grande
« puissance sur la terre, mais que nous
« suppliions aussi la même bonté de Notre-
« Seigneur Jésus-Christ, par qui nous vi-
« vions et mourions tous, qu'il lui plût
« donner à Sa Majesté heureuse et longue
« vie (car c'est tout ce qu'ils désirent,
« qu'on prie pour eux, afin de leur obte-
« nir une longue vie). J'ajoutai à cela
« que nous avions ouï dire en notre pays
« que Sartach était chrétien, dont tous les
« chrétiens avaient été fort réjouis, et spé-
« cialement le roi de France, qui sur cela
« nous avait envoyés vers lui, avec des let-
« tres de paix et d'amitié, pour lui rendre
« témoignage quelles gens nous étions, à
« ce qu'il voulût nous permettre de nous
« arrêter en son pays ; d'autant que nous
« étions obligés, par les statuts de notre
« ordre, d'enseigner aux hommes com-
« ment il faut vivre selon la loi de Dieu.
« Que Sartach sur cela nous avait envoyés
« vers son père Baatu, et Baatu vers Sa
« Majesté Impériale, à laquelle, puisque
« Dieu avait donné un grand royaume sur
« la terre, nous le suppliions aussi bien
« humblement qu'il plût à Sa Grandeur
« de nous permettre la demeure sur les
« terres de sa domination, afin d'y faire
« faire les commandements et le service
« de Dieu, et prier pour lui, pour ses fem-
« mes et ses enfants. Que nous n'avions
« ni or, ni argent, ni pierres précieuses,
« mais seulement notre service et nos
« prières, que nous ferions continuelle-
« ment à notre Dieu pour lui ; mais qu'au
« moins nous le suppliions de nous pou-
« voir arrêter là tant que la rigueur du
« froid fût passée ; d'autant même que
« mon compagnon était si las et si harassé
« du long chemin que nous avions fait,
« qu'il lui était du tout impossible de se
« remettre si tôt en voyage sans courir
« danger de la vie : de sorte que sur cela
« il m'avait contraint de lui demander
« licence de demeurer là encore pour
« quelques jours ; car nous nous doutions
« bien qu'il nous faudrait bientôt retour-
« ner vers Baatu, si de sa grâce et bonté
« spéciale il ne nous permettait de de-
« meurer là. A cela le khan nous répon-
« dit que, tout ainsi que le soleil épand
« ses rayons de toutes parts, ainsi sa puis-
« sance et celle de Baatu s'étendaient en
« tous lieux ; que pour notre or et notre
« argent il n'en avait que faire. Jusque-
« là, je n'entendis aucunement notre in-
« terprète ; mais du reste je ne pus rien
« comprendre autre chose, sinon qu'il
« était bien ivre, et, selon mon opinion,
« que Mangu même était un peu chargé.
« Après cela il nous fit asseoir, et au bout
« d'un instant nous sortîmes avec ses
« secrétaires. Comme nous étions sur le
« point de retourner à notre logis, vint
« l'interprète, qui nous, dit que Mangu
« avait pitié de nous et nous donnait
« deux mois de temps pour demeurer

« là tandis que le froid se passerait; et il nous mandait aussi que près de là il y avait une ville, nommée Caracorum, où, si nous voulions nous transporter, il nous y ferait fournir tout ce qui nous serait de besoin; mais que si nous aimions mieux demeurer là où nous étions, il nous ferait aussi bailler toutes choses nécessaires, et néanmoins que ce serait très-grande peine et misère de suivre la cour partout. »

Pendant sa résidence à la cour impériale, Rubruquis put s'assurer par lui-même que Mangou et les membres de sa famille assistaient également aux cérémonies religieuses des chrétiens, des mahométans et des bouddhistes; qu'ils ne connaissaient rien du christianisme, à l'exception de quelques pratiques extérieures et insignifiantes, telles que l'encensement, la bénédiction, l'adoration de la croix; qu'ils entretenaient des prêtres de ces trois religions et des magiciens pour être plus sûrs d'obtenir les biens qu'ils désiraient et se préserver des maux qu'ils redoutaient, ne soupçonnant même pas que le culte que l'on rend à Dieu pût avoir un but plus élevé. Les prêtres chrétiens, mahométans et bouddhistes s'efforçaient de faire des prosélytes parmi les Mogols; ils s'attachaient surtout à gagner Mangou; mais cet empereur, fidèle aux maximes de Gengiskan, ne montrait de préférence pour aucun culte, et les protégeait tous avec égalité. Il dit un jour à Guillaume de Rubruquis que tous les hommes qui se trouvaient à sa cour, adorant le même Dieu, être unique et éternel, devaient être libres de l'honorer suivant la manière qui leur semblerait plus convenable. Les grâces qu'il accordait aux sectateurs des différentes croyances faisaient penser à chacun que la sienne était préférée. Selon l'historien Alaï-ud-din, cité par M. d'Ohsson (1), c'étaient les musulmans dont Mangou faisait le plus de cas; pour citer un exemple de sa bienveillance à leur égard, il rapporte le trait suivant. Le jour du Beyram de l'année 630 (1252), les musulmans qui se trouvaient dans la résidence de Mangou se réunirent pour célébrer cette fête. Après le namaze, le ministre officiant pria pour l'empereur. Mangou lui fit répéter nombre de fois cette prière, et donna aux musulmans plusieurs chariots remplis de riches étoffes et de pièces d'or et d'argent. Il signala encore ce jour par un acte de clémence; des courriers furent envoyés dans les provinces avec ordre de remettre en liberté tous les gens qui étaient détenus en prison. Des historiens chrétiens assurent, au contraire, que Mangou montrait une prédilection marquée pour la religion chrétienne. Cependant Rubruquis observe que le chef des magiciens mogols était logé devant le pavillon de l'empereur, à la distance d'un jet de pierre, et qu'il avait sous sa garde des chariots dans lesquels étaient renfermées des idoles. Ces magiciens se mêlaient d'astrologie, et prédisaient les éclipses; sitôt qu'elles commençaient ils battaient du tambour et des cymbales, en poussant de grands cris. Ils indiquaient les jours heureux et malheureux; on n'entreprenait aucune affaire sans les consulter auparavant. Ils purifiaient par le feu tous les objets destinés à la cour et les présents offerts à l'empereur, sur lesquels ils prélevaient une part. On les appelait, à la naissance des enfants, pour tirer leur horoscope; et on les consultait pour la guérison des malades. S'ils voulaient perdre un de leurs ennemis, ils l'accusaient d'avoir attiré par des sortiléges le malheur sur une personne qu'ils désignaient. Lorsqu'on les consultait, ils évoquaient les démons au son du tambourin, s'agitaient avec fureur, tombaient en extase et rendaient une réponse qu'ils disaient tenir de leurs esprits familiers.

Rubruquis rapporte quelques traits de la malice de ces prétendus magiciens et de la superstition des Mogols. Il avait appris ces détails à Caracorum, et les tenait d'une dame de Metz, nommée *Paquette,* enlevée par les soldats mogols en Hongrie, et attachée pendant quelque temps au service d'une des épouses de Mangou, qui était, dit-on, chrétienne. Cette princesse avait reçu en présent de superbes fourrures. Les devins les ayant purifiées par le feu, suivant l'usage, en retinrent une partie; mais la femme de chambre de la princesse, jugeant qu'ils avaient pris plus qu'il ne leur revenait, en avertit sa

(1) *Histoire des Mongols,* tome II, page 300.

maîtresse, qui adressa aux devins de sévères reproches. Peu de jours après, cette dame étant tombée dangereusement malade, les devins déclarèrent qu'elle avait été ensorcelée par la femme de chambre, qui fut immédiatement appliquée à la torture. On lui fit souffrir pendant sept jours les plus cruels supplices pour obtenir l'aveu de son prétendu crime. Cependant la princesse mourut. Alors l'accusée supplia qu'on lui ôtât la vie, voulant suivre sa maîtresse, à qui elle soutenait n'avoir jamais fait aucun mal; l'empereur la fit remettre en liberté.

Les devins choisirent alors une autre victime : ils accusèrent de la mort de la princesse la nourrice de sa fille; c'était la femme d'un des principaux prêtres nestoriens. Mise à la torture, elle reconnut avoir employé quelques sortilèges pour obtenir les bonnes grâces de sa maîtresse, mais elle affirma en même temps qu'elle était innocente de toute opération magique tendant à nuire à cette princesse : elle fut cependant condamnée à mort et exécutée.

A quelque temps de là, une des femmes de Mangou étant accouchée d'un fils, les devins prédirent que le nouveau-né jouirait d'une longue vie, et deviendrait un grand prince. L'enfant étant mort au bout de quelques jours, la mère, désespérée, fit venir les devins, et les accabla de reproches. Ils se justifièrent en disant que la femme du prêtre nestorien qui venait d'être mise à mort avait tué l'enfant par ses maléfices. L'épouse de Mangou, furieuse en entendant ces paroles, voulut, à défaut de cette femme qu'elle ne pouvait plus atteindre, se venger sur un fils et une fille de cette infortunée; elle ordonna que l'un fût tué par un homme, et l'autre par une femme. Mangou, informé de ces exécutions, en fut outré de colère; il reprocha sévèrement à son épouse d'avoir osé faire mettre à mort deux personnes sans sa permission, et il ordonna que cette princesse fût enfermée dans un cachot pendant sept jours, puis il l'éloigna de la cour pendant un mois. L'homme qui avait tué le fils de l'épouse du prêtre nestorien fut condamné au dernier supplice, et on attacha sa tête au cou de la femme qui avait mis à mort la jeune fille; cette femme fut ensuite elle-même battue avec des tisons ardents, et exécutée.

Rubruquis observe que les prêtres nestoriens qui se trouvaient auprès de Mangou étaient ignorants, superstitieux et adonnés au vin. Dans les festins à la cour, les prêtres chrétiens, revêtus de leurs ornements, entraient d'abord, priaient pour l'empereur, et bénissaient sa coupe. Lorsqu'ils s'étaient retirés, on introduisait les ministres du culte mahométan, et après eux les prêtres païens, qui officiaient à leur tour.

« Le jour de l'octave de l'Épiphanie,
« dit Rubruquis, la principale femme de
« Mangou, nommée *Coutouctaï*, vint à la
« chapelle des nestoriens avec plusieurs
« dames, son fils aîné Baltou et ses en-
« fants en bas âge. Tous se prosternèrent
« la face contre terre, touchèrent les ima-
« ges de la main droite, qu'ils portèrent à
« leurs lèvres, et donnèrent la main à tous
« ceux qui étaient présents, selon l'usage
« des nestoriens. Mangou visita aussi cette
« chapelle, et s'assit avec son épouse sur
« un sopha doré placé devant l'autel. Il
« fit chanter Rubruquis et son compa-
« gnon, qui entonnèrent le *Veni, Sancte*
« *Spiritus*. L'empereur ne tarda pas à se
« retirer; mais sa femme demeura dans
« la chapelle, et fit des présents à tous les
« chrétiens. On apporta du tarassoun, du
« vin et du coumiz. L'impératrice prit une
« coupe, se mit à genoux, demanda la
« bénédiction; et tandis qu'elle buvait
« les prêtres chantaient. Ceux-ci burent
« à leur tour, et s'enivrèrent; ce fut ainsi
« qu'ils passèrent la journée. Vers le soir,
« l'impératrice, étant ivre comme les au-
« tres, s'en retourna chez elle dans son cha-
« riot, accompagnée des prêtres, qui ne
« cessaient de chanter ou plutôt de hurler.

« Le samedi veille de la Septuagésime,
« qui est le temps de la pâque des Armé-
« niens, continue Rubruquis, nous al-
« lâmes avec les prêtres nestoriens et
« un moine arménien, en procession au
« palais de Mangu. Comme nous en-
« trions, sortit un serviteur portant des
« os d'épaule de mouton brûlés au feu
« et noirs comme charbon, dont je fus
« fort étonné; et leur ayant demandé
« depuis ce que cela voulait dire, ils
« m'apprirent que jamais en ce pays-là
« rien ne s'entreprend sans avoir pre-

« mièrement bien consulté ces os. Quand
« le khan veut faire quelque chose, il
« se fait apporter trois de ces os, qui
« n'ont pas encore été mis au feu, et les
« tenant entre les mains il pense à l'af-
« faire qu'il veut consulter, si elle se
« pourra faire ou non ; puis il baille ces
« os pour les brûler, et il y a deux petits
« lieux proche le palais où le khan cou-
« che, où on les brûle soigneusement,
« et étant bien passés par le feu et noir-
« cis, on les rapporte devant lui, qui
« les regarde fort curieusement, pour
« voir s'ils sont demeurés entiers, et
« que l'ardeur du feu ne les ait pas rom-
« pus ou éclatés ; et en ce cas, ils jugent
« que l'affaire ira bien ; mais si ces os se
« trouvent rompus de travers, et que de
« petits éclats en tombent, cela veut
« dire qu'il ne faut pas entreprendre la
« chose (1). Arrivés en la présence de

« Mangou, les prêtres nestoriens lui
« apportèrent l'encens, qu'il mit lui-
« même dans le vase, et ils l'encensè-
« rent. Ils bénirent aussi sa coupe ; nous
« fûmes tous obligés de faire de même ;
« ensuite on fit boire tous les prêtres.
« Après cela, nous allâmes au logis de
« Baltou. Sitôt qu'il nous aperçut il
« sauta de son siége et se jeta à terre,
« la touchant du front en révérence de
« la croix, qu'il posa, après s'être
« relevé, sur une pièce de tissu de soie
« neuf, et la plaça devant lui en un lieu
« élevé. Son précepteur, nommé David,
« prêtre nestorien, qui était un vrai
« ivrogne, l'avait instruit à cela. Ensuite
« il nous fit asseoir, et après avoir bu
« une coupe qui avait été bénie par les
« prêtres, il les fit boire aussi.

« De là nous allâmes successivement
« à la cour de la seconde, de la troisième
« et de la quatrième femme de l'empe-

(1) Nous compléterons ce que nous avons à dire sur ce sujet par une note que nous empruntons à M. le baron d'Ohsson : « Parmi les différents genres de divination qui, selon toute apparence, ont été pratiqués depuis les temps les plus reculés chez les peuples superstitieux de la race mongole, et sont même en vogue chez presque tous les peuples de l'Asie, qui ont été ou sont encore adonnés aux superstitions du chamanisme, on doit surtout remarquer l'usage de prédire les choses futures un ou plusieurs jours d'avance, d'après l'inspection des fissures produites par le feu sur les omoplates, tant à cause des règles systématiques de cet art que de sa fréquente application. Cette manière de prédire est appelée par les Calmouks *dalla-tulike*, et ceux qui la pratiquent sont nommés par eux *dalladschi*, mais par les Kirguizes *jaurantchis*; ce sont des gens qui sans exercer d'ailleurs la profession de sorcier, ni appartenir à la classe du clergé, ont acquis par une longue pratique une grande habileté dans cet art. Il existe un écrit mongol, intitulé *Dalla*, qui enseigne les règles d'après lesquelles il faut interpréter les diverses fissures, droites ou transversales, que reçoit un omoplate exposée au feu. Les meilleures pour cet usage sont celles de mouton, de saïga, de daim et de renne. L'épaule dont on veut se servir doit d'abord être cuite ; puis on la dépouille nettement de sa chair avec un couteau. L'os nu est mis sur la braise, où il reste jusqu'à ce que le dalladschi juge qu'il présente assez de fissures ; c'est d'après leur situation, leurs proportions, leur liaison entre elles qu'il prédit l'avenir, l'issue d'une affaire, les événements heureux ou malheureux, la vie ou la mort. Il est assez singulier que par ce moyen l'on prédise souvent juste, ce qui met ce genre de divination en grand crédit chez les peuples grossiers de l'Asie. Il y a certaines lignes principales auxquelles on rapporte toutes les fissures, leur signification particulière.

« On pratiquait en Chine, dans la plus haute antiquité, un genre de divination semblable à celui qui vient d'être décrit, si ce n'est qu'au lieu d'omoplates on se servait d'écailles de tortue, dans lesquelles on brûlait certaines herbes, jusqu'à ce qu'elles se fendissent (Voy. Mailla, *Hist. de la Chine*, tom. I, pag. 104). Nous citerons encore, au sujet des superstitions mongoles, continue M. d'Ohsson, un passage de Raschid, qui se trouve à l'article des Ourianguites Mongols.

« Lorsque les Ourianguites Mongols, dit cet historien, veulent faire cesser un orage, ils disent des injures au ciel, aux éclairs, au tonnerre ; les autres peuples Mongols font tout le contraire : lorsque le tonnerre gronde, ils restent enfermés dans leurs huttes, saisis de peur. Les Ourianguites s'abstiennent de manger la chair d'un animal tué par la foudre, et se gardent même d'en approcher. Les Mongols croient que le tonnerre provient d'un animal semblable au dragon, qui tombe de l'air, frappe la terre de sa queue, se replie et vomit des flammes. Des Mongols dignes de foi assurent qu'ils l'ont souvent vu de leurs yeux. Ils disent aussi que lorsqu'on répand sur la terre du vin ou du coumiz, du lait ou du lait caillé, la foudre tombe sur les animaux domestiques, et surtout sur les chevaux ; mais que c'est le vin qui produit cet effet le plus infailliblement. Ils croient que des bottes humides exposées au soleil attirent le tonnerre ; aussi les font-ils sécher dans leurs huttes après en avoir soigneusement fermé l'ouverture supérieure. Le tonnerre est fréquent dans leur pays, et la crainte qu'il leur inspire le leur fait attribuer à toutes sortes de causes. Ils disent aussi qu'il leur apparaît des esprits avec lesquels ils s'entretiennent. Il y a dans ces contrées beaucoup de superstitions de ce genre. Les cames y sont nombreux, surtout dans le pays qui touche aux limites de la terre habitée, et que l'on appelle *Bargouk* ou *Bargoutchin-Tougroum*; il est certain que les esprits viennent converser avec ces sorciers. »

« reur. Toutes se jetaient à terre, aussitôt qu'elles apercevaient la croix, l'adoraient, et la faisaient poser ensuite dans un lieu élevé sur un tapis de soie ; c'est là tout ce que les prêtres leur avaient appris du christianisme.
« Elles suivaient du reste en tout les pratiques des devins et des idolâtres. »

Vers Pâques, Rubruquis suivit le grand khan à Caracorum, qui lui parut moins considérable que Saint-Denis, dont le monastère, ajoute-t-il, est dix fois plus grand que tout le palais de Mangou. On remarquait dans la ville deux longues rues, l'une appelée *rue des Mahométans*, où se tenaient les marchés et la foire, et où l'on voyait beaucoup de marchands étrangers, attirés à Caracorum par le séjour de la cour et d'une foule d'envoyés qui y venaient de toutes parts ; l'autre, appelée *rue des Chinois*, était habitée par des artisans. Caracorum renfermait plusieurs édifices destinés aux chancelleries, douze temples d'idolâtres, deux mosquées, et une église. Cette ville était entourée d'un rempart de terre, et avait quatre portes, qui correspondaient aux points cardinaux. Près de ces portes on avait établi divers marchés ; on vendait dans le marché de l'orient du millet et d'autres espèces de grains ; dans celui de l'ouest, des brebis et des chèvres ; dans celui du nord, des chevaux ; et dans celui du midi, des bœufs.

Le palais impérial, situé près des remparts et environné d'un mur de briques, s'étendait dans la direction du nord au midi ; la face méridionale de cet édifice était percée de trois portes. On y voyait une grande salle qui, pour la construction, ressemblait à une église ; c'était une sorte de nef avec deux rangs de colonnes. Dans les jours solennels, l'empereur se plaçait au fond de cette salle, sur un trône élevé ; auprès de lui, sur un siége un peu plus bas, était assise la première de ses femmes. Ses fils et les autres princes du sang étaient placés à sa droite ; les princesses, à sa gauche. Vis-à-vis du trône s'élevait un grand arbre d'argent, soutenu par quatre lions de même métal ; de leurs gueules jaillissait, dans quatre bassins d'argent, du vin, du coumize, du ball, sorte d'hydromel, et du *tarassoum*, boisson faite avec du riz. Au sommet de l'arbre, une statue d'argent représentant un ange sonnait de la trompette lorsqu'il était nécessaire de remplir de nouveau les réservoirs qui alimentaient les fontaines. Le tronc de l'arbre était entouré de serpents dorés. Cette pièce remarquable avait été exécutée par Guillaume Boucher, orfèvre de Paris, fait prisonnier à Belgrade par un des frères de Mangou, qui l'emmena en Tartarie (1) ; on avait fourni à cet artiste pour son travail trois mille marcs d'argent.

Après un séjour de cinq mois à la cour impériale, Rubruquis se disposa à quitter la Tartarie. Il avait baptisé plusieurs infidèles ; mais soit qu'il n'espérât pas réussir à faire un grand nombre de conversions ou qu'il ne pût s'accoutumer à vivre au milieu de ces hordes sauvages, il n'insista pas pour obtenir la permission de continuer à résider dans le pays. Mangou voulait envoyer avec lui des ambassadeurs ; mais le missionnaire déclara qu'il ne pouvait pas répondre d'eux dans des contrées où les voyageurs ne trouvaient aucune sûreté. L'empereur renonça alors à son projet, et se contenta de lui donner des lettres en réponse à celles de saint Louis. Rubruquis demanda si, après avoir remis ces lettres, il pourrait revenir pour travailler au salut des chrétiens qui se trouvaient en Tartarie. Mangou ne répondit pas à cette question ; et après lui avoir conseillé de se pourvoir du nécessaire pour le long voyage qu'il allait entreprendre, il lui fit donner à boire et le congédia.

La lettre de Mangou à saint Louis, écrite en mogol et en caractères ouigours, commençait par le préambule ordinaire de Gengiskan.

« Tel est le commandement du Dieu éternel, il n'y a qu'un Dieu au ciel, et qu'un souverain sur la terre, Gengiskan, fils de Dieu.

« Faites savoir partout où des oreilles peuvent entendre et où des chevaux peuvent aller, que ceux auxquels mes ordres parviendront et qui n'y obéiront pas, ou qui

(1) On voyait encore à Caracorum, suivant le rapport de Rubruquis, un grand nombre de chrétiens français, hongrois, russes, etc.

s'armeront pour y résister, auront des yeux et ne verront pas, auront des mains et ne pourront s'en servir, auront des pieds et ne pourront pas marcher. Tels sont les commandements du Dieu éternel et du Dieu de la terre, le souverain des Mogols. »

On lisait ensuite :

« Ce commandement est adressé par Mangou-Caan à saint Louis, roi de France, à tous les seigneurs et prêtres et à tout le peuple du royaume de France, afin qu'ils puissent entendre mes paroles et les commandements que le Dieu éternel fit à Gengiskan, et qui ne sont pas encore parvenus jusqu'à eux.

« Un homme, nommé David, vous a été trouver comme ambassadeur des Mogols; c'était un imposteur. Vous avez envoyé avec lui vos ambassadeurs à Coyouc-Khan, après la mort duquel ils sont arrivés à la cour, et sa veuve Ogoulgaïmisch vous envoya par leur entremise une pièce de soie avec des lettres; mais comment cette femme, plus vile qu'une chienne, aurait-elle pu savoir quelque chose des affaires de la paix ou de la guerre, et de ce qui concerne le bien de cet empire?

« Ces deux moines sont venus de votre part vers Sartac, qui les a envoyés à Batou, et Batou les a envoyés ici, parce que Mangou-Caan est le chef suprême des Mogols. Nous eussions voulu vous envoyer nos ambassadeurs avec vos prêtres; mais ceux-ci nous ont déclaré qu'entre ce pays et le vôtre il y a plusieurs nations ennemies et des chemins dangereux : ce qui leur faisait craindre que nos ambassadeurs ne pussent aller sûrement jusqu'à vous; mais ils s'offrirent de porter nos lettres, contenant nos commandements au roi Louis. Ainsi donc, nous vous adressons, par vos prêtres, les commandements du Dieu éternel. Quand vous les aurez entendus, vous nous enverrez vos ambassadeurs pour nous annoncer si vous voulez avoir paix ou guerre avec nous. Si vous méprisez les commandements de Dieu, dans la pensée que votre pays est bien éloigné, que vous êtes protégé par de hautes montagnes, par des mers vastes et profondes, Celui qui peut faciliter les choses difficiles, et approcher ce qui est éloigné, sait bien ce que nous pourrons faire. »

Rubruquis partit au mois de juin 1254, avec les lettres de Mangou, se dirigeant, suivant l'ordre qu'il avait reçu, vers la cour de Batou. Dans ce voyage, qui dura soixante et dix jours, il ne vit qu'un seul village, où il ne put pas même trouver du pain; quelquefois il n'avait pendant deux ou trois jours d'autre nourriture que du coumize. Mangou avait écrit à son cousin de faire aux lettres adressées au roi de France les additions ou les suppressions qu'il jugerait convenable. Après avoir suivi quelques semaines la cour de Batou, Rubruquis prit la route du Caucase, pour retourner à son couvent de Saint-Jean d'Acre, d'où il adressa la relation de son voyage à saint Louis, qui était reparti pour la France.

En 1257, Mangou conçut des soupçons contre son frère Koubilaï, qui s'était attiré l'affection des Chinois par son humanité, et que l'on accusa de rechercher la faveur du peuple pour obtenir le pouvoir suprême. Il envoya en Chine un officier chargé d'examiner les comptes des revenus du fisc. Koubilaï ayant vu mettre à mort sans jugement quelques-uns de ses intendants, hésitait sur le parti qu'il devait prendre; le sage Yao-Chou lui conseilla, pour écarter les soupçons injustes de son frère, de se rendre en Mongolie avec sa famille et sa maison; d'ailleurs il devait donner cet exemple de soumission, en sa qualité de premier sujet de l'empereur. Koubilaï adopta l'avis d'Yao-Chou, il se rendit à la cour de Mangou. Celui-ci, touché d'un pareil acte de déférence, rappela l'officier qu'il avait chargé d'examiner les comptes des revenus du fisc, et ne donna aucune suite à cette affaire.

Dans une diète réunie la même année, Mangou annonça l'intention de soumettre la Chine méridionale. « Mes ancêtres, dit-il, ont fait de grandes choses; ils ont acquis par leurs conquêtes une belle renommée : je veux suivre leur exemple. Pourquoi, s'écrièrent les princes du sang, un souverain qui règne sur l'univers entier et qui a sept frères irait-il lui-même combattre ses ennemis? Mangou persista toutefois dans sa résolution. Il entra en campagne, et déjà il avait remporté de notables avantages, lorsqu'il mourut de la dyssenterie dans le voisinage de la ville de Ho-tchou, dont ses troupes faisaient le siège. Il était dans la cinquante-deuxième année de son âge, et avait régné huit ans.

« Mangou, dit M. le baron d'Ohsson, « était doué d'un caractère ferme et

« décidé, parlait peu, n'aimait ni les
« festins ni le luxe, et ne permettait pas
« à ses femmes de faire de grandes dé-
« penses. Sa sévérité maintenait dans
« le devoir les seigneurs mongols, ha-
« bitués du temps d'Ogotaï à faire ce
« qu'ils voulaient. La chasse était son
« principal amusement, et, simple dans
« ses habitudes, il disait souvent qu'il
« préférait le genre de vie de ses ancê-
« tres à la somptuosité et à la mollesse
« des souverains du Midi; mais, super-
« stitieux à l'excès, il consultait sans
« cesse les devins, qui abondaient à sa
« cour, et n'osait rien entreprendre sans
« leur avis (1). »

Dans sa dernière campagne il interdit le pillage aux troupes; et ayant été informé que son fils Assoutaï avait dans une partie de chasse dévasté un champ de blé, il lui adressa de sévères réprimandes, et condamna à des peines corporelles plusieurs personnes de sa suite. Un soldat fut même puni de mort pour avoir volé un oignon chez un paysan. Cette justice paraît excessive; il faut dire cependant que Mangou avait le droit de se montrer sévère à l'égard de ses troupes, auxquelles il accordait souvent des gratifications pour leur interdire tout prétexte de piller les habitants.

Les chefs de l'armée, voyant l'empereur mort, formèrent le projet de se retirer, et ils se mirent en marche emportant le corps, qui fut accompagné jusqu'en Mongolie par le prince Assoutaï. Mangou fut inhumé à Bourcan-Caldoun, auprès de Gengiskan et de Touloui. Ce prince avait plusieurs femmes et concubines, desquelles il laissa quatre fils (1).

Le prince Batou était mort en 1256, sur les bords du Volga, à l'âge de quarante-huit ans. Il fut surnommé Saïn-Khan, c'est-à-dire *le bon prince*. Les historiens s'accordent à louer son extrême libéralité. Il distribuait entre ses parents et ses amis les présents qu'on lui offrait avant même qu'ils n'entrassent dans son trésor. Il avait bâti sur la rive orientale du Volga la ville de Séraï, qui devint la principale résidence de ses successeurs. Peu de temps avant de mourir, il avait envoyé son fils Sartac au kouriltaï convoqué par Mangou, en 1256. Sartac apprit en route la mort de son père. Mangou le nomma successeur de Batou, et lui fit de riches présents. Sartac mourut en allant prendre possession de ses États.

RÈGNE DE KOUBILAÏ.

Au mois d'avril 1260 Koubilaï se rendit au kouriltaï assemblé pour l'élection d'un nouvel empereur. Il fut choisi par les membres de cette assemblée pour succéder à Mangou; mais bientôt il trouva un compétiteur redoutable dans la personne d'Aric-Bouga. Après avoir triomphé de ce rival, il s'occupa activement de faire fleurir la religion de Bouddha et d'encourager les lettres.

Koubilaï, qui régnait déjà sur une partie de la Chine, devint, en 1280, maître de tout l'Empire par la mort du dernier souverain de la dynastie des Songs. Il prit à cette occasion le nom de *Chitsou*; mais nous continuerons à l'appeler *Koubilaï*, dénomination qu'il a conservée dans l'histoire et sous laquelle il est presque exclusivement connu. Ce prince eut d'abord à comprimer plusieurs révoltes, et il y réussit autant par sa prudence que par le courage de ses généraux. En 1281 il perdit son épouse Honkilachi, à laquelle les historiens s'accordent à reconnaître les plus nobles qualités du cœur et de l'esprit. Les trésors des Songs ayant été transportés à la cour des Mogols, Koubilaï invita Honkilachi à aller admirer les objets précieux qu'ils renfermaient. L'impératrice céda aux prières de son époux; mais elle daigna à peine regarder les richesses étalées sous ses yeux, et se retira en disant : « Les Songs avaient amassé ces trésors pour leurs descendants, et nous en sommes devenus possesseurs, parce que les princes qui devaient en jouir n'ont pas pu les défendre. Comment donc oserais-je en prendre la moindre chose! »

L'impératrice des Songs ayant été transportée dans le nord, tomba malade par le changement de climat. Honkilachi pria son époux de renvoyer cette princesse dans les provinces du sud; mais ayant trouvé Koubilaï inflexible, elle entoura la souveraine déchue des

---

(1) *Histoire des Mongols*, t. II, p. 332.
(2) Voyez d'Ohsson, *Histoire des Mongols*, tome II, pag. 334.

soins les plus affectueux, et s'efforça de lui rendre la captivité moins pénible.

La même année 1281, ou 1283 selon Kaempfer, Koubilaï envoya contre le Japon une flotte considérable pour faire la conquête de cet Empire. Les vaisseaux, battus par une violente tempête, furent presque tous submergés ; mais les soldats et les matelots réussirent à gagner l'île de Sing-Hou. Là ils furent partagés en deux classes par les Japonais, qui retinrent prisonniers les Chinois et massacrèrent les Mogols, au nombre de trente mille.

Les habitants de la partie maritime du Tonquin s'étaient d'abord soumis à Koubilaï, et avaient consenti à devenir tributaires de cet empereur. Mais les Mogols ayant érigé dans le pays un tribunal pour la perception des impôts, le prince héritier légitime du trône saisit cette occasion pour se soulever, et, s'étant enfermé dans une ville bâtie sur un rocher, il obligea le général mogol Soutou, qui était venu assiéger la place, à se retirer après plusieurs assauts inutiles. Koubilaï, informé en Tartarie de l'échec qu'avaient souffert ses troupes, envoya une armée pour soumettre les révoltés. Mais les maladies sévirent parmi les Mogols, qui furent contraints de battre en retraite ; et harcelés sans cesse par les habitants du pays, ils perdirent beaucoup de monde, et entre autres leur général en chef.

En 1287 Koubilaï fit attaquer la Cochinchine. Tohoan, chargé de cette expédition, la conduisit avec beaucoup de bonheur. Les ennemis, vaincus dans plusieurs affaires, furent contraints de se sauver par mer. Le triomphe aurait été complet si le prince tartare s'était retiré assez à temps pour éviter à ses soldats des chaleurs auxquelles ils n'étaient point accoutumés. Bientôt l'armée, décimée par les maladies, fut complétement battue.

Cependant Caïdou, prince de la race d'Oktaï, s'était révolté en Tartarie. D'abord vaincu par Bayan, général des troupes de Koubilaï, il lui résista ensuite avec succès ; mais finalement il se vit contraint de quitter le pays.

Au mois de février 1294 Koubilaï mourut, après une courte maladie ; il était âgé de quatre-vingts ans, et en avait passé trente-cinq sur le trône. Ce prince est considéré par tous les historiens comme un des membres les plus illustres et les plus éclairés de la famille de Gengiskan. Malgré son zèle pour la religion de Bouddha, il respectait le christianisme ainsi que les croyances musulmane et juive. Quand les chrétiens célébraient quelque grande solennité, il ordonnait qu'on lui apportât le livre des Évangiles, qu'il baisait après l'avoir fait encenser.

Les chrétiens et les mahométans étaient nombreux dans les États de Koubilaï. Une circonstance assez indifférente en apparence amena contre ces derniers une persécution qui dura sept ans. Des marchands musulmans ayant offert en cadeau à l'empereur des aigles blancs et des faucons d'une espèce particulière, ce prince leur envoya pour témoigner sa gratitude des mets de sa table ; et comme les marchands n'y touchaient point, Koubilaï demanda la raison d'une pareille conduite ; ils répondirent que ces viandes étaient impures, parce que les animaux dont elles provenaient n'avaient pas été tués suivant le mode indiqué par la loi de Mahomet. L'empereur, blessé de cette réponse, et d'ailleurs excité par les lamas, remit en vigueur l'ordonnance de Gengiskan qui défendait sous peine de mort d'égorger les animaux (1), et promit la personne et les biens des coupables à ceux qui les dénonceraient. Les délateurs surgirent aussitôt de toutes parts, et s'enrichirent des dépouilles des musulmans. Les esclaves, pour obtenir la liberté, accusaient leurs maîtres. Toutefois le ministre des finances finit par représenter à l'empereur que les marchands mahométans ne visitaient plus la Chine ; que le prince était privé des cadeaux qu'ils lui offraient, et le trésor des droits de douane que payaient leurs marchandises. Ces graves considérations engagèrent Koubilaï à révoquer l'ordonnance.

Déjà, avant l'époque dont nous parlons, les Musulmans avaient encouru la disgrâce de l'empereur. Des personnes malintentionnées informèrent ce prince que le Coran ordonnait de met-

---

(1) Voyez ci-devant, page 314, art. X.

tre à mort les polythéistes. L'empereur ayant appelé des docteurs musulmans, leur demanda si la loi de Mahomet contenait une pareille injonction. Ils répondirent d'une manière affirmative. « Vous croyez donc, reprit alors Koubilaï, que le Coran vient de Dieu? — Nous n'en doutons pas. — Mais, ajouta-t-il, puisque Dieu vous ordonne de tuer les polythéistes, pourquoi ne lui obéissez-vous point? — C'est, lui répondirent-ils, parce que le temps d'agir n'est pas venu; car nous ne sommes pas encore assez puissants. — Eh bien! moi, s'écria le prince en fureur, je puis vous faire périr dès à présent. » Et il ordonna que celui des docteurs qui avait porté la parole fût mis à mort sans délai. Quelques fonctionnaires mahométans supplièrent l'empereur de surseoir à l'exécution, et d'interroger d'autres docteurs plus pénétrés du véritable esprit de leur religion. On fit venir un cadi, auquel le prince adressa la même question. « Sans doute, répondit le magistrat, Dieu nous commande de tuer les polythéistes; mais nous appelons ainsi les hommes qui ne reconnaissent pas un être suprême. Et comme vous inscrivez le nom de Dieu en tête de toutes vos ordonnances, on ne saurait vous considérer comme appartenant à une pareille secte. » Koubilaï, satisfait de la réponse du cadi, renvoya les docteurs musulmans sans leur faire aucun mal.

Quoique avare, Koubilaï aimait le luxe et recherchait les occasions de se montrer aux courtisans dans toute la pompe de la majesté impériale. Lorsqu'il donnait un festin, on plaçait sa table devant le trône sur une estrade élevée; et il était assis, le visage tourné du côté du midi. A la gauche, on voyait l'impératrice, les princesses et les femmes des chefs et des officiers; à la droite, ses fils et les autres princes du sang. On remarquait dans la salle des estrades, dont la hauteur variait suivant le rang des personnes, de telle sorte que le grand nombre des convives avaient la tête au niveau des pieds de l'empereur. Les grands officiers qui servaient avaient la bouche couverte d'une pièce d'étoffe de soie, afin que les mets et les boissons ne fussent pas exposés au contact de leur haleine. Chaque fois que l'empereur levait sa coupe pour boire, la musique se faisait entendre, et tous les assistants se mettaient à genoux. Au milieu de la salle s'élevait une cuve dorée et ornée de sculptures, et pleine de vin. On trouvait du lait de jument et d'autres boissons dans quatre vases de moindre grandeur. De larges coupes d'argent ou de vermeil étaient placées sur les tables. Il y en avait une pour deux convives. Chacun puisait dans la coupe avec une cuiller. Après le repas arrivaient des comédiens et des jongleurs. Deux huissiers d'une taille gigantesque, une canne à la main, étaient placés aux portes de la salle pour veiller à ce que personne n'en touchât le seuil avec le pied, action regardée comme du plus mauvais présage et entraînant presque toujours des malheurs. Les personnes coupables de ce délit étaient condamnées pour l'ordinaire à recevoir un certain nombre de coups de bâton.

Les principales fêtes célébrées à la cour étaient le jour de l'an, qui tombait le 6 février, et l'anniversaire de la naissance de Koubilaï. Ce prince recevait alors de riches présents, et l'on priait pour lui dans les temples des divers cultes. Le premier jour de l'an les grands et les officiers, vêtus de blanc, se rendaient au palais dès l'aurore, et, s'étant rangés suivant leur grade, à un certain signal ils se mettaient à genoux et saluaient l'empereur par quatre prosternations. Ils allaient ensuite brûler de l'encens sur un autel placé au milieu de la cour, devant un tableau sur lequel était inscrit le nom de Koubilaï.

L'Empire de ce monarque comprenait la Chine, la Tartarie chinoise, la Corée, le Tibet, le Tonquin, la Cochinchine et plusieurs autres contrées. Les souverains mogols, qui commandaient en Perse, dans le Turquestan, et depuis les Indes jusqu'à la mer Glaciale, étaient ses vassaux et le reconnaissaient pour leur suzerain.

Koubilaï était plus juste et plus modéré qu'on ne devait l'attendre d'un despote asiatique et d'un petit-fils de Gengiskan; il aimait les lettres et protégeait les savants. Supérieur à tous les princes de sa race, il renonça aux usages grossiers des Mogols pour adopter la civilisation chinoise. Il s'appliqua à rehausser la gloire de son empire et à faire le bonheur de ses peuples. Il creusa des canaux, fonda des colléges et des académies, encouragea les sciences et le commerce, et fit promulguer un code de lois.

Les Chinois reprochent à ce prince de s'être montré trop attaché à l'argent, aux femmes et aux bonzes. On peut dire que Koubilaï n'appartenait aux Mogols que par sa naissance. Il savait apprécier les avantages de la civilisation, et on voyait à sa cour des savants de toutes les parties de l'Asie. Il fit traduire en mogol plusieurs bons ouvrages chinois, et fonda des colléges destinés à l'instruction des jeunes Tartares. Il créa des communications entre les différentes parties de l'Empire au moyen de relais établis sur les routes principales pour le service des courriers de l'État. Les maisons de poste, qui servaient en même temps d'hôtelleries, étaient placées à une distance de 25 à 30 milles l'une de l'autre. On devait entretenir dans chacun de ces établissements 400 chevaux, dont 200 se reposaient pendant un mois. Les chevaux étaient fournis et entretenus par les habitants, que l'on indemnisait par une diminution d'impôts. En cas de nécessité, les courriers franchissaient une distance de 250 milles en vingt-quatre heures. Lorsqu'ils approchaient du relai, ils sonnaient du cor pour faire préparer les chevaux.

On avait établi également pour les distances peu considérables des courriers à pied. Ceux-ci portaient des ceintures garnies de petites sonnettes, afin qu'on les entendît venir de loin, et que les personnes qui devaient les remplacer se tinssent prêtes à recevoir le paquet des dépêches qui allait leur être remis. Il existait dans chaque station de poste des commis qui notaient le jour et l'heure de l'arrivée des courriers.

L'armée, composée de Mogols et de Chinois, était distribuée dans les villes et les campagnes. Les troupes chinoises étaient toujours envoyées dans une province étrangère à la leur. Les engagements ne duraient que six ans. Les troupes mogoles, exclusivement composées de cavalerie, étaient cantonnées dans des lieux abondants en eau et en fourrages.

On remettait aux officiers de l'armée, au lieu de brevet et comme marque de leur grade, des tablettes dont le poids variait depuis vingt jusqu'à cinquante onces, et dont le métal variait aussi suivant le rang de la personne à laquelle on le destinait. On avait gravé dessus une inscription dont le sens était : « Par la toute-puissance du grand Dieu et par la grâce qu'il accorde à notre Empire, béni soit le nom du khan. Quiconque désobéira à ce qui est ordonné ici sera puni de mort. » En effet on lisait sur ces tablettes un abrégé des droits et des devoirs du militaire.

Le général commandant en chef une grande armée recevait une tablette d'or du poids de cinquante onces, et sur laquelle était gravé un lion avec les images du soleil et de la lune. Lorsqu'un officier de ce rang sortait à cheval, il se faisait tenir un parasol au-dessus de la tête, et quand il voulait s'asseoir on lui présentait un siége d'argent. C'est à Koubilaï que les Mogols furent redevables de la distinction des grades de la milice. Avant lui ce point si important pour le bon ordre et la discipline des armées n'existait pas pour ainsi dire. La garde de l'empereur était composée de 12,000 hommes de cavalerie, commandés par quatre généraux, qui faisaient alternativement le service avec 3,000 cavaliers. La plus grande partie des revenus de l'État était appliquée à l'entretien de l'armée.

Il n'y avait point de numéraire en circulation à la Chine. L'or et l'argent étaient remplacés par des billets munis de la signature et du sceau des chefs de la monnaie, et de l'empreinte du sceau impérial. Le papier que l'on employait pour ces billets était fabriqué avec l'écorce intérieure du mûrier pilée dans un mortier et réduite en pâte. Les billets étaient de forme oblongue, et la grandeur variait suivant la somme. Il existait une loi qui défendait sous peine de mort de les refuser en payement. Chacun pouvait, moyennant un droit de trois pour cent, échanger les billets usés contre des neufs. Les doreurs et les orfévres achetaient du gouvernement les métaux précieux nécessaires à leurs travaux. Tout étranger qui arrivait aux frontières de la Chine était tenu de livrer son or et son argent pour du papier-monnaie.

Koubilaï habitait en hiver une ville qu'il avait fondée près de l'ancienne capitale des Kins, et nommée en chinois *Ta-tou,* c'est-à-dire *la grande résidence,* et appelée par les Mogols *Khanbalik* ou *la ville du khan.* C'est la même que Pékin.

Les jeunes filles employées dans le palais impérial étaient choisies pour l'ordinaire dans les tribus de la Tartarie, et particulièrement dans celle des Ongoutes, renommée pour la beauté de ses femmes. Des officiers de la cour de Koubilaï étaient chargés d'aller eux-mêmes faire ce choix. On payait une somme aux parents, qui s'estimaient toujours fort heureux de voir leurs filles ainsi placées auprès de la personne du souverain. Arrivées au palais, on prenait les plus belles, destinées au service particulier de l'empereur. Mais avant de les admettre définitivement elles subissaient un dernier examen de la part de matrones, chargées de s'assurer si elles n'avaient pas quelque imperfection physique qui pût déplaire à l'empereur. Cinq de ces filles faisaient pendant trois jours de suite le service des appartements intérieurs. Elles étaient ensuite relevées par leurs compagnes. Celles que l'empereur ne gardait point à son service étaient données aux impératrices; ou bien on les employait à la cuisine, à la garde-robe, etc. On leur constituait ordinairement une dot, et elles étaient mariées à des officiers de la cour.

RÈGNE DE TEMOUR.

Au mois de mai 1294, Temour, petit-fils de Koubilaï, fut nommé empereur. Quoique ce prince eût été choisi par le monarque défunt pour lui succéder, il trouva cependant un rival dans son frère aîné, qui fit valoir des prétentions à la couronne. Les avis étaient partagés, lorsque Bayan, généralissime et premier ministre de l'empereur défunt, mit le sabre à la main, et déclara que nul ne monterait sur le trône, excepté celui qui avait été choisi par Koubilaï. Cet acte de vigueur mit fin au débat. Dès qu'il fut maître de l'empire Temour publia, selon l'usage, une amnistie générale. Il fit élever ensuite des monuments à la mémoire de Koubilaï et de quelques autres princes de sa famille, et il adopta le nom d'*Oldjaïtou,* qui, en mogol, veut dire *fortuné.* Temour eut un règne peu fertile en événements. Il soutint toutefois plusieurs guerres contre des peuples et des chefs qui s'étaient révoltés, et qu'il parvint à réduire à l'obéissance; il ne jouit pas longtemps de ce triomphe, et mourut en février 1307, âgé de quarante-deux ans. Les auteurs chinois s'accordent à lui donner un caractère sage et bienfaisant. Ce prince avait le sentiment de la justice; et il défendit d'exécuter aucun arrêt de mort avant qu'il n'eût été confirmé par lui. Jusque alors les princes et les princesses de la famille impériale s'arrogeaient le droit de vie et de mort sur leurs vassaux.

On rapporte que dans sa jeunesse Temour était très-adonné aux excès de table et surtout à l'ivrognerie. Koubilaï lui adressait sans cesse des reproches pour le corriger de ce vice honteux. Il lui fit même infliger trois fois la bastonnade. Enfin, il prit le parti de charger quelques médecins d'assister à ses repas et de faire enlever les mets lorsqu'ils jugeraient que ce prince avait assez mangé. Mais Temour trouvait toujours moyen de mettre en défaut leur vigilance. Un mahométan, tout à la fois alchimiste et sorcier, et qui, par les secrets merveilleux dont il se disait possesseur, était parvenu à capter la confiance du jeune prince, le conduisit dans une maison de bains, dont le maître remplit de vin un réservoir où Temour puisait à volonté. Koubilaï, instruit de la conduite de cet homme, l'envoya en exil, avec ordre de le faire périr secrètement. Quand Temour fut devenu empereur, il sut vaincre sa passion, et devint fort tempérant.

Si Gengiskan et les princes qui lui succédèrent dans la Tartarie et la Chine nous apparaissent environnés d'un certain prestige de grandeur, le sort des peuples qui vivaient sous leur domination était loin d'être heureux; les guerres que se faisaient les deux familles d'Oktaï et de Djagataï avaient ruiné le Turquestan et détruit tous les éléments d'amélioration que l'on devait à l'administration de Massoud-bey. « La prospérité, dit M. le baron d'Ohsson (1), ne pouvait être que précaire dans des provinces exposées à la rapacité des nomades turcs et mongols, qui, regardant les fruits de l'industrie comme leur proie, n'attendaient que l'occasion de les ravir à leurs paisibles possesseurs. A peine une ville, une contrée, étaient-elles devenues florissantes par quelques années de paix sous un gouvernement tolérable, que sa richesse lui attirait tous les maux de la guerre, et l'on voyait les habitants des cités et des campagnes sans cesse occupés à réparer leurs pertes pour fournir un nouveau butin aux hordes féroces qui les entouraient. Le pays était partagé entre les princes du sang. Chacun d'eux avait son territoire et ses troupes, et leurs moindres querelles dégénéraient en guerres civiles. Ils concouraient tous à l'élection de leur souverain; tous croyaient avoir des droits au trône, et celui qu'ils y avaient placé, s'il ne dominait par la supériorité de son caractère, devenait le jouet de ses grands vassaux. Ainsi, l'histoire du Turkestan et de la Transoxiane sous la puissance des princes Tchinguiziens n'est que le tableau d'une sanglante anarchie. »

KAÏSCHAN. — AYOUR-BALI-BATRA. — FIN DU GRAND EMPIRE DES GENGISKANIDES.

Temour ne laissait pas de postérité. Kaïschan, neveu de ce prince, se trouvait en Tartarie lorsqu'il apprit la mort de son oncle. Il se rendit immédiatement à Caracorum. Là, il tint conseil avec les princes et les généraux de l'armée. Tous ces chefs, qui avaient de l'affection pour lui, l'engagèrent à se faire proclamer sans retard; mais Kaïschan ne crut pas devoir céder à leurs désirs, et il jugea plus digne de lui de se faire nommer par un kouriltaï régulier. Batra, son frère, avait puissamment contribué à le placer sur le trône. Kaïschan reconnut ce service en le désignant pour son successeur, quoiqu'il eût lui-même des fils. A peine investi du pouvoir suprême Kaïschan fit exécuter l'impératrice Boulougan, épouse de Témour,

(1) *Histoire des Mongols*, t. II, p. 521.

ainsi que deux princes dont il redoutait l'ambition. Le règne de Kaïschan n'offre du reste que des événements de peu d'importance. Nous voyons cependant continuer le mouvement littéraire commencé par Koubilaï. Kaïschan fit distribuer dans tout son empire une traduction en langue mogole d'un ouvrage de Confucius qui traite de l'obéissance filiale, et il en recommanda la lecture aux princes et aux seigneurs de sa cour. Il fit également traduire en mogol par un savant lama les plus importants des ouvrages sacrés relatifs à la religion de Bouddha. Les auteurs chinois s'élèvent contre la prédilection que ce prince montrait pour les ministres de sa religion, dont quelques-uns s'étaient rendus coupables de plusieurs actes de violence. Loin de les punir, Kaïschan promulgua un édit dans lequel il annonçait que l'on couperait le poing à quiconque frapperait un lama, et la langue à quiconque lui dirait des injures. Cependant, malgré la protection spéciale qu'il accordait à ces prêtres, il ordonna que leurs terres seraient soumises aux mêmes impôts que celles des autres sujets de l'empire. Kaïschan était extrêmement adonné au vin et à la débauche. Les excès auxquels il se livra hâtèrent sa fin. Il mourut à l'âge de trente et un ans, au mois de février 1311.

Après sa mort, Ayour-Bali-Batra, son frère, et son successeur désigné, monta sur le trône. Ce prince fit punir avec la dernière sévérité plusieurs chefs puissants qui avaient profité du peu d'attention que Kaïschan accordait aux affaires publiques pour commettre des exactions.

Malgré les ordres sévères de Koubilaï, les examens pour les lettrés n'étaient pas encore rétablis. Batra fit revivre cette ancienne institution. Les docteurs qui voulaient concourir étaient partagés en deux classes : celle des Mogols et celle des Chinois. L'empereur dictait lui-même un sujet de composition, et les candidats faisaient leur travail en sa présence. Les trois plus habiles de chaque classe recevaient des titres et des prix.

Batra mourut en février 1320, âgé de trente et quelques années. Il était, selon le témoignage des historiens, doux, bienfaisant et fort éloigné de la férocité native du monarque asiatique.

Les princes de la dynastie mogole continuèrent à régner encore sur la Tartarie et la Chine pendant environ un demi-siècle après la mort de Batra; vers cette époque ils furent chassés de la Chine, et le vaste empire de Gengiskan se trouva partagé entre plusieurs souverains.

PROGRÈS DU CHRISTIANISME EN CHINE SOUS KOUBILAÏ ET SES SUCCESSEURS.

Le christianisme, protégé par Koubilaï et ses successeurs, avait fait des progrès en Chine. Un moine franciscain, nommé Jean de Monte-Corvino, après avoir prêché l'Évangile en Perse et dans l'Inde, avait été s'établir, vers 1293, dans la résidence impériale, où il fonda deux églises, et baptisa environ 6,000 personnes. Il a consigné la relation de sa mission dans deux lettres qui nous ont été conservées en partie par L. Wadding dans les *Annales des frères Mineurs* (1). La première de ces lettres est datée de Cambalig (Khan-balik) le 8 janvier 1305. « Etant arrivé, dit ce missionnaire, dans le Khataï, domaine du grand khan, empereur des Tartares, je remis à ce souverain les lettres du pape, en l'engageant à embrasser la foi catholique de Notre-Seigneur Jésus-Christ; mais il tenait trop à l'idolâtrie. Toutefois il se montra bienfaisant envers les chrétiens. Je suis à sa cour depuis plus de deux ans. Quelques Nestoriens, qui se disent chrétiens, mais qui ne se conforment guère aux préceptes de la religion chrétienne, ont une si grande autorité dans ce pays qu'ils ne souffrent pas qu'un chrétien appartenant à un autre rit possède un petit oratoire ou prêche sa doctrine. Jamais disciple des Apôtres n'a pénétré dans ce pays; aussi les Nestoriens m'ont-ils fait souffrir de cruelles persécutions, soit par eux-mêmes, soit par des personnes qu'ils avaient gagnées à prix d'argent, soutenant que je n'étais pas envoyé par notre seigneur le pape, mais que j'étais un espion et un sorcier. Puis ils apostèrent de faux témoins, qui déclarèrent que j'avais tué dans l'Inde un ambassadeur étranger qui portait à l'empereur de riches trésors dont je m'étais emparé. Ces machinations durèrent environ cinq ans, pendant lesquels je fus plusieurs fois traduit en justice et menacé de périr d'une mort ignominieuse. Enfin, par la grâce de Dieu, l'empereur finit par connaître et mon innocence et la malice de mes persécuteurs. Ceux-ci furent envoyés en exil, avec leurs femmes et leurs enfants. Je restai ici seul de missionnaire pendant onze ans. Il y a environ deux ans que le frère Arnold, Allemand de la province de Cologne, vint partager mes travaux. J'ai bâti une église dans la ville de Cambaliech, principale résidence de l'empereur. Cette église est achevée depuis six ans; elle a un clocher, où j'ai fait placer trois cloches. J'ai baptisé environ 6,000 personnes, et sans les machinations dont j'ai parlé j'en aurais baptisé plus de 30,000. J'ai acheté successivement cent cinquante garçons, fils de païens, âgés de sept à onze ans, qui n'avaient encore aucune religion, et je les ai baptisés. Je leur ai enseigné les lettres latines et grecques. J'ai transcrit pour leur usage des psautiers ainsi que trente hymnaires et deux bréviaires; en sorte que onze de ces jeunes garçons savent déjà notre office et chantent au chœur, comme cela se pratique dans nos couvents, que je sois présent ou non. Plusieurs d'entre eux transcrivent des psautiers et quelques autres livres. Je fais sonner les cloches à toute heure. Je célèbre l'office divin en présence de ces enfants, et nous chantons de mémoire; car je ne possède pas d'office noté. Si j'avais pu avoir l'assistance de deux ou trois religieux, peut-être l'empereur se serait-il fait baptiser. Il y a déjà douze ans que je n'ai reçu aucune nouvelle ni de la cour de Rome ni de notre ordre, et que j'ignore l'état des affaires en Occident. Je supplie le général de notre ordre de m'envoyer un antiphonaire, une légende des saints, un graduel et un psautier noté pour modèle; car je n'ai qu'un bréviaire portatif avec de courtes leçons et un petit missel. Si j'en avais un exemplaire complet, les enfants pourraient le copier. Je fais bâtir une seconde église.

« J'ai appris la langue et l'écriture

---

(1) Tome VI, p. 69; cité par M. d'Ohsson.

tartares; et j'ai déjà traduit dans cet idiome tout le Nouveau-Testament et le Psautier, que j'ai fait transcrire en fort beaux caractères. Enfin j'écris, je lis et je prêche la parole de Dieu. »

Dans sa seconde lettre, écrite vers la fin de l'année 1305, et dont on ne possède qu'une partie, Jean de Monte-Corvino annonce aux frères mineurs missionnaires en Perse qu'il fait bâtir une seconde église à un jet de pierre de la porte du palais de l'empereur; que le terrain avait été acheté par un marchand nommé Petrus de Lucalango, qui l'avait accompagné depuis la ville de Tauris, et lui en avait fait présent pour l'amour de Dieu. Il y avait de cette église à la première, bâtie dans l'intérieur de la ville, une distance de deux milles et demi. « Quand nous chantons, écrit-il, l'empereur peut nous entendre de ses appartements. J'ai mes entrées au palais et une place fixe à la cour en qualité de légat du pape. L'empereur m'honore plus que tous les autres prélats, quels qu'ils soient. »

Ces deux lettres furent écrites sous le règne de Temour.

Sur la demande de frère Jean de Monte-Corvino, le pape Clément V fit partir sept franciscains pour la Chine, en 1307. Jean fut nommé en même temps archevêque de Khanbalik et primat d'Orient. Les sept franciscains furent tous créés évêques. Trois d'entre eux arrivèrent l'année suivante à leur destination, apportant à l'empereur Temour des lettres par lesquelles le souverain pontife l'engageait à embrasser la foi de J. C., et lui recommandait Jean de Monte-Corvino. Ces trois évêques sacrèrent Jean archevêque de Khanbalik. En 1312 le pape lui envoya trois autres franciscains, qui devaient être ses suffragants. Après la mort de l'archevêque Jean de Monte-Corvino, le pape Jean XXII nomma pour lui succéder, en 1333, un franciscain du nom de Nicolas, qui partit pour la Chine avec vingt-six religieux de son ordre. Enfin le pape Urbain V nomma en 1370 à l'archevêché de Khanbalik le franciscain Guillaume de Prat, docteur en théologie à Paris, lequel partit avec douze frères du même ordre, muni de lettres de recommandation du pape pour l'empereur de la Chine et les souverains tartares des pays qu'ils devaient traverser.

HISTOIRE DE TIMOUR OU TAMERLAN.

Quand les princes Gengiskanides eurent été chassés de la Chine, le sceptre des nations tartares passa des Mogols aux Turcs, et la Transoxane, dépeuplée et dévastée par Gengiskan, devint à son tour le siège d'un nouvel empire. Cette révolution fut accomplie par Timour ou Tamerlan, un des souverains les plus heureux et les plus sanguinaires dont les Annales de l'Asie nous aient conservé le souvenir.

Timour naquit à Scheherisebze, le 25 de schaban de l'année 736 de l'hégire (9 avril 1336). Les historiens assurent que de même que Gengiskan, dont il descendait par les femmes, Timour naquit avec les mains fermées et pleines de caillots de sang. Son père était l'émir Téragaï, petit chef dépendant de Cazan, vingt et unième khan du Djagataï.

Le jeune Timour fut élevé avec les fils des chefs de sa tribu, et l'on prétend que, bien qu'il fût inférieur pour le rang à plusieurs d'entre eux, il exerçait sur ces enfants une influence extrêmement grande.

La nature l'avait doté d'une constitution robuste, et l'éducation mâle qu'il reçut contribua encore à augmenter ses forces.

On rapporte qu'un soir Timour et ses jeunes camarades, retirés dans une chambre, se livraient à des jeux d'enfants. Le futur conquérant, prenant la parole, leur dit : « Mon aïeul avait le don de connaître l'avenir. Il vit une fois en songe un de ses descendants destiné à conquérir des royaumes et à réduire des peuples en esclavage. Ce prince sera le héros de son siècle, et les rois du monde lui obéiront. Ce héros c'est moi. Oui, le temps approche, et il est déjà venu. Jurez-moi donc que vous ne m'abandonnerez jamais. » Le ton et la voix du jeune prince, joints à l'obscurité de la nuit, qui donnait quelque chose de solennel à ses paroles, agirent puissamment sur ces jeunes imaginations. Ils lui jurèrent tous une fidélité inviolable, qu'ils lui gardèrent toujours par la suite.

Dès que ses forces le lui permirent, il se livra avec ardeur à tous les exercices guerriers. Tantôt il apprenait à se servir du sabre ou de la lance; tantôt, monté sur un cheval plein de feu, il allait chasser les bêtes féroces. Mais ce ne fut guère qu'à l'âge de vingt-cinq ans qu'il trouva l'occasion de faire connaître ses talents militaires. Depuis longtemps la Transoxane était dans la plus complète anarchie. Cazan, khan du Djagataï, s'était rendu odieux par ses actes tyranniques et avait été assassiné. Trois autres khans, non moins cruels que lui, avaient eu le même sort, et plusieurs petits princes se disputaient le gouvernement de l'État.

Un roi du pays de Caschgar ou Djitteh, nommé Toglouc-Timour, descendant de Gengiskan, venait de prendre le titre de khan du Djagataï; et comme en cette qualité il devenait souverain de la Transoxane, il résolut de subjuguer cette contrée. Tous les petits princes qui jusque-là s'étaient disputé le souverain pouvoir, n'osant pas se mesurer avec un compétiteur aussi redoutable, quittèrent le pays. Timour, croyant l'occasion favorable pour sortir de l'état d'abaissement et d'obscurité où il se trouvait, se rendit auprès de Toglouc-Timour, qui, charmé de ses manières, lui fit un accueil favorable, et le nomma gouverneur de la Transoxane avec le commandement d'un corps de 10,000 hommes. Un prince appelé l'émir Hoséin, petit-fils d'un chef qui avait commandé dans cette contrée, voulait succéder au pouvoir de son aïeul. Les prétentions d'Hoséin renouvelèrent la guerre civile. Toglouc-Timour, informé des troubles qui désolaient le pays, y retourna bientôt avec une armée. Hoséin fut vaincu et le pays soumis. Toglouc-Timour mit sur le trône Elias-Khodjah, son fils, et nomma Timour premier ministre et généralissime du nouveau souverain. Elias-Khodjah se fit bientôt détester par ses exactions; et Timour abandonna ce nouveau maître, pour se rendre auprès de l'émir Hoséin, dont il avait épousé la sœur. Elias-Khodjah fut contraint de fuir de la Transoxane et de repasser dans le Djitteh, où il occupa le trône, devenu vacant par la mort de Toglouc-Timour. Cette guerre fournit à Timour plusieurs occasions de faire preuve de courage et d'intelligence. Hoséin, que le danger commun avait rapproché de son beau-frère, s'éloigna de lui dès l'instant où il crut n'avoir plus rien à craindre d'Elias-Khodjah. Il poussa même la haine jusqu'à vouloir le faire assassiner. Timour échappa à toutes les embûches que lui dressait son parent. Hoséin, se voyant découvert demanda son pardon, et l'obtint. Mais de nouvelles trahisons engagèrent Timour à recourir aux armes. Hoséin, assiégé dans la ville de Balkh, se rendit à condition qu'il aurait la vie sauve. Il fut cependant massacré par deux émirs qui disaient avoir à se plaindre de lui (an 771 de l'hégire, 1370 de J. C.). Timour ne fut pas étranger à ce meurtre. Une fois débarrassé d'un si dangereux compétiteur, il vit arriver autour de sa personne tous les chefs et les gouverneurs de province, qui venaient le complimenter et se ranger sous son obéissance. Ce fut alors qu'au milieu d'une cour nombreuse il ceignit lui-même le ceinturon royal, monta sur le trône et posa la couronne d'or sur sa tête. Les grands qui l'entouraient se prosternèrent, puis, s'étant relevés, ils jetèrent de l'or et des pierreries sur le nouveau souverain, et le proclamèrent le *Héros du siècle*.

On doit remarquer que jamais Timour ne voulut accepter le titre d'empereur. Il jugea inutile de renverser l'usage reçu, par lequel cette qualité était toujours donnée à un descendant direct de Gengiskan, qu'il affectait de regarder comme le véritable souverain, n'étant lui-même que son lieutenant.

Dès qu'il eut été couronné, le nouveau monarque fit convoquer à Samarcande, capitale de ses États, une diète générale, où tous les chefs et tous les grands furent sommés de se rendre. Un seul prince osa désobéir à des ordres si formels; mais bientôt il fut obligé de se soumettre. Pendant les six premières années de son règne, Timour se prépara à la guerre, et entreprit quelques expéditions heureuses contre les Djettes et le Kharizme. Il conclut la paix avec le chef de ce dernier État, qui lui donna sa nièce en mariage. Déjà à cette époque Timour avait plusieurs enfants d'une première femme. L'aîné de ses fils, appelé *Djihanguir*, était resté à Samarcande. A son retour dans cette capitale, Timour fut reçu par les docteurs de la loi et les principaux seigneurs, revêtus d'habits noirs et bleus, la tête souillée de poussière, et dans une attitude de profonde tristesse. Les gens du peuple s'écriaient : « Hélas! Djihanguir, ce guerrier si vaillant, n'a paru sur la terre que comme une rose que le vent emporte. » Les soldats, également vêtus de noir et de bleu, s'assirent pour marquer l'excès de leur tristesse. Timour ne douta plus de son malheur; et les historiens assurent qu'il se laissa aller à un découragement qui paraît difficile à comprendre avec son caractère féroce et insensible. Un soulèvement qui survint dans le Djitteh le tira de son apathie. Il se mit en marche avec une armée, et défit les rebelles. A son retour de cette expédition, il rencontra Toctamisch, descendant de Gengiskan, qui venait implorer son secours pour prendre possession du trône de la Grande-Tartarie, auquel sa naissance lui donnait des droits et dont un autre chef, appelé *Orous*, également de la race de Gengiskan, s'était emparé. Timour consentit à soutenir la cause de Toctamisch, et il parvint à le remettre en possession de la couronne de ses ancêtres.

La Perse était alors livrée à l'anarchie. Plusieurs princes s'y disputaient la souveraineté. Timour résolut de mettre à profit les divisions intestines qui désolaient cette contrée pour s'en rendre maître. Il triompha partout, et le cours de ses victoires ne fut interrompu que par d'autres expéditions qu'il entreprit pour étouffer des révoltes dans ses propres États. Tout le Khorassan passa sous son obéissance. Timour perdit coup sur coup sa fille, sa sœur et une de ses femmes. Ces pertes lui furent extrêmement douloureuses, et dans les premiers moments il était à peine capable de donner ses soins aux affaires de l'Empire. Il parvint cependant à vaincre son affliction, et envoya une armée dans le Djitteh (année de l'hégire 785 (1383), où les mécontents se trouvaient en grand nombre, et il partit lui-même à la tête d'une armée de 100,000 hommes pour le Mazendéran et le Sistan. Cette expédition fut une des plus cruelles qu'entreprit le conquérant tartare. Des rebelles s'étaient retirés dans une forteresse. Timour se rendit maître de la place, et y fit 2,000 prisonniers, qu'il entassa vivants les uns sur les autres, et que l'on recouvrit avec des briques et du mortier. Plusieurs édifices en forme de tours furent élevés avec ces affreux matériaux. La ville capitale du Sistan fut prise et saccagée, et tous les habitants mis à mort sans distinction d'âge ni de sexe. Timour pénétra aussi dans les montagnes du Candahar, et battit des troupes de brigands qui s'y étaient retirées. Il retourna ensuite à Samarcande.

Trois mois après son arrivée dans cette capitale, il la quitta pour repasser dans le Mazendéran, où l'ancien souverain Ali faisait des tentatives pour remonter sur le trône. Ce prince fut complétement battu et son parti ruiné.

L'armée de Timour pénétra ensuite dans l'Irak-Adjémi. Cette campagne ne fut marquée par aucune grande victoire. L'année suivante Timour soumit l'Aderbidjan. Les habitants de Tauris, capitale de cette province, se rachetèrent du pillage moyennant une très-grosse somme.

Timour passa ensuite en Géorgie. Le souverain de ce royaume fut fait prisonnier. Il était chrétien, « et Timour, dit Scherefeddin, lui donna tant de lumières sur la religion de Mahomet, que, par une grâce toute spéciale, la vérité pénétra dans l'esprit plein de ténèbres de cet infidèle, qui abandonna l'erreur et se fit musulman. » Timour célébra sa victoire par une grande chasse.

Toctamisch, quoique redevable du trône à Timour, se révolta contre ce prince. Il fut vaincu, et le conquérant tartare n'ayant plus rien à craindre de lui rentra en Perse. Un chef modhafféride, qui régnait sur la Perse méridionale, avait jeté dans les fers un ambassadeur de Timour. Celui-ci ne négligea pas une occasion aussi favorable de déclarer la guerre à son ennemi, et il s'avança jusqu'à Ispahan. Le gouverneur n'ayant aucun moyen de résister à l'armée envahissante rendit la ville. Un forgeron, se mettant à la tête de la populace, massacra près de trois mille Tartares et les commissaires établis pour recevoir la contribution dont les habitants avaient été frappés. Timour, qui s'était éloigné, retourna sous les murs d'Ispahan, livra un assaut général, et s'étant rendu maître de la ville, fit faire main basse sur tous les habitants. Chaque soldat tartare avait ordre de fournir un certain nombre de têtes. On en réunit, suivant quelques auteurs, jusqu'à 70,000 avec lesquelles on éleva des tours dans plusieurs quartiers. Ce massacre eut lieu au mois de zulcadé de l'année 789 de l'hégire (novembre 1387). Schiraz ouvrit ses portes peu de jours après au conquérant tartare, qui retourna alors à Samarcande après une absence de trois années. Vers cette époque le Kharizme était en pleine révolution. Timour voulant prévenir de nouveaux troubles, rasa la capitale de cette province, dont il transféra les habitants à Samarcande. Il la fit cependant rebâtir au bout de trois ans.

Le khan du Djagataï étant mort, Timour, fidèle à sa politique, conféra cette dignité au fils du khan, sans toutefois lui laisser plus d'autorité qu'il n'en avait accordé à son père.

L'an de l'hégire 790 (1388) Toctamisch se souleva de nouveau. Son armée fut vaincue et mise en déroute. Tant de révoltes successives engagèrent Timour à poursuivre ce souverain dans son propre pays. Il se mit donc en marche; et comme il craignait l'esprit remuant du prince qui gouvernait le Djitteh, il envoya dans le pays plusieurs corps de troupes qui massacrèrent les habitants et traînèrent les femmes et les enfants en esclavage. Le roi de cette contrée fut obligé de prendre la fuite et de renoncer à sa couronne pour conserver la vie.

Le rendez-vous général des troupes qui devaient agir contre Toctamisch était à Yeldouze. De là l'armée passa à Samarcande, d'où elle se mit en marche pour le Kaptschak. L'approche des troupes de Timour glaça d'effroi le cœur de Toctamisch. Ce perfide monarque essaya de fléchir la colère de son rival; mais, voyant que tout était inutile, il ne songea plus qu'à la retraite, et s'enfonça dans les déserts. Il tâcha par des marches et des contre-marches continuelles de fatiguer les troupes ennemies, et lorsqu'il pensa que les soldats de Timour étaient suffisamment épuisés par la fatigue et le manque de vivres il présenta la bataille. Quand les deux armées furent en présence, Timour descendit de cheval pour réciter une prière selon sa coutume. Un descendant du prophète appelé *Béréké*, et que Timour affectionnait parce qu'il lui avait prédit autrefois son avénement à la couronne, découvrit sa tête, leva les mains au ciel, et demanda à Dieu la victoire pour son protégé. Prenant ensuite une poignée de poussière, il la jeta du côté des ennemis en disant : « Que votre face soit noircie par l'affront de la défaite; » et, se tournant vers Timour : « Marche, dit-il, et tu seras victorieux. »

L'action fut longue et sanglante, et la victoire resta longtemps douteuse; mais le porte-étendard de Toctamisch était vendu, et ce misérable, renversant sa bannière, donna le signal de la fuite et fut cause de la perte de la bataille. Le souverain fugitif s'alla cacher dans les montagnes de la Géorgie.

Après cette conquête, l'armée, épuisée, avait besoin de repos. Jamais Timour n'avait entrepris une expédition aussi pénible. Il conduisit ses troupes sur les bords du Volga, dans une vaste et agréable prairie, où vingt-six jours passés dans les plaisirs de la table et du harem leur firent oublier ces grandes fatigues. Les officiers prenaient part aux banquets de Timour. De jeunes filles, dont la longue chevelure, partagée en tresses, descendait jusqu'à terre, leur offraient des vins exquis dans des coupes d'or. D'habiles musiciens faisaient entendre des marches guerrières ou des airs d'une grande douceur, et des chœurs de jeunes filles exécutaient des danses lascives.

Timour, sachant combien sa présence était nécessaire au sein de ses États, laissa la conduite de l'armée aux généraux les plus habiles, et regagna Samarcande en toute hâte. A son arrivée dans la capitale, il apprit que plusieurs provinces de la Perse; et entre autres le Mazendéran, étaient déchirées par des dissensions. Aussitôt il confia le gouvernement du Khorasan à un de ses fils, celui du Zabulistan à un autre; et à la tête d'une armée de 80,000 hommes il se dirigea vers le Mazendéran, qu'il fit bientôt rentrer sous son obéissance. Il s'avança ensuite vers Schiraz, dont le gouverneur, Schah-Mansour, excitait le peuple à la sédition. Ce chef, plein de courage, sortit de la ville pour présenter la bataille au conquérant tartare. Pendant l'action, Schahrokh, second fils de Timour, et qui n'avait que dix-sept ans, attaqua Schah-Mansour, et lui ayant coupé la tête, il la jeta aux pieds de l'empereur en disant : « Puisses-tu fouler aux pieds toutes les têtes de tes ennemis, comme celle de l'orgueilleux Schah-Mansour! »

Timour, maître de la Perse pour la seconde fois, nomma son quatrième fils, Omar-Scheikh, gouverneur de ce royaume. Un de ses autres fils, Miran-Schah, fut nommé au gouvernement de l'Aderbidjan en récompense de ses services.

Timour marcha ensuite vers Bagdad. A la nouvelle de l'approche des Tartares, le sultan Ahmed-Djelaïr prit la fuite. La ville tomba bientôt au pouvoir de Timour (mois de schawal de l'année 795 de l'hégire (octobre 1393).

Vers cette époque, des présents qu'il envoyait à sa famille furent enlevés par un chef ami d'Azeddin, prince qui régnait dans la Mésopotamie. Azeddin reçut dans son palais le brigand avec les objets précieux qu'il avait volés. Timour, voulant tirer vengeance de cette injure, se mit aussitôt en marche. La capitale d'Azeddin fut prise et saccagée. L'armée tartare entra ensuite en Arménie. Puis elle repassa en Géorgie. Cette expédition fut signalée par des cruautés atroces. Le froid étant devenu très-vif, et les troupes, ne pouvant pas tenir la campagne, firent de grandes réjouissances dans leurs cantonnements.

Au mois de djomada 1er de l'année 797 de l'hégire (mars 1395), Timour se disposa à rentrer en campagne. Toctamisch s'était relevé de ses défaites, et Timour, qui n'avait pas oublié les souffrances et les fatigues de ses troupes dans l'expédition qu'il avait dirigée contre ce prince, usa de tous ses moyens pour éviter la guerre. Une lettre tout à la fois ferme et adroite avait disposé Toctamisch à conserver la paix. Quelques-uns des courtisans qui l'environnaient, et qui avaient un intérêt particulier à la guerre, surent l'amener à leur opinion. Timour, n'ayant plus aucun espoir d'accommodement, fit le 23 de djomada II de l'année de l'hégire 797 (22 avril 1395) une revue générale de son armée, qui se composait de 400,000 combattants. Ces troupes, rangées en bataille sur une seule ligne, occupaient un espace d'environ cinq lieues. Tous les officiers à genoux, la bride de leurs chevaux passée dans le bras, lui prêtèrent serment de fidélité. Les soldats, ayant poussé un grand cri, défilèrent devant leur souverain. Les deux armées se rencontrèrent non loin du Volga. La bataille fut sanglante. Toctamisch, vaincu, perdit la couronne. Timour le remplaça aussitôt par un autre empereur. L'armée victorieuse poursuivit les fuyards dans la Sibérie jusqu'aux bords de la mer Glaciale. Les troupes revinrent avec un butin immense vers Timour, qui n'avait pas quitté les rives du Volga. Ce conquérant pénétra ensuite en Russie; puis il rebroussa chemin tout à coup sans que l'on ait jamais rien su des motifs de cette conduite. Plusieurs chefs se détachèrent de son armée, et firent des incursions dans la Russie et la Pologne. Après avoir dévasté ces deux contrées ils s'en retournèrent chargés de butin, emmenant à leur suite un nombre considérable d'esclaves.

Timour attaqua de nouveau la Géorgie. Une notable partie des habitants, qui étaient chrétiens, furent sacrifiés au zèle fanatique du chef tartare et de ses soldats. L'armée passa le reste de l'hiver (année de l'hégire 798; 1396 de J. C.) dans le pays qu'elle venait de dévaster. Timour se dirigea ensuite vers sa capitale. Il passa les Portes-Caspiennes, et s'arrêta quelques jours sur les bords du Cyrus, où il donna des fêtes aux soldats. Sur sa route, il prit des informations touchant la conduite des gouverneurs et l'état des peuples. Plusieurs opprimés qui allèrent se plaindre à lui obtinrent justice, et des concussionnaires furent punis de mort. Il s'écarta un peu de la route pour passer à Scheherisebze, lieu de sa naissance. Il rendit visite aux tombeaux de quelques saints personnages, à celui de son père, et de son fils Mirza Djihanguir. Il distribua des aumônes et paya des lecteurs pour réciter le Coran. Enfin, au mois de schaban de l'année 799 de l'hégire (mai 1397), il fit son entrée solennelle à Samarcande. Des fêtes eurent lieu à cette occasion, et les vainqueurs se partagèrent le butin qu'ils avaient enlevé en Asie et en Europe. Timour, profitant de la tranquillité dont jouissait alors l'empire, fit proclamer son fils Schahrokh souverain du Khorasan, du Sedjestan et du Mazendéran. Il lui remit le sceptre en présence de tous les grands assemblés, et l'embrassa tendrement sur le front et sur les yeux. Le reste de l'année fut consacré à des fêtes. Timour songea alors à mettre à exécution le projet conçu depuis longtemps d'envahir l'Inde. Le prétexte qu'il mit en avant pour colorer les desseins de son ambition fut la propagation de l'islamisme et la destruction de l'idolâtrie. Les généraux et les officiers firent leurs préparatifs pour entrer en campagne.

Pir-Mohammed, petit-fils de Timour et gouverneur pour ce prince du Candabar et des provinces limitrophes de l'Indoustan, reçut l'ordre de faire une irruption dans ce dernier pays. Bientôt Timour se mit lui-même en marche (redjeb de l'an 800 de l'hégire) (mars 1398). Dans son voyage le conquérant tartare détruisit de nombreuses troupes de brigands qui infestaient l'Inde. Les Tartares portèrent la dévastation depuis l'Indus jusqu'au Gange. Les villes les plus florissantes furent réduites en cendres, les hommes massacrés, les femmes et les enfants emmenés en esclavage. On assure que le nombre des cadavres laissés sans sépulture fut si considérable qu'il en résulta une peste dont les soldats de Timour furent eux-mêmes les premières victimes.

Les Tartares se dirigèrent vers Delhi. A peine arrivé sous les murs de cette ville, Timour, qui traînait à la suite de son armée 100,000 esclaves indiens, craignant qu'ils ne lui fussent à charge ou même qu'ils ne vinssent à opérer une dangereuse diversion, ordonna qu'on les égorgeât tous. Une heure après il n'existait plus un seul de ces infortunés.

Le gouverneur de Delhi, appelé *Mahmoud*, sortit de la ville avec toutes ses troupes, et présenta la bataille à Timour. Les soldats tartares, effrayés à la vue des éléphants, furent un instant sur le point de prendre la fuite; mais ayant repris courage, on en vint aux mains. Les Indiens furent culbutés, et Mahmoud s'enfuit dans la ville. L'espagnol Ruy Gonzales de Clavijo, ambassadeur de Henri III, roi de Castille, rapporte que Timour fut vaincu dans un premier combat, et que le lendemain il retourna à la charge, après avoir placé devant son armée des chameaux chargés de paille bien sèche à laquelle on mit tout à coup le feu. La vue des flammes effraya les éléphants, qui s'enfuirent et jetèrent le désordre parmi les Indiens.

La ville de Delhi fut prise au mois de rébi II de l'an 800 de l'hégire (janvier 1399). Timour la livra au pillage pendant trois jours. Puis il se mit en route pour Samarcande. Le séjour qu'il fit dans cette capitale ne fut pas de longue durée. Il en repartit bientôt pour se rendre dans l'Aderbidjan, où plusieurs soulèvements semblaient rendre sa présence nécessaire. Ahmed-Djélaïr, sultan de Bagdad, avait profité de l'éloignement de Timour pour essayer d'étendre ses États. Dès qu'il fut instruit de l'approche de l'empereur tartare, il se retira, abandonnant même sa capitale.

Vers cette époque, Timour fit une nouvelle expédition contre les Géorgiens, qui en leur qualité de chrétiens lui étaient odieux. Le plus grand crime que les soldats tartares leur reprochaient c'était de boire du vin. Un grand nombre de ces infortunés furent mis à mort. Les Tartares arrachèrent toutes les vignes du pays, enlevèrent l'écorce de tous les arbres fruitiers et rasèrent les temples où ces Infidèles, disaient-ils, offraient au Dieu très-haut des adorations qui lui étaient odieuses. Jamais peut-être le fanatisme religieux ne fut poussé plus loin que dans cette guerre. Les soldats tartares se faisaient descendre avec des cordes jusqu'au fond des abîmes du Caucase, où ils supposaient que les chrétiens s'étaient cachés. Tous ceux que l'on découvrait étaient impitoyablement massacrés s'ils ne consentaient pas à se faire musulmans.

Après avoir soumis et dévasté la Géorgie, Timour tourna ses armes contre Bajazet. Ce prince avait fait une irruption dans l'Aderbidjan, gouverné par un chef dépendant de Timour. Le monarque tartare, instruit des actes d'hostilité du souverain ottoman, entra dans l'Anatolie avec une armée de 800.000 hommes. Bientôt il se rendit maître de Sébaste, capitale de la province (moharrem de l'an 803 de l'hégire; 1400 de J. C.). Les musulmans obtinrent de conserver la vie moyennant une rançon; mais quatre mille hommes de cavalerie arménienne, qui avaient bravement défendu la ville, furent jetés dans des puits, que l'on combla ensuite de terre. La ville fut livrée au pillage, malgré la parole que Timour avait donnée de ne faire aucun mal aux habitants.

Un prince, appelé *Barcouc,* qui régnait en Égypte et en Syrie, avait mis en prison un officier tartare, ambassadeur de Timour. Barcouc était mort, et avait eu pour successeur son fils Faradje. Celui-ci, loin de donner satisfaction au conquérant tartare, fit arrêter des ambassadeurs qu'il lui envoyait. Les troupes de Timour entrèrent en Syrie, et livrèrent sous les murs d'Alep une bataille sanglante aux généraux de Faradje. Ceux-ci furent battus, la ville fut prise, et la citadelle obligée de se rendre à discrétion. Les Tartares y trouvèrent d'immenses richesses, appartenant aux habitants d'Alep.

Pendant le séjour qu'il fit dans la ville, Timour établit des controverses entre les docteurs arabes et syriens et les théologiens qui suivaient son armée. Il trouvait un vif plaisir à embarrasser par des subtilités scolastiques les docteurs qu'intimidait la vue d'un homme aussi féroce; et comme ces pauvres gens le suppliaient de ne pas les faire périr : « Je vous jure, leur répondit Timour, que je ne fais mourir personne de propos délibéré, c'est vous-mêmes qui vous perdez; mais ne craignez rien de ma part ni pour votre existence ni pour vos biens. » Malgré des paroles si rassurantes, il fit couper, avant de quitter Alep, un nombre de têtes suffisant pour élever une tour. Après cet horrible exploit il se dirigea vers Damas.

Arrivé devant la place, il livra bataille au sultan Faradje. Celui-ci fut battu, et profita de la nuit pour se sauver. Les habitants de la ville ouvrirent leurs portes au vainqueur, et obtinrent de se racheter moyennant une grosse rançon. Quand ils l'eurent remise à Timour, celui-ci conçut des doutes sur leur orthodoxie. « Ces gens, dit-il, aux officiers qui l'entouraient, ont soutenu les califes Ommiades, persécuteurs d'Ali et de la famille de Mahomet. Comment peut-on suivre la religion d'un prophète et se montrer l'ennemi de sa famille? Le crime de ces gens me paraît d'autant plus certain que leur défaite n'est à mes yeux qu'un châtiment du ciel. » Le pillage de la ville fut la conséquence de cet abominable subterfuge.

D'autres auteurs assignent pour cause au sac de Damas une lettre insolente écrite à Timour par Faradje. L'envoyé porteur du message put s'estimer heureux de ne pas laisser sa tête pour prix de l'insolence de son maître; mais les habitants de Damas portèrent la peine de l'imprudence de leur souverain. Les gens riches furent appliqués à la question jusqu'à ce qu'ils eussent fait connaître l'endroit où ils avaient caché leurs trésors. Le pillage commença ensuite. Le feu ayant pris dans un quartier, toute la ville se trouva embrasée en peu temps.

Après cette guerre Timour retourna en Géorgie; puis il se présenta devant Bagdad, pour réduire cette ville, où s'étaient retirés des rebelles, et que plusieurs de ses fils tenaient inutilement assiégée. Il fit attaquer la place vers le milieu de la journée, au moment où l'excès de la chaleur empêchait les assiégés de rester sur les murailles. Les habitants, pressés par les soldats de Timour d'un côté et arrêtés par le Tigre de l'autre, et n'ayant ainsi aucun espoir de fuir, se précipitèrent presque tous dans le fleuve. On réunit cependant un nombre de têtes suffisant pour élever cent-vingt tours; les docteurs musulmans furent seuls épargnés. Les maisons des particuliers furent détruites; les Tartares ne respectèrent que les mosquées, les colléges et les hôpitaux.

Timour, obligé de quitter Bagdad par l'odeur infecte qu'exhalaient les cadavres, remonta le Tigre et alla prier sur le tombeau de l'iman Abou-Hanifa, chef de l'une des quatre sectes orthodoxes musulmanes. Il se mit ensuite en marche pour la Géorgie.

Cependant Bajazet s'était rendu maître de la ville d'Arzendjan, et il se disposait à pousser plus loin ses conquêtes; mais, instruit des préparatifs formidables que faisait Timour pour le repousser, il demanda la paix. Timour, qui avait sans doute quelques raisons de ne pas commencer immédiatement les hostilités, la lui accorda. Bientôt les circonstances changèrent, et le monarque tartare profita d'une occasion qui s'offrit à lui pour engager la lutte avec son rival. Bajazet donna asile et prit la défense d'un petit chef turcoman, appelé Cara-Yousouf, qui pillait habituellement les caravanes de la Mecque. Timour réclama en vain ce brigand, dont il voulait, disait-il, tirer une vengeance exemplaire. N'ayant pas obtenu satisfaction sur ce point, il se prépara à la guerre. Mais les troupes tartares donnaient des signes manifestes de mécontentement. Officiers et soldats, tenus depuis tant d'années loin de leur pays et de leurs familles, ne voulaient plus combattre. Les officiers parlèrent de mauvais présages. Timour appela alors son astrologue, dont les prédictions furent très-favorables. « Il paraîtra, dit cet homme, une comète dans le bélier, et de l'orient viendra une armée qui fera la conquête de l'Anatolie. » Cette prédiction calma quelques esprits timides, et la volonté de Timour inspira la terreur à ceux qui ne furent pas pleinement convaincus.

Le monarque tartare quitta ses quartiers d'hiver, et passa ses troupes en revue devant des ambassadeurs de Bajazet. Les Ottomans ne virent pas sans quelque terreur 800,000 guerriers, tous accoutumés à braver les dangers et à supporter la fatigue et les privations. L'armée tartare se porta vers Ancyre, et commença même le siége de cette place. Mais Bajazet étant venu asseoir son camp près de celui de Timour, ce dernier jugea convenable de battre en retraite pendant quelque temps. Enfin le 19 de zulcada de l'an 804 de l'hégire (vendredi 18 juin 1402) Timour résolut de livrer la bataille. Ce prince était alors âgé de soixante-six ans. Le commandement des deux ailes et du corps de bataille de l'armée tartare fut confié à trois de ses fils; pour lui, il se mit à la tête d'une réserve composée de quarante régiments d'élite, et soutint son corps de bataille avec des éléphants qui portaient des tours d'où on lançait du feu grégeois. Vers les dix heures du matin on sonna la charge des deux côtés; les Tartares s'élancèrent avec impétuosité contre les Ottomans, qui reçurent le choc comme des troupes aguerries. Les soldats de Timour redoublèrent d'efforts. Les deux ailes des Ottomans commencèrent à plier, et la mort du renégat Pésirlas fut le signal de leur défaite. Bajazet, voyant les deux ailes de son armée mises en déroute, se retira sur une éminence avec le corps de bataille. Timour l'attaqua avec ses quarante régiments de réserve. Bajazet et ses soldats combattirent avec le plus grand courage jusqu'à la nuit. L'empereur ottoman profita de l'obscurité pour prendre la fuite. Il avait perdu 200,000 hommes dans cette journée. Timour, victorieux, retourna dans son camp, où il rendit à Dieu de solennelles actions de grâces et reçut les félicitations des chefs de son armée. Accablé de fatigue, il allait se coucher, lorsqu'on amena dans sa tente Bajazet pieds et mains liés. Timour, voyant ce grand homme dans une position aussi affreuse, ne put retenir ses larmes. Il lui fit détacher les mains, et lui adressa la parole en ces termes : « Quoique les événements de ce monde n'arrivent que d'après la volonté de Dieu, et que personne ne puisse les diriger suivant son caprice, cependant on peut dire avec toute vérité que vous êtes la cause unique de votre malheur. Vous êtes blessé par les épines de l'arbre que vous avez planté. C'est vous qui avez ourdi cette toile. Vous avez voulu mettre le pied au delà de vos limites, et vous m'avez forcé de venir vers vous pour vous punir de vos insultes. Je ne pouvais m'y résoudre, parce que je savais que vos troupes étaient constamment en guerre avec les infidèles. J'ai pris toutes les voies de la douceur, et mon intention était, si vous aviez écouté mes conseils, de vous donner des secours d'argent et de troupes pour continuer la guerre sainte et exterminer les ennemis de l'islamisme. Pour éprouver votre amitié, je vous ai prié de me remettre la forteresse de Kémac, de renvoyer la famille et les gens du prince Taharten, de chasser de votre pays Kara-Yousouf le Turcoman, et d'envoyer à ma cour un homme de confiance pour affermir la paix entre nous. Vous m'avez refusé avec hauteur, et vous avez persisté dans votre opiniâtreté, en sorte que les choses en sont venues au point où elles se trouvent aujourd'hui. Personne n'ignore la manière dont vous aviez l'intention de traiter moi et mes soldats si Dieu vous eût accordé la victoire. Malgré vos dispositions, je ne maltraiterai ni vous ni les vôtres; car je veux reconnaître la faveur que Dieu m'a accordée. Bajazet avoua ses torts, et pria Timour d'ordonner des recherches pour savoir ce qu'étaient devenus ses fils Mousa et Mustapha. On ne retrouva que Mousa, qui fut envoyé auprès de son père.

Cette conduite est fort éloignée de ce que rapportent quelques auteurs, que Timour fit enlever à Bajazet ses chaînes pour lui en faire mettre d'autres tellement lourdes qu'il pouvait à peine les traîner. La fable de la cage de fer dans laquelle Bajazet fut enfermé ne trouve plus aujourd'hui aucune créance, et l'on a reconnu aussi que jamais Timour ne fit de l'empereur ottoman un marchepied pour monter à cheval.

On prétend que Timour, après avoir examiné attentivement Bajazet, se prit à rire. L'empereur ottoman, indigné de cette conduite peu convenable, lui dit avec fierté : « Timour, n'insulte pas à mon malheur! Dieu est le distributeur des empires; il peut t'enlever demain celui qu'il t'a donné aujourd'hui. » Timour, prenant aussitôt un air calme et sérieux, lui dit : « Tes paroles sont vraies. A Dieu ne plaise que je veuille insulter à ton malheur; mais en te regardant j'ai pensé que Dieu doit faire bien peu de cas des empires de ce monde, puisqu'il les donne à un borgne comme toi et à un boiteux comme moi. »

Timour, profitant habilement de sa victoire, envoya des corps de troupes dans les différents cantons de l'Anatolie. Tout le pays fut pillé. Les Tartares trouvèrent à Brousse les trésors et les femmes de Bajazet, et s'en emparèrent. Ce fut vers cette époque que Timour congédia deux ambassadeurs qui lui avaient été envoyés par Henri III, roi de Castille.

Malgré les égards dont il était entouré, Bajazet tomba bientôt dans un si profond chagrin, qu'il mourut frappé d'une attaque d'apoplexie, le 14 du mois de schaban de l'année 805 de l'hégire (jeudi 8 mars 1403). Peu de jours après, Timour perdit un de ses petits-fils, Mirza-Mohammed-Sultan. Ce jeune prince n'était âgé que de dix-neuf ans, et déjà il avait donné des preuves de sa bravoure. Timour le regretta extrêmement. On brisa, suivant l'usage, le tambour d'airain du jeune prince. Nul dans l'armée n'osait monter un cheval blanc ni même gris, et chacun donna des signes de deuil. Timour surmonta cependant sa douleur. Une circonstance politique changea ses idées. Il apprit que les peuples de la Géorgie ne pratiquaient pas avec exactitude les préceptes de la religion musulmane qu'ils avaient embrassée. Ce prétendu crime était plus que suffisant pour attirer la vengeance du monarque tartare. Il s'occupa d'abord de faire rebâtir la ville de Bagdad, devenue un monceau de ruines, et envoya dans la Mésopotamie des troupes contre Kara-Yousouf, qui avait engagé Bajazet à lui faire la guerre; puis il se dirigea lui-même vers la Géorgie. Cette nouvelle expédition ne fut pas moins cruelle que les précédentes. Le roi de Géorgie offrit de payer le tribut comme infidèle; mais il eut de la peine à faire agréer ces conditions. L'armée passa l'hiver à Karabag, sous de petites huttes de paille. Timour reçut dans ce camp les compliments de condoléance de tous les princes et chefs voisins à l'occasion de la mort de son petit-fils. Au mois de ramazan de l'année 806 (mars 1404), on célébra l'anniversaire de la mort de Mirza-Mohammed-Sultan. Les cérémonies achevées, les troupes se disposèrent à rentrer en campagne. Timour passa l'Araxe, et, à la première station, il fit réunir les grands, pour donner en leur présence à Mirza-Omar l'investiture de la Perse et du Khorasan. Le jeune prince, après avoir reçu les lettres patentes, scellées du sceau impérial, partit avec une suite convenable pour se rendre à sa destination. Timour, de son côté, se mit en route pour Samarcande, dont il avait été absent pendant sept années. Il commença par visiter les mosquées, les hôpitaux et les colléges bâtis pendant son absence, et institua des audiences publiques où il rendait lui-même la justice. Deux magistrats reconnus coupables de concussion furent pendus. Il reçut vers la même époque de nouveaux ambassadeurs du roi de Castille, qui lui apportèrent entre autres présents des tapisseries à personnages d'un travail admirable.

Des artisans qui avaient été épargnés à la prise de Damas reçurent l'ordre de bâtir un palais à Samarcande. Ils exécutèrent cet édifice avec beaucoup d'intelligence. Quelques artistes venus de Perse ornèrent l'extérieur du palais avec des porcelaines de Cachan. De pareils soins n'étaient pas capables d'occuper Timour tout entier. Il s'occupa de mettre à exécution un projet qu'il méditait déjà depuis longtemps, la conquête de la Chine; mais il devait user de quelques précautions envers les chefs et les officiers de son armée, qui avaient déjà témoigné quelque mécontentement. Quand il se crut assuré des dispositions de ses officiers, il les convoqua pour un conseil privé, et leur parla en ces termes : « Braves compagnons, vous savez de combien de grâces le ciel nous a comblés, et nos conquêtes prouvent assez sa bonté pour nous. Mais, hélas ! nous devons en faire l'aveu, plus d'une fois nous nous sommes oubliés, et le sang des fidèles a coulé sans une cause juste. Ce sont là des crimes qui demandent une expiation proportionnée à leur énormité. Nos troupes ont pris part à nos fautes, elles doivent aussi prendre part à notre pénitence. La Chine, peuplée d'idolâtres, ouvre une large carrière à notre zèle religieux. Allons renverser les temples des idoles, et sur leurs debris élevons des mosquées. Marchons contre ces Infidèles; purifions-nous dans leur sang ; car, ainsi que l'a dit Dieu lui-même, la guerre sainte efface tous les péchés. »

L'enthousiasme du vieux Timour était tel, que tous les officiers furent entraînés par ses paroles. Ils répondirent par des cris de joie et des bénédictions. Les préparatifs d'entrée en campagne se firent avec la plus grande célérité. Tous les ambassadeurs eurent leur audience de congé. L'ardeur des officiers ne permit pas d'attendre le retour du printemps pour entrer en campagne. Les astrologues ayant indiqué un moment favorable, Timour, monté sur un cheval superbement harnaché, au milieu d'une cour nombreuse et brillante, et suivi de deux cent mille combattants, sortit de Samarcande. Le temps était toutefois peu favorable. La neige couvrait la terre. Un grand nombre de soldats et de chevaux mouraient de froid. L'armée continua sa marche. Les troupes passèrent le Jaxartès sur la glace, et arrivèrent à Otrar, ville située sur l'autre bord du fleuve. Timour ne devait pas aller plus loin. Les astrologues découvrirent dans le ciel plusieurs signes de funeste présage. Quelques seigneurs de la cour eurent des songes épouvantables, et le feu prit dans la chambre de l'empereur. Enfin, au moment où il se disposait à renvoyer à Samarcande les princesses qui l'avaient accompagné jusqu'à Otrar, une fièvre violente le saisit, et il crut entendre les célestes houris qui l'engageaient à faire pénitence pour être en état de paraître devant Dieu. Malgré tous les efforts de son médecin, le mal devenait toujours plus dangereux. L'historien Scherefeddin assure qu'il conserva jusqu'à la fin toutes ses facultés. Il s'informait des dispositions de l'armée. Toutefois, lorsqu'il reconnut que la maladie était plus forte que tous les remèdes, il sut se résoudre courageusement à la mort. Il fit venir les princesses et les principaux émirs, et déclara en leur présence ses dernières volontés : « Je connais avec certitude, dit-il, que mon âme veut abandonner mon corps, et que maintenant mon asile est près du trône de Dieu, qui donne la vie et qui l'ôte comme il lui plaît. Je vous prie de ne point faire entendre de cris ni de gémissements inutiles lorsque je mourrai. A-t-on jamais repoussé la mort par des cris? Au lieu de déchirer vos vêtements et de courir çà et là comme des insensés, priez Dieu qu'il me fasse miséricorde, dites *Allah acbar!* (Dieu est très-grand) et récitez le premier chapitre du Coran. Vous procurerez par là de la joie à mon âme. Comme Dieu m'a fait la grâce de donner à la terre des lois si équitables, qu'aujourd'hui dans toutes les contrées de la Perse et de la Tartarie nul n'ose entreprendre sur les droits de son prochain, j'espère qu'il me pardonnera mes péchés, qui sont cependant en grand nombre. J'ai cette consolation que pendant mon règne je n'ai pas permis que le fort accablât le faible. Maintenant je veux et prétends que mon fils Pir-Mohammed-Djihanguir soit mon héritier universel et mon successeur légitime à l'empire. Je vous ordonne à tous de lui obéir et de vous sacrifier pour lui s'il le faut, afin que l'ordre du monde ne soit pas troublé et que mes longs travaux ne soient pas perdus. Si vous m'obéissez, et si vous restez unis, nul n'osera s'opposer à mes desseins ni apporter le moindre obstacle à l'exécution de mes dernières volontés. » Après avoir dit ces paroles, il fit jurer aux émirs, aux généraux et aux grands dignitaires qu'ils veilleraient à la fidèle exécution de ce testament. Quelques-unes des personnes présentes voulaient que l'on écrivît à des princes qui étaient alors absents, afin qu'ils pussent entendre de la bouche même de l'empereur l'expression de ses derniers ordres. Timour répondit que c'était prendre une peine inutile; que ceux qui étaient absents ne pourraient jamais arriver assez tôt, et qu'il fallait remettre à les voir au jour du jugement. « Vous-mêmes, ajouta-t-il, vous n'aurez plus d'audience de moi que ce jour-là. Il ne me reste qu'un seul désir, celui de revoir mon fils Schahrokh. Je voudrais le voir encore une fois; mais c'est impossible, Dieu ne l'a pas voulu. Les princes et les princesses qui l'entouraient se mirent alors à verser des larmes. Timour leur adressa encore quelques paroles pour les engager à se conformer aux lois de la justice dans le gouvernement des peuples. Le mal se compliqua alors d'un violent hoquet.

Plusieurs imans, placés en dehors de sa chambre, lisaient le Coran à haute voix. Timour demanda que l'on fît entrer un de ces docteurs, auquel il recommanda de lire au chevet de son lit la parole divine, et de répéter souvent la profession de foi touchant l'unité de Dieu. Il répéta lui-même à plusieurs reprises cette profession de foi, et mourut en la prononçant dans la nuit du 17 de schaban 807 (18 février 1405). Il était âgé de soixante et onze ans, et en avait régné trente-six.

Son corps, embaumé avec soin, enveloppé d'un suaire et renfermé dans un cercueil d'ébène, fut transporté à Samarcande et inhumé auprès de l'iman Béréké, comme il l'avait recommandé souvent. L'historien arabe Ebn-Arabscha nous a transmis le portrait suivant de Timour. « Ce conquérant, dit-il, était d'une haute stature. Il avait la tête forte, le front élevé. Il était aussi remarquable par sa force physique que par son courage. Il avait été admirablement doté par la nature. Sa peau était blanche et son teint vif en couleur. Il avait les membres forts, les épaules larges, les doigts gros, les jambes longues, le corps bien proportionné, la barbe longue, la main sèche. Il boitait de la jambe droite. Son regard n'était pas très-vif. Il avait la voix forte. Dans la vieillesse, son esprit était aussi ferme, son corps aussi robuste, et son âme aussi intrépide que par le passé, comme le roc le plus dur. Il n'aimait ni le mensonge ni les plaisanteries. Mais il recherchait la vérité lors même qu'elle lui était désagréable. Il ne s'affligeait pas de l'adversité, et la prospérité n'excitait chez lui aucune exaltation.

« Il portait pour devise sur son cachet deux mots persans : *Rasti Rousti*; c'est-à-dire *le salut est dans la vérité*. Il était extrêmement réservé dans sa conversation, et ne parlait jamais de meurtres, de pillage, ni de violation de harem. Il aimait les braves soldats. »

Nous terminerons ce que nous avons à dire de Timour par un extrait des lois et règlements qu'il établit dans son empire.

Règlements pour l'administration des royaumes.

Dans un royaume que je venais de conquérir j'honorais les hommes dignes de respect, je témoignais de la vénération aux descendants du Prophète, aux docteurs de la loi, aux savants et aux vieillards; je leur assignais des traitements; je regardais les grands comme mes frères, les orphelins et les pauvres comme mes enfants.

L'armée du pays était incorporée dans la mienne, et je parvenais à gagner le cœur du peuple. Néanmoins je tenais toujours mes sujets entre la crainte et l'espérance. Je traitais les bons avec bonté, de quelque pays qu'ils fussent: mais les méchants et les perfides étaient bannis de mes États.

Je retenais les hommes lâches et vils dans le devoir sans leur permettre de transgresser les lois. Je prodiguais les honneurs et les dignités aux grands et aux nobles. Les portes de la justice étaient ouvertes dans tous les pays, et j'avais soin de fermer toutes les voies de la rapine et du brigandage.

Le gouverneur d'une province conquise était continué dans sa charge. Enchaîné par mes bienfaits, j'étais sûr de sa fidélité et de son dévouement. Mais le rebelle ne tardait pas à être pris dans ses propres piéges, et je lui substituais un gouverneur équitable, intelligent et actif.

Je faisais punir selon la loi de Gengiskan les brigands et les voleurs de grand chemin; les séditieux et les traîtres étaient bannis, et je ne souffrais pas de baladins dans les provinces.

J'établis dans les villes et dans les quartiers un grand-prévôt, chargé de veiller à la sûreté du peuple et des soldats. Il était responsable de tous les vols commis dans son arrondissement.

Des gardes étaient placés sur les routes. Les voyageurs et les marchands avaient le droit de faire escorter leurs richesses et leurs effets par ces hommes, qui répondaient de tout ce qui se trouvait égaré ou perdu.

Il était expressément défendu aux magistrats de punir les citoyens sur des accusations et des rapports de gens suspects ou mal intentionnés. Mais, après une preuve fondée sur quatre dépositions, on infligeait au coupable une amende proportionnée au délit.

Aucun soldat n'avait le droit de s'établir dans la maison d'un particulier, ou de prendre les troupeaux et les meubles d'un citoyen.

Je fis des fondations pour subvenir à la subsistance des mendiants, afin de détruire la mendicité.

Règlements pour entretenir des correspondances et pour connaître l'état des royaumes, des provinces, du peuple et de l'armée.

Je voulus que sur chaque frontière, dans chaque province, dans chaque ville et à l'armée, il y eût un secrétaire des nouvelles. Son occupation était d'informer la cour des actions et de la conduite des gouverneurs, du peuple et des soldats, de la situation de mes armées, et des armées de mes voisins; il envoyait un état exact de l'importation et de l'exportation des marchandises et des effets de l'entrée et de la sortie des étrangers, et des caravanes de tous les pays. Ce secrétaire, par ses correspondances dans les royaumes, savait toutes les démarches des princes, connaissait les savants et les hommes instruits qui, des contrées les plus lointaines, étaient disposés à venir auprès de moi. J'exigeais dans ses rapports la plus scrupuleuse véracité. S'il osait y manquer, et qu'il ne rendit pas un compte exact des faits, on lui coupait les doigts; s'il omettait dans son journal quelques actions louables d'un soldat, ou la présentait sous un jour moins favorable, il perdait la main; enfin si l'inimitié ou la méchanceté le portait à écrire des mensonges, il était puni de mort. Je recommandais expressément qu'on me présentât jour par jour, semaine par semaine et mois par mois les dépêches qui contenaient ces nouvelles.

J'entretenais un corps de mille hommes montés sur des chameaux, un autre de mille cavaliers armés à la légère, avec mille fantassins bien lestes, afin d'obtenir par leur moyen des renseignements exacts sur l'état des provinces et des frontières, et sur les intentions des princes voisins. A leur retour, ces soldats me faisaient le détail de ce qu'ils avaient appris, et je pouvais me précautionner, contre tous les événements.

Lorsque je conçus le projet de conquérir l'Indoustan, ils me firent savoir que dans chaque province de ce royaume les gouverneurs et les chefs avaient usurpé l'autorité sur leurs princes et s'étaient rendus indépendants. Je vis par les instructions qu'ils me transmirent qu'on pouvait facilement s'emparer de la contrée; mais l'armée n'en jugea pas ainsi.

J'étais encore occupé de mon expédition dans l'Inde quand on vint m'apprendre que Bajazet avait fait une invasion dans plusieurs de mes provinces; que les Géorgiens, sortant de leur pays, avaient jeté des secours dans des châteaux assiégés par mes soldats.

Je pensai que les désordres de la Perse augmenteraient si je séjournais plus longtemps dans l'Inde. Je mis donc ordre aux affaires de cette dernière contrée, et je traversai la Transoxiane, où je restai quelques jours. Ensuite, dirigeant ma course vers l'Anatolie et la Géorgie, je finis par m'emparer de tout cet Empire.

Règles de conduite envers les naturels et les colons de chaque province. Établissements pour l'entretien des tombeaux des amis de Dieu et des chefs de la religion. Donations et fondations pieuses.

J'ordonnai que les guerriers d'un royaume nouvellement soumis seraient reçus à mon service dès qu'ils reconnaîtraient mon autorité, qu'on épargnerait aux naturels de cette contrée les malheurs auxquels les vaincus sont ordinairement exposés; que leurs possessions et leurs richesses échapperaient à la rapine et au pillage, et que tout le butin qu'on aurait fait sur eux leur serait restitué.

J'exigeai qu'on eût les plus grands égards pour les descendants du prophète, les théologiens, les vieillards, les docteurs, les grands et les nobles; qu'on rassurât les pères de famille, les chefs de hordes et les cultivateurs.

Je rendis des ordonnances pour que les séides, les docteurs, les vieillards, les savants, les derviches et tous les cénobites qui venaient fixer leur demeure dans l'étendue de mes domaines, eussent des pensions et des appointements, pour que les pauvres et les hommes sans ressources trouvassent une subsistance suffisante, enfin pour que les professeurs et les chefs des collèges eussent des appointements assurés.

Je consacrai des sommes pour l'entretien des tombeaux, pour les châsses des saints et des chefs de la religion.

Je faisais rassembler tous les mendiants d'un pays nouvellement conquis; je voulais qu'on leur donnât tous les jours une ration de nourriture, et qu'on les distinguât par une marque particulière, afin qu'ils ne pussent plus mendier. Si un de ces hommes était surpris à faire son ancien métier, on le vendait, et il était emmené dans les contrées lointaines, ou bien on le bannissait, afin de détruire la mendicité dans mes États.

Règlements pour la perception des impôts et des contributions. Ordre et disposition de l'empire; culture et population; sûreté et police des provinces.

Que dans la perception des impôts sur le peuple on se garde bien de vexer les contribuables ou de faire déserter la province; car la ruine du peuple fait la ruine du trésor; la ruine du trésor cause la dispersion de l'armée, qui entraîne à son tour la décadence de l'autorité.

Lorsque je m'étais rendu maître d'une province et qu'elle faisait partie de mon empire, j'ordonnais qu'on s'informât du montant des revenus. Si le peuple voulait s'en tenir à l'ancienne administration, on se conformait à ses désirs; autrement, on réglait la perception des impôts d'après les ordonnances.

Les revenus étaient déterminés sur le produit des terres et les taxes fixées en conséquence. Par exemple, si un agriculteur avait une terre fertilisée par le moyen des canaux, des fontaines ou des torrents, pourvu toutefois que ces eaux coulassent sans interruption, le revenu de cette terre était divisé en trois parts: il en gardait deux, et l'autre tiers appartenait au collecteur.

Si le sujet aimait mieux payer en argent, la part du collecteur était estimée suivant le prix courant, et les soldats avaient une paye proportionnée au prix des denrées.

Si le cultivateur du sol refusait de payer en nature, la charge de blé et celle d'orge étaient estimées en argent.

Quant aux autres produits des terres, on en prenait le tiers ou le quart.

Les impôts sur les herbes, les fruits et autres productions de la campagne, sur les pâturages et autres terres en valeur restaient sur l'ancien pied; si les naturels se plaignaient, on y procédait autrement.

Il était expressément défendu d'exiger les impôts avant que le peuple eût fait sa récolte; et il payait à trois époques différentes.

Si l'habitant payait de bon gré, on se passait de collecteurs; mais s'il en fallait un, il n'employait que les paroles et l'autorité pour percevoir les deniers royaux; jamais il n'avait recours au bâton, à la corde, au fouet ni aux chaînes; et il ne sévissait point contre la personne du débiteur.

Un agriculteur qui défrichait des landes, qui creusait un canal, qui faisait des plantations, ou remettait de nouveau en valeur un champ abandonné, ne payait rien la première année; la deuxième, il donnait ce qui lui plaisait; la troisième, il était placé sur les rôles des contribuables selon les ordonnances.

Si le grand propriétaire ou l'homme puissant vexait le pauvre, ou lui faisait du tort, les biens de l'oppresseur répondaient de tout, et l'on rétablissait le pauvre dans sa première situation. Quant aux terres dévastées et sans propriétaires, je recommandais qu'on pensât sérieusement à les remettre en valeur. Si le propriétaire se trouvait dans la misère, on lui fournissait les instruments nécessaires pour les cultiver.

Je voulus qu'on nettoyât les canaux engorgés, que les ponts renversés fussent rétablis et qu'on en construisît sur les rivières et sur les torrents. Je fis bâtir des caravansérails sur les routes, à la distance d'une journée de chemin les uns des autres. Des gardiens veillaient à la sûreté des voyageurs, et répondaient de tous les vols.

Dans chaque ville je fis bâtir une mosquée, une école publique, un monastère, un hospice pour les pauvres, un hôpital avec un médecin pour les malades.

Je voulus que l'on construisît aussi un hôtel de ville, une chambre de justice; j'établis encore des gardes pour les terres ensemencées et pour la sûreté des citoyens.

Je mis trois ministres dans chaque province.

Le premier était pour le peuple; il tenait un compte exact et fidèle des subsides payés, énonçant la somme et spécifiant de quel droit et à quel titre il l'avait exigée.

Le deuxième ministre était pour les soldats. Il tenait un état de la somme à eux payée et de celle qui leur restait due.

Le troisième veillait sur les propriétés des absents et des voyageurs, sur les récoltes abandonnées. Il prenait possession, avec le consentement du juge et du chef de la religion, du patrimoine des fous, des héritiers inconnus et des coupables flétris par la loi. Les biens des morts passaient aux héritiers légitimes. S'il ne s'en trouvait point, ils étaient consacrés à des fondations pieuses, ou bien envoyés à la Mecque.

Organisation de l'armée.

Dans une escouade de dix hommes d'élite on choisissait celui qui réunissait le plus de sagesse et de valeur, et avec le consentement des neuf autres on le faisait chef avec le titre d'ounbaschi ou chef de dix.

Sur dix ounbaschis on en choisissait un qui devenait le chef des autres avec le titre d'youzbaschi, c'est-à-dire chef de cent.

Dix youzbaschis étaient commandés par un minkbaschi ou chef de mille.

Parmi les soldats ceux qui se distinguaient par des traits de courage étaient nommés ounbaschis d'abord, puis youzbaschis et enfin minkbaschis.

Je ne veux pas, disait Timour, que l'on accorde de récompense à des actions de bravoure engendrées par le désir d'échapper aux armes de l'ennemi. Une pareille conduite n'est pas plus noble que celle du taureau qui repousse une attaque avec ses cornes... Je défendis qu'on privât les vieux soldats de la récompense qui leur était due. Ceux qui avaient vieilli dans le métier des armes ne perdaient ni leur grade ni leur paye. Les services qu'ils avaient rendus n'étaient point mis en oubli. Car un guerrier qui sacrifie la longue existence dont il pourrait jouir pour des biens périssables mérite d'être récompensé, et il a le droit d'exiger des richesses et des distinctions. Lui refuser la récompense due à ses services, c'est commettre un acte extrêmement injuste. Je voulus que tout officier, ministre ou soldat, qui, par ses travaux, avait contribué à l'établissement de ma grandeur, obtînt toujours la récompense qu'il avait droit d'attendre.

Je défendis qu'on mît à mort les prisonniers. Je leur laissais le choix d'entrer à mon service ou de s'en aller librement.

Je veux qu'en temps de guerre les simples soldats prennent une tente pour dix-huit hommes, que chacun ait deux chevaux, soit muni d'un arc, d'un carquois, d'un sabre, d'une scie, d'une alêne, d'un sac, d'une aiguille à emballer, d'une hache, de dix aiguilles et d'un havresac de cuir.

Les soldats d'élite auront une tente pour cinq. Chacun d'eux portera un casque, une cuirasse, une épée et sera suivi de deux chevaux, nombre prescrit par les ordonnances.

Chaque ounbaschi aura sa tente. Il sera armé d'une cotte de mailles, d'un sabre, d'un arc et d'un carquois. Cinq chevaux marcheront derrière lui.

L'iouzbaschi aura dix chevaux avec sa tente et ses armes, qui sont: le sabre, l'arc, le carquois, la massue, la cotte de mailles et la cuirasse.

Chaque minkbaschi joindra à sa tente un parasol, et aura soin de se munir de la plus grande quantité d'armes qu'il pourra, tant en cottes de mailles, casques, cuirasses, lances, épées, carquois et flèches.

L'équipage du premier émir sera composé d'une tente, de deux parasols, d'une autre tente brodée et de la quantité d'armes nécessaire pour en fournir aux autres. Tous les émirs jusqu'au généralissime seront tenus d'avoir un équipage proportionné à leurs grades respectifs. Le premier émir aura cent dix chevaux, le deuxième cent vingt, le troisième cent trente, et ainsi de suite jusqu'au généralissime, qui ne pourra pas en avoir moins de trois cents.

Le fantassin sera armé d'un sabre, d'un arc et de la quantité de flèches qu'il jugera convenable. Mais au moment d'une action il devra en avoir le nombre prescrit par les ordonnances.

Règlements pour la guerre et les combats, pour l'attaque et la retraite, pour l'ordre de bataille et la défaite des armées.

Si l'armée ennemie ne va pas à 12,000 cavaliers, on donnera la conduite de la guerre au généralissime, avec 12,000 cavaliers tirés des tribus et des hordes. Il aura en outre des minkbachis, des youzbachis et des ounbachis qui l'accompagneront.

Arrivé près de l'ennemi, à la distance d'une journée, il m'enverra des nouvelles.

Je veux que ces 12,000 cavaliers forment neuf corps de cette manière :

Le corps de bataille une division.
L'aile droite trois divisions.
L'aile gauche trois divisions.
L'avant-garde deux divisions.

Dans le choix de son champ de bataille, le général doit rechercher quatre choses :

1° De l'eau;
2° Un terrain capable de contenir son armée;
3° Une situation avantageuse d'où il puisse dominer l'ennemi. Surtout qu'il se garde bien d'avoir le soleil en face, pour que ses soldats n'en soient pas éblouis;
4° Un champ de bataille vaste et uni.

La veille du combat, le général aura soin de tracer ses lignes; l'armée, une fois rangée en bataille, doit aller en avant, sans détourner ses chevaux d'aucun côté, et sans obliquer à droite ni à gauche. Aussitôt que les guerriers auront découvert l'ennemi, qu'ils poussent le cri de bataille *Dieu est grand*.

Si l'inspecteur s'aperçoit que le général manque à son devoir, il peut nommer un autre chef.

Le général, de concert avec l'inspecteur, ira reconnaître le nombre des ennemis; il comparera leurs armes avec celles de ses soldats, afin de découvrir ce qui lui manque et d'y suppléer. Attentif à tous leurs mouvements, il observera s'ils s'avancent lentement et dans une belle disposition, ou s'ils courent en désordre.

Qu'il connaisse bien les manœuvres de ses adversaires, soit qu'ils chargent en masse ou par pelotons. Le grand art est de bien observer le moment où l'ennemi se prépare à assaillir ou à battre en retraite, s'il veut tenter une nouvelle attaque, ou s'il s'en tient à la première. Dans ce dernier cas, les soldats doivent soutenir le choc avec patience; car la bravoure n'est pas autre chose que la patience dans un moment périlleux.

Tant que l'ennemi n'engagera pas l'action, n'allez pas au-devant de lui. Dès qu'il se portera en avant, que le général s'applique à diriger les manœuvres de ses neuf divisions.

Quel est le devoir d'un général? De guider les évolutions de ses troupes, de ne pas s'effrayer au moment de l'action. Également ferme du pied et de la main, chaque division est pour lui une arme particulière, telle qu'un trait, une hache, une massue, un poignard, une épée ou une dague; il se sert de chacune dans le besoin.

Le chef doit se regarder, ainsi que ses neuf divisions, comme un athlète qui combat avec toutes les parties de son corps, du pied, de la main, de la tête, de la poitrine et des autres membres.

Il y a lieu d'espérer que l'ennemi, accablé par neuf chocs successifs, finira par succomber.

Le chef commencera par envoyer en avant la grande avant-garde, qui sera soutenue par l'avant-garde de l'aile droite, et ensuite par celle de l'aile gauche, afin de faire trois charges. Au moment où ces corps s'ébranleront, on fera marcher la première division de l'aile droite, après elle, viendra la seconde de l'aile gauche. Si la victoire est encore incertaine, on commandera la seconde division de l'aile droite, avec la première de la gauche; ensuite on m'instruira de l'état des choses.

On attendra mon étendard; et, plaçant toute sa confiance dans le Très-Haut, le général s'avancera lui-même dans la mêlée, et me regardera comme présent à l'action : il est sûr qu'avec le secours du Tout-Puissant, la neuvième attaque mettra en fuite les ennemis et lui obtiendra la victoire.

Il est de la dernière importance que le chef n'agisse point avec emportement, qu'il dirige toutes les évolutions de ses troupes; quand il est forcé de marcher en personne, qu'il le fasse sans trop s'exposer; car la mort du général cause un abattement funeste parmi ses soldats et ranime l'audace des ennemis.

C'est donc à lui de conduire ses opérations avec adresse et prudence, sans se laisser aller à la précipitation; car la témérité est fille du diable. Qu'il prenne bien garde encore de s'engager dans un pas d'où il ne puisse se tirer.

Ordre de bataille pour mes armées victorieuses.

Si l'armée ennemie excède 12,000 cavaliers, sans aller jusqu'à 40,000, le commandement sera donné à un de mes fils, secondé par deux officiers généraux et par de simples officiers suivis des corps de cent, de mille et des hordes, de manière que l'armée ne compte pas moins de 40,000 cavaliers.

Mes troupes invincibles doivent sans cesse me regarder comme présent à l'action, de peur de s'écarter des règles de la prudence et de la bravoure.

J'ordonne que quand ma tente, d'heureux augure, sera portée en avant, il y ait une escorte de douze compagnies, chacune commandée par un chef de tribu ; ces compagnies manœuvreront régulièrement, afin de ne point perdre de vue les douze règlements que j'ai prescrit pour se former en ordre de bataille, pour rompre des lignes ; enfin pour l'attaque et la retraite.

Un bon général, après avoir découvert le nombre des ennemis, doit savoir leur opposer des forces égales ; il observe avec l'œil de l'attention les combattants qu'il a en tête, tant archers que lanciers, ou hommes qui combattent avec l'épée. Attentif aux mouvements de ses adversaires, c'est à lui de voir s'ils engagent l'action lentement, s'ils n'envoient que détachement par détachement, ou s'ils se précipitent avec impétuosité ; qu'il observe les avenues du champ de bataille, tant pour l'attaque que pour la retraite, et qu'il pénètre l'ordre du combat des ennemis.

Il pourrait arriver qu'affectant une faiblesse apparente ils prissent la fuite ; mais il ne faut pas se laisser prendre à cette ruse.

Un général profond dans l'art de la guerre connaît tout le mécanisme d'un combat ; il sait quel corps il faut envoyer à la charge : sa prudence remédie à tout ; il n'est pas embarrassé pour engager l'action ; il devine les projets de ses adversaires, découvre le but de toutes leurs évolutions, et met en œuvre tous les moyens de les déconcerter. Qu'il punisse l'officier assez présomptueux pour aller en avant sans en avoir reçu l'ordre.

Toujours attentif aux marches et contremarches de ses adversaires, qu'il se garde bien de hasarder le combat avant qu'on vienne le lui présenter. Quand une fois ils ont fait les avances, il doit, en général prudent, examiner les manœuvres, comment ils engagent l'action, et comment ils battent en retraite ; qu'il imagine ensuite les moyens de les attaquer, de les repousser, soit qu'ils reviennent à la charge, soit qu'ils lâchent pied, quand la circonstance l'exige, pour revenir aussitôt qu'ils en auront le moyen.

Qu'il se garde de poursuivre une armée en déroute.

Le chef doit bien faire attention si les ennemis attaquent en corps, ou s'ils ne détachent que des escadrons de la droite et de la gauche ; il n'a qu'à leur opposer d'abord son avant-garde ; qu'il commande ensuite les avant-gardes de ses deux ailes pour soutenir la grande avant-garde. Après quoi il fera marcher le premier escadron de l'aile droite, et le second de l'aile gauche, qui seront suivis du second détachement de la droite et du premier de l'autre aile.

Si, après sept attaques, la victoire est encore incertaine, il faut commander le corps avancé de l'arrière-garde de l'aile droite et celui de l'aile gauche, afin qu'il y ait neuf charges.

Si la victoire ne se déclare pas encore, qu'il mette en mouvement le premier escadron de l'arrière-garde de l'aile droite, et le second de l'arrière-garde de l'aile gauche.

Si tous ces efforts sont superflus, envoyez les deux autres escadrons restants des deux ailes ; peut-être alors l'avantage se décidera-t-il.

Quand ces treize assauts ne pourront pas entraîner la victoire, le général ne doit pas hésiter à mettre en mouvement son corps de bataille ; qu'il paraisse aux yeux des ennemis comme une montagne et qu'il s'ébranle avec ordre et précision.

Que le général ordonne à ses braves de fondre l'épée à la main, et à ses archers de faire pleuvoir une grêle de traits ; enfin, si la victoire s'obstine à demeurer indécise, que le général n'hésite pas à se jeter dans la mêlée, et qu'on ne perde jamais de vue mon étendard.

Quand l'armée ennemie excédait quarante mille combattants, j'ordonnais aux généraux et aux autres officiers, aux minkbachis, aux youzbachis et aux ounbachis, aux guerriers d'élite et aux simples soldats de se ranger sous mes drapeaux victorieux.

Je recommandais aux chefs de chaque escadron d'exécuter tous mes ordres avec la plus scrupuleuse exactitude. Le chef ou le simple officier assez audacieux pour s'en écarter ou y contrevenir passait par les armes et le lieutenant remplaçait le coupable.

FIN DE LA TARTARIE.

BÉLOUTCHISTAN,

OU CONFÉDÉRATION DES BÉLOUTCHIS,

BOUTAN ET NÉPAL;

PAR MM. L. DUBEUX ET V. VALMONT.

La plus grande partie du Béloutchistan appartient au plateau de la Perse, qui s'étend à l'est jusqu'aux monts Brahouiks. D'autres chaînes de montagnes courent de l'est à l'ouest, dans une direction parallèle, et sont séparées par des vallées longitudinales. La partie orientale du plateau, coupée par d'effroyables défilés, atteint dans les environs de la ville de Kélat une hauteur absolue de 1400 toises. On trouve dans l'intérieur du pays le désert de Benpour, entouré de rochers. Au nord et au nord-est s'étend le désert du Béloutchistan, dont le sol est formé de sables, à l'exception toutefois de quelques oasis peu étendues, rafraîchies par des sources et inhabitées. Vers le milieu du désert, d'épais taillis couvrent les bords d'une rivière desséchée, et servent de retraite aux bêtes sauvages. Les vents qui soufflent avec violence dans cette solitude purifient l'atmosphère; mais ils soulèvent en même temps d'immenses tourbillons de sable. Le semoun s'y fait sentir quelquefois.

Les saisons se succèdent à peu près comme en France. Les chaleurs sont si violentes dans le Mékran et le pays de Lous depuis la fin de mars jusqu'au commencement d'octobre, que les naturels eux-mêmes peuvent à peine les supporter, et ne sortent presque pas de chez eux tant qu'elles se font sentir. On peut dire en général que les côtes de la mer sont malsaines, tandis que l'intérieur du pays est salubre. Les maux d'yeux y sont cependant endémiques. Le sol produit des grains, des dattes et des amandes, de l'indigo, du sucre, du coton et des melons d'eau d'une grosseur extraordinaire; mais il est en général peu fertile, et plus propre à la nourriture des troupeaux qu'à l'agriculture. On trouve sur différents points de belles forêts.

Le chameau et le dromadaire se plaisent dans les sables du Béloutchistan; le cheval y devient grand, robuste et plein de feu; mais presque toujours rétif il perd infiniment de son prix. On voit dans ce pays les animaux domestiques de l'Europe, une grande variété d'oiseaux, d'abeilles et des vers à soie. Les insectes et les animaux venimeux n'y sont pas communs. Les solitudes sont peuplées de lions, de léopards, d'hyènes, de loups, de chacals, d'antilopes et de singes. Les flancs des montagnes recèlent des mines d'or, d'argent, de plomb, de fer, de cuivre, d'étain, d'antimoine, de sel gemme, d'alun, de soufre et des carrières de marbre. La pêche est fort abondante sur la côte, mais les rivières ne sont pas poissonneuses.

La population s'élève à peu près à 3,000,000 d'âmes.

POSITION ASTRONOMIQUE. — Longitude orientale entre 58° et 67° (1); latitude entre 25° et 30°.

LIMITES. — Au nord le royaume de Candahar, à l'est le royaume de Lahore et la principauté du Sinde, au

---

(1) Nous laissons en dehors de ce calcul, comme M. Balbi, qui nous sert de guide, le district séparé de Harrand-Dalel sur l'Indus.

sud le golfe d'Oman, à l'ouest la Perse.

FLEUVES. — Le Béloutchistan, quoique très-vaste, est fort peu arrosé. Les géographes ne comptent pas parmi les fleuves de cette contrée l'Indus, qui baigne la province de Harrand-Daïel. Presque tous les cours d'eau du pays restent à sec pendant les chaleurs. Les principaux fleuves qui se rendent dans le golfe d'Oman sont : le Doust, le Nougor, qui descend du plateau du Mékran occidental et baigne Kassarkand et Gouttar; le Pourally, qui sort du plateau du Djalavan et traverse le pays de Lous; le Nari, qu'on regarde comme une dépendance du bassin hydrographique de l'Indus.

DIVISIONS ADMINISTRATIVES ET TOPOGRAPHIE. — Le Béloutchistan ou pays des Béloutchis est une réunion de petites provinces confédérées, gouvernées par des serdars ou chefs qui reconnaissent l'autorité du plus puissant d'entre eux. Celui-ci réside à Kélat; quelques-uns de ces serdars se regardent comme tout à fait indépendants.

La confédération est partagée en six provinces, qui se subdivisent elles-mêmes en districts dépendants de serdars particuliers.

PROVINCES.	VILLES ET LIEUX LES PLUS REMARQUABLES.
Saravan.	Kélat, Kharan, Kvouth.
Katch-Gandává (Cutch-Gundava des géographes anglais).	Gandává, aussi grande que Kélat, mais mieux bâtie, résidence du khan pendant l'hiver; Dadour, Harrand (Hurrund), chef-lieu du district de ce nom qui s'étend le long de l'Indus.
Djalavan.	Zouri, 2 à 3,000 maisons. Khozdar, siège d'un serdar.
Lous.	Bela; Leyarie.
Mékran	Kedjé; Koussourkound, chef-lieu du district de ce nom.
Kouhistan.	Pouhra, siége du chef des Ourabhi tribu de Beloutchis; c'est un des serdars les plus puissants; on peut le regarder comme indépendant. Sourhoud, près de riches mines de fer et de cuivre.

KÉLAT, capitale de tout le Béloutchistan, est située sur une hauteur qui domine la partie occidentale d'une plaine fertile couverte de jardins. La ville forme un carré. Trois côtés sont entourés par des murailles de terre d'une vingtaine de pieds de hauteur et flanqués de bastions. Ces ouvrages, en fort mauvais état, ne pourraient recevoir du canon. Le quatrième côté est défendu par le flanc occidental de la montagne, qui est coupée à pic. Le palais, situé dans la partie la plus élevée de la ville, est une réunion de bâtiments sans élégance et recouverts de toits plats en forme de terrasses. Ces constructions sont entourées de murs peu élevés, garnis de parapets et percés de meurtrières. Le château est également entouré d'un mur de terre, avec des bastions. La porte en est gardée par un détachement de soldats dont l'armement et l'équipement méritent d'être d'écrits.

« Le soldat béloutchi armé de pied en cap offre, dit sir Henri Pottinger, un aspect réellement formidable. Il porte un fusil, un sabre, une lance, un poignard et un bouclier, indépendamment d'une quantité de cornets à poudre, de pulvérins pour amorcer, et de poches; celles-ci sont remplies de balles, de lingots, de pierres à fusil, de boîtes à amadou, et d'autres munitions de guerre qui, lorsque l'homme est de service, doivent le gêner au delà de toute expression, et l'on estime souvent la vaillance d'un guerrier d'après le poids de son équipement. Ces soldats sont tous excellents tireurs, et c'est pour cela que dans une bataille ils cherchent, autant que possible, à ne pas combattre de près. » Leurs meilleures armes de guerre sont de manufacture étrangère. Ils reçoivent de la Perse, du Khorasan et de l'Indoustan, des fusils, des épées, des poignards, des boucliers et des lances. Il existe à Kélat une manufacture de fusils, d'épées et de lances, qui appartient au souverain; les ouvrages qui en sortent sont mauvais et faits grossièrement.

On compte environ 2,500 maisons à Kélat, et à peu près la moitié autant dans les faubourgs. Ces maisons n'ont pas une belle apparence; elles sont bâties de briques à moitié cuites et de bois, le tout recouvert d'une sorte de mortier de terre. Les rues sont en général assez larges, et garnies de chaque côté de trottoirs à l'usage des piétons. Au milieu on a pratiqué un ruisseau, toujours plein d'ordures, d'immondices, et d'eaux stagnantes qui infectent l'air; les maisons avancent sur la rue. Ces dispositions rendent la ville sombre et humide.

On voit à Kélat un bazar vaste et bien garni de marchandises et de denrées de toutes sortes. On y trouve chaque jour de la viande et des légumes en abondance et à fort bon marché. Une source qui sort d'une montagne voisine fournit à la ville une eau excellente. « Le ruisseau auquel cette montagne donne naissance est si abondant, dit sir Henri Pottinger, qu'à moins d'un quart de mille de Kélat il met en mouvement plusieurs moulins. La source se trouve dans une caverne creusée naturellement dans le roc. Je pénétrai jusqu'à environ trente-six pieds au delà de l'entrée. L'eau, qui à cet endroit est profonde de trois pieds et limpide comme du cristal, coule très-rapidement, et se partage en quatre ou cinq branches. Les cavités d'où l'eau sort s'abaissent à cet endroit et se rétrécissent tellement, qu'il devient impossible d'avancer plus loin. Il n'existe pas, à ma connaissance, de source aussi abondante que celle-ci. D'ailleurs, une particularité remarquable, c'est que les eaux acquièrent un certain degré de chaleur depuis le commencement de la nuit jusqu'au lever du soleil; alors elles deviennent extrêmement froides et conservent cette température jusqu'au soir. »

Les moulins à eau que ce ruisseau met en mouvement sont placés immédiatement au-dessous d'un banc; ou bien lorsqu'il n'existe pas de chute naturelle, on creuse le terrain pour s'en procurer une. La roue est verticale. On accélère ou l'on ralentit son mouvement en l'abaissant ou la soulevant, suivant le poids de l'eau. Cette précaution est indispensable, car souvent la pluie ou la fonte des neiges gonfle considérablement le ruisseau; quelques moulins ont un canal de décharge, pour le trop plein des eaux.

Mékran. Cette province, la plus vaste, la plus stérile et la moins peuplée de toutes celles du Béloutchistan, répond à l'ancienne *Gedrosia*. On se rappelle les souffrances et les privations que l'armée d'Alexandre eut à supporter dans ce pays désert.

Kedjé (l'ancienne Chodda), capitale de la province, n'a guère que 2,000 maisons, d'un aspect misérable.

Population. — Les Béloutchis forment la presque totalité des habitants de la confédération. Ils se partagent en deux grandes familles; les premiers sont appelés proprement *Béloutchis*, et les autres *Brahouis*. Chacune de ces deux classes se subdivise encore à l'infini. La physionomie des individus des deux races offre de grandes différences; mais les mariages et les alliances ont souvent confondu les types, qui, dans un grand nombre de familles, n'existent plus dans toute leur pureté. Les Béloutchis proprement dits se partagent en trois tribus principales, dont la plus importante est celle des Nérouis. Ces gens, en général grands, bien faits et actifs, ne se distinguent cependant pas par une grande force musculaire; ils résistent au changement de température et à la fatigue. « Ils ne craignent pas la mort, dit sir Henri Pottinger, et l'on assure qu'à la guerre ils combattent avec la plus grande bravoure, et ne demandent qu'un chef qui les conduise au poste le plus convenable pour y déployer leur valeur impétueuse. Ne connaissant aucune loi et dépourvus de tout sentiment d'humanité, les Nérouis sont plus féroces et plus adonnés au pillage que leurs compatriotes. Ils considèrent le larcin comme un acte déshonorant et honteux à l'extrême; mais en même temps ils regardent le pillage et la dévastation d'un pays entier comme un exploit digne d'admiration. Imbus de ce préjugé, ils racontent avec orgueil combien d'hommes, de femmes et d'enfants ils ont massacrés ou emmenés captifs, les villages qu'ils ont brûlés et saccagés, et les bêtes qu'ils ont égorgées lorsqu'ils ne pouvaient point les enlever. Ces sortes d'expéditions, qu'ils appellent *Ichapao*, sont presque toujours conduites par les chefs eux-mêmes ou par des hommes investis de leur confiance. Le Néroui qui part pour une expédition est ordinairement monté sur un chameau. Il se munit, suivant la distance qu'il doit parcourir, d'une quantité suffisante de vivres, qui consistent en dattes, fromage aigre et en pain. Il porte aussi de l'eau dans de petites outres. Lorsque tout est prêt, il se met en route et va sans s'arrêter jusqu'à une distance de quelques milles de l'endroit qu'il veut attaquer. Alors la troupe fait halte dans un hallier, ou dans quelque lieu désert, afin de donner aux chameaux le temps de reprendre haleine. Lorsque la nuit approche, et que les habitants sont plongés dans le sommeil, l'attaque commence. Le Néroui brûle, détruit ou entraîne en captivité tout ce qu'il rencontre. Jamais il ne s'arrête durant ces expéditions, si ce n'est pour laisser reposer ses bêtes. Il parcourt des distances de 80 à 90 milles par jour, jusqu'à ce qu'il ait réussi à charger tous ses chameaux de butin. Pour l'ordinaire il retourne chez lui en faisant un détour, et en prenant une route différente de celle qu'il a d'abord suivie. Il trouve ainsi l'occasion d'exercer de nouveaux brigandages et surtout de dérouter les habitants qui voudraient se mettre à sa poursuite. Ces expéditions sont très-fatigantes et très-dangereuses. Les hommes qui restent en arrière ou s'égarent sont mutilés et massacrés de la manière la plus cruelle par les habitants; d'autres périssent en combattant; quelques-uns succombent à la fatigue. On devrait supposer d'après cela que les tchapaos offrent des profits considérables à ceux qui les entreprennent; il n'en est cependant pas toujours ainsi : quelquefois l'expédition échoue parce que les habitants, avertis d'avance, ont pris des mesures pour repousser les agresseurs. D'autres fois le succès est incomplet et dédommage à peine les brigands de la perte des chameaux qui sont morts de fatigue. Mais s'ils réussissent, ils font des captures d'une grande valeur. Un chef raconta à sir Henri Pottinger que dans une expédition dirigée contre le Laristan, province de Perse, il avait eu pour sa part des esclaves et du butin montant à une valeur que l'officier anglais estime à 750 liv. st. ou près de 19,000 francs de notre monnaie.

L'hospitalité des Béloutchis est proverbiale, et voler l'homme qui leur demande asile passe chez eux pour l'action la plus méprisable. « Lorsqu'une fois, dit sir Henri Pottinger, ils offrent ou promettent d'accorder leur protection à quelqu'un qui en a besoin ou qui la demande, ils mourraient plutôt que de manquer à leur parole. Ils obéissent à leur chef avec promptitude et empressement; mais cette obéissance me parut plutôt le résultat d'un intérêt bien entendu que l'effet d'un sentiment de déférence et de respect; car j'ai remarqué que dans maintes circonstances ils agissent comme s'ils n'avaient aucun compte à rendre à leurs serdars. Les Béloutchis ont en général les habitudes des peuples pasteurs. Ils vivent sous des tentes ou *guédans*, recouvertes de pièces de feutre noir ou de couvertures grossières jetées sur une charpente de branches de tamarisc entrelacées. La réunion d'un certain nombre de tentes compose un *toumen* ou village, et les habitants forment entre eux une société ou *kheil*. Quelques Béloutchis préfèrent cependant les huttes aux tentes, surtout dans les contrées où le froid se fait sentir.

Les étrangers reçoivent un accueil simple mais affectueux. Lorsqu'une personne arrive dans un toumen, on étend un tapis devant la porte du *Mehman-Khaneh* ou *maison des hôtes*. Il en existe une dans chaque ville ou village. Le chef de l'endroit paraît aussitôt. L'étranger et lui s'embrassent et se baisent mutuellement la main. Les personnes qui forment la suite du nouveau venu s'avancent, chacune à leur tour, et pressent contre leur front et sur leurs lèvres la main du chef. Tout, jusque-là, se passe dans un profond silence; puis le chef s'adresse à son hôte, et lui demande des nouvelles de sa santé et de celle des personnes qui l'intéressent. Il demande même, dit Pottinger, des nouvelles des gens de sa suite qui sont présents. Le voyageur se tourne vers ceux-ci comme pour leur adresser des questions. Il font tous un signe pour certifier qu'ils se portent bien, et la cérémonie se termine par un nombre égal de questions faites par l'étranger et concernant la famille, les compagnons et les amis du chef.

Sir Henri Pottinger venait d'arriver dans un toumen dont le chef était absent; les Béloutchis, dit-il, attroupés autour de nous commençaient à être importuns et grossiers. Dans cette perplexité, nous réfléchissions à ce que nous devions faire, quand un homme nous conseilla d'aller au *Mehman-Khâneh*, ou *maison des étrangers*. « Vous y serez en sûreté et à l'abri de toute incommodité, nous dit-il ; ce soir, à son retour, le serdar vous donnera un guide. » Nous adoptâmes cette proposition, et la conduite de la foule changea aussitôt à notre égard : quoique ces gens-là continuassent toujours à témoigner beaucoup de curiosité pour découvrir qui nous étions, ils se montrèrent cependant fort attentifs à pourvoir à nos besoins ; ils étendirent un tapis, nous apportèrent de la maison du serdar des coussins pour nous coucher ; en un mot, du moment où nous fûmes entrés dans le Méhman-Khâneh, ils parurent nous respecter comme les hôtes de leur chef, et comme fondés à jouir de tous les droits de l'hospitalité. Les avantages ne furent pas, au reste, bornés à nous et à notre suite, car on chargea un homme du soin de mener paître nos chameaux.

« Le Méhman-Khâneh était une tente de branchages ; une couverture en garnissait le sommet, ce qui le rendait extrêmement frais et agréable pour nous, qui avions été assis pendant trois heures dans le sable brûlant et exposés au soleil du midi. Nous débarrassant de nos armes, nous nous endormîmes libres de toute crainte pour nos personnes et nos effets. Au coucher du soleil, l'on nous envoya de chez le serdar un plateau de pain chaud, et une gamelle de soupe aux pois. Peu de temps après notre dîner, le serdar vint lui-même nous rendre visite. »

Les voyageurs s'accordent à dire que les Béloutchis sont d'une extrême indolence ; et l'on assure qu'à moins d'avoir l'occasion de s'occuper à leurs amusements favoris, ils passent des journées entières allant d'une tente à une autre pour fumer et jouer.

« Nous avons été importunés toute la matinée, dit sir Henri Pottinger, par une foule de Béloutchis fainéants, qui nous ont fatigués de leurs visites interminables et de leurs questions impertinentes. Nous nous étions préparés à subir des épreuves de ce genre ; mais celle-ci fut réellement plus insupportable que nous n'avions pu l'imaginer. Quelques-uns de ces désœuvrés restèrent près de cinq heures de suite à fumer, à bavarder et à chanter ; ils avaient à leur tête un effronté personnage, nommé Djoumaa-Khan, qui, nous l'apprînes bientôt, était le fils aîné du serdar, celui-là même qui nous était destiné pour guide principal. Tout ce monde était fort curieux de savoir si nous étions sunnites ou schiites. La blancheur de notre teint leur faisait soupçonner que nous étions Persans, et par conséquent schiites ; ils finirent par nous demander très-froidement de répéter la profession de foi musulmane. Sachant qu'ils étaient sunnites, nous répétâmes la profession de foi conformément au dogme de cette secte. Dans la soirée le serdar vint lui-même nous tenir compagnie. Comme il nous restait encore un peu du thé que nous avions apporté de Bombay, nous lui en offrîmes une tasse : cette attention le flatta beaucoup. Il vint ensuite nous rendre visite régulièrement, et toujours nous le voyions avec plaisir, car non-seulement il tenait les Béloutchis en respect, mais aussi, comme il était fort instruit et au fait d'un grand nombre d'anecdotes, il se trouvait toujours prêt à répondre aux questions que nous lui adressions.

« Le plus grand nombre d'entre eux mâchent de l'opium et du beng ; mais ils connaissent à peine l'usage du vin et des liqueurs spiritueuses. »

Les femmes même font usage de l'opium. Un voyageur cite à ce propos l'anecdote suivante : « Je m'étais, dit-il, toujours refusé à rendre visite à Dhaï-Bibi, vieille dame de la plus haute distinction et qui habitait Kélat. Elle espérait pouvoir recouvrer par mon savoir la vue, qu'elle avait perdue complètement. Un matin son fils, suivi d'une foule d'esclaves portant des mets pour un repas somptueux, vint me voir. On m'expliqua que Dhaï-Bibi voulait m'offrir l'hospitalité. Je fis expliquer à ce jeune homme que les politesses de sa mère, tout en étant très-flatteuses pour moi, m'étaient pénibles, parce que je savais n'avoir aucun moyen d'y répondre. Il me dit que son devoir était de me presser. Je me trouvai dans la nécessité de rendre visite à la vieille dame. A travers ses soixante et dix ans je vis qu'elle avait dû être fort belle. Elle exigeait que je fisse de deux choses l'une : ou que je lui rendisse la vue, ou que je lui ôtasse l'habitude de manger de l'opium. Elle m'offrait des récompenses magnifiques : des chevaux, de l'or, des terres, et demandait que j'allasse m'installer chez elle. Voulant me recevoir avec tout son sang-froid, elle s'était abstenue de prendre sa dose matinale d'opium, et par conséquent elle était fort agitée. Enfin, ne pouvant plus y tenir, elle s'en fit apporter par une esclave, et en avala une quantité considérable. Bientôt sa conversation se ressentit de l'effet de cette drogue, et je pris congé d'elle. Comme j'étais contraint d'ordonner quelque chose, je lui envoyai du laudanum pour qu'elle en fît une application sur ses yeux. Au bout de deux ou trois jours on me dit qu'elle s'imaginait voir un peu. Alors je lui envoyai encore le même remède, et j'engageai son fils à lui en faire continuer l'usage si elle éprouvait quelque soulagement. La cécité était occasionnée par une croûte épaisse qui lui couvrait la cornée. »

La nourriture des Béloutchis consiste en galette de froment et d'orge, en riz, dattes, fromage, lait doux et aigre ; ils préfèrent ce dernier. Ils prennent assez souvent une sorte de soupe ou de potage fait avec des pois et relevé par du piment et d'autres plantes échauffantes. Ils mangent de la viande toutes les fois qu'ils peuvent s'en procurer. Ils se montrent surtout friands du gibier et de la chair des jeunes chameaux. Ils mangent beaucoup d'oignons et d'aulx ; les tiges et les feuilles de la plante de l'assa-fœtida bouillies dans du beurre passent chez eux pour un excellent régal. Voici ce que raconte à ce sujet sir Henri Pottinger :

« L'hospitalité du serdar, dit le voyageur anglais, était toujours la même ; chaque matin il nous envoyait du pain, du lait aigre, et du fromage en plus grande quantité que nous n'en pouvions consommer. Ses esclaves nous servaient et nous donnaient de l'eau pour laver ; la même chose avait lieu le soir. Deux fois nous achetâmes et nous tuâmes des chevreaux, dont nous envoyâmes un gigot au serdar et une partie du reste aux Indous ; mais nous fûmes taxés de prodigalité, quoique ces animaux ne coûtassent qu'une roupie la pièce. Un Béloutchi, par reconnaissance, nous apporta un jour, à l'heure du dîner, ce qu'il regardait comme un mets bien plus délicat. Il en faisait l'éloge avec le ton passionné d'un vrai gourmand ; c'était une jeune plante d'assa-fœtida cuite dans du beurre rance ; il eut bien de la peine à se persuader que nous lui parlions sérieusement quand nous lui dîmes que cette friandise ne nous plaisait pas : l'odeur en était réellement insupportable ; car la plante fraîche répand une puanteur plus forte et plus nauséabonde que la drogue. Notre odorat en fut péniblement affecté pendant les deux ou trois jours qui suivirent l'arrivée de la provision apportée par le pâtre brahoui ; chaque habitant du toumen en ayant eu sa part, non-seulement ces gens répandaient une odeur repoussante, mais l'air même était empesté. »

L'assa-fœtida croît naturellement dans les montagnes du Béloutchistan septentrional ; c'est de là que les bergers l'apportent au marché.

Quand elle est mûre, sa large ombelle est d'une couleur jaune paille légère ; la tige a de un à deux pieds et demi de hauteur, ses feuilles sont grandes et très-découpées. La drogue connue en Europe sous le même nom, et dont on exporte tous les ans des quantités prodigieuses dans l'Indoustan, est extraite de la tige fort près de la racine, et quelquefois de la racine elle-même, à l'époque de la maturité de la plante, que l'on reconnaît au changement de couleur des feuilles, qui de vert foncé deviennent d'un jaune tendre : alors on coupe la tige à six pouces de terre environ, on nettoie le sol tout alentour, et l'on fait une incision d'un pouce de longueur à peu près immédiatement au point où les racines se ramifient. Une tige donne ordinairement une livre de suc, quelquefois plus ; on peut la récolter dans les trois jours après que la tige a été coupée ; l'été suivant la racine produit de nouveaux jets. »

Il n'entre pas dans l'Inde d'assa-fœtida du Béloutchistan ; ce dernier pays n'en produit même pas assez pour la consommation des habitants.

La polygamie est autorisée par la religion, car les habitants sont mahométans sunnites; cependant on voit un assez grand nombre d'hommes qui se contentent d'une seule épouse. Les chefs en prennent quatre; quelquefois même des gens de la dernière classe en ont jusqu'à sept ou huit. Ceux-ci sont loin de manquer d'attentions et d'égards pour leurs femmes, et se montrent moins jaloux que les autres musulmans.

« Les cérémonies du mariage et des funérailles, dit Pottinger, étant celles qui sont prescrites et réglées par le Coran, sauf quelques particularités de peu d'importance, et ressemblant par conséquent à toutes celles qui ont lieu chez les musulmans, j'aurai peu de choses à en dire. Quand on suppose qu'un malade est dans un danger imminent, on fait venir un prêtre ou mollah, qui lui lit et lui explique des passages du Coran, et continue ainsi jusqu'à ce que le malade aille mieux ou expire. Quand il est mort, on envoie aussitôt chercher des pleureurs, et pendant trois jours et trois nuits l'on tient des mets préparés pour tous ceux de ses amis qui viennent assister à la lecture des prières pour les morts. C'est une fonction du mollah; et soit que le défunt ait été riche ou pauvre, ses parents mettent le plus grand intérêt à réunir dans ces occasions un grand nombre de personnes; quelquefois ils se ruinent pour régaler tous les assistants. La nuit se passe en plaisirs, et quoique les Béloutchis ne s'enivrent pas, cependant ils sont fort gais dans ces sortes d'occasions, et un étranger aurait de la peine à deviner le sujet et le but de la cérémonie. »

Voici ce qui se passe pour les mariages. Quand un jeune homme désire se marier, il envoie ordinairement son frère ou un de ses proches parents au père de sa prétendue pour entamer l'affaire avec lui, et proposer l'alliance. Si le père approuve le mariage, il donne son consentement, et les deux parties conviennent aussitôt des préliminaires concernant l'échange des présents. Ce contrat réciproque se nomme le *sangue* ou promesse; et quoique dans les hautes classes il ait quelquefois lieu avant que les fiancés se soient vus, il est regardé comme tellement sacré, qu'il ne peut être rompu dans aucune circonstance. Si un homme fiancé de cette manière vient à mourir, son frère est obligé, par les lois de l'honneur et de la convenance, d'épouser la fille. Le prétendu fait des présents qui consistent en chameaux, brebis, chèvres, ou autre bétail. Il les envoie, peu de jours après la conclusion du sangue, à la maison de son beau-père futur, avec des mets préparés, et en quantité suffisante pour régaler tout le kheil, lorsque sa fortune lui permet de faire cette dépense. Il arrive assez souvent que le *sangue* se conclut avant que la jeune fille soit nubile; dans ce cas, les fiancés ont la permission de se voir. Le futur est admis chez le père de la jeune fille comme un membre de la famille. Mais la fille ne peut, sous aucun prétexte, rendre visite aux parents de son prétendu; il n'est permis d'ailleurs ni au jeune homme ni à la jeune fille d'avoir aucune familiarité l'un avec l'autre, ni même de se parler autrement qu'en présence de témoins.

Quand la fiancée arrive à l'âge convenable pour remplir les devoirs d'épouse, la cérémonie du mariage est célébrée par un mollah en présence des amis des deux familles. Le marié régale encore le kheil le plus somptueusement qu'il lui est possible, et passe quelques jours chez son beau-père : on lui permet ensuite de partir avec sa femme.

Quand il s'en va on lui offre des présents, comme cela a été convenu par le sangue; il reçoit, indépendamment d'une quantité plus ou moins grande de bétail de la même espèce que celui qu'il a donné, des étoffes, des tapis, et d'autres objets de ménage; suivant la richesse des parents de la fille.

On voit chez les Béloutchis un grand nombre d'esclaves des deux sexes. Ce sont des malheureux qu'ils ont enlevés dans leurs expéditions. Aussitôt qu'ils se sont rendus maîtres d'eux, les Béloutchis leur bandent les yeux, les attachent sur des chameaux, et les font voyager dans cet état, afin qu'ils ne puissent pas reconnaître la route qui les conduirait chez eux. Ils coupent les cheveux aux femmes, rasent les hommes et détruisent même la racine de leur barbe avec une préparation de chaux vive. Il paraît cependant que ces esclaves, d'abord si

1re *Livraison* (BÉLOUTCHISTAN).

malheureux, se voyant ensuite traités avec bonté, supportent leur sort patiemment et deviennent des domestiques très-fidèles.

Les Béloutchis ont des jeux tels qu'on peut les attendre d'un peuple barbare. Ils aiment passionnément la chasse, à laquelle ils consacrent une notable partie de leur existence. Ils s'appliquent à avoir de bons chiens, et surtout des lévriers. Les animaux de cette espèce, lorsqu'ils sont bien dressés, valent deux ou trois chameaux et quelquefois même davantage. On assura à sir Henri Pottinger que le khan de Kélat en avait payé un environ 1,200 francs de notre monnaie. Les plaisirs favoris des Béloutchis sont de tirer au but, de jouer du bâton, de lutter, de faire des armes, de lancer le javelot, etc. Ils se défient mutuellement les uns les autres. On voit parmi eux des gens qui à une distance de 150 à 180 pieds tuent avec une balle des alouettes et d'autres oiseaux aussi petits. Ils ont un autre genre d'exercice, qu'ils appellent *le jeu de la lance*. Voici comment ils y jouent : On fiche en terre un pieu de moyenne grosseur, et un cavalier courant à toute bride le perce avec la pointe de sa lance de manière à l'arracher de terre et à l'emporter. La difficulté et le danger augmentent ou diminuent suivant la profondeur à laquelle il est enfoncé. Mais lors même que ce jeu est le plus aisé, il exige cependant toujours beaucoup de force et d'adresse dans le bras et le poignet, et une grande habileté à diriger le cheval et la lance.

Les Brahouis sont, comme les Béloutchis, divisés en tribus. Ils montrent encore plus de prédilection que ceux-ci pour la vie errante, et ils changent de résidence deux fois par an, au commencement de l'été et de l'hiver, afin de procurer de bons pâturages à leurs bestiaux. On voit peu d'hommes plus actifs, plus forts et plus robustes que les Brahouis. Ils supportent également bien le froid de leurs montagnes et la chaleur excessive des côtes. Au physique, les Brahouis diffèrent tellement des Béloutchis, qu'il est impossible de confondre les hommes de ces deux races. Les premiers, au lieu de la haute stature, du visage long et des traits prononcés des Béloutchis, ont les os courts et gros, le visage rond, la face aplatie. On voit parmi eux beaucoup d'hommes qui ont la barbe et les cheveux bruns. Ils sont fort laborieux, et se montrent habiles pour les travaux de l'agriculture. Ceux qui vivent dans le voisinage de la plaine au-dessus de Kélat cultivent de grands espaces de terrain, et vendent leurs produits à des Indous qui les exportent. Si l'on joint à cela un peu de froment et de *gui* ou beurre clarifié, des couvertures, des tapis et des feutres d'une qualité grossière, on aura une idée exacte de l'agriculture, de l'industrie et du commerce des Brahouis. Leur nourriture est à peu près la même que celle de Béloutchis ; mais il faut remarquer toutefois qu'ils préfèrent la viande à toute autre espèce d'aliment, et la dévorent à moitié cuite, sans pain, sans sel, et sans aucune espèce de légumes. Ils passent pour avoir un très-grand appétit. Les nombreux troupeaux de moutons et de chèvres qu'ils possèdent les mettent à même de satisfaire leur goût. Ces gens assurent, et peut-être ne se trompent-ils point, que dans les montagnes froides qu'ils habitent il serait impossible de vivre pendant l'hiver sans une certaine quantité de nourriture animale, qu'ils regardent comme infiniment plus succulente, et à laquelle ils attribuent les propriétés échauffantes des liqueurs spiritueuses. Ils sont dans l'usage, vers la fin de l'automne, de mettre en réserve une provision de viande qu'ils sèchent au soleil et qu'ils fument ensuite à un feu de bois vert. La viande préparée de cette manière n'est point désagréable. Les Brahouis exercent l'hospitalité aussi généreusement que les Béloutchis, et leur caractère semble bien préférable à celui de ces derniers. Ils sont plus tranquilles, plus industrieux, et leurs habitudes répugnent à ces actes de rapine et de violence auxquels se livrent les Béloutchis. Il semble que l'on doive attribuer cette différence à l'influence de quelques idées morales, car ils sont, cela est prouvé, plus braves et plus forts pour résister à la fatigue que tous les autres habitants du pays. Leurs mœurs sont douces quoique grossières, et les essais maladroits qu'ils font pour se montrer polis ne sauraient être vus avec indifférence, parce qu'on y reconnaît le désir d'obliger sans aucune vue d'intérêt personnel. Enfin ils ne sont ni avares, ni vindicatifs, ni cruels, comme les Béloutchis.

Le Brahoui porte toujours le même vêtement été et hiver. Tout son habillement consiste en une chemise de toile de coton blanc, un pantalon de la même étoffe et un bonnet de feutre. Les bergers s'enveloppent quelquefois d'une couverture de feutre blanc, qui couvre tout le corps et se termine en pointe au-dessus du sommet de la tête. Ce vêtement garantit très-bien de la pluie et de la neige. Les occupations domestiques des Brahouis sont fort simples. Les hommes gardent les troupeaux, cultivent la terre et se livrent à tous les autres travaux du dehors. Les femmes les aident lorsque cela est nécessaire; mais ordinairement elles s'occupent des soins du ménage, vont traire le bétail, font le beurre et le fromage, et fabriquent des tapis, du feutre, et une sorte de drap blanc grossier. Elles ne sont point exclues de la société des hommes, et tous les membres d'une famille vivent et mangent ensemble. Leur vêtement se compose d'une longue chemise et d'un pantalon de toile de coton. Lorsqu'elles ont atteint l'âge de puberté, elles placent sur la chemise une espèce de corset, qui se lace par derrière et dont le devant est orné de figures fantastiques d'animaux ou d'oiseaux brodées en laine de couleur.

Les Béloutchis sont tous mahométans sunnites. Ils se montrent pleins de zèle pour leur religion. Il existe dans leur pays un pèlerinage fameux au sommet du mont *Tchehelten*, ou des *quarante personnes*. Voici à quelle occasion cette montagne fut appelée ainsi : Deux époux mariés depuis longtemps, dit la légende, regrettaient de n'avoir pas un seul enfant, fruit de leur union. La femme se rendit chez un saint du voisinage, afin qu'il la bénît et la rendît féconde. Le sage lui adressa une réprimande, lui disant qu'il n'avait pas le pouvoir d'accorder ce que Dieu refusait. Cependant le fils du saint homme, devenu plus tard très-illustre lui-même par ses vertus, s'écria qu'il croyait pouvoir exaucer les vœux de cette femme, et il jeta sur elle quarante cailloux, prononça quelques prières, et la renvoya. Au bout d'un certain temps la femme accoucha de quarante enfants : c'était plus qu'elle ne demandait. Le mari, désespéré de se voir tout à coup chargé d'une si nombreuse famille, abandonna sur le Tchehelten trente-neuf de ces enfants et n'en réserva qu'un seul. Tourmenté ensuite par le remords, il retourna sur la montagne, afin de recueillir les os de ses enfants et de leur donner la sépulture. Mais quelle ne fut pas sa surprise lorsqu'il les retrouva jouant au milieu des rochers et des arbres. Il retourna aussitôt vers sa femme, à laquelle il raconta ce qu'il avait vu. Celle-ci l'engagea à prendre l'enfant qu'ils avaient gardé chez eux, et à le conduire sur le Tchehelten pour qu'il servît à ramener les autres. Le père suivit ce conseil; mais à peine arrivé au sommet de la montagne, ayant placé l'enfant à terre pour attirer les trente-neuf autres, ceux-ci, saisissant leur frère, l'emportèrent sur les hauteurs inaccessibles du Tchehelten. Les Brahouis croient que ces quarante petits êtres, vivant dans une enfance perpétuelle, habiteront à jamais les cimes de la montagne.

Les Béloutchis sont extrêmement enclins au vol; et aussitôt qu'ils rencontrent un être sans défense, ils le dépouillent. M. Charles Masson, un des derniers voyageurs qui ont visité leur pays, rapporte que ces gens ont la singulière habitude de toujours faire précéder leur vol par un échange. C'est ainsi qu'il lui arriva plusieurs fois d'être obligé d'ôter ses souliers et de les échanger contre d'autres souvent meilleurs. Il faut croire qu'il y a dans ce manège un subterfuge de conscience. M. Masson eut le bonheur de se tirer toujours bien de ces sortes de rencontres, grâce à l'apparition subite de quelques personnes qui arrivaient à propos pour le sortir d'embarras. Un jour il marchait seul, lorsqu'il aperçut tout à coup un Béloutchi, qui s'approcha et, voyant bientôt qu'il avait affaire à un étranger, lui adressa trois ou quatre questions d'un ton dur et impérieux, s'attachant surtout à savoir s'il était seul. Les réponses de M. Masson étaient inintelligibles pour le brigand, et celui-ci se disposait à user de violence, lorsque parut le guide de M. Masson qui mit fin à ce colloque (1).

Les cas de meurtre sont toujours jugés par le khan. Lorsqu'un homme en tue un autre, il est ordinairement condamné à l'emprisonnement et à une grosse amende, si les parents du mort y consentent. Dans le cas où ils ne veulent accepter aucun arrangement, ils peuvent demander sang pour sang. Le khan évite toujours de prononcer lui-même la sentence de mort, et il livre le coupable aux parents, pour qu'ils fassent de lui ce qu'ils jugent à propos. C'est un moyen de sauver la vie du criminel, que les parents retiennent en esclavage, et qu'ils emploient à de rudes travaux. Cette loi est cependant soumise à une exception, invariable qui fait honneur au sentiment d'humanité et à la sage politique des chefs béloutchis. Lorsque l'homme assassiné est un étranger, toutes les personnes qui ont pris part au crime sont exécutées. Les vols commis avec effraction, ou pendant la nuit, lorsqu'ils sont prouvés, entraînent la peine capitale; le vol pendant le jour, l'escroquerie, le larcin, etc,. sont punis du fouet et de l'emprisonnement, suivant le nombre et la valeur des objets volés.

Un mari qui surprend sa femme en adultère peut la tuer avec son complice; mais il est obligé de produire deux témoins recommandables qui attestent le fait; autrement il est traité comme un meurtrier. S'il peut prouver par quatre témoins oculaires l'infidélité de sa femme, quoiqu'il l'ignore lui-même, il a le droit de tuer les deux coupables. Dans ce cas on fait au khan un rapport; si les preuves sont suffisantes, l'affaire s'arrange; mais s'il s'élève quelque doute sur la validité des témoignages, l'homme qui a vengé un tort supposé est condamné à l'amende la plus forte, et les témoins sont livrés à la famille de la femme injustement mise à mort. Cette loi met un frein aux vengeances et aux fausses accusations.

Si un homme séduit une fille, et que le père s'en aperçoive, il peut exiger que les deux coupables soient mis à mort, et le khan est obligé de sanctionner l'arrêt paternel; mais ce cas ne se présente jamais; et l'on obvie à tout par un mariage.

Les querelles, les petits vols, et les contestations entre les habitants d'un même kheil, sont arrangés par le serdar. Les parties peuvent en appeler de sa décision à celle du chef de tribu. Si l'affaire est grave, elle peut aller jusqu'au khan de Kélat; mais comme celui-ci trouve rarement son intérêt à casser le premier jugement, et qu'il faut du temps et des démarches pour obtenir une audience de ce chef, les partis s'en tiennent presque toujours au jugement. Il résulte de cet état de choses que l'administration de la justice appartient en grande partie aux serdars et aux chefs de tribu.

Le seul cas où un criminel peut être exécuté sans l'aveu ou l'ordre préalable du khan de Kélat, c'est l'assassinat d'un voyageur. Le chef voisin met alors à exécution la loi, et dresse sans délai son rapport sur les circonstances qui ont précédé et suivi le crime. Pottinger assista à une affaire qui fut jugée par le serdar du lieu. Il s'agissait d'un vol commis pendant la nuit. Les plaignants étaient des Brahouis, et les défendeurs des Béloutchis. Les deux parties comparurent et plaidèrent l'une contre l'autre; « voyant, dit Pottinger, qu'elles ne pouvaient pas prétendre à l'élégance de la diction, elles voulurent apparemment que la longueur et la véhémence des paroles suppléassent à ce défaut. Pendant trois heures ce fut un vacarme épouvantable : chacun racontait son histoire à sa façon; tous parlaient ensemble, de sorte que celui qui avait les meilleurs poumons pouvait se flatter d'attirer l'attention à un plus haut degré. Le serdar les écouta tous avec une patience et une bonne humeur difficiles à imaginer; puis il donna son avis, et prononça un jugement en bonne forme, après lequel l'assemblée se sépara.

« D'après ce que je pus apprendre, le procès venait d'une difficulté peu importante et relative à un droit de pâturage sur une montagne voisine. Les Béloutchis essayèrent d'abord d'en exclure les Brahouis par des raisonnements;

---

(1) *Narrative of various journeys in Balochistan, Afghanistan, and the Panjab*, by *Charles Masson*. Londres, 1842, tome II, page 59.

et voyant que cela ne réussissait pas, ils finirent par avoir recours à un autre expédient, ce fut de saisir les troupeaux de leurs compétiteurs; mais ces derniers obtinrent l'avantage dans la lutte judiciaire, le serdar ayant décidé qu'ils avaient au moins un droit égal à celui des Béloutchis. En exposant cette opinion, qui fut reçue sans le plus léger murmure, le serdar invita les défendeurs à se souvenir que les Brahouis s'étaient originairement établis près du pâturage en question avec l'autorisation du khan et la sienne, et qu'en conséquence ils avaient le droit de jouir de tous les avantages accordés aux autres habitants. Ces audiences se tiennent toujours dans le Mehman-Khaneh, quand il n'est pas occupé; mais comme nous en avions pris possession, les tapis de feutre furent étendus à terre devant la porte, et chacun vint s'y asseoir tranquillement.

« Au milieu des plaidoiries un malheureux montagnard parut avec deux ânes chargés d'assa-fœtida qu'il avait ramassée pour la vendre. Les Béloutchis se montrèrent si empressés de la lui acheter, qu'ils s'élancèrent en masse, et renversèrent le montagnard dans le sable avec sa marchandise. Pendant près d'une demi-heure ce fut une véritable bagarre; chacun tâchait de prendre quelque chose. Le serdar était resté seul en place; cette mêlée nous faisait rire de bon cœur. Le pauvre diable que l'on traitait avec si peu de cérémonie se dégagea le plus vite qu'il put avec ses deux ânes, et bientôt après il vint se plaindre au serdar de la réception qu'on lui avait faite. Il fut généralement reconnu que les Indous, qui voulaient avoir la drogue pour la vendre en détail, avaient les premiers commencé l'attaque contre les paniers, et s'étaient emparés de la plus grande partie du butin : on leur enjoignit de dédommager le montagnard, et il leur en coûta un peu de sucre et de tabac. »

BOUTAN.

ASPECT DU PAYS. — Le Boutan est une contrée montagneuse. La hauteur des cimes y varie de 1,000 à 25,000 pieds anglais. Ce pays est borné au nord par le Tibet, au sud par l'Assam et le Bengale, à l'ouest par le Sikkim, et à l'est par le pays de Kampa. Sa plus grande largeur est d'environ 90 milles anglais et sa plus grande longueur de 210.

COURS D'EAU. — Les rivières mériteraient plutôt le nom de torrents. Leur cours est irrégulier, et souvent interrompu par des cascades. On voit non loin de la ville de Pounakha des fontaines d'eaux chaudes sulfureuses.

CLIMAT. — La température offre des variations assez notables, suivant les localités. Le pays est exposé à des vents impétueux qui soulèvent la poussière des plaines et la lancent jusque sur les montagnes. Les pluies ne sont pas abondantes. On peut dire en général que le climat est sain.

VÉGÉTATION. — Les parties inférieures des montagnes sont dépourvues de végétation. Les arbres ne commencent à pousser qu'à 7,000 pieds au-dessus du niveau de la mer. A cette hauteur on voit des chênes, des magnolias, des rhododendrons et plusieurs espèces de pins.

Le Boutan est un pays très-accidenté et de l'aspect le plus pittoresque. On y voit des montagnes couvertes d'une éternelle verdure et des forêts d'arbres magnifiques. Tous les endroits qui ne sont pas absolument coupés à pic et où il se trouve un peu de terre végétale sont défrichés et mis en culture. On y a formé des gradins pour empêcher les éboulements.

Il n'y a point de vallées, point de pentes douces où l'on ne reconnaisse la main de l'agriculteur. Les montagnes sont presque toutes arrosées par de rapides torrents, et il n'en est aucune où l'on ne voie, même sur le sommet, des villages populeux entourés de jardins, de vergers et d'autres plantations. Ce pays offre tout à la fois l'aspect de la nature la plus agreste et de la culture la plus intelligente.

Les animaux domestiques n'ont rien de remarquable. On trouve dans le pays une grande quantité de chèvres. Les pourceaux sont de petite race ; mais leur chair est très-délicate. Il existe au Boutan des chiens d'une espèce particulière. Ils sont d'une haute taille, ont le museau pointu, la tête du renard et de longs poils roides. Ces animaux vigoureux mais très-farouches sont tenus constamment à la chaîne. On les emploie pour garder les maisons. Plusieurs forêts sont peuplées de singes qui ont une taille extraordinaire, la face noire et entourée de poils blancs, avec les poils du corps gris. Quelques voyageurs prétendent qu'il y a des ours et des onces dans les parties septentrionales de la contrée. La volaille est assez commune ; mais on ne voit nulle part ni oies, ni canards, ni dindons. Le climat est trop froid pour ces derniers oiseaux, et les autres ne trouveraient pas dans le pays une eau tranquille pour s'y baigner. Le Boutan, excepté dans les provinces méridionales, est exempt de lézards et de reptiles venimeux.

Le beurre est fort bon ; mais la malpropreté des gens qui le fabriquent fait qu'il est toujours mêlé de poils et d'ordures. Le Boutan est peu riche en subsistances ; la viande y est rare, et l'on en mange fort peu. Les domestiques qui accompagnèrent Samuel Davis ne recevaient chacun par jour que deux poissons secs, un peu de riz et de farine, et tous les voyageurs européens qui ont visité ce pays se plaignent également de la trop petite quantité de vivres qu'on leur fournissait et de la difficulté de s'en procurer par eux-mêmes. Les fruits sont assez communs ; mais on cultive peu de légumes. Les navets sont loin de valoir ceux d'Europe. Les fraises, les framboises, les abricots, et surtout les poires, sont inférieurs aux nôtres. Les Boutaniens ne savent pas greffer, et ils ne taillent jamais les arbres.

Les besoins des gens de basse classe sont extrêmement restreints et se bornent au strict nécessaire. Leur nourriture est très-simple, et leurs vêtements consistent pour l'ordinaire en une sorte de tunique de drap fort et grossier et en une couverture de laine rouge dont ils se servent toujours. Quand une fois ils se sont enveloppés dans ces vêtements, ils n'en changent plus, et se gardent bien d'en accélérer la destruction en les débarrassant de la couche de graisse et d'ordure qui les recouvre. Cette malpropreté des Boutaniens doit surtout être attribuée à leur pauvreté extrême.

Les vêtements des nobles sont de beau drap ou d'étoffe de soie de la Chine brodée. Les principaux officiers se distinguent par un riche ceinturon brodé, auquel est suspendue une épée lourde et étroite. On peut dire en général que les vêtements des Boutaniens sont incommodes. Les bottes que portent les personnes appartenant aux classes élevées ne sont pas faites dans le pays et viennent de la Chine. Les gens du peuple font usage de bottines de cuir.

DIVISIONS ADMINISTRATIVES. — Le Boutan forme trois provinces subdivisées en districts et gouvernées par des chefs que l'on appelle *pillos*. Chaque province porte le nom de la capitale où réside le pillo.

GOUVERNEMENT. — Le pays est gouverné par deux souverains : le dharma-radja ou roi spirituel et le deb-radja, qui représente l'autorité temporelle. Le premier est une incarnation semblable à celle du grand lama du Tibet (1). Il passe sa vie dans une sorte de réclusion perpétuelle. Le deb-radja, redoutant son influence, a soin de le tenir toujours éloigné des affaires. Le deb possède en réalité l'autorité suprême ; mais il ne peut prendre aucune décision importante sans consulter les pillos, qui ont le droit de s'opposer à ses desseins. Le deb-radja n'exerce le pouvoir que pendant trois ans, après lesquels il se retire. Celui qui gouvernait le pays en dernier

---

(1) Voyez ci-devant, pag. 283.

lieu était un pillo. Ces monarques éphémères profitent du peu de temps qu'ils possèdent l'autorité pour s'enrichir, et les voyageurs s'accordent à dire qu'ils commettent de grandes exactions.

Villes principales. — Tassisoudon est la capitale du Boutan. Cette ville, fort petite, ne renferme qu'un seul édifice remarquable; c'est un château élevé de sept étages, et dans lequel résident le deb-radja et le dharma-radja. Tassisoudon est situé dans une vallée fertile, entourée de montagnes bien boisées.

Non loin de cette capitale se trouve Pounakha, petite ville remarquable par la douceur de son climat. C'est la résidence d'hiver du dharma-radja; le château est plus grand et plus richement décoré que celui de Tassisoudon.

Phari, forteresse importante, élevée dans un défilé. On remarque dans son voisinage Tschamalouri, une des plus hautes montagnes du globe.

Habitants. — Les Boutaniens ont les cheveux noirs, et les coupent très-court. Leurs yeux sont petits et noirs, avec les angles des paupières longs et pointus. Ils ont les cils et les sourcils peu fournis. Leur front est plat, et leur visage se rétrécit notablement vers le menton. Ils ont la peau très-unie. La plupart d'entre eux atteignent un âge assez avancé sans avoir de barbe. Ils laissent pousser leurs moustaches, toujours peu épaisses. Les hommes sont grands, et un grand nombre d'entre eux atteignent la taille de cinq pieds six pouces. En général, ces montagnards ont le teint assez blanc.

Les Boutaniens ne reconnaissent pas la distinction des castes; mais ils forment plusieurs classes. La population se partage ainsi : les laboureurs, les prêtres, les employés et les chefs. Les premiers sont fort pauvres; les guélongs ou prêtres forment la classe la plus considérable et la plus inutile. Ils peuplent les châteaux, les palais, et habitent en outre des villages entiers, que l'on reconnaît sans peine à la beauté des maisons et à l'emplacement, toujours bien choisi. Le costume de ces prêtres est assez beau : ils portent une tunique sans manches, ordinairement de couleur brune bordée de noir ou de jaune.

Quoique attachés à leurs superstitions,

les Boutaniens se montrent tolérants envers les personnes qui professent une religion différente. Tout pèlerin qu arrive dans le pays est traité avec respect, quelles que soient d'ailleurs sa caste, sa nation et ses doctrines. Les Boutaniens accueillent volontiers les prosélytes, mais sans chercher à en augmenter le nombre. Ils croient que les différentes routes que l'on indique pour arriver au ciel peuvent toutes être bonnes à suivre, pourvu que l'on se conforme aux pratiques du culte extérieur, et que l'on s'acquitte des devoirs moraux. Un radja montrant à des Anglais les images et les figures de plusieurs divinités qui ornaient ses appartements, leur demanda s'ils en possédaient de semblables; et comme les voyageurs répondirent négativement, il répliqua : « Peu importe, puisque nous adorons tous le même être. »

Voici l'abrégé du système de l'univers, suivant les Boutaniens; on y reconnaîtra pour base les croyances bouddhiques, que nous avons déjà fait connaître (1). Les régions célestes, disent-ils, sont situées au sommet d'un rocher carré et d'une grandeur immense. Les côtés sont, le premier de cristal, le second de rubis, le troisième de saphir et le quatrième d'émeraude. C'est là que réside l'Être suprême, dans un séjour où les hommes vertueux sont admis après leur mort. Ils y trouvent des habits, de la nourriture et tous les objets qui peuvent leur être agréables ou nécessaires. Vers la moitié de la hauteur du rocher est située la région du soleil et de la lune. Ces astres occupent chacun une face opposée, et tournent constamment, afin de distribuer le jour et la nuit au monde inférieur. Les saisons tiennent à l'irrégularité de leur révolution mensuelle. Sept bandes de terrain aride et quelques îles ceignent le pied du rocher. C'est là qu'habite le genre humain. L'Océan entoure le tout. Les régions infernales se trouvent sous la terre. Les méchants doivent y être tourmentés dans un feu éternel, et ils sont contraints d'avaler du soufre fondu.

Il n'existe guère d'édifices séparés destinés à la célébration des cérémonies

(1) Voyez ci-devant, pag. 274.

religieuses; mais les prêtres élèvent leurs autels au milieu de grandes salles dans les palais et les châteaux qu'ils habitent. La divinité suprême est représentée par une idole colossale et dorée, assise les jambes croisées. Devant celle-ci on remarque son agent principal, d'une dimension moins grande et entouré de petites images de lamas décédés. Le pouvoir destructeur est placé à côté de ces idoles. On le représente avec un visage qui annonce une colère furieuse. Ses bras nombreux, levés et menaçants, tiennent différentes armes. Devant l'autel est un banc couvert d'une rangée de petites tasses de cuivre, remplies d'eau et quelques-unes de riz. On y place aussi une lampe allumée, des vases avec des fleurs, des miroirs et quelques autres ornements. Cette salle ou chapelle a quelquefois la hauteur de deux étages. La partie supérieure est garnie d'une balustrade en forme de galerie et dans laquelle les spectateurs se placent pour voir les cérémonies religieuses.

Les prêtres se réunissent dans ces chapelles pour prendre leur repas. Assis en rond, les jambes croisées, ils reçoivent leur portion en récitant des actions de grâces et des prières, tandis que les trompettes, les tambours et les cloches se font entendre par intervalles. Chacun peut entrer dans ces salles; on exige seulement que nul ne s'approche de l'autel.

Les pratiques de dévotion des guélongs consistent principalement à répéter, étant assis, de longues prières accompagnées d'inclinations de corps et de prosternations. Ces prêtres seuls prennent part au service divin; le reste du peuple n'est pas tenu d'entrer dans les chapelles.

On voit le long des routes des espèces de petits oratoires, généralement de forme carrée et où se trouve la représentation d'une divinité. On distingue l'idole à travers un grillage. Les guélongs reçoivent parmi eux de jeunes garçons destinés à devenir prêtres par la suite. Il est nécessaire de prendre ces novices dans un âge assez tendre pour qu'ils s'accoutument à supporter l'existence triste et monotone qui leur est réservée dans l'avenir. Plusieurs guélongs sont employés comme tailleurs, brodeurs ou peintres dans les palais royaux. D'autres, en petit nombre, servent de secrétaires au souverain, ou remplissent auprès de sa personne quelques emplois de confiance. Mais la plus grande partie d'entre eux passent leur vie dans une oisiveté complète.

Le sommeil ne les soulage que fort peu. Ils passent la nuit assis, les jambes croisées, les pieds placés sur la partie supérieure de la cuisse du côté opposé. Le corps droit, les bras appliqués contre les flancs et les mains, avec la paume en dehors, placées également sur les cuisses. Le dos est appuyé contre le mur; mais les membres se trouvent dans une position tellement gênée, que sans une longue habitude il est impossible de la supporter pendant longtemps. Un guélong est régulièrement occupé à faire la ronde, une lumière et un fouet à la main, pour voir si chacun est dans la posture convenable, et pour châtier quiconque ne s'y trouverait pas. Quand un membre du clergé montre des penchants sensuels, on le chasse; et si on parvient à le convaincre d'avoir eu commerce avec une femme il est puni de mort.

On voit quelques guélongs qui mènent une vie austère dans des ermitages situés au milieu des rochers et des bois. Il existe aussi dans plusieurs cantons des sociétés de femmes pieuses, qui vivent sous la conduite d'une supérieure. On leur fournit des vivres et les denrées de première nécessité. Elles doivent observer une continence parfaite; tout homme que l'on rencontrerait dans leur demeure après le coucher du soleil serait soumis à une punition exemplaire.

La croyance à la métempsycose n'existe guère au Boutan que relativement au dharma-radja.

Quoiqu'ils fassent souvent parade de leur courage, les Boutaniens ne sont pas toujours braves. On rapporte dans la relation de l'ambassade du capitaine Pemberton qu'un corps de 700 Boutaniens fut mis en déroute par moins de 80 soldats assamois. « Dans l'instant même où il affecte le plus d'audace, dit Turner, un Boutanien n'oublie pas de songer à sa sûreté et de se tenir en garde contre les coups qu'il pourrait recevoir. Il fait des sauts et des pirouettes, brandit son sabre, agite son bouclier, et par des cris sauvages défie ses ennemis d'oser l'attaquer. Mais si on le couche en joue, il se jette par terre et se cache derrière le premier objet qui se présente. Les Boutaniens, ajoute le même auteur, sont des hommes forts et robustes, qui ne manquent pas de courage personnel. Leur mauvaise manière d'attaquer et de se défendre en corps d'armée doit être imputée au défaut de discipline, à ce qu'ils ne combattent ni en ligne ni par peloton, et au peu de confiance qu'ils ont dans le courage les uns des autres. On peut aussi l'attribuer en partie à l'inexpérience, car l'armée nombreuse que nous vîmes combattre n'était composée que d'artisans et de laboureurs arrachés tout à coup à leurs paisibles occupations pour être conduits sur le champ de bataille. »

Lorsqu'ils font la guerre, les Boutaniens ne s'inquiètent pas des règles de la discipline et de la tactique. Ils songent moins à attaquer ouvertement qu'à employer des stratagèmes. Ils cherchent l'occasion de faire feu sans être vus, et ils apportent un soin tel à se couvrir, qu'on n'aperçoit guère que la crête de leur casque; aussi ne perdent-ils que fort peu de monde dans leurs combats.

L'équipement d'un Boutanien complétement armé est très-embarrassant. Il porte plusieurs larges vêtements piqués et ouatés afin d'amortir les coups. Son casque, qui a la forme d'un cône, est fait avec des roseaux tressés ou des cordes de coton et garni en dehors et en dedans d'une étoffe matelassée. De chaque côté se trouve un prolongement destiné à garantir les oreilles et sur le devant est un couvre-nez. Ce casque, ainsi que les vêtements piqués dont ils font usage, ne sont point à l'épreuve du sabre ni de la flèche; mais ils en affaiblissent considérablement l'effet. Le soldat boutanien porte à son bras gauche un grand bouclier convexe fait de roseaux tressés et peints; un sabre fort long pend à sa ceinture; il est en outre armé d'un arc, qu'il tient dans la main droite, et d'un carquois, attaché sur l'épaule gauche. L'arc est de bambou, long de six pieds; la corde est de chanvre. On a remarqué que le bambou dont les Boutaniens se servent pour leurs arcs est d'une espèce particulière à leurs montagnes. Il est à la fois très-solide et très-élastique. On le fend pour faire les arcs, et l'on n'emploie qu'une seule moitié de bambou. La partie extérieure du bois forme le dehors de l'arc. Lorsqu'ils veulent décocher une flèche, les Boutaniens tirent à eux la corde avec le pouce, toujours garni d'un anneau ou d'un morceau de cuir fort épais.

Les flèches sont faites d'une autre espèce de bambou, plus petit que le premier et qui croît aussi dans les montagnes du Boutan. On les garnit d'un bout de fer aplati et très-pointu. Il y a de chaque côté une petite rainure, destinée à retenir le poison dans lequel on les trempe quelquefois. Ce poison est un suc végétal épais, noir et gommeux. Il ressemble par la couleur et la consistance à de l'opium cru.

« La petite maison dans laquelle nous étions logés, dit Turner, pouvait s'appeler un pavillon. Elle était située sur une éminence et à l'extrémité d'une longue pelouse où les Boutaniens ont coutume de s'assembler l'après-midi pour s'exercer à tirer de l'arc. Il y a deux blancs placés à deux cents pas de distance l'un de l'autre. Chaque archer est muni d'une flèche qu'il tire tantôt à un blanc tantôt à l'autre. Il existe entre eux une grande émulation, et l'adresse reçoit toujours sa récompense, car j'ai remarqué que toutes les fois que le plus faible ou le plus jeune des concurrents approchait le plus près du but on applaudissait à ses succès. Il est impossible de voir cet exercice sans admiration. Les Boutaniens sont, comme je l'ai dit, presque tous robustes et bien proportionnés. Ils portent un costume très-pittoresque, et lorsqu'ils tirent de l'arc leur corps se déploie avec une grâce vraiment martiale. L'art de l'escrime ne saurait donner à un homme des poses plus avantageuses. »

Quelques Boutaniens font usage de fusils à mèche, auquel est attaché un petit bâton fourchu sur lequel on les appuie quand on veut tirer. Ces armes, presque toutes de fabrique chinoise, sont détestables; on ne peut guère s'en servir que par le beau temps. Dès qu'il fait humide, l'amorce, qui se trouve dans un bassinet découvert, ne prend pas, et la mèche s'éteint.

Les Boutaniens regardent les femmes comme des êtres d'une espèce inférieure et les traitent en esclaves. Les hommes sont extrêmement fainéants, et passent leur vie à boire du tchong et à dormir. Ce sont les femmes ou les esclaves assamois qui font tout le travail. Les deux sexes sont d'une malpropreté repoussante, ne se lavent point, et ne changent presque jamais de vêtements.

« Je ne crois pas, dit un voyageur, qu'il existe un pays au monde où les femmes soient plus maltraitées qu'au Boutan. Là on semble ne les souffrir que pour l'indispensable nécessité de la propagation de la race humaine et pour les soumettre aux plus rudes travaux. Depuis l'enfant qui a tout juste la force nécessaire pour se tenir debout, jusqu'à la femme que l'âge commence à faire chanceler, on les voit toutes porter des fardeaux. »

« Non loin de notre logement, dit Samuel Turner, il y avait une douzaine de femmes qui battaient du blé. Leur force et leur adresse attirèrent notre attention. Elles étaient placées trois par trois les unes vis-à-vis des autres. Leurs fléaux étaient triples, c'est-à-dire qu'ils étaient composés de trois bâtons, dont deux frappaient le blé et l'autre servait de manche. Ces femmes les maniaient avec tant d'adresse que, bien qu'elles ne laissassent pas un seul épi sans être battu, leurs fléaux ne se rencontraient jamais. »

L'état d'abandon dans lequel languissent ces femmes et les travaux excessifs qu'elles supportent sont cause sans doute du peu de soin qu'elles prennent de leur personne et de l'infériorité physique qu'on remarque en elles, si on les compare avec les hommes.

Les Boutaniens appartenant aux classes élevées ont des manières polies et une conversation assez spirituelle. Ils paraissent intelligents; mais ils manquent d'instruction, quoiqu'ils possèdent un nombre assez considérable de livres imprimés, presque tous relatifs à des matières théologiques.

Les Boutaniens ne manquent pas d'une certaine habileté en chirugie, et sont assez bons architectes. On trouve dans le dessin de quelques-uns de leurs châteaux un talent remarquable. Avec un peu plus d'attention à la symétrie dans la disposition des portes et des fenêtres, ces édifices seraient parfaits dans leur genre. La hauteur du toit se trouve dans une juste proportion avec l'épaisseur et la pente des murs. Les pièces sont élevées et d'une bonne dimension. Le changement le plus utile qu'on pourrait faire dans leurs maisons serait la substitution des escaliers aux échelles.

« Notre maison, dit Turner, était petite, bâtie en sapin et très-propre. Le toit, le plancher, les cloisons, les lambris, tout était du même bois. Je n'ai jamais remarqué que les Boutaniens employassent ni fer ni aucun autre métal dans la construction des maisons. Ils sont bons menuisiers. Leurs cloisons sont enchâssées dans des rainures et les portes tournent sur des pivots. »

NÉPAL.

Le Népal se compose d'une réunion de chaînes de montagnes qui courent dans divers sens, et sont séparées par des vallées profondes et très-étroites. Le Népal propre, qui est la plus grande de ces vallées, n'a guère que quatre lieues du nord au sud, et trois de l'est à l'ouest. Quoique relativement peu élevées, si l'on considère les montagnes qui les dominent, ces vallées sont beaucoup plus hautes que les plaines de l'Indoustan. Suivant Hamilton, leur niveau est six cent soixante-sept toises au-dessus de celui de Bénarès. Quoique la partie la plus septentrionale du Népal soit située par 27° 30′ de latitude, cependant le climat se rapproche beaucoup de celui de l'Europe méridionale, et le pays bien arrosé est très-fertile lorsqu'on le cultive convenablement. La terre est émaillée de fleurs charmantes, et l'on trouve dans le pays de très-belles forêts; mais les variations extrêmes de la température et la grande humidité empêchent plusieurs fruits d'y mûrir. On a observé que les oranges et les ananas y sont exquis. Les pluies causent de grandes inondations. Suivant une croyance généralement répandue dans l'Indoustan, le Népal est très-riche en or. Les faits sont cependant loin de justifier cette opinion. On ne trouve dans le Népal que des grains d'or épars dans le lit des rivières; mais le cuivre, le fer et le plomb se trouvent dans le pays en grande quantité. Le fer surtout passe pour être d'une qualité excellente. Le Népal renferme aussi des mines de soufre; mais on ne peut les exploiter, à cause de la grande quantité d'arsenic qu'elles contiennent.

LIMITES. Le Népal est borné au nord par le Tibet, à l'est par la principauté de Sikkim, au sud et à l'ouest par le territoire de l'empire anglo-indien.

RIVIÈRES. La Gogra et le Kali, son affluent; le Gandak (Gunduk des géographes anglais), et le Koussy, qui se jettent tous dans le Gange.

DIVISIONS ADMINISTRATIVES ET VILLES PRINCIPALES. Le Népal forme neuf districts, très-inégaux en étendue, savoir :

DISTRICTS.	VILLES LES PLUS IMPORTANTES.
Népal proprement dit.	Katmandou, Lalita-Patan, Bathgong, Noakote, Tambekhana.
Pays des vingt-quatre radjas.	Gorkha, Argha, Malebun.
Pays des vingt-deux radjas.	Chilli, Chinachin, Gurdon, Taclagur.
Makwanpour.	Makwanpour, forteresse importante.
Pays des Kirats.	Ce district, partagé entre un assez grand nombre de petits chefs, ne renferme aucune ville considérable.
Khatang.	Bidang, Rawah.
Tchayenpour.	Tchayenpour, place forte.
Saptaï.	Naragari, Djanakpour.
Morang.	Vidjayapour, Sorabagh, Tchaïtra.

Le Népal proprement dit est habité principalement par les Névars, qui se livrent surtout à l'agriculture et au commerce. On a remarqué que leur architecture offre les mêmes caractères que celle des Tibétains. Les Névars sont bouddhistes; mais ils admettent la distinction des castes. Un très-petit nombre d'entre eux sont brahmanistes. Les Névars brûlent leurs morts, mangent du buffle, de la chèvre, du mouton, de la volaille, et boivent avec excès des liqueurs spiritueuses; ils habitent des villes et des villages. Leurs maisons sont de briques cimentées avec de l'argile et couvertes de tuiles. Elles se composent pour l'ordinaire d'un rez-de-chaussée et de deux étages. Le rez-de-chaussée est pour le bétail et la volaille, et on y place aussi les cuisines; le premier pour les domestiques, et le second pour les maîtres. L'intérieur est sale et toujours plein d'insectes et de vermine.

« Dans les villes, dit Francis Hamilton (1), les maisons ont en général trois étages, et quelquefois quatre. Il n'y a pas de fenêtres au rez-de-chaussée, et la fumée des cuisines s'échappe par la porte. Cette circonstance donne à l'extérieur des habitations un aspect de saleté et une couleur de suie fort désagréables à l'œil. Les fenêtres du premier étage sont petites et presque carrées. Toutes sont garnies d'un treillis de bois sculpté avec goût, et qui donne passage à l'air et à la lumière, en même temps qu'il empêche les gens du dehors de voir ce qui se passe dans l'intérieur. Ces treillis ne peuvent ni se fermer ni s'ouvrir. A l'étage supérieur les fenêtres sont fort grandes, et occupent presque toute la longueur de chaque pièce. On y pratique en général un balcon fermé par un treillis également de bois sculpté. Le toit du balcon est en pente. A l'intérieur se trouve un banc peu élevé, sur lequel on peut s'asseoir lorsqu'on veut regarder ce qui se passe dans la rue. Les chambres sont toujours étroites, disposition qui tient à la difficulté d'amener des montagnes de gros bois de construction. On n'emploie guère que des solives de sapin d'environ six pouces carrés. Toutes ces solives dépassent les murs, en sorte que le premier passant peut compter le nombre qu'il en entre dans chaque bâtiment. Les maisons les plus grandes sont carrées, avec une cour découverte au milieu.

« Dans les villages les maisons sont bâties de briques crues; elles ont pour l'ordinaire le même nombre d'étages que dans les villes, mais on ne voit pas de balcon à l'étage supérieur. »

Les débris des boucheries et le sang des victimes qui jonchent le sol des rues rendent le séjour des villes aussi malsain que désagréable.

Les femmes névars ne sont jamais enfermées. Quand une fille a atteint l'âge nubile, les parents, après avoir obtenu son consentement, lui choisissent un mari de la même caste qu'elle. La femme apporte en se mariant une dot qui devient la propriété de l'époux.

« Les femmes des Névars, dit Francis Hamilton (2), ne sont pas enfermées.

A l'âge de huit ans on les conduit dans un temple, et là on les marie, avec les cérémonies usitées chez les Indous, à une sorte de fruit appelé dans le pays *bel* (1). Quant une jeune fille a atteint l'âge de puberté, ses parents la fiancent avec son consentement à un homme de la même caste qu'elle. La dot qu'ils lui donnent devient la propriété du mari. On célèbre ensuite la noce par un grand repas, accompagné de plusieurs cérémonies religieuses. Dans les hautes castes on exige que les jeunes filles observent la chasteté jusqu'au moment des fiançailles; mais dans les classes moins élevées on se montre fort indifférent sur ce point. Une femme peut quitter son mari quand bon lui semble, et si elle s'attache à un autre homme, pourvu que celui-ci ne soit point d'une caste inférieure à la sienne; elle est toujours libre de retourner chez son mari et de se remettre à la tête de la maison. La seule formalité qu'elle ait à remplir lorsqu'elle quitte son ménage, c'est d'annoncer son départ en plaçant deux noix de bétel sur son lit.

« Un homme ne peut pas prendre une seconde épouse tant qu'il plaît à la première de rester chez lui, à moins qu'elle n'ait dépassé l'âge d'avoir des enfants. Mais si sa femme le quitte, ou si elle est trop âgée pour devenir mère, alors il est libre de prendre une seconde épouse. Quant aux concubines, il peut en avoir un nombre illimité. Il est défendu aux veuves de se remarier; mais rien ne les oblige à se brûler avec le corps de leur époux, et il leur est permis de devenir concubines de tout homme qui leur convient. Les enfants de la femme qui a été fiancée héritent de préférence à ceux des concubines; mais ceux-ci ont cependant droit à une certaine partie des biens de leur père. Nul homme ne peut prendre sa fiancée en dehors de sa propre caste, mais il peut choisir ses concubines dans toutes les castes dont il lui est permis de boire l'eau. »

Les brahmanistes enferment leurs femmes, et les obligent à se brûler vives avec le corps de leur époux. Le lieu où s'accomplit cette cérémonie barbare est singulièrement triste et sauvage.

---

(1) Voyez *An Account of the kingdom of Nepal*, pag. 39.
(2) *Ibid.*, pag. 42.

(1) Ce fruit est l'*Ægle marmelos*, Roxb., comme nous l'apprend l'auteur.

Plusieurs Népalaises ont le teint coloré. Mais la plupart sont d'une couleur cuivrée. Les voyageurs assurent qu'on en voit quelques-unes douées de figures agréables. Les femmes tissent des toiles de coton grossières, qui servent pour les vêtements de la classe moyenne et de la classe inférieure. On fait aussi dans le pays des couvertures de laine. Les Névars fondent des cloches, fabriquent des vaisseaux de cuivre et de laiton, ainsi que des vases et des lampes de fer. Ils expédient dans le Tibet une partie de ces objets. Ils font avec l'écorce d'un arbrisseau qui croît dans le pays un papier très-fort et bon pour emballer. On a remarqué qu'ils sont bons charpentiers, quoiqu'ils n'aient pas d'autres outils que le ciseau et le maillet, et qu'ils ne connaissent pas l'usage de la scie. Ils font des sabres et des couteaux de bonne qualité. Je doute, dit Kirk-Patrick, que ce peuple ait jamais été guerrier. Il s'occupe principalement de l'agriculture et des arts mécaniques.

On trouve dans le Népal une terre excellente pour faire des briques et des tuiles, et les ouvriers qui se livrent à ce métier sont très-adroits. Indépendamment des briques et des tuiles ordinaires, qui ressemblent tout à fait aux nôtres, ils font des briques sculptées d'une grande élégance, et qui servent à orner la façade des maisons des gens riches. Les maçons excellent aussi dans leur art; et si les bâtiments n'ont pas toujours la solidité désirable, ce défaut tient uniquement à la qualité des matériaux qu'ils emploient, et surtout au manque de chaux. « Dans le Népal, dit Francis Hamilton (1), la chaux est tellement rare que les habitants se servent uniquement d'argile pour faire le mortier. Il existe cependant sur une montagne appelée *Nag-Ardjoun* une carrière d'où l'on extrait de la chaux pour blanchir les maisons et pour mâcher avec le bétel. »

Les hommes sont d'une taille moyenne, nerveux et robustes; ils ont les épaules et la poitrine larges, le visage allongé et légèrement aplati, les yeux petits et le nez peu proéminent. Leur physionomie est ouverte et gaie. Les Névars sont des hommes paisibles et industrieux.

Les mahométans deviennent plus nombreux dans ce pays. On y voit aussi quelques Indous, les uns de race pure, les autres de race mélangée et issus de mariage avec les indigènes.

KATMANDOU, ville principale du Népal et résidence du radja, est situé sur la rive gauche du Bichenmoutty. Elle est longue d'à peu près un mille et fort peu large. Cette ville tire son nom de la grande quantité de pagodes de bois qu'elle renferme. On voit également dans ses environs une grande quantité de ces temples, et principalement sur les bords d'un grand étang appelé *Rani Pokra*. On y voit aussi plusieurs temples de briques, avec trois ou quatre toits comme ceux du Tibet et terminés en pointe. Les étages supérieurs sont dorés, ce qui produit un effet pittoresque et agréable. Près du palais du radja est le temple de Toulasi-Bhavani, qui, avec Gorak-Hanath, sont les divinités tutélaires de la famille régnante. On ne voit pas d'idoles dans le temple où la divinité est représentée par une figure symbolique. On n'admet dans ce sanctuaire que le radja, la reine son épouse, leur guide spirituel et le prêtre officiant. Les maisons sont de briques et garnies de tuiles avec des toits en pente vers la rue. On en voit qui ont trois ou quatre étages. Toutes sont de chétive apparence. Le palais du radja est grand; mais il n'a du reste rien de remarquable. Les rues de la ville sont étroites et sales. Le nombre des maisons est d'à peu près cinq mille, et la population de 20,000 âmes.

Il existe un singulier usage chez les Névars de Katmandou. Vers la fin de mai et au commencement de juin, pendant quinze jours, les jeunes gens qui habitent le nord de la ville et ceux du quartier opposé combattent les uns contre les autres. Pendant les quatorze premiers jours, les jeunes garçons seuls prennent part au combat; mais le soir du quinzième la lutte devient beaucoup plus sérieuse, et les hommes eux-mêmes viennent s'y mêler. Les pierres sont les seules armes admises. Une heure avant le coucher du soleil, la grande bataille commence, et elle se prolonge jusqu'à

---

(1) *An Account of the kingdom of Nepal*, p. 82.

ce que l'obscurité oblige d'y mettre fin. L'année où M. Francis Hamilton assista à cette lutte, quatre hommes furent grièvement blessés. Il y a en général un ou deux morts. Autrefois, si un des partis faisait quelques prisonniers, on entraînait ceux-ci derrière le lieu du combat, et on les assommait avec des os de buffle. Aujourd'hui rien de semblable n'a lieu ; on porte seulement des os de buffle sur le champ de bataille, mais on n'en fait plus aucun usage. On retient seulement les prisonniers ; les vainqueurs les emmènent en triomphe, et les gardent jusqu'au lendemain matin. On les remet ensuite en liberté.

Dans le pays on attribue à deux causes l'origine de cette lutte. Les uns disent que la ville de Katmandou était autrefois soumise à deux princes, dont les adhérents en venaient souvent aux mains, et que l'usage de combattre les uns contre les autres s'est perpétué depuis lors parmi les habitants. D'autres, avec plus de raison, soutiennent que cette lutte a été instituée en commémoration d'un combat entre un fils de Mahadeva et un Rakchasa ou mauvais génie. Cette dernière opinion semble plus probable au voyageur anglais. Il observe que l'on est convaincu à Katmandou que la victoire d'un parti doit entraîner les plus grands malheurs, tandis que le triomphe de l'autre assure une belle récolte et un temps favorable pour le reste de l'année. D'ailleurs la haine n'entre pour rien dans cette lutte, et les malheurs qui en sont la suite n'amènent jamais ni vengeances ni représailles.

Lalita-Patan, à un mille et demi environ au sud de Katmandou. Cette ville, où l'on compte aujourd'hui 24,000 âmes, est plus propre et plus belle que la capitale.

Près de Katmandou se trouve *Sumbounath*, temple situé sur le sommet d'une colline isolée. On y arrive par un escalier taillé dans le roc et dont les côtés sont bordés de beaux arbres. Au pied de l'escalier est une statue colossale de Bouddha. Le temple est un édifice très-ancien. Le premier objet qui frappe les regards lorsqu'on arrive sur le sommet de la colline est une construction cylindrique de maçonnerie, ayant quatre pieds de haut et trois pieds de diamètre. Ce piédestal est surmonté d'une feuille de cuivre circulaire, couverte de figures et de caractères, et qui soutient la foudre d'Indra, assez semblable à un double sceptre. Le temple est situé au milieu d'une terrasse, et se distingue par des obélisques couverts de plaques de cuivre très-bien dorées. Kirk-Patrick monta à l'entrée du sanctuaire par une échelle fort roide. L'intérieur du temple ne forme qu'une salle. Au moment de la visite du voyageur anglais elle était tellement remplie de fumée et encombrée de vases et d'autres ustensiles semblables, qu'on l'aurait prise plutôt pour une cuisine que pour un temple. Un prêtre, assis entre deux vases pleins de *gui* ou beurre liquide, était fort occupé à garnir un nombre considérable de lampes. Le temple est principalement célèbre pour son feu perpétuel. On assure que la lumière des deux plus grandes lampes se conserve depuis un temps immémorial. La vallée du Népal contient, dit-on, presque autant de temples que de maisons et autant d'idoles que d'habitants. Les offrandes que l'on fait dans les grands temples consistent en buffles, dont les prêtres mangent la chair sans scrupule, parce que, disent-ils, une révélation particulière leur a enseigné qu'il était permis aux Névars de se nourrir de la viande de cet animal.

Il y a au Népal, comme nous l'apprend Francis Hamilton, deux sortes de temples. Les uns, bâtis de briques et destinés uniquement aux bouddhistes, ressemblent aux temples du même culte que l'on voit à Ava. Les seconds, adoptés par les bouddhistes aussi bien que par les sectateurs des Védas, ont beaucoup d'analogie avec les temples des Chinois. Ces temples sont destinés à des idoles ; leur forme est carrée ; ils ont de deux à cinq étages, qui rentrent jusqu'au sommet, terminé en pointe. Le toit de chaque étage est en pente, et dans les beaux temples il est de cuivre doré. L'étage inférieur est entouré d'une colonnade de bois d'un travail grossier. A chaque coin du toit, et quelquefois tout autour, sont suspendues de petites cloches avec des battants très-légers, qui dépassent de beaucoup les cloches et se terminent en forme de cœur ; de sorte que le moindre souffle de vent les agite et fait sonner les cloches. Les toits sont soutenus par des solives, sur lesquelles on a sculpté les figures bizarres de plusieurs divinités indoues. Dans les grands temples les solives qui soutiennent le second étage servent à établir des sortes de tablettes, sur lesquelles on place les offrandes consacrées au dieu qu'on adore dans le sanctuaire. On voit là une singulière collection de boucliers, d'épées, de casseroles, de pots, de rouets, de gobelets, de vases, de miroirs, de cornes de buffle, de couteaux, de bracelets, etc.

Les sciences sont peu avancées dans ce pays, et l'astrologie y est en grand honneur.

Les revenus du radja se composent des produits de ses domaines, qui sont très-vastes, des mines et des droits sur le commerce, levés très-arbitrairement. On estime la totalité des sommes qui entrent dans le trésor à environ sept millions de francs.

L'armée, autrefois assez mauvaise, s'est améliorée; on accorde aux soldats un terrain qu'ils cultivent. Le radja fait des concessions semblables aux officiers, qui alors sont tenus de fournir un certain nombre d'hommes. L'étendard de guerre du Népal est de couleur jaune. On y voit la figure du singe Hanouman, si célèbre dans la mythologie indoue.

FIN.

TABLE DES MATIÈRES.

Abbott (M. *James*), cité 58 a, 59 b, 79 a *et passim*. Court de grands dangers à Khiva, 74 a, note.

Alubia. Signification probable de ce mot, 14 b, note.

Amiot (Le P.), cité 244 b *et passim*.

Amou-deria. Voyez *Oxus*.

Ankoï (Ville), 49 b.

Arabes à Boukhara, 8 b.

Aral (Mer d'), 3 a.

Assa fœtida. Les Béloutchis mangent cette plante, 368 b; croit naturellement dans le Béloutchistan septentrional, *ibid.*; description de la plante, *ibid.*

Atkinson (M. *James*), cité 63 b.

Ayour-Bali-Batra, empereur, 345 b.

Badakhschane (Pays de), 94 a.

Balkh (Province et ville de), 48 b.

Batou se rend en Tartarie après la mort d'Oktaï pour concourir à l'élection d'un nouvel empereur, 324 b; reçoit Guillaume de Rubruquis, envoyé de saint Louis, 332 a.

Béloutchis. Se partagent en plusieurs tribus, 365 b; adonnés au pillage, *ibid.*; leurs expéditions, *ibid.*; exercent l'hospitalité, 366 a; indolents et paresseux, 367 a; prennent de l'opium et du beng, 367 b; nourriture, 368 a; polygamie et mariages, 368 b; jeux, 370 a; religion, 371 a; vol, 371 b; crimes et justice, 372 b.

Béloutchis (Femmes). Prennent de l'opium, 367 b.

Béloutchis (Soldats), 364 b.

Béloutchistan. Description géographique, 363 a; population, 365 b; esclaves, 369 b.

Beng ou *Haschischa*, 71 a, note.

Bergmann. Son voyage chez les Calmoucs, cité 176 a, 183 a *et passim*.

Berkoute, sorte d'aigle qu'on dresse pour la chasse, 121 a.

Bézoard, 153 a; confiance superstitieuse des peuples de race turque dans les vertus de cette pierre, 153 b.

Bio. Sorte d'araignée venimeuse, 152 b.

Bode (Le baron *Clément A. de*). Sa traduction anglaise du voyage de Khanikoff à Boukhara, citée 9 b, note; 20 b, 25 b *et passim*.

Bœuf du Thibet. Voyez *Yak*.

Bogdo-lama, 283 b; comment il donne sa bénédiction, 285 b.

Bohémiens à Boukhara, 12 b.

Bouddhistes (Cosmogonie et cosmographie des), 274 a.

Boukhara (Khanat de). Limites, 5 a; climat, 5 b; maladies, 6 a; population, 8 a; esclaves persans, 10 a; agriculture, 13 a; haras et chevaux, 16 a; animaux domestiques, 17 b; chasse, pêche et commerce des fourrures, 18 b; commerce, 18 b; arts et métiers, 22 b; gouvernement et administration, 23 b; armée, 24 a; impôts, 24 b; aristocratie et fonctionnaires, 25 a; moines, 28 a; administration de la justice, 30 a; état des sciences et superstitions, 31 b; écoles, 33 a; topographie, 34 b.

Boukhara (Ville de). Description de cette capitale, 35 a; observation des pratiques extérieures de la religion musulmane, 43 a; édifices situés dans les environs de la ville, 45 a; assiégée et prise par Gengiskan, 297 a.

Boukharie (Petite). Voyez *Tartarie chinoise*.

Boukharie (Grande). Voyez *Boukhara*.

Boutan. Description géographique, 373 a; animaux domestiques, 374 a; nourriture, *ibid.*; vêtements, 374 b; gouvernement, *ibid.*

Boutaniens. Caractères physiques, 375 a; tolérants, 375 b; système cosmogonique, 375 b; cérémonies religieuses, 376 a; équipement militaire, 377 a.

Boutaniennes (Femmes). Maltraitées par leurs maris, 378 a.

Brahouis. Forment une partie de la population du Béloutchistan, 365 b; leur genre de vie, 370 a.

Bruguière (Le R. P.), cité 200 b *et passim*.

Burnes (*Alexandre*). Son voyage à Boukhara traduit par Eyriès, cité 10 a *et passim*.

Caan. Signification de ce mot, 316 a.

Cafiristan ou pays des Cafirs (Description du), 104 b.

Cafirs. Habitants du Cafiristan, 104 b; religion, 105 a; mariages, 106 b; femmes, *ibid.*; funérailles, 107 a; assemblées publiques, 107 b; costume, *ibid.*; maisons et meubles, 108 a; divertissements, 108 b; armes et système de guerre, 109 a; traités de paix, 109 b.

Calmoucs. Appartiennent à la race mogole, 170 b; pays qu'ils habitent, *ibid.*; traits distinctifs de ce peuple, 171 a; costume, 172 b; occupations, 173 b; animaux domestiques qu'ils élèvent *ibid.*; campements, 174 a; chauffage, *ibid.*; manière de voyager, 174 b; offrandes aux divinités, *ibid.*; nourriture; *ibid.*; armes, 176 b; divertissements, 177 b;

arts, 179 b; langue, 181 a; littérature, *ibid.*; religion, 184 b; fêtes, 188 b; culte et liturgie, 192 b; lois, 193 a; mariages, 195 b; funérailles, 197 a; maladies, 198 a.

Calmouques (Femmes), 171 b, 173 a.

Christianisme (Progrès du) en Chine sous Koubilaï et ses successeurs, 346 a.

Colback. Étymologie de ce mot, 67 a, note.

Conolly (Le capitaine *Arthur*) mis à mort par ordre de Nasr-Oullah, 56 b.

Coyouc, fils d'Oktaï et de Tourakina, 325 a; proclamé empereur, 328 a; histoire de son règne, 329 a.

Caspienne (Mer), 3 a.

Charrière (M. *E.*), cité 119 a, note.

Cheval. Différentes races qu'on trouve à Boukhara, 16 a; Turcoman, *ibid.*

Chine septentrionale. Conquise par les troupes de Gengiskan, 311 a.

Dalaï-lama, 283 b; comment il donne sa bénédiction, 285 a.

Divination (Différents genres de) en usage chez les Mogols, 337 a, note.

Djagataï, fils de Gengiskan, refuse la régence après la mort d'Oktaï, 322 b; mort de ce prince, *ibid.*

Djélal-Ouddin, sultan de Kharizme, 300 b; se retire à Gazna, 303 b; quitte cette ville, 307 a; remporte une victoire sur les Mogols, 307 b; éprouve une défaite, *ibid.*

Djihoun. Voyez *Oxus.*

Dzoungarie, 165 b; conquise par les Chinois, *ibid.*; description géographique, 166 b; colonies de condamnés, 169 a; dépenses et revenus, *ibid.*; eaux minérales, 170 a; population, 170 b.

Eyriès (Feu M.), cité 10 a *et passim.*

Ferry de Pigny (M.), cité 119 a, note.

Fix (Feu M. *Théodore*), cité 22 a.

Garcia da Horta, célèbre médecin portugais, cité 71 b, note.

Gengiskan (Histoire de), 290 b; signification de son nom, 292 b, note; sa dernière maladie, 311 b; il désigne Oktaï pour son successeur, *ibid.*; sa mort, *ibid.*; paroles remarquables de ce conquérant, 312 a; ses lois, 313 b; ses femmes, 315 a.

Ginseng, plante, 248 a.

Gioberti (M. *Vincent*), cité 284 a.

Gobi (Désert de), 202 a.

Gouldja, ville, 168 a.

Guélongs ou prêtres boutaniens, 376 a.

Guessur-Khan, poëme, 216 b.

Guignes (*De*), cité 292 a, note; 293 b, note, *et passim.*

Guinée (Ver de), maladie. Voyez *Rischta.*

Halecret. Signification de ce mot, 302 a, note.

Haschischa, 71 a, note.

Hérodote, cité 158 b, note.

Hézarehs. Description de leur pays, 102 a; mœurs et usages, 102 b; état des femmes, *ibid.*; chefs de la nation, 103 a; religion, 103 b; population, *ibid.*

H'lassa. Voyez *Lassa.*

Hommaire de Hell (M.), cité 183 a, note; 197 a *et passim.*

Hommaire de Hell (Madame), citée 171 a, 185 a *et passim.*

Huc (Le R. P.), cité 202 b, 234 b.

Jaxartès, fleuve, 4 a.

Jean de Monte Corvino, franciscain, missionnaire en Chine, 346 a.

Juifs à Boukhara, 12 a; à Khiva, 68 a.

Kaischan, empereur, 345 a.

Karakalpaks à Boukhara, 13 a; à Khiva, 67 a.

Kara-Kirguizes, 116 a; n'ont rien de commun avec les Kirguizes-Kasaks, *ibid.*; leurs femmes, *ibid.*

Kara-Koutschkatsch, oiseau, 152 b.

Karschi. Description de cette ville, 47 a.

Kélat, capitale du Béloutchistan, 364 a.

Khalkhas (Description du pays des), 204 b.

Khanikoff. Son ouvrage traduit du russe en anglais par le baron Clément A. de Bode, cité 9 b *et passim.*

Kharizme (Pays de). Voyez *Khiva.*

Kharizme. Siège de cette ville par l'armée mogole, 300 b.

Khiva (Khanat de), 57 b; climat, 60 a; productions naturelles, 61 a; règne animal, 62 a; routes et autres voies de communication, 64 a; description des villes de ce khanat, *ibid.*; population, 65 a; femmes, *ibid.* et 66 a; esclaves, 68 b et 75 a; chasse, 68 b; jeux et musique, 69 a; observation de la loi religieuse, 69 b; hospitalité et repas, 70 a; instruction, 71 b; arts et métiers, 72 a; état des sciences, 72 b; commerce, 73 b; impôts et revenus, 76 a; armée, 76 b; administration et fonctionnaires publics, 81 b; justice, 82 a; police, 82 b.

Khiva, capitale du khanat de ce nom, 64 a.

Khivie. Voyez *Khiva.*

Koutoukhtou des Mogols, vicaire du dalaï-lama, 212 b; son intronisation, 213 a; ces pontifes sont au nombre de sept, 285 a.

Koundouze (Khanat de), 91 b.

Koubilaï, frère de Mangou, vice-roi d'une partie de la Chine, 331 b; soupçonné par Mangou d'aspirer au pouvoir suprême, 339 b; élu empereur, 340 b; histoire de son règne, *ibid.*

Klaproth (Feu M.), cité 67 b; 111 a; 203 b *et passim.*

Kirguises à Boukhara, 12 b; à Khiva, 66 a.

Kirguizes-Kasaks. Limites des steppes qu'ils habitent, 119 a; climat, *ibid.*; productions du sol, 120 a; règne animal, *ibid.*; règne végétal, 121 b; règne minéral, 122 a; population, *ibid.*; tentes, 122 b; caractères physiques, 124 a; nourriture, 124 b; costume, 125 b; armes, 127 a; religion, *ibid.*; sorciers, 128 a; femmes, 129 b et 132 a; circoncision, 132 b; polygamie et mariages, 132 b; funérailles, 135 a; fêtes et divertissements, 137 a; poésie, 139 b; conteurs, 140 a; instruments de musique, *ibid.*; médecine, 140 b; astronomie, *ibid.*; cycle, 141 a; gouvernement, 142 b; animaux domestiques, 144 a; agriculture, 146 a; chasse, 146 b; arts et métiers, 147 a; commerce, 147 b.

Khouloum, ville, 92 b.

Kiptchac. Ce pays envahi par les Mogols, 310 a.

Khotan. Province et ville, 155 b; légendes concernant ce pays, *ibid.*

Khokande (Khanat de), 110 a; productions naturelles, 110 b; population, *ibid.*; armée, *ibid.*; gouvernement, 111 b; police et administration de la justice, 112 b; villes principales, 113 a; Khokande, capitale du khanat de ce nom, 114 a.

Koumise, sorte de boisson, 125 b.

Landresse (M.), cité 274 a, note.

Langlois (M.), cité 278 a, note.

Lapis-lazuli (Mines de), 94 a.

Lassa (Description de la ville de), 266 a.

Lewchine (M. *A. de*), cité 119 a *et passim*.

Loiseleur-Deslongchamps (Feu M. A.), cité 187 a, note; 274 a, note; 276 b, note, *et passim*.

Loubia, sorte de fève; peut-être l'*alubia* des Espagnols, 14 b, note.

Louis (Saint) envoie des missionnaires en Tartarie, 331 b.

Magnin (M. *Charles*), cité 284 b.

Makkom, maladie, 7 a.

Mandchourie (Description de la), 243 b; climat, 249 b; population, *ibid.*; occupations des habitants, 250 a.

Mandchous (Langue et littérature des), 255 a; armée, 257 a; religion, 259 a; superstitions, 259 b.

Mangou, fils de Toulouï, proclamé empereur, 330 a; histoire de son règne, 330 b; lettre de ce prince à saint Louis, 338 b.

Marco-Polo. Sa relation du pays de Badakhschane, 96 b.

Masson (M. *Charles*), cité 372 a.

Meimaneh, ville, 49 b.

Merve, ville, 89 a.

Meyendorff (M. le baron *George de*), cité 4 a, 13 a, 15 b, 18 b, 20 a, 44 b *et passim*.

Mogols (Caractères physiques des), 210 a; religion, mœurs et usages, 210 b; littérature, 216 a; costume des hommes, 223 b; des femmes, *ibid.*; armes, 224 a; arts et métiers, *ibid.*; tentes, 224 b; nourriture, 225 a; divertissements, 225 b; mariages, 226 a; armée

et noblesse, 230 a; lois, 231 b; leurs mœurs à l'époque de Gengiskan, 288 b.

Mogole (Race). Ses divisions, 170 b.

Mohammed, sultan du Kharizme, 294 a *et passim*.

Mohl (M. *Jules*), cité 63 b.

Mongolie (Description de la), 199 a; divisions civiles et militaires, 229 a.

Monte Corvino (*Jean de*). Voyez Jean.

Moris (M.). Sa traduction du voyage de Benjamin Bergmann chez les Calmoucs, citée 176 a, 183 a *et passim*.

Moukden (Description de la ville de), 250 b.

Mouraview (M. *de*). Son voyage en Turcomanie et à Khiva, cité 3 a, 75 b, 79 a *et passim*; court de grands dangers à Khiva, 73 b, note.

Naselli. Italien mis à mort par ordre de Nasr-Oullah, 56 b.

Nasr-Oullah, khan de Boukhara. Notice sur sa vie, 49 b.

Négri (M. *de*), chargé d'affaires de Sa Majesté l'empereur de toutes les Russies près le khan de Boukhara, 149 b; personnel et matériel de l'ambassade qu'il conduisait, *ibid.*

Népal. Description géographique, 379 a.

Népalais, 379; caractères physiques, 381 a.

Newars, habitants du Népal, 379 b; n'enferment point leurs femmes, 380 a; leurs mariages, 380 b.

Ogoulgaimisch, épouse de Coyouc; régence de cette princesse, 330 a; mise à mort par ordre de Mangou, 331 a.

Ohsson (M. le baron comte *d'*), cité 199 b, note; 291 a, note. *et passim*.

Oiseau Suif. 153 a.

Oktaï, fils de Gengiskan, détruit Gazna, 308 a; est choisi par son père pour lui succéder, 311 b; monte sur le trône, 316 a; fonde la ville de Caracorum, 317 b; anecdotes sur ce prince, 319 a.

Om ma ni but me khom. Explication de cette formule mystique, 206 b, note.

Opium, 71 a.

Ourguendji, ancienne capitale de la Khivie, 64 b.

Oxus (Fleuve), 3 a.

Pamère (Plateau de), 115 b; habitants, *ibid.*; femmes, 116 a; mœurs et usages, *ibid.*; esclaves et domestiques, 116 b; nourriture, 117 a; fertilité du sol, 117 b; religion, 118 a.

Paris (M. *Paulin*), cité 96 b, note.

Perowsky (Le général), commandant l'expédition des Russes contre Khiva, 80 b.

Pétis de la Croix, cité 301 b *et passim*.

Pérouse (*De la*), cité 245 a, 252 a, 259 b.

Plan Carpin (*Jean de*), ambassadeur du pape auprès de l'empereur Coyouc, 328 a, 329 b.

Pottinger (Sir *Henri*), cité 364 b *et passim*.

Races des peuples tartares, 2 a.

TABLE DES MATIÈRES.

Réis ou *raïs*. Signification de ce mot, 27 a, note.

Rémusat (Abel), cité 2 a, b, 141 b, 155 b, 166 a, b, 181 a, b, 274 a *et passim*.

Rischta, ou ver de Guinée, maladie, 6 a.

Rubruquis (*Guillaume de*), cordelier, envoyé en Tartarie par saint Louis, 331 b.

Russes. Leur expédition contre Khiva, 79 a.

Sacy (Feu M. le baron *Silvestre de*), cité 71 a *et passim*.

Saïga ou *Saïgak*, sorte d'antilope, 63 a.

Sakalien (Ile de), 252 a.

Saksaoul, plante, 20 a, note.

Samarcande. Description de cette ville, 46 a; assiégée et prise par Gengiskan, 298 a.

Sartis ou *Tadjics* de Khiva, 67 b.

Scharakhs. Manières différentes de prononcer ce nom, 4 b, note; établissement des Turcomans, 88 b.

Schéhérisebze (Khanat de), 118 b.

Schong, liqueur spiritueuse, 270 a.

Serbaze. Signification de ce mot, 55 a, note.

Sihoun. Voyez *Jaxartès*.

Sir et *Sir-deria*. Voyez *Jaxartès*.

Soïoutes (Peuple sauvage), 203 b; tribut qu'ils payent à la Chine, *ibid.*; anthropophages, *ibid.*; anecdote à ce sujet, 204 a.

Stoddart (Le colonel), mis à mort par ordre de Nasr-Oullah, 56 b.

Tabac, 71 a.

Tadjics. habitants de Boukhara, 8 a; de Khiva, 67 b.

Tamerlan. Voyez *Timour*.

Tanga ou *Tonga*, pièce de monnaie, 26 b, note.

Tartares et *Tatars*, 2 a, b.

Tartares Yu-pita-tsée, 254 a.

Tartarie. Étendue, 2 a; langues, *ibid.*; origine de ce nom, 2 b.

Tartarie chinoise, 150 b.

Témoudjin. Signification de ce mot, 291 a, note.

Témour (L'empereur), petit-fils de Koubilaï; histoire de son règne, 344 a.

Thé calmouc, 70 b.

Tibet. Description du pays, 260 b; règne végétal, 261 a; règne minéral, *ibid.*; climat, 262 b; règne animal, *ibid.*; maladies, 263 b; caractères des habitants, 265 b; divisions géographiques et administratives, *ibid.*; gouvernement, 266 b; armée, 267 a; lois criminelles, 267 b; commerce, 268 a; règles de politesse, 268 b; nourriture, 269 a; costume des hommes, 271 a; des femmes, 271 b; fêtes, 272 a; cosmogonie et cosmographie, 274 a; hiérarchie lamaïque, 283 b; religieux, 286 b; jeûnes et abstinences, *ibid.*; funérailles, 288 a.

Tilla, pièce d'or, sa valeur, 17 b, note.

Timkovski (M.), cité 199 b, note.

Timour. Naissance de ce prince, 347 b; son couronnement, 348 b; expédition en Perse, 349 b; en Géorgie, *ibid.*; il entre dans l'Inde, 352 a; prise de Dehli, 352 b; prise d'Alep, 353 a; guerre contre Bajazet, sultan des Ottomans, 354 a; Bajazet vaincu et fait prisonnier, 354 b; expédition contre la Chine, 356 a; l'armée arrive à Otrar, 356 b; mort de Timour, 357 b; extraits des instituts de ce prince, 358 a.

Timour-Mélic, gouverneur de Khodjende, 296 a.

Toug, sorte d'étendard, 291 a.

Touloui (Le prince) attaque la ville de Merve, 305 a; est déclaré régent après la mort de Gengiskan, 315 b; signification de son nom, 317 a, note.

Tourakina (L'impératrice), épouse d'Oktaï, 322 a; nommée régente, 322 b et 325 a.

Tschardjoui. Description de cette ville, 47 b.

Turcomanie (Description de la), 83 b.

Turcoman (Cheval), 16 a.

Turcomanes (Femmes), 86 a; assez belles, s'occupent des soins du ménage, *ibid.*; ne sont point enfermées, 86 b; laborieuses, 87 a; costume, 89 b.

Turcomans. Très-adonnés au pillage, 84 b, 86 a; caractères physiques, 86 a; n'enferment pas les femmes, 86 b; leurs festins, 87 a; leurs expéditions, 87 b; tentes, 88 b; exercent la piraterie sur la mer Caspienne, 89 b; agriculteurs et nomades, 90 a.

Turner (Samuel), cité 262 a *et passim*.

Turquestan. Position astronomique, 2 b; confins, 3 a; étendue, *ibid.*; mers, lacs, fleuves et rivières, *ibid.*; divisions politiques, 5 a.

Turquestan Oriental. Voyez *Tartarie chinoise*.

Usbecks de Boukhara, 8 b; de Khiva, 65 b.

Ver de Guinée. Voyez *Rischta*.

Wood (M.), cité, 104 a, 117 *et passim*.

Wolff (M. *Joseph*), cité 52 a, 56 a *et passim*.

Wyburt (Le lieutenant), de la marine de la compagnie des Indes orientales, mis à mort par ordre de Nasr-Oullah, 56 b.

Yak ou bœuf du Tibet, 98 b.

Yarkende. Province et ville, 155 a.

Yéliui-Tchoutsaï, ministre d'Oktaï, 317 b; sa mort, 325 a; histoire de sa vie, *ibid.*

Yu-pi-ta-tsée. Voyez *Tartares*.

PLACEMENT DES GRAVURES.

Planches.
1. Carte du Turquestan, page 1.
2. Tadjics ou Sartis, pag. 8.
3. Portrait de feu M. Alexandre Burnes en costume de Boukhara, pag. 10.
4. Habitants de l'Asie centrale, Usbeck, Turcoman, Kirguize et Sarti ou Tadjic, pag. 13.
5. Vestibule d'une maison à Boukhara, pag. 35.
6. Minaret de Mirgarab, pag. 37.
7. Médrése ou collége, bâti à Boukhara par l'ordre et aux frais de l'impératrice Catherine II, pag. 38.
8. Palais du khan de Boukhara, pag. 42.
9. Réception de M. Mouraview par le khan de Khiva Mohammed Rahim, pag. 73.
10. Kirguizes-Kasaks, pag. 124.
11. Femme et fille Kirguizes-Kasaks, pag. 124.
12. Tombeaux kirguizes dans une île formée par le fleuve du Sir ou Jaxartès, pag. 136.
13. Sultan kirguize, pag. 142.
14. Chasse au faucon chez les Kirguizes, pag. 146.
16. Koutoukhtou, vicaire du dalaï-lama chez les Mogols, pag. 212.

www.ingramcontent.com/pod-product-compliance
Lightning Source LLC
Chambersburg PA
CBHW071907230426
43671CB00010B/1513